U0819518

交通安全分析

Traffic Safety Analyses

王雪松 著

同濟大學出版社
TONGJI UNIVERSITY PRESS

图书在版编目(CIP)数据

交通安全分析 / 王雪松著. —上海：同济大学出版社，2022.2
ISBN 978-7-5608-9121-7

Ⅰ. ①交… Ⅱ. ①王… Ⅲ. ①城市道路—交通运输安全—研究 Ⅳ. ①U492.8

中国版本图书馆 CIP 数据核字(2022)第 018535 号

交通安全分析

王雪松　著

责任编辑：陆克丽霞
责任校对：徐春莲
封面设计：陈益平

出版发行	同济大学出版社　www.tongjipress.com.cn (地址：上海市四平路 1239 号　邮编：200092　电话：021-65985622)
经　销	全国各地新华书店、建筑书店、网络书店
排版制作	南京文脉图文设计制作有限公司
印　刷	上海安枫印务有限公司
开　本	787mm×1092mm　1/16
印　张	34
字　数	849 000
版　次	2022 年 2 月第 1 版　　2022 年 2 月第 1 次印刷
书　号	ISBN 978-7-5608-9121-7
定　价	248.00 元

版权所有　侵权必究　印装问题　负责调换

序

王雪松老师是在同济大学学习和成长起来的青年学者。他在同济大学获得交通土建专业本科学位和交通运输规划与管理硕士学位。之后,他赴美攻读交通工程博士学位并开展博士后研究。2008 年回到同济大学交通运输工程学院任教,是我们最早引进的海外学子之一。

雪松老师回到同济大学时,我在交通运输工程学院牵头负责筹备建设驾驶模拟器,他回国不久就加入了这项工作,参与国际调研、技术方案选择、技术和商务谈判,直至后期安装调试。2011 年,同济大学建成了国内第一个、性能在全球也名列前茅的八自由度高仿真驾驶模拟器,为学校开展交通安全基础研究提供了强大支撑,至今他仍负责该实验室的技术工作。

交通安全是我们共同的研究方向,因此我们有机会经常一起讨论、交流。他十几年如一日地在交通安全研究上不断钻研,打下了扎实的基础,取得了丰硕的研究成果,也获得了国内外学术界和行业人士的认可。此次,他出版的这本专著是他多年研究成果的阶段性总结,我很为他高兴。

道路交通事故是全球面临的一个严峻问题,世界卫生组织 2018 年公布的数据显示,全球交通事故每年造成高达 135 万人死亡,是致人死亡的第八大原因。中国的道路交通安全虽然较十几年前大有改善,但道路交通事故年死亡人数始终在高位徘徊,十万人死亡率远高于欧美发达国家,安全状况依然不容乐观。国家对交通安全问题历来高度重视,科学研究方面也投入了大量经费,特别是“十一五”和“十二五”期间开展的“国家道路交通安全科技行动计划”针对人、车、路、管理等道路交通安全系统各组成要素进行了集中研究。但交通安全涉及基础研究、应用技术研究、工程实施、运营和执法管理等方方面面,研究人员、工程技术人员、交通管理者等既要有系统的理论知识,又要有实践实操的方法手段,特别是有必要结合中国不同地区、不同交通参与者、不同车辆类型以及不同道路条件的特征,找出适合中国国情的交通安全改善和发展的方法,这本专著对此进行了有益的尝试。

本书兼顾交通安全的理论和应用,针对交通行为、心理与安全,交通事故数据采集,交叉口、城市主干道、城郊主干道、城市快速路、高速公路交通安全统计建模,道路线形设计评估,行人和非机动车安全分析,客运和货运行业安全分析,车辆主动安全和自动驾驶安全,城市宏观安全分析以及交通安全管理规划等诸多主题都进行了系统和深入的论述,给出了具体的研究方法,并提供了大量的研究实例。以城市交通安全管理规划为例,如何开展营运行业、企业和驾驶员调研,书中列出了具体的调研提纲、调查问卷、分析模型,是一本实用性很强的交通安全研究指南,对相关从业者具有一定的参考价值。

方守恩

2022 年 2 月 3 日

前言

在专著即将付梓之际，不禁百感交集。

2008 年，我刚开始研究国内交通安全问题时，深感各方面资料的匮乏，我曾设想过出一本专著，将国内外交通安全研究所涉及的理论及方法做一个全面的梳理和诠释。经过 13 年的努力，有心插柳终成荫，2021 年这本专著水到渠成。本书全面展现了我的研究内容、学术探索和工作成果，是我这十多年研究工作的总结。

2008 年，甫一回国的我有幸参与了同济大学八自由度高仿真驾驶模拟器的建设工作。2011 年，驾驶模拟器建设完成，我们开始了深入的道路设计安全评估研究，并有幸于 2015 年得到了国家自然科学基金优秀青年基金的资助，这一直是我主要的研究方向之一。

交通安全研究需要大量的交通事故数据作支撑，但当时国内交通事故数据不足，我的研究一度面临无数据可用的困境。2009 年，我开始和上海市公安局交通警察总队合作，基于事故地点语义表述方法，主持编写了《道路交通事故与违法地点表述规范》，将上海市事故地点定位的准确率从先前不足 50%提高到 90%以上，该规范 2022 年将正式作为公安部公共安全行业标准。我主持研发的“上海市道路交通事故分析预警系统”成为了上海市安全分析研判与管理的工作平台，该系统大大提升了交通事故统计分析水平。截至 2021 年，全国已有 20 多个省、市的交警在使用该系统。以此为基础，获得了一系列受到国际学术领域重视且具有中国特色的交通安全研究成果。

这些研究成果被应用于我国的事故多发道路分析与改善。近五年来，我和团队成员在上海、广州、苏州、山西、湖南、贵州、甘肃、浙江等省、市开展了事故多发道路隐患分析与改善工作，提出了 4 500 多公里事故多发道路的治理方案，部分道路治理后死亡事故下降率达 100%。

受到美国第二期道路战略研究计划(SHRP2)开展的大规模自然驾驶数据采集研究工作的启发，同济大学、弗吉尼亚理工大学和通用汽车公司合作，在 2012—2015 年期间进行了上海自然驾驶数据的采集工作。在这些数据的基础上，我们首次构建了具有中国特色的驾驶行为模型(包括跟车模型、变道模型)，进行了紧急事件和不良驾驶行为解析与干预研究，并在国际上首次利用自然驾驶数据标定了责任敏感安全模型。

2009 年，我开始着手交通安全规划方面的基础理论研究。之后在针对《上海城市交通发展白皮书》中的安全政策内容进行研究时，开展了宏观交通安全评估定量化分析研究，并逐步形成了针对国家和城市的交通安全管理措施知识库。2019—2021 年，随着《深圳市交通安全白皮书》《太原市交通安全管理规划》《苏州市交通安全管理规划》等项目的开展，基本形成了一套比较完整的交通安全规划理论和实践方法。

行人作为交通参与者中的弱势群体，极易在交通事故中受到伤害，行人安全问题突出。

我国非机动车保有量大，骑行人违法现象普遍，非机动车事故频发。本书以交通事故分析为基础，对行人、非机动车的交通安全开展了系统研究。客运行业和货运行业的安全管理是交通安全管理中的重要组成部分，本书就公交、出租汽车、长途客运、普通货运、危化品运输五个类型，从行业安全管理、企业安全管理和驾驶人安全管理三个层次介绍各类型的行业现状、安全重点问题以及安全管理对策。

时代飞速发展，新的问题不断产生，新的研究方向也应运而生。在当下的中国，自动驾驶技术发展迅猛。如何在自动驾驶时代保障道路交通的安全性？"面向自动驾驶的道路设施适驾性"已成为我国开展道路交通安全研究面临的新挑战。这一研究方向的成果将为自动驾驶技术在我国的安全优化提供支撑，也将为我国面向自动驾驶的道路设计提供理论和技术支持。

在过去的十几年间，我不断探索。然而，如何更好地为道路交通管理提供有价值的研究和支持？如何更好地做到注重研究深度的同时兼顾研究的广度，并对交通安全有整体性的把握？如何更好地坚持国内结合国际、理论结合实际的研究方式？如何更好地做到既要有理论研究的深度和高度，又能用于解决交通安全的实际问题？路漫漫，吾辈需上下求索。

一路走来，心怀感激。感谢祖国日新月异的发展为我们的研究提供了广阔的舞台和多方面有力的支持！感谢同济大学的领导和师长对我的鼎力帮助！感谢众多交警同仁，在合作中我们成为了朋友。感谢合作伙伴通用、宝马、英特尔、华为等公司提供资金和技术支持，让我们的研究想法得以顺利实施和不断深化。感谢我的研究生们、和我合作多年的工程师们，是你们专业、辛苦的付出，让这些研究成果成为了可能并不断地推进。最后，要感谢我的家人对我一如既往的支持和理解，让我能心无旁骛、全力以赴地专注于研究工作。

本书在写作过程中得到了刘倩、张旭欣、覃定明、丰明洁、裴莹莹、陈志贵、叶欣辰、聂春婷、周维萱、焦钰钧、徐荣娇、鲍彦莅、陈佳雯、徐晓妍、戴志成、刘爽、吴梦娇、王文斌、朱晓蕾、张惠欣、陈奕陶、余荣杰、柴晨等研究生以及各位工程师和老师的大力支持，同时也得到了徐耀赐博士、梁康之先生、侯心一先生、李平凡博士、马建明博士、裴欣博士、王雪梅女士、王艳丽博士的审阅指教，特别感谢本书的责任编辑陆克丽霞博士耐心细致的编审，在此一并致谢！

本书的出版得到了科学技术部政府间国际科技创新合作重点专项"道路交通安全统计分析与建模国际对比研究"(编号：2017YFE0134500)和国家自然科学基金项目"事故多发道路自动驾驶适驾性评估与改善研究"(编号：51878498)的资助。本书的出版是我一段时期学术研究成果的总结。不当之处，欢迎指正(作者邮箱：wangxs@tongji.edu.cn)。我很期待与读者一起探讨，共同致力于交通安全问题的研究与改进。我也希望这些研究成果能得到更多的应用和推广，为我国道路交通安全的改善尽绵薄之力。

王雪松
2021 年 10 月 6 日于上海

目　录

1 绪　论

在我国城市化、机动化快速发展的过程中，道路交通安全问题日益突出。本章对国内外道路交通安全的现状特征进行说明，在此基础上对国内外交通安全改善的经验从多个方面进行了概要总结，包括交通安全宏观政策、驾驶行为研究、道路设施安全改善、车辆主动安全、营运行业安全管理和自动驾驶。

1.1 道路交通安全现状特征

1.1.1 国家道路交通安全状况对比

世界卫生组织（World Health Organization，WHO）分别于2015年和2018年发布了《道路安全全球现状报告》（*Global Status Report on Road Safety*）[1,2]，汇总了全球道路交通安全数据。交通事故每年造成高达135万人死亡，是致人死亡的第八大原因[2]。2016年，全球道路交通事故十万人死亡率的平均值为18.6，图1-1对比了部分国家的十万人死亡率，其中，中国的十万人死亡率值为18.2，远高于欧美发达国家，略好于其他发展中国家。

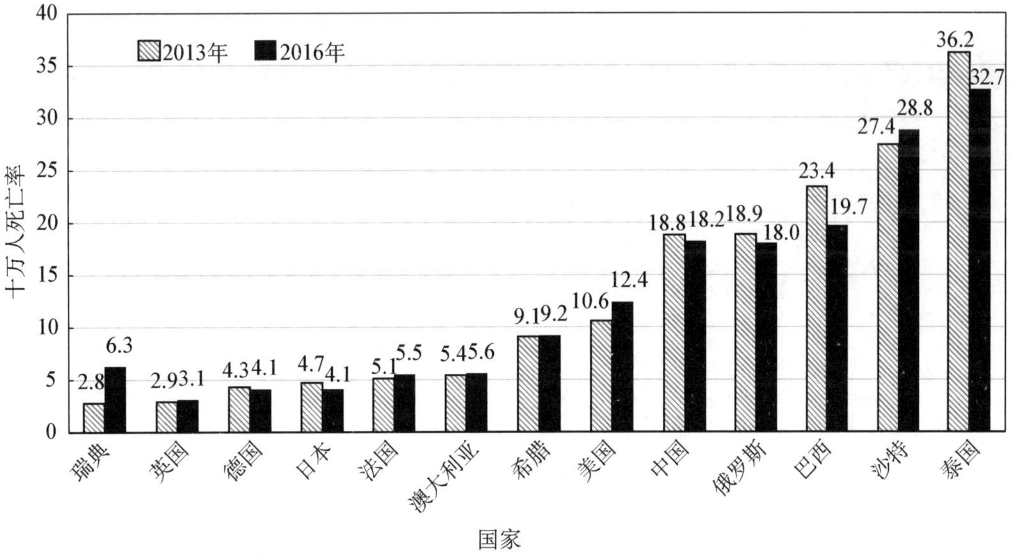

图1-1　全球部分国家道路交通事故十万人死亡率对比[2]

为进一步全面反映各个国家的道路交通安全状况，选取美国、日本、德国、英国、澳大利亚、希腊、瑞典这七个国家1980—2018年的死亡人数、十万人死亡率和万车死亡率作为道路安全评价指标进行分析。

1. 死亡人数

七个国家1980—2018年道路交通事故死亡人数变化如图1-2所示[3]。其中,美国的死亡人数最多,整体呈下降趋势,但波动幅度较大。其余六国,日本(4 166人)、德国(3 275人)、英国(1 837人)、澳大利亚(1 143人)、希腊(690人)、瑞典(324人)的2018年道路交通事故死亡人数总体呈下降趋势。七个国家在过去的四十年中道路安全改善取得了较为显著的成效。2016—2018年,中国的道路交通事故死亡人数相对较高,死亡人数均约为63 000人/年[4]。

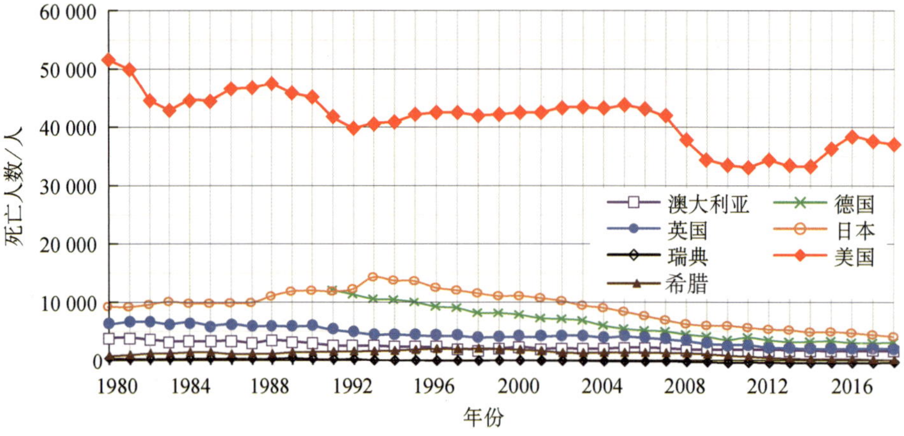

图1-2 七个国家1980—2018年道路交通事故死亡人数[3]

2. 十万人死亡率

七个国家1980—2018年道路交通事故十万人死亡率变化如图1-3所示[5]。1980年,美国和澳大利亚的十万人死亡率均约为22,随后死亡率均大幅下降。希腊的十万人死亡率是先上升后快速下降。瑞典、英国、日本的十万人死亡率则相对较低且呈连续下降趋势,道

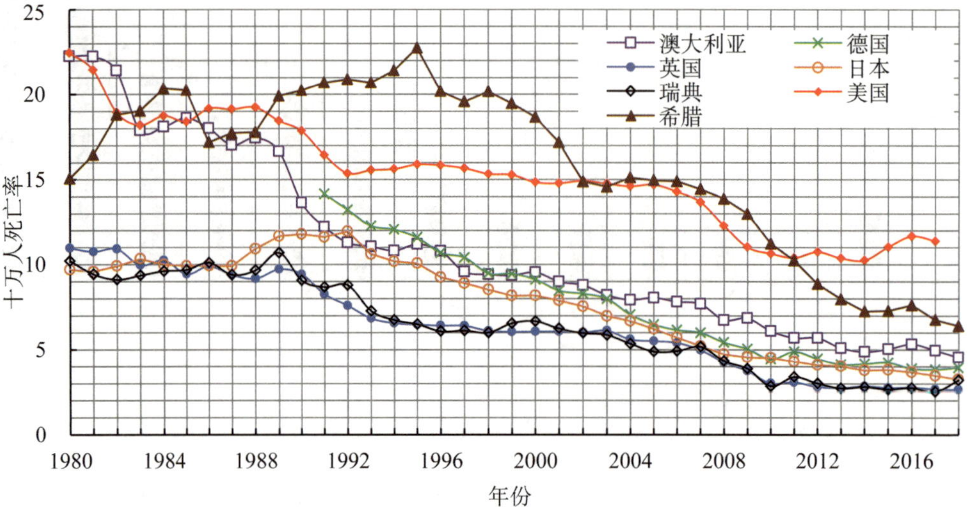

图1-3 七个国家1980—2018年道路交通事故十万人死亡率[5]

路交通安全水平稳步提升。

3. 万车死亡率

七个国家1980—2018年道路交通事故万车死亡率变化如图1-4所示。希腊在1993—2018年间,万车死亡率下降了80%,道路交通安全水平得到了明显提升。其他六个国家的万车死亡率总体也都呈下降趋势,降幅在50%~70%。中国的万车死亡率虽然也呈连续下降的趋势,近二十年从20.41降至1.93[4],但仍然相对较高。

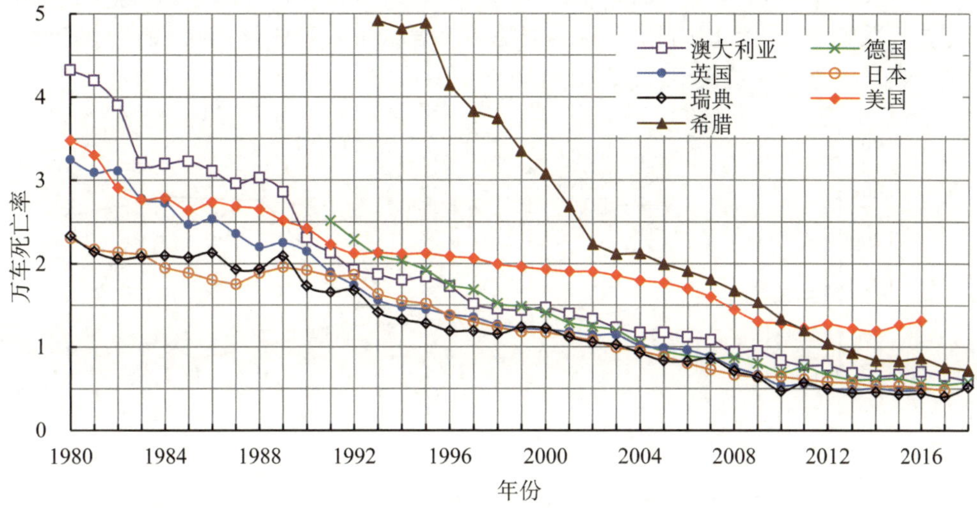

图1-4 七个国家1980—2018年道路交通事故万车死亡率[5]

1.1.2 城市道路交通安全状况对比

中国的城市道路交通安全问题较为突出,图1-5汇总了我国部分城市和几个国际先进城市的交通事故死亡人数和十万人死亡率数据。就十万人死亡率这一指标而言,我国这几个城

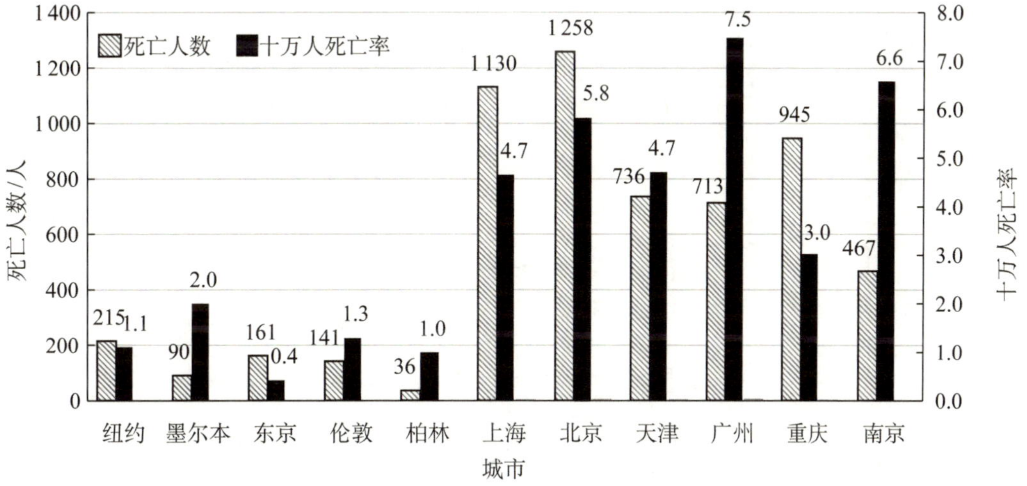

图1-5 我国部分城市与国际先进城市交通安全状况对比(2019年)

(图片来源:各城市统计年鉴)

市是国外先进城市的 2～6 倍。因此,有必要系统总结国际城市交通安全改善经验,深入分析中国城市的道路交通安全特征,并采取有针对性的改善措施,以提升城市交通安全水平。

为进一步全面反映各个城市的道路交通安全状况,选取中国的北京、上海、广州和美国纽约、英国伦敦、澳大利亚墨尔本、德国柏林这七个城市,以 2010—2018 年的道路交通事故死亡人数和十万人死亡率作为道路安全评价指标进行分析。

1. 死亡人数

七个城市 2010—2018 年道路交通事故死亡人数变化如图 1-6 所示。总体来看,国外城市的死亡人数始终远少于国内城市,这可能是由于各城市人口总量不同。国外城市交通事故死亡人数基本处于稳定水平,波动较小。

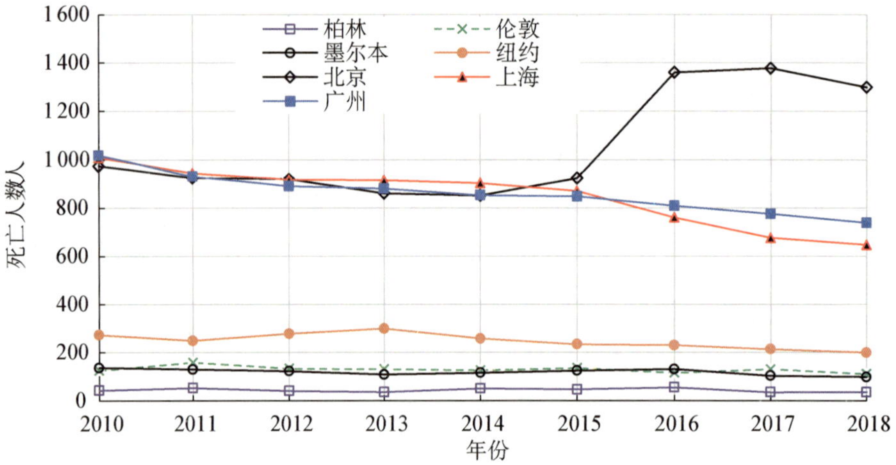

图 1-6　七个城市 2010—2018 年道路交通事故死亡人数

(图片来源:各城市统计年鉴)

2. 十万人死亡率

七个城市 2010—2018 年道路交通事故十万人死亡率变化如图 1-7 所示。总体来看,各

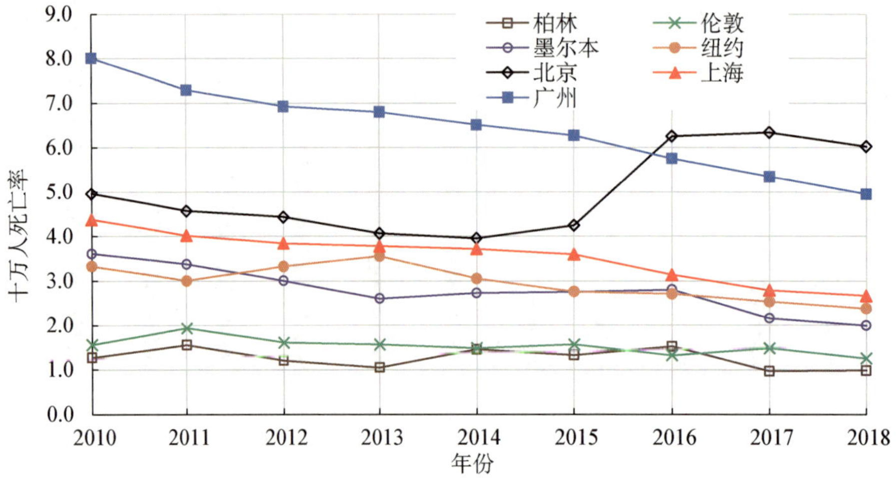

图 1-7　七个城市 2010—2018 年道路交通事故十万人死亡率

(图片来源:各城市统计年鉴)

城市的十万人死亡率均呈下降趋势,说明七个城市在过去的十年中道路安全改善都取得了一定的成效。国外城市的十万人死亡率始终低于国内城市,且柏林是这七个城市中十万人死亡率最低的城市,而广州和北京是其中十万人死亡率最高的两个城市,这说明我国大城市有必要借鉴国外先进城市的交通安全治理经验,全面提升城市道路交通安全水平。

1.2 国际交通安全改善经验

1.2.1 宏观安全政策

宏观安全政策与战略是从源头上解决道路交通安全问题的有效手段,包括安全改善目标与原则、行动计划与任务以及实施策略[6]。

欧美发达国家在交通安全目标制订、战略规划研究方面起步较早。瑞典于 1997 年就提出面向交通安全的“零死亡愿景”(Vision Zero),认为“任何与交通事故相关的人员死亡都不可接受,安全系统应以不会对人造成严重后果的方式包容人类的错误”。瑞典之举引发众多国家积极响应,纷纷开始进行以目标为导向的宏观交通安全规划,并通过打造全社会的交通安全文化来推动“零死亡愿景”的发展。

2009 年,在莫斯科召开的第一次全球道路交通安全部长级会议提出“道路安全十年行动 2011—2020”(Decade of Action for Road Safety 2011—2020)[7]。在此基础上,联合国于 2011 年正式发布了《道路安全行动十年全球计划 2011—2020》(*Global Plan for the Decade of Action for Road Safety* 2011—2020)[8],目的是在国家、区域和全球各级开展更全面的道路安全改善活动,从而稳定并降低全球的道路交通死亡率。2020 年,在斯德哥尔摩召开的第三次全球道路交通安全部长级会议总结了“道路安全十年行动”中积累的道路交通安全治理经验,并进一步提出下一个十年(2021—2030 年)计划,目标是今后十年使死亡和伤害事故减少 50%,并朝 2050 年道路交通“零死亡愿景”迈进[9]。

“零死亡愿景”的目标重点是构建一个“安全、便捷、可持续”的交通运输系统,具体表现在:①交通事故伤亡的主要责任由“道路使用者承担主要责任”转变为“使用者和设计者共担责任”;②道路交通系统必须能容忍人的“错误和失误”;③道路系统设计应以“安全”为首要目标,而不是“效率”。

美国受限于自身高度机动化、个体化的出行方式,交通安全指标并不突出,但在交通安全管理等方面仍走在世界前列,是道路交通安全政策与战略制定的优秀典范。

2005 年,美国国家道路与交通运输协会(Association of State Highway and Transportation Officials, AASHTO)正式发布了道路安全战略计划(Strategic Highway Safety Plan)[10],确定了交通安全规划方案中影响道路安全的 22 个重要领域,包括驾驶人、弱势道路使用者、车辆、道路、紧急医疗服务和管理六个方面。2006 年,美国国家道路合作研究项目(National Cooperative Highway Research Program, NCHRP)发布的《将安全纳入长期交通规划指南》(Incorporating Safety into Long-Range Transportation Planning)[11]中,首次在理论层面系统地阐述了如何将安全纳入交通规划目标制订、规划实施及监管评估等各个阶段。2010 年,美国在《零死亡:国家道路安全战略》(*Toward Zero Deaths: A National Strategy on Highway Safety*)[12]研究报告中确定了交通事故“零死亡愿景”,并明确通过打造交通安全文化来影响人们优先考虑和接受安全的出行方式。

2014 年,纽约制定了“零死亡愿景”规划,之后每年发布《零死亡愿景行动计划》(*Vision Zero Action Plan*)[13]。截至 2020 年 11 月,美国共有 45 个城市提出了“零死亡愿景”(图 1-8),已逐渐形成了基于事故统计分析确立安全改善重点问题的模式,进而通过由工程(Engineering)、教育(Education)、执法(Enforcement)、评估(Evaluation)和紧急救援(Emergency Medical Care)构成的“5E”主动安全管理体系来提升交通安全水平。

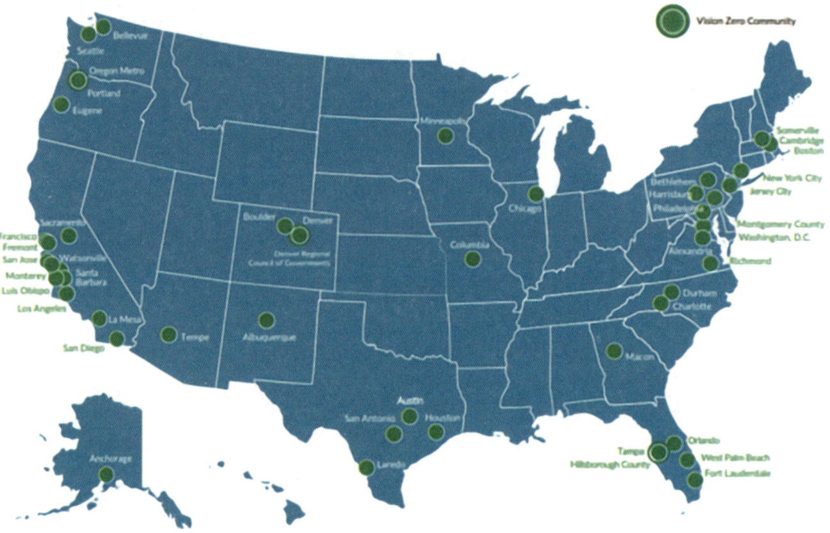

图 1-8 美国推动“零死亡愿景”城市[14]

2018 年,美国国家安全委员会(National Safety Council)在国家层面发布了《零死亡道路:到 2050 年实现道路零死亡愿景》(*The Road to Zero*: *A Vision for Achieving Zero Roadway Deaths by* 2050)[15],该研究报告提出了美国 2050 年交通事故零死亡愿景,并进一步明确众多利益相关组织(包括政府部门、交通安全工程和规划组织、汽车制造商、公共卫生组织、安全研究倡导者以及执法和司法系统)在交通安全改善中可采取的具体行动,通过各组织间的合作来解决交通安全问题。

1.2.2 驾驶行为研究

人、车、路、管理是构成道路交通系统的基本要素,基于道路交通事故数据分析,93%的交通事故与人有关[16],如图 1-9 所示,人的感知、决策和操作直接影响着交通事故的发生。

20 世纪 90 年代,美国海军首次提出了人为因素分析及分类系统(Human Factors Analysis and Classification System,HFACS)模型[17]以应对当时美国海军极高的航空事故率。HFACS 将事故致因因素划分为“不安全行为(unsafe acts)”“不安全行为的前提条件(preconditions for unsafe acts)”“不安全监督(unsafe supervision)”“组织影响(organizational influences)”四个层次。该模型的建立为航空事故中人为因素的调查分析提供了一个可靠的工具,并且随后被广泛应用于交通安全中的人为因素分析研究。

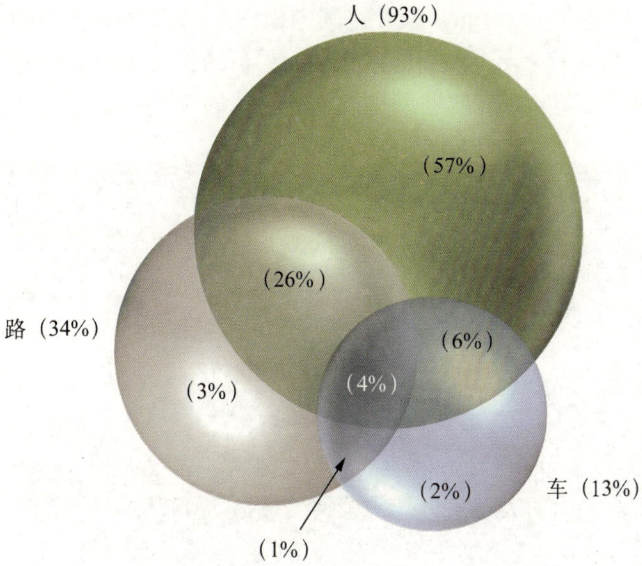

图 1-9 道路交通事故致因分布[16]

交通事故影响因素中与人直接相关的因素主要为驾驶人的个体特征和驾驶行为，如图 1-10 所示。其中，驾驶行为显著影响交通事故的发生，通常可分为常规驾驶行为（如跟驰行为、换道行为）和危险驾驶行为（如分心驾驶、疲劳驾驶、酒驾等）。研究驾驶行为的常用方法包括问卷调查、驾驶模拟器实验、实车实验以及自然驾驶研究等[18]，其中驾驶模拟器实验、实车实验和自然驾驶研究是分析驾驶人真实驾驶行为的重要方法。

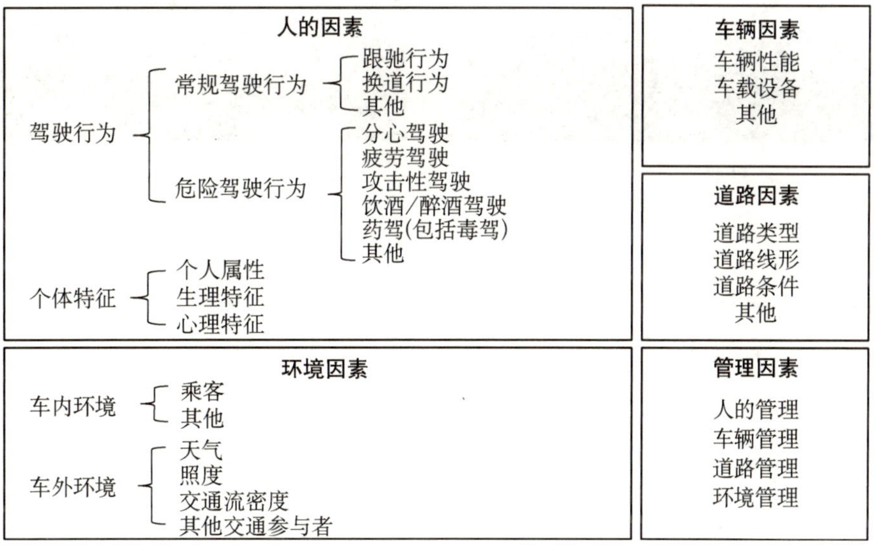

图 1-10 交通事故影响因素[18]

世界上最早建成的高仿真驾驶模拟器是位于美国艾奥瓦大学的国家高级驾驶模拟器（National Advanced Driving Simulator, NADS），如图 1-11 所示。该模拟器建于 2001 年，模拟器舱体安装在运动基座上，其运动系统具有 13 个自由度，可模拟偏航（yaw）、侧翻

(roll)、俯仰(pitch)和转向(turning),以及空间内横向与纵向(lateral and longitudinal)运动的动力反馈。基于此,研究者开展了一系列如人因、车辆安全系统、分心驾驶、智能网联车辆技术、自动驾驶技术、仿真与道路数据采集技术等方面的研究。

(a) 外观

(b) 舱体内部

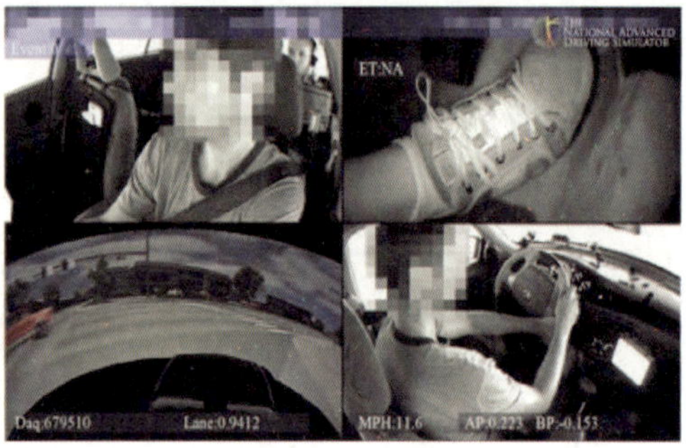

(c) 驾驶人行为监控

图 1-11 美国 NADS 驾驶模拟器

(图片来源:http://nads.uiowa.edu/nads-1)

自然驾驶研究(Naturalistic Driving Study, NDS)是由美国弗吉尼亚理工大学交通运输研究所(Virginia Tech Transportation Institute, VTTI)首创的一种研究驾驶行为的方法,通过在自然状态下收集数据为交通事故对策及驾驶人行为模型的研究提供有效支持。在自然驾驶研究中,参与者通常驾驶安装了数据采集系统(Data Acquisition System, DAS)的车辆,该系统可连续记录驾驶人的驾驶行为和车辆运行特征,以及与之交互的其他交通参与者(如其他驾驶人、骑行者、行人)的行为。

美国的"100-car 自然驾驶研究"是首个大规模的在车辆中装有传感器设备的自然驾驶研究。该研究始于 2001 年,其主要目的是通过收集大规模自然驾驶数据,以获取关键的危险暴露及事故碰撞前的数据,从而制订和完善防撞措施,并评估这些措施对降低碰撞率及减少事故危害的效果。该研究共收集了 100 辆车、241 名驾驶人,每人 12~13 个月的自然驾驶数据。

2006 年，美国启动了第二阶段的公路战略研究计划(Second Strategic Highway Research Program，SHRP2)，该项目主要从“安全(safety)”“更新(renewal)”“可靠性(reliability)”“能力(capacity)”四个研究领域展开。其中，安全研究领域的核心为自然驾驶研究，先后采集了 6 个州、3 147 名驾驶人(年龄 16～94 岁)为期 1 年或 2 年的出行数据，是迄今为止世界上最大规模的自然驾驶研究，数据采集见图 1-12。该项研究为制定和部署新的安全对策、更新当前设计指南和相关实践、创建驾驶人培训计划、辅助车辆和基础设施设计、制定公共政策和执行安全条例、开展公共安全活动等提供支持[19]。

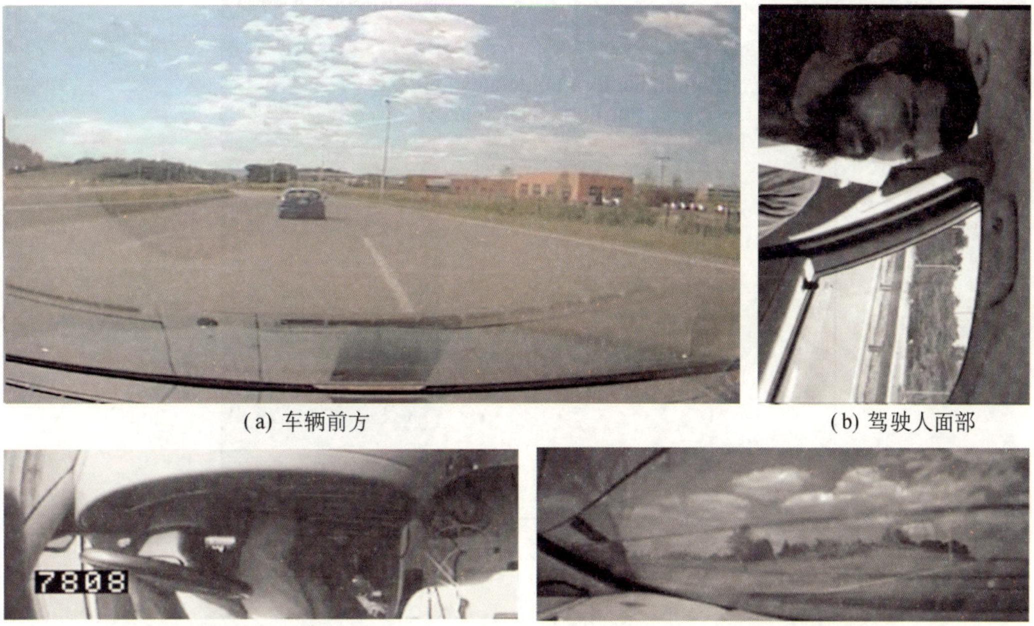

(a) 车辆前方　(b) 驾驶人面部

(c) 车辆仪表板和中控台　(d) 车辆后方

图 1-12　自然驾驶研究数据视频采集视角[20]

2008 年，NCHRP 项目在第一版《道路系统设计人因指南》(*Human Factors Guidelines for Road Systems*)[21]中提供了关于道路使用者的人因特征信息研究，如视觉需求、认知及期望对驾驶行为的影响等，为道路线形设计要素(如路段平面线形、纵面线形)、典型道路设施(如立交、交叉口、施工区)及交通工程要素(如标志、标线、照明)提供指导。该指南于 2012 年更新为第二版[22]，如图 1-13 所示。

针对驾驶行为的研究有助于理解在不同状态下(如常规状态、紧急状态及交通事故中)的人-车-路及其他交通环境之间的关系，并可缓解道路交通环境负荷、减少拥堵及交通事故的发生。国际上有关驾驶行为及驾驶风险方面的研究主要针对新手驾驶人、年轻驾驶人、老年驾驶人及职业驾驶人，并且重点围绕酒驾、药驾、分心驾驶及疲劳驾驶等危险驾驶行为，以及跟驰、变道等常规驾驶行为开展研究。

驾驶行为研究不仅推动了驾驶人教育培训的政策制定，如欧美等国通过实施驾驶证分级制度(graduated driver license)来实现驾驶人管理，还为法律的制定以及交警执法提供参考(如酒驾、毒驾的处罚标准)。

图 1-13　美国《道路系统设计人因指南(第二版)》[22]

1.2.3　道路设施安全改善

美国在道路设施安全改善过程中,形成了数据基础-分析手册-分析系统-系统工具的一体化道路交通安全分析框架,为已建和新建道路安全评估提供了数据和技术支撑,如图 1-14 所示。针对事故数据基础,开发了死亡事故分析报告系统(Fatality Analysis Reporting System, FARS)[23]和道路交通事故信息采集系统(Highway Safety Information System, HSIS)[24],并形成了《事故信息采集最低标准样板》(Model Minimum Uniform Crash Criteria, MMUCC)[25];针对道路安全分析,出版了《道路安全手册》(*Highway Safety Manual*, HSM)[26]、《统一交通控制设施手册》(*Manual on Uniform Traffic Control Devices*, MUTCD)[27]及《公路和街道几何设计政策》(*A Policy on Geometric Design of Highways and Streets*,简称 Green Book)[28];研发了安全分析系统(Safety Analyst)[29]及交互式道路安全设计模型(Interactive Highway Safety Design Model, IHSDM)[30],并拥有各类交通安全管理工具。在实际应用中,"道路安全改善计划"(Highway Safety Improvement Program, HSIP)由美国联邦公路署(Federal Highway Administration, FHWA)于 1979 年起正式实施,旨在通过采取与道路基础设施相关的安全改善措施来显著降低道路交通死伤人数[31]。

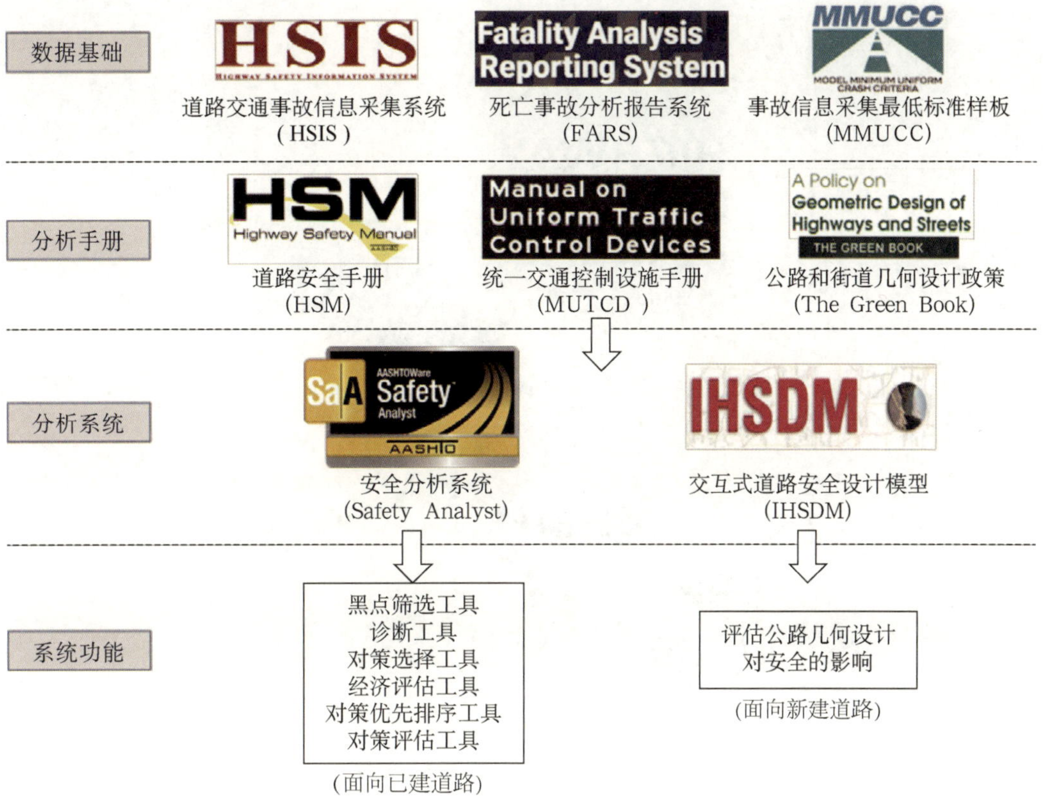

图 1-14　美国基于事故数据的道路交通安全分析框架

美国于1999年在TRB年会上首次提出《道路安全手册》(*Highway Safety Manual*, HSM)[26],第一版由美国国家道路与交通运输协会(Association of State Highway and Transportation Officials, AASHTO)在2010年出版,如图1-15所示。HSM包括交通安全基础理论、道路安全管理流程、事故预测模型和事故修正系数等四部分内容。该手册提供了道路交通安全的基本原理和安全分析方法,揭示了事故影响因素的量化关系,涵盖了道路设施规划设计、系统管理、改善项目可行性评价等多个阶段的安全分析。在HSM的事故预测模型部分,以农村双车道公路模型、农村多车道公路模型和城市及农村干道模型这三大模型为分类基础,给出了各类道路设施的事故预测模型,基于事故频数和严重程度对道路设施进行安全预测和评估,如图1-16所示。Safety Analyst基于HSM的方法,提供了事故多发路段判别与决策的工具,包括道路网络筛选、安全诊断、应对措施选择、经济评价、优先性排序及应对措施评价。

HSM具有较好的应用扩展性,为不同道路设施(如路段、交叉口、立交)提供了在不同道路几何设计、交通管理条件下的事故修正系数,与事故预测模型相结合,HSM能够应用于更多样的道路交通环境。图1-17展示了HSM在工程项目四阶段中的应用[32]。

在第一版的基础上,HSM第二版在以下方面进行了修订[33]:①补充自第一版以来在NCHRP和FHWA研究项目中完成的研究成果;②引入复杂、多层统计分析方法,增加交叉口(T形、郊区信控、五枝等)、主干路(六车道和八车道、单行路等)、环岛的事故预测模型;

图 1-15　美国 HSM 第一版封面[26]

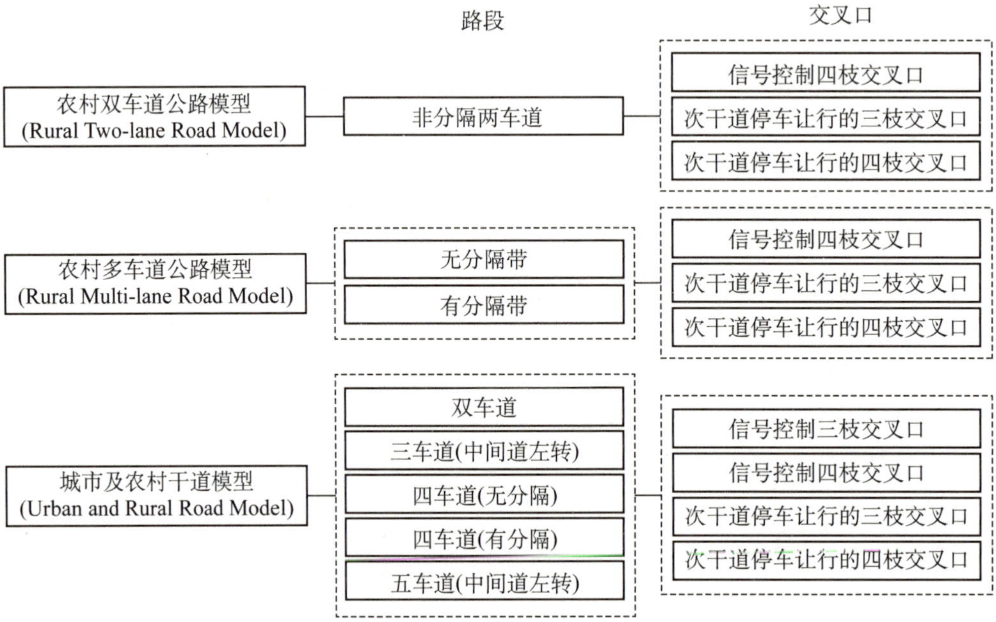

图 1-16　HSM 事故预测模型结构

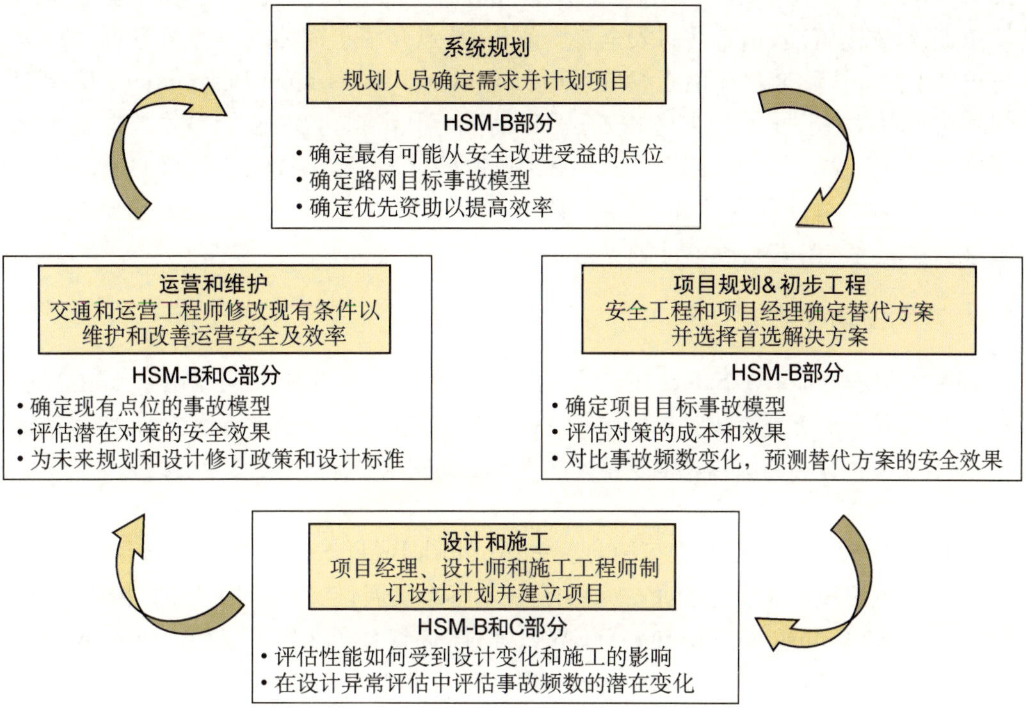

图 1-17 HSM 在工程项目四阶段中的应用[32]

③新增自行车与行人等主题的安全管理方法概述及其事故预测模型；④根据用户体验和需求修订实践内容(如事故修正系数建立流程)。

《公路和街道几何设计政策》(*A Policy on Geometric Design of Highways and Streets*,简称 Green Book)[28]由 AASHTO 于 1950 年首次出版,第七版于 2018 年发布,从道路功能、设计指标和条件、设计原理、横断面原理、地方道路和街道、集散道路和街道、主干道和街道、连续流道路、交叉口、立体分离和立交等十个部分给出了道路几何设计指导。该书第七版结合了最新研究成果、经验积累、技术发展和环境需求,深入分析了几何设计要素对不同等级道路的影响,强调规划者和设计者需根据项目特定条件和道路属性来确定合适的设计方案,而非满足特定的设计标准。

FHWA 于 1935 年首次出版了《统一交通控制设施手册》(*Manual on Uniform Traffic Control Devices*, MUTCD),其第十版于 2009 年发布[27],将交通控制设施分为标志、标线和信号灯,以指导对公众开放的所有道路和街道。该手册的第一部分为总章,阐明了交通控制设施的基本原理和要素;第二部分至第四部分分别讲述了标志、标线和信号灯的应用标准、指南及选项;第五部分至第九部分分别讲述了低流量道路、临时交通控制、学校区域交通控制、公路与铁路平交控制和自行车设施控制。MUTCD 第十一版的更新将基于 150 余项新型交通工程设备和应用的正式实验、解释、初步批准及其他研究成果,增加"自动驾驶车辆"部分,涉及交通标志、道路标线、施工区控制等内容,如面向自动驾驶的可变信息板刷新频率、道路标线宽度。

世界道路协会(World Road Association, PIARC)主要为发展中国家提供服务,于

2019 年发布了第三版《道路安全手册》(*Road Safety Manual*, RSM)[34],该手册从全球战略视角、道路安全管理、道路网络安全三个部分,重点介绍了道路安全有效管理的政策框架与技术手段。国际道路评估组织(International Road Assessment Programme, IRAP)[35]是国际知名的致力于推动全球道路安全改善的非营利组织,旨在基于事故数据制作道路风险地图,根据道路设计和实际运行环境客观地评定道路星级,制订可行的道路安全改善投资计划,并实施绩效跟踪,以降低道路交通事故伤亡人数,该组织已在全球超过 100 个国家实施上述道路安全改善计划。

1.2.4 车辆主动安全

车辆主动安全(Active Safety)技术是指通过传感器监测驾驶人、车辆以及周围行驶环境信息,对驾驶人进行提醒或对车辆控制进行干预,以避免或减轻碰撞的技术,如前向碰撞预警、车道偏离预警等高级驾驶辅助系统涉及的主动安全功能,以及疲劳检测等驾驶人监测功能。

自 20 世纪 80 年代汽车防抱死制动系统(Antilock Brake System, ABS)发明以后,融合了电子技术、网络技术、软件技术的主动安全技术不断发展,包括面向车外的前向碰撞预警系统(Forward Collision Warning, FCW)、车道偏离预警(Lane Departure Warning, LDW)、盲区检测(Blind Spot Detection, BSD)等高级驾驶人辅助系统(Advanced Driver Assistance Systems, ADAS),以及面向车内的疲劳检测、驾驶分心等驾驶人监测系统(Driver Monitor System, DMS)。

ADAS 利用安装在车上的先进传感器(如毫米波雷达、激光雷达、单/双目摄像头等),在车辆行驶过程中对周围环境进行感知、收集数据以及进行物体辨识与追踪,并进行系统的运算与分析,从而为驾驶人预先提供风险信息,以防事故的发生。1997—2005 年,美国国家公路安全管理局与通用、福特公司合作开展了 CAMP 项目,该项目的目的在于探索小型车辆前向碰撞预警的功能需求、性能指导准则和客观试验方法。

与此同时,车企及零部件供应商致力于开发车辆主动安全系统,其中,以色列 Mobileye 公司基于视觉识别,研发量产了前向碰撞预警、车道偏离预警、行人检测提醒等车辆主动安全设备。德国 BOSCH 公司结合雷达及摄像头,开发了车道偏离预警、自适应巡航控制等高级驾驶辅助系统。

驾驶人监测系统(Driver Monitor System, DMS)是指在行驶过程中,全天候监测驾驶人的疲劳状态、危险驾驶行为的信息技术系统。2021 年,欧洲新车安全评鉴协会(Euro-NCAP)发布了 2025 路线图,要求从 2022 年 7 月开始新车都必须配备 DMS。美国 Lytx 公司的 DriveCam 驾驶人监控视频记录设备通过分析驾驶人危险行为,将风险信息实时通知车队,以提高对车辆驾驶人及车队的安全管理。

1.2.5 营运行业安全管理

在全球范围内,与营运车辆有关的交通事故具有数量多、伤亡重的特点,这使得营运车辆的安全问题引起广泛关注。例如,根据美国联邦营运车辆安全管理局(Federal Motor Carrier Safety Administration, FMCSA)公布的数据,自 2016 年以来,美国涉及营运车辆的交通事故与伤亡数明显增长[36]。如图 1-18 所示，美国涉及营运车辆事故死亡率最高的 10 个州中，近 51%的致命事故涉及至少一辆大型卡车或公共汽车。庞大的营运车辆保有量，加之营运车辆自身具有的运输范围广、危险暴露时间长、载客(货)量大等特性，给营运行业安全管理带来了巨大挑战。

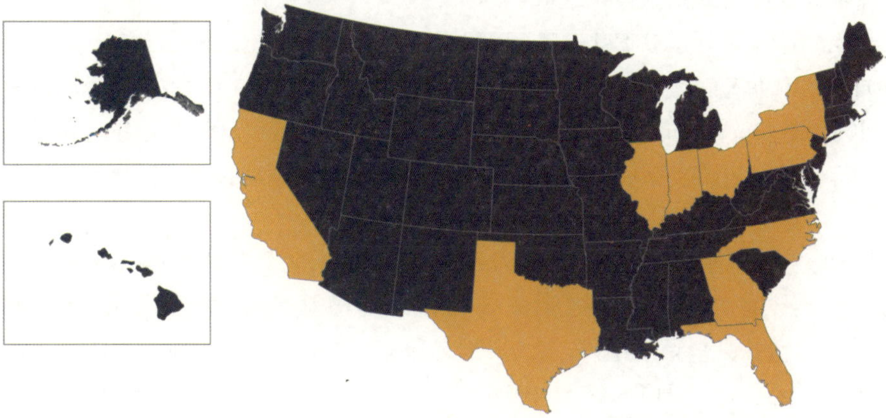

图 1-18　2015—2017 年美国营运车辆事故死亡率最高的 10 个州[36]

在行业管理方面，美国的营运行业主管机构为美国联邦机动车安全管理局(Federal Motor Carrier Safety Administration, FMCSA)，它提出运输安全计划(The Motor Carrier Safety Planner)网络平台，为营运企业提供在线安全指南，以帮助营运企业理解和遵守联邦安全法规。澳大利亚的营运行业主管机构为国家重型车辆监管机构(The National Heavy Vehicle Regulator, NHVR)，它提出了 2016—2020 年发展更安全、更具生产力和更符合法规的重型汽车工业策略。英国的营运行业主管机构为运输部-驾驶与公路运输(Department for Transport-Driving and Road Transport)，2011 年出版了针对道路安全的《道路安全战略性框架》(*Strategic Framework for Road Safety*)。

在营运企业管理方面，尤其是小型的货运企业，由于时间、人员、财务等方面的限制，很少关注组织层面的安全管理[37-39]。S. Newnam 和 B. Watson[37] 对超过 54 篇有关营运企业安全管理的文献进行分析，总结出营运企业多层次管理框架，该框架将营运企业的安全管理划分为组织、车队以及个人三个层面。营运企业一般为了方便管理，会根据驾驶线路、运输类型等的不同将驾驶人分成若干个车队，企业内便会形成“企业-车队-驾驶人”的层级结构。系统的、层次明确的安全管理框架将对营运企业安全管理具有实际的指导作用。

在营运驾驶人方面，驾驶人的安全水平是营运行业安全水平的决定因素。在美国联邦汽车运输安全管理局的一项研究中指出，超过 87.3%的大型卡车事故是由于营运驾驶人的错误驾驶行为引起的，具体包括决策错误、意识错误和行为错误三种行为[40]。根据 2017 年营运车辆事故统计结果，载货汽车未按规定让行、违法上路行驶和超速行驶是最主要的事故原因，导致的死亡人数分别占总数的 12.2%，6.1%和 5.4%[41]。因此，需要着重考虑对于驾驶人个人层面的安全管理。

1.2.6 自动驾驶

2014 年 1 月,国际汽车工程师协会(Society of Automotive Engineers International, SAE International)制定了 SAE J3016 自动驾驶分级标准,将自动驾驶分为 L0—L5 六个等级,以明确不同级别自动驾驶技术之间的差异性。

2018 年 6 月,修订版 SAE J3016(TM)[42]中提到了动态驾驶任务(Dynamic Driving Task,DDT),并依据动态驾驶任务的执行者和具体内容来定义自动驾驶级别,如表 1-1 所列。运行设计域(Operational Design Domain, ODD)[42]是指自动驾驶系统正常运行所需条件的汇总,不仅包括道路类型、车速范围、道路环境、现行交通法律和规章,也包括其他领域的限制。

世界上的主要国家或地区将自动驾驶作为汽车产业发展的战略方向,围绕自动驾驶开展规划设计、法规修订、道路测试等工作。美国强调技术创新,营造创新发展环境,重视自动驾驶安全。美国国家道路交通安全管理局(National Highway Traffic Safety Administration, NHTSA)于 2016 年 9 月发布了首个关于自动驾驶车辆的政策指南 *The Federal Automated Vehicles Policy*[43],明确采用 SAE 自动驾驶分级标准。2021 年 1 月,美国交通运输部发布了 Automated Vehicles Comprehensive Plan[44],强调自动驾驶系统发展的愿景是为未来交通运输做准备的,其中优先考虑安全问题。该计划定义了实现自动驾驶系统愿景的目标,明确了与自动驾驶系统相关的部门的近期目标及具体措施。

自 2014 年起,欧盟通过协同智能交通运输系统(Cooperative Intelligent Transport Systems, C-ITS)建设的战略规划、技术路线图研究、支持创新研究项目等方式促进欧盟达成共识以及跨行业协同,通过对物理/数字基础设施的研究,加速自动驾驶发展。日本依托构建社会 5.0 大系统的顶层设计规划,通过与智能交通、智慧城市的深度融合来发展自动驾驶,从而有效推动自动驾驶的测试验证与示范推广。

表 1-1　SAE 自动驾驶分级标准[42]

Level	Name	Narrative definition	DDT		DDT fallback	ODD
			Sustained lateral and longitudinal vehicle motion control	OEDR		
Driver performs part or all of the *DDT*						
0	No Driving Automation	The perfomance by the *driver* of the entire *DDT*, even when enhanced by *active safety systems*.	*Driver*	*Driver*	*Driver*	n/a
1	Driver Assistance	The sustained and *ODD*-specific execution by a *driving automation system* of either the *lateral* or the *longitudinal vehicle motion control* subtask of the *DDT* (but not both simultaneously) with the expectation that the *driver* performs the remainder of the *DDT*.	*Driver and System*	*Driver*	*Driver*	Limited

（续表）

Level	Name	Narrative definition	DDT		DDT fallback	ODD
			Sustained lateral and longitudinal vehicle motion control	OEDR		
2	Partial Driving Automation	The *sustained* and *ODD*-specific execution by a *driving automation system* of both the *lateral* and *longitudinal vehicle motion control* subtasks of the *DDT* with the expectation that the *driver* completes the *OEDR* subtask and supervises the *driving automation system*.	*System*	*Driver*	*Driver*	Limited
ADS (“*System*”) performs the entire *DDT* (while engaged)						
3	Conditional Driving Automation	The sustained and *ODD*-specific performance by an *ADS* of the entire *DDT* with the expectation that the *DDT fallback-ready user* is *receptive* to *ADS*-issued *requests to intervene*, as well as to *DDT performance-relevant system failures* in other vehicle systems, and will respond appropriately.	*System*	*System*	*Fallback-ready user* (*becomes the driver during fallback*)	Limited
4	High Driving Automation	The sustained and *ODD*-specific performance by an *ADS* of the entire *DDT* and *DDT fallback* without any expectation that a user will respond to a *request to intervene*	*System*	*System*	*System*	Limited
5	Full Driving Automation	The sustained and unconditional (i.e., not *ODD*-specific) performance by an *ADS* of the entire *DDT* and *DDT fallback* without any expectation that a *user* will respond to a request to *intervene*.	*System*	*System*	*System*	Unlimited

注：ADS—Assistant Driving System；OEDR—Object and Event Detection and Response。

随着各国自动驾驶车辆公开道路测试的推进，越来越多企业和供应商参与到道路测试工作中。截至 2021 年 2 月，美国 41 个州和哥伦比亚特区已经颁布了与自动驾驶车辆相关的法律或行政命令。加州机动车管理局(Department of Motor Vehicles, DMV)要求自动驾驶车辆开发商必须向车管局提交在公共道路上进行自动驾驶测试的事故报告和脱离报告。

2021 年 2 月 9 日，加州 DMV 发布了 2020 年自动驾驶测试数据，共有 29 家公司总计进行了 195.52 万 mile(1 mile=1.609344 km)的测试，其中 Waymo 和 Cruise 的测试里程数最高。根据每次接管的平均行驶里程间隔(Miles Per Intervention, MPI)统计：Waymo, Cruise, AutoX, Pony.ai 和 Argo.ai 位列前五，2019 年百度的 MPI 排名第一，但百度未上报 2020 年在加州的路测数据。Waymo, Cruise 和 AutoX 在 2020 年展示了不配备安全员的完全无人驾驶能力，并且 Waymo 与 AutoX 推出了面向公众开放的不配备安全员的 RoboTaxi 试运营。

1.3 国内道路交通安全发展

1.3.1 宏观安全政策

为加强我国道路交通安全工作的一系列重大决策部署，国家机关和地方政府相继提出和颁布了一系列交通安全战略和计划，旨在从国家层面和城市层面指导和加强道路交通安全工作。

在国家层面，2017 年国家安全工作座谈中明确了"将交通安全问题纳入国家安全领域，加强交通运输、消防、危险化学品等重点领域安全生产治理，遏制重特大事故的发生"的具体要求。同年，国务院安全生产委员会发布《道路交通安全"十三五"规划》[45]，围绕体制机制、交通参与者、车辆、道路、管理执法、应急救援、科技支撑等七个方面存在的问题，明确交通安全工作的主要任务和重大工程。2019 年，中共中央、国务院印发《交通强国建设纲要》[46]，提出"到本世纪中叶，交通安全水平、治理能力、文明程度、国际竞争力及影响力达到国际先进水平"的发展目标，明确"提高本质安全水平，加强交通安全综合治理，切实提高交通安全水平"的具体要求。

在城市层面，2012 年上海市启动新一轮《上海市交通发展白皮书》[47]编制工作，同济大学承担专项研究并提供技术报告。次年，上海市颁布最终版本，首次将"安全"作为城市交通发展的首要目标，并提出"努力实现安全、畅达、高效、绿色、文明等五类具体发展指标"。2019 年，同济大学与深圳城市交通规划设计研究中心合作开展《深圳市道路交通安全白皮书》编制工作，对标国际大都市交通安全发展战略，以"安全第一、以人为本、社会治理、专业提升"作为指导思想，提出深圳市道路交通安全管理目标、实施途径及相应的政策措施。

相比欧美发达国家，我国在交通安全目标制订、战略规划研究方面起步较晚。国家层面尚未提出面向道路交通安全的"零死亡愿景"战略规划，且当前国内开展交通安全规划的城市较少，全社会缺少交通事故"零死亡"的交通安全文化。

1.3.2 驾驶行为研究

我国道路交通系统具有交通参与者、车辆类型及道路条件复杂多样的特点。通过对与人有关的因素进行探究，了解其与驾驶行为之间的交互作用机理，将有助于把握事故发生规律，为政策制定提供支持。

与国外相比，我国在分心驾驶、疲劳驾驶领域的研究相对丰富，而针对酒驾、药驾的研究试验手段却较为单一，研究不够全面；在研究对象的选取上，对老年驾驶人及新手驾驶人的研究有待进一步深入，包括老年驾驶人适驾性评估与教育培训，以及新手驾驶人驾照分级制度的可行性探索；在研究方法方面，我国对于问卷调查、驾驶模拟器实验、实车实验以及自然驾驶研究等均有涉及，但自然驾驶研究领域尚未得到充分开发利用[18]。

同济大学的高仿真八自由度驾驶模拟器于 2011 年建成，是中国首个具有八自由度运动系统及先进图像融合校正系统的驾驶模拟器(图 1-19)。驾驶模拟器可以采集丰富的驾驶人数据和车辆运行数据，是开展复杂线形道路与车辆运行交互机理的重要工具。近年来，同济大学先后攻克了道路精确建模、实验设计、数据分析等模拟器应用关键技术，从复杂线形道路与车辆运行交互、不良驾驶行为影响因素分析、紧急避撞行为特征、车载设备人机交互等多个维度对驾驶行为安全性进行了深入研究。

2012 年，我国首个"自然驾驶研究项目"在同济大学启动(图 1-20)，由同济大学、通用汽车中国公司、美国弗吉尼亚理工大学交通研究中心三方合作建设，先后采集了 60 名驾驶人

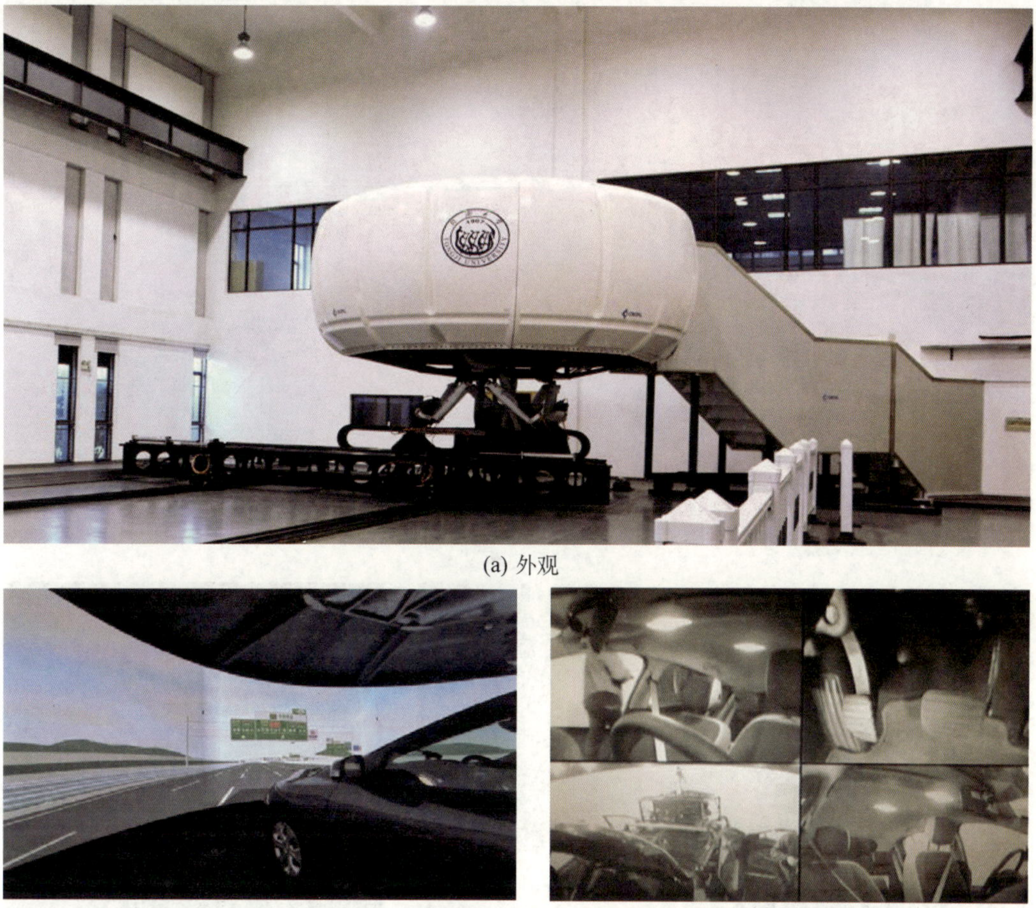

(a) 外观

(b) 舱体内部　　(c) 驾驶人行为监控

图 1-19　同济大学八自由度驾驶模拟器

的行车数据。同济大学利用上海自然驾驶数据，开展了不同道路类型下驾驶人跟驰模型标定及仿真、驾驶人换道决策交互分析、驾驶人风险评估等方面的研究[48-52]。

国内有关驾驶行为研究的应用，推动了如《中华人民共和国刑法》《中华人民共和国道路交通安全法》《道路交通安全法实施条例》等法律条文中关于饮酒驾驶、醉酒驾驶、疲劳驾驶等不良驾驶行为的判定标准；2016 年上海市新修订的《上海市道路交通管理条例》中也增加了一项关于行车时使用手机的规定(即“开车不得浏览电子设备”)。此外，通过对驾驶人开展不同频率、不同模式和不同内容的教育培训，被证明可有效改善其驾驶行为并提升安全性[53]。

此外，我国现有适用于道路系统设计的参考资料中还缺乏一些考虑，如道路交通使用者的自身能力、局限性及信息需求。由于驾驶人的失误是导致交通事故和人员伤亡的关键因素，以驾驶人为中心的道路设计及道路运营管理将有助于提高道路交通系统的安全性。

(a) 项目启动仪式

(b) 自然驾驶数据采集测试车辆

(c) 车内数据采集装置

图 1-20　中国首个“自然驾驶研究项目”

1.3.3　道路设施安全改善

针对道路设施安全，我国颁布了《公路项目安全性评价规范》(JTG B05—2015)[54]。该规范适用于高速公路和一、二、三级公路，主要分为工程可行性研究阶段、初步设计阶段、施工图设计阶段、交工阶段及后评价，从公路使用者的角度，按一定的评价程序，采用定性和定量的方法，对公路交通安全进行全面、系统的分析与评价。针对公路项目安全性评价中不同的评价流程，提出相应的技术要求和评价内容。

相比美国的 HSM[26]，我国《公路项目安全性评价规范》(JTG B05—2015)仅进行了流程性条目的陈述，而缺乏系统的道路设施安全基础理论、实际解决方案和关键技术，且尚未针对各类道路设施形成基础的事故预测模型及事故修正系数，缺少面向道路设施安全的顶层设计指南。HSM 通过成体系的各类道路设施事故模型，支持交互式道路安全设计模型(IHSDM)软件系统，不仅可提供各类设施的安全评估应用，还包含模型细节，强调从技术层面上指导用户进行安全评估。

"十三五"期间(2016—2020年),国家政府部门高度重视道路设施安全工作,国务院安全生产委员会提出了重点道路设施安全提升工程。2014年,国务院办公厅印发了《关于实施公路安全生命防护工程的意见》[55],提出在2017年年底前完成急弯陡坡、临水临崖等重点路段约6.5万km农村公路的安全隐患治理;2020年年底前,基本完成乡道及以上行政等级公路安全隐患治理。2016年,交通运输部发布了《"十三五"公路养护管理发展纲要》[56],提出五年改造干线公路26.4万km,实施公路安全防护工程32.8万km。截至2019年年底,全国完成乡道及以上公路安全生命防护工程61.9万km。

事故分析模型是道路交通安全分析与管理的基础工具和重要手段。同济大学针对上海市各类道路设施开展了安全分析与改善研究:①系统地建立了信控交叉口[57]、城市主干道[58]、城郊主干道[59]、城市快速路[60]、高速公路[61]的事故分析模型,研究了安全影响因素与事故的定量关系,如图1-21所示;②研究了事故多发道路判别方法[62],建立了各类设施的基于贝叶斯方法的安全可提高空间模型,并开展了事故多发道路的判别与改善工作,判别范围近2万km,改善治理近3 600 km。

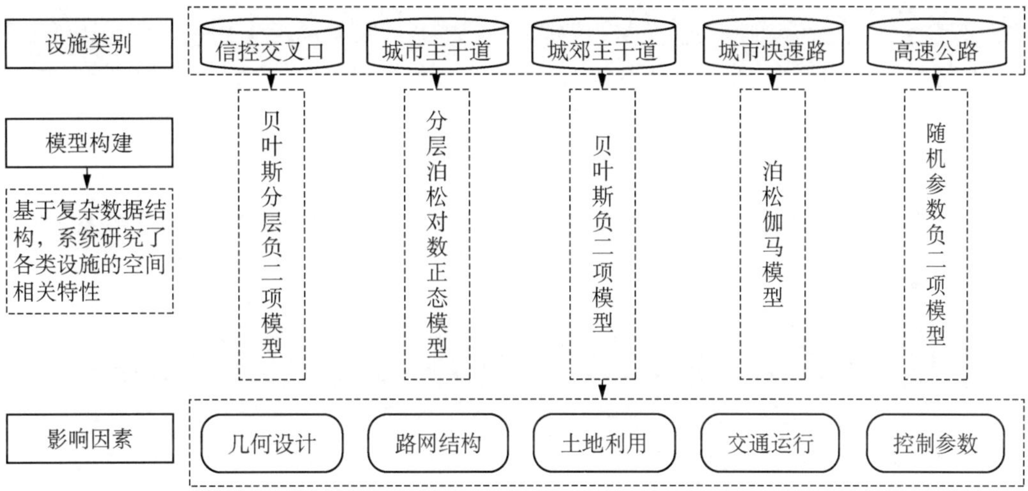

图1-21　道路设施安全统计分析模型体系

1.3.4 车辆主动安全

我国汽车标准化技术委员会发布了国家标准《道路车辆　先进驾驶辅助系统(ADAS)术语及定义》(GB/T 39263—2020)[63],该标准中规定了包括驾驶人疲劳监测、前向碰撞预警、盲区监测等近30种车辆主动安全术语。国内硬件供应商基于摄像头识别等技术,研发生产了车辆主动安全设备及驾驶人监控设备,主要功能包括前向碰撞预警、车道偏离预警、疲劳驾驶监测以及手机使用预警等。其中,车辆主动安全设备大多采用图像识别、图像处理等技术,以进行车距检测、车道线识别,预警方式较为单一,预警场景相对简单;驾驶人监控设备国内多采用图像识别、面部检测等技术,使用摄像头对驾驶人疲劳状况进行监控预警。

中国汽车技术研究中心在欧盟新车安全评鉴协会主动安全星级评级规则的基础上,结合中国汽车标准法规、道路交通实际情况与车型特征，确定了中国新车评价规程(C-NCAP)的试验与评分规则，如图 1-22 所示。

分类	功能	2020	2021	2022	2023	2024	2025
甲类	车间安全辅助		场景增加: AEB纵向场景丰富	评价内容拓展: AEB交叉冲突	评价内容拓展: 需AES本车道内辅助	基于V2X更新场景	评价内容拓展: 需AES+AEB主动介入
	行人安全辅助		场景增加: AEB纵向与夜间		评价内容拓展: 需AES本车道内辅助	基于V2X更新场景	评价内容拓展: 需AES+AEB主动介入
	两轮车安全辅助		评价内容扩展: AEB纵向与横向		评价内容拓展: 需AES本车道内辅助	基于V2X更新场景	评价内容拓展: 需AES+AEB主动介入
乙类	侧方辅助	可选加分项: 盲区车辆报警	评价项: 增加两轮车盲区报警	评价内容拓展: 需紧急车道保持技术		基于V2X更新场景	
	车道辅助	可选加分项: 车道偏离预警	评价项: 车道保持(LKA)	评价内容拓展: 需紧急车道保持技术		基于V2X更新场景	
丙类	低速车用安全辅助				评价项: 低速车周围碰撞	基于V2X更新场景	
丁类	交通识别类辅助	可选加分项: 限速标识识别		评价项: 其他交通标识		基于V2X更新场景	
	驾驶员监控			加分项		加分项	

图 1-22　C-NCAP 新车评价规程

(图片来源:https://www.c-ncap.org.cn)

中国汽车工程研究院股份有限公司、国家智能汽车集成系统实验区管理中心于 2018 年 2 月 6 日发布了《中国智能汽车指数规程》[64]，对自动紧急制动、前向碰撞报警功能规定了测试标准，涉及的测试场景包括前车静止、减速、低速行驶等。

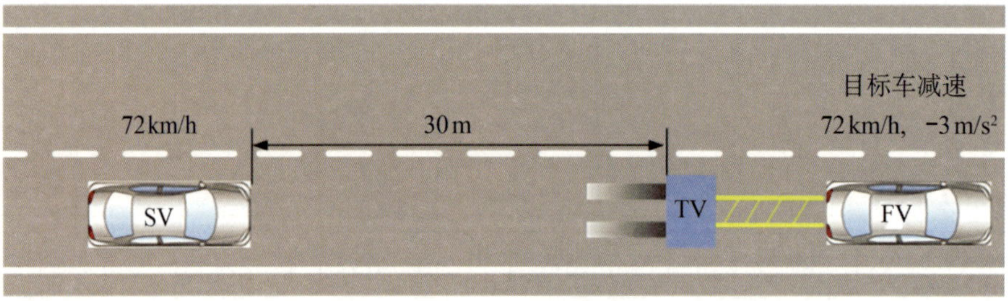

图 1-23　FCWS 测试场景

(图片来源:http://www.i-vista.org)

针对驾驶人监测系统(Driver Monitor System, DMS)，2020 年交通运输部官网发布了《道路运输条例(修订草案征求意见稿)》[65]，条例规定客运车辆、危险货物运输车辆、半挂牵引车以及总质量 12 000 kg 以上的载货车辆应当按照有关规定配备具有行驶记录功能的卫星定位装置和智能视频监控装置，并接入符合标准的监控平台。

1.3.5　营运行业安全管理

道路交通运输车辆是指以盈利为目的、从事道路运输经营的车辆，如表 1-2 所列，主要包括载客汽车、载货汽车以及危险货物运输车。营运车辆在我国的客、货运输中扮演着重要角色，其保有量庞大、运输范围广、运输里程长、载客(货)量大、曝光时间长等特性，使其成为道路上的高风险群体。而针对营运车辆通常在三个层面进行安全管理研究，即行业、企业以及驾驶人,并且在不同的层面分别采取不同的措施。

表 1-2　营运车辆分类

营运车辆类型	定义
营运客车	用于经营性旅客运输的汽车
营运货车	用于货物运输或租赁,并以直接或间接方式收取运费或租金的货运车辆(包括客货两用车)
危货运输车	指运输危险物品的营运货车,是一种货厢顶部不封闭,排气管前置并装有防火花装置,运送石油化工品、炸药、鞭炮等危险品的专用车辆

在行政主管部门层面,营运行业交通安全的管理组织结构一般由三类不同职能的管理部门组成。三类部门相互协作,分别负责营运企业的从业管理、日常运营监管以及安全执法。以上海为例,如图 1-24 所示,上海市交通委员会、上海市城市交通考试中心、上海市城市交通运输管理处、上海市城市交通行政执法总队、上海市公安局交通警察总队以及行业协会各部门分工协作以保证营运行业的安全运作。

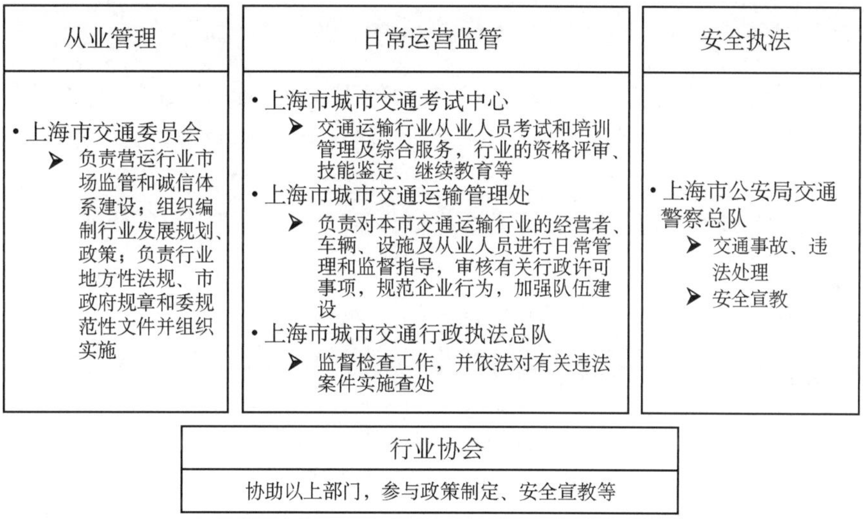

图 1-24　上海市营运行业安全管理

随着信息化技术的快速发展,对于营运车辆安全管理的标准及规范愈发严格。例如,2021年广东省道路运输协会发布的《道路运输车辆智能视频监控报警系统终端技术规范》(T/GDRTA001—2020)严格规定了道路运输车辆智能视频监控报警系统车载终端的一般要求、功能要求、性能要求、安装要求和测试方法。

在企业层面,安全管理也呈现出参差不齐的现象。总体来讲,客运企业的安全管理要优于货运企业,大型企业的安全管理要优于中小型企业。为提升营运企业安全管理效率,诸多企业与同济大学合作进行了尝试性的新型安全教育方案。例如,同济大学与省际客运、市内公交、集装箱运输与危险品运输四类重点行业的四家营运企业合作,开展了基于行为分析的营运驾驶人安全教育研究;中国太平洋财产保险股份有限公司与同济大学合作,建立了驾驶风险监测和评价方法体系,旨在为营运企业提供新的安全管理模式。

在驾驶人层面,驾驶人安全教育是提高驾驶人安全水平、改善驾驶人驾驶行为以及提升营运行业安全状况的主要措施。根据调研,目前企业的安全教育不具备针对性、教育效果不佳(图 1-25)。除此之外,驾驶人对安全教育并不重视,也未充分认识到安全教育例会在提升驾驶人安全水平方面起到的作用。同济大学在对深圳、上海、太原等多地营运行业管理现状进行调研后发现,驾驶人尚未形成良好的交通行为习惯,超速、超载、疲劳驾驶等现象较多。

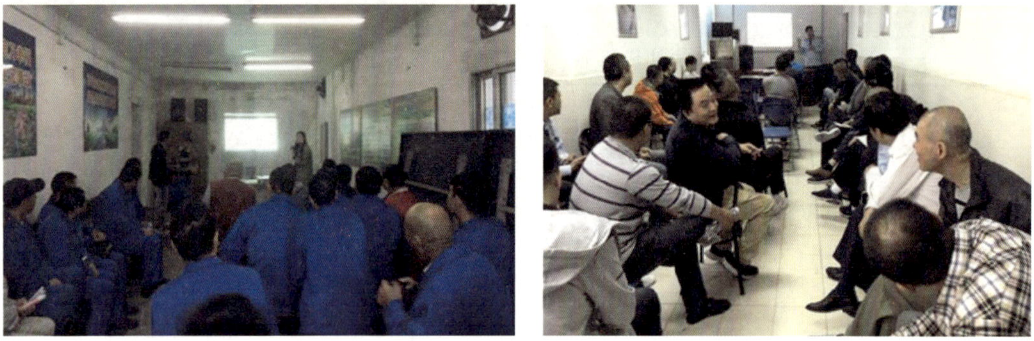

图 1-25　企业安全教育环境

综上所述,针对营运行业安全管理,相关主管部门以及企业都做出了努力,但由于先前国内针对营运行业安全管理的研究较少,缺乏基础研究的支持,目前营运行业的安全管理缺乏一定的系统性与针对性。为提高营运行业安全管理水平,改善安全现状,同济大学以上海、深圳、太原三个城市的管理部门、营运企业与营运驾驶人为研究对象开展研究,主要针对出租汽车、公交、长途客运、普通货运以及危化品运输五类营运行业,从行业发展、企业管理以及驾驶人管理三个层面着手,提出监督管理的改善对策。

1.3.6　自动驾驶

2020 年 3 月,我国工业和信息化部发布《汽车驾驶自动化分级》[66]推荐性国家标准报批稿,其与 SAE 分级标准中的 L0—L5 类似,基于驾驶自动化系统能够执行动态驾驶任务的程度,根据在执行动态驾驶任务中的角色分配以及有无设计运行条件限制,将驾驶自动化分成 0—5 级,驾驶自动化等级与划分要素的关系如表 1-3 所列。

表 1-3　驾驶自动化等级与划分要素的关系[66]

分级	名称	车辆横向和纵向运动控制	目标和事件探测与响应	动态驾驶任务接管	设计运行条件
0 级	应急辅助	驾驶人	驾驶人及系统	驾驶人	有限制
1 级	部分驾驶辅助	驾驶人和系统	驾驶人及系统	驾驶人	有限制
2 级	组合驾驶辅助	系统	驾驶人及系统	驾驶人	有限制
3 级	有条件自动驾驶	系统	系统	动态驾驶任务接管用户(接管后成为驾驶人)	有限制

（续表）

分级	名称	车辆横向和纵向运动控制	目标和事件探测与响应	动态驾驶任务接管	设计运行条件
4级	高度自动驾驶	系统	系统	系统	有限制
5级	完全自动驾驶	系统	系统	系统	无限制①

注：①排除商业和法规因素等限制。

与SAE分级标准不同的是，我国汽车驾驶自动化分级标准中，0级驾驶自动化不是无自动化，0级可感知环境，并提供报警或短暂介入以辅助驾驶人。在《汽车驾驶自动化分级》中，对驾驶自动化系统激活后用户角色的界限划分，相比于SAE分级标准更为细化，明确了不同等级自动驾驶的驾驶人和车辆的界限和责任。

近年来，我国多部委协同开展顶层设计规划，明确智能网联汽车发展目标与体系任务，各部委积极制定产业政策，开展法规修订，推动自动驾驶测试示范、基础设施建设等全方位发展。2019年9月，中共中央、国务院印发《交通强国建设纲要》[46]，明确提出加强智能网联汽车研发，形成自主可控完整的产业链。2020年2月，国家发展和改革委员会联合11部委印发《智能汽车创新发展战略》[67]，明确提出以中国标准智能网联汽车为发展方向，以智能网联汽车强国为建设目标。2020年4月，工业和信息化部印发《2020年智能网联汽车标准化工作要点》[68]，从而加速了标准布局。

我国自动驾驶技术研发与测试验证正逐步进入大示范应用、大规模推广的新阶段，各地积极探索智能网联汽车和智能交通示范推广与商业化。工业和信息化部、公安部、交通运输部在全国各地先后支持建设了16个智能网联汽车测试示范区，国内超过20个省市发布了道路测试实施细则，颁发测试牌照超过400张。广州、长沙、上海、武汉、沧州、北京、重庆、深圳、海南、合肥等省市已经开放载人测试。

我国传统汽车制造商（如上汽、吉利、长安、比亚迪等）、互联网科技企业（如百度、滴滴、腾讯、阿里巴巴等）、新兴汽车制造商（蔚来、小鹏汽车等）均已开始布局自动驾驶汽车相关产业，积极推进自动驾驶技术研发和商业化应用。

自动驾驶的快速发展为现有道路交通安全带来了新的机遇和挑战。对于自动驾驶事故特征研究、自动驾驶安全控制方法、道路设计优化与安全评估方面的研究尚处于起步探索阶段。

1.4　本书主要内容

本书针对道路交通各组成要素“人”“车”“路”等开展了深入分析，针对“人”，剖析了驾驶人的行为与心理，探讨了行人和非机动车等弱势交通参与者的安全问题与改善对策；针对“车”，从个体角度展望了自动驾驶条件下车辆的安全保障，从群体角度介绍了我国当前营运行业的发展现状；针对“路”，构建了城市复杂路网的交通安全分析模型体系，建立了事故多发区域、事故多发设施判别与改善技术，形成了中国城市道路交通安全隐患知识库和改善措施知识库。在城市整体层面上，以宏观视角评估城市道路交通安全管理现状，总结了交通安全管理规划编制方法。本书为城市道路交通安全管理工作的开展奠定了扎实的基础，可用于快速提升我国城市的道路交通安全。

本书共分十七章。

第 2 章交通行为、心理与安全从道路使用者特别是驾驶人的角度出发，探究了不同个体的属性特征、生理与心理特征，以及典型驾驶行为与交通安全的关系。

第 3 章道路交通事故数据介绍了国内外交通事故数据的采集现状，就改善我国交通事故数据采集制度、提升交通事故数据质量提出了有针对性的建议。

第 4 章至第 8 章依次针对信控交叉口、城市主干道、城郊主干道、城市快速路和高速公路，介绍了交通安全分析模型构建方法、安全影响因素分析和事故多发道路判别与改善技术。

第 9 章基于驾驶模拟技术的道路线形设计结合永吉高速公路道路设计安全评估项目的研究成果，主要从驾驶模拟实验设计方案、车辆运行与道路线形的交互机理、道路线形安全性评估等几方面进行总结。

第 10 章行人交通安全和第 11 章非机动车交通安全分别从行人和非机动车的视角出发，分析了各自的安全特征，提出了重点安全问题，并总结了国内外弱势道路使用者的管理和改善经验。

第 12 章客运行业安全管理和第 13 章货运行业安全管理选取了出租汽车、公交、长途客运、普通货运以及危化品运输五类营运行业，依托上海、深圳和太原等城市的安全管理规划的编制经验，提出了营运行业的重点安全问题及对策。

第 14 章车辆主动安全从风险感知识别、预警算法设计、人机交互三方面着手，分别从前向碰撞预警、疲劳驾驶预警功能以及车载信息系统设计评估与优化等方面，介绍了车辆主动安全的优化提升方案。

第 15 章面向自动驾驶的交通安全介绍了自动驾驶车辆事故特征、自动驾驶车辆的安全控制和面向自动驾驶的道路设施。

第 16 章宏观交通安全分析和第 17 章城市交通安全管理规划立足于把握城市整体交通安全，介绍了城市宏观交通安全分析模型的构建方法，总结了交通安全管理规划的编制方法，并以《深圳市交通安全白皮书》为例介绍了交通安全管理规划的主要内容。

参考文献

[1] WORLD HEALTH ORGANIZATION. Global Status Report on Road Safety 2015 [J]. Injury Prevention, 2015, 15(4): 286-286.

[2] WORLD HEALTH ORGANIZATION. Global Status Report on Road Safety 2018 [R]. Geneva: World Health Organization, 2018.

[3] DESTATIS. TRAFFIC ACCIDENTS [DB/OL]. https://www.destatis.de/EN/Themes/Society-Environment/Traffic-Accidents/_node.html#sprg265458.

[4] 中华人民共和国国家统计局[DB/OL].[2019-07-20]. https://data.stats.gov.cn/easyquery.htm?cn=C01.

[5] OECD. ITF Transport Statistics [DB/OL]. https://www.oecd-ilibrary.org/transport/data/itf-transport-statistics_trsprt-data-en.

[6] 杨敏明,王雪松.交通安全政策与宏观安全统计分析最新进展[J].交通与运输,2019,35(4):13-17.
[7] FIRST GLOBAL MINISTERIAL CONFERENCE ON ROAD SAFETY. Moscow Declaration[Z]. Moscow: First Global Ministerial Conference on Road Safety, 2009.
[8] UNITED NATIONS. Global Plan for the Decade of Action for Road Safety 2011—2020[R]. New York: United Nations, 2011.
[9] THIRD GLOBAL MINISTERIAL CONFERENCE ON ROAD SAFETY. Stockholm Declaration[Z]. Stockholm: Third Global Ministerial Conference on Road Safety, 2020.
[10] AMERICAN ASSOCIATION OF STATE HIGHWAY AND TRANSPORTATION OFFICIALS. Strategic Highway Safety Plan[R]. National Highway Traffic Safety Administration, 2005.
[11] NATIONAL COOPERATIVE HIGHWAY RESEARCH PROGRAM. Incorporating Safety into Long-Range Transportation Planning[R]. Transportation Research Board, 2006.
[12] VANASSE HANGEN BRUSTLIN, INC. Toward zero deaths: A national strategy on highway safety [R]. Raleigh: The Toward Zero Deaths Steering Committee, 2011.
[13] NEW YORK CITY GOVERNMENT. Vision Zero Action Plan City of New York 2014[R]. New York: New York City Government, 2014.
[14] VISION ZERO NETWORK. Vision Zero Communities [EB/OL]. [2021-02-04]. https://visionzeronetwork.org/.
[15] RAND CORPORATION. The road to zero: A vision for achieving zero roadway deaths by 2050[R]. Santa Monica: National Safety Council and the RAND Corporation, 2018.
[16] TREAT J R, TUMBAS N S, MCDONALD S T, et al. Tri-level study of the causes of traffic accidents. Executive summary [R]. Washington, D. C.: National Highway Traffic Safety Administration, 1979.
[17] WIEGMANN D A, SHAPPELL S A. Human Error Analysis of Commercial Aviation Accidents: Application of the Human Factors Analysis and Classification System (HFACS)[J]. Aviation Space and Environmental Medicine, 2001, 72(11): 1006-1016.
[18] 张旭欣, 王雪松, 马勇,等.驾驶行为与驾驶风险国际研究进展[J].中国公路学报, 2020, 33(6): 1-17.
[19] STEUDLE K T, COUNCIL F M, COUTO C D, et al. Implementing the Results of the Second Strategic Highway Research Program: Saving Lives, Reducing Congestion, Improving Quality of Life-Special Report 296[R]. Washington, D.C.: The Transportation Research Board of the National Academies, 2009.
[20] ANTIN J F, LEE S, PEREZ M A, et al. Second strategic highway research program naturalistic driving study methods[J]. Safety Science, 2019, 119: 2-10.
[21] CAMPBELL J L, RICHARD C M, GRAHAM J L, et al. Human factors guidelines for road systems [R]. Washington, D.C.: The Transportation Research Board of the National Academies, 2008.
[22] CAMPBELL J L, LICHTY M G, BROWN J L, et al. Human Factors Guidelines for Road Systems[R]. 2nd ed. Washington, D.C.: The Transportation Research Board of the National Academies, 2012.
[23] NATIONAL HIGHWAY TRAFFIC SAFETY ADMINISTRATION. Fatality Analysis Reporting System | NHTSA[EB/OL]. [2021-02-18]. https://www.nhtsa.gov/crash-data-systems/fatality-analysis-reporting-system.
[24] FEDERAL HIGHWAY ADMINISTRATION. HSIS-Highway Safety Information System [EB/OL]. [2021-02-18]. https://www.hsisinfo.org/.

[25] Governors Highway Safety Association. Model Minimum Uniform Crash Criteria (MMUCC) | GHSA [EB/OL]. [2021-02-18]. https://www.ghsa.org/resources/mmucc.

[26] AMERICAN ASSOCIATION OF STATE HIGHWAY AND TRANSPORTATION OFFICIALS. Highway Safety Manual, 1st Edition[R]. 2010.

[27] FEDERAL HIGHWAY ADMINISTRATION. Manual on Uniform Traffic Control Devices for Streets and Highways, 2009 Edition[R]. 2009.

[28] AMERICAN ASSOCIATION OF STATE HIGHWAY AND TRANSPORTATION OFFICIALS. A Policy on Geometric Design of Highways and Streets[R]. 7th Edition. 2018.

[29] AMERICAN ASSOCIATION OF STATE HIGHWAY AND TRANSPORTATION OFFICIALS. Safety Analyst[EB/OL]. [2021-02-18]. https://www.safetyanalyst.org/.

[30] FEDERAL HIGHWAY ADMINISTRATION. Interactive Highway Safety Design Model (IHSDM) - IHSDMDownload[EB/OL]. (2020-12-09) [2021-02-18]. https://www.ihsdm.org/.

[31] FEDERAL HIGHWAY ADMINISTRATION. Highway Safety Improvement Program (HSIP)-Safety | Federal Highway Administration[EB/OL]. (2021-01-12) [2021-02-18]. https://safety.fhwa.dot.gov/hsip/about.cfm.

[32] AMERICAN ASSOCIATION OF STATE HIGHWAY AND TRANSPORTATION OFFICIALS. An Introduction to the Highway Safety Manual[EB/OL].(2011-01-01)[2020-12-30]. http://www.highwaysafetymanual.org/Documents/HSMP-1.pdf.

[33] AMERICAN ASSOCIATION OF STATE HIGHWAY AND TRANSPORTATION OFFICIALS. Highway Safety Manual, 2nd Edition: An Overview of Changes, Additions, and Related Research [EB/OL]. (2019-11-13) [2020-12-30]. http://www.highwaysafetymanual.org/Documents/HSM2_GeneralUpdate_20191113.pdf.

[34] WORLD ROAD ASSOCIATION. Road Safety Manual[EB/OL]. (2019-09-30) [2021-01-07]. https://www.piarc.org/en/.

[35] INTERNATIONAL ROAD ASSESSMENT PROGRAMME. About us[EB/OL]. (2017-01-01) [2021-01-07]. https://www.irap.org/.

[36] FEDERAL MOTOR CARRIER SAFETY ADMINISTRATION. Trends in commercial vehicle safety [C]. Transportation Research Board 99th Annual Meeting, Washington D.C., USA, 2020.

[37] NEWNAM S, WATSON B. Work-related driving safety in light vehicle fleets: A review of past research and the development of an intervention framework[J].Safety Science, 2011, 49(3): 369-381.

[38] WILLS A R, WATSON B, BIGGS H C. Comparing safety climate factors as predictors of work-related driving behavior[J]. Journal of Safety Research, 2006, 37(4): 375-383.

[39] MOOREN L, GRZEBIETA R, WILLIAMSON A, et al. Safety management for heavy vehicle transport: review of the literature[J]. Safety Science, Elsevier Ltd., 2014, 62: 79-89.

[40] FEDERAL MOTOR CARRIER SAFETY ADMINISTRATION. Report to congress on the large truck crash causation study [C]. Washington D. C.: Federal Motor Carrier Safety Administration, 2006.

[41] 中华人民共和国公安部交通管理局.中华人民共和国道路交通事故统计年报[R].无锡:公安部交通管理科学研究所, 2018.

[42] SAE INTERNATIONAL. Taxonomy and Definitions for Terms Related to Driving Automation Systems for On-Road Motor Vehicles[EB/OL]. [2018-06]. https://www. sae. org/standards/

content/j3016_201806/.

[43] The National Highway Traffic Safety Administration (NHTSA). The Federal Automated Vehicles Policy[R]. Washington D.C.: US Department of Transportation, 2016.

[44] THE U.S. DEPARTMENT OF TRANSPORTATION (USDOT). Automated Vehicles Comprehensive Plan[EB/OL]. [2021-01-11]. https://www.transportation.gov/av/avcp/5.

[45] 中共中央、国务院.道路交通安全"十三五"规划[EB/OL]. [2017-09-07]. http://www.mem.gov.cn/.

[46] 中共中央、国务院. 交通强国建设纲要[EB/OL]. [2019-09-19] http://xxgk.mot.gov.cn/.

[47] 上海市人民政府. 上海市交通发展白皮书(2013 版)[M].上海:上海人民出版社,2014.

[48] ZHU M, WANG X, TARKO A, et al. Modeling car-following behavior on urban expressways in Shanghai: A naturalistic driving study[J].Transportation Research Part C: Emerging Technologies, 2018, 93: 425-445.

[49] ZHU M, WANG X, WANG Y. Human-like autonomous car-following model with deep reinforcement learning[J].Transportation Research Part C: Emerging Technologies, 2018, 97: 348-368.

[50] WANG X, YANG M, Hurwitz D. Analysis of cut-in behavior based on naturalistic driving data[J]. Accident Analysis and Prevention, 2019, 124: 127-137.

[51] YANG M, WANG X, QUDDUS M. Examining lane change gap acceptance, duration and impact using naturalistic driving data[J].Transportation Research Part C: Emerging Technologies, 2019, 104: 317-331.

[52] WANG X, XU X. Assessing the relationship between self-reported driving behaviors and driver risk using a naturalistic driving study[J]. Accident Analysis and Prevention, 2019, 128: 8-16.

[53] WANG X, XING Y, LUO L, et al. Evaluating the effectiveness of Behavior-Based Safety education methods for commercial vehicle drivers[J].Accident Analysis and Prevention, 2018, 117: 114-120.

[54] 中华人民共和国交通运输部.公路项目安全性评价规范:JTG B05—2015[S].北京:人民交通出版社,2016.

[55] 国务院办公厅关于实施公路安全生命防护工程的意见[EB/OL]. (2014-11-28) [2021-02-18]. http://www.gov.cn/zhengce/content/2014-11/28/content_9276.htm.

[56] 中华人民共和国交通运输部.交通运输部关于印发"十三五"公路养护管理发展纲要的通知[EB/OL]. (2016-06-02) [2021-02-18]. http://xxgk.mot.gov.cn/jigou/glj/201702/t20170208_2979403.html.

[57] XIE K, WANG X, OZBAY K, et al. Crash frequency modeling for signalized intersections in a high-density urban road network[J]. Analytic Methods in Accident Research, 2014, 2: 39-51.

[58] WANG X, ZHOU Q, QUDDUS M, et al. Speed, speed variation and crash relationships for urban arterials[J]. Accident Analysis and Prevention, 2018, 113: 236-243.

[59] WANG X, YUAN J, GRANT G S, et al. Investigating the safety impact of roadway network features of suburban arterials in Shanghai[J]. Accident Analysis and Prevention, 2018, 113: 137-148.

[60] XU C, WANG X, YANG H, et al. Exploring the impacts of speed variances on safety performance of urban elevated expressways using GPS ata[J]. Accident Analysis and Prevention, 2019, 123: 29-38.

[61] WANG X, FENG M. Freeway Single and multi-vehicle crash safety analysis: influencing factors and hotspots[J]. Accident Analysis and Prevention. 2019, 132, 105268.

[62] FENG M, WANG X, LEE J, et al. Transferability of safety performance functions and hotspot identification for freeways of the United States and China[J]. Accident Analysis and Prevention, 2020, 139, 105493.

[63] 全国汽车标准化技术委员会.道路车辆先进驾驶辅助系统(ADAS)术语及定义[EB/OL]. [2019-02-11]. http://www.catarc.org.cn/.

[64] 中国汽车工程研究股份有限公司.中国智能汽车指数规程[EB/OL]. [2020-01-01]. http://www.i-vista.org/.

[65] 中华人民共和国交通运输部. 交通运输部关于道路运输条例(修订草案征求意见稿)公开征求意见的通知[EB/OL]. [2020-11-03]. http://www.gov.cn/.

[66] 中华人民共和国工业和信息化部. 汽车驾驶自动化分级[EB/OL]. [2020-03-10]. https://www.miit.gov.cn/.

[67] 国家发展改革委等 11 部委.智能汽车创新发展战略[EB/OL]. [2020-02-10]. https://www.ndrc.gov.cn/.

[68] 中华人民共和国工业和信息化部. 2020 年智能网联汽车标准化工作要点[EB/OL]. [2020-04-16]. https://www.miit.gov.cn/.

2

交通行为、心理与安全

驾驶人在驾驶车辆的过程中，基本遵循"刺激(stimulation)→感知(perception)→判断(judgement)→行动(behavior)"的活动规律[1]，其在交通环境中的行为与交通安全息息相关。不同道路使用者的生理、心理特征不同，对交通环境的感知、判断能力也有差异。探究驾驶人行为和心理特征对于提升道路交通安全水平具有重要意义。本章主要从驾驶人的基本属性特征(如性别、年龄、驾龄)、生理心理特征以及驾驶行为特征等几方面进行总结。

2.1 个体属性特征

根据公安部交通管理局公布的数据，截至 2019 年，全国机动车驾驶人数量高达 4.35 亿，其中男性驾驶人数量达 2.98 亿，占总数的 68.5%；女性驾驶人为 1.37 亿，占 31.5%。在驾驶人年龄分布方面，26～50 岁的驾驶人为主体，占总量的 72.5%，其次为 51～60 岁，占比为 12.9%，年龄在 60 岁以上的驾驶人约占 3.1%[2]。不同性别、年龄和驾龄的驾驶人的交通行为存在显著差异。

2.1.1 性别(gender)

公安部交通管理局公布的数据显示(图 2-1)，交通事故肇事者中男性比例接近 90%，约为女性数量的 9 倍，如图 2-1(a)所示；而男性肇事者造成的死亡、受伤人数比例分别高达 93.6%和 88.7%，如图 2-1(b)，(c)所示，远高于女性肇事者。交通事故中死亡者的男女比

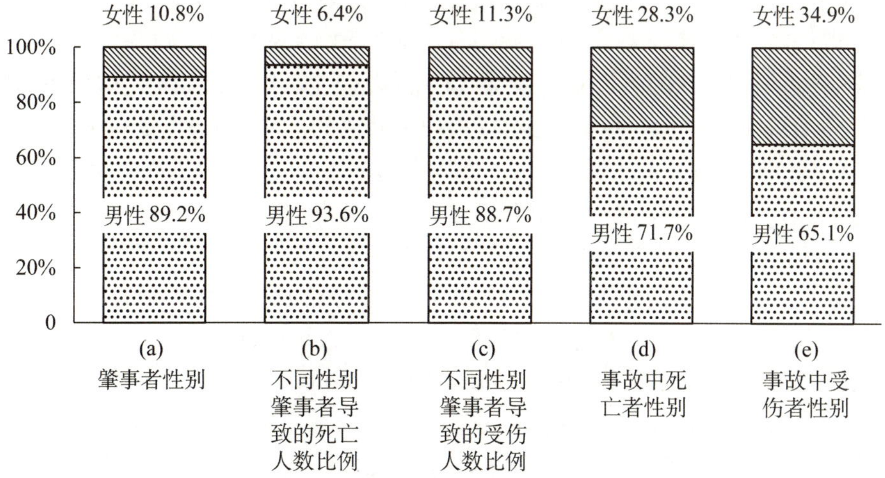

图 2-1　中国道路交通事故性别统计[3-7]

例约为 2.5∶1,受伤者的男女比例约为 1.9∶1,如图 2-1(d),(e)所示。

据统计,男性的驾驶里程多于女性,出现危险驾驶行为(如不系安全带、酒后驾驶及超速行驶等)的频次更高。通常,涉及男性驾驶人的事故往往比涉及女性驾驶人的更为严重[8]。

美国道路安全保险协会(Insurance Institute for Highway Safety, IIHS)发布的数据显示(表 2-1),2016—2017 年,男性驾驶人每亿英里行驶里程中发生的死亡事故数量(2.1 起)比女性(1.3 起)高出 63%;16～29 岁男性驾驶人死亡事故率远高于女性,其中,年龄在 20～29 岁的驾驶人死亡事故率的性别差异最大,男性事故率约为女性的 2.4 倍;30 岁及以上男性的事故率略微高于女性。

表 2-1　不同性别驾驶人每亿英里死亡事故发生率[9]

年龄/岁	男性			女性			总量*	
	事故数/起	里程/亿英里	事故率/(起·亿英里$^{-1}$)	事故数/起	里程/亿英里	事故率/(起·亿英里$^{-1}$)	事故数/起	里程/亿英里
16～19	2 019	317.3	6.4	1 003	306.8	3.3	3 023	624.1
20～29	7 327	1 875.0	3.9	3 246	1 981.5	1.6	10 578	3 856.5
30～59	12 875	7 852.7	1.6	6 011	5 582.2	1.1	18 888	13 435.0
60～69	3 019	2 079.2	1.5	1 380	1 367.1	1.0	4 400	3 446.3
≥70	2 924	1 046.8	2.8	1 377	667.4	2.1	4 302	1 714.2
总量*	28 182	13 171.0	2.1	13 020	9 905.0	1.3	41 234	23 076.1

注:① 1 英里=1 609.344 m。
② * 是指总量包括其他年龄段事故或未采集到驾驶人性别信息的事故。

对于死亡事故的性别比例分布,世界卫生组织(World Health Organization, WHO)2017 年公布的数据显示,全世界范围内男性在事故中死亡的比例为女性的 3 倍以上[10];欧洲道路安全观察站(European Road Safety Observatory, ERSO)在 2018 年公布的交通安全基本情况报告中同样显示,欧洲男性的道路死亡率是女性的 3 倍以上[11]。

事故死亡风险的计算结果会受到计算方法和外界因素的影响。例如,当研究不同性别驾驶人在交通事故中的参与度时,通常使用基于频率和比例的分析,如图 2-1 所示,但该方法未考虑不同性别驾驶人的出行强度,使得结果出现偏差。同样地,利用车辆行驶里程作为危险暴露量(crash exposure,用于表征出行过程中遭遇的危险数量)也是一种常见的分析方法(表 2-1),但该方法假设事故发生的系统环境保持不变,因此无法反映车辆运行过程中外界条件(即人、车、路、环境等)变化及驾驶人之间的个体差异[12]。

F. A. Haight[13]提出的"相对危险暴露量(quasi-induced exposure)"方法能够反映事故发生环境的时空变动性和驾驶人之间的个体差异性,可更加准确地判别出行主体的事故倾向性[12]。此外,为排除其他因素对事故死亡风险计算的影响,L. Evans[14]提出了一种新的计算方法,即"双对比较法(double pair comparison method)"。该方法将某个目标因素(如性别)的影响从影响交通事故死亡风险的众多因素中隔离出来。例如,对女性驾驶人交通事故死亡风险的度量是通过将女性驾驶人与男性乘客的死亡比率除以男性驾驶人与男性乘客的死亡比率进行计算。利用该方法对美国的死亡交通事故进行分析,发现年龄为 20～35 岁的女性在事故中死亡的风险比男性高出(28±3)%[15]。尽管性别因素在死亡风险上的差异随着年龄的增长而减小,但在同等严重程度的交通事故中,女性比男性更易受伤或死亡[15]。

2.1.2 年龄(age)

美国汽车协会(American Automobile Association,AAA)交通安全基金会对2014—2015年间美国不同年龄段驾驶人导致的亿英里交通事故率和亿英里死亡交通事故率进行了统计,如图2-2所示。结果显示,在80岁以下的驾驶人中,死亡交通事故率最高的年龄段为16～17岁,最低为60～69岁;与30～59岁的驾驶人相比,70～79岁驾驶人死亡交通事故发生率显著增加,且与25～29岁驾驶人的死亡交通事故率相当[16]。

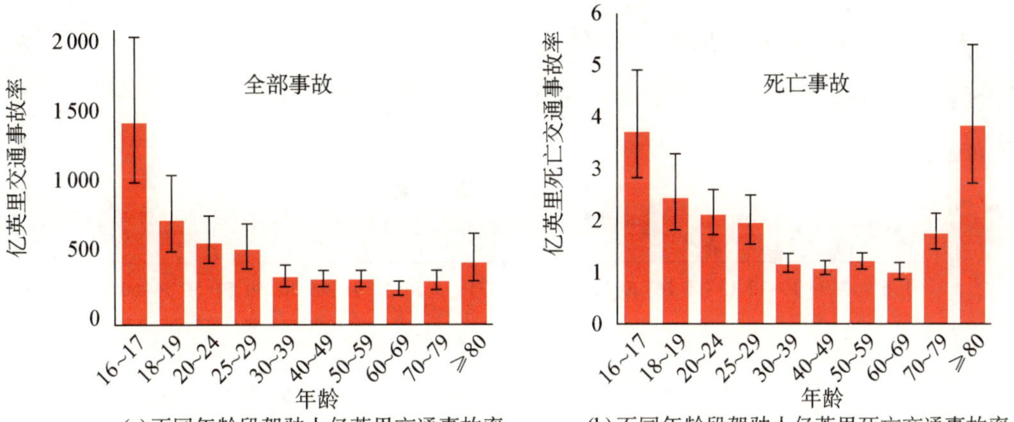

图 2-2 美国不同年龄段驾驶人亿英里交通事故率及亿英里死亡交通事故率[16]

(注:误差条表示95%置信区间)

中国近五年的道路交通事故数据显示,交通事故的肇事者年龄集中在26～50岁,所造成的事故数量约占事故总数的72.6%,如图2-3所示。事故伤亡人员中,死亡比例最高的年龄段为65岁以上老年人,约占死亡总数的20.83%,远高于该年龄段受伤人数比例(11.51%);伤者多数集中于41～55岁与65岁以上两个年龄段,约占受伤总数的42.5%。老年人在事故中伤亡的占比较高,这可能与其生理机能下降有一定关系。年龄在1～6岁的儿童伤亡率相对较高,因此儿童安全问题亟须引起重视。

世界范围内的人口老龄化带来了老年驾驶人数量的增加。据统计,2015—2017年,60岁以上驾驶人的事故数占比从4.05%升至5.63%[2]。由于老年驾驶人的生理机能(如视觉、听觉、注意力、反应能力或认知等)会随着年龄增大而下降,因此该群体的驾驶安全性值得关注[17,18]。

2.1.3 驾龄(driving years)

驾龄,即机动车驾驶人自取得驾驶资格之日起开始计算的年限。研究表明,驾龄对事故风险产生显著影响,随着驾驶人驾龄的增长,其交通事故风险显著降低[19]。

2015—2019年,我国的道路交通事故数据显示(图2-4),驾龄为5年及以下驾驶人造成

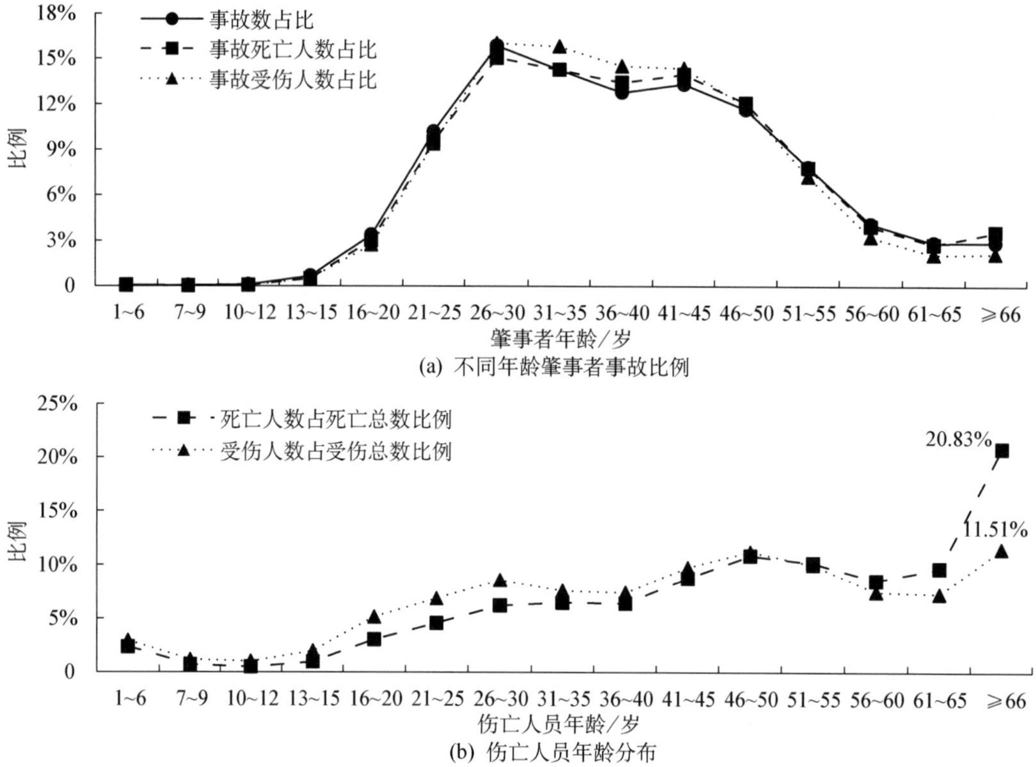

图 2-3 中国不同年龄肇事者事故比例及伤亡人员年龄分布[3-7]

的交通事故约占事故总数的近四成,其中驾龄小于 3 年的肇事者造成了 15.8%的交通事故。而驾龄为 1 年及以下的驾驶人造成的事故比例高达 9.1%,造成死亡人数占死亡总人数的 7.9%,受伤人数占受伤总人数的 9.7%,远高于其他驾龄驾驶人的平均值。

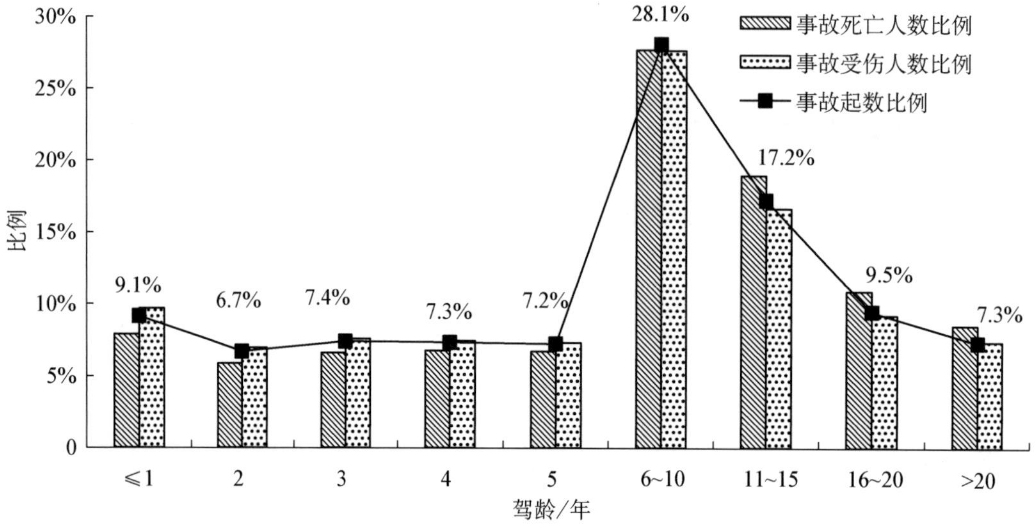

图 2-4 2015—2019 年我国道路交通事故肇事者驾龄分布[3-7]

驾驶经验和驾驶技能的缺乏是新手驾驶人事故多发的主要原因。针对新手驾驶人的交通安全问题，美国在驾驶人培训内容和驾驶证申请流程上进行了改进，以提升新手驾驶人的安全性。美国对于驾驶证的申请可大致分为两个阶段：第一阶段，新手驾驶人通过“视觉与听觉测试”和“理论考试”获得“学员许可(learner's permit)”这一过渡性的驾驶证，可在有驾驶证的成年人陪伴下驾车；第二阶段，通过“实车测试”后可获得正式的驾驶证。除常规流程外，青少年驾驶人还须参加“新手驾驶人培训课程”，并在实车测试前通过“渐进式驾驶培训(Graduated Driving License, GDL)”；部分州还有附加学习测试内容，如佛罗里达州的“药物与酒精课程”。

我国存在部分人员在获得驾照后实际很少驾驶，缺乏上路经验，即“本本族”现象，造成实际驾驶时间和驾龄的不匹配，因此，建议在分析驾龄和安全的关系时，应结合驾驶人实际驾驶里程进行研究。

2.2 生理与心理特征

2.2.1 视觉(vision)

驾驶车辆时，个体所接受到的外界环境的信息约有80%来自视觉[20]。视觉的生理机制由折光机制、感觉机制、传导机制和中枢机制构成，如图2-5所示。其中，折光机制由眼球壁外侧的角膜和眼球内容物(晶状体、房水、玻璃体)组成，晶状体通过它的曲率半径来调节角膜的折射。眼球的感觉机制在视网膜，位于中央凹的视锥细胞是昼视细胞，对物体的细节和颜色敏感；位于中央凹附近的视杆细胞是夜视细胞，对物体的明和暗敏感[20]。视觉信号在眼球产生后，由视觉神经传入大脑，在大脑枕叶的纹状区进行加工。与驾驶安全相关的视觉感觉主要包括明/暗适应、视野。

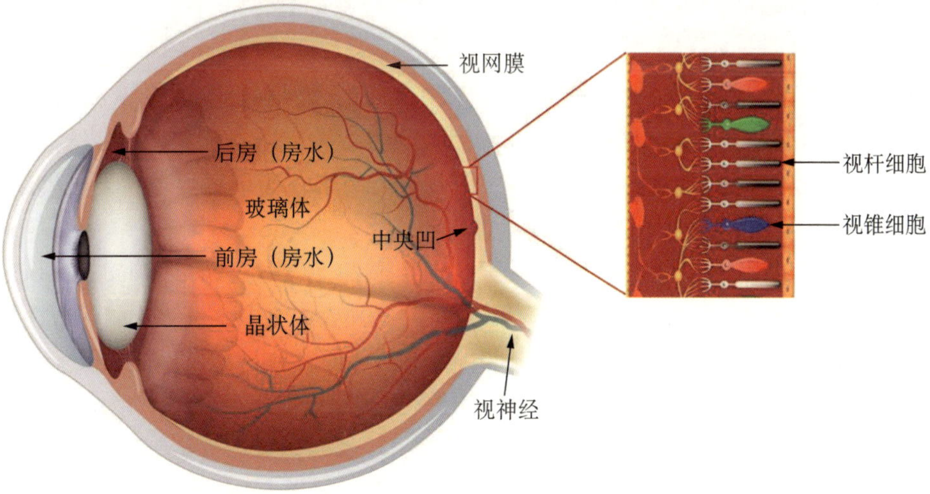

图2-5 眼球的基本结构

(左图图片来源：https://www.shutterstock.com/zh/image-vector/human-eye-anatomy-diagram-medical-illustration-175025168；右图图片来源：https://www.aao.org/eye-health/anatomy/cones)

1. 暗适应(dark adaptation)与明适应(bright adaptation)

暗适应是人眼由亮处转入暗处时对光的敏感性逐渐提高的过程。暗适应光化学反应有两个阶段,如图 2-6 所示,在最初的几分钟内,视锥细胞视色素的合成增加,感光阈值的下降强度较大,有一段快速适应阶段;大约 11 min 后,视杆细胞中视紫红质的合成增强,视杆细胞变得比视锥细胞更加敏感,感光阈值进一步下降,大约 30～40 min 完成暗适应[21,22]。明适应是由暗处转入亮处时人眼对光的敏感性逐渐下降的过程;该过程较为短暂,一般在 5 min左右完成。

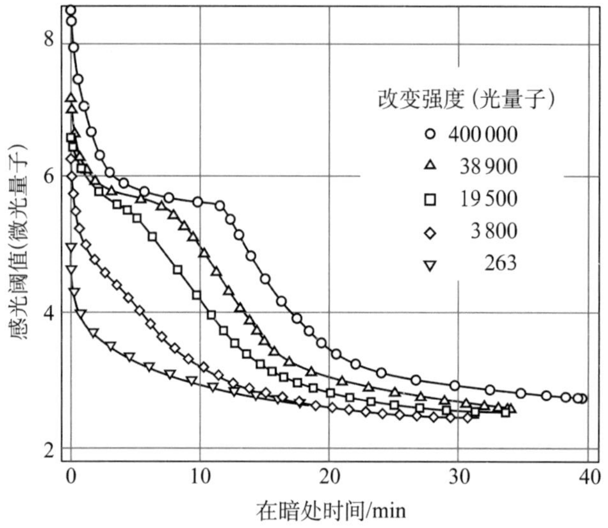

图 2-6 暗适应曲线[21]

在驾驶过程中,明/暗适应通常发生在隧道口,由隧道内、外环境的明暗差异所引起,使得驾驶人暂时无法看清。研究表明,隧道有效暗适应时长为 19.8 s[23]。

2. 视野(field of vision)

视野是人眼固定注视一点时所看到的全部视线范围[1]。视野与信息量和认知负荷有关,当视野周围区域待处理信息量较大时,驾驶人的有效视野会减小[24,25];另外,视野中心的高认知负荷也会导致有用视野的退化[26]。比如复杂道路交通场景中存在大量机动车、骑行者、行人、交通标志及障碍物,驾驶人的有效视野通常会减小。

行车速度显著影响驾驶人有效视野。世界道路协会(World Road Association, PIARC)公布的数据显示[27],当车速为 65 km/h 时,驾驶人有效视野范围约 100°,视觉焦点在远处 300～400 m 处;当车速提升至 80 km/h 时,有效视野范围降至 65°,视觉焦点在 500 m 附近;当车速提升至 100 km/h 时,有效视野范围降至 40°,视觉焦点超过 600 m,如图 2-7 所示。该结果表明,车速提高时,驾驶人的有效视野变窄,且视觉焦点会集中在更远的距离。

2.2.2 知觉(perception)

知觉是人对事物属性的整体认识,与驾驶相关的知觉有空间知觉、时间知觉和运动知觉[28]。空间知觉是指对物体的空间关系的认识,包括形状、大小、深度与距离、方位和空间

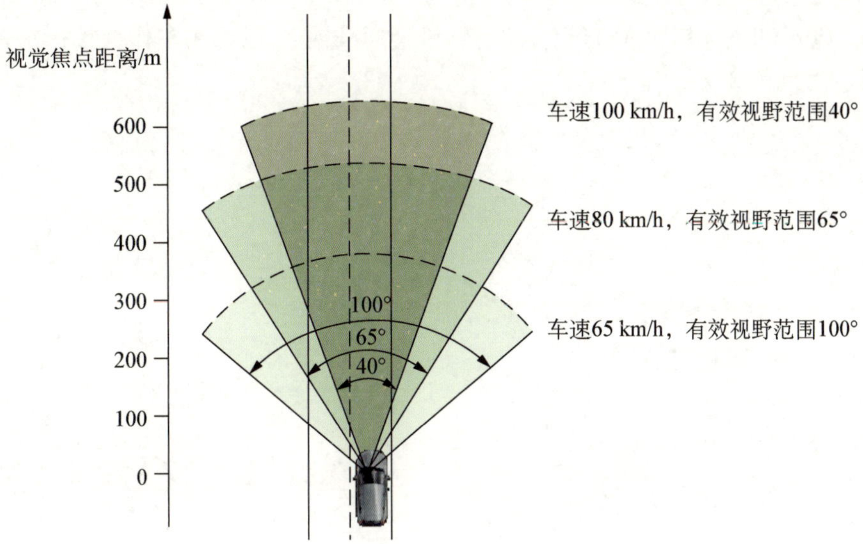

图 2-7 车速对视野的影响[27]

定向等。时间知觉是指个体知觉到的客观事物或事件的连续性和顺序性。运动知觉是指物体的运动特性直接作用于大脑，为人们所认识。知觉具有选择性、整体性、理解性和恒常性四个特征[20]。选择性是指人把少数事物当成知觉对象，其他事物被当成知觉背景。整体性是指人把个别属性、个别部分综合成为整体的能力。理解性是指人会根据线索对知觉对象进行假设，并依据经验进行判断。恒常性是指物理刺激变化而人的知觉保持稳定的现象。

交通标志呈现的信息量模糊(信息量过少)或冗余(信息量过多)将影响驾驶人对标志内容的理解以及对安全改善的感知[29]。一项关于年轻驾驶人和老年驾驶人在不同背景(白色背景的标志和驾驶环境下的标志)下对交通标志理解性的研究发现：与年轻驾驶人相比，老年驾驶人对路标的理解较差；在不易识别的交通标志符号的上方或下方增加文字，将有助于年轻或老年驾驶人理解信息并加强对驾驶安全的感知[30]。

2.2.3 反应(reaction)

反应是个体对刺激的响应[28]。一个完整的刺激-反应过程包括三个部分：①感受器接受刺激信息并将信息传递到大脑皮质；②大脑皮质对信息进行加工；③大脑皮质将判断结果传递给效应器，效应器做出反应[31]。不同的感觉器官的反应时间存在差异，视觉反应时间为0.15～0.23 s，听觉反应时间为 0.12～0.18 s，触觉反应时间为 0.12～0.18 s[32]。反应时间测试仪是一种常见的用于测量反应时间的工具，如图 2-8(a)所示。此外，基于 E-Prime® 心理学实验操作平台可对反应时间进行测量，如图 2-8(b)所示。

感知反应时间(Perception-Reaction Time，PRT)指道路使用者从意识到危险刺激，并做出反应、进行决策(如停车)、开始操作(如脚从油门踏板放松)所需的时间。当驾驶人对制动信号的出现位置和时机有准备时，其感知反应时间为 0.7～0.75 s；对于常见制动信号(如前方车辆的刹车灯)的感知反应时间约为 1.25 s；对于意外事件(如突然进入驾驶人车道的物体)的感知反应时间约为 1.5 s[33]，在紧急情况下，驾驶人的感知反应时间可缩短为 1 s 以内[34]。此外,根据美国国家道路与运输协会(American Association of State Highway and Transportation Officials, AASHTO)的道路设计标准规定,以乘用车作为设计车辆的驾驶人感知反应时间为 2.5 s[35]。

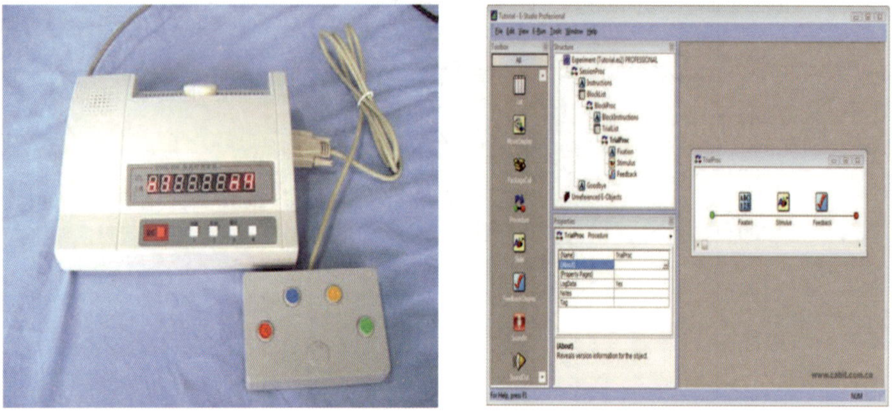

(a) 反应时间测试仪
(图片来源:http://www.shyilian.com.cn/product_2145.html)

(b) E-Prime®心理学实验操作平台
(图片来源:https://pstnet.com/products/e-prime/)

图 2-8 反应时间测量方式

感知反应时间受许多因素的影响,如驾驶人年龄、性别、紧急情况等。通常,男性驾驶人比女性驾驶人反应更快[33],老年驾驶人感知反应时间较年轻驾驶人长 0.3 s[36],在高认知负荷时或恶劣天气环境下,老年驾驶人的反应显著变慢[36,37]。

2.2.4 注意(attention)

注意是心理活动或意识对一定对象的指向与集中,通常伴随着感觉、知觉、记忆、思维、想象等心理过程,它有指向性和集中性两个基本特征,指向性表现为对同一时间内出现的多个刺激的选择,集中性表现为对干扰刺激的抑制[20]。

注意可分为选择性注意、持续性注意和分配性注意。选择性注意指个体在多种刺激中选择一种刺激进行注意。持续性注意指注意在一定时间内保持在一定对象上。分配性注意指个体同时对多个刺激进行注意,或将注意分配到多个活动中[20]。

驾驶任务需要驾驶人注意力高度集中,T. A. Dingus 等[38]对自然驾驶数据进行分析后发现,80%的交通事故和 67%的临近碰撞中,驾驶人在事故发生前 3 s 均存在注意力不集中的情况。驾驶时最常见的分心状态为手机使用。研究表明,使用手机发生事故的风险是不使用手机的 4 倍[39]。

2.2.5 态度(attitude)

态度是指个体对特定客观对象所持有的稳定的内部心理倾向[40]。T. D. Wilson 等[41]提出双重态度模型理论,认为态度分为外显态度和内隐态度两部分。外显态度受个体意识层面控制,易受外部环境影响而改变其外显行为;内隐态度受个体无意识层面控制,不受外部环境影响,不易改变其内隐行为。二者具有不同的测量方式和心理加工结构[40,41]。

态度和行为是高度相关的，驾驶人的交通安全态度与事故风险[42]、危险驾驶行为[43]之间存在显著相关性。对交通法规持积极态度的驾驶人发生交通事故的次数较少[44]，同时，超速和攻击性的驾驶行为也少[45]。对交通安全持积极态度的年轻驾驶人不易发生危险驾驶行为[46]。持有积极交通安全态度的公交车驾驶人也较少出现违规、失误和错误的驾驶行为[47]。

I. Ajzen 的计划行为理论(Theory of Planned Behavior, TPB)认为，对行为的态度、主观规范、知觉行为控制共同影响个体的行为意图和行为，如图 2-9 所示。其中，主观规范是个体采取某种行为时感受到的社会压力，知觉行为控制是指人们对自己执行某一特定行为的能力的感知[48]。

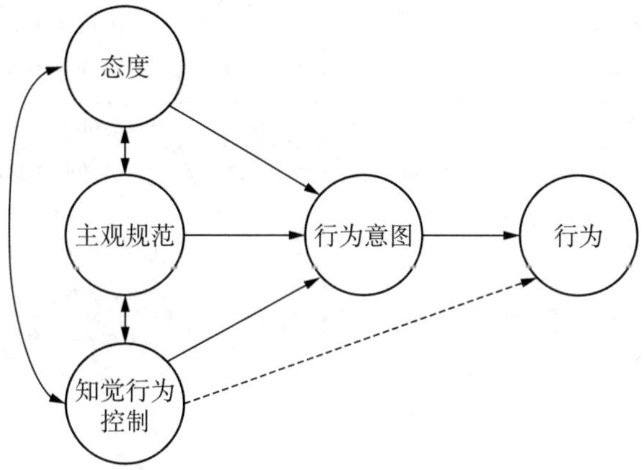

图 2-9　计划行为理论示意[48]

计划行为理论的研究通常以问卷调查的形式收集参与者对所研究问题的态度或观点，为理解交通出行者的行为选择或为不良行为制订有效干预措施提供帮助。该理论被广泛应用于探究驾驶人不良驾驶行为(如疲劳驾驶、分心驾驶、酒驾/毒驾、街头赛车等)的成因分析、驾驶人对特定政策的态度分析或政策有效性评价，以及驾驶人对某类问题的意愿评估等[17]。

2.2.6　人格特质(personality)

人格特质是指个体在思想、情感、行为一致模式上的差异，是个体长久保持不变的品质或特征，这些品质或特征能够使个体在各种情况下保持行为的一致性[28]。H. J. Eysenck 最先将人格特质分为外倾-内倾(extraverted-introverted)、神经质-稳定性(neurotic-stable)两个基本的维度，如图 2-10 所示[49]。随着研究的深入，加入了第三个人格特质：精神质(psychoticism)[50,51]。R. R. McCrae 和 P. T. Costa[52] 进一步完善了 H. J. Eysenck 的理论，并提出了人格结构五因素模型，该模型将人格特质划分为神经质(neuroticism)、外向性(extraversion)、开放性(openness to experience)、宜人性(agreeableness)和严谨性(conscientiousness)五个基本维度，能相对更加全面地描述人格结构[53]。

人格特质与交通安全、驾驶行为显著相关。研究表明，神经质维度的驾驶人与风险驾驶行为显著正相关[54]。神经质维度与攻击性驾驶行为的关系受驾驶愤怒情绪的调节和影响，宜人性维度和严谨性维度与攻击性驾驶行为同时存在直接与间接影响[55]。

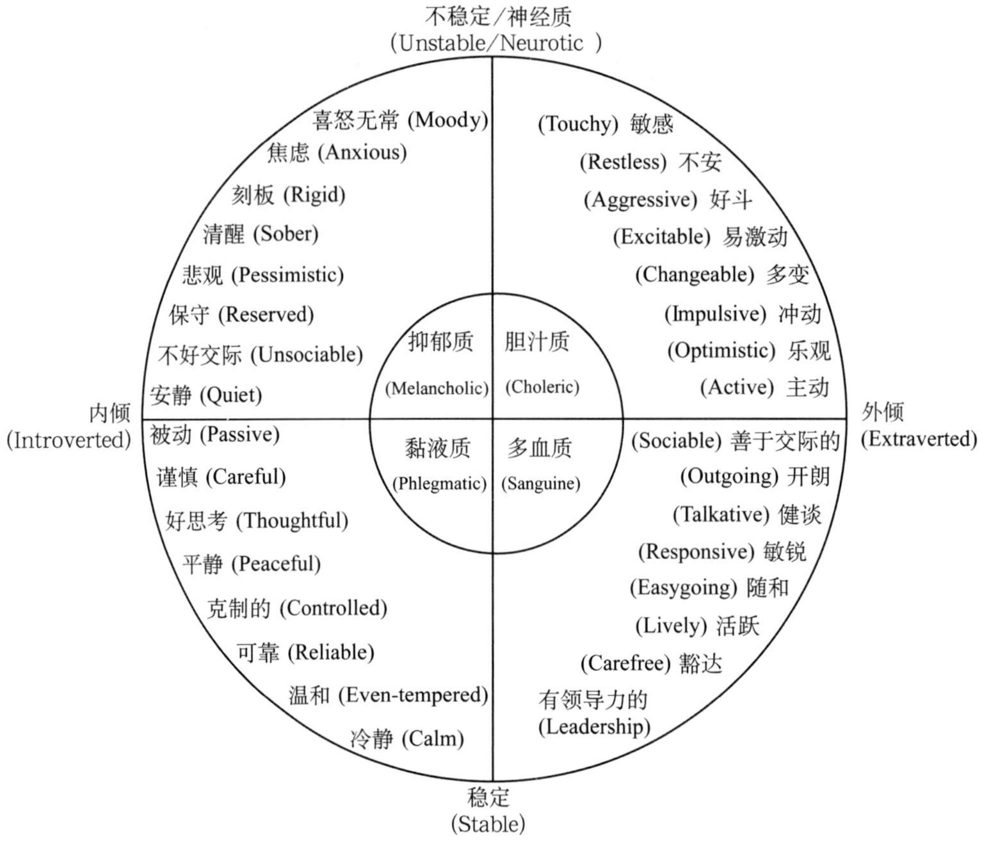

图 2-10 Eysenck 人格特质维度图[49]

2.3 驾驶行为

2.3.1 常规驾驶行为

1. 跟驰行为(car-following behavior)

跟驰行为是最基本的微观驾驶行为,描述了在限制超车的单行道上前后两车之间的相互作用[56]。跟驰模型是跟驰行为的数学描述,它利用动力学方法来表示后车(following vehicle)随前车(leading vehicle)运动状态变化而调整自身运动状态的过程。跟驰模型为研究车辆前向避撞、交通仿真、通行能力估算和构建智能交通系统等提供了有效的理论基础。

跟驰过程中最重要的参数为跟驰间距和跟驰时距。根据 2012 年“上海市自然驾驶研究”(SH-NDS)项目的分析结果显示(图 2-11、图 2-12),跟驰间距的平均值、中值分别为 28.3 m和 22.0 m;跟驰时距的平均值、中值分别为 2.1 s 和 1.8 s[57]。

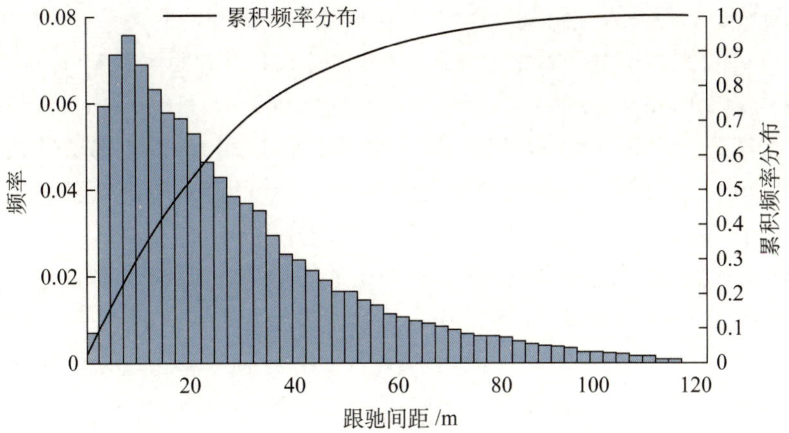

图 2-11 跟驰间距分布[57]

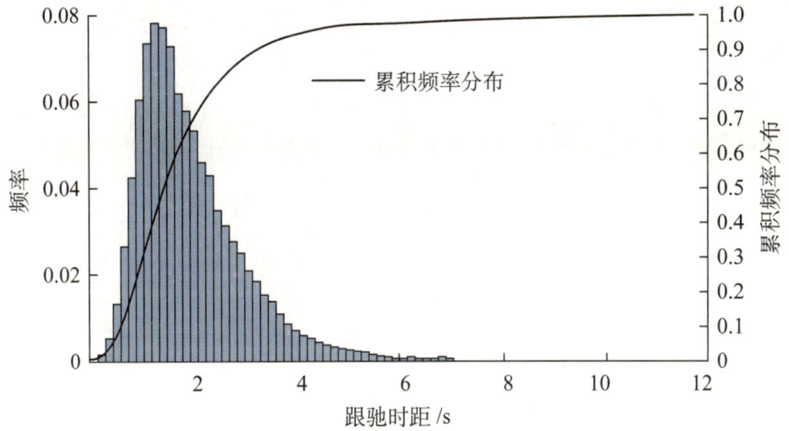

图 2-12 跟驰时距分布[57]

为了进一步说明跟驰速度和跟驰间距之间的关系,图 2-13 展示了中国上海和美国安娜

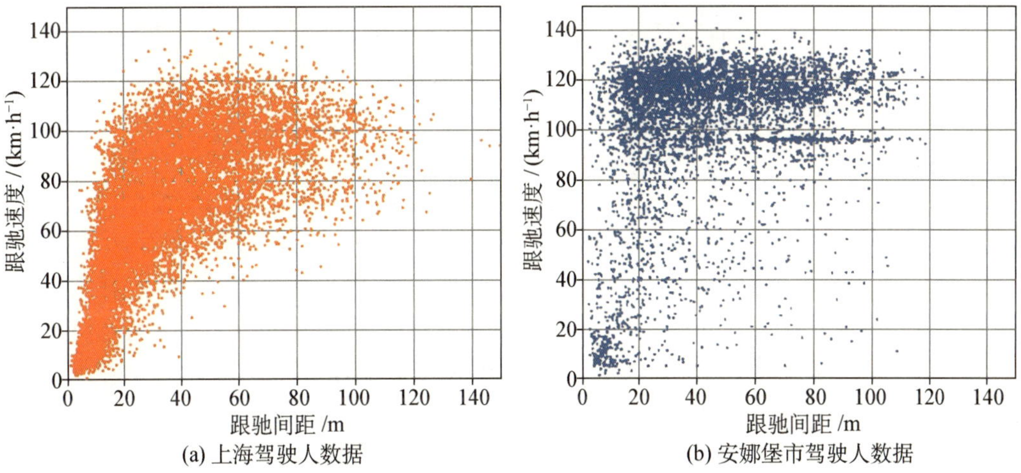

图 2-13 跟驰速度与跟驰间距的关系

堡市(Ann Arbor)的驾驶人在跟驰过程中,跟驰速度与跟驰间距的关系。可以看出,当跟驰间距小于 40 m 时,跟驰速度随着跟驰间距的增加而增加;当间距大于 40 m 时,上海驾驶人的稳定车速约为 90 km/h,安娜堡市驾驶人的稳定车速约为 110 km/h。当跟驰速度大于 100 km/h 时,部分安娜堡市驾驶人偏激进,跟驰间距小于 20 m,而上海驾驶人则相对比较保守,保持 20 m 以上的跟驰间距;当跟驰速度低于 60 km/h 时,上海驾驶人的跟驰间距分布较为集中,而安娜堡市驾驶人的跟驰间距分布较为分散。

跟驰模型参数标定是运用数学手段寻求一组最优模型参数,使模型推导出的性能指标(如后车速度、两车间距)与实测性能指标间的误差最小化[58]。笔者基于上海自然驾驶数据,针对高速公路[57]、城市快速路[58]、地面道路[59],结合遗传算法对五种跟驰模型(Gazis-Herman-Rothery, Gipps, Intelligent Driver Model, Full Velocity Difference 和 Wiedemann)进行了参数标定和性能比较,发现智能驾驶人模型(Intelligent Driver Model, IDM)具有最小的误差和误差标准差。

智能驾驶人模型[60]同时考虑驾驶人的期望车速与期望间距,其标定结果如表 2-2 所列,后车最大加/减速度均值为 0.85 m/s^2,后车期望车速均值为 114.11 km/h,后车期望车头时距均值为 1.00 s[57]。相较于微观交通仿真软件 VISSIM® 中所采用的 Wiedeman 模型[61],智能驾驶人模型具有精度高、易于标定、稳定性强的优势,更加适应于中国驾驶人的微观交通仿真。

表 2-2　　智能驾驶人模型标定得到的跟驰模型参数

参数	简要描述	范围	均值	标准差	最小值	最大值
$\propto_{comf}^{(n)}/(m \cdot s^{-2})$	舒适减速度	[0.1, 5]	1.68	1.36	0.16	5.00
$\propto_{max}^{(n)}/(m \cdot s^{-2})$	最大加/减速度	[0.1, 5]	0.85	0.38	0.14	1.92
$\widetilde{V_n}/(km \cdot h^{-1})$	期望车速	[1, 150]	114.11	22.91	66.13	150.00
$\widetilde{T_n}/s$	期望车头时距	[0.1, 5]	1.00	0.42	0.11	2.09
$S_{jam}^{(n)}/m$	静止时的阻塞间距	[0.1, 10]	2.11	1.70	0.10	7.34
β	参数	[1, 10]	4.77	4.24	1.00	10.00

跟驰行为不仅与前车的加减速有关,同时受到驾驶人、道路环境、车载预警系统等因素的影响。基于上海市自然驾驶数据,同济大学对驾驶人跟驰行为差异性开展了研究,发现速度对于驾驶人跟驰行为的影响较大,跟驰时距是区分不同驾驶人跟驰行为的显著指标[62]。通过分析前向碰撞预警系统(Forward Collision Warning System, FCWS)对于驾驶人跟驰行为的影响,结果表明,当 FCWS 开启时,驾驶人保持更短的跟驰时距;当前车加速以及前车与后车相对速度较大时,FCWS 会缩短后车驾驶人的跟驰反应时间[63]。

自动驾驶车辆通过学习驾驶人的跟驰行为,可实现轨迹规划和车辆控制。基于深度强化学习,同济大学构建了拟人化自动驾驶跟驰模型,其轨迹复现准确性(误差 18%)和泛化能力(误差 23%)均超越了传统跟驰模型及数据驱动的跟驰模型[64]。同时,建立了考虑自动驾驶安全、效率和舒适性的速度控制模型,该模型在自动驾驶跟驰过程中的速度、间距控制和安全性方面明显优于人类驾驶人模型和自适应巡航控制模型[65]。未来,需要结合实际道路交通环境条件(交通流量、速度和密度等),探究不同道路设施跟驰行为的差异,研究并开发适合于中国驾驶人与道路环境特征的智能车辆和微观交通仿真系统。

2. 换道行为(lane-changing behavior)

换道行为是一种典型的分层决策过程。基于驾驶人心理特征与决策特征,换道过程大致可包括需求产生、间隙检测、换道执行三个决策过程,即是否具备换道动机,相邻车道的驾驶情况是否更优,变换到相邻车道是否可行。

R. D. Worrall[66]定义了车道变换的三个组成阶段(图 2-14):①前期准备阶段,开始执行动作到车辆到达两车道之间的标线(*A* 点行驶到 *B* 点);②执行阶段,从车辆到达两车道之间的标线至车辆离开两车道之间的标线(*B* 点行驶到 *C* 点)为止;③持续阶段,从车辆离开两车道之间的标线至车辆在目标车道恢复正常行驶状态为止(*C* 点行驶到 *D* 点)。

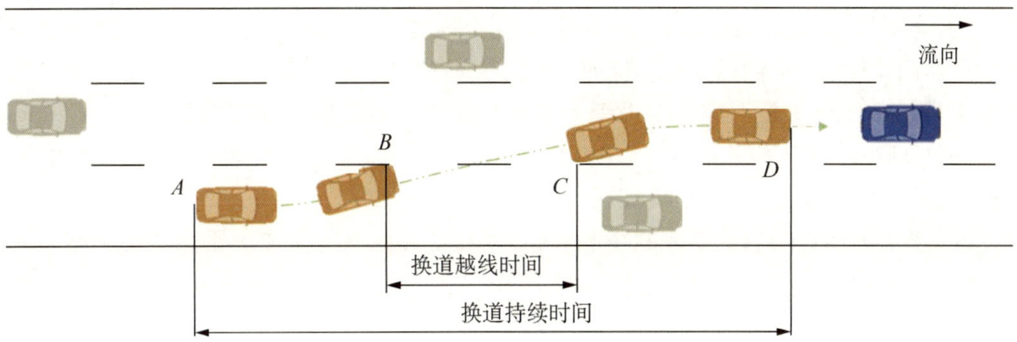

图 2-14 车道变换过程分析

换道是引发交通事故的重要原因之一。研究表明,不恰当的换道行为会对交通流产生负面影响,造成交通阻塞或交通冲突,甚至引发交通事故。美国每年有 24 万~61 万起交通事故(约占 6%)的直接致因是不当的换道和汇入行为[67]。2015 年,我国因违法变更车道、违法超车与汇入等不良驾驶行为所造成的事故占事故总数的 4.9%[3]。研究车辆换道行为对于提升交通安全、丰富交通流理论具有重要意义,相关研究成果能够为微观交通仿真和驾驶模拟应用提供参考依据。

Q. Yang 和 H. N. Koutsopoulos[68]于 1996 年首次提出把换道行为分为强制性换道(Mandatory Lane Change, MLC)和自由性换道(Discretionary Lane Change, DLC)。强制性换道包括进出交叉口区域、进出匝道、规避障碍物等;自由性换道包括规避原车道前方慢车、变换至快/慢车道、无明显意图。基于上海自然驾驶数据,利用阈值法提取了 5 339 个换道片段,对中国驾驶人的换道行为进行研究,结果如表 2-3 所列。规避原车道前方慢车是中国驾驶人换道的最主要原因,占比 50.9%[69];中国驾驶人换道切入持续时间与转向灯使用比例均小于美国[70,71],转向灯总体的使用率仅为 50.2%,表现出较为激进的驾驶风格[72]。

表 2-3 不同道路设施换道目的分布[69]

道路设施类型	换道分类	换道目的
地面道路	强制性换道	1:31.4% 2:13.9% 3:2.7%
	自由性换道	4:39.5% 5:8.8% 6:3.7%

（续表）

道路设施类型	换道分类	换道目的
高速公路	强制性换道	1:0%　　2:10.5%　3:1.2%
	自由性换道	4:63.9%　5:18.0%　6:6.4%
快速路	强制性换道	1:0%　　2:17.3%　3:1.7%
	自由性换道	4:63.4%　5:14.9%　6:2.7%

注：1—进出交叉口区域；2—进出匝道；3—规避障碍物等；4—规避原车道前方慢车；5—变换至快/慢车道；6—无明显意图。

对于换道模型的研究，核心是模拟车辆是否有换道需求，判断其换道属于哪种类型，再研究可插车间隙(gap acceptance)，判断车辆能否找到一个比较合适的间隙来完成换道行为。可插车间隙是指车辆在变换车道时，潜在的冲突车辆(前导车和后随车)与自车之间的间隙，基于该间隙做出是否换道的决策。目前有 6 类主要的换道决策模型(Lane Changing Decision-making，LCD)：Gipps 类[73]、基于效用理论[74]、基于元胞自动机[75]、基于马尔可夫过程[76]、基于危险判别[77]、基于模糊逻辑[78]。

基于上海自然驾驶数据提取的换道事件，对驾驶人在不同换道场景和道路类型条件下的换道决策机制进行探究。结果表明，可插车间隙因道路类型和换道动机而异，前导间隙与后随间隙受环境变量、车辆类型及运动学参数显著影响。近 15%的后随车驾驶人在前车换道切入速度变化比超过 10%时，表现出明显的“不礼让”或“不容忍”。相比于高速公路和快速路，地面道路的换道行为对后随车的影响更大，其危险程度也更高[79]，如图 2-15 所示。

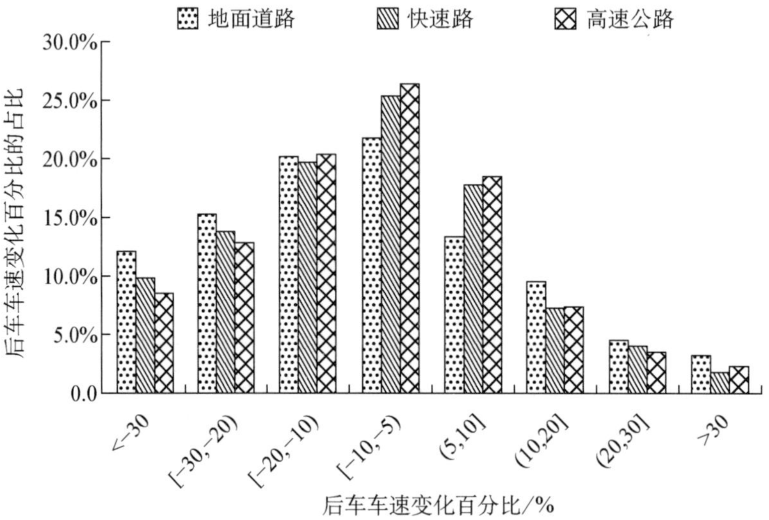

图 2-15　不同道路类型下换道事件中后车车速变化百分比[79]

2.3.2　危险驾驶行为

1. 疲劳驾驶(drowsy driving)

疲劳驾驶是指在困倦或身体疲劳的状态下驾驶，可由多种原因引起，如睡眠不足、未经治疗的睡眠障碍、过度嗜睡、服用药物、饮酒或工作等。疲劳会导致人的反应速度变慢,并影响其注意力、思维处理、判断和决策能力。根据中国公布的 2019 年交通事故数据,疲劳驾驶是高速公路中因机动车驾驶人违法造成交通事故的第二大原因(仅次于“未与前车保持安全车距”),造成了高速公路中 6.8%的交通事故[7]。由于疲劳驾驶是一种难以客观测量的隐蔽性驾驶行为,这种不确定性导致疲劳驾驶很可能被严重低估。

《中华人民共和国道路交通安全法(2011 修正)》第二十二条规定:“过度疲劳影响安全驾驶的,不得驾驶机动车。”《中华人民共和国道路交通安全法实施条例》(2017)第六十二条第七款对此进行了解释:“驾驶机动车不得连续驾驶超过 4 小时未停车休息或者停车休息少于 20 分钟。”该法律条款把驾驶时长作为判断疲劳的标准,而不是根据驾驶人的真实疲劳状态。在实施过程中,仍然存在疲劳状态难以准确界定的问题。

Karolinska 嗜睡量表(Karolinska Sleepiness Scale, KSS)[80]是最常见的主观疲劳评估量表,如表 2-4 所列,该量表利用九个等级(从“1—极度清醒”到“9—极度困倦”)来评估受试者从清醒到困倦的不同疲劳状态。

表 2-4　KSS 原文及翻译

KSS 分数	主观感受描述	
	原文	中文翻译
1	Extremely alert	极度清醒
2	Very alert	非常清醒
3	Alert	清醒
4	Rather alert	有些清醒
5	Neither alert nor sleepy	既不清醒也不困倦
6	Some signs of sleepiness	有些困倦的迹象
7	Sleepy, but no difficulty remaining awake	困倦,容易控制
8	Sleepy, some effort to keep alert	困倦,困难但还可以控制
9	Extremely sleepy, fighting sleep	极度困倦,无法控制想要入睡

同济大学于 2012 年利用驾驶模拟器开展了疲劳驾驶实验研究,共采集了 30 名驾驶人的驾驶行为、生理特征及主观疲劳等级数据。研究表明,驾驶人在疲劳状态下,其驾驶行为及生理特征会表现出显著的个体差异[81,82],如图 2-16 所示,条形图表示驾驶过程中的车道偏移均值(沿车道中心线向左偏移为正值、反之为负值),虚线表示驾驶人经不同路段时的 KSS 疲劳等级。由图可知,驾驶人 A、驾驶人 B、驾驶人 C 之间的车道偏移均值呈现出较大的个体差异:驾驶人 A 习惯于驾驶时沿车道中心线的左、右两侧来回偏移,驾驶人 B 倾向于沿道路中心线向左偏移行驶,而驾驶人 C 倾向于沿车道中心线向右偏移行驶。此外,主观疲劳等级会随驾驶时间的增加(即经过路段的个数)呈现累积效应[83],如图 2-16 中虚线所示。

国际上有关疲劳的研究从疲劳的识别与测量、公众意识及教育、政策制订、高危人群管理、车辆技术及道路设施等多个角度开展。中国在疲劳驾驶方面的研究包括疲劳影响因素分析、生理表现及行为变化、疲劳的识别及预测、疲劳驾驶事故特征等,但有关疲劳驾驶预防、干预措施及政策有效性评估的研究较为缺乏[17]。通过深入了解疲劳对驾驶人行为及事

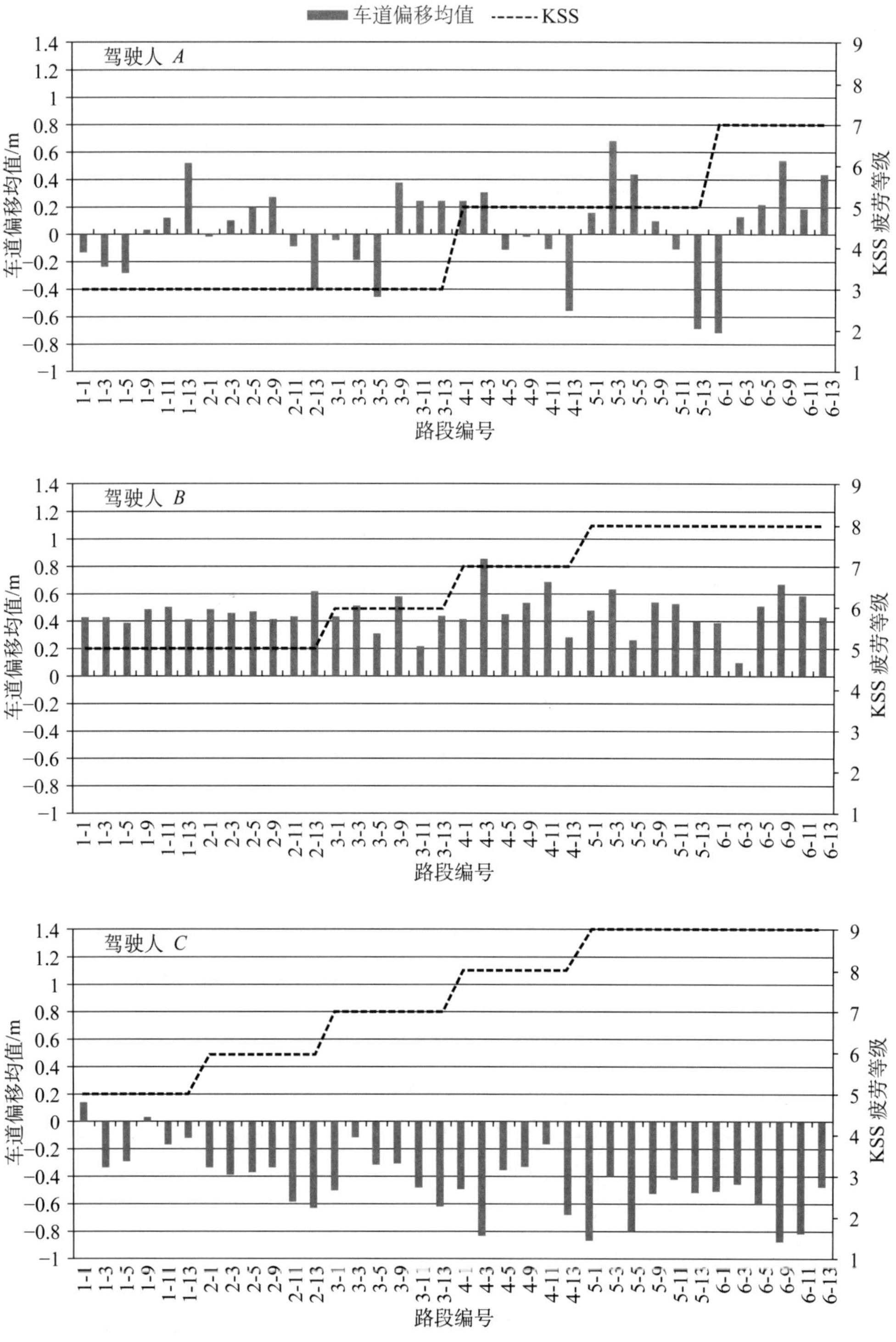

图 2-16　疲劳的个体差异及疲劳随时间的累积效应

故风险的影响机理，有助于更好地针对不同驾驶人群制订更有效的疲劳预防及管理对策。

2. 分心驾驶(distracted driving)

分心驾驶是指“某种发生在驾驶人将注意力从驾驶任务分散到其他活动上的特定注意力不集中状态”[84]。美国国家道路交通安全管理局对分心驾驶进行了通俗定义，即“分心驾驶是任何驾驶人的注意力从驾驶任务上被分散的状态，使之分散的因素包括使用手机接打电话、收发短信、吃/喝东西、与乘客聊天、调节音响、娱乐设备或者使用导航系统等一切可能将注意力从安全驾驶上分散的因素”[85]。

驾驶时使用手机使得驾驶人视线离开道路、手部离开方向盘、注意力从道路及交通环境中转移，日渐成为引发道路交通事故的重要因素。NHTSA 公布的数据表明，分心驾驶导致的死亡事故约占死亡事故总数的 10%，驾驶使用手机导致的死亡事故数约占分心驾驶导致的死亡事故数的 13%[86]，如图 2-17 所示。相比之下，我国在国家或省市层面因数据统计存在缺失，难以形成具有说服力的手机使用等分心驾驶事故及违法数据统计结果，至今没有官方发布的统计报告。

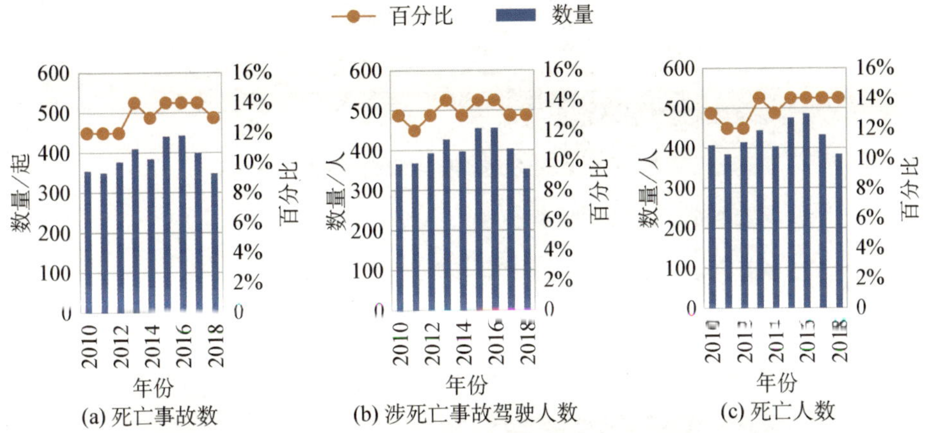

图 2-17 美国因使用手机导致的死亡事故数量及占分心驾驶事故总数的百分比[86]

世界各国针对驾驶人在驾驶时使用手机这一行为制定了不同约束程度的法律法规和处罚措施，如表 2-5 所列。

表 2-5 世界各国针对驾驶人在驾驶时使用手机制定的相关法律法规和处罚措施

国家	法律法规的内容	处罚措施
俄罗斯	禁止驾驶人在驾驶机动车期间使用手持手机	—
中国	驾驶时不得有拨打、接听手持电话等妨碍安全驾驶的行为	一次记 3 分，处警告或者 20 元以上 200 元以下罚款
澳大利亚	维多利亚州禁止驾驶时以任何方式操作便携式设备；昆士兰州、南澳大利亚州禁止手持手机以及将手机放在身体的任何部位	昆士兰州罚款 1161 美元，并记 4 分；1 年内再犯者将被双倍记分
美国	26 个州禁止驾驶时手持电话交谈，48 个州禁止驾驶时发短信	—
日本	驾驶机动车辆时，不得使用移动电话、汽车电话或其他无线电话拨打电话	处 6 个月以下拘留或 10 万日元以下罚款；若引发事故，处 1 年以下拘留或 10 万日元以下罚款

俄罗斯、中国、澳大利亚等国家禁止驾驶时手持使用手机,但可以使用手机免提模式。美国部分州规定手持使用手机打电话合法,但手持使用手机发信息则违法。而在非洲大多数国家以及中东和东南亚部分国家对手持使用手机并未做出法律规定。

我国涉及驾驶使用手机的法律法规主要有:《中华人民共和国道路交通安全法实施条例》(2017)第六十二条规定:"驾驶机动车不得有下列行为:(三)拨打接听手持电话、观看电视等妨碍安全驾驶的行为。"《上海市道路交通管理条例(2016 修订)》第三十四条明确禁止使用手机:"驾驶机动车上道路行驶,不得有'拨打接听手持电话、浏览电子设备等妨碍安全驾驶的行为'。"

当前对于驾驶时手机使用的研究,主要从手机使用行为识别、手机使用的行为动机和特征、手机使用对驾驶行为的影响,以及手机使用的防治措施几个方面展开。研究表明,驾驶人在驾驶时使用手机的动机多为"电话或信息较紧急""需要使用导航"等[87],SH-NDS 项目中对驾驶人的手机使用类型的频数和平均时长进行了统计,如图 2-18 所示。

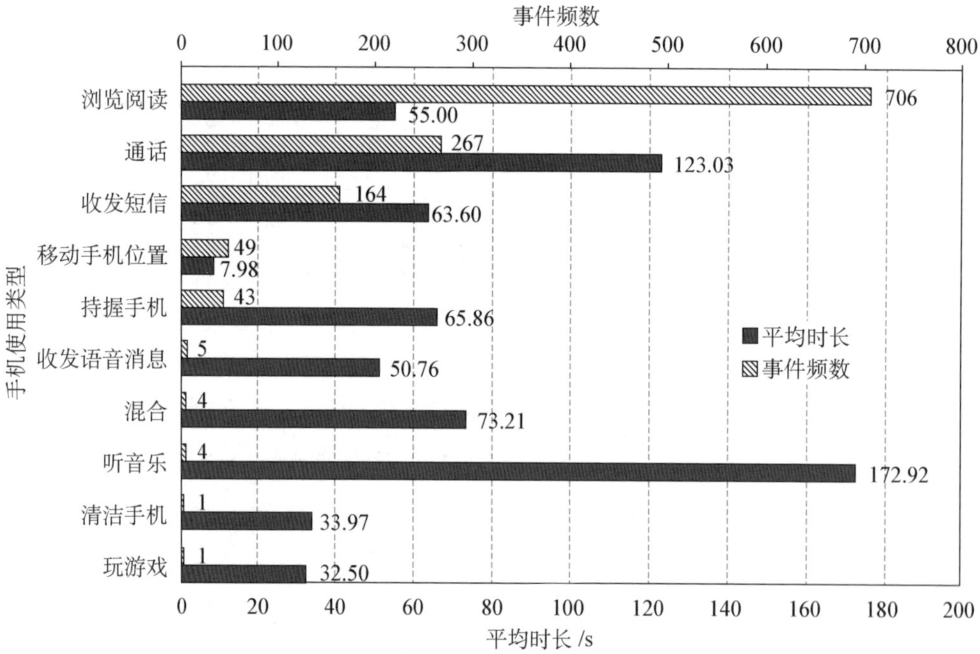

图 2-18 不同类型手机使用事件频数与平均时长[88]

驾驶时使用手机会使速度、车头空距和车道偏移的波动显著降低[88,89]。在事故风险方面,研究表明,在新手驾驶人中使用手机拨打电话、拿起手机、收发短信等行为的事故风险分别增加了 8.32 倍、7.05 倍和 3.87 倍,驾驶经验丰富的驾驶人使用手机拨打电话也会将事故风险提升 2.49 倍[90]。严苛而清晰的法律规范有助于降低驾驶时使用手机的频率,从而减少由此带来的交通事故[87]。如今,驾驶时使用手机已成为社会上普遍存在的不良现象,深入研究驾驶时使用手机等分心驾驶行为,切实降低由此带来的道路交通安全隐患,已成为世界各国交通安全领域研究者们的共识。

参考文献

[1] 周商吾. 交通工程[M]. 上海:同济大学出版社, 1987.
[2] 公安部交通管理局. 2019 年全国机动车和驾驶人数据[EB/OL]. [2020-12-25]. https://baijiahao.baidu.com/s? id=1655170711193910323&wfr=spider&for=pc.
[3] 公安部交通管理局. 中华人民共和国道路交通事故统计年报(2015 年度)[R]. 北京: 公安部交通管理局, 2016.
[4] 公安部交通管理局. 中华人民共和国道路交通事故统计年报(2016 年度)[R]. 北京: 公安部交通管理局, 2017.
[5] 公安部交通管理局. 中华人民共和国道路交通事故统计年报(2017 年度)[R]. 北京: 公安部交通管理局, 2018.
[6] 公安部交通管理局. 中华人民共和国道路交通事故统计年报(2018 年度)[R]. 北京: 公安部交通管理局, 2019.
[7] 公安部交通管理局. 中华人民共和国道路交通事故统计年报(2019 年度)[R]. 北京: 公安部交通管理局, 2020.
[8] KAHANE C J. Injury vulnerability and effectiveness of occupant protection technologies for older occupants and women [R]. USA. Washington D. C.: National Highway Traffic Safety Administration, 2013.
[9] Insurance Institute for Highway Safety. Fatality Facts 2018[EB/OL]. [2020-12-25]. https://www.iihs.org/topics/fatality-statistics/detail/gender.
[10] World Health Organization. Road safety: basic facts[R]. World Health Organization, 2017.
[11] European Road Safety Observatory.Traffic safety basic facts 2018: gender[R]. 2018.
[12] JIANG X, LYLES R W. Difficulties with quasi-induced exposure when speed varies systematically by vehicle type[J].Accident Analysis & Prevention, 2007, 39(4): 649-656.
[13] HAIGHT F A. A crude framework for bypassing exposure[J].Journal of Safety Research, 1970, 2(1): 26-29.
[14] EVANS L. Double pair comparison: A new method to determine how occupant characteristics affect fatality risk in traffic crashes[J]. Accident Analysis & Prevention, 1986, 18(3): 217-227.
[15] EVANS L. Traffic safety[M]. Science Serving Society, 2004.
[16] TEFFT B C.Rates of motor vehicle crashes, injuries and deaths in relation to driver age, United States, 2014—2015[R]. AAA Foundation for Traffic Safety, 2017.
[17] 张旭欣, 王雪松, 马勇, 等. 驾驶行为与驾驶风险国际研究进展[J]. 中国公路学报, 2020, 33(6): 1-17.
[18] 周楚, 李婵, 沈先亭, 等. 老年驾驶人的驾驶自我调节研究述评[J]. 中国公路学报, 2020, 33(6): 18-28.
[19] MAYHEW D R, SIMPSON H M, PAK A. Changes in collision rates among novice drivers during the first months of driving[J].Accident Analysis & Prevention, 2003, 35(5): 683-691.
[20] 彭聃龄. 普通心理学[M]. 北京:北京师范大学出版社, 2019.
[21] ELIG H. Rods, cones, and the chemical basis of vision[J]. Physiological Reviews, 1937, 17(2): 239-290.

[22] LAMB T D, PUGH E N. Dark adaptation and the retinoid cycle of vision[J]. Progress in Retinal & Eye Research, 2004, 23(3): 307-380.

[23] WENG J, DU F, HU Y, et al. Dark adaptation time study on road tunnel daytime lighting based on visual performance method[J],Chemical Engineering Transactions, 2017, 59:691-696.

[24] MACKWORTH N H. The breakdown of vigilance during prolonged visual search[J]. Quarterly Journal of Experimental Psychology, 1948, 1(1): 6-21.

[25] IKEDA M. Influence of foveal load on the functional visual field[J].Perception & Psychophysics, 1975, 18.

[26] ABERNETHY C N, LEIBOWITZ H W. The effect of a central task on luminance thresholds for peripherally presented stimuli[J].Perception & Psychophysics, 1971, 10(3): 172-174.

[27] World Road Association. The role of road engineering in combatting driver distraction and fatigue road safety risks[R]. World Road Association, 2016.

[28] 杨志良，郝兴昌. 心理学辞典[M]. 上海:上海辞海出版社，2016.

[29] KAPLAN S, BORTEI-DOKU S, PRATO C G. The relation between the perception of safe traffic and the comprehension of road signs in conditions of ambiguous and redundant information [J]. Transportation Research Part F: Traffic Psychology & Behaviour, 2018, 55:415-425.

[30] BEN-BASSAT T, SHINAR D. The effect of context and drivers' age on highway traffic signs comprehension[J]. Transportation Research Part F: Traffic Psychology & Behaviour, 2015, 33: 117-127.

[31] 张学民. 实验心理学[M]. 北京:北京师范大学出版社，2007.

[32] 朱滢. 实验心理学[M]. 北京:北京大学出版社，2014.

[33] GREEN M. How long does it take to stop? methodological analysis of driver perception-brake times [J].Transportation Human Factors, 2000, 2(3): 195-216.

[34] MARKKULA G, ENGSTROM J, LODIN J, ET AL. A farewell to brake reaction times kinematics-dependent brake response in naturalistic rear-end emergencies[J]. Accident Analysis & Prevention, 2016, 95 (pt. A): 209-226.

[35] AASHTO. Policy on geometric design of highways and streets[M]. Washington, D. C.: American Association of State Highway and Transportation Officials, 2018.

[36] SUMMALA H, KOIVISTO I. Unalerted drivers' brake reaction times: Older drivers compensate their slower reaction times by driving more slowly[M]. France: Paradigme, 1999.

[37] ALM H, NILSSON L. The effects of a mobile telephone task on driver behavior in a car following situation[J].Accident Analysis & Prevention, 1995, 27, 707-715.

[38] DINGUS T A, KLAUER S, LEWIS V R. The 100－car naturalistic driving study, phase ii－results of the 100－car field experiment[R]. USA, U S Affiliation: Department of Transportation, 2006.

[39] REDELMEIER D A, TIBSHIRANI R J. Association between cellular-telephone calls and motor vehicle collisions[J].New England Journal of Medicine, 1997.

[40] 王沛.社会认知心理学[M]. 北京:北京师范大学出版社，2015.

[41] WILSON T D, LINDSEY S, SCHOOLERT Y. A model of dual attitudes[J].Psychological Review, 2000, 107(1): 101-26.

[42] ASSUM T. Attitudes and road accident risk[J]. Accident Analysis & Prevention, 1997, 29(2): 153-159.

[43] MOHAMED M, BROMFIELD N F. Attitudes, driving behavior, and accident involvement among

young male drivers inSaudi Arabia[J]. Transportation Research Part F: Traffic Psychology & Behaviour, 2017,47: 59-71.

[44] MIRZAEI R, HAFEZI N N, SADEGH S, et al. Dominant role of drivers' attitude in prevention of road traffic crashes: a study on knowledge, attitude, and practice of drivers in Iran[J]. Accident Analysis & Prevention, 2014, 66: 36-42.

[45] RUBÉN D L, JEREMÍAS T, FERNANDO M P, et al. Implicit attitudes and road safety behaviors. the helmet-use case[J].Accident Analysis & Prevention, 2015, 79: 190-197.

[46] ULLEBERG P, RUNDMO T. Personality, attitudes and risk perception as predictors of risky driving behaviour among young drivers[J]. Safety Science, 2003,41(5): 427-443.

[47] IVERSEN H, RUNDMO T. Attitudes towards traffic safety, driving behaviour and accident involvement among the Norwegian public[J].Ergonomics, 2004, 47(5): 555-572.

[48] AJZEN I. The theory of planned behavior[J].Organizational Behavior and Human Decision Processes, 1991, 50(2): 179-211.

[49] EYSENCK H J. The Biological Basis of Personality[J].Nature, 1963, 199(4898): 1031-1034.

[50] EYSENCK H J.The inequality of man[M]. Landon: Temple Smith, 1973.

[51] EYSENCK H J.Biological dimensions of personality[M]. New York: Guilford Press, 1990.

[52] MCCRAE R R, COSTA P T. Reinterpreting the Myers-Briggs Type Indicator from the perspective of the five-factor model of personality[J]. Journal of Personality, 1989, 57(1):17-40.

[53] GOLDBERG L R. An alternative "description of personality": the big-five factor structure[J].Journal of personality & social psychology, 1990, 59(6):1216-1229.

[54] BOOTH K S, VICKERS R R. Associations between major domains of personality and health behavior [J]. Journal of Personality, 1994, 62, 281-298.

[55] JOVANOVI D, LIPOVAC K, STANOJEVI P, et al. The effects of personality traits on driving-related anger and aggressive behaviour in traffic among Serbian drivers[J].Transportation Research Part F: Traffic Psychology and Behaviour, 2011, 14(1):43-53.

[56] ZHU M, WANG X, TARKO A, et al. Modeling car-following behavior on urban expressways in Shanghai: a naturalistic driving study [J].Transportation Research Part C: Emerging Technologies, 2018, 93: 425-445.

[57] 王雪松，孙平，张晓春，等. 基于自然驾驶数据的高速公路跟驰模型参数标定[J]. 中国公路学报，2020, 33(5): 132-142.

[58] 王雪松，朱美新. 基于自然驾驶数据的中国驾驶人城市快速路跟驰模型标定与验证[J]. 中国公路学报,2018, 31 (9): 129-138.

[59] WANG X, HE L, ZHU M, et al. Calibrating car-following models on surface roads using Shanghai naturalistic driving data[C]//Proceedings of Transportation Research Board 98th Annual Meeting. Washington D. C.: Transportation Research Board, 2019.

[60] TREIBER M, HENNECKE A, HELBING D. Congested traffic states in empirical observations and microscopic simulations [J].Physical review E, 2000, 62(2): 1805-1824.

[61] WIEDEMANN R. Simulation des Strassenverkehrsflusses [D]. Schriftenreihe des Instituts für Verkehrswesen der Universität Karlsruhe, Germany, 1974.

[62] WANG X, QIN D, LIZARAZO-JIMENEZ C, et al. Consistency analysis of Drivers car following behaviors[C]// Proceedings of Transportation Research Board 99th Annual Meeting. Washington D.

C.: Transportation Research Board, 2020.
[63] ZHU M, WANG X, HU J. Impact on car following behavior of a forward collision warning system with headway monitoring [J].Transportation Research Part C: Emerging Technologies, 2020, 111: 226-244.
[64] ZHU M, WANG X, WANG Y. Human-like autonomous car-following model with deep reinforcement learning [J].Transportation Research Part C: Emerging Technologies, 2018, 97: 348-368.
[65] ZHU M, WANG Y, PU Z, et al. Efficient, and comfortable velocity control based on reinforcement learning for autonomous driving [J].Transportation Research Part C: Emerging Technologies, 2020, 117: 102662.
[66] WORRALL R D, BULLEN A G R. An empirical analysis of lane changing on multilane highways[J]. Highway Research Record, 1970: 30-43.
[67] HOU Y, EDARA P, SUN C. Situation assessment and decision making for lane change assistance using ensemble learning methods [J].Expert Systems with Applications, 2015, 42(8):3875-3882.
[68] YANG Q,KOUTSOPOULOS H N. A Microscopic Traffic Simulator for evaluation of dynamic traffic management systems[J]. Transportation Research Part C: Emerging Technologies, 1996, 4(3): 113-129.
[69] WANG X, YANG M, HURWITZ D. Analysis of cut-in behavior based on naturalistic driving data [J].Accident Analysis & Prevention. 2019, 124:127-137.
[70] OLSEN E C B, LEE S E, WIERWILLE W W, et al. Analysis of distribution, frequency, and duration of naturalistic lane changes[C]// Proceedings of the Human Factors and Ergonomics Society Annual Meeting, 2002, 46(22):1789-1793.
[71] TOLEDO T, ZOHAR D. Modeling duration of lane changes[J]. Transportation Research Record Journal of the Transportation Research Board, 2007, 1999(1):71-78.
[72] 王雪松，杨敏明. 基于自然驾驶数据的变道切入行为分析[J]. 同济大学学报(自然科学版), 2018, 46(8): 1057-1063.
[73] GIPPS P G. A model for the structure of lane-changing decisions[J].Transportation Research Part B: Methodological, 1986, 20(5):403-414.
[74] AHMED K I, BEN-AKIVA M, KOUTSOPOULOS H N, et al. Models of freeway lane changing and gap acceptance behavior[C]//Proceedings of the 13th International Symposium on Transportation and Traffic Theory, Lyon: [s. n.], 1996.
[75] KAI N, SCHRECKENBERG M. A cellular automaton model for freeway traffic[J]. Journal De Physique I, 1992, 2(12):2221-2229.
[76] SINGH K, LI B. Estimation of traffic densities for multilane roadways using a Markov model approach[J].IEEE Transactions on Industrial Electronics, 2012, 59(11):4369-4376.
[77] HAMDAR S H. Modeling driver behavior as a stochastic hazard-based risk-taking process [D]. Northwestern University, 2009.
[78] MCDONALD M, WU J, BRACKSTONE M. Development of a fuzzy logic based microscopic motorway simulation model[C]//Proceeding of Conference on Intelligent Transportation System. IEEE, 1997: 82-87.
[79] YANG M, WANG X, QUDDUS M. Examining Lane Change Gap Acceptance, Duration and Impact Using Naturalistic Driving Data[J].Transportation Research Part C, 2019, 104(7):317-331.

[80] AKERSTEDT T, GILLBERG M. Subjective and objective sleepiness in the active individual[J]. International Journal of Neuroscience, 1990, 52(1-2): 29-37.

[81] WANG X, XU C. Driver drowsiness detection based on non-intrusive metrics considering individual specifics[J].Accident Analysis & Prevention, 2016, 95: 350-357.

[82] 胥川，裴赛君，王雪松. 基于无侵入测量指标的个体差异化驾驶疲劳检测[J]. 中国公路学报，2016，29(10)：118-125.

[83] ZHANG X, WANG X, YANG X, et al. Driver drowsiness detection using mixed effect ordered logit model considering time cumulative effect [J]. Analytic Methods in Accident Research, 2020, 26: 100114.

[84] National Highway Traffic Safety Administration (NHTSA), Department of Transportation (DOT). Visual-manual NHTSA driver distraction guidelines for in-vehicle electronic devices [S]. Federal Register: Docket No. NHTSA-2010-0053, 2013.

[85] National Highway Traffic Safety Administration. Distracted Driving [EB/OL].https://www.nhtsa.gov/risky-driving/distracted-driving.

[86] National Highway Traffic Safety Administration. Distracted Driving 2010—2017 [EB/OL]. (2012-2019) [2019-04-10]. https://crashstats.nhtsa.dot.gov/#/.

[87] 邢祎伦，王雪松，徐荣娇. 驾驶使用手机行为动机及行为防治调查[J].汽车与安全，2019(7)：90-100.

[88] WANG X, XU R, ASMELASH A, et al. Characteristics of driver cell phone use and their influence on driving performance: a naturalistic driving study[J]. Accident Analysis & Prevention, 2020, 148: 105845.

[89] 邢祎伦，王雪松. 基于自然驾驶的中国驾驶员驾驶使用手机行为研究[J].汽车与安全，2017(7)：114-123.

[90] KLAUER S G, GUO F, Simons-Morton B G, et al. Distracted driving and risk of road crashes among novice and experienced drivers[J].New England journal of medicine, 2014, 370(1): 54-59.

3 道路交通事故数据

发达国家的事故数据采集与管理工作起步较早，已形成了系统的事故数据采集标准，建立了道路交通事故数据库和信息管理系统。我国在事故现场勘查、事故信息采集、案卷文书管理等方面也相继制定了规范，但与发达国家相比，仍有一定差距。本章将介绍中国和国际上主要发达国家的道路交通事故数据采集和应用现状。

3.1 中国道路交通事故数据

3.1.1 道路交通事故数据采集规范

中国的交通事故数据采集与统计分析工作发展迅速。我国各地的交通管理部门在采集事故信息时均须遵循公安部交通管理局制定的统一标准：《道路交通事故信息调查》(GA/T 1082—2021)(以下简称《事故信息调查》)和《道路交通管理信息代码》(GA/T 16)。我国交通事故信息采集与管理的各类法律法规、技术标准汇总见表 3-1，涉及道路交通行为规范、交警处理事故流程和具体工作规范、交警在事故现场采集记录事故数据相关规范、事故基础信息采集的标准化制定四个方面[1]。

表 3-1 中国道路交通事故数据采集相关法律法规及规范标准[1](更新至 2021 年 9 月)

<table>
<tr><th>法律法规、规范标准的名称</th><th>实施时间</th><th>发布单位</th><th>概述</th></tr>
<tr><td>中华人民共和国道路交通安全法</td><td>2004 年/2011 年</td><td>全国人民代表大会常务委员会</td><td rowspan="2">道路交通行为规范总则</td></tr>
<tr><td>中华人民共和国道路交通安全法实施条例</td><td>2004 年/2017 年</td><td>国务院</td></tr>
<tr><td>道路交通事故处理程序规定</td><td>2009 年/2018 年</td><td rowspan="2">公安部</td><td rowspan="2">规范交警处理事故流程和具体工作规范</td></tr>
<tr><td>道路交通事故处理工作规范</td><td>2009 年/2018 年</td></tr>
<tr><td>道路交通事故案卷文书(GA 40—2018)</td><td>2009 年/2018 年</td><td rowspan="4">公安部</td><td rowspan="5">交警在事故现场采集记录事故数据相关规范</td></tr>
<tr><td>道路交通事故现场图绘制(GA/T 49—2019)</td><td>2014 年/2019 年</td></tr>
<tr><td>道路交通事故现场痕迹物证勘查(GA/T 41—2019)</td><td>2014 年/2019 年</td></tr>
<tr><td>道路交通事故现场勘查照相(GA/T 50—2019)</td><td>2014 年/2019 年</td></tr>
<tr><td>道路交通事故现场图形符号(GB/T 11797—2005)</td><td>2005 年</td><td>中国国家标准化管理委员会</td></tr>
</table>

（续表）

法律法规、规范标准的名称	实施时间	发布单位	概述
道路交通管理信息代码(GA/T 16)	系列标准	公安部	事故基础信息采集的标准化制定
道路交通管理信息采集规范 第3部分：道路交通事故处理信息采集(GA/T 946.3—2011)	2011年		
道路交通事故信息调查(GA/T 1082—2021)	2013年/2021年		

《中华人民共和国道路交通安全法》(以下简称《道路交通安全法》)确立了应当遵循依法管理、方便群众的原则，保障道路交通有序、安全、畅通，是我国道路交通的基础性法律依据。《道路交通安全法》共8章124条，分为总则、车辆和驾驶人、道路通行条件、道路通行规定、交通事故处理、执法监督、法律责任、附则。依据《道路交通安全法》，国务院于2004年颁布了《中华人民共和国道路交通安全法实施条例》，对道路交通管理做了细化规定，明确车辆驾驶人、行人、乘车人以及与道路交通活动有关的单位和个人需要遵循的规则。

《道路交通事故处理程序规定》规范了道路交通事故的处理程序，是为了保障公安管理部门在交通事故处理中保护当事人合法权益而制定的。《道路交通事故处理工作规范》则是对《道路交通事故处理程序规定》的进一步细化，分为总则、报警的受理与处理、简易程序、现场处置和现场勘查等十四章内容。

为规范交通事故现场处理工作，中国国家标准化管理委员会、公安部对事故现场采集记录事故数据、交通事故处理法律文书规范、交通事故现场勘查取证(包括交通事故现场图绘制、现场痕迹物证勘查照相、现场痕迹物证勘查等)提出了具体要求。详见《道路交通事故信息调查》(GA/T 1082—2021)、《道路交通事故案卷文书》(GA 40—2018)、《道路交通事故现场图绘制》(GA/T 49—2019)、《道路交通事故现场痕迹物证勘查》(GA/T 41—2019)、《道路交通事故现场勘查照相》(GA/T 50—2019)和《道路交通事故现场图形符号》(GB/T 11797—2005)等公共安全行业标准。

公安部发布了一系列事故基础信息采集标准。《道路交通管理信息代码》(GA/T 16)针对机动车、驾驶证、交通违法、交通事故和道路设施等115个部分进行了数字化顺序编码。《道路交通管理信息采集规范》规定了道路交通事故处理过程需要采集的信息项目和要求，分为机动车驾驶证业务信息、机动车登记信息、交通事故处理信息、交通违法处理信息、剧毒化学品公路运输信息和交通管理辅助信息六个部分。《道路交通事故信息调查》规定了道路交通事故信息调查的内容和方法，制订了“一次死亡3人以上道路交通事故信息调查表”“适用一般程序处理道路交通事故信息调查表”和“适用简易程序处理道路交通事故信息调查表”。

对于道路交通事故发生地点进行科学、规范的表述是准确采集交通安全数据的基础，我国法律文书要求事故地点信息的记录中需要有文字表述。目前，我国部分省市已实现规范化的事故地点信息记录流程。以上海市为例，其道路类型多样、路网结构复杂，这给准确表述事故地点带来了挑战。因此，上海市建立了交通事故地点的语义表述规范，该规范将复杂的路网结构划分为五大类道路设施、三十类地点类型，如表3-2所列。

表 3-2　　交通事故道路类型和地点类型汇总[1]

道路类型	城市道路	城市快速路	公路	高速公路	其他设施
地点类型	1. 路口 2. 道路路段	1. 快速路段 2. 上匝道 3. 下匝道	1. 路口 2. 公路路段	1. 高速路段 2. 入口 3. 出口 4. 立交主线 5. 立交匝道	1. 桥梁 2. 跨线桥 3. 隧道 4. 地道 5. 收费站 6. 加油站 7. 居民小区 8. 企事业单位 9. 工厂 10. 学校 11. 集市 12. 单位小区自建路 13. 公共停车场 14. 公共广场 15. 铁路道口 16. 其他

在道路设施与地点分类的基础上,笔者提出了基于“五要素”的交通事故地点语义表述方法,其中“五要素”为事故所在道路、路侧、参照点、相对参照点方位和距离[2,3]。在此基础上,上海市交通警察总队联合同济大学开发了“基于 WebGIS 的事故地点录入与实时定位系统”,实现了基于语义表述要素信息的事故电子地图智能定位功能。自 2012 年起,上海市所有交通事故、违法记录需按照表述规范录入系统,交通事故定位准确率从不足 50%提高到 98.2%。目前,该事故地点语义表述规范已形成地方性规范,即《上海市交通警察执勤执法地点名称专用表述规范》(沪公交(科技)〔2013〕4 号)。

3.1.2　道路交通事故数据采集流程

我国道路交通事故数据采集主要分为三类程序:简易事故采集程序、一般事故采集程序、较大及以上事故采集程序[4]。目前,公安部发布的《道路交通事故信息调查》(GA/1082—2021)行业标准中信息采集项已扩充至 300 余项,可基本满足交通事故现场勘查及调查所需的数据项要求。对于较大、重大、特别重大死亡事故应调查“一次死亡 3 人以上道路交通事故信息调查表”中规定的项目,涵盖基本信息、车辆信息、当事人信息、道路信息、交通运输管理信息、综合分析等,共计 377 项。对于受伤、一般死亡事故应调查“适用一般程序处理道路交通事故信息调查表”规定的项目,涵盖基本信息、当事人信息、车辆信息、补充信息,共计 85 项。对于轻微伤事故应调查“适用简易程序处理的道路交通事故信息调查表”,涵盖基本信息和当事人及车辆信息,共计 24 项。

交警在事故现场处理事故、采集各类信息均需要使用“道路交通事故案卷文书”(GA 40—2018),最终采集到的事故信息分散地包含在各类法律文书中。对于简易事故,包含事故信息的法律文书为《道路交通事故认定书(简易程序)》;对于一般事故,包含事故信息的法律文书有《道路交通事故现场勘查笔录》和《道路交通事故现场图》。

事故信息现场采集完毕后由交警部门内勤人员对照法律文书将不同类型事故的信息录

入道路交通事故处理信息系统(以下简称“事故信息系统”)中的“一般道路交通事故信息调查表”,该表中共有73项事故信息待录入。事故信息系统规定:简易事故须录进“一般道路交通事故信息调查表”中的一部分事故基本信息,一般事故则须录进“一般道路交通事故信息调查表”中的全部73项事故信息。

3.1.3　道路交通违法数据采集流程

根据数据来源,违法数据可以分为非现场违法和现场违法。如图3-1所示,非现场违法数据来源于电子警察和违停抄单。电子警察一般负责抓变线、闯红灯、超速和限行等违法行为,利用电子警察的坐标信息进行定位,通过互联网传入公安交通管理综合应用平台(以下简称“六合一”系统)。

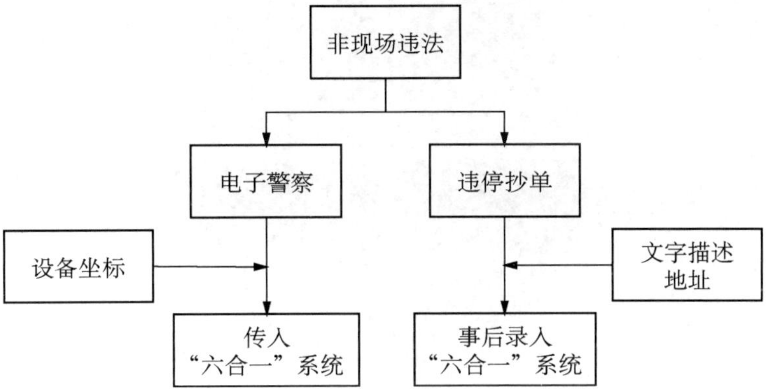

图3-1　非现场违法数据的来源与录入

如图3-2所示,现场违法数据大部分来源于巡逻中队的执法,也有部分来源于专项整治行动,如查酒驾、查违停等。除此之外,处理事故时,也常发现违法行为。交警通过手持记录仪(Portable Digital Advice, PDA)现场录入违法数据,其中违法地点可以按照“六合一”系统的地址进行选择,PDA同时在后台上传坐标信息。

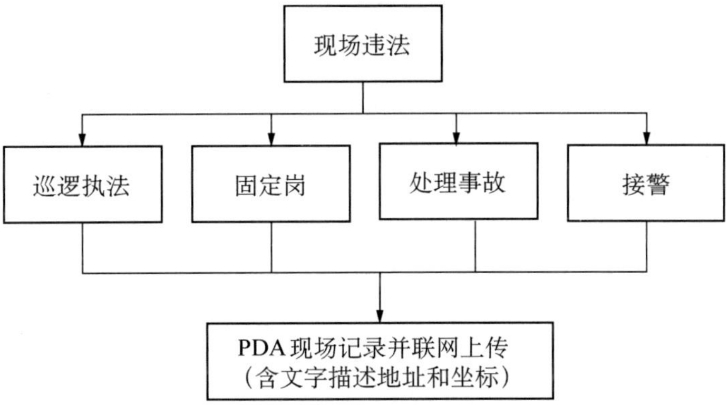

图3-2　现场违法数据的来源与录入

3.1.4 道路交通管理信息化发展

自 2010 年以来，我国交通管理系统信息化建设快速发展，开发了公安交通管理综合应用平台、公安交通集成指挥平台、互联网交通安全综合服务平台和交通管理大数据研判分析平台，这四大平台的功能如图 3-3 所示。全国逐渐形成以“四大平台为核心，地方自建系统联网接入”的部、省、市三级信息架构，为交通安全的信息化管理提供了技术支撑。

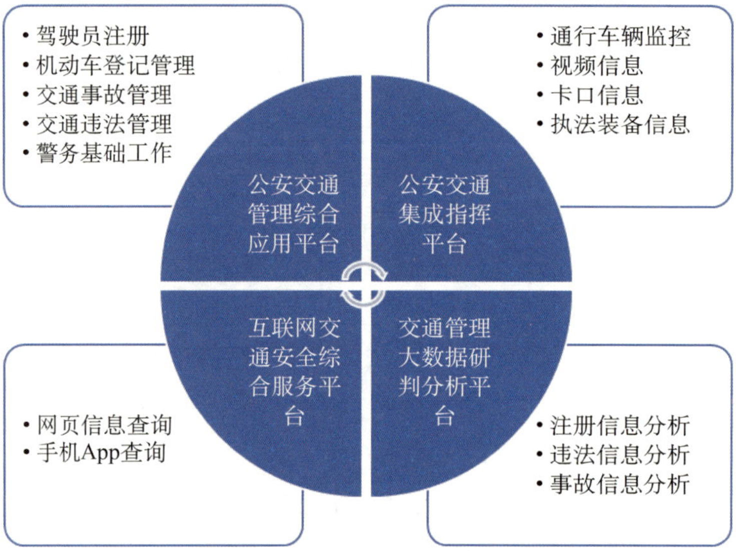

图 3-3 公安交管四大平台功能

在全国层面，公安部于 2012 年建立了公安交通管理综合应用平台，集成了包括机动车、驾驶证、交通违法、交通事故、剧毒品运输管理、交警队平台等六大业务数据，并对事故、违法信息采集进行了规范化。为了提高交通安全管理的分析与研判水平，基于公安交通管理综合应用平台，我国部分城市(如上海、苏州、广州)也建立了交通安全分析综合平台。

公安交通集成指挥平台是部、省、市三级公安交通集成指挥平台。该平台是在全国公路缉查布控系统基础上进行完善的，用于在公路上对通行车辆进行缉查布控。从 2016 年开始，公安交通集成指挥平台采集了城市的视频信息、卡口信息及执法装备信息，为交通检测、决策、控制和服务提供技术支撑。

互联网交通安全综合服务平台汇集了网上驾考、办证和违法处理等业务，并可进行机动车、驾驶证和路况等信息的查询。目前已经实现网页、手机 App 的查询，用户可通过平台直接查询相关信息，且网站实名注册和手机 App 安装量都已超过 1 亿人，互联网业务占比达 20%，服务群众超过 3 亿人。

交通管理大数据研判分析平台主要用于事故、违法、驾驶人信息的分析研判，汇聚了 100 多个分析主题。至 2020 年年底，该数据平台汇集了 420 亿条基础数据(如机动车、驾驶人、违法记分和事故处理等)，包含 1 万亿条车辆通行轨迹和 500 亿条日志数据等，基于人工智能技术，实现了视频图像识别、卡口图片人脸识别和违法图片智能审核等功能。

3.2 美国道路交通事故数据

3.2.1 道路交通事故数据采集规范

美国联邦政府从 20 世纪 70 年代开始系统地进行道路交通事故数据采集,并形成了基础手册、专项手册与操作性手册相结合的采集规范体系[1],如图 3-4 所示。其中,基础手册包括《道路交通事故分类手册》(*Manual on Classification of Motor Vehicle Traffic Crashes*, MCMVTC)[5]、《交通记录系统数据编码手册》(*Traffic Records Systems Data Dictionary*, TRSDD)[6]。专项手册包括《死亡事故分析系统/事故报告抽样系统编码手册》(*FARS/CRSS Coding and Validation Manual*, FARS/CRSS CVM)[7]和《车辆碰撞数据系统编码手册》(*Coding and Editing Manual of Crashworthiness Data System*, CEMCDS)[8]。操作性手册指《事故信息采集最低标准样板》(*Model Minimum Uniform Crash Criteria*, MMUCC)[9]。

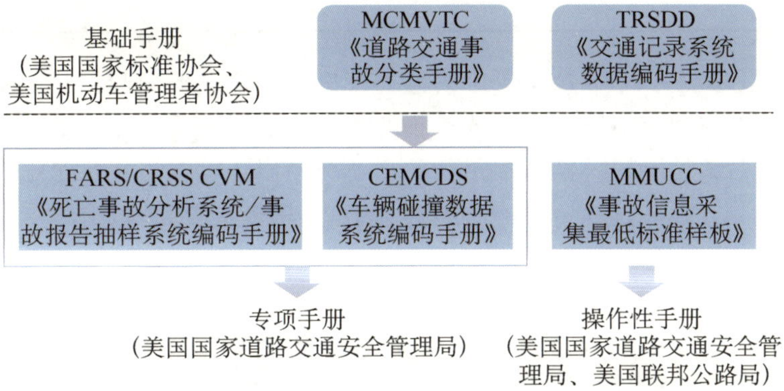

图 3-4 美国道路交通事故数据采集体系

美国各项标准的编制单位、最新版本及内容概述见表 3-3。

表 3-3 美国道路交通事故数据采集规范汇总表[1](更新至 2020 年 12 月)

事故信息采集标准名称	编制单位	版号 年代 首版	内容概述
《道路交通事故分类手册》(*Manual on Classification of Motor Vehicle Traffic Crashes*)	美国国家标准协会(American National Standards Institute, ANSI)	第 8 版 2017 年 1965 年	为交通事故相关概念提供规范的定义说明,并为某些概念提供类别划分标准
《交通记录系统数据编码手册》(*Traffic Records Systems Data Dictionary*)	美国机动车管理者协会(American Association of Motor Vehicle Administrators, AAMVA)	第 7 版 2020 年 1979 年	为整个交通领域内数据记录提供了一整套编码标准,其中包含事故信息

（续表）

事故信息采集标准名称	编制单位	版号 年代 首版	内容概述
《死亡事故分析系统/事故报告抽样系统编码手册》(FARS/CRSS *Coding and Validation Manual*)	美国国家道路交通安全管理局(National Highway Traffic Safety Administration, NHTSA)	— 2020 年 1975 年	为 NHTSA 全美境内死亡和抽样交通事故信息录入提供编码标准，共计 174 项
《车辆碰撞数据系统编码手册》(*Coding and Editing Manual of Crashworthiness Data System*)		— 2016 年 1979 年	为 NHTSA 特定区域内事故深度调查信息录入提供编码标准，共计 400 余项
《事故信息采集最低标准样板》(*Model Minimum Uniform Crash Criteria*)	NHTSA，美国联邦公路局(Federal Highway Administration, FHWA)	第 5 版 2017 年 1998 年	为美国各州交警部门提供事故现场事故信息采集最低参考标准，共计 110 项

《道路交通事故分类手册》是由美国国家标准协会所制定的事故信息采集记录参考标准。该手册制定的主要目的是推动联邦、州及地方政府在道路交通事故信息的统计及分析上采用一致标准。该手册的内容分为两部分：一部分给出了事故信息的定义；另一部分给出事故信息的分类划分标准，包括人员伤亡程度划分、车辆损伤程度划分等。

《交通记录系统数据编码手册》是由美国机动车管理者协会所制定的事故信息采集记录参考标准。该手册制定的主要目的是为道路交通安全、机动车登记注册、机动车商业保险、紧急医疗救治服务、公路基础设施建设等领域内使用的数据单元提供一套通用的编码规则。

《死亡事故分析系统/事故报告抽样系统编码手册》是一本涉及人员死亡的事故数据编码手册，由 NHTSA 于 1975 年编制并应用于死亡事故分析系统/事故报告抽样系统。该手册对事故、车辆、驾驶人、事故前场景、乘客分别进行了数据编码和表格设计，编码方式考虑了系统录入准则，有效地支撑了事故统计分析。

《车辆碰撞数据系统编码手册》是由 NHTSA 于 1979 年编制的事故数据编码手册，并应用于国家机动车抽样系统(National Automotive Sampling System, NASS)。该手册包含的变量为事故数据、事件数据、通用车辆数据、车辆外部数据、车辆内部数据、乘客评估数据和乘客受伤数据。与《死亡事故分析系统/事故报告抽样系统编码手册》相比，《车辆碰撞数据系统编码手册》中的数据单元更为细致。

《事故信息采集最低标准样板》是 NHTSA 推荐给各州警方使用的道路交通事故信息采集标准。为了统一美国各州事故信息采集标准，NHTSA 和 FHWA 于 1998 年合作制定了第一版，该标准通过会议讨论每五年更新一次。各州政府可根据自身事故数据实际需求选用最低标准之外的事故信息，在参考《事故信息采集最低标准样板》提供属性值的基础上，确定所采集事故信息的属性值并进行编码，最终编排成该州警方所使用的事故信息采集表。

3.2.2 道路交通事故数据现场采集

美国各州的警察部门均按照本州政府制订的采集表在事故现场采集事故信息,经历了从人工填写纸质采集表过渡到电子信息采集系统这两个阶段[10,11]。第1阶段,交警在事故现场根据事故情况填写纸质采集表,后期由人工将事故信息录入数据库系统[12]。第2阶段,各州研发出基于车载电脑平台的事故信息采集系统,采集表也由纸质转变为电子格式。其中,具有代表性的事故信息采集系统有艾奥瓦州的交通犯罪采集软件(Traffic and Criminal Software, TraCS)、伊利诺伊州的移动采集及报告系统(Mobile Capture and Reporting System, MCR)[11,13]。

以下选取具有代表性的信息采集技术加以说明,包括电子事故信息采集表、全球定位系统(Global Position System, GPS)定位技术、芯片/条形码阅读器、激光测量仪器和全站仪、近景摄影测量技术、汽车事件数据记录系统(Event Data Recorder, EDR)[10]。

(1) 电子事故信息采集表:交警在事故现场以车载电脑作为事故信息采集平台,事故信息通过人工或电子设备按照一定顺序逐项录入电子采集表。信息录入完毕后,系统通过自检功能提示填写人采集表中潜在的错误以便更正,待更正完毕后,交警便可通过无线网络将电子采集表上传至上级部门做进一步审核,审核通过后,即可导入当地事故数据库系统[12]。

(2) GPS定位技术:GPS定位用于获取事故的地点信息。传统的事故地点通过文字描述记录事故地点信息。但文字描述存在道路编码繁多不便于记忆且定位精度不高等问题。交警基于车载电脑对照地理信息系统(Geographic Information System, GIS)地图可直接获取GPS经纬度坐标,无须记录文字信息,在GIS地图上可进行修改、确认等操作[11]。

(3) 芯片/条形码阅读器:用于获取驾驶人名字、驾照和车辆等信息。在美国,事故现场采集的信息中人名字符长度通常超过9位、驾驶人驾照数字长度大约为9位、车辆识别码长度为17位,采用电子读取设备,如芯片阅读器或条形码阅读器,便可自动将该类信息录入电子采集表中,既保证了信息采集的准确度,又节省了交警现场勘查的工作时间。

(4) 激光测量仪器、全站仪:激光测量仪器和全站仪用于重构事故现场图。激光测距仪可精确测得距离信息及纵断面角度信息,配合专业的绘图软件便可绘制出事故现场图。但在大型事故现场存在目标点超出了人眼识别范围而无法使用激光测量仪器的情况,这时便需借助全站仪,通过事先确定的基点便可获取事故现场任一特征点的三维空间坐标,再借助专业绘图软件即可绘制出事故现场图[11]。

(5) 近景摄影测量技术:用于重构事故现场三维图。通过使用数码相机从不同角度拍摄事故场景照片,根据所得的照片通过特殊算法可以求得空间任意一点坐标,再借助专业软件可将坐标点生成三维数字模型。最后,应用计算机辅助设计(Computer-Aided Design, CAD)软件内置的实体模型(车辆、人员、道路、树木等)即可将三维数字模型转换成事故现场三维图。

(6) 汽车事件数据记录系统:记录信息包括事故时间、事故地点、车速、车辆制动数据、行驶方向、乘客数、乘坐位置、安全带及气囊数据等众多事故信息[9]。美国NCHRP基于《事故信息采集最低标准样板》(2003年第2版)事故数据标准研究得出:应用现有的事件数据记录系统(Event Data Recorder, EDR)技术可获取《事故信息采集最低标准样板》中5项事故信息，未来通过 EDR 技术的革新，可获取《事故信息采集最低标准样板》中共计 24 项事故信息[14]。

3.2.3 道路交通事故数据分析系统

单一的事故数据无法开展面向道路交通安全的系统安全评估，不同区域均有其地域特点，美国从 1987 年开始建设道路安全信息系统（Highway Safety Information System, HSIS）[15]。HSIS 选取了加利福尼亚州、伊利诺伊州、缅因州等七个州不同类型的道路，将交通事故、道路特征、交通运行数据整合成数据库，每年再从部分州和市提取数据，并转化为通用的计算机格式，以进行道路安全研究，各参与州或市提供的数据信息统计如表 3-4 所列。

表 3-4　　美国各参与州或市提供的数据信息

数据信息	州或市							
	加利福尼亚州	伊利诺伊州	缅因州	明尼苏达州	北卡罗来纳州	俄亥俄州	华盛顿州	夏洛特市
交通事故	√	√	√	√	√	√	√	√
道路特征	√	√	√	√	√	√	√	√
交通流量	√	√	√	√	√	√	√	√
交叉口	√		√	√				√
立交	√	√	√	√			√	

依托 HSIS 数据，美国于 2010 年编制了《道路安全手册》（*Highway Safety Manual*, HSM）[16]。基于华盛顿州 2002—2006 年市区和城郊的主干道、农村道路、交叉口的事故数据，HSM 建立了安全预测模型（safety performance functions）和事故修正系数（crash modification factors）。利用 HSIS 统计数据（事故）和地理数据（道路和碰撞位置），FHWA 建立了行人和自行车 GIS 安全分析工具，以用于空间分析和可视化展示[17]。同时，FHWA 通过 HSIS 获取了华盛顿州超过 13 358 km 高速公路几何、交通和事故数据，结合宾夕法尼亚州的数据，应用病例对照法来评估不同车道和路肩宽度组合的相对安全效果[18]。

3.3 其他发达地区道路交通事故数据

欧盟从 20 世纪 90 年代起开展交通事故的信息采集工作，并积累了较为丰富的事故信息采集研究经验。德国、日本基于采集的基础数据开展了事故深度调查工作。

3.3.1 欧盟交通事故数据采集

欧盟各成员国自 1991 年起采集每起交通事故的资料，并于 1993 年建立了欧盟道路交通事故数据库（Community database on Accidents on the Roads in Europe, CARE）[19]，采集了各参与成员国单起事故的详细数据。2004 年，CARE 增加了道路事故深度调查（In-Depth Road Accident Investigations）（SafetyNet[20] 和 DaCoTA[21] 项目）。CARE 数据

库分析系统可以确定和量化道路安全问题、评估道路安全措施的效果以及界定各成员国行动的一致性,从而促进各成员国在交通安全分析领域的经验交流。

为了解决不同国家事故数据的兼容性和可比性问题,欧盟委员会(European Commission)于 2008 年发起《事故信息采集通用标准》(*Common Accident Data Set*, CADaS)[22]。CADaS 从事故特征(如时间、天气、碰撞类型等)、道路属性(如经纬度、道路类型和车道类型等)、交通个体(如车辆类型、发动机类型和车载安全设备等)和人员信息(如伤亡情况、驾驶人信息和违法行为等)四方面采集道路交通事故信息,共计 73 个信息采集项。从 2008 年的 1.0 版本到 2018 年的 3.7 版本,CADaS 补充完善了道路设施变量、出行者类型和地理空间信息,为事故建模和安全对比提供了标准化的数据来源。

基于交通安全数据,欧盟研究了安全统计分析方法与建模技术。欧洲交通安全委员会(European Transport Safety Council, ETSC)1997 年编制了《道路安全审计与影响评价手册》(*Road Safety Audit and Safety Impact Assessment*)[23]来评估道路设计和交通方案的事故风险,并已形成系统化的道路安全审计工具与改善知识库手册。欧盟委员会于 2015 年开展了"安全致因、收益和效率"(Safety CaUsation, Benefits and Efficiency, SafetyCube)项目[24],围绕事故风险、致因和改善措施三个方面,构建了支撑道路安全改善的决策支持系统(Decision Support System, DSS),旨在为企业、政策制定者和其他利益相关者提供信息服务。

为了便于开展不同国家的安全改善效果对比,2017 年联合国欧洲经济委员会(United Nations Economic Commission for Europe, UNECE)资助研发了下一代安全内陆运输系统(Safe Future Inland Transport Systems, SafeFITS)[25],汇聚 130 个国家的事故数据并开展道路交通安全改善的国际对比。

3.3.2 德国、日本事故深度调查

德国的交通事故基础信息由警察部门负责全部的采集工作,覆盖全国,范围广,采集内容相对全面[26]。德国的"事故深度调查"(German In-Depth Accident Study, GIDAS)项目始于 1999 年,由德国联邦公路研究所(Federal Highway Research Institute)和德国汽车技术研究组织(Automotive Research Association)共同合作进行,每年大约对 2 000 起事故开展深度调查。由工程、医疗、车辆、道路等方面的专家组成的专业团队,在事故发生后的第一时间到达事故现场进行科学、高效的事故采集。该系统所采集的内容几乎包括与事故有关的所有信息,如事故中人员伤亡、救治的医疗信息等。通过数十张表单、3 000 多个变量来描述一起交通事故。与警方报告相比,他们所掌握的信息面更广、更专业,研究和参考价值更高。

在黑点分析中,德国将事故类型划分为七类:行车事故、翻车事故、转弯/交叉事故、行人-穿越事故、停止/停车事故、纵向行驶中的事故和其他事故。根据事故种类、事故损伤情况的不同,对不同的事故发生点进行标注,由此得到事故与黑点分析的可视化地图,从而为道路安全改善提供依据。

日本的事故调查与我国一样是由警察进行事故现场勘查取证,事故调查采集的信息项目有 124 项[26]。1992 年,日本警察厅(National Police Agency)、原建设省(Ministry of Construction)和原运输省(Ministry of Transport)[建设省和运输省现已合并为国土交通省(Ministry of Land, Infrastructure, Transport and Tourism)]共同组建成立了交通事故分

析中心(Institute for Traffic Accident Research and Data Analysis, ITARDA),目的是通过对事故和人、道路交通环境及车辆进行综合性深度采集调查研究,以预防交通事故的发生和减少交通事故带来的伤害,从而建立一个安全、畅通、协调的道路交通环境。每年选择约300起交通事故进行深度调查,调查项目多达650项,涉及人、车、路、救援、管理等各个环节及事故人员伤害情况。

3.4 道路交通事故数据国际对比与改善建议

通过国内外道路交通事故数据对比,我们可以发现我国道路交通事故数据存在的问题。对此,我们可以借鉴国际道路交通安全基础数据采集体系,使我国交通安全数据采集规范、采集流程和信息化建设得以提升。

3.4.1 道路交通事故数据采集规范对比

在道路交通事故数据标准方面,美国等发达国家建立了完整的事故数据采集系统以及基础手册、专项手册与操作性手册相结合的规范体系,并能够结合当时的交通安全紧迫问题及时更新。而我国缺乏层次分明、结构清晰、体系完整的道路交通事故信息采集架构,且尚未形成集基础手册、专项手册、操作性手册于一体的综合标准体系。

在道路事故信息记录方面,同美国《事故信息采集最低标准样板》包含共计107项事故信息相比,在信息采集广度上,"一般道路交通事故信息调查表"的事故信息缺少人员乘坐位置、驾驶人视距影响、驾驶人生理因素等道路交通安全研究工作必要的内容;在信息采集深度上,"一般道路交通事故信息调查表"中现有的一些事故信息设置还有待改进,如事故原因偏重人员违法,事故形态不足以表述包含连续多个碰撞事件的事故等。这些问题的存在将会给后期应用事故数据开展安全研究工作带来不便。

在事故信息采集标准改善方面,美国交通安全信息专家协会(Association of Transportation Safety Information Professionals, ATSIP)每年都会召开交通事故采集国际论坛(Traffic Records Forum, TRF),至今已举办了44届。论坛邀请来自交通事故信息采集、管理、分析方面的专家,旨在提高交通信息采集系统的专业性,以及促进新兴数据采集技术的应用。针对研究发现的数据应用问题,美国进一步提升数据采集质量[27]。目前,我国缺乏多方参与信息采集的合作框架和标准流程,事故信息的采集标准制定需要综合考虑路政部门、交通管理部门和交通研究人员的意见。

3.4.2 道路交通事故数据现场采集对比

在交通信息采集方面,我国交警部门尚未构建一套专门的应用于事故现场的数据采集系统。我国基层交警现场采集事故信息主要靠手动填写各类法律文书、徒手绘制事故现场图、卷尺测量距离信息,技术手段相对落后。

现有采集的事故信息大部分通过人工录入公安部交管局开发的道路交通事故处理信息系统。我国交警在事故现场不直接使用"一般道路交通事故信息调查表"所产生的问题有:

(1) 交警的法律文书不是专门的事故信息采集表,法律文书主要应用于事故处理,上面包含的事故信息量要远远少于“一般道路交通事故信息调查表”所要求采集的。对于一般事故,《道路交通事故现场勘查笔录》仅包含采集项目表 73 个采集项中的 14 项。

(2) 一般事故录入系统时,缺少的信息要依靠交管部门内勤人员参照法律文书及事故现场照片还原出系统所要求录入的事故信息。

“一般道路交通事故信息调查表”还包括很多当事人信息、车辆信息和道路属性信息,仅靠内勤人员的记忆和交警的法律文书显然是不够的。因此,针对简易事故和一般事故,需要分别设计包含全面事故信息且经过合理编码的事故信息采集表,以供交警在事故现场直接填写。

美国的艾奥瓦州、内华达州、伊利诺伊州等相继研发了以车载电脑为平台的事故信息采集系统,系统内部集成先进的采集技术,这些先进技术的应用提高了警察现场采集事故信息的效率和精度,事故信息采集完毕后还可通过无线网络实时上传至管理中心,从而减少中间人工录入数据的环节,节约了人力资源。

表 3-5 给出了中美两国事故信息现场采集技术对比,其中,美国的事故信息采集方法主要参考了 NCHRP《安全数据采集技术改善》(*Technologies for Improving Safety Data*)的研究报告[11]。

表 3-5　　中美两国事故数据采集技术对比

对比对象	中国方法	美国方法	对比说明
采集表形式	纸质表	电子表	电子采集表较纸质表信息出错率低且节约了人力资源
车辆识别码 人员证件信息	人工填写	芯片/条形码阅读器	人工填写证件信息耗时长且容易出现笔误;使用电子仪器自动扫描获取证件信息效率高且出错率低
事故地点信息	语意描述; 经纬度定位	经纬度定位	基于 GIS 地图获取经纬度坐标比语意更为便捷、准确
事故现场图绘制	皮尺测量并手工绘制	激光测量仪器 专业绘图软件	皮尺测量耗时长且精度不高,须两个人同时操作;激光测量仪器精度高,辅以专业软件绘图更加规范

3.4.3 交通事故数据分析平台对比

基础数据与分析平台是进行交通安全管理的基础,表 3-6 列举了我国与发达国家有关数据与分析平台的建设和应用。由表 3-6 可知,目前全球层面的交通安全数据系统有三个:IRTAD,UNECE 和 SafeFITS,主要功能是数据汇总和统计查询,其中 SafeFITS 可支撑国际改善效果对比。欧洲的基础数据平台搭建得较为完善,可支撑宏观安全分析和改善分析,所覆盖的欧洲国家数量约为 30 个。美国则是建立了一体化的数据采集、数据分析和改善对比的处理流程,系统建设的专业性程度比较高,广泛应用于道路设施安全分析和安全改善分析。

我国在数据采集和汇总方面发展迅速,建立了多个综合应用平台,存储了大量警情、事故、违法和勤务等数据。然而,与发达国家作比较,我国信息系统应用更多地集中在数据汇总和服务查询方面，数据采集的标准规范和标准流程还未成体系，安全数据分析的深度和广度方面仍显不足，道路设施安全分析、安全改善分析和国际对比等专业分析平台较为欠缺。

表 3-6　　国际数据与分析平台

范围	名称	建设时间	系统功能	专业分析归类				数据覆盖范围
				A1	A2	A3	A4	
全球	International Traffic Safety Data and Analysis Group (IRTAD) Road Safety Database	2008 年开始	数据汇总 统计查询					全球 32 个国家
	United Nations Economic Commission for Europe (UNECE) Statistical Database		数据汇总 统计查询					全球 56 个国家
	Safe Future Inland Transport Systems (SafeFITS)	2017 年开始	数据汇总 统计查询			√	√	全球 130 个国家
欧洲	Community database on Accidents on the Roads in Europe(CARE)	1988—1999 年	数据汇总 统计查询					欧洲 27 个国家
	SafetyNet European Road Safety Observatory (ERSO)注:CARE 后续项目	2004—2008 年	数据汇总 统计查询 专业分析	√				欧洲 27 个国家
	Data Collection Transfer and Analysis (DaCoTA)注:SafetyNet 后续项目	2008—2012 年	数据汇总 统计查询 专业分析	√				欧洲 30 个国家
	Safety CaUsation Benefits and Efficiency (SafetyCube)	2015—2018 年	专业分析			√		
美国	Fatality Analysis Reporting System (FARS)	1975 年开始	数据汇总 统计查询					美国
	Crash Report Sampling System (CRSS)	2016 年建成	数据汇总					美国
	Highway Safety Information System (HSIS)	1987 年开始	数据汇总 专业分析			√		美国 9 个州
	Safety Analyst	2010 年建成	专业分析			√		
	Crash Modification Factors (CMF) Clearinghouse	2010 年建成	专业分析			√		
	Road Safety Investigation Tool (RSIT)	2006 年建成	专业分析		√			
	Road Hazard Analysis Tool (RoadHAT)	2010 年建成	专业分析			√		
	Safety Needs Identification Program (SNIP)	2011 年建成	专业分析		√			

（续表）

范围	名称	建设时间	系统功能	专业分析归类				数据覆盖范围
				A1	A2	A3	A4	
中国	公安交通管理综合应用平台（“六合一”系统）	2010 年建成	数据汇总统计查询					中国
	公安交通集成指挥平台	2016 年建成	数据汇总指挥调度					中国
	互联网交通安全综合服务平台	2016 年建成	服务查询					中国
	交通管理大数据研判分析平台	2016 年建成	数据汇总专业分析	√				中国
	道路交通事故分析预警系统	2010 年建成	数据汇总统计查询专业分析	√	√			上海、广州、苏州、江门、甘肃

注：A1：宏观安全分析，A2：道路设施安全分析，A3：道路安全改善分析，A4：国家对比。

3.4.4 中国道路交通事故数据改善建议

经过多年努力，我国在道路交通事故数据采集与分析方面取得了较大的发展，但与国际发达国家相比仍存在一定的差距。以下围绕事故信息采集规范、现场采集和分析平台三个方面提出改善建议。

1. 完善道路交通数据采集综合标准体系

借鉴美国《事故信息采集最低标准样板》来提高道路交通信息采集的广度和深度，如道路交通信息调查表中加入人员乘坐位置、驾驶人视距和驾驶人生理因素等内容。同时，将“事故形态”细化为三项：事故事件序列、最初损伤事件和最严重损伤事件，并将各事件选项按无碰撞、碰撞非固定物、碰撞固定物进行划分[28]。编码层次清晰、方便交警现场勾选。形成集基础手册、专项手册、操作性手册于一体的综合标准体系。针对死亡事故，建立完善的信息采集体制，每 3～5 年对其进行更新与完善。

2. 优化道路交通事故数据采集技术

优化完善纸质事故信息采集表，实现电子信息的自动化录入。将事故基础信息的采集与事故处理相关业务信息的采集相分离，即用专门的事故信息采集表而不是将事故信息混杂在事故处理的相关法律文书中。在此基础上，确定基于交警车载电脑平台的电子事故信息采集表，事故信息采集完毕后可通过无线网络直接提交至道路交通事故处理信息系统。

目前，我国基层交警主要通过人工在纸上绘制事故现场图，对此在现场采集系统中可嵌入专业的事故现场图绘制软件。通过激光测量仪器精确测得距离信息，并结合软件内置的车辆模型、道路交通场景模型，快捷、智能、形象、规范地绘制出事故现场图，统一格式储存。如此，事故现场图的浏览、传输、打印将会变得十分便捷。

3. 完善道路交通数据分析平台

整合安全数据与道路交通数据，开发适合于我国的道路交通数据分析平台。建立汇集交通事故数据、道路特征信息和交通运行特征的数据管理平台，同时研究平台的数据统计分析、可视化等功能模块，研发道路交通安全地理信息系统，最终形成完整、精确、实用、稳健的道路交通安全分析数据平台。

参考文献

[1] 王雪松，李佳. 中美两国道路交通事故信息采集规范与分析对比研究[J].道路交通科学技术，2018(1)：29-35.

[2] 罗忆，王雪松，张斌，等. 上海市道路交通事故地点表述方法研究[J]. 交通与运输，2012(1)：168-172.

[3] 张斌，王雪松，罗忆，等. 城市道路交通事故地点文字表述方法研究[J]. 中国安全科学学报，2012，22(2)：127-133.

[4] 王雪松，方守恩，乔石.中美道路交通事故信息采集对策与建议[J]. 道路交通管理，2012(7)：51-53.

[5] ANSI D16.1-2017, Manual on classification of motor vehicle traffic crashes [S]. American National Standards Institute, 2017.

[6] Traffic records systems data dictionary [S]. American Association of Motor Vehicle Administrators, 2020.

[7] 2019 FARS/CRSS coding and validation manual [S]. National Highway Traffic Safety Administration, 2020.

[8] National automotive sampling system crashworthiness data system (NASS CDS): coding and editing manual 2015 [S]. National Highway Traffic Safety Administration, 2016.

[9] Model minimum uniform crash criteria [S]. National Highway Traffic Safety Administration. 2017.

[10] 王雪松，方守恩，乔石，等. 美国道路交通事故信息采集及对中国的启示[J]. 中国安全科学学报，2012，22(10)：79-87.

[11] National Cooperative Highway Research Program. Technologies for improving safety data [R]. Washington D.C.: Transportation Research Board of the National Academies, 2007.

[12] National Cooperative Highway Research Program. Crash records systems [R]. Washington D.C.: Transportation Research Board of the National Academies, 2005.

[13] National Highway Traffic Safety Administration. E-crash: the model electronic crash data collection system [R].2010.

[14] Use of event data recorder (EDR) technology for highway crash data analysis [R]. National Cooperative Highway Research Program, 2004.

[15] COUNCIL F M, PANIATI J F.The highway safety information system [J].Public Roads, 1997, 60(4): 34-37.

[16] BONNESON J A. Highway safety manual [M]. Washington, D.C.: American Association of State Highway and Transportation Officials, 2010.

[17] Federal Highway Administration. Safety Analysis Tools [EB/OL]. https://www.hsisinfo.org/hsis.cfm? type=6.

[18] GROSS F, JOVANIS P P, ECCLES K, et al. Safety evaluation of lane and shoulder width combinations on rural, two-lane, undivided roads [R]. USA, Federal Highway Administration, 2009.

[19] COEME G. Council decision on the creation of a Community database on road accidents [J].Official

Journal of the European Communities, 1993(329): 63-65.

[20] THOMAS P, YANNIS G, LEJEUNE P, et al. The New European Road Safety Observatory-SafetyNet[C]// Proceedings of the 10th PRI International Road Safety World Congress, Abu Dabi, 2006.

[21] THOMAS P, MUHLRAD N, HILL J, et al. Final project report, deliverable 0.1 of the EC FP7 project DaCoTA [R]. UK, Loughborough University, 2013.

[22] CARE database: common accident data set (CADaS) [S]. Directorate-General for Mobility and Transport, 2018.

[23] Road safety audit and safety impact assessment [S]. European Transport Safety Council, 1997.

[24] THOMAS P. SafetyCube project [EB/OL]. https://www.safetycube-project.eu/.

[25] NENAD NIKOLIC. SafeFITS: A road safety decision-making tool [EB/OL]. https://unece.org/safefits-road-safety-decision-making-tool.

[26] 王晓燕,李平凡,王雪松. 中国道路交通事故信息采集现状与改进研究[J]. 中国公共安全(学术版), 2017,49(4):71-76.

[27] WANG X, ABDEL-ATY M, NEVAREZ A, et al. Investigation of safety influence area for four-legged signalized intersections: nationwide survey and empirical inquiry[J]. Journal of the Transportation Research Board, 2008, 2083(1): 86-95.

[28] 李伟楠, 王雪松. 基于事故深度调查的城市交通事故特征分析[J]. 中国安全科学学报, 2012, 22(12): 90-96.

4 信控交叉口交通安全分析

信号灯控制交叉口(简称“信控交叉口”)是路网中的重要节点,由于相交道路的机动车、自行车和行人都在交叉口处汇集、通过和转向,因此,存在较多的交通冲突。信控交叉口既是道路交通的瓶颈,也是路网中的事故多发区。考虑到信控交叉口本身的多样性和交叉口使用者的复杂性,故信控交叉口安全分析是一个非常复杂的问题。

4.1 信控交叉口安全研究进展

信控交叉口事故统计建模分析的结果可用于事故多发交叉口判别、安全问题分析、措施选择和效果评价等方面。我们通过建立交叉口特征与事故的统计模型,可以发现影响事故发生的显著因素,预测交通事故的发生量。国外围绕事故统计分析模型进行了大量研究[1,2]。泊松分布(poisson distribution)是最基础的计数模型,但其均值等于方差的假设往往与实际事故数据不符[3]。负二项分布(negative binomial distribution)被广泛应用于交通事故分析中,它能够较好地拟合不同信控交叉口安全状况的异质性(heterogeneity)[4,5]。与多元线性回归的基础假设相似,负二项分布要求被研究的所有交叉口是独立分布的。

纵向数据是指对研究的交叉口有连续几年的数据积累。20 世纪 90 年代中期以来,很多研究者和机构利用纵向数据开展了信控交叉口事故统计建模,如 M. Poch 和 F. Mannering[6],D. Lord 和 B. Persaud[7],L. Mountain 等[8]以及英国交通研究实验室(Transport Research Laboratory, TRL)[3]。来自同一交叉口不同年份的数据之间一般都有着较高的时间相关性[9,10]。J. A. Hausman 等[11]提出了分析纵向数据的随机效应计数模型(random effect count data model),H. C. Chin 和 M. A. Quddus[1]使用该模型研究了信控交叉口的纵向数据。考虑时间相关性,会提高模型对数据的拟合程度,与传统的负二项分布回归相比,采用纵向数据模型影响因素的显著性水平会发生变化[10]。由于事故的偶发性,经验表明信控交叉口的安全评价需要针对三年以上的纵向数据。利用纵向数据可以更加有效地评价交叉口改善措施的安全效果[9]。

路网的空间特征会对交叉口的安全产生一定的影响,如交叉口的间距太小会使相邻交叉口的交通流相互影响,诱使事故发生;又如信号线控会减少车辆通过交叉口时的停留次数,可能会降低追尾事故的发生,但是,不停顿的车流又有可能引起驾驶人超速行驶进而产生安全问题。主干道的相邻交叉口之间很难保证它们的独立性,M. Poch 和 F. Mannering[6]在对贝尔维尤(Bellevue)市信控交叉口进行研究时,为了保证样本的独立性而特意抽取了较少量的交叉口。为了研究主干道交叉口的相关特征和交叉口间距对安全的影响,笔者基于美国 41 条主干路上 476 个连续分布的信控交叉口的研究表明相邻两交叉口的影响系数较高，同时，交叉口间距是影响交叉口总体事故和追尾事故的显著因素[12,13]。F. Guo 等[14]对信控交叉口的空间属性从区位关系、路网关系、邻近关系三个层面加以定量分析。

信控交叉口在路网中沿主干路有序分布，当交叉口有连续三年以上的数据积累时，就构成了时空数据，时空数据结构复杂，分析时空数据的意义在于它能挖掘数据中蕴藏的更丰富的信息。X. Wang 和 M. Abdel-Aty[13]分析了信控交叉口的时间和空间相关性。在传统的安全预测模型中，时间相关性和空间相关性很难得到充分的考虑，而考虑时空相关性将有利于获得更好的参数估计和模型预测。

传统统计分析方法样本独立的假设在分析时空相关复杂数据结构时有较多局限性。近年来，贝叶斯方法在交通安全分析中应用较广，E. Hauer 等[15]介绍了如何利用经验贝叶斯方法进行小样本分析，并对"回归到平均"的现象进行了校正。A. L. Carriquiry 和 M. Pawlovich[16]在分析了经验贝叶斯和全贝叶斯方法区别的基础上，推荐使用全贝叶斯方法。J. Aguero-Valverde 和 P. P. Jovanis[17]利用分层贝叶斯模型对基于交通分析小区的空间相关或时间相关问题进行了分析。基于全贝叶斯空间模型，F. Guo 等[14]对于考虑路网空间影响的主干道信控交叉口安全进行了分析，通过设定条件自相关的先验分布，对位于同一主干道上交叉口相互影响随距离的增加而减弱这一属性进行了考虑。全贝叶斯方法将来自不同信息源的信息作为先验分布与观测数据进行整合形成后验分布，如此便能有效地利用小样本数据进行模型校验，对复杂数据结构有较好的拟合性[18,19]。

国外的事故统计分析模型对影响信控交叉口安全的交叉口几何形态、交通控制、交通特征和周边环境进行了系统研究。研究表明：在几何设计方面，斜交交叉口由于视距问题和穿越距离增加易导致事故发生[20]，交叉口流量与事故总量呈正相关性[12]，设置左转车道偏移可以降低事故发生的概率[21,22]。在交通控制方面，信号配时参数会影响交叉口的事故数量和碰撞类型[23-25]，增加专用左转相位会减少左转事故[26,27]，但是追尾事故会因为相位数增加而增加。在交通特征方面，交通流量与安全的关系一直是交通分析模型研究的重点，如交叉口总流量[10,12]或相交道路流量[7,8]，部分研究人员分析了直行、左转车流与安全的关系[14]。考虑到不同的事故形态对应不同的原因，X. Wang 等[28]对追尾、侧碰、左转等事故形态进行了单独的分析，以鉴别影响不同事故形态的独特显著因素。

国内应用负二项分布对信控交叉口进行了事故统计分析[29,30]。王雪松等[31]利用贝叶斯模型构建了交叉口事故与几何设计、信号控制、交通流的影响关系，同时考虑信控交叉口的空间相关性，进一步提出了基于安全可提高空间的事故多发信控交叉口判别方法。

事故数据记录的不完善制约了基于事故数据的交叉口安全分析方法的应用，交通冲突数据样本量大且观测周期短，被部分研究用作事故数据的补充。国外研究者如 T. Sayed[32]和 Y. Y. Guo 等[33]建立了冲突车流与交通流量、事故、车流波速的直接对应关系。U. Shahdah等[34]通过冲突分析模型来估计事故修正系数，A. P. Tarko[35]证明了选取比较小的冲突阈值可以获得较为准确的事故预测数。国内研究者如邓蕙菁等[36]、郭延永等[37]建立了交通冲突分析模型，主要分析交通冲突的影响因素。但是，基于冲突的安全评价需要对研究区域内的交叉口进行大范围的交通冲突观测，耗时、耗力。另外，目前对于冲突的认定并没有完全统一的标准；对于冲突与事故的关系，国际上也没有完全一致的结论。因而，基于事故数据的安全分析就有不可替代的作用。

本章基于上海市信控交叉口事故数据和交通数据,建立了信控交叉口空间相关分析模型,分析了信控交叉口几何设计、交通控制、交通流量和信号控制参数对安全的影响,提出事故多发信控交叉口的判别方法,并与实际事故数据做对比,筛选出事故多发信控交叉口。根据空间相关分析模型得出信控交叉口安全影响因素,作为改善事故多发信控交叉口的理论依据,各研究内容之间的关系如图 4-1 所示。

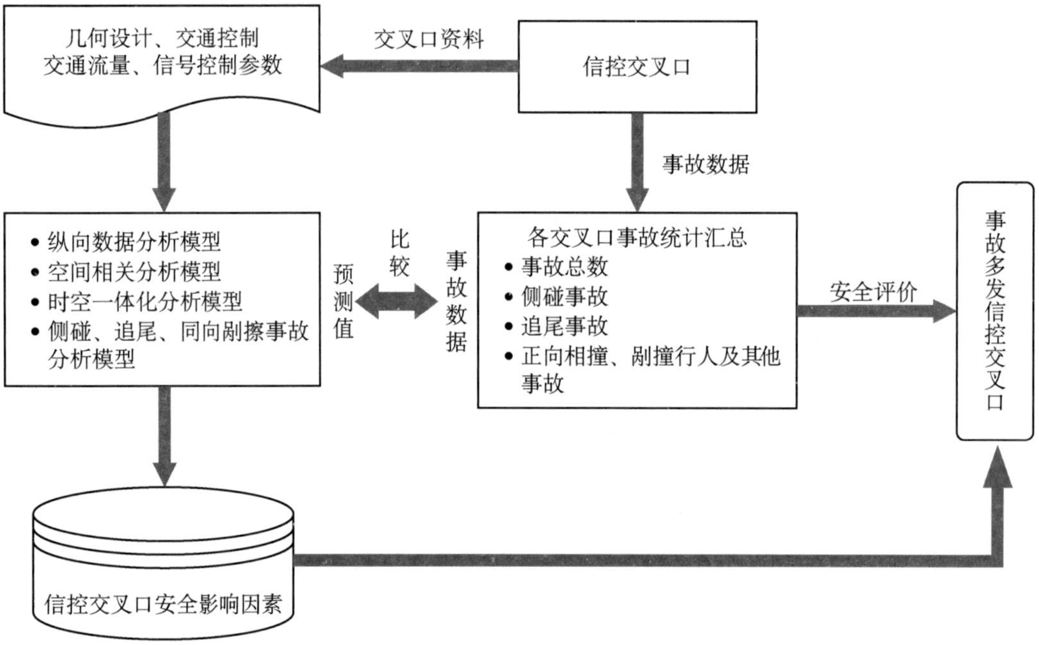

图 4-1　信控交叉口事故统计分析框架

4.2　数据收集与准备

在开展定量化建模分析之前,需要进行数据准备,包括明确研究范围和研究单元,并收集所需的事故、道路设施、交通控制、交通运行等数据,以及对数据进行清洗和处理。为了建立符合国内信控交叉口的安全分析模型,以上海作为研究案例,对信控交叉口进行数据收集,具体分为以下 3 个步骤:①按照一定原则选出用于安全建模的交叉口和主干道;②提取所选交叉口和主干道的交通特征数据;③提取交叉口事故数据。

4.2.1　交叉口及主干道选择

利用地理信息系统(Geographic Information System, GIS)作为工具挑选研究样本。GIS 作为空间数据库,可直观地展示交叉口和主干道的位置及其属性。交叉口和主干道样本的选择遵循如下原则:

(1) 所选交叉口及主干道均位于市区;

(2) 只选择十字交叉口和 T 形交叉口,以简化几何属性的提取;

(3) 为了减少不同主干道之间的相互影响,所选主干道尽量不要相交;

(4) 所选交叉口及主干道的特征属性数据必须是较为完整的。

根据上述原则,最终选出上海市区 22 条主干道上的 195 个信控交叉口用于安全分析,所选样本如图 4-2 所示。

图 4-2 上海信控交叉口及主干道样本选取

根据模型对数据的要求,每个交叉口仅能属于一条主干道。对两条主干道相交的交叉口,采取如下原则来判别交叉口的归属:交叉口归属于交通流量较大的主干道。各主干道对应的交叉口数量如表 4-1 所列。

表 4-1　　主干道对应交叉口数量

序号	主干道名称	交叉口数量/个	序号	主干道名称	交叉口数量/个
1	长寿路	8	5	共和新路	12
2	大渡河路	6	6	海宁路	11
3	大连路	14	7	衡山路	5
4	东长治路	6	8	沪太路	10

（续表）

序号	主干道名称	交叉口数量/个	序号	主干道名称	交叉口数量/个
9	淮海中路	7	16	延安路	31
10	黄兴路	9	17	逸仙路	5
11	江宁路	9	18	芷江西路	3
12	岚皋路	4	19	中山北一路	7
13	曲阳路	6	20	中山西路	7
14	乌鲁木齐路	5	21	中原路	7
15	武宁路	10	22	周家嘴路	13

4.2.2 交通特征数据

收集上海市不同来源的交通数据以进行信控交叉口安全分析。基于澳大利亚新南威尔士州道路交通局开发的 SCATS(Sydney Coordinated Adaptive Traffic System)系统来获取几何设计、交通控制、交通流量等信息。基于上海的浮动车数据(Floating Car Data, FCD)获得交通运行状况。

1. SCATS 数据

SCATS 系统是一种实时方案选择式自适应控制系统，自 1985 年在上海使用至今，它对于上海市的交通管理和交通控制发挥了重要作用。上海市拥有 5 000 多个信控交叉口，其中由 SCATS 系统控制的交叉口约有 1 400 个，主要分布在中环以内区域。SCATS 信号控制系统包含了交叉口的几何设计信息(如车道数、车道划分、相交夹角等)和信号控制信息(如周期、相位、联合线控等)。

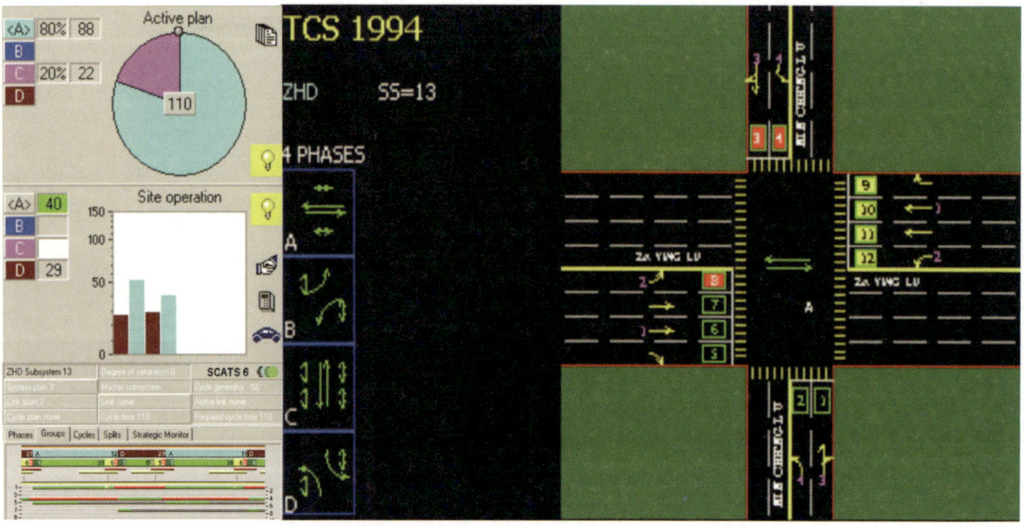

图 4-3 SCATS 系统中的几何渠化图及信号配时图

(图片来源：https://www.scats.nsw.gov.au/)

2. 线圈流量数据

交叉口车辆到达数据是通过布设在距离停止线 1～3 m 位置的检测线圈获取的。SCATS 系统利用口字形检测线圈检测交通流量，与环形检测线圈相比，其检测准确度更高。SCATS 系统的检测线圈埋设位置及检测器示意如图 4-4 所示。

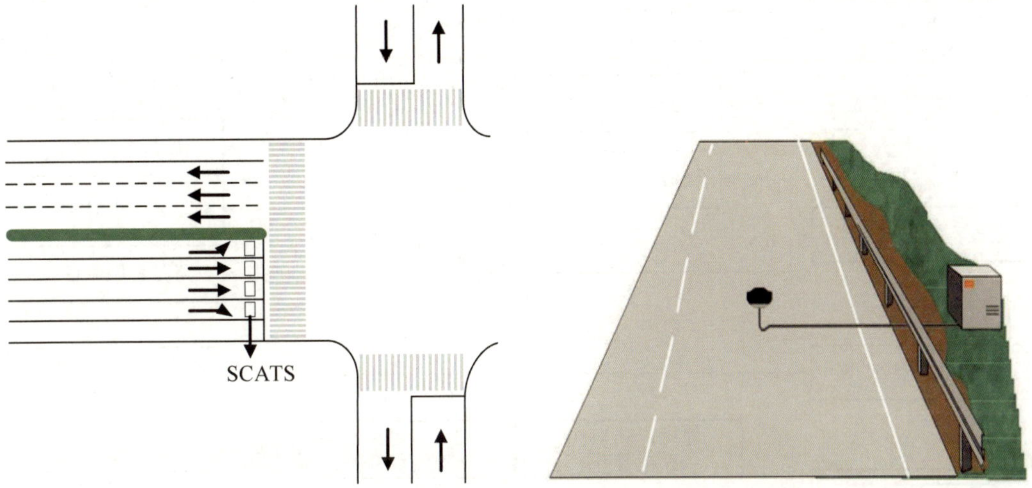

图 4-4 SCATS 系统的检测线圈埋设位置及检测器示意

采用 2009 年 1 月份的线圈检测器数据计算交通流量，提取各检测器的 5 min 交通流量信息，最终计算得到所选信控交叉口所有进口道及主干道双向的月平均日流量，计算流程如图 4-5 所示。

由于存在部分损坏的线圈检测器，因此需要对数据进行有效性检验。剔除车道平均小时流量为 0 及平均小时流量大于 2 000 辆/车道的线圈检测器数据。同时，补全缺失的路段流量数据。采用的补全原则如下：

(1) 对向路段补齐。认为流量数据缺失路段的流量与其对向路段的流量相等。

(2) 道路平均车道流量补齐。认为流量数据缺失路段的平均车道流量等于所在主干道的平均车道流量。

(3) 交叉口平均车道流量补齐。认为流量数据缺失路段的平均车道流量等于其进入交叉口的平均车道流量。

(4) 区域平均车道流量补齐。认为流量数据缺失路段的平均车道流量等于其周边 500 m区域内相同功能道路的平均车道流量。

由于采用流量补全原则，为区分流量数据的准确性，引入流量完整度指标来表征流量的有效性。完整度等于流量有效车道数除以总车道数。完整度越大表明该路段检测器损坏得越少，流量数据的可靠性就越高。因此，在选择主干道和交叉口样本时，尽可能选择路段流量完整度较大者。

3. FCD 数据

通过处理 FCD 采集数据来获取路网行程时间和平均速度参数，这是判断道路交通状态、推荐合理路径的主要依据。在上海有超过 45 000 辆安装了全球定位系统(Global

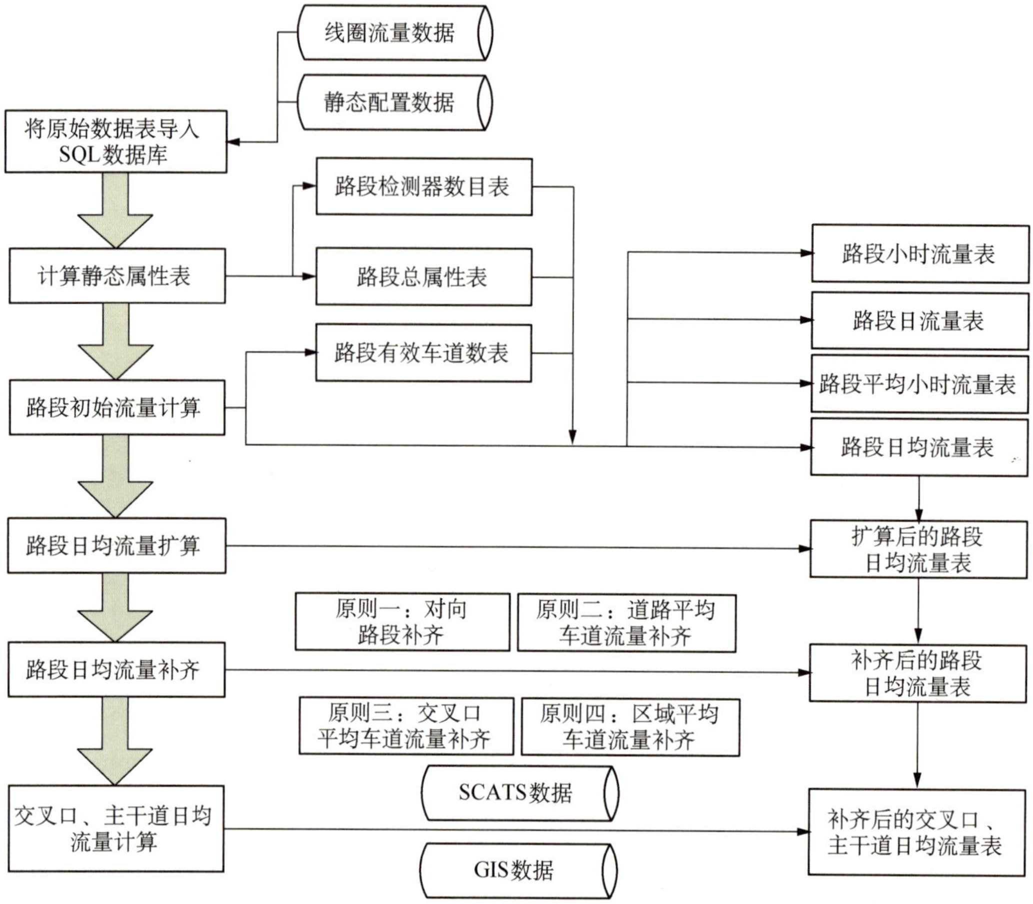

图 4-5　主干道及交叉口流量计算流程

Positioning System, GPS)设备的出租车，这些车辆每 10 s 就会向服务中心发送当前所在位置(经纬度坐标)、时刻等数据。利用 FCD 数据可获知主干道的交通运行状况，从而分析交通运行状况与事故发生的关联性。

FCD 数据记录的是车辆的经纬度坐标，利用上海优图信息技术有限公司开发的软件，将大地坐标转换为直角坐标，并与上海市路网相匹配。如图 4-6 所示，一辆装有 GPS 设备的出租车记录车辆位置，并通过坐标转换及空间关系匹配到对应的道路上，即车辆的经纬度位置转换为车辆相对路段的位置。编写批量数据处理软件，计算出每两个 FCD 点间的平均速度，以便计算主干道的平均速度属性。

采用连续一周 13:00—14:00 的 FCD 数据计算主干道的平均速度。将装有 GPS 设备的出租车的位置与上海市路网进行匹配，选出经过各主干道的对应的出租车样本。对于出租车样本 i，平均速度 V_i 可以表示为

$$V_i=\sum_{j=1}^{m_i}\frac{S_{ij}}{S_i}V_{ij} \tag{4-1}$$

式中　V_{ij}——样本车 i 在两个 FCD 取样点间的平均速度；

S_{ij}——两个 FCD 取样点之间的距离；

S_i——样本车 i 在某主干道上移动的总距离；

m_i——样本车 i 在某主干道上 FCD 取样点的数目；

V_i——以距离加权的样本车平均速度。

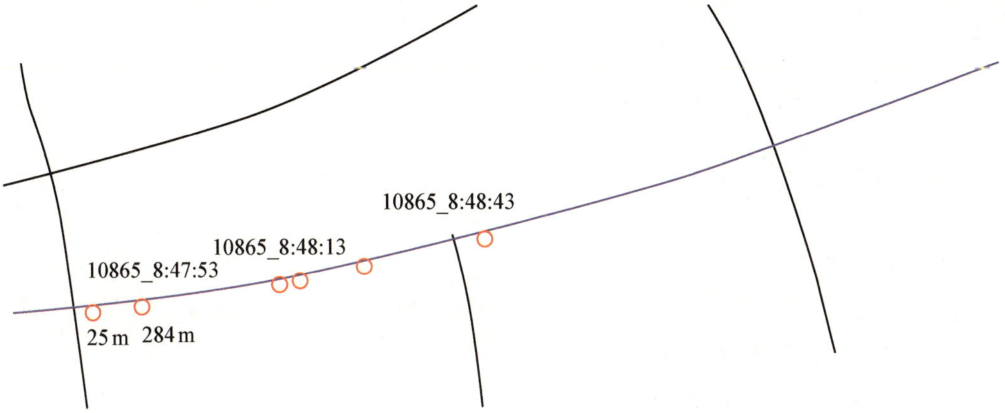

编号为10865的出租车样本与所选主干道匹配的FCD点

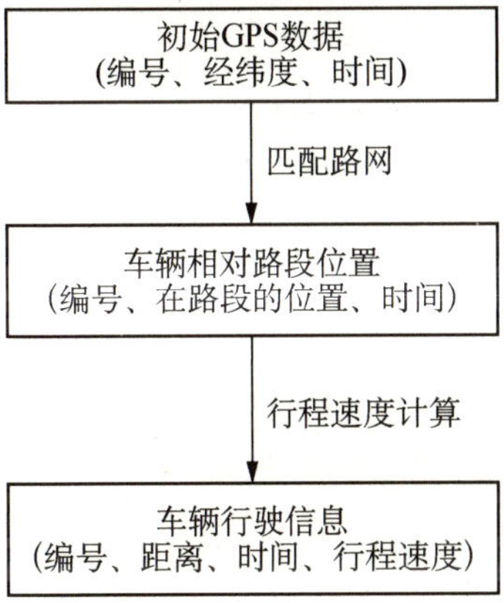

车辆编号	时间	经度	纬度	速度/(m·s^{-1})
10865	8:47:53	12L466702	3L246723	4L4
10865	8:48:13	12L469342	3L247323	55

车辆编号	时间	路段编号	路段长度/m	车辆与起始点的距离/m
10865	8:47:53	644	427	25
10865	8:48:13	644	427	284

车辆编号	行程时间/s	路段长度/m	行程速度/(m·s^{-1})
10865	33	427	12.93

图 4-6　FCD 数据预处理步骤

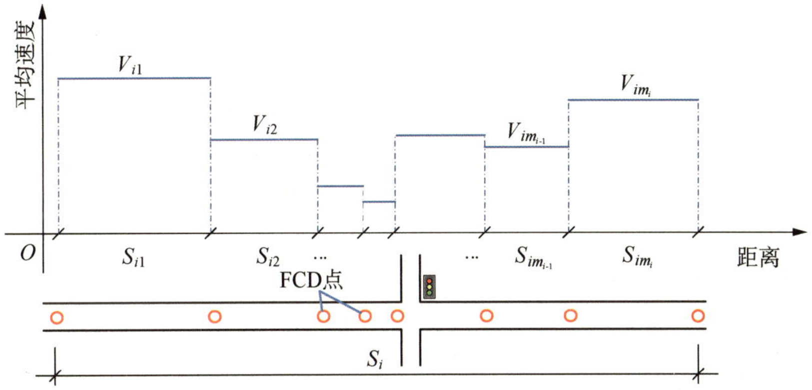

图 4-7　样本车 FCD 数据处理图示

主干道的平均速度 $\bar{V}$ 和速度方差 $D(V)$ 可以表示为

$$\bar{V}=\frac{\sum_{i=1}^{n}V_i}{n} \tag{4-2}$$

$$D(V)=\frac{\sum_{i=1}^{n}(V_i-V)}{n-1} \tag{4-3}$$

式中，n 是通过该主干道样本车的总数。主干道的平均速度和速度方差可反映主干道的交通运行属性。

4. 交通特征变量汇总

根据线圈检测数据获取交叉口的交通流量；通过 SCATS 系统获取交叉口的控制属性和几何设计属性；通过 GIS 地图获取交叉口的间距、交叉口是否位于高架下等属性。

经过数据初步分析发现 4-6 相位的交叉口事故发生率要明显高于 2-3 相位的交叉口。因此，将信号相位数作为 0-1 变量，0 表示 2-3 相位，1 表示 4-6 相位。最终获得的 17 个交叉口变量的描述性统计结果如表 4-2 所列。

表 4-2　　交叉口变量的描述性统计

交叉口变量	变量描述	均值	标准差
交叉口类型	分类变量：0 表示十字交叉口，1 表示 T 形交叉口	0.17	0.38
最小夹角	交叉口进口道间的最小夹角，单位为度	84.25	13.12
最大夹角	交叉口进口道间的最大夹角，单位为度	95.66	12.25
进口车道总数	交叉口进口道车道数之和	10.74	4.34
直行车道数	进口道直行车道数之和	4.87	3.35
右转车道数	进口道右转车道数之和	1.12	1.34
左转车道数	进口道左转车道数之和	2.23	2.42
直右车道数	进口道直右车道数之和	1.24	1.21
直左车道数	进口道直左车道数之和	0.51	0.94
转向车道比例	右转左转车道数之和与进口车道总数之比	0.21	0.24
是否位于高架下	分类变量：0 表示交叉口不在高架之下，1 表示在	0.23	0.42
交叉口间距	同组内与交叉口相邻最近交叉口的距离，单位为 km	0.35	0.23
周期时长	交叉口信号周期的长度，单位为 s	0.69	0.46
周期相位数	分类变量：0 表示 2-3 相位，1 表示 4-6 相位	171.11	42.23
饱和度	交叉口通过交通量与通行能力之比	85.71	26.22
日均流量	交叉口月平均日流量，单位为 10^4 辆	4.62	2.35
平均车道流量	交叉口平均车道流量，单位为 10^4 辆	0.51	0.22

收集6个与主干道相关的特征变量。基于线圈检测器获得主干道交通流量，通过谷歌卫星地图获知是否有中央分隔带。根据上海GIS图中的单行道图层来判别主干道是否为单行道，根据FCD数据计算主干道的平均速度与速度方差。6个主干道变量的描述性统计如表4-3所列。

表4-3 主干道变量的描述性统计

主干道变量	变量描述	均值	标准差
是否有中央分隔	分类变量:0表示没有中央分隔,1表示有	0.50	0.51
是否为单行道	分类变量:0表示双向道路,1表示单行道	0.09	0.29
日均流量	主干道双向月平均日流量,单位为10^4辆	2.62	1.21
平均车道流量	主干道双向平均车道流量,单位为10^4辆	0.54	0.23
平均速度	主干道样本车平均速度,单位为km/h	22.61	6.94
速度方差	主干道上样本车速度方差	46.12	29.41

4.2.3 交通事故数据

交通事故数据的处理主要有以下两步：①交通事故地点定位；②划定交叉口安全影响区，确定与交叉口相关联的交通事故。

1. 交通事故地点定位

将交通事故地点定位到GIS地图上，寻找与交叉口相关联的事故。首先，需要进行地址解析，从原有的事故地址记录中提取“所在道路”“参照道路”“关键词”“距离”这四个关键信息，以用于事故的精确定位。

其次，根据所提取的关键信息将事故定位到GIS地图上。根据交警部门提供的事故位置记录规范，“所在道路”指事故发生的道路，“参照道路”与“所在道路”的相交点是记录事故位置时的参照点，“关键词”表征事故发生点与参照点之间的位置关系，“距离”是指事故发生点与参照点之间的距离。

如图4-8所示，编号为31010402的事故其“距离”那栏填的是0，其事故发生点就是罗城路与龙川北路的交叉口；编号为31010403的事故的发生“所在道路”是桂林路，距离桂林路-冠生园路交叉口北边10 m远，关键词“出”表明车辆是在出交叉口时发生的事故；编号为31010404的事故的发生“所在道路”是桂平路，距离桂平路-田林路交叉口西北30 m远，关键词“进”表明车辆是在进交叉口前发生的事故。

2. 交叉口安全影响区

完成事故定位后，需要确定与交叉口相关联的事故点。在交叉口进、出口道上受交叉口影响而采取停车、转向、减速等运动形态引发的事故，如临时决定变换车道引起的侧碰事故、闯红灯引起的追尾事故等，都是重要的交叉口事故类型，事故的发生与交叉口的特征有着密切关系。

《城市道路设计规程》(DGJ 08—2106—2012)[38]中指出，交叉口设计范围应包含整个交叉口的功能区，即相交道路的相交区域和进、出口道路段，包括展宽段和渐变段、非机动车

事故编号	事故地址	所在道路	参照道路	关键词	距离/m
31010402	罗城路龙-川北路0m	罗城路	龙川北路		0
31010403	桂林路出冠生园路10m	桂林路	冠生园路	出	10
31010404	桂平路进田林路30m	桂平路	田林路	进	30
…	…	…	…	…	…

第一步：
地址解析

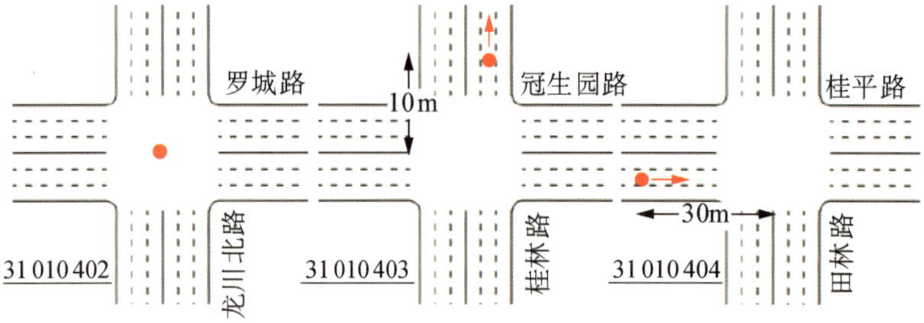

第二步：
事故定位

图 4-8 事故定位流程

道、人行道及过街设施等。参考该标准，将交叉口影响范围分为两部分：第一部分是相交区域，即车辆停止线围成的交叉口内部区域；第二部分是进、出口道路段，受交叉口影响的路段部分，分为上游影响区和下游影响区，如图 4-9 所示。

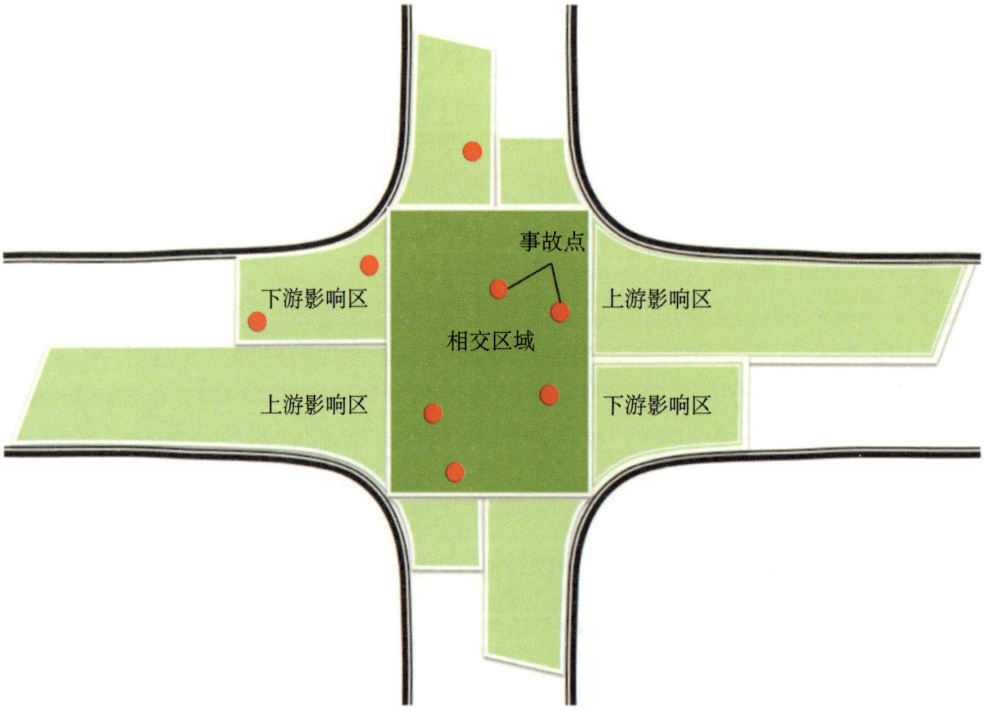

图 4-9 相交区域及其安全影响区示意

美国许多州划定交叉口一定范围作为交叉口安全影响区[39]，如佛罗里达州、加利福尼亚州、马里兰州、阿拉斯加州等将距离交叉口中心 250 ft(约 76 m)以内发生的事故记录为“受交叉口影响”的事故；夏威夷州、密歇根州、艾奥瓦州将距离交叉口中心 75 ft(约 23 m)划定为交叉口安全影响区；康涅狄格州以距离停止线 50 ft(约 15 m)的范围称为交叉口安全影响区。X. Wang 等[39]基于佛罗里达州的事故记录数据，提出可变安全影响区的概念，认为安全影响区的范围受交叉口的几何设计、交通控制和运行特征影响。本研究参照该结论确定交叉口的影响范围。

4.3 考虑空间关联的安全分析模型

4.3.1 安全分析模型

广义线性模型(Generalized Linear Model, GLM)是早期常用的安全分析模型，其中包括泊松模型(Poisson Model)、负二项模型(Negative Binomial, NB)。其中，负二项模型可有效处理事故数据的过度离散问题，因而被广泛应用于交通安全研究中[4,5]。

1. 负二项模型

以负二项模型为基础，拟合事故的发生。对于负二项模型，交叉口 i 在一年内发生 n_i 起事故的概率可以表示为

$$P(n_i|\varepsilon)=\frac{\exp[-\lambda_i\exp(\varepsilon_i)][\lambda_i\exp(\varepsilon_i)]^{n_i}}{n_i!} \tag{4-4}$$

$$\ln(\lambda_i)=\boldsymbol{\beta x}_i+\varepsilon_i \tag{4-5}$$

式中 $\exp(\varepsilon_i)$——服从均值为 1 方差为 α 的 Gamma 分布；

λ_i——交叉口 i 发生事故数的期望；

$\boldsymbol{x}_i$——自变量向量；

$\boldsymbol{\beta}$——系数向量。

利用极大似然法估计：

$$P(n_i)=\frac{\Gamma(\theta+n_i)}{\Gamma(\theta)n_i!}u_i^{\theta}(1-u_i)^{n_i} \tag{4-6}$$

其中，$u=\theta(\theta+\lambda)$，$\theta=1/\alpha$。这样便可解决事故发生的方差与事故均值不相等的问题，事故方差为

$$\text{var}(n_i)=E(n_i)[1+\alpha E(n_i)] \tag{4-7}$$

式中，α 为引入误差项的方差，可以作为离散分布的指标。

2. 分层模型

分层模型可看作系数可变的回归，上一层的系数可以用下一层变量的方程来表示。分层模型考虑了同组样本之间的相互关联，比起传统 GLM 模型，分层模型可以得出更可靠的统计推断。另外，分层模型可以分析不同层面因素的影响。位于同一条主干道上的各交叉

口有着类似的几何设计和交通流量,因此具有同质性(homogeneity);位于不同主干道上的交叉口则可认为是相互独立的,具有异质性(heterogeneity)。所用数据是一个双层的结构,第一层为交叉口层,第二层为主干道层,如图 4-10 所示,符合分层模型计算的数据要求。

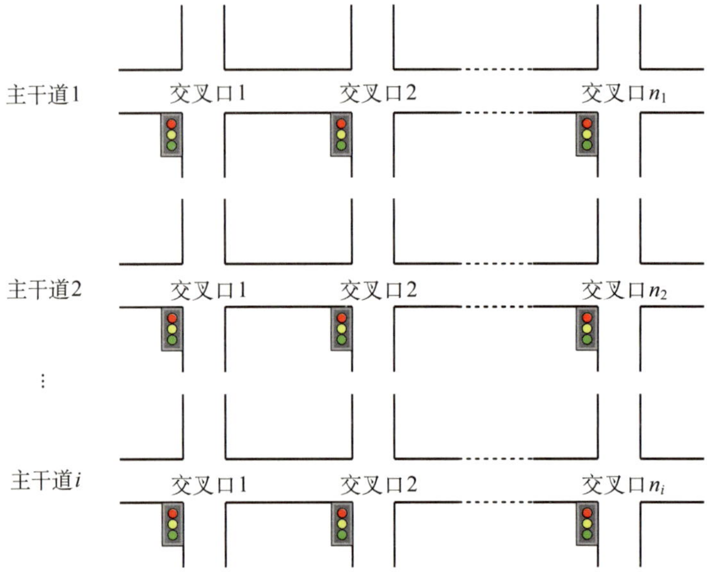

图 4-10 信控交叉口与主干道分层数据结构

针对交叉口和主干道的分层数据结构,建立分层交叉口安全分析模型,假设事故发生数服从负二项分布,模型形式可以表示为[40]

基本模型:

$$y_{ij} \sim \text{Negbin}(\lambda_{ij},\ r) \tag{4-8}$$

交叉口层:

$$\log(\lambda_{ij}) = \beta_{0j} + \sum_{p=1}^{p} \beta_{pj} X_{pij} \tag{4-9}$$

主干道层:

$$\left.\begin{aligned} \beta_{0j} &= \gamma_{00} + \sum_{q=1}^{Q} \gamma_{0q} W_{qj} + \varepsilon_{0j} \\ \beta_{1j} &= \gamma_{10} \\ \beta_{2j} &= \gamma_{20} \\ &\vdots \\ \beta_{pj} &= \gamma_{p0} \end{aligned}\right\} \tag{4-10}$$

式中 y_{ij}——交叉口的事故数;

λ_{ij}——y 的期望;

r——负二项模型的离散系数;

X——交叉口层的变量；

W——主干道层的变量；

$\gamma_{10}, \gamma_{20}, \cdots, \gamma_{p0}$——待标定的回归系数；

ε——主干道层面的随机效应，有 $\varepsilon \sim N(0,\sigma)$。

3. 条件自回归模型

位于同一主干道上的邻近信控交叉口往往采用联动控制，彼此之间的交通流相互影响。因此，交叉口事故观测值在空间上往往存在着相关性。广义线性模型是建立在样本事故观测值相互独立基础上的，分层模型虽然考虑了不同主干道上交叉口事故观测值的异质性，但没有考虑同一主干道上交叉口之间的相互关联性。因此，统计学家们建立了一系列空间回归模型，以解决存在空间相关性的数据，条件自回归(Conditional Autoregressive, CAR)模型便是这类模型的代表之一。

考虑同一主干道上信控交叉口的空间关联性，建立分层条件自回归模型。分层条件自回归模型在分层模型的基础上，在交叉口层面增加了一个随机效应项 ϕ，以解释第 i 个交叉口与同一主干道上的其他交叉口的空间关联性，在交叉口层面的模型形式为[41]

$$\log(\lambda_{ij}) = \beta_{0j} + \sum_{p=1}^{p} \beta_{pj} X_{pij} + \phi_i \tag{4-11}$$

在条件自回归模型中，利用空间邻接矩阵 $\boldsymbol{W}$ 来反映同一主干道上交叉口之间的空间关联性。假定同一主干道上交叉口距离越远，关联性就越小。空间邻接矩阵定义为

$$w_{ij} = \begin{cases} \dfrac{1}{d_{ij}}, & \text{交叉口 } i,j \text{ 位于同一主干道上} \\ 0, & \text{交叉口 } i,j \text{ 位于不同主干道上} \end{cases} \tag{4-12}$$

式中 w——交叉口 i 与交叉口 j 之间的空间关联系数；

d——交叉口 i 与交叉口 j 沿着主干道的距离。

在贝叶斯 CAR 模型中，ϕ 的先验条件分布可定义为

$$\phi_i \mid \phi_{-i} \sim N\left(\sum_{i^i \neq i} \frac{w_{j,i}}{w_{i+}} \phi_j, \frac{1}{\tau_c w_{i+}}\right) \tag{4-13}$$

式中 ϕ_{-i}——除 ϕ_i 外所有 ϕ 的集合；

τ_c——精度系数；

w_{i+}——同 TAZ_i 相邻的 TAZ 的 $w_{j,i}$ 的和，$w_{i+} = \sum_{j=1}^{N} w_{j,i}$；

j——同 i 号的 TAZ 相邻的 TAZ 的集合。

ϕ_i 的联合先验分布可以表示为

$$\pi(\phi) \propto \exp\left\{-\frac{\tau_c}{2}\left[\sum_{i \neq j} w_{i \neq j}(\phi_i - \phi_j)^2\right]\right\} \tag{4-14}$$

4.3.2 模型结果及比较

在贝叶斯框架下建立负二项模型、分层负二项模型及分层条件自回归模型，以用于关联

交叉口及主干道特征与事故发生数。通过比较信控交叉口安全分析模型,找出最适合的模型形式,分析交叉口的安全影响因素。

1. 模型标定

采用统计软件 WinBUGS 标定模型,如图 4-11 所示。WinBUGS 利用吉布斯取样法(Gibbs sampling)来完成贝叶斯模型的标定,吉布斯取样法被广泛应用于马尔可夫链的模拟中。

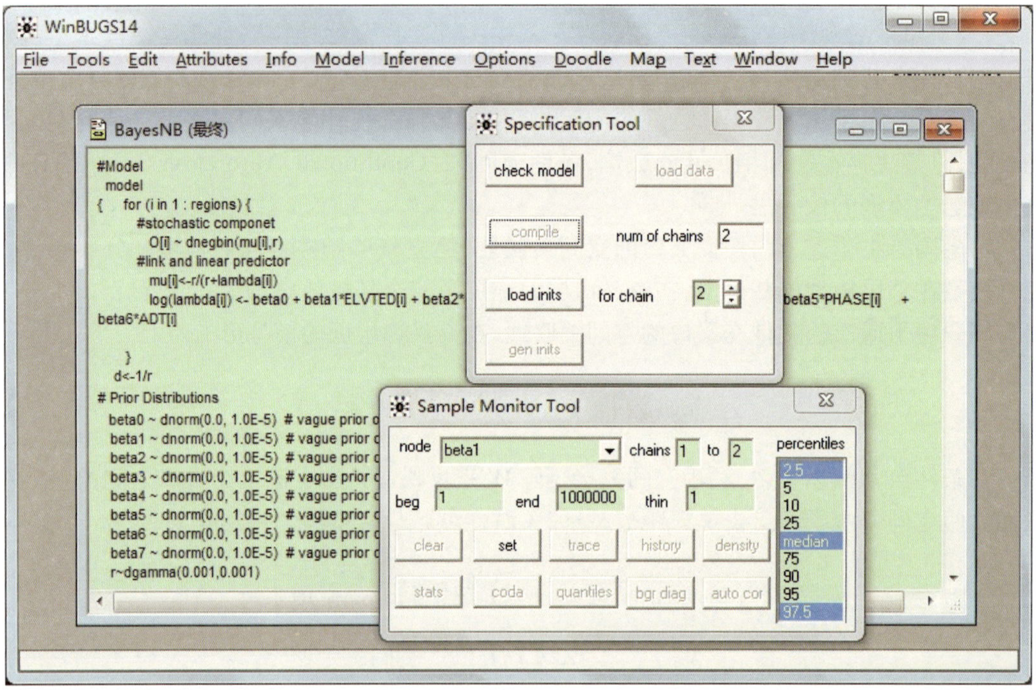

图 4-11 WinBUGS 软件界面

因为没有可靠的先验信息,所以假定所有的回归系数服从正态分布 N (0, 10^5),随机效应的方差 σ_ε^2 服从逆伽马分布 (10^{-3}, 10^{-3}),负二项分布的离散系数 r 也服从逆伽马分布 (10^{-3}, 10^{-3})。

考虑到系数收敛和迭代时间,设定两条马尔可夫链均进行 20 000 次迭代,舍弃前 2 000 个不稳定的样本。在贝叶斯框架下,建立了分层负二项模型(Hierarchical Negative Binomial, HNB)和分层条件自回归模型(用 HNB-CAR 表示),同时标定负二项模型(Negative Binomial, NB)作为对照,贝叶斯模型的后验分布如表 4-4 所列。

表 4-4　　贝叶斯模型后验分布

变量	负二项模型	分层负二项模型	分层条件自回归模型
	估计系数 (95% BCI)	估计系数 (95% BCI)	估计系数 (95% BCI)
常数项	3.3 (2.87,3.72)	1.99 (1.03,2.94)	4.09 (0.85,8.99)

(续表)

变量	负二项模型	分层负二项模型	分层条件自回归模型
	估计系数(95% BCI)	估计系数(95% BCI)	估计系数(95% BCI)
是否位于高架下(是 vs. 否)	0.43 (0.08,0.77)	0.46 (0.07,0.86)	0.60 (0.01,1.27)
交叉口间距	−0.77 (−1.61,0.15)	−0.86 (−1.63,−0.02)	−0.88 (−1.78,−0.01)
交叉口类型(T形 vs. 十字形)	−0.18 (−0.54,0.20)	−0.29 (−0.61,0.05)	−0.25 (−0.60,0.11)
转向车道比例	1.15 (0.28,2.01)	0.93 (0.11,1.70)	0.85 (0.01,1.67)
周期相位数(4-6 相位 vs. 2-3 相位)	0.3 (0.04,0.64)	0.37 (0.05,0.69)	0.42 (0.08,0.76)
交叉口日均流量	0.04 (0.02,0.07)	0.04 (0.02,0.07)	0.03 (0.04,0.11)
是否为单行道(是 vs. 否)	—	−0.64 (−1.23,−0.02)	−1.63 (−2.37,−0.15)
平均速度	—	0.64 (0.01,0.09)	0.06 (0.01,0.08)
离散系数	0.89 (0.72,1.08)	0.65 (0.50,0.81)	0.64 (0.49,0.81)
随机效用	—	0.11 (0.01,0.27)	0.97 (0,4.85)
CAR Effect	—	—	0.75 (0.54,0.97)

采用 95%贝叶斯置信区间(Bayesian Credible Interval, BCI)判断模型解释变量的显著性。如果某变量 95%BCI 不覆盖 0,则可认为该变量在 95%水平上显著,反之亦然。根据 95%BCI 判别,在负二项模型中,交叉口类型和交叉口间距这两个变量不显著;在分层负二项模型及分层条件自回归模型中,交叉口类型这个变量不显著。

根据 95%BCI,显著大于 0 的离散系数 r 证明了事故数据存在过度离散性。主干道层面的随机效用方差 σ_{ε}^2 是显著大于 0 的,这也证实了主干道之间存在异质性。CAR Effect 的贝叶斯置信区间为(0.54, 0.97),显著不为 0,表明同一主干道上交叉口之间存在空间相关性。

采用 WinBUGS 绘制变量的波动轨迹(trace)和密度分布曲线(density),以用于检查变量的显著性，如图 4-12 所示。根据 WinBUGS 用户手册，如果变量轨迹波动不大，密度分布曲线呈钟形，则认为该变量显著。

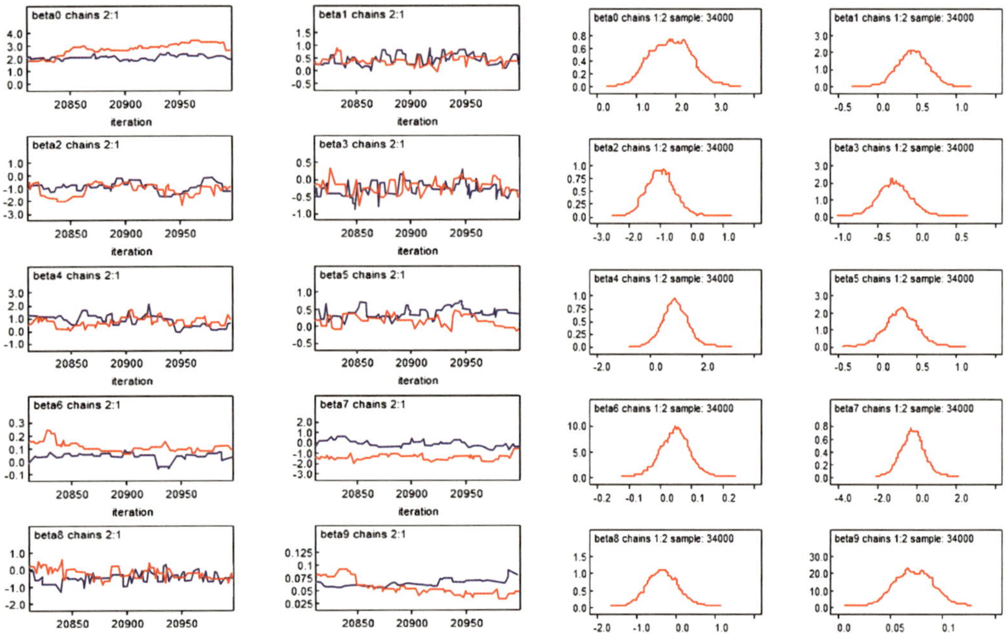

图 4-12　变量的波动轨迹和密度分布曲线

2. 模型比较

方差信息标准(Deviance Information Criterion, DIC)综合量化了贝叶斯模型的拟合度和复杂度，常用于比较复杂模型的优劣[42]。*DIC* 的计算方法如下：

$$DIC = \overline{D(\theta)} + p_{\mathrm{D}} \tag{4-15}$$

式中　$D(\theta)$——估计系数 θ 的贝叶斯方差；

$\overline{D(\theta)}$——$D(\theta)$ 的后验均值，也是模型拟合优度的判别指标；

p_{D}——参数的有效数目，反映了模型的复杂程度。

DIC 值结合考虑了模型的拟合度和复杂度，其值越小，模型越优，标定的三个贝叶斯模型的 *DIC* 值如表 4-5 所列。

表 4-5　模型方差信息标准比较

模型形式	$\overline{D(\theta)}$	p_{D}	*DIC*
负二项模型	1 839.15	7.87	1 847.02
分层负二项模型	1 779.90	19.62	1 799.52
分层条件自回归模型	1 770.49	27.90	1 798.39

如表 4-5 所列，分层负二项模型的 *DIC* 值要小于负二项模型，表明分层负二项模型更优。分层负二项模型的 $\overline{D(\theta)}$ 值小于负二项模型，这表明拟合优度改善较为明显，分层模型

很好地处理了事故数据内在的层次性；分层负二项模型的 p_D 值大于负二项模型，表明分层模型复杂程度上升。分层条件自回归模型的 DIC 值略小于分层负二项模型，但是，模型的拟合度有较大改进[更小的$\overline{D(\theta)}$值]。分层条件自回归模型不仅考虑了事故数据的层次结构，而且考虑了同一主干道上交叉口事故发生数的空间关联，故其是最优的安全分析模型。

4.3.3 信控交叉口层面影响因素

信控交叉口的影响因素分为位置特征、几何设计、控制属性和交通流量四类，相应的分析变量为：是否位于高架下、交叉口间距、交叉口类型、转向车道比例、周期相位数和交叉口日均流量。

1. 位置特征

在箱形图中，若事故率值超出三个四分位间距范围，则标注为星号(*)，超出 1.5 个四分位间距范围，则标注为圆圈(o)。位于高架下的交叉口发生事故的可能性较大，如图 4-13 所示。但不在高架下的交叉口会有较多的离群值出现。根据分层条件自回归模型，位于高架下的交叉口事故数要多出 82%即($e^{0.6}-1$)。由于高架的存在，交叉口视距会受到影响。高架和地面道路之间常设有上、下高架的匝道，位于高架下的交叉口容易受到上、下匝道车流的干扰。

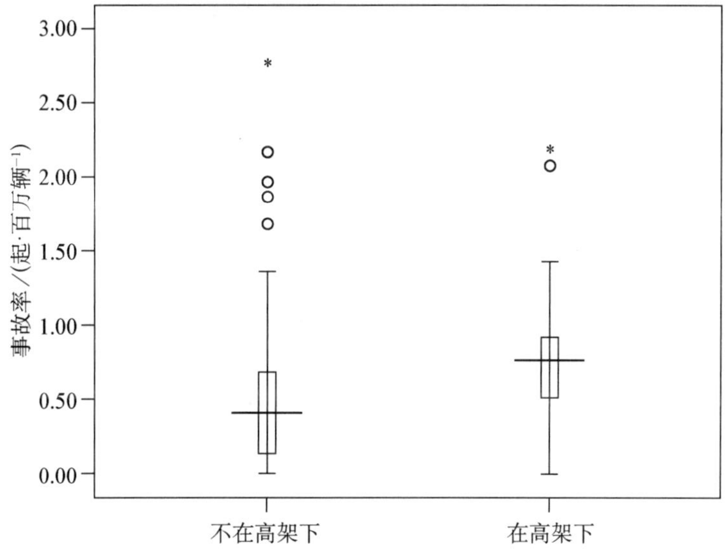

图 4-13 高架位置对事故率影响

交叉口间距的回归系数为负，表明相邻交叉口间距越短，发生事故的可能性就越大。交叉口间距过近，车辆可能会频繁变道，从而造成交通混乱，增加事故发生概率。图 4-14 为以主干道交叉口平均距离升序排列得到的事故率箱形图，对于交叉口较为密集的主干道而言，有较多的离群值出现，而且平均事故率普遍偏高。因此，在路网规划阶段，各交叉口之间需要保持足够的距离。

2. 几何设计

在分层条件自回归模型中，T 形交叉口回归系数为 −0.25，表明 T 形交叉口比十字形交叉口发生事故的概率要小约 22%即($e^{-0.25}-1$)。与 T 形交叉口相比，十字形交叉口的交通

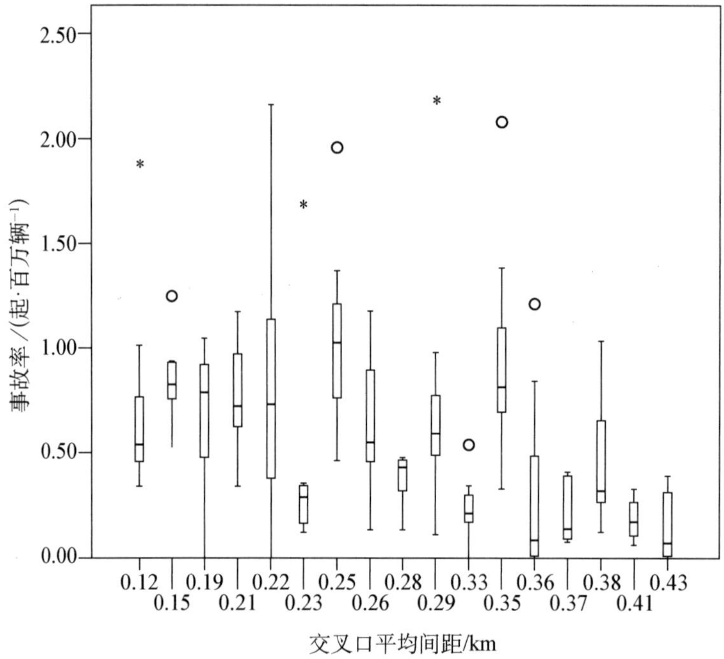

图 4-14　主干道交叉口平均距离对事故率的影响

组织更为复杂,冲突点更多,因此发生事故的可能性就更大。

转向车道比例对发生交通事故有显著的正效应,系数为 0.85, 95%BCI 为(0.01, 1.67)。左转车辆越多,发生左转与对向碰撞的概率就越大;右转车辆越多,则与行人、非机动车冲突的概率就越大;同时,转向车流也增加了合流碰撞的概率。

3. 信号控制属性

如图 4-15 所示,相位数多的交叉口更易发生事故。当其他条件保持不变时,4-6 相位

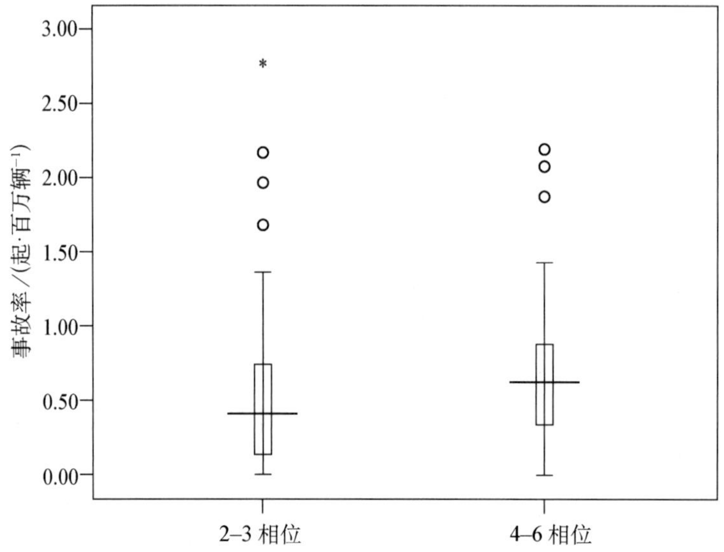

图 4-15　周期相位数对事故率的影响

的交叉口事故数比 2-3 相位的多 52%即($e^{0.42}-1$)。虽然,较多的相位可以将交通流在时间上进行分离,但是这很可能会增加追尾事故。另外,闯红灯等违章行为往往是在信号切换时产生的,因此,信号相位频繁切换会增加事故发生的概率。还有一个重要的控制属性是周期时长,它对安全的影响并不明显。

4. 交通流量

交通流量是影响安全最为显著的因素。日均流量与事故数呈正相关,流量大的交叉口产生冲突的概率更高,从而增大了事故发生的可能性。在分层条件自回归模型中,交叉口交通流量的回归系数为 0.03,表明在其他条件保持不变的前提下,日均流量每增加 10 000 辆,事故总数约增加 3%。

4.3.4 主干道层面影响因素

根据表 4-4 中所列分层条件自回归模型的标定结果可知,主干道特征对信控交叉口事故具有较大的影响,主干道层面的变量为:是否为单行道、平均速度。

1. 单行道

如图 4-16 所示,双向道路的平均事故率要远高于单行道,且有更多的离群值产生。如表 4-4 所列,在分层条件自回归模型中,是否为单行道的后验分布均值为-1.63。这表明,当其他因素保持不变时,单行道上的交叉口平均事故发生率比双向道路上的交叉口平均事故发生率要小约 80%即($1-e^{-1.63}$)。原因可能是单行道上的交叉口转向交通量要远小于双向道路上的,由此产生的交通冲突也更少。

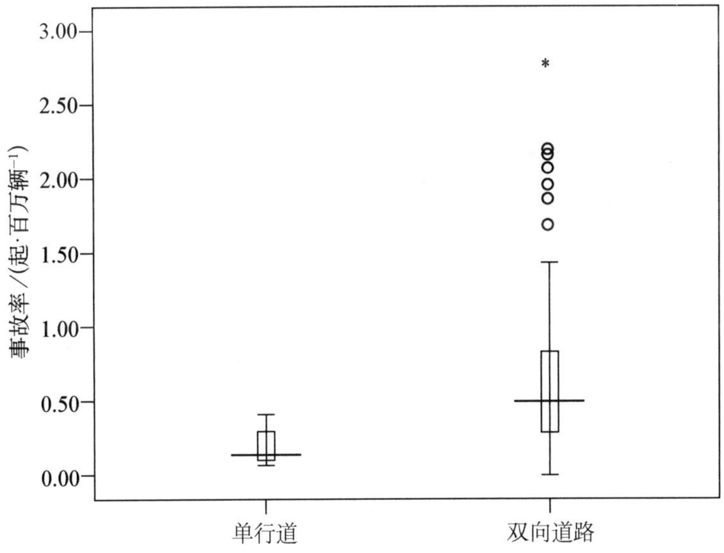

图 4-16 单行道对事故率的影响

2. 主干道平均速度

主干道的平均速度能反映交通运行状态。当交叉口安全分析模型中考虑平均速度时,可提高模型的拟合度;但当模型考虑速度方差时,拟合结果不佳。如表 4-4 所列,在分层条件自回归模型中,主干道平均速度的估计值为 0.07, 95%BCI 为(0.01,0.08),故平均速度是影响安全的显著变量。在保证其他因素不变的前提下，平均速度增加 1 km/h，事故频率增加约 7.3%即($e^{0.07}-1$)。图 4-17 和图 4-18 是以主干道分组交叉口事故率为纵坐标绘制的箱形图，分析主干道平均速度和速度方差对事故率的影响。

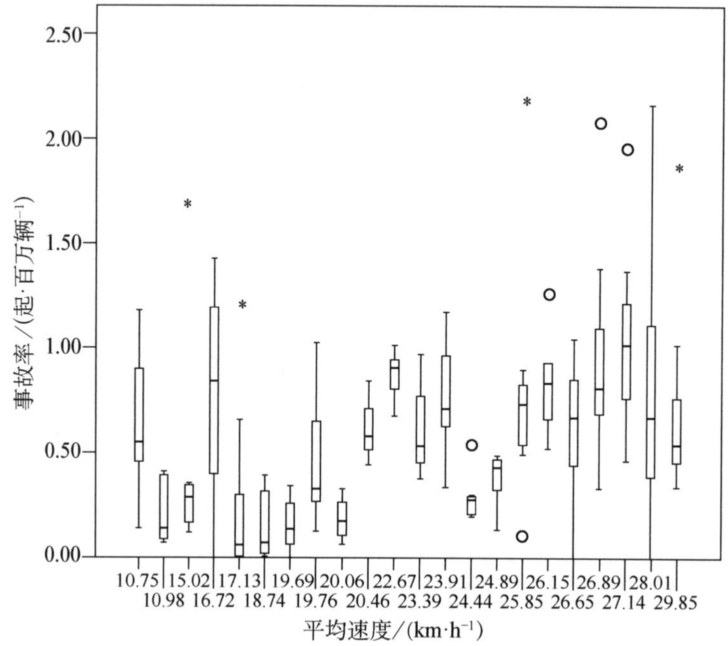

图 4-17　平均速度对事故率的影响

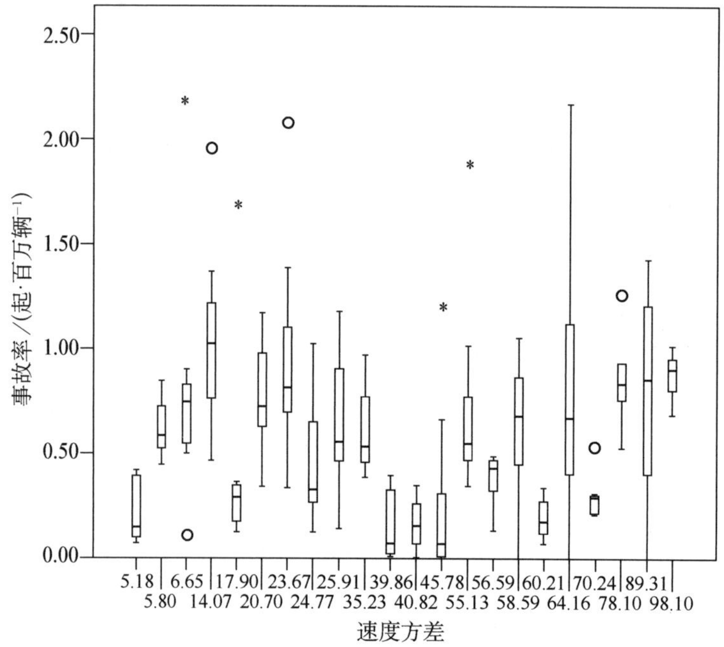

图 4-18　速度方差对事故率的影响

如图 4-17 所示，平均速度较高的主干道有较多的离群值出现，表明平均速度较高的主干道上的交叉口，其事故高发的可能性大。随着平均车速的增加，事故率平均值的总体趋势上升。但也存在着一些例外的情形，例如平均速度为 16.72 km/h 的主干道有着较高的事故率，原因是这条主干道位于高架下，地面交叉口的视距受到高架的影响。在图 4-18 中，随着主干道速度方差的增加，事故率并没有呈现出明显的规律性。因此，速度方差对事故率的影响并不显著，这与模型分析结果一致。

4.4 事故多发交叉口判别

4.4.1 判别方法

为了比较各种事故多发交叉口判别方法的优劣，本书设置了六种判别方法进行比较，分别为：事故数法(Crash Frequency, CF)、事故率法(Crash Rate, CR)、经验贝叶斯法(Empirical Bayesian, EB)、全贝叶斯法(Full Bayesian, FB)、基于安全可提高空间的经验贝叶斯法(Empirical Bayesian-Potential for Safety Improvement, EB-PSI)和基于安全可提高空间的全贝叶斯法(Full Bayesian-Potential for Safety Improvement, FB-PSI)。由于缺乏连续两年的平均速度数据，分层负二项模型与分层条件自回归模型无法应用于事故多发交叉口判别，经验贝叶斯方法和全贝叶斯方法都是利用单层的负二项模型，六种判别方法汇总如表 4-6所列。

表 4-6　事故多发交叉口判别方法汇总

事故多发交叉口判别方法	贝叶斯法	模型形式	判别指标
事故数法(CF)	—	—	观测事故数
事故率法(CR)	—	—	观测事故率
经验贝叶斯法(EB)	经验贝叶斯	负二项	预测事故数
全贝叶斯法(FB)	全贝叶斯	负二项	预测事故数
基于安全可提高空间的经验贝叶斯法(EB-PSI)	经验贝叶斯	负二项	安全可提高空间
基于安全可提高空间的全贝叶斯法(FB-PSI)	全贝叶斯	负二项	安全可提高空间

为了判别真正存在设计隐患的交叉口，故采用安全可提高空间(Potential for Safety Improvement, PSI)方法作为事故多发交叉口的判别指标。安全可提高空间指某地点的事故期望值超出具有类似地点平均事故期望值的部分[31]，如图 4-19 所示。安全可提高空间为正，表明该地点的事故预测值超出了类似地点的平均事故期望值，可通过采取一定的改善措施来降低。安全可提高空间值越大，表明预计的改善收益越大。

安全可提高空间考虑了相似对象的事故均值，与事故绝对数相比，其更适合作为判别事故多发交叉口的指标。经验贝叶斯估计和全贝叶斯预测的事故发生数与同类型交叉口事故平均值之差表示该交叉口的安全可提高空间，计算方法如下：

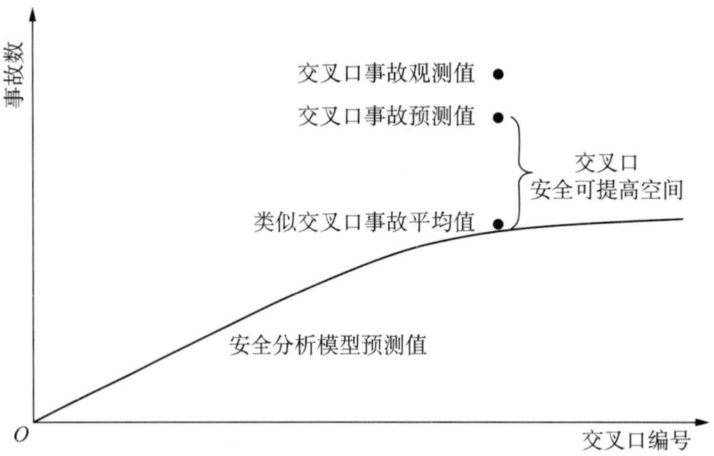

图 4-19 安全可提高空间示意

$$PSI = E[r \mid x] - E[r] \tag{4-16}$$

式中 PSI——安全可提高空间；

$E[r|x]$——利用贝叶斯方法预测的事故发生数；

$E[r]$——同类型交叉口的事故期望值，可以通过安全分析模型得出，利用负二项模型计算同类型交叉口的事故期望值。利用经验贝叶斯及全贝叶斯事故预测结果，计算各个交叉口的安全可提高空间，并与传统的判别方法进行比较。

4.4.2 判别方法评价标准

常用的事故多发交叉口判别方法评价标准有地点一致性检验(Site Consistency Test, SCT)、方法一致性检验(Method Consistency Test, MCT)、排序差异性检验(Total Rank Differences Test, TRDT)和综合评分(Total Score Test, TST)。

1. 地点一致性检验(SCT)

当年判别的事故多发交叉口，应与下一年度事故发生率较高的交叉口相一致。地点一致性检验建立的假设是：如果没有对相应交叉口进行安全改善，本阶段判别的事故多发交叉口应该在下一阶段表现出较高的风险性，这种风险性可以用下阶段的平均事故发生率来表征。SCT 可以定义为

$$SCT_j = \frac{\sum_{n-k\alpha+1}^{n} C_{k,j,i+1}}{\sum_{n-k\alpha+1}^{n} V_{k,j,i+1}} \tag{4-17}$$

式中 j——待比较的事故多发交叉口判别方法；

n——交叉口的总数目，这里为 195；

$C_{k,j,i+1}$——排名为 k 的交叉口在$(i+1)$年，即下一年的事故发生数；

$V_{k,j,i+1}$——排名为 k 的交叉口在 $(i+1)$ 年的总流量；

α——鉴别事故多发交叉口的比例，例如若 $\alpha=5\%$，则共有 $195\times5\%\approx10$ 个事故多发交叉口。

SCT 值越高，表示该方法判别出的事故多发交叉口在下一年平均事故发生率越高，该判别方法就越有效。

2. 方法一致性检验(MCT)

为了消除事故随机性的影响，采用同一种方法判别当年和下一年事故多发交叉口应具有一致性。方法一致性检验通过计算在连续两阶段都被认定为事故多发交叉口的数目，反映事故多发交叉口判别方法的优劣。因为鉴别出来的事故多发交叉口具有内在的风险性，所以较好的事故多发交叉口判别方法在不同阶段的判定结果应该是相似的。MCT 可定义为

$$MCT_j=\{k_{n-k\alpha+1},k_{n-k\alpha},\cdots,k_n\}_{j,i}\cap\{k_{n-k\alpha+1},k_{n-k\alpha},\cdots,k_n\}_{j,i+1} \tag{4-18}$$

式中 i——当年，$(i+1)$ 表示下一年；

k_n——排名首位的事故多发交叉口。

MCT 反映了判别事故多发交叉口的方法的稳定性，其值越高，表明判别方法越优。

3. 排序差异性检验(TRDT)

当年和下一年度采用相同方法判别的事故多发交叉口排名应具有较小的差异。排序差异性检验通过计算两阶段事故多发交叉口排名的差异度来表征判别方法的优劣，反映判别方法的稳定性。$TRDT$ 可以定义为

$$TRDT_j=\sum_{k=n-n\alpha+1}^{n}\left|R(k_{j,i})-R(k_{j,i+1})\right| \tag{4-19}$$

式中 $R(k_{j,i})$——某交叉口在当年的事故多发交叉口排名；

$R(k_{j,i+1})$——某交叉口在下一年的事故多发交叉口排名。

4. 综合评分(TST)

综合评分方法考虑了地点一致性、方法一致性和排序差异性，与各指标最大值做对比，转化为三部分评分的求和，TST 可以定义为

$$TST_j=\frac{100}{3}\left[\left(\frac{SCT_j}{\mathrm{MAX}_j SCT}\right)+\left(\frac{MCT_j}{\mathrm{MAX}_j MCT}\right)+\left(1-\frac{TRDT_j-\mathrm{MIN}_j TRDT}{\mathrm{MAX}_j TRDT}\right)\right] \tag{4-20}$$

TST 的取值范围为 0～100，TST 值越大，表明事故多发交叉口判别方法越优。

4.4.3 事故多发交叉口判别结果

根据地点一致性、方法一致性、排序差异性及综合评分这四种评价标准，比较六种事故多发交叉口判别方法得出的结果。分别将排名前 10(约占总交叉口数 5%)、前 15(约占总交叉口数 7.5%)和前 20(约占总交叉口数 10%)的交叉口视为事故多发交叉口，并计算各判

别方法的评价指标,结果如表 4-7—表 4-9 所列。

表 4-7　　判别方法比较(条件一:排名前 10 视为事故多发交叉口)

判别方法	地点一致性检验(SCT)	方法一致性检验(MCT)	排序差异性检验(TRDT)	综合评分(TST)
事故数法(CF)	0.65	3	195	49.54
事故率法(CR)	0.85	3	311	45.05
经验贝叶斯法(EB)	0.65	4	196	52.79
全贝叶斯法(FB)	0.73	8	20	88.01
基于安全可提高空间的经验贝叶斯法(EB-PSI)	0.68	5	160	61.25
基于安全可提高空间的全贝叶斯法(FB-PSI)	0.77	10	16	96.72

表 4-8　　判别方法比较(条件二:排名前 15 视为事故多发交叉口)

判别方法	地点一致性检验(SCT)	方法一致性检验(MCT)	排序差异性检验(TRDT)	综合评分(TST)
事故数法(CF)	0.57	6	353	44.50
事故率法(CR)	0.83	6	426	49.18
经验贝叶斯法(EB)	0.58	7	312	50.18
全贝叶斯法(FB)	0.69	12	40	88.03
基于安全可提高空间的经验贝叶斯法(EB-PSI)	0.71	8	284	60.60
基于安全可提高空间的全贝叶斯法(FB-PSI)	0.71	14	20	94.90

表 4-9　　判别方法比较(条件三:排名前 20 视为事故多发交叉口)

判别方法	地点一致性检验(SCT)	方法一致性检验(MCT)	排序差异性检验(TRDT)	综合评分(TST)
事故数法(CF)	0.65	11	454	59.64
事故率法(CR)	0.81	9	644	52.69
经验贝叶斯法(EB)	0.66	12	457	61.63
全贝叶斯法(FB)	0.71	16	60	91.71
基于安全可提高空间的经验贝叶斯法(EB-PSI)	0.69	13	412	67.10
基于安全可提高空间的全贝叶斯法(FB-PSI)	0.70	18	52	95.49

1. 地点一致性检验(SCT)

比较六种判别方法的地点一致性检验,结果如表 4-7—表 4-9 所列,在不同的设定事故多发交叉口范围条件下,*SCT* 值最大的均为 CR 方法,表明通过 CR 方法判别出来的事故多发交叉口在下一年有着最高的事故率。通过 FB,EB-PSI 和 FB-PSI 方法计算得到的 *SCT* 值相差不大。CF 及 EB 方法在 *SCT* 上的表现较差。

2. 方法一致性检验(MCT)

在方法一致性检验上,FB-PSI 方法表现最优。在三种不同条件下,FB-PSI 方法的 *MCT* 值分别为 10(占事故多发交叉口总数 100%)、14(占事故多发交叉口总数 93%)、18(占事故多发交叉口总数 90%),说明事故多发交叉口判别结果的稳定性很高。FB 方法的 *MCT* 值仅小于 FB-PSI 方法,在三种不同条件下,*MCT* 值分别为 8(占事故多发交叉口总数 80%)、12(占事故多发交叉口总数 80%)和 16(占事故多发交叉口总数 80%),说明 FB 法也表现出较高的稳定性。与 FB 及 FB-PSI 方法相比,CF 及 CR 方法得到的 *MCT* 值较低,说明判别结果的稳定性不高。

3. 排序差异性检验(TRDT)

如表 4-7—表 4-9 所列,在排序差异性检验方面,FB 及 FB-PSI 方法的表现远远优于其他四种判别方法。FB-PSI 方法的 *TRDT* 值最小,在三种不同条件下,分别为 16,20 和 52,体现了 FB-PSI 方法在不同阶段判定事故多发交叉口结果的一致性。CR 方法在不同条件下的 *TRDT* 值均为最大,分别为 311,426 和 644,表明 CR 方法判定结果的差异性较大。

4. 综合评分(TST)

如表 4-7—表 4-9 所列,在综合评分方面,FB-PSI 方法在三种条件下均为最优,*TST* 值分别高达 96.72,94.90 和 95.49。FB 方法的 *TST* 值仅次于 FB-PSI 方法,分别为 88.01,88.03 和 91.71。EB 和 EB-PSI 方法的 *TST* 值均小于 FB-PSI 及 FB 方法,但是大于传统的 CF 及 CR 方法。

比较 FB-PSI 与 FB、EB-PSI 与 EB 的 *TST* 值,采用安全可提高空间作为事故多发交叉口判别指标的 FB-PSI 及 EB-PSI 方法要优于采用事故预测值作为判别指标的 FB 与 EB 方法。而传统的 CF 和 CR 方法采用事故观测值作为事故多发交叉口的判别指标,得到的 *TST* 值最小,总体表现最差。

根据事故多发交叉口判别的评价标准,FB-PSI 方法表现最优,它能够判别出真正的事故多发交叉口。在日常交通安全管理中,CF 和 CR 方法的使用较为普遍。通过对比 FB-PSI 的判定结果,对 CF 和 CR 方法的准确性进行分析。

针对 195 个信控交叉口进行排序,分别利用传统的 CF,CR 及 FB-PSI 方法进行对比,计算每个交叉口每种方法的排名。以 FB-PSI 方法的排名为横坐标,CF 和 CR 方法的排名作为纵坐标,绘制散点图,如图 4-20 所示。图中偏离直线越远的点表明两种方法排序结果差异越大。从图 4-20 可以看出,CF 和 CR 方法与 FB-PSI 方法相比,排序结果有较大的差别。

FB-PSI 方法判定排名前 10 的事故多发交叉口如图 4-21 所示,图中事故多发交叉口标示的数字依次为 FB-PSI 排名、CR 排名和 CF 排名。对于 FB-PSI 排名第 2、第 4、第 7 和

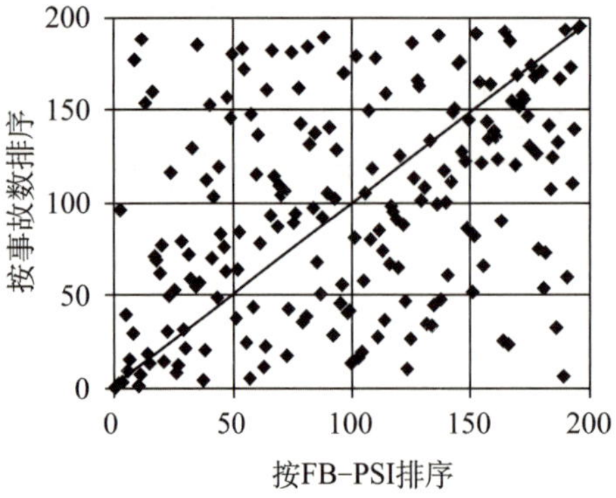

(a) 安全可提高空间与事故数排序结果

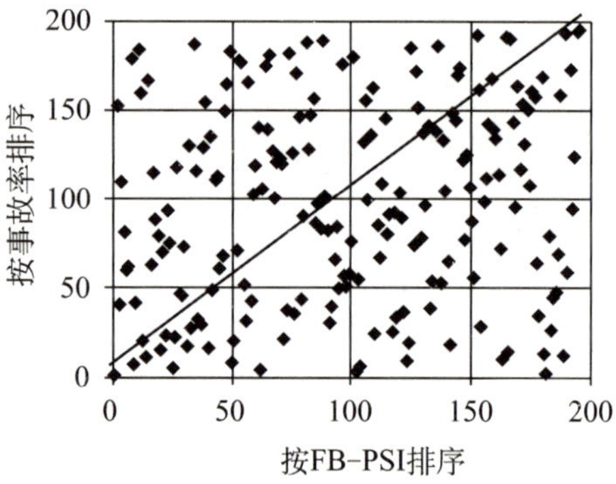

(b) 安全可提高空间与事故率排序结果

图 4-20　安全可提高空间与事故数排序结果

第 8 的事故多发交叉口,在 CR 和 CF 排序中均没有位于前十。此外,CR 和 CF 方法的交叉口排名与 FB-PSI 排名有较大的差距。这也进一步说明基于传统的 CR 和 CF 方法并不能准确地判别出真正危险的交叉口。

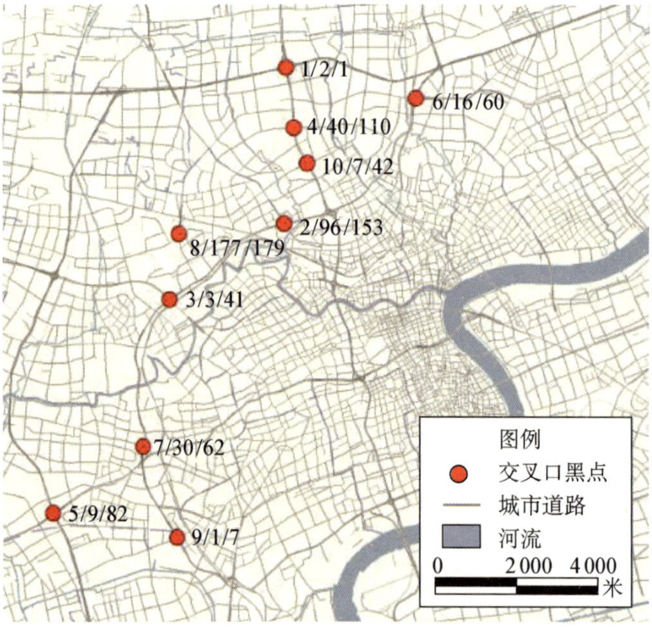

图 4-21　事故多发交叉口分布及排序比较

4.5　基于冲突技术的交叉口安全分析

在平面交叉口安全评价中,交通冲突可定义为在可观测条件下,两个或两个以上道路使用者在同一时间、空间上相互接近,可能存在碰撞的危险。交通冲突技术从观测交通冲突入手,具有大样本生成、观测周期短等优点,是进行交叉口安全分析的一种有效手段。

4.5.1 冲突数据准备

通过冲突调查采集冲突数据,提取冲突特征值,为进一步基于冲突技术的交叉口事故致因分析做准备。

1. 冲突调查安排

冲突数据包括机动车-机动车冲突数、机动车-非机动车冲突数、机动车-行人冲突数、冲突速度、冲突时间、冲突距离、冲突类型和冲突区域。

交叉口几何信息包括交叉口类型、车道划分、车道功能、交通岛、中央分隔带、机非分隔带、人行道中央驻足区和标志标线等。

交叉口所处环境包括交叉口所处位置、相交道路等级、周边用地性质和周边交通情况等。

信号配时信息包括行人、非机动车和机动车的相位信号配时。交通流量包括各向行人、非机动车和机动车的流量数据。

冲突观测方法有两种:人工观测和录像观测。两种观测方式的优点和缺点比较见表 4-10。

表 4-10　　人工观测和录像观测的比较

观测方式	优点	缺点
人工观测	灵活机动、对观测地点没有特殊要求,对冲突的识别更加准确	难以提取冲突特征指标、调查结果难于校验
录像观测	观测精度高、观测方便;冲突现场录像后可在室内仔细分析,具有较好的重现性	需要有良好的观测地点,需要有拍摄录像的设备

综合人工观测和录像观测的优缺点,本调查采用的冲突观测方式为录像观测。冲突调查选取的交叉口均为事故高发交叉口。考虑到录像观测对观测地点的要求,最终选取的冲突观测交叉口如表 4-11 所列。

表 4-11　　冲突观测选取交叉口

编号	交叉口名称	所属区域	相位数	进口道车道数	
				东西向	南北向
1	曹杨路-武宁路	普陀区	4	5	4
2	四平路-大连西路	虹口区	4	3	3
3	天山路-古北路	长宁区	4	2	3
4	武宁路-兰溪路	普陀区	2	5	2
5	四平路-中山北二路	杨浦区	5	5	4

（续表）

编号	交叉口名称	所属区域	相位数	进口道车道数	
				东西向	南北向
6	仙霞西路-剑河路	长宁区	2	3	2
7	龙水北路-龙漕路	徐汇区	4	5	4

为了便于交叉口间冲突特征的比较，选择冲突录像拍摄的时间为早、晚高峰时段，拍摄时间为 1 h。在早、晚高峰时段，大量的机动车流、非机动车流、人流通过交叉口，容易暴露出交通安全隐患。

2. 冲突参数提取

交通冲突过程可由定量的冲突参数予以描述，基本的冲突参数有冲突速度、冲突距离和冲突时间。冲突参数可以定量地描述一起冲突事件，并用于判定冲突的严重程度。

冲突速度指冲突参与者在避险行为生效时的瞬时速度，采用录像观测时，常将参与者在避险行为生效前的区间速度作为冲突速度。冲突速度可以通过测量避险行为生效瞬间的位置与避险行为生效前的位置(一般 2～3 s 前)的行驶距离除以通过这段距离的时间得到，如图 4-22 所示。

冲突距离指冲突参与者在避险行为生效的瞬间位置距潜在事故发生点的距离。

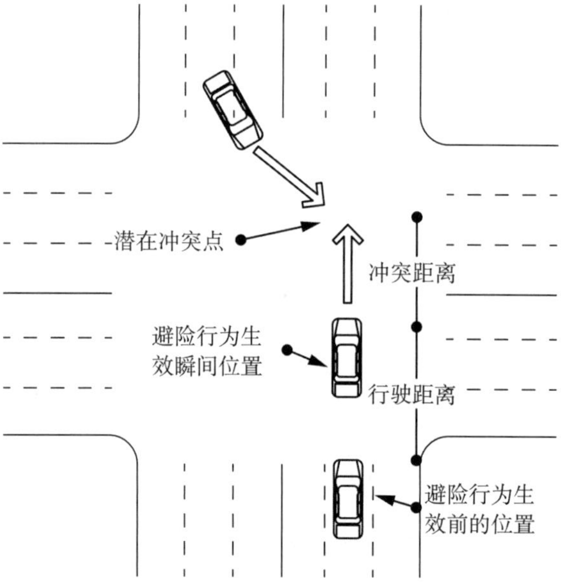

图 4-22　基本冲突参数表示

冲突时间指冲突参与者如果不采取避险行为，从避险行为生效的瞬间位置到潜在事故发生点的时间。冲突时间等于冲突距离除以冲突速度。冲突时间常被作为判定冲突严重程度的指标。

以机动车-机动车冲突为例，一起交通冲突涉及以下四阶段事件。

阶段 1：车辆 1 做出突然运动，例如从相交道路驶出、变换车道、减速转向等。

阶段 2:车辆 2 处于碰撞的危险境地,例如因车辆 1 突然转向而导致车辆 2 与其距离缩小而处于即将碰撞的危险状态。

阶段 3:车辆 2 驾驶人采取紧急避险行为,比如以紧急制动或转向的形式避开碰撞。

阶段 4:成功避险后,第 1 辆车和第 2 辆车随后继续通过交叉口。

在实际操作中,利用视频软件可以方便地反复观测录像,一般的冲突识别程序如图 4-23 所示。通过观察是否有紧急制动或者转向行为来判断是否为交通冲突。如果识别了一起交通冲突,再通过上述方法提取每起交通冲突的冲突距离、冲突速度和冲突时间等测量参数。

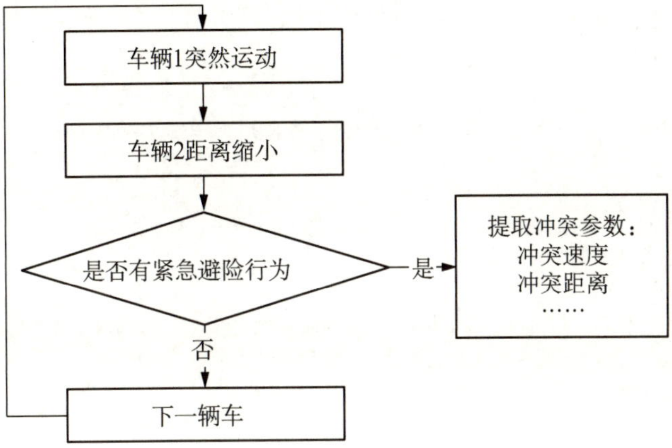

图 4-23 冲突判别流程

4.5.2 冲突类型

按照冲突参与对象,冲突类型可以分为机动车-机动车冲突、机动车-非机动车冲突、机动车-行人冲突三大类。将交叉口内所有冲突类型进行归纳(同向冲突不在考虑范围之内),用于交叉口的安全分析。

按照交通流向,机动车-机动车冲突可以细分为 13 类,如图 4-24 所示。机动车-非机动车冲突可以细分为 17 类,如图 4-25 所示。机动车-行人冲突可以细分为 6 类,如图 4-26 所示。

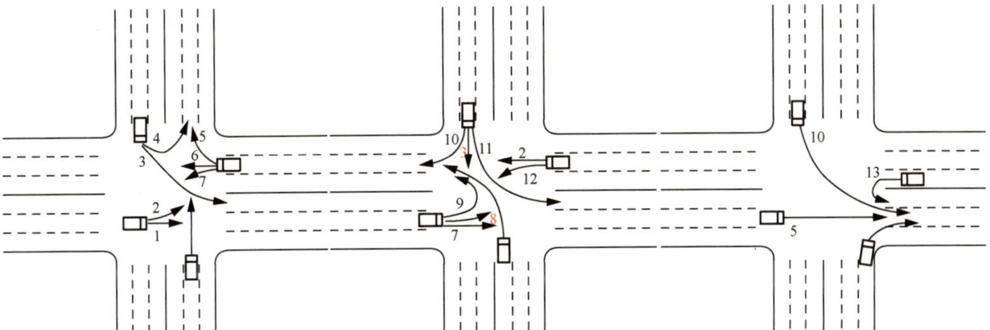

1—直行与近端相邻直行;2—直行与近端相邻左转;3—直行与对向左转;4—直行与对向转头;5—直行与对向右转;6—直行与远端相邻直行;7—直行与远端相邻左转;8—左转与近端相邻左转;9—左转与相邻掉头;10—左转与对向右转;11—左转与对向左转;12—左转与远端相邻左转;13—右转与相邻掉头

图 4-24 机动车-机动车冲突类型划分

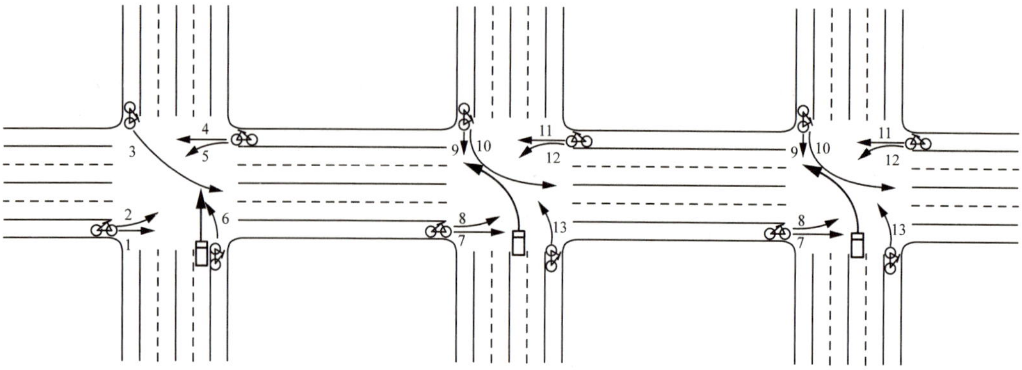

直行机动车与非机动车冲突：

1—与近端直行非机；2—与近端左转非机；3—与对向左转非机；4—与远端左转非机；5—与远端直行非机；6—与通向左转非机

左转机动车与非机动车冲突：

7—与近端直行非机；8—与近端左转非机；9—与对向直行非机；10—与对向左转非机；11—与远端直行非机；12—与远端左转非机；13—与同向左转非机

右转机动车与非机动车冲突：

14—与近端直行非机；15—与对向左转非机；16—与同向直行非机；17—与同向左转非机

图 4-25　机动车-非机动车冲突类型划分

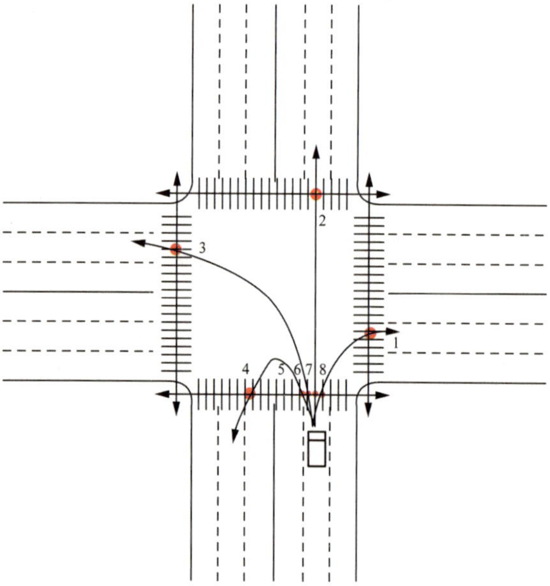

1—右转机动车与相邻出口道行人的冲突；2—直行机动车与对向出口道行人的冲突；3—左转机动车与相邻出口道行人的冲突；4—掉头机动车与同向出口道行人的冲突；5—掉头机动车与同向进口道行人的冲突；6—左转机动车与同向进口道行人的冲突

图 4-26　机动车-行人冲突类型划分

4.5.3　冲突严重程度判别

1. 机动车-机动车严重冲突

机动车-机动车严重冲突的判别标准有多种。冲突时间可作为度量冲突严重性的标准。

先估算冲突速度，再根据冲突时间进而判定冲突的严重程度。如果小于某一临界值，则为严重冲突，否则为非严重冲突。根据冲突调查数据绘出冲突时间累积频率图，如图 4-27 所示，选择 25％的冲突时间作为严重和非严重冲突的区分点，临界值定为 1 s。

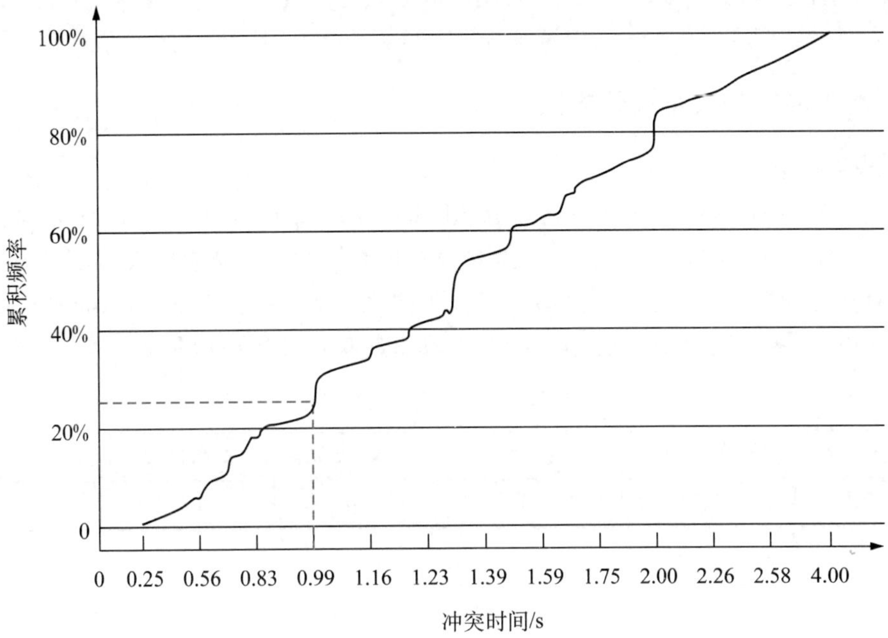

图 4-27 冲突时间累积频率图

2. 机动车-非机动车严重冲突

非机动车通过交叉口时与机动车不同，并非依次跟随且保持一定的横向间距，而是呈“集体”状行驶。同时，非机动车流中个别车辆会有很强的随机性，甚至无视交通法规，产生诸如抢道、违反信号灯和逆向行驶等交通违法行为。因此，与机动车-机动车冲突相比，机动车-非机动车冲突的发生位置更随机，分布也更广泛。

非机动车的速度慢，但行驶较为灵活。行驶轨迹变化不一定导致冲突的发生，因此，机动车-非机动车冲突与机动车-机动车冲突的判别标准不完全相同。从机动车和非机动车两个角度出发，结合机动车-机动车严重冲突判别标准和非机动车的行为来进行分析判断。

按照机动车-机动车严重冲突判别标准，在机动车-非机动车冲突中，如果机动车做出避险行为，冲突时间少于 1 s，则认为是严重冲突；如果多于 1 s，则认为是非严重冲突。从非机动车行为方面，如果非机动车避险行为明显剧烈，有情况紧迫、避让不及的状态，则认为是严重冲突；如果非机动车的避险行为较为轻微，例如车辆逐渐减速慢行或转向，即有足够的变化时间，则认为是非严重冲突。

3. 机动车-行人严重冲突

判别机动车-行人冲突的严重程度同样可参照机动车-机动车严重冲突判别标准，即如果机动车做出避险行为，冲突时间小于 1 s，则认为是严重冲突；如果大于 1 s，则认为是非严重冲突。

与机动车-非机动车冲突类似，机动车-行人冲突严重性的判别不能只根据机动车的避险行为来判断冲突是否发生。即使机动车不采取避险行为,如果行人的速度和轨迹发生变化,同样表示冲突的发生。机动车-行人冲突严重程度的判别标准[43]:当行人快速通过,步行速度在 1.6 m/s 以上,或者行人被阻于路中间等候车辆经过,行人处于进退两难的"尴尬"局面,体现在行人脚步混乱,甚至不得不往后退回人行道或者车道边缘时,视为严重冲突。如果行人步行速度小于 1.6 m/s,或者仅有轻微的避险行为,则认为是非严重冲突。

4.5.4 基于冲突的安全评价方法

1. 判别指标

中国大多数研究都使用混合交通当量(Mixed Passenger Car Unit, MPCU)的概念,以量化各类道路使用者的影响程度。引入事故率(即事故数/混合交通当量)作为评价交叉口交通安全水平的指标,利于排除交通量对安全的潜在影响。将机动车流量、非机动车流量、人流量转换为混合交通当量,混合交通当量换算系数取值如表 4-12 所列。

表 4-12　　混合交通当量换算系数[44]

道路使用者	小客、小货	中客、中货	大客、大货	非机动车	行人
换算系数	1.0	1.5	2.0	0.2	0.1

影响交叉口安全水平的因素较多,如几何设计、信号配时和交通流量等。另外,交叉口的交通组织复杂,机动车和行人的流量较大,因此需考虑机动车-非机动车冲突和机动车-行人冲突的影响。交通冲突数是一个绝对指标,受交叉口规模的影响,冲突数较多的交叉口不一定是危险交叉口。因此,引入交通冲突率(即冲突数/交通量)指标来表征交叉口安全水平。

考虑交通冲突的发生对象,一般为进入交叉口的某两个或者多个方向的车流或人流,并非所有参与者。因此,基数交通量采用的是参与冲突的交通流。计算交通冲突率的公式如下[45]

$$R_{i-j}=\frac{T}{\sqrt{P_i+P_j}} \tag{4-21}$$

式中　R_{i-j}——冲突对象 i 和 j 之间的交通冲突率;

T——单位时间冲突数,可为冲突总数和严重冲突数;

P_i, P_j——冲突对象 i 和 j 的当量交通量。

严重冲突与交通事故有一定的关联性,因此主要考虑严重冲突率,参考本书 4.5.3 节冲突严重程度判别标准。提取事故率,机动车-机动车、机动车-非机动车、机动车-行人的冲突率和严重冲突率等自变量,自变量的特征描述如表 4-13 所列。

表 4-13　　自变量特征值

自变量	均值	最大值	最小值	方差
事故率/$\times10^{-4}$ pcu	210.03	371.51	27.61	11 553.24
机-机冲突率/$\times10^{-4}$ pcu	55.27	115.33	23.47	964.89

（续表）

自变量	均值	最大值	最小值	方差
机-非冲突率/$\times 10^{-4}$ pcu	234.94	423.16	86.07	14 586.58
机-人冲突率/$\times 10^{-4}$ pcu	364.18	1 328.03	37.16	205 979.47
机-机严重冲突率/$\times 10^{-4}$ pcu	19.60	37.63	4.69	120.93
机-非严重冲突率/$\times 10^{-4}$ pcu	102.26	177.28	41.92	3 012.49
机-人严重冲突率/$\times 10^{-4}$ pcu	90.34	159.56	37.16	2 422.82

2. 回归结果

以交叉口事故率为因变量，分别以冲突率和严重冲突率为自变量，建立多元线性回归模型。结果表明，严重冲突率与交叉口事故率有更好的关联性，标定结果如表 4-14 所列，联合假设检验（F 检验）结果如表 4-15 所列，多重共线性检验结果如表 4-16 所列。

表 4-14　多元线性回归结果

解释变量	回归系数	标准差	*T* 值	*P* 值
常数项	−111.60	53.51	−2.08	0.12
机-机严重冲突率	4.09	1.74	2.34	0.10
机-非严重冲突率	1.52	0.30	4.95	0.02
机-人严重冲突率	0.95	0.38	2.48	0.09

表 4-15　多元线性回归 F 检验

指标	平方和	自由度	均值平方	*F* 值	*P* 值
回归	64 460.87	3	21 486.95	13.26	0.03
残差	4 858.55	3	1 619.52	—	—
合计	6 9319.43	6	—	—	—

表 4-16　多元线性回归多重共线性检验

维度	特征值	条件指数	方差比例			
			常数项	机-机严重冲突率	机-非严重冲突率	机-人严重冲突率
1	3.55	1	0.01	0.01	0.01	0.01
2	0.28	3.52	0.01	0.14	0.38	0.08
3	0.10	5.80	0.01	0.59	0	0.86
4	0.06	7.84	0.98	0.26	0.6	0.06

根据标定结果的 T 值和 P 值,各变量对交叉口事故率的影响较为显著。检验回归方程的拟合优度,判定系数 R^2 为 0.93,调整判定系数 R^2 为 0.86,表明所选自变量可以解释因变量 86%的变异。

标定回归方程后,需要对回归方程中线性关系进行显著性检验。采用 F 检验方法,在表 4-15 中,F 检验的显著性水平为 $0.03<0.05$,说明该回归方程线性关系显著。

表 4-16 对回归方程的多重共线性进行了检验。条件指数越大,说明自变量间的共线性可能越大。一般认为,条件指数大于 15 时可能存在共线性问题,当条件指数大于 30 时,存在着严重的共线性问题。表 4-16 常数项及各个变量的条件指数均小于 15,所以,该多元线性回归方程没有多重共线性。

基于冲突的交叉口安全评价方程如下:

$$C = 4.09R_{\text{机-机}}^{\text{严重}} + 1.52R_{\text{机-非}}^{\text{严重}} + 0.95R_{\text{机-人}}^{\text{严重}} - 111.60 \tag{4-22}$$

式中 C——交叉口事故率;

$R_{\text{机-机}}^{\text{严重}}$——交叉口机动车-机动车严重冲突率;

$R_{\text{机-非}}^{\text{严重}}$——交叉口机动车-非机动车严重冲突率;

$R_{\text{机-人}}^{\text{严重}}$——交叉口机动车-行人严重冲突率。

式(4-22)关联了事故发生数和严重冲突率,可用于交叉口的安全评价。基本流程:根据视频数据提取交叉口的冲突信息和流量数据;计算出交叉口机-机、机-非、机-人的严重冲突率;根据式(4-22)计算交叉口预期事故率并进行排名,以评价交叉口的安全水平。相对基于事故数据的安全分析模型,基于冲突数据的安全评价方程更加简便、快速,适用于新建或事故数据不齐全的交叉口安全分析。

4.5.5 安全改善措施

在判别出危险交叉口后,可以基于冲突技术进行致因分析,寻找交叉口安全隐患,并提出改善意见。基于冲突技术对交叉口进行安全改善的两条基本思路为:一是要减少各类冲突的数量;二是要降低冲突的严重程度,如图 4-28 所示。

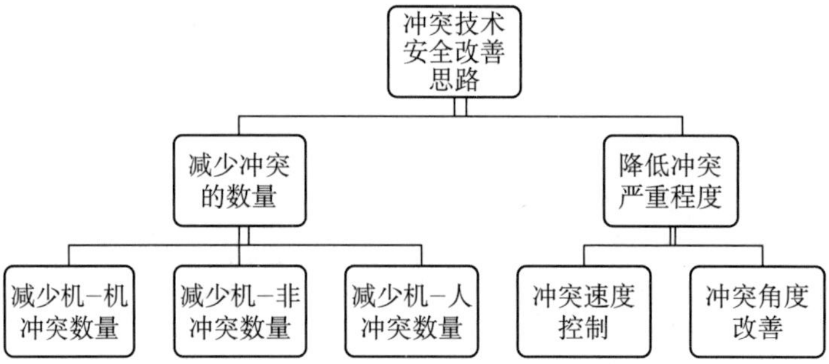

图 4-28 基于冲突技术的交叉口安全改善思路

降低冲突严重程度主要通过控制冲突的速度和改变冲突的角度来实现。表 4-17 列出了常用的减少冲突数目、降低冲突严重程度的交叉口安全改善措施。

表 4-17 常用的交叉口安全改善措施

改善措施	减少机-机冲突	减少机-非冲突	减少机-人冲突	冲突速度控制	冲突角度改善
环形交叉口设置	◎			◎	◎
机非分隔		◎	◎		
改善视距	◎	◎	◎		
渠化交通流	◎	◎	◎		◎
优化信号控制	◎	◎	◎		
非机动车管理		◎			
减速措施				◎	

下面针对表 4-17 中七种安全改善措施进行简要介绍。

1. 环形交叉口设置

环形交叉口能使进入交叉口的车辆以同一方向绕岛行驶,从不同方向合流于同一车道交织后分流,可以减少机动车-机动车冲突点,降低直行车流的速度,避免直接交叉从而改善冲突角。在交通量和非机动车流较小,但是左转弯车辆比例较大的交叉口,设置环形交叉口是一种有效的方式。

2. 机非分隔

机非分隔是采用物理隔离设施,使同一断面的机动车和非机动车分隔行驶,使机动车和非机动车各行其道,从而减少机非间的冲突和干扰。

3. 改善视距

视距不良是诱发交通事故的一个重要原因。通过现场踏勘发现,部分交叉口的树木、广告牌和施工围墙等会对驾驶人的视距产生较大的影响,道路使用者不易观察交叉口的状况,以至于在冲突发生前没有足够的感知反应时间(Perception Reaction Time, PRT),从而导致事故发生。须将交叉口视距三角形内阻挡视线的障碍物清除,以保证道路使用者的良好通视条件。

4. 渠化交通流

渠化是指通过交通岛或人行道将冲突的交通流分离或规定通行路径,以保障车辆和行人有序通过。合理的渠化可增加通行能力,并为驾驶人提供积极的指引;而不合理的渠化会产生相反的效果,甚至比没有渠化更糟糕。应该避免过度渠化,因为这可能会导致运行环境混乱和恶化。简单的渠化改进则有利于提高运行效率和减少车辆事故。一种常见的渠化是分离左转车辆和直行车辆,如十字路口的左转车道减少了追尾碰撞,便于车辆进行转向操作[46]。

5. 优化信号控制

信号控制可从时间上将机动车、非机动车、行人进行分离,以减少不同道路使用者通行时的相互干扰。例如,机动车左转专用相位可有效减少直行车和对向左转车冲突的数量。

6. 非机动车管理

中国的非机动车保有量较大,非机动车-机动车冲突是影响交叉口安全的一个重要因素。在非机动车流量大的交叉口,机动车受非机动车影响较大,车辆行驶混乱。考虑非机动车起动和骑车人行驶特点,可将非机动车停止线设置在机动车停止线前,以便非机动车在机动车启动前先通过交叉口。不仅能减少非机动车与机动车的冲突,还能提高非机动车的通行效率。

7. 减速措施

采用减速措施来降低车辆通过交叉口的速度,从而达到降低冲突严重程度的效果。可采用车道变窄等措施来达成减速目的。

4.6 交叉口安全改善措施及案例分析

4.6.1 常见安全隐患及改善策略

交叉口常见的安全隐患体现在几个方面:道路几何设计、交通控制设施、行人和非机动车道、隔离设施、道路绿化和其他情况,常见的隐患及改善策略见表 4-18。

表 4-18 交叉口常见安全隐患及改善策略

类别	常见隐患	改善策略
道路几何设计	交叉口斜交	调整道路线形或者优化交叉口布局
	交叉口尺度偏大	紧凑布置交叉口
	车道功能不连续	调整车道布置,保障车道功能连续,减少无故变道
	多条道路交叉	尽量避免 4 枝道路以上的多路交叉
	交叉口附近出入口多	实行交叉口接入管理
	交叉口视距不足	应尽量保证视距
交通控制设施	标志标线设置不当	调整标志标线
	信号灯相位与车道使用不匹配	调整车道使用
	信号灯背景干扰	协调信号灯和背景之间的关系
行人和非机动车道	行人和非机动车道不完善	保障行人和非机动车的路权
	行人安全岛设置不当	调整安全岛
隔离设施	中央分向隔离设置不当	调整隔离设施
	机非隔离设置不当	调整机非隔离设施
道路绿化	交叉口绿化影响通视	采用低矮绿化或者通透式绿化
	绿化遮挡信号灯、标志、路灯等	及时修剪绿化或者调整信号灯、标志、路灯等设施的布置
其他情况	标志、信号灯、路灯未合杆设置	在满足使用且符合规范的前提下,尽量将标志、路灯、信号灯等设施合杆设置

4.6.2 道路几何设计改善案例

1. 斜交交叉口案例

浙江省嘉兴市西丁线-大舜路交叉口的夹角为40°,如图4-29所示。受交叉口斜交的影响,车辆转向角度与常规的直角转角不同,车辆处于东、西进口锐角区域视线不佳、轨迹不畅,驾驶人右转弯困难。南、北进口道左转车辆视距较差,难以准确判断对向来车,暴露在冲突区域的时间较长。北进口钝角区域的空间范围大于常规交叉口,右转半径较大,车辆转弯速度较快,容易与非机动车和行人发生碰撞。该交叉口还存在错位、车道不连续等问题。

图4-29 西丁线-大舜路交叉口安全隐患

《城市道路工程设计规范》(CJJ 37—2012)[47]规定平面交叉口夹角不得小于70°,因此需要对西丁线-大舜路交叉口进行改造。西丁线-大舜路交叉口南、北进出口道宽度富裕,可通过标线设计来规范车辆在南北进出口道的运行轨迹。利用标线按图4-30进行施画,将南、北进出口道沿逆时针方向进行小幅度偏转,尽可能地降低交叉口斜交的影响。在南、北进口道施画行车导流线,引导直行车辆按行车导流线行驶,可有效降低车辆行驶轨迹的离散程度。在该斜交交叉口转角位置施画车道边缘线,引导驾驶人转弯的行驶轨迹,以提高夜间弯道轮廓的可视性,降低车辆转弯行驶轨迹的离散程度,具体改善方案如图4-30所示。

2. 大尺度交叉口案例

上海市港城路-江东路交叉口的尺度偏大,且斜交,如图4-31所示。交叉口转角半径偏大、停止线靠后、人行横道线宽度大等造成交叉口尺度偏大。南、北进口道停止线后移较为严重,车辆穿越交叉口的时间较长。同时,交叉口没有设置导流线,车辆行驶自由度较高,运行轨迹较为离散,从而增加了交叉口的冲突区域。东、西进口道右转弯半径较大,车辆通行

图 4-30 西丁线-大舜路交叉口改善方案

速度较快，且无机非隔离设施，容易发生行人和非机动车的碰撞事故。交叉口人行横道较宽导致行人通行距离过长，暴露在冲突区域的时间较长。

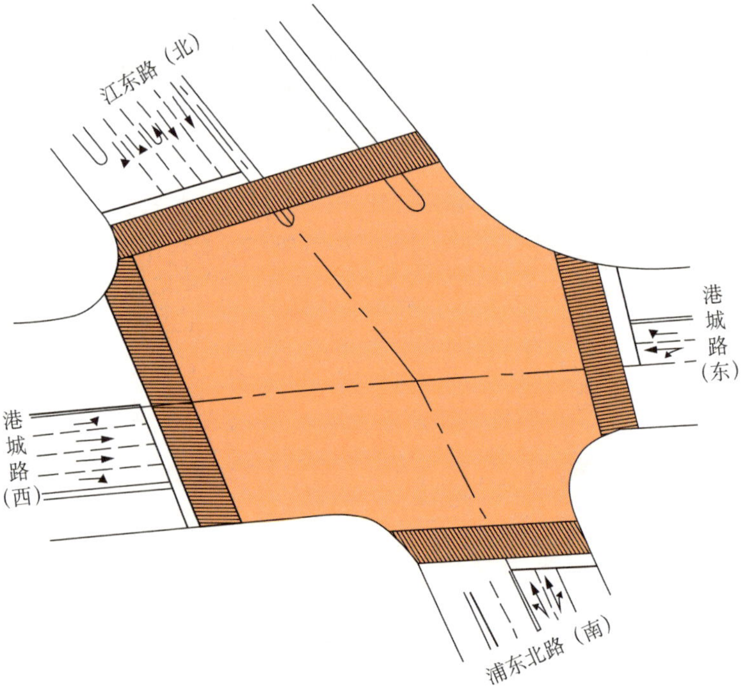

图 4-31 尺度偏大交叉口现状

改造方案采用紧凑化布置，协调处理不同交通方式的路权。前移停止线以缩小车辆穿越交叉口的距离，同时，减小车辆右转弯半径以降低车辆右转的速度。交叉口内部施画左转导流线[48]，引导进口道左转车流有序通过交叉口。北进口设置交通岛，一方面，规定了右转弯车辆的行驶轨迹；另一方面，可为行人过街提供安全保障。西进口道、南进口道和东进口道增加机非隔离设施，空间分离机动车与非机动车，从而改善通行秩序，提高通行效率，具体改善方案如图 4-32 所示。

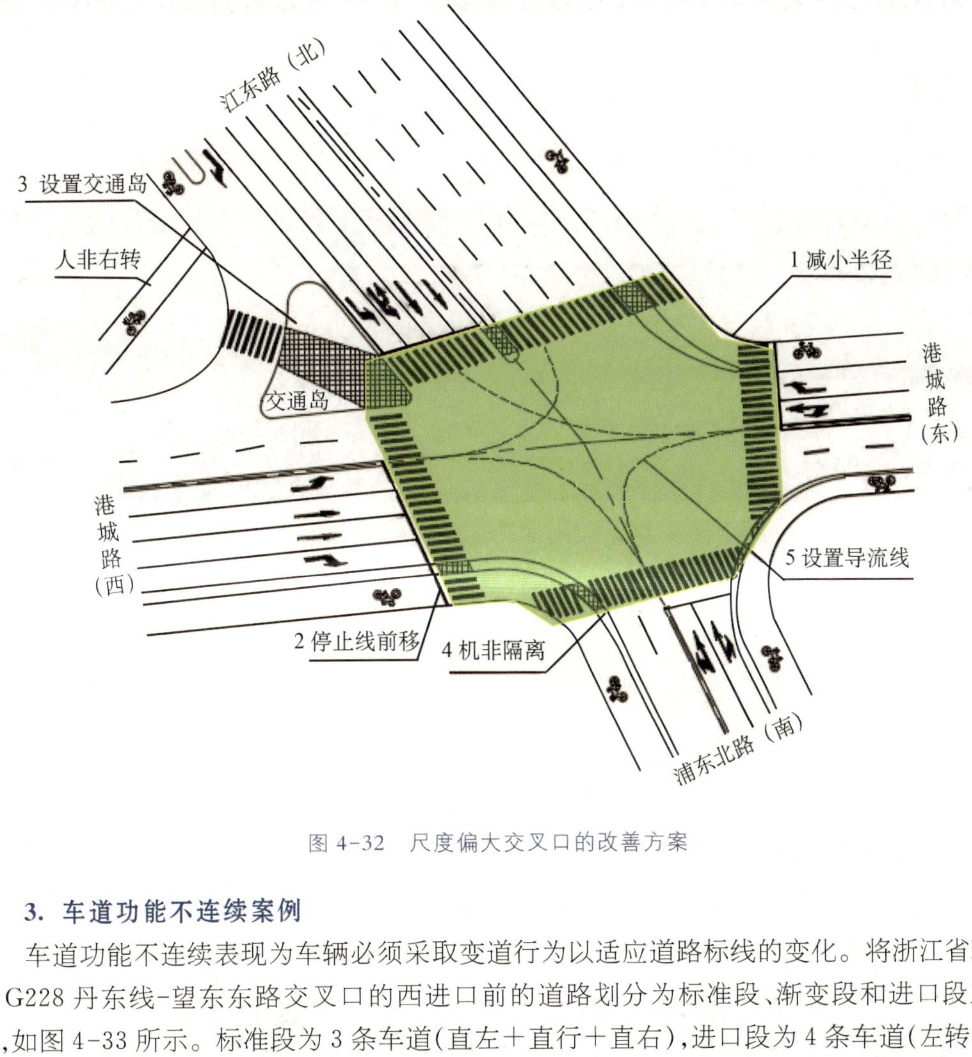

图 4-32　尺度偏大交叉口的改善方案

3. 车道功能不连续案例

车道功能不连续表现为车辆必须采取变道行为以适应道路标线的变化。将浙江省瑞安市 G228 丹东线-望东东路交叉口的西进口前的道路划分为标准段、渐变段和进口段三部分，如图 4-33 所示。标准段为 3 条车道（直左＋直行＋直右），进口段为 4 条车道（左转＋左转＋直行＋直右），渐变段没有专门设置车道线。假设 1 号车、2 号车均直行通过交叉口。当进入渐变段时，1 号车发现前方为两条左转车道，须向右变道驶入 B3 车道进入直行车道。在变道过程中，1 号车可能与 2 号车产生冲突，从而影响了行车速度和行车平顺性，导致通行效率降低。

通过调整车道线设置进行改善，如图 4-34 所示。在渐变段设置车道线，以保证标准段和渐变段的车道连续，明确路权。将 B2 车道的车道功能调整为“直行”，以保证标准段 A1

图 4-33 G228 丹东线-望东东路交叉口西进口车道功能不连续

车道(直左)功能与进口段的 B1＋B2(左转＋直行)车道功能匹配。此时,1 号车与 2 号车都可以在各自的车道内通过交叉口,避免了变道、交织,既保证了安全,也提高了效率。

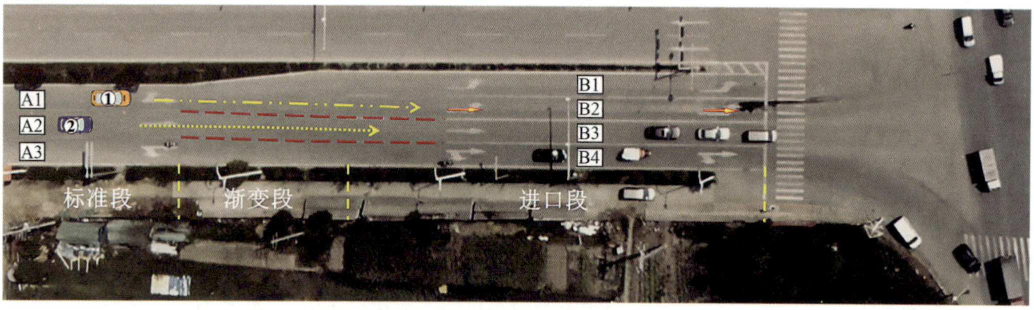

图 4-34 车道功能不连续情况改善思路 1

如果左转流量较大,需要设置 2 条左转车道,则可参照图 4-35 进行改善。在上游路段通过标志、标线将 A1 车道的功能由直行改变为左转,从而在上游路段便将左转车辆引导至 A1 车道,而将直行、右转的车辆引导至 A2 和 A3 车道,以减少渐变段和进口段的变道行为。

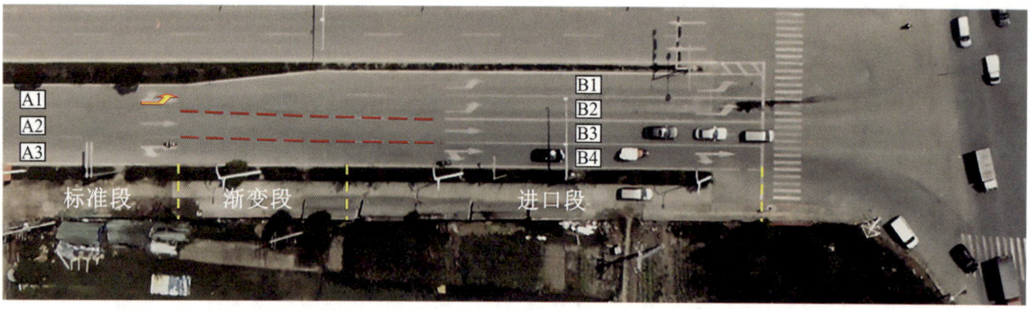

图 4-35 车道功能不连续情况改善思路 2

4. 多路交叉口案例

上海市陈海公路-港东公路交叉口是一个五路交叉口,交叉口东北侧接入草港公路,如图 4-36 所示。草港公路与陈海公路属于小角度斜交,存在的交通问题与斜交交叉口类似,锐角、钝角区域均存在较高风险。

图 4-36 多路交叉口现状

改善方案是将交叉口物理区的道路接入数量控制在 4 枝，如图 4-37 所示。调整草港公路线形，垂直接入港东公路。针对南、北进口道，前移停止线，减小南、北进口道的宽度，如此

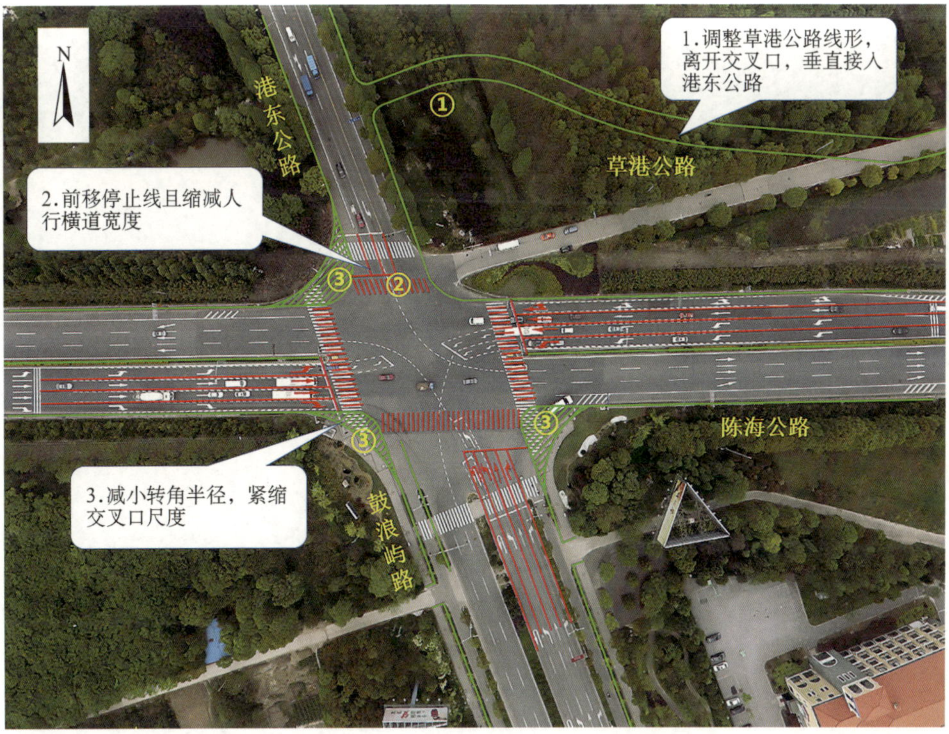

图 4-37 多路交叉口改善方案

将有利于缩减人行横道的宽度。针对西进口,减小转角半径,紧缩交叉口尺度。

5. 接入口管理案例

浙江省瑞安市 G104-G332 交叉口范围内存在多个接入口,如图 4-38 所示,红色原点表示接入口,共计 22 个。交叉口北侧接入口附近为鞋业、加油站接入口,加油站出口车辆对主线车流干扰严重,驶出车辆可选择直行或右转,常造成 G104 主线的车流中断,存在较大安全隐患。交叉口南侧接入口附近为公园和汽车服务中心,车辆频繁进出对 G104 和 G322 主线车流产生干扰。

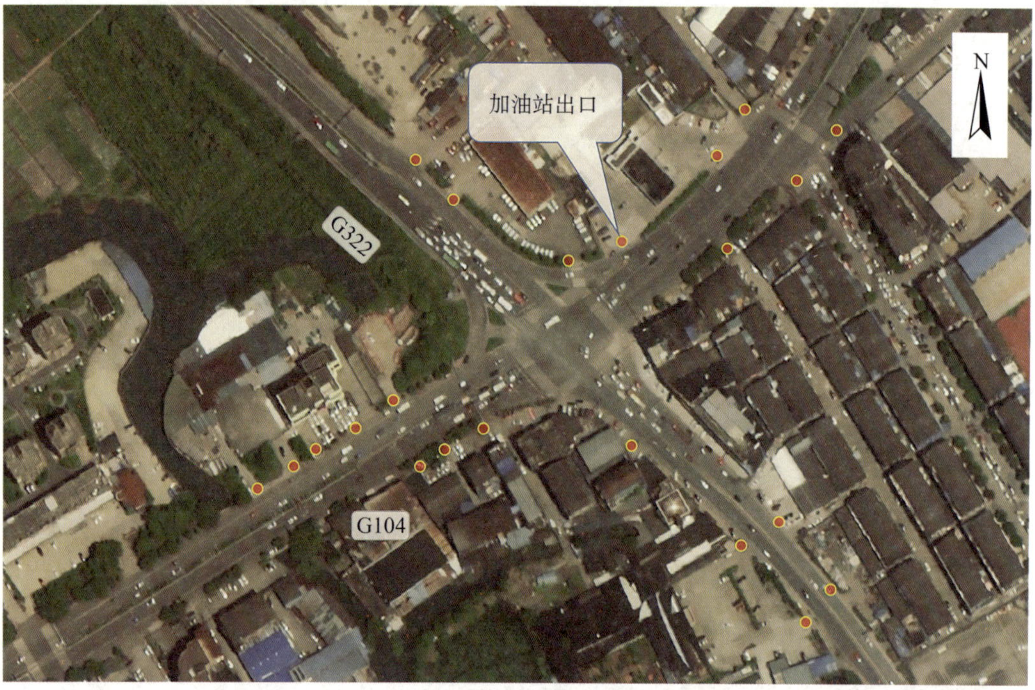

图 4-38　G104-G322 交叉口附近接入口

优化策略为封闭与交叉口临近的出入口,如图 4-39 所示。控制加油站的出入口,交叉口北侧入口与相交道路合并,南侧出口仅能右转。北向南的出口道调整为 2 条车道,与进口道车道数平衡。紧凑化交叉口布局,前移停止线,在交叉口范围内设置导流线。缩小转角半径(尤其是东南侧右转),并采取物理隔离或实线以保障非机动车和行人的路权。

4.6.3 交叉口视距改善案例

视距不足主要是指受到路侧绿化等的遮挡,出入口、交叉口范围两个方向驾驶人之间通视受影响。上海市某交叉口北进口道和南进口道视距三角形范围内存在地物、绿化等遮挡,如图 4-40 所示,导致车辆进入该交叉口内因视距不足而易发生交通冲突。

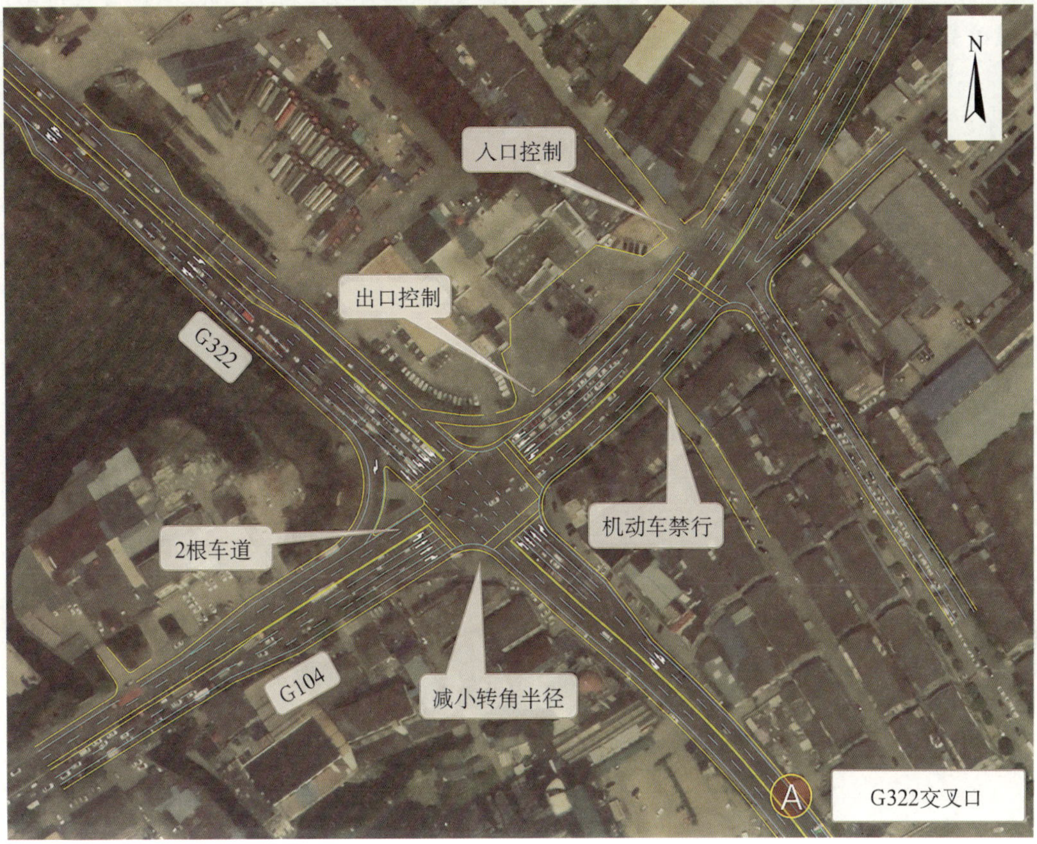

图 4-39 G104-G322 交叉口改善方案

图 4-40 上海市某交叉口现状
(图片来源:https://j.map.baidu.com/ac/KbUJ)

《城市道路交叉口设计规程》(CJJ 152—2010)[49]规定:"平面交叉口视距三角形范围内,不得有任何高出路面 1.2 m 的妨碍驾驶人视线的障碍物。"《城市道路平面交叉口规划与设计规程》(DGJ 08—96—2013)[50]规定:"平面交叉口视距三角形范围内导向岛以及在停车视距范围内的分隔带上的绿化高度不应高于路面 0.6 m，且绿化布置不得影响行人过街。”考虑车身遮挡、动态视觉、低矮人或物的影响，建议将交叉口视距范围内的乔木替换为低矮灌木(高度小于 0.6 m)，以满足视距三角形内无任何遮挡的要求，如图 4-41 所示。

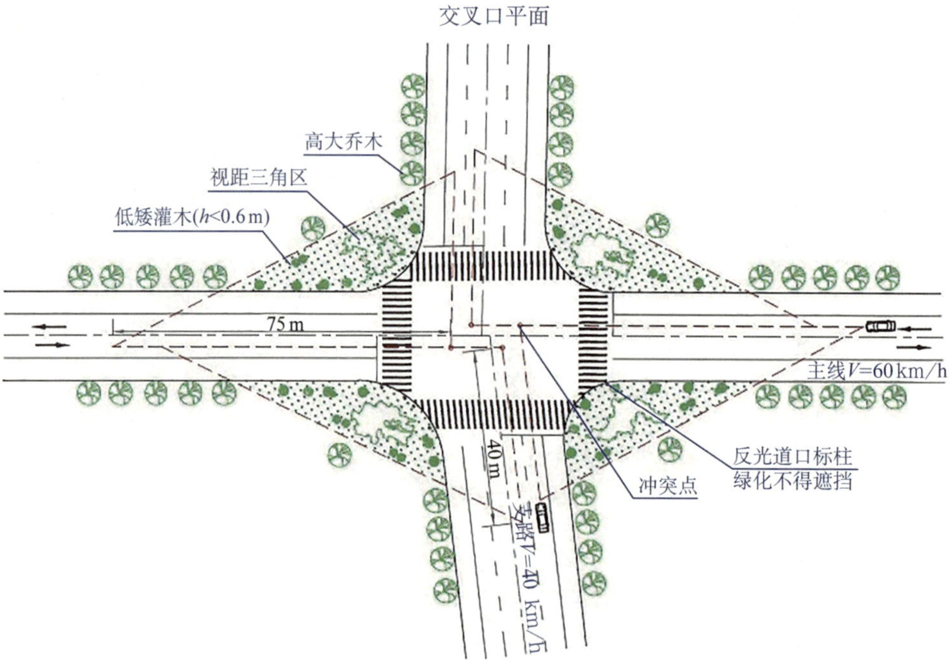

图 4-41 交叉口视距改善方案

参考文献

[1] CHIN H C, QUDDUS M A. Applying the random effect negative binomial model to examine traffic accident occurrence at signalized intersections [J]. Accident Analysis and Prevention, 2003, 35(2): 253-259.

[2] WANG X, ABDEL-ATY M, ALMONTE A M, et al. Incorporating traffic operation measures in safety analysis at signalized intersections [J].Journal of the Transportation Research Board, 2009, 2103(1): 98-107.

[3] MAHER M J, SUMMERSGILL I. A comprehensive methodology for the fitting of predictive accident models [J].Accident Analysis and Prevention, 1996, 28: 281-296.

[4] ABDEL-ATY M, RADWAN A E. Modeling traffic accident occurrence and involvement [J].Accident Analysis and Prevention, 2000, 32: 633-642.

[5] LI J, WANG X, YU R, et al. Relationship between level of service and traffic safety at signalized intersections: grouped random parameter method [J]. Journal of Transportation Engineering, Part A: Systems, 2018, 144(6): 04018022.

[6] POCH M, Mannering F. Negative binomial analysis of intersection-accident frequencies[J]. Journal of Transportation Engineering, 1996, 122: 105-113.

[7] LORD D, PERSAUD B. Accident prediction models with and without trend: application of the generalized estimating equations (GEE) procedure[J].Journal of the Transportation Research Board, 2000, 1717: 102-108.

[8] MOUNTAIN L, MAHER M, FAWAZ B. The influence of trend on estimates of accidents at junctions [J]. Accident Analysis and Prevention, 1998, 30(5): 641-649.

[9] DIGGLE P, DIGGLE P J, HEAGERTY P, et al. Analysis of longitudinal data[M]. Oxford University Press, 2002.

[10] WANG X, ABDEL-ATY M, BRADY P A. Crash estimation at signalized intersections: significant factors and temporal effect[J].Journal of the Transportation Research Board, 2006, 1953(1): 10-20.

[11] HAUSMAN J A, HALL B H, GRILICHES Z. Econometric models for count data with an application to the patents-R&D relationship[R]. USA, National Bureau of Economic Research, 1984.

[12] ABDEL-ATY M, WANG X.Crash estimation at signalized intersections along corridors: analyzing spatial effect and identifying significant factors[J].Journal of the Transportation Research Board, 2006, 1953(1): 98-111.

[13] WANG X, ABDEL-ATY M. Temporal and spatial analyses of rear-end crashes at signalized intersections[J]. Accident Analysis and Prevention, 2006, 38(6): 1137-1150.

[14] GUO F, WANG X, ABDEL-ATY M A. Modeling signalized intersection safety with corridor-level spatial correlations[J]. Accident Analysis and Prevention, 2010, 42(1): 84-92.

[15] HAUER E, HARWOOD D W, COUNCIL F M, et al. Estimating safety by the empirical Bayes method: a tutorial[J].Journal of the Transportation Research Board, 2002, 1784(1): 126-131.

[16] CARRIQUIRY A L, PAWLOVICH M. From empirical Bayes to full Bayes: methods for analyzing traffic safety data[R]. USA, Iowa State University, 2004.

[17] AGUERO-VALVERDE J, JOVANIS P P. Spatial analysis of fatal and injury crashes in Pennsylvania [J]. Accident Analysis and Prevention, 2006, 38(3): 618-625.

[18] GELMAN A, CARLIN J B, STERN H S, et al. Bayesian data analysis[M]. Florida: CRC press, 2013.

[19] GELMAN A, HILL J. Data analysis using regression and multilevel/hierarchical models[M]. England: Cambridge university press, 2006.

[20] HALL R D. Accidents at four-arm single carriageway urban traffic signals[C/OL]// TRB 66th Annual Meeting Compendium of Papers. Washington D C: Transportation Research Board of the National Academies. 1986: 107.

[21] WANG X, ABDEL-ATY M. Right-angle crash occurrence at signalized intersections[J].Journal of the Transportation Research Board, 2007, 2019(1): 156-168.

[22] TAGELDIN A, SAYED T, ISMAIL K. Evaluating the safety and operational impacts of left-turn bay extension at signalized intersections using automated video analysis[J]. Accident Analysis and Prevention, 2018, 120: 13-27.

[23] KIDANDO E, KITALI A E, KUTELA B, et al. Prediction of vehicle occupants injury at signalized intersections using real-time traffic and signal data[J]. Accident Analysis and Prevention, 2021, 149: 105869.

[24] KABIR R, REMIAS S M, LAVRENZ S M, et al. Assessing the impact of traffic signal performance on crash frequency for signalized intersections along urban arterials: A random parameter modeling approach[J]. Accident Analysis and Prevention, 2021, 149: 105868.

[25] ESSA M, SAYED T. Traffic conflict models to evaluate the safety of signalized intersections at the cycle level[J]. Transportation Research Part C: Emerging Technologies, 2018, 89: 289-302.
[26] WANG X, Abdel-Aty M. Modeling left-turn crash occurrence at signalized intersections by conflicting patterns[J]. Accident Analysis and Prevention, 2008, 40(1): 76-88.
[27] Wang X, ABDEL-ATY M. Analysis of left-turn crash injury severity by conflicting pattern using partial proportional odds models[J].Accident Analysis and Prevention, 2008, 40(5): 1674-1682.
[28] WANG X, XIE K, ABDEL-ATY M, et al. Systematic approach to hazardous-intersection identification and countermeasure development[J]. Journal of Transportation Engineering, 2014, 140(6): 04014022.
[29] 王雪松，袁景辉，杨筱菡. 基于随机效应模型的交叉口事故碰撞类型建模[J]. 同济大学学报(自然科学版), 2016, 44(1): 81-86.
[30] 谢琨，王雪松. 基于分层贝叶斯模型的信控交叉口安全分析[J]. 中国公路学报, 2014, 27(2): 90-97.
[31] 王雪松，李佳，谢琨. 基于安全可提高空间的事故多发信控交叉口判别[J]. 同济大学学报(自然科学版), 2015, 43(3): 410-415.
[32] SAYED T, ZEIN S. Traffic conflict standards for intersections[J]. Transportation Planning and Technology, 1999, 22(4): 309-323.
[33] GUO Y Y, SAYED T, ESSA M. Real-time conflict-based Bayesian Tobit models for safety evaluation of signalized intersections[J]. Accident Analysis and Prevention, 2020, 144: 105660.
[34] SHAHDAH U, SACCOMANNO F, PERSAUD B. Integrated traffic conflict model for estimating crash modification factors [J]. Accident Analysis and Prevention, 2014, 71: 228-235.
[35] TARKO A P. Estimating the expected number of crashes with traffic conflicts and the Lomax distribution-a theoretical and numerical exploration [J]. Accident Analysis and Prevention, 2018, 113: 63-73.
[36] 邓蕙菁,王雪松,谢琨. 基于交通冲突技术的交叉口事故多发点判别及致因分析[J]. 武汉理工大学学报(交通科学与工程版),2012, 36(2): 370-373.
[37] 郭延永,刘攀,吴瑶,等. 基于贝叶斯多元泊松-对数正态分布的交通冲突模型[J]. 中国公路学报, 2018, 31(1): 101-109.
[38] 上海市政工程设计研究院(集团)有限公司,上海市城市建设设计研究院.城市道路设计规程:DGJ 08—2106—2012[S].[S.l.]: [s.n.],2012.
[39] WANG X, ABDEL-ATY M, NEVAREZ A. Investigation of safety influence area for four-legged signalized intersections: nationwide survey and empirical inquiry[J]. Journal of the Transportation Research Board, 2008, 2083: 86-95.
[40] XIE K, WANG X, HUANG H, et al. Corridor-level signalized intersection safety analysis in Shanghai, China using Bayesian hierarchical models[J]. Accident Analysis and Prevention, 2013, 50: 25-33.
[41] XIE K, Wang X, OZBAY K, et al. Crash frequency modeling for signalized intersections in a high-density urban road network[J]. Analytic Methods in Accident Research, 2014, 2: 39-51.
[42] SPIEGELHALTER D J, BEST N G, CARLIN B P, et al. Bayesian measures of model complexity and fit [J]. Journal of the royal statistical society: Series b (statistical methodology), 2002, 64(4): 583-639.
[43] 王俊骅,方守恩. 路段行人-机动车冲突观测方法及冲突特性[J]. 同济大学学报(自然科学版),2008,

36(4): 503-507.

[44] 杨晓光,白玉. 平面交叉口交通冲突安全评价失效分析及改进方法研究[J]. 中国安全科学学报,2008, 18(2): 157-161.

[45] 赵建有,杨雪峰. 城市道路平面交叉口安全评价指标的研究[J]. 长安大学学报,2003,20(3): 59-62.

[46] A policy on geometric design of highways and streets [S]. Washington, D. C.: American Association of State Highway and Transportation Officials, 2018.

[47] 中华人民共和国住房和城乡建设部.城市道路工程设计规范:CJJ 37—2012[S].北京:中国建筑工业出版社,2012.

[48] 中华人民共和国住房和城乡建设部.城市道路交通标志和标线设置规范:GB 51038—2015[S].北京:中国计划出版社,2015.

[49] 中华人民共和国住房和城乡建设部.城市道路交叉口设计规程:CJJ 152—2010[S].北京:中国建筑工业出版社,2010.

[50] 上海市城乡建设和交通委员会.城市道路平面交叉口规划与设计规程:DGJ 08—96—2013[S].[S.l.]:[s.n.],2013.

5

城市主干道交通安全分析

城市主干道交通流量大、车流组成复杂、高峰与平峰时段交通运行差异大。本章重点介绍城市主干道的安全研究现状、事故分析模型建立、事故多发道路判别和安全改善案例。

5.1 城市主干道特征

城市主干道是城市道路网络的骨架。国内城市交叉口间距普遍较小，相邻交叉口与路段交通运行相互影响[1]。以上海市为例，2019 年市区交叉口平均间距为 394 m[2]，路网密度为 8.53 km/km^2，超过大多数美国城市[3]，如图 5-1 所示。中心城区人口密度大，较多居住小区、商店和娱乐场所接入主路，主线交通冲突严重，事故风险高。

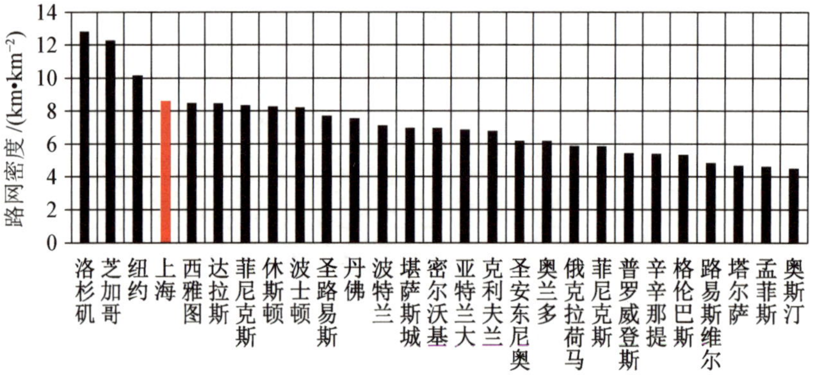

图 5-1　中心城 10 km 半径路网密度[4]

对于特大城市而言，城市主干道以 15%～25%的里程比例承担 70%～80%的机动化交通周转量[5]。城市用地扩张使得一些居住或新增产业被置于城市边缘地区，产生职住分离，职住功能区之间的交通潮汐性较强，高峰与平峰时段交通运行差异较大。以上海市为例，约 44%的中心城区主干道交叉口长期处于拥堵状态，“三纵三横”高峰时段平均行程速度约为 15 km/h。中心城区主干道的运行效率不高，通勤时段的交通拥堵已成为常态。同一主干道不同路段、不同车辆之间速度存在显著差异，如图 5-2 所示，车速骤增骤减，容易引发安全问题。

国内城市存在更多的非机动车和行人等弱势道路使用者，交通环境更为复杂，事故风险更高。2017 年，我国城市道路交通事故占比超过 45%[6]，且近三年呈现逐年上升趋势。2019 年，我国主要城市交通事故十万人死亡率高于欧美国家城市，如图 5-3 所示。由于城市主干道是城市交通的主要承担者，因此对其开展交通安全分析和改善已成为刻不容缓的事。

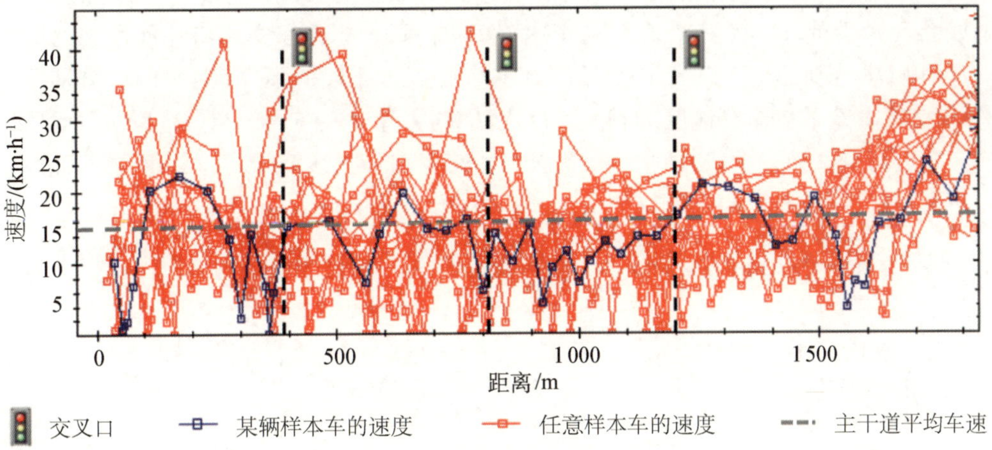

图 5-2 上海市主干道速度分布曲线

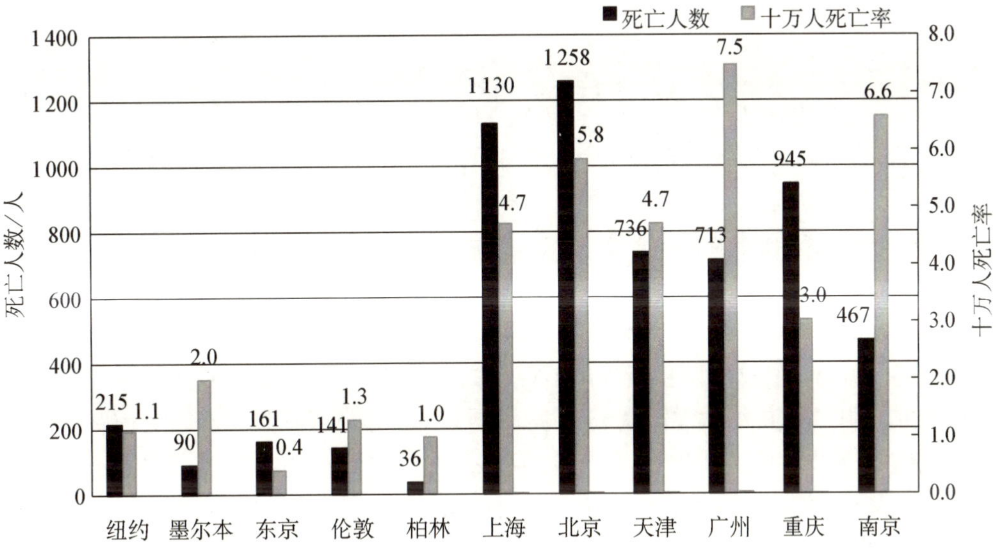

图 5-3 2019 年国内外主要城市交通事故状况[6]

5.2 城市主干道安全研究现状

5.2.1 分析单元划分

针对城市主干道，国外的交通安全分析主要基于微观层面的分析单元展开。由于路段和交叉口在道路设计、交通控制、交通运行、事故特征等方面的不同，美国的《道路安全手册》[7]（HSM）提出了安全分析方法，将路段和交叉口作为两个独立的单元进行研究。交叉口被定义为停止线内部以及交叉口进口道上游一定范围内的交通安全影响区[8,9]。路段则分为同质路段和定长路段，其中，同质路段为具有同质的横断面设计的路段[10,11]。同质路段的一个特例是将道路在信控交叉口处进行划分,并去除交叉口上游的安全影响区[12,13]。

如图 5-4 所示,D_6 为交叉口 A 和交叉口 B 的间距,即相邻交叉口几何中心之间的距离。D_1 和 D_3 分别为交叉口 A 和交叉口 B 的中心到停止线的距离,D_2 和 D_4 分别为交叉口 A 和交叉口 B 的安全影响区的长度。D_5 为道路去除交叉口内部及安全影响区后路段的长度。在进行交叉口安全研究时,不仅需要分析交叉口停止线范围内的交通事故,而且要考虑安全影响区内的交通事故,即交叉口相关事故(intersection-related crashes)。

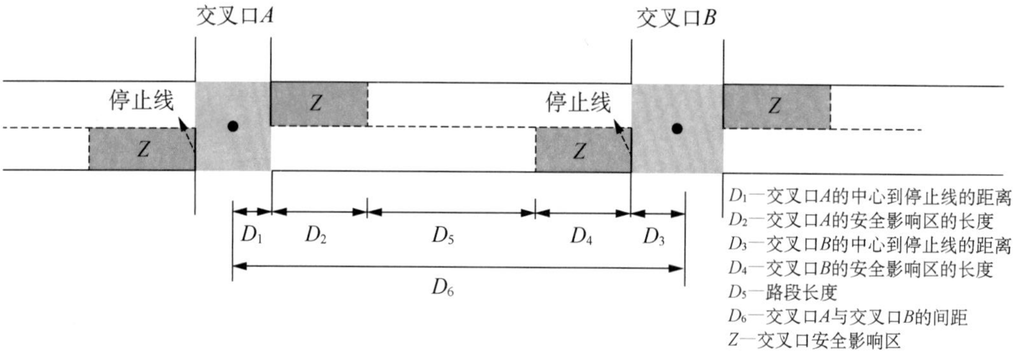

图 5-4 道路要素示意[14]

虽然,路段和交叉口分别建模的方法有利于更为精准地判别安全影响因素,但是这种微观建模在研究方法、应用需求和适用场景方面存在局限性。首先,从事故影响因素的角度,交叉口间距和接入口数量既是路段事故的重要影响因素[15,16],也是交叉口事故的重要影响因素[12],但传统模型分别针对路段及交叉口事故进行分析时,只能估计交叉口间距和接入口数量对主干道的部分安全影响,无法分析其对道路整体的安全影响。

主干道两侧路网特征影响出行者的出行方式及路径选择,从而对主干道的交通运行和安全性产生影响[17]。传统微观安全分析模型无法考虑道路两侧路网形态对道路的安全影响,而忽略这个重要的影响因素可能会使模型参数估计出现偏差[18]。虽然,宏观研究方法[19,20]可以分析路网形态对整个区域内事故的影响,但是依然无法分析道路两侧邻近区域路网形态对道路事故的影响。

综上所述,在建立主干道安全分析模型时,将路段和交叉口作为两个独立的单元势必存在局限性,因此有必要将路段和交叉口进行组合,形成更为合理的安全分析单元,以增加模型的可解释性和应用价值。

5.2.2 主要建模方法

1. 基础模型

对于交通安全统计分析模型,国内外最初采用的是多元线性回归模型,但线性回归模型无法准确描述事故数的非正态分布,无法描述事故数非负的特征,且无法描述事故这类小概率事件[21]。广义线性模型(Generalized Linear Models, GLM)经常被用于分析交通特征与事故发生频数,如泊松模型和负二项模型。

泊松模型是最基础的计数模型[22],考虑了事故数据随机、离散、非负的特点,一般要求事故数据的均值等于方差。S. C. Joshua 和 N. J. Garber[23] 利用线性回归模型和泊松模型来拟合卡车发生的事故数，并得出泊松模型拟合结果要优于线性回归模型的结论。然而，事故数据往往过度离散，即均值小于方差，这一过度离散性违背了泊松模型均值等于方差的基本假设[24]。负二项模型由于在方程中引入了误差项，因此可以处理过度离散的事故数据[25]。S. P. Miaou[26] 利用泊松模型和负二项模型建立了卡车事故发生数和公路几何属性的关系，并指出负二项模型要优于泊松模型。

2. 考虑数据结构的复杂模型

泊松模型和负二项模型都假设所研究的样本相互独立，没有考虑事故数据的层次结构性(比如位于同一主干道上路段的事故数可能具有空间相关性，而不同主干道上路段的事故数则不具备该空间相关性)，如此可能会造成错误的估计。考虑到事故数据的结构以及空间相关性，研究人员开始采用随机效应(random effect)模型、条件自回归(conditional autoregressive)模型、多(双)因变量(multivariate/bivariate)模型来研究道路几何设计、交通运行、控制方式与事故频率之间的关系。

针对事故数据的相关性，随机效应模型引入一个随机效应项来反映不同组之间未能观测到的异质性。V.Shankar 等[27] 在研究华盛顿州由于中央分隔带开口而导致的事故时，比较了普通负二项模型和引入随机效应的负二项模型，发现后者较优。无独有偶，X. Wang 等[28] 在分析进口道层面不同类型事故时，对比了考虑交叉口异质性的普通负二项模型和随机效应负二项模型，发现后者更优。

为了更好地考虑事故数据的空间相关性，研究人员建立了一系列空间回归模型(如条件自回归模型)，以处理存在空间相关性的数据。K.Xie 等[29] 建立了条件自回归模型，考虑了同一主干道上信控交叉口的空间相关性，采用距离的倒数作为空间相关的系数。类似地，H.Huang 等[30]、F.Guo 等[31]、K.EI-Basyouny 和 T.Sayed[32] 也采用条件自回归模型方法对事故数进行了研究。

不同事故严重程度的影响因素不同，故需要采集不同严重程度的事故数据来建立计数模型[33,34]。但是，很多此类研究都采用了单因变量计数模型(如负二项模型)，这种单变量模型忽略了特定路段上、不同严重程度的事故数之间的相关性[35]，使得系数估计出现了偏差。为了考虑不同严重程度事故数之间的相关性，J.Ma 等[35] 建立了多因变量泊松对数正态(multivariate Poisson-lognormal)模型，同时对死亡、重伤、轻伤和物损事故进行建模分析，结果表明，不同严重程度的事故数之间存在显著的正相关性。

5.3　城市主干道交通安全统计建模

5.3.1　主干道选择及分析单元划分

为了建立国内大城市密集道路网络中城市主干道的安全统计模型，首先按照一定原则选出城市主干道，并进行分析单元划分，以便于进一步提取数据。

1. 主干道选择

地理信息系统(Geographic Information System, GIS)空间数据库可以直观地展示主

干道范围内路段和交叉口的位置及其属性,以便于挑选研究样本。主干道样本的选择应遵循如下原则:

(1) 所选主干道位于市区;

(2) 所选主干道的交叉口和路段特征属性数据完整;

(3) 主干道上只选择十字形交叉口和T形交叉口,以简化几何属性的提取。

根据上述原则,最终选取了上海市外环以内21条城市主干道,包括411个路段(相邻两个交叉口之间的道路)和411个信控交叉口,所选样本如图5-5所示。

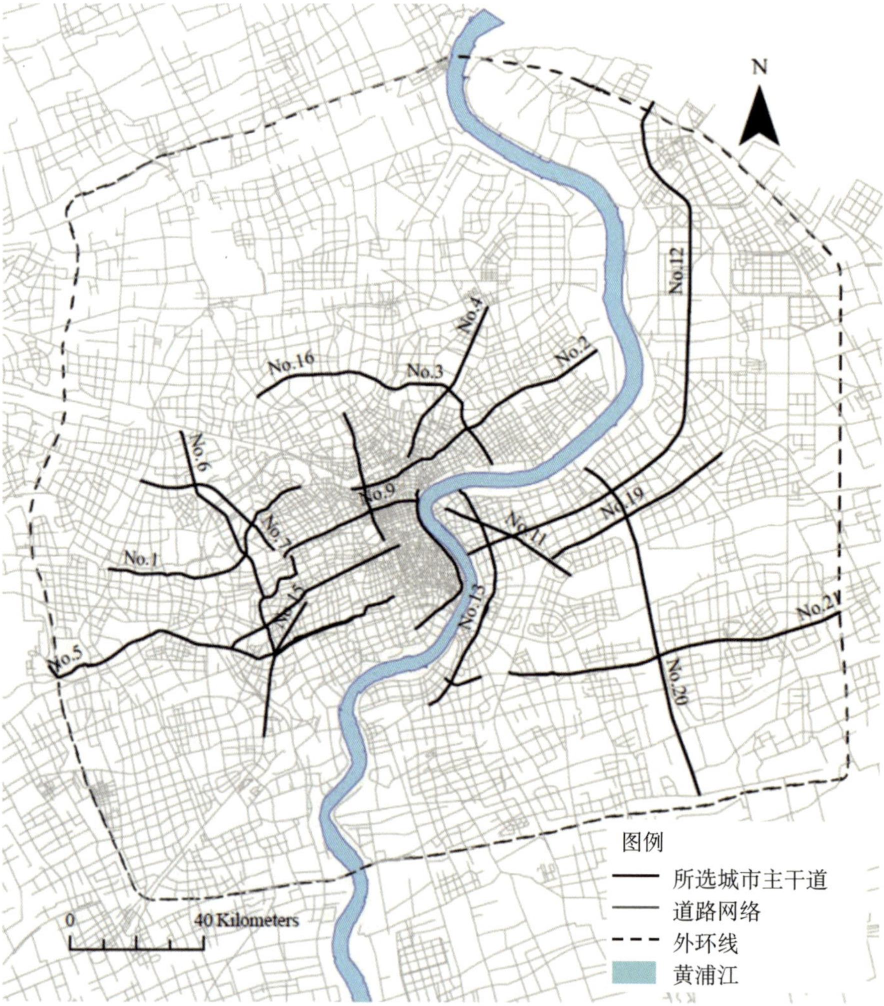

图 5-5　上海市主干道样本选取

2. 分析单元划分

本节开展基于中观分析单元的城市主干道交通安全分析,中观分析单元划分步骤如下。

1) 主干道纵向组合

(1) 将主干道在路段中央分隔带和机非分隔带设置发生变化处打断。考虑到如果在交叉口处将道路进行分割,交叉口事故难以合理分配到两侧路段上,因而组合单元的起点和终点均为路段中点，如图 5-6 所示。

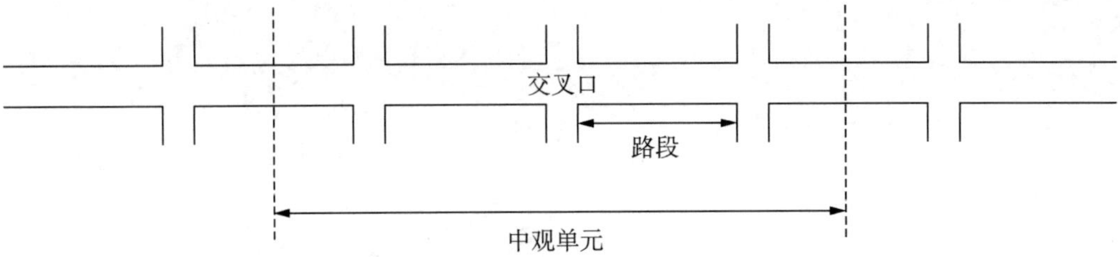

图 5-6　主干道中观单元示例

(2) 绘制主干道路段运行速度分布图。图 5-7 为某主干道 23 个路段的速度曲线，图中各圆点表示每个路段的平均速度，整条主干道的平均速度为 40 km/h。为了保证同一中观单元内各路段运行状态相似，将高于主干道平均速度的相邻路段组合为一组，而低于平均速度的路段组合为一组。在图 5-7 中，该主干道于路段 A 和 C 的中点处分割，图中 O—A 区间表示平均速度高于 40 km/h，A—C 区间则表示平均速度低于 40 km/h。

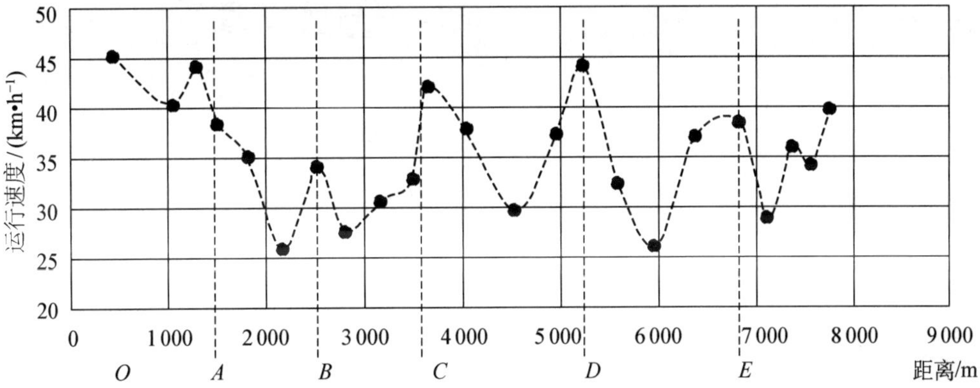

图 5-7　某主干道路段运行速度分布

(3) 在速度突变点处将道路打断以减少同一组合单元内路段的速度差异。图 5-7 中，速度突变点为 B，D 和 E，该主干道被划分为 6 个组合单元：O—A，A—B，B—C，C—D，D—E，E—终点。

按照(1)～(3)组合规则，划分所选的 21 条主干道，最终得到 118 个中观分析单元。

2) 中观单元横向范围

主干道两侧的路网形态会影响主干道的交通运行状况及通达性，进而影响主干道的安全状况。考虑到主干道两侧与其相交道路的第一个路段直接影响主干道的交通运行状况，且两侧相交道路对主干道的影响随着距主干道距离的增加而减小，因而本节采用了平均交叉口间距作为路网范围。经过计算，2012 年外环以内路网的平均交叉口间距为 353 m，因而假定：如果主干道的平均交叉口间距低于 350 m，则该主干道路网两侧范围分别采用 350 m，如果平均交叉口间距高于 350 m，则该主干道路网两侧范围分别采用 400 m。图 5-8 中蓝色多边形展示了每个中观单元邻近路网范围，其多边形内的灰色线为实际道路路网。

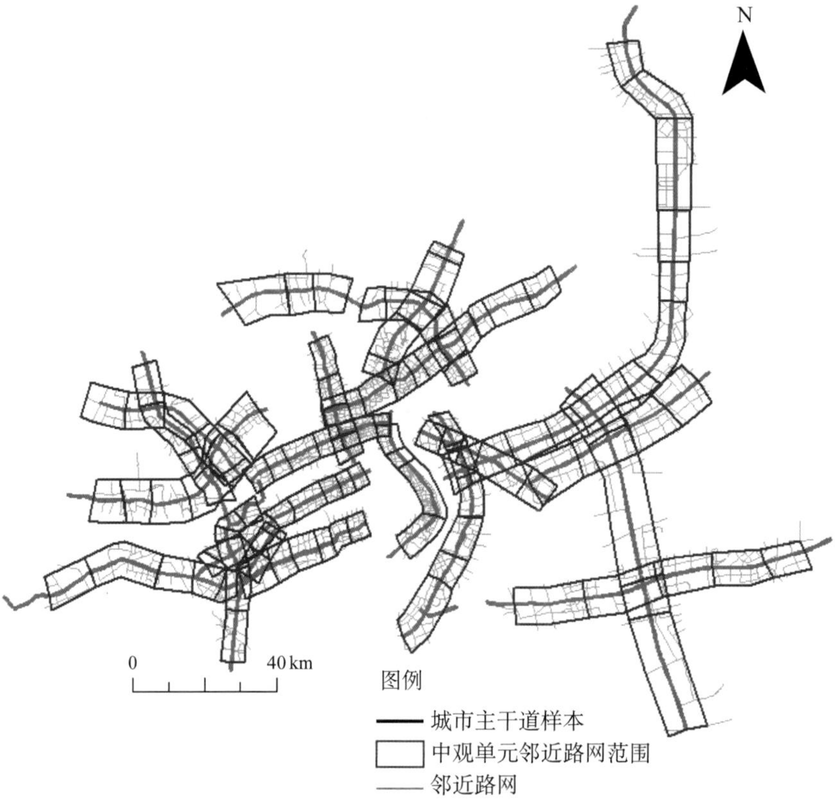

图 5-8　中观单元两侧路网范围

5.3.2　数据收集与准备

1. 道路几何设计数据

中观单元的道路长度及平均交叉口间距来自基础地图，交叉口间距用交叉口密度(即平均每公里交叉口个数)表示。利用街景地图得到每个中观单元的道路几何设计特征，包括接入口数量、平曲线类型、车道数、中央分隔带类型和机非分隔带类型。其中，接入口数量指道路两侧的胡同里巷、单位厂区、居民社区、加油站、停车场等接入口的总数量，不包含信控交叉口数目，接入口数量划分为[0,5]、(5,10]和(10,48]三类。

2. 路网形态特征

在影响主干道安全状况的路网范围确定之后，采用介度中心度[36]来描述路网形态。路网中的每一条路径被抽象为一个点，介度中心度定义为某一点落在其他两点最短路径上的频率。介度中心度越高说明该中观单元在路网中越重要，承担了比路网中其他道路更多的交通量。中观单元的介度中心度定义为

$$C_i^B = \frac{1}{(N-1)(N-2)} \times \sum_{j \neq k \neq i} \frac{n_{jk}(i)}{n_{jk}} \tag{5-1}$$

式中　N——路网中点的总个数；

n_{jk}——点 j 与点 k 之间的最短路径数量；

$n_{jk}(i)$——点 j 与点 k 之间包含点 i 的最短路径数量。

使用 UCINET®软件计算中观单元在邻近路网中的介度中心度，依据介度中心度将路网划分为三种形态，如表 5-1 所列。介度中心度较低的主干道一般位于方格形路网中，这是由于方格形路网中有多条道路平行于主干道，在方格网中可以分担主干道流量。介度中心度较高的主干道一般位于混合形态路网中，此时主干道在路网中如同树干，是连接其他道路的主体干道。

表 5-1　　路网形态与介度中心度分析[37]

路网形态	路网图示		描述	样本量	介度中心度
方格网	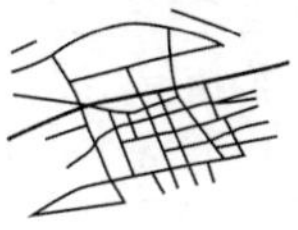 No. 906	 No. 907	良好的连通性，且与主干道平行的次路较多	35 (30%)	(0, 0.15)
不规则方格网	 No. 805	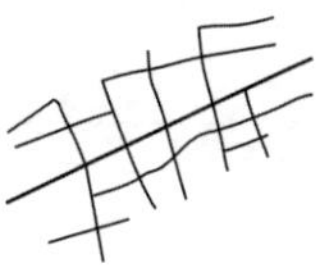 No. 1005	局部出现与主干道平行的次路，但不连续且数量少	48(41%)	[0.15, 0.35)
混合型	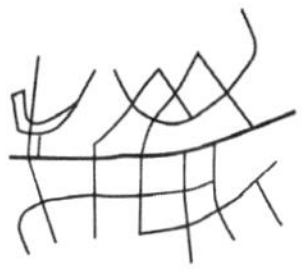 No. 2104	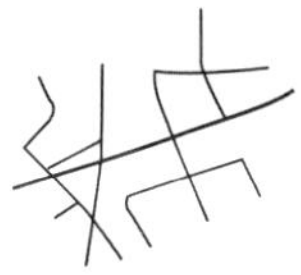 No. 2105	方格路网和树状路网的混合	35(30%)	[0.35, 0.69]

3. 交通特征数据

利用浮动车数据(Floating Car Data, FCD)计算路段平均运行速度，进而分析交通运行状况与事故的关系。FCD 数据取自 2012 年 5 月 10 日、17 日、24 日早高峰时段 7:00—9:00。FCD 数据记录的是车辆的经纬度坐标，将经纬度坐标转换为直角坐标，并与上海市路网相匹配。路段平均运行速度通过出租车每 10 s 传回的经纬度坐标获得，车辆 j 在某路段的平均运行速度为

$$V_j = S/(T_j - D_j) \tag{5-2}$$

式中　V_j——车辆 j 在某路段上的平均运行速度；

S——路段长度；

T_j——行驶时间；

D_j——车辆 j 在交叉口处速度低于 5 km/h 所造成的延误时间。

在所有路段上，早高峰的样本量高于 30。每个路段所有样本的平均速度为

$$\bar{V} = \sum_{j=1}^{n} \frac{V_j}{M} \tag{5-3}$$

式中,M 是路段上所有样本车的总量。

4. 事故数据

本节收集了 2012 年上海市 21 条城市主干道的路段和交叉口事故数据。为了计算与各个路段和交叉口关联的事故,将交通事故定位到 ArcGIS 地图上,通过事故记录中的 X,Y 坐标进行定位,进而统计出每个中观分析单元内的事故数。

将 118 个中观单元的道路几何设计、路网形态、交通特征进行汇总,如表 5-2 所列。

表 5-2　　中观单元变量描述及统计特征

类型	变量	变量描述	统计值
几何设计	长度	中观单元长度,km	均值=1.239 标准差=0.684
	交叉口间距	交叉口密度,个/km	均值=3.27 标准差=1.72
	接入口数量	(1) [0, 5] (2) (5, 10] (3) (10, 48]	(1) 52 (2) 26 (3) 40
	曲线	有:1　无:0	0:61　1:57
	双向平均车道数	(1) [2, 6] (2) (6, 10]	(1) 71 (2) 47
	中央分隔带	有:1　无:0	0:37　1:81
	机非分隔带	有:1　无:0	0:53　1:65
路网形态	路网形态	(1) 方格网 (2) 不规则方格网 (3) 混合型	(1) 35 (2) 48 (3) 35
交通特征	流量	沿中观单元方向路段日均车道流量的对数值,pcu/lane	均值=8.59 标准差=0.78
	交叉口流量	中观单元交叉口日均流量的对数值,pcu	均值=9.86 标准差=1.46
	运行速度	中观单元所有路段的平均运行速度,km/h	均值=36.94 标准差=9.38

5.3.3 统计分析模型

1. 事故总数——负二项条件自回归模型

为了解决事故数据的过度离散问题,本节采用负二项模型。由于同一主干道上中观单元的几何设计、交通控制、交通运行特征具有相似性,故可能存在空间相关性。因此,采用条件自回归模型来处理空间相关数据[30-32],引入随机效应项φ_{ij}来描述中观单元 ij 与 $i'j$ 之间的空间相关效应。模型如下:

$$y_{ij} \sim \text{Negbin}(\theta_{ij},\ r) \tag{5-4}$$

$$\ln(\theta_{ij}) = \beta_0 + \boldsymbol{\beta X}_{ij} + \varphi_{ij} \tag{5-5}$$

式中 i——某条主干道上从1开始的中观单元编号；

j——1～21的主干道编号；

y_{ij}——某中观单元的事故数；

θ_{ij}——y_{ij}的期望值；

r——负二项分布的过度离散系数，$r \sim \text{gamma}(0.01, 0.01)$；

$\boldsymbol{X}_{ij}$——中观单元的解释变量矢量；

$\boldsymbol{\beta}$——自变量的回归系数。

条件自回归先验信息φ_{ij}表示中观单元ij与$i'j$之间的空间分布，φ_{ij}和$\varphi_{i'j}$有相似的大小。中观单元间的空间相关性采用邻近矩阵$\boldsymbol{W}$来表示。$w_{ij,i'j'}$代表了中观单元ij和$i'j'$的空间关系，定义为中观单元间的距离函数。

$$w_{ij,i'j'} = \begin{cases} \dfrac{1}{d_{ij,i'j'}} & if\ j = j' \\ 0 & if\ j \neq j' \end{cases} \tag{5-6}$$

式中，$d_{ij,i'j'}$为中观单元ij和$i'j'$中点间的距离，当主干道编号$j \neq j'$时，$w_{ij,i'j'} = 0$表示不同主干道上的中观单元之间不存在空间相关性。

φ_{ij}的全概率条件分布如下：

$$p(\varphi_{ij} \mid \varphi_{\_ij}) \propto \exp\left[-\frac{w_{j+}}{2\sigma_\varphi^2}\left(\varphi_{ij} - \rho\sum_{i' \neq i}\frac{w_{i'j,ij}}{w_{j+}}\varphi_{i'j}\right)^2\right] \tag{5-7}$$

式中 $\varphi_{\_ij}$——$\varphi_{i'j}$的集合，其中$ij \neq i'j'$；

w_{j+}——第j条主干道的权重和，$w_{j+} = \sum_{i'=1}^{n_j} w_{ij,i'j}$。

$\rho = 1$，φ_{ij}和$\varphi_{_ij}$的条件分布为正态分布，均值为$\sum_{i' \neq i}(w_{i'j,ij} / w_{j+})\varphi_{i'j}$，方差为$\sigma_\varphi^2 / w_{j+}$：

$$\varphi_{ij} \mid \varphi_{\_ij} \sim N\left(\sum_{i' \neq i}\frac{w_{i'j,ij}}{w_{j+}}\varphi_{i'j},\ \frac{\sigma_\varphi^2}{w_{j+}}\right) \tag{5-8}$$

2. 物损与伤亡事故——双因变量负二项条件自回归模型

不同严重程度的事故的影响因素不同。例如，交叉口间距可能与路段或进口道处的追尾和侧碰事故相关，进而造成物损事故，但与伤亡事故无关[33]。因此，有必要对不同严重程度的事故分别进行建模研究[34]。

在本节中，物损、轻伤、重伤、死亡事故所占的比例分别为75.69%，24.06%，0.20%和0.05%，由于重伤和死亡事故所占比例较低，且数量也较少，故将轻伤、重伤、死亡事故合并为伤亡事故，这种合并方法也在以往的研究中被使用[38,39]。采用双因变量模型来研究伤亡和物损事故。引入条件自回归效应处理同一主干道上中观单元的空间相关性。模型如下：

$$y_{ij1} \sim \text{Negbin}(\theta_{ij1},\ r_1) \tag{5-9}$$

$$y_{ij2} \sim \text{Negbin}(\theta_{ij2},\ r_2) \tag{5-10}$$

$$\ln \theta_{ij1} = \beta_{01} + X_{ij1}\beta_1 + \delta_1 u_{ij1} + \varphi_{ij} \tag{5-11}$$

$$\ln \theta_{ij2} = \beta_{02} + X_{ij2}\beta_2 + \delta_2 u_{ij1} + \delta_3 u_{ij2} + \varphi_{ij} \tag{5-12}$$

式中 y_{ij}——某中观单元的事故数；

y_{ij1}——某中观单元的物损事故数；

y_{ij2}——某中观单元的伤亡事故数；

θ_{ij1}——y_{ij1}的期望值；

θ_{ij2}——y_{ij2}的期望值；

φ_{ij}——条件自回归效应项；

u_{ij1}, u_{ij2}——独立随机项，服从正态分布，$u_{ij1} \sim N(0, 1/\tau)$，$\tau$ 为精度参数，且服从 gamma 分布 $\tau \sim \text{gamma}(0.001, 0.001)$，$u_{ij2}$与 u_{ij1}分布相同；

X_{ij1}, X_{ij2}——解释变量；

β, δ_m——待估计系数，$m=1,2,3$。

关联系数y_{ij1}和 y_{ij2}计算如下：

$$\text{Corr}(y_{ij1}, y_{ij2}) = \frac{\delta_1 \delta_2}{\sqrt{(\delta_2^2 + \delta_3^2)\delta_1^2}} \tag{5-13}$$

3. 贝叶斯估计

本节采用贝叶斯估计方法[40]，使用 WinBUGS® 吉布斯取样法(Gibbs Sampling)模拟马尔可夫链完成贝叶斯模型的标定。通过马尔可夫链进行 20 000 次迭代，舍弃前 5 000 个不稳定的样本。采用方差信息准则(Deviance Information Criterion, DIC)来评价模型的优劣，*DIC* 越小，模型越优，计算公式如下：

$$DIC = \overline{D(\theta)} + p_D \tag{5-14}$$

式中 $D(\theta)$——估计参数的贝叶斯方差；

$\overline{D(\theta)}$——$D(\theta)$的后验均值，表明模型的拟合度；

p_D——有效参数的个数，表明模型的复杂度。

当两个模型的 *DIC* 值之差在 5～10 之间时，表明模型的拟合度没有显著差异。

5.4 城市主干道影响因素分析

5.4.1 模型结果

1. 总事故模型结果

自变量包括道路几何设计、路网形态和交通特征。因变量为总事故数。表 5-3 保留了在 90%及以上置信水平显著的变量。CAR effects 为随机效应φ_{ij}，从表 5-3 中可知该变量是显著的，表明同一主干道上中观单元之间存在空间相关性。

表 5-3 总事故模型后验信息

自变量		均值	标准差	95% 置信区间
截距		2.814**	0.572	(1.617, 3.9)
车道日均流量		0.153**	0.0628	(0.0403, 0.2998)
长度		0.5223**	0.1223	(0.2826, 0.7582)
交叉口密度		0.0853**	0.03613	(0.0091, 0.1528)
机非分隔带		0.1542*	0.0639	(−0.0283, 0.3366)
车道数(基准:[2,6])(6,10]		0.3193**	0.089	(0.1448, 0.4938)
路网形态(基准:方格网)	混合型	0.4114**	0.1646	(0.0859, 0.7327)
	不规则方格网	0.2756**	0.141	(0.0171, 0.5564)
接入口数量(基准:[0,5])	(10,48]	0.3491**	0.1355	(0.09181, 0.618)
	(5,10]	0.2125*	0.0286	(−0.0470, 0.4601)
离散系数		0.07201**	0.04862	(0.007534, 0.182)
CAR effects		0.4849**	0.05381	(0.3627, 0.5733)
样本量		118		
DIC		1 375.67		

注:表中总结了后验信息的均值及方差,括号内为均值的置信区间,** 变量为 95%置信水平显著,* 变量为 90%置信水平显著。

2. 物损及伤亡事故模型结果

物损和伤亡事故的二元因变量模型估计结果如表 5-4 所列,90%及以上置信水平显著的变量都保留在最后的模型中。CAR effects 为随机效应φ_{ij},该变量显著表明同一主干道上中观单元之间存在空间相关性。关联系数为 0.940,表明在二元因变量模型中物损和伤亡事故具有较大的相关性。

表 5-4 二元因变量物损及伤亡事故模型后验信息

自变量	物损事故		伤亡事故	
	均值	95% 置信区间	均值	95% 置信区间
截距	1.372**	(0.2866, 2.292)	1.705**	(0.661, 2.67)
车道日均流量	0.199**	(0.074, 0.326)	0.1653**	(0.0516, 0.2743)
相交道路流量	0.078*	(−0.002, 0.14)		
长度	0.492**	(0.262, 0.718)	0.313**	(0.102, 0.521)
交叉口间距(交叉口密度)	0.076**	(0.010, 0.143)		
机非分隔带	0.2330**	(0.0459, 0.4201)		
车道数(基准:[2,6])(6,10]	0.3873**	(0.099, 0.652)	0.299**	(0.046, 0.555)

（续表）

自变量		物损事故		伤亡事故	
		均值	95% 置信区间	均值	95% 置信区间
路网形态（基准：方格网）	混合型	0.422**	(0.1153, 0.744)	0.477**	(0.127, 0.831)
	不规则方格网	0.3289**	(0.057, 0.4613)	0.130	(−0.170, 0.454)
接入口数量（基准：[0,5]）	(10,48]			0.127	(−0.144, 0.397)
	(5,10]			0.321**	(0.062, 0.594)
离散系数		0.088**	(0.029, 0.154)	0.085**	(0.031, 0.260)
关联系数		0.940			
CAR effects		0.433**	(0.342, 0.524)		
样本量		118			
DIC		1 296.45		1 046.38	

注：表中总结了后验信息的均值，** 变量为 95% 置信水平显著，* 变量为 90% 置信水平显著。

5.4.2 模型结果分析

1. 路网形态

路网形态与总事故数显著相关。通过路网形态的系数可知，与方格网相比，不规则方格网事故数增加了约 32% 即($e^{0.2756}-1$)，混合路网事故数增加了约 51% 即($e^{0.4114}-1$)。路网形态与总事故数的关系如图 5-9 所示。

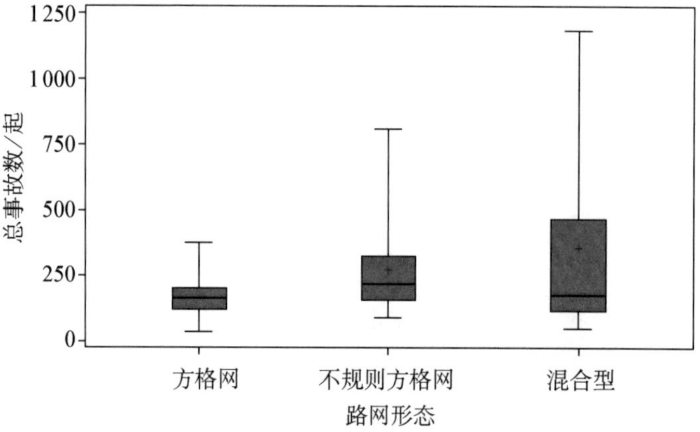

图 5-9　路网形态与总事故数的关系

路网形态与出行方式选择及道路交通运行状况相关。表 5-1 的各种路网形态中，方格路网道路密度最高，有较多的次路与主干道平行，且路网连通性好，同一起、终点的出行有多种路径可供选择，提高了主干道的安全水平。不规则方格网与方格网形态相似，但与主干道平行的次路不连续且数量少，与方格网相比，事故数较多。混合型是方格网和树状路网的混合，与主路平行的次路较少，路网内的路径大多要经过主干道，道路两侧进出交通多，事故数最多。这个结果与 X. Wang 等[20]基于交通分析小区(Traffic Analysis Zone, TAZ)的城郊主干道宏观安全分析研究结果一致。

物损事故与路网形态的关系与总事故数相似,而对于伤亡事故,相对于方格网,不规则方格网对事故的影响不显著。但是,混合型路网的系数比物损事故中的系数要高(伤亡事故中混合型路网系数为 0.477,物损事故中混合型路网系数为 0.422)。这可能是由于在混合型路网中,主干道相对于其他道路具有更强的中心性和重要性,对主干道的过度依赖会导致主干道上交通流量的增加,从而容易加剧事故的严重程度。

2. 交叉口间距

交叉口密度定义为每公里的交叉口数量,用来描述交叉口间距。中观单元交叉口密度每增加 1 个/km,总事故数增加约 9% 即($e^{0.0853}-1$),物损事故增加约 8% 即($e^{0.076}-1$)。这可能是由于交叉口间距过小,导致交叉口功能区最短距离的要求无法满足[3]。此时,交通流随交叉口密度的增加而变得紊乱,较多的车流交织运行,从而增加了事故风险。

交叉口密度与总事故数的关系如图 5-10 所示。X. Wang 等[20]在一项针对宏观 TAZ 的郊区主干道研究中发现了相似的结果,即交叉口密度每增加 1 个/km,郊区主干道事故数增加 40.1%。在 X. Wang 等[41]另一项针对郊区主干道安全影响因素的研究中,将交叉口间距作为主干道层面变量建立了分层模型,发现交叉口密度每增加 1 个/km,事故数增加 203%。相比于 X. Wang 等[41]建立的安全分析模型,交叉口密度对安全的影响较小,因为前者未考虑主干道的交通流量。

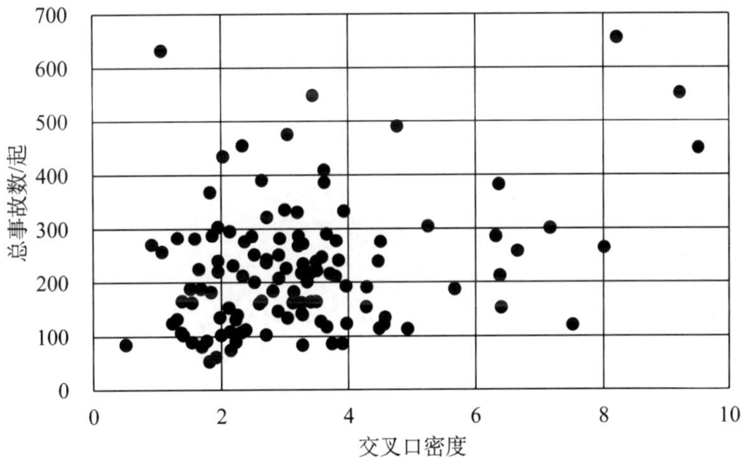

图 5-10 交叉口密度与总事故数的关系

3. 其他变量

车道日均流量、平均车道数、道路长度、机非分隔带、接入口数量都是影响中观单元事故数的显著变量。车道日均流量越大、平均车道数越多、接入口数量越多,主干道事故数就越多。

相比于无机非分隔带的道路,设置了机非分隔带的道路总事故数较多,这可能是因为:①设置了机非分隔带的道路上机动车速度较快;②车辆碰撞机非分隔带,易造成事故。接入口数量是影响事故发生的显著因素,这与以往的研究结果一致,推测可能是接入口越多,出入交通与主线交通的冲突越多,事故数就越多。

5.5 城市主干道事故多发路段判别

为了更好地对比不同方法的判别结果，本节采用事故绝对数法、负二项模型法、经验贝叶斯负二项模型法、安全可提高空间法、全贝叶斯负二项模型法和全贝叶斯分层负二项模型法这六种方法对城市主干道中观单元进行排查，得到 12 个中观单元(约占总中观单元数量 118 的 10%)。表 5-5 为按照这六种方法排摸出的事故数排名前 10%的中观单元。

表 5-5　　事故多发中观单元

排序	事故绝对数法	负二项模型法	经验贝叶斯负二项模型法	安全可提高空间法	全贝叶斯负二项模型法	全贝叶斯分层负二项模型法
1	2 002	2 002	2 002	2 003	2 002	2 002
2	2 003	2 004	2 003	106	2 004	2 004
3	1 902	1 802	1 902	1 207	1 802	1 802
4	106	2 102	106	804	2 102	2 102
5	1 207	1 902	1 207	1 902	1 902	1 902
6	2 102	1 301	2 102	705	1 301	1 301
7	703	2 003	703	1 402	2 003	502
8	602	502	602	703	502	2 003
9	1 402	703	1 402	404	703	703
10	502	302	502	1 105	302	602
11	404	1 207	404	1 008	1 207	1 207
12	804	602	804	602	602	1 401

按照不同的判别方法得到事故多发设施的编号后，进一步计算事故多发设施的重复率。

表 5-6　　事故多发设施重复率计算

事故多发设施	事故绝对数法	负二项模型法	经验贝叶斯负二项模型法	安全可提高空间法	全贝叶斯负二项模型法	全贝叶斯分层负二项模型法
中观单元	1	0.667	1.000	0.750	0.667	0.667

由表 5-6 可知，相比于事故绝对数法判别得到的事故多发设施，设施重复率最高的是经验贝叶斯负二项模型法和安全可提高空间法。相比于事故绝对数法，经验贝叶斯负二项模型法考虑了事故绝对数的随机波动，而安全可提高空间法则考虑了设施安全改善的潜能，因此这两种方法得到的事故多发设施重复率稍有降低。基于负二项模型、全贝叶斯负二项模型及全贝叶斯分层负二项模型判别的事故多发设施与采用安全可提高空间法判别的设施差异较大。考虑到经验贝叶斯方法和安全可提高空间方法在判别事故多发设施方面的合理性，接下来采用这两种方法对比不同严重程度的事故多发中观单元。

不同严重程度的事故其影响因素也不同，应考虑在判别事故多发设施时，针对不同严重程度的事故分别进行判别。基于经验贝叶斯负二项模型法得到的结果如图 5-11 所示，分别以总事故(TOTAL)、物损事故(Property Damage Only, PDO)、伤亡事故(Fatal Injury, FI)为指标判别事故多发中观单元。

图 5-11 为基于经验贝叶斯法判别出的事故多发中观单元，不同严重程度的事故没有完全重合。相比于以总事故为指标判别出的事故多发中观单元，以物损和伤亡事故为指标判别出的事故多发中观单元的重复率均为 58.3%。说明在进行事故多发路段分析时，有必要针对安全改善目标，对不同严重程度的事故分别进行判别。

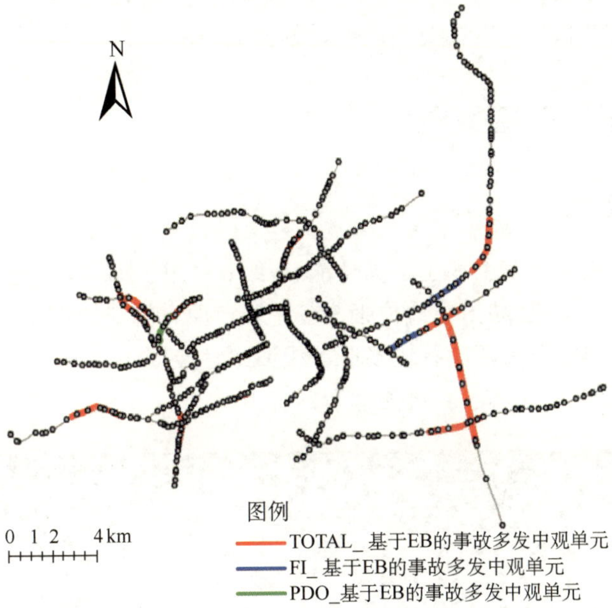

图 5-11 基于经验贝叶斯负二项模型判别的不同严重程度事故多发设施示意

图 5-12 为基于安全可提高空间法，分别以总事故(TOTAL)、物损事故(PDO)、伤亡事

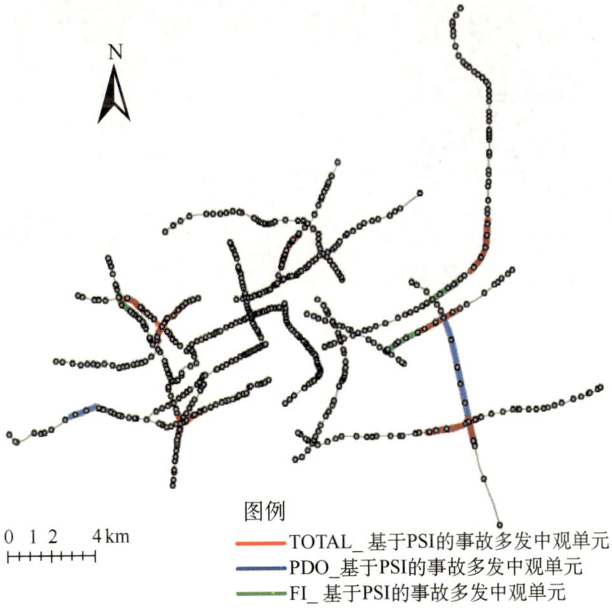

图 5-12 基于安全可提高空间法的不同严重程度事故多发设施示意

故(FI)为指标判别的事故多发中观单元,发现不同指标判别出的事故多发中观单元也没有完全重合。相比于以总事故为指标判别出的事故多发中观单元,以物损和伤亡事故为指标判别出的事故多发中观单元的重复率分别为 58.3%和 50%。

由以上分析结果可知,经验贝叶斯负二项模型法和安全可提高空间法更适合于作为事故多发道路的判别方法。并且,无论是采用经验贝叶斯负二项模型法还是安全可提高空间法,在数据条件允许时,都需要针对不同严重程度的事故分别进行判别。

5.6 城市主干道改善案例

5.6.1 路网逐级衔接

城市道路网是指城市范围内由不同功能、等级、区位的道路以一定的密度和适当的形式组成的网络结构。近年来,城市用地扩张改变了城市原有的交通格局,使得路网逐级衔接并不理想,表现为:城市主干道两侧有较多低等级道路直接接入;交叉口位阶差过大,导致相交道路流量和运行速度差异较大,交通安全问题突出。

图 5-13 路网逐级衔接不理想案例

以图 5-13 为例,布龙路在 A,B 两点跨越地面道路,在 C 点落地,其间距 500 m 左右,C 点的平交落在了跨线桥坡道的低点,事故风险偏高,进一步影响了布龙路的通行效率。并且,人民路在 B 点与布龙路立交,而 B 点以北道路两侧的 1# 地块、2# 地块在 420 m 范围内有 7 个接入口,这对于该路段的安全和通行效率都是不利的。

对于路网逐级衔接不理想引发的安全问题,受历史因素、客观条件的限制,虽然难以直接大面积地调整路网形态和结构,但可以在路网管理、建设、运维等方面逐步优化。路网逐级衔接示例如图 5-14 所示,该地块内部道路自成体系,仅通过两个接入口接入集散道路,再通过集散道路汇入主干道。

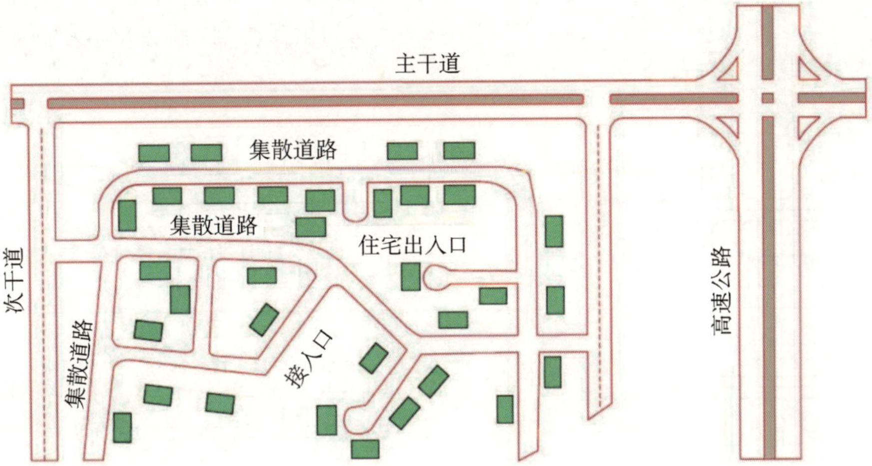

图 5-14 路网逐级衔接示例[42]

5.6.2 完善接入口管理

随着城市的扩张和城镇化进程的加快，主干道两侧居住用地和商业用地迅速增加，产生了大量的居民出行需求，进而在主干道两侧形成了许多接入口。以图 5-15 为例，在长度为 480 m 的路段上有 9 个接入口，造成进出接入口的车辆与主线通行车辆的冲突点较多，易引发侧面碰撞事故。

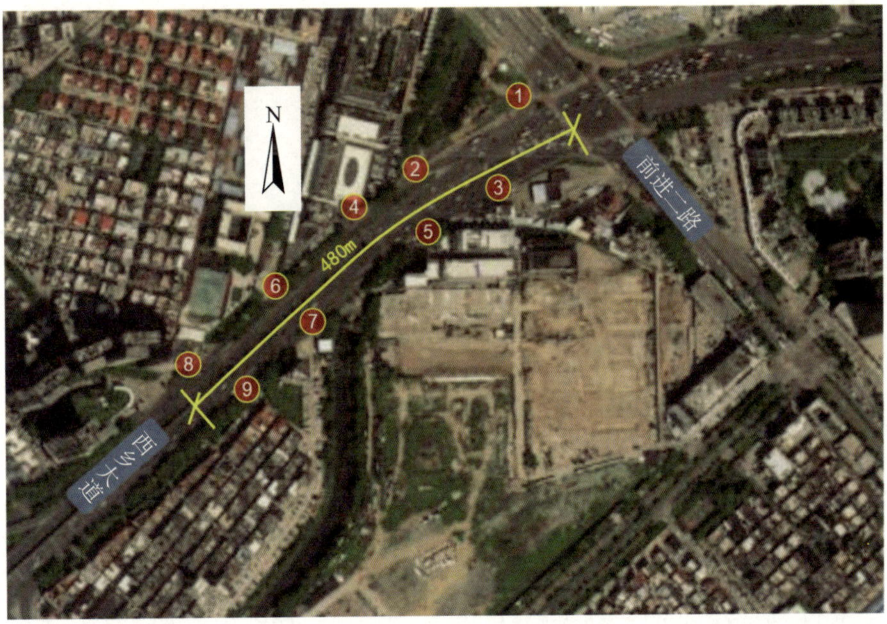

图 5-15 接入口间距过小

接入口整体布局改善涉及路网架构的优化,不可能一蹴而就。现阶段,在接入口布局已经形成的情况下,可以通过合并(图 5-16)、建立微循环路网、移位等方式进行优化。其中,接入口合并可以减少主干道的冲突,削弱接入口之间的相互影响,但要求有更加完善的内部交通微循环系统与之匹配。

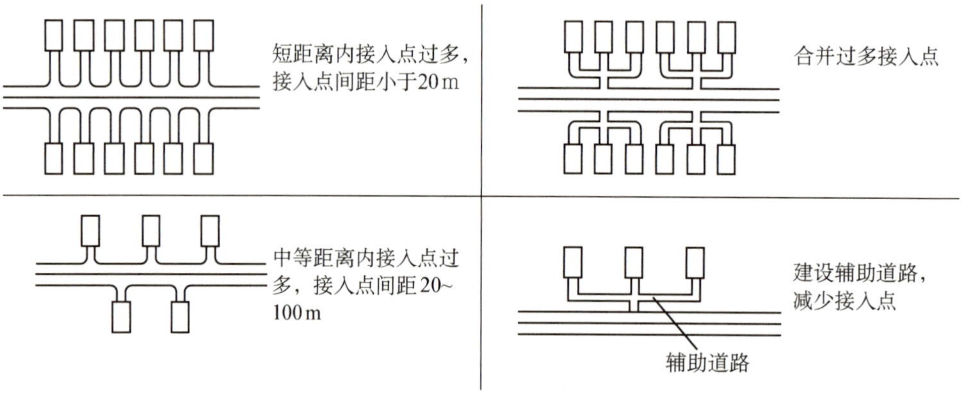

图 5-16 接入口合并管理示意

参考文献

[1] ABDEL-ATY M, WANG X. Crash estimation at signalized intersections along corridors: analyzing spatial effect and identifying significant factors [J]. Transportation Research Record, 2006, 1953: 98-111.

[2] 徐耀赐. 道路交通工程设计理论基础[M]. 北京: 人民交通出版社, 2020.

[3] 公安部道路交通安全研究中心, 北京世纪高通科技有限公司, 中国城市规划设计研究院. 中国重点城市道路网结构画像报告[R]. 北京: 公安部道路交通安全研究中心, 2020.

[4] FREEMAN L C. Centrality in social networks conceptual clarification [J]. Social networks, 1978, 1(3): 215-239.

[5] 中华人民共和国住房和城乡建设部.城市综合交通体系规划标准:GB/T 51328—2018 [S].北京:中国建筑工业出版社,2018.

[6] 公安部交通管理局.道路交通事故统计年报[R].公安部交通管理局,2020.

[7] AMERICAN ASSOCIATION OF STATE HIGHWAY AND TRANSPORTATION OFFICIALS. Highway Safety Manual[R].[S.l.]:[s.n.],2010.

[8] LYON C, HAQ A, PERSAUD B, et al. Safety performance functions for signalized intersections in large urban areas: Development and application to evaluation of left-turn priority treatment [J].Journal of the Transportation Research Board, 2005, 1908: 165-171.

[9] PERSAUD B, COUNCIL F, LYON C, et al. Multijurisdictional safety evaluation of red light cameras [J]. Journal of the Transportation Research Board, 2005, 1922(1): 29-37.

[10] HAUER E, COUNCIL F, MOHAMMEDSHAH Y. Safety models for urban four-lane undivided road segments [J]. Journal of the Transportation Research Board, 2004, 1897: 96-105.

[11] ABDEL-ATY M, RADWAN A E. Modeling traffic accident occurrence and involvement [J]. Accident Analysis & Prevention, 2000, 32(5): 633-642.

[12] XIE K, WANG X, HUANG H, et al. Corridor-level signalized intersection safety analysis in Shanghai, China using Bayesian hierarchical models [J]. Accident Analysis & Prevention, 2013, 50: 25-33.

[13] JIANG X, ABDEL-ATY M, ALAMILI S. Application of Poisson random effect models for highway network screening [J]. Accident Analysis & Prevention, 2014, 63: 74-82.

[14] LI J, WANG X. Safety analysis of urban arterials at the meso level [J]. Accident Analysis & Prevention, 2017, 108: 100-111.

[15] WANG X, FAN T, CHEN M, et al. Safety modeling of urban arterials in Shanghai, China [J]. Accident Analysis & Prevention, 2015, 83: 57-66.

[16] MAUGA T, KASEKO M, Modeling and evaluating safety impacts of access management features in the Las Vegas, Nevada, Valley [J]. Journal of the Transportation Research Board, 2010, 2171: 57-65.

[17] MARSHALL W E, GARRICK N W. Does street network design affect traffic safety? [J]. Accident Analysis & Prevention, 2011, 43(3): 769-781.

[18] LORD D, MANNERING F. The statistical analysis of crash-frequency data: A review and assessment of methodological alternatives [J]. Transportation Research Part A: Policy and Practice, 2010, 44(5): 291-305.

[19] RIFAAT S, TAY R, DE BARROS A. Effect of street pattern on road safety: are policy recommendations sensitive to aggregations of crashes by severity? [J]. Journal of the Transportation Research Board, 2010, 2147: 58-65.

[20] WANG X, YUAN J, SCHULTZ G, et al. Investigating the safety impacts of the roadway network features of suburban arterials in Shanghai [J]. Accident Analysis & Prevention, 2018, 113:137-148.

[21] JOVANIS P, CHANG H. Modeling the relationship of accidents to miles traveled[J]. Transportation Research Record, 1986:42-51.

[22] CAMERON A C, TRIVEDI P K. Regression analysis of count data[M]. Cambridge: Cambridge university press, 2013.

[23] JOSHUA S C, GARBER N J. Estimating truck accident rate and involvements using linear and Poisson regression models[J]. Transportation Planning and Technology, 1990, 15(1): 41-58.

[24] MAHER M J, SUMMERSGILL I. A comprehensive methodology for the fitting of predictive accident models [J]. Accident Analysis & Prevention, 1996, 28(3): 281-296.

[25] POCH M, MANNERING F. Negative binomial analysis of intersection-accident frequencies [J]. Journal of Transportation Engineering, 1996, 122(2): 105-113.

[26] MIAOU S P. The relationship between truck accidents and geometric design of road sections: Poisson versus negative binomial regressions[J]. Accident Analysis & Prevention, 1994, 26(4): 471-482.

[27] SHANKAR V, ALBIN R, MILTON J, et al. Evaluating median crossover likelihoods with clustered accident counts: An empirical inquiry using the random effects negative binomial model[J]. Journal of the Transportation Research Board, 1998,1635(1): 44-48.

[28] WANG X, XIE K, ABDEL-ATY M, et al. Systematic approach to hazardous-intersection identification and countermeasure development [J]. Journal of Transportation Engineering, 2014, 140(6): 04014022.

[29] XIE K, WANG X, OZBAY K, et al. Crash frequency modeling for signalized intersections in a high-density urban road network[J]. Analytic Methods in Accident Research, 2014, 2: 39-51.

[30] HUANG H, ABDEL-ATY M. Multilevel data and Bayesian analysis in traffic safety[J]. Accident

Analysis & Prevention, 2010, 42(6):1556-1565.

[31] GUO F, WANG X, ABDEL-ATY M. Modeling signalized intersection safety with corridor-level spatial correlations[J]. Accident Analysis & Prevention, 2010, 42(1): 84-92.

[32] EL-BASYOUNY K, SAYED T. Urban arterial accident prediction models with spatial effects [J]. Journal of the Transportation Research Board, 2009, 2102: 27-33.

[33] EL-BASYOUNY K, SAYED T. Collision prediction models using multivariate Poisson-lognormal regression[J]. Accident Analysis & Prevention, 2009, 41(4): 820-828.

[34] MA J, KOCKELMAN K. Bayesian multivariate Poisson regression for models of injury count, by severity[J]. Journal of the Transportation Research Board, 2006, 1950: 24-34.

[35] MA J, KOCKELMAN K M, DAMIEN P. A multivariate Poisson-lognormal regression model for prediction of crash counts by severity, using Bayesian methods[J]. Accident Analysis & Prevention, 2008, 40(3): 964-975.

[36] FREEMAN L C. Centrality in social networks conceptual clarification[J]. Social networks, 1978, 1(3): 215-239.

[37] WANG X, YUAN J, SCHULTZ G, et al. Investigating the Safety Impacts of the Roadway Network Features of Suburban Arterials in Shanghai[J]. Accident Analysis & Prevention, 2018, 113:137-148.

[38] LEE C, ABDEL-ATY M. Presence of passengers: does it increase or reduce driver's crash potential? [J]. Accident Analysis & Prevention, 2008, 40(5): 1703-1712.

[39] WINSTON C, MAHESHRI V, MANNERING F. An exploration of the offset hypothesis using disaggregate data: The case of airbags and antilock brakes[J]. Journal of Risk and Uncertainty, 2006, 32(2): 83-99.

[40] SPIEGELHALTER D J, BEST N G, CARLIN B P, et al. Bayesian measures of model complexity and fit[J]. Journal of the Royal Statistical Society: Series B (Statistical Methodology), 2002, 64(4): 583-639.

[41] WANG X, SONG Y, YU R, et al. Safety modeling of suburban arterials in Shanghai, China [J]. Accident Analysis and Prevention, 2014, 70: 215-224.

[42] Smart Growth America. Introduction to Complete Streets | Smart Growth America[EB/OL].[2019-10-27].https://smartgrowthamerica.org/resources/introduction-to-complete-streets/.

6 城郊主干道交通安全分析

在城市快速扩展的过程中，城郊主干道逐渐承担起了公路和城市道路的双重功能。城郊主干道由于交通组成复杂、接入口数量多、信控交叉口间距不均衡，故易发生交通事故。我国针对城郊主干道的规范尚不完善，管理手段也相对薄弱，所以有必要针对城郊主干道开展深入的安全分析。本章重点介绍城郊主干道的演变特征和安全态势、中观事故分析模型的建立过程，以及事故多发道路判别与改善示例。

6.1 城郊主干道特征

交通运输部发布的《公路工程技术标准》(JTG B01—2014)[1]将公路划分为高速公路、一级公路、二级公路、三级公路和四级公路五个等级。住房和城乡建设部发布的《城市道路工程技术规范》(GB 51286—2018)[2]根据城市道路在路网中的地位、交通功能以及对沿线的服务功能等，将城市道路划分为快速路、主干路、次干路和支路四个类别，如图 6-1 所示。

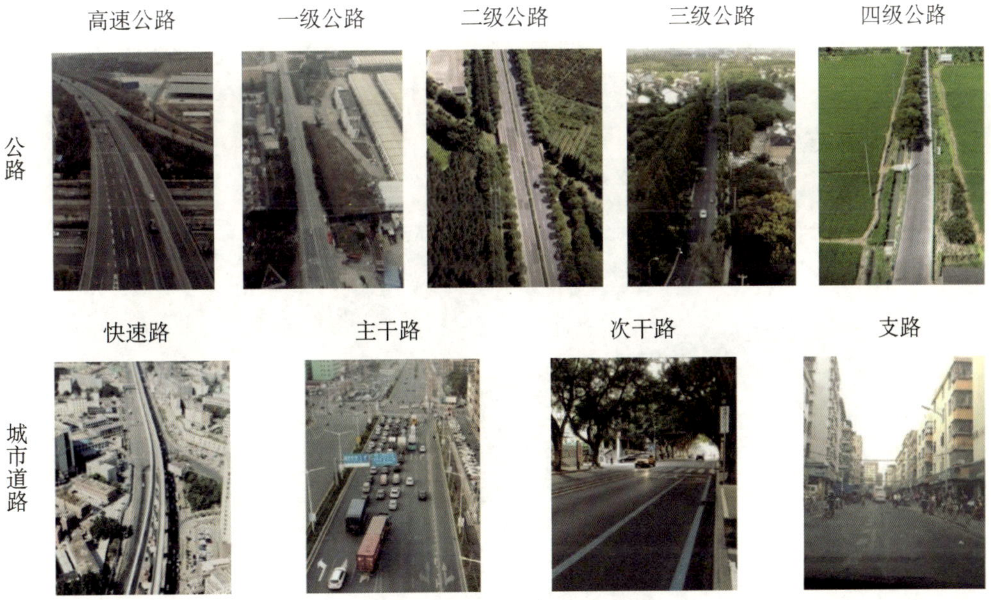

图 6-1　我国道路分类分级体系

公路是连接不同城市、城乡和乡村的通路，主要供机动车使用，可承担重载交通。城市道路是指连通城市内部各地区，供市内交通运输和行人使用的道路，一般不承担重载交通。

《城郊干道交通安全评价指南》(GB/T 37458—2019)[3]指出,城郊干道是兼具公路和城市道路功能的主要道路,包括一级公路、二级公路、城市快速路、主干路和次干路等。

6.1.1 城郊主干道的演变特征

1. 城郊主干道周边土地利用转移模式

以上海市曹安公路为例,分析曹安公路两侧 1.6 km 影响范围内的区域土地利用特征变化,如图 6-2 所示。2003—2015 年曹安公路沿线土地利用变化如表 6-1 所列,在这 12 年

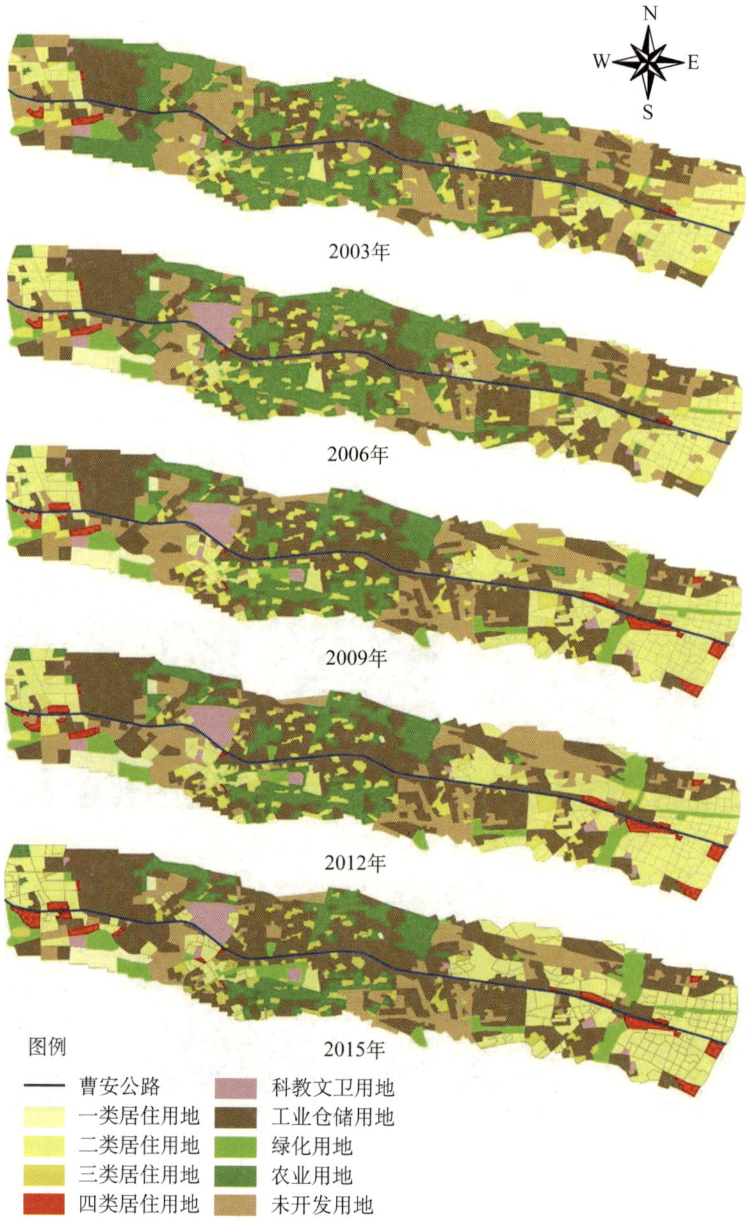

图 6-2 2003—2015 年曹安公路沿线土地利用变化情况

间,曹安公路沿线土地利用变化十分显著。在 2003 年和 2006 年,占比前三名的依次是工业仓储用地、未开发用地和农业用地。然而,自 2009 年以后,占比前三名的土地利用类型分别为工业仓储用地、二类居住用地以及未开发用地。大量农业用地以及未开发用地转变为了二类居住用地。

表 6-1　2003—2015 年曹安公路沿线影响范围内各类用地面积占比

用地类型	2003 年	2006 年	2009 年	2012 年	2015 年
商业办公用地	0.78%	0.83%	2.77%	2.79%	3.34%
科教文卫用地	0.49%	2.62%	3.11%	3.11%	3.11%
工业仓储用地	29.89%	30.66%	33.66%	34.32%	36.47%
绿化用地	1.59%	2.28%	5.05%	4.79%	5.66%
农业用地	20.44%	18.34%	10.49%	10.18%	7.48%
未开发用地	24.88%	20.88%	14.67%	13.28%	10.61%
一类居住用地	0.05%	1.31%	1.31%	1.31%	1.31%
二类居住用地	13.22%	14.68%	22.84%	23.76%	27.27%
三类居住用地	8.66%	8.39%	6.11%	6.46%	4.76%

2. 城郊主干道路网特征演变规律

对于城郊主干道而言,需要了解其历史演变及发展特征,从而才能更加有针对性地提升其安全性。以上海市曹安公路为例,我们绘制了 2003 年、2006 年、2009 年、2012 年和 2015 年这五年的路网结构图,如图 6-3 所示。可以看出,随着时间的推移,主干道两侧的路网密度和接入口密度逐渐增大。

6.1.2 城郊主干道安全态势

城郊主干道的安全性备受关注,以上海市为例,郊区每年发生的交通事故数占全市总事故数的 70%以上。交通事故数量占比高,主要源于以下因素:一是城郊主干道沿线土地利用的变化,引起人口和机动车的急速增长;二是许多主干道周围的道路网络设计不合理,一些低等级支路不经过集散道路直接接入主路,主干道沿线接入口过多导致交通运行受到横向交通流的强烈干扰,这些因素对主干道交通安全造成了较大影响。

《城市综合交通体系规划标准》(GB/T 51328—2018)[4] 指出:"承担城市通勤交通功能的公路应纳入城市道路系统统一规划",但在城郊主干道的建设运营及功能评估方面仍存在规范空白的情况。目前,城郊主干道主要沿用交通运输部的公路规范体系,在道路功能上以满足机动车需求为主,对行人和非机动车则考虑得较少。虽然,部分道路已经进行了断面布局优化,增加了行人、非机动车的专用通行空间,但仍在公路系统下对其实施管理维护;而一些道路甚至尚未进行断面布局优化,没有行人、非机动车的专用通行空间,仍处

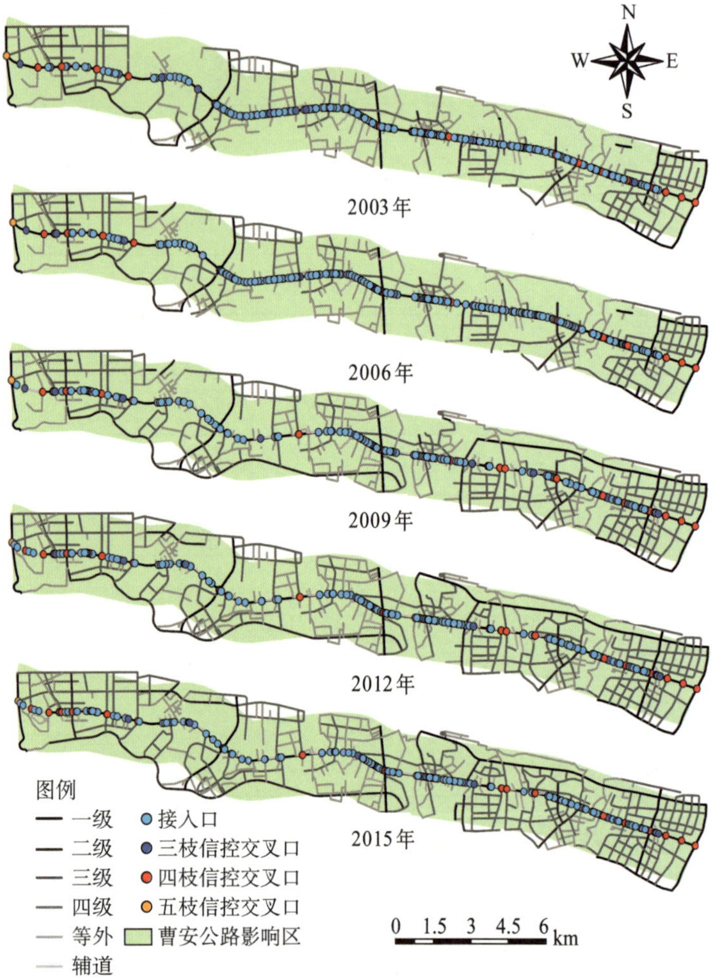

图 6-3 曹安公路影响区内路网演变

于机动车、非机动车、行人混行的状态，交通安全问题尤为突出。设计标准的空白以及安全管控设施的不配套加剧了城郊主干道的事故风险，因此亟待开展城郊主干道安全特征分析、高风险道路识别与安全改善。

6.2 城郊主干道安全研究现状

6.2.1 分析单元划分

针对城郊主干道的交通安全分析，国内外主要围绕微观层面的路段和交叉口两个层面展开。路段分析单元的划分主要有以下几类：定长路段[5]、同质路段[6]、以交叉口划分路段[7]等。不同的分析单元划分标准会影响样本数据的统计，从而显著影响分析结果的准确性。以传统的交叉口安全建模为例，这类研究主要以交叉口以及安全影响区作为分析单元[8]，安全影响区的范围随着交叉口几何设计以及交通特征等的变化而变化，不同分析范围的选取导致交叉口事故数据集计存在差异，从而影响模型结果的可靠度。

美国的《道路安全手册》(*Highway Safety Manual*, HSM)[9]在对城郊主干道进行事故致因分析与事故多发道路判别时，将其划分为路段和交叉口，并分别建立路段事故分析模型和交叉口事故分析模型。HSM 将路段定义为：开始于一侧交叉口的中心，止于另一侧交叉口的中心或者路段属性发生变化的点。若路段两侧均以交叉口进行划分，则路段长度为两侧交叉口中心之间的距离，如图 6-4 所示。因此，路段事故分析模型预测的是发生在区域 *B* 内的路段相关事故。而交叉口事故分析模型预测的是发生在交叉口内(区域 *A*)以及区域 *B* 内与交叉口相关(类似于交叉口影响区的概念)的事故。

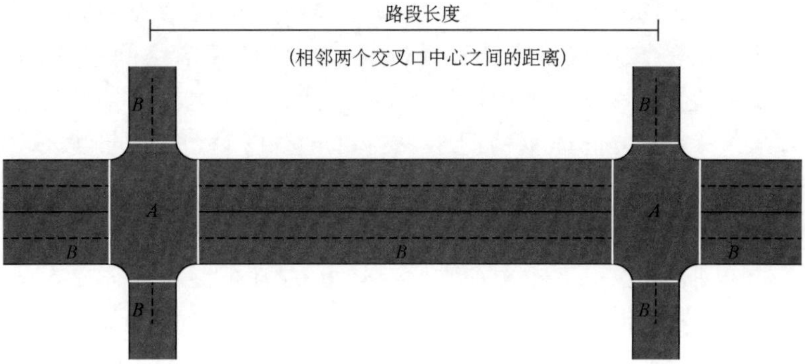

A—所有发生在该区域内的事故被称为交叉口事故；

B—发生在该区域的事故可能是路段相关事故或交叉口相关事故，取决于事故的性质

图 6-4 美国《道路安全手册》中路段与交叉口划分示意[9]

然而，针对路段和交叉口分别建模在实际应用方面存在一定的局限性。

在事故影响因素分析方面，接入口密度对交叉口和路段的交通运行均会产生较大影响，若单独针对路段或交叉口进行分析，则难以全面、深入地了解此类影响因素对城郊主干道整体的安全影响。城郊主干道的安全状况与宏观层面的一些因素有着密切联系[10]，尤其是公路沿线路网形态、土地利用等因素[11]，传统微观层面的公路安全研究无法将这些宏观因素考虑在内，然而忽略这些重要的影响因素可能会使模型的参数估计出现偏差。

在事故多发道路判别方面，交警部门通常基于连续组合路段和交叉口进行事故多发道路判别。考虑到相邻交叉口和路段之间交通流相互影响、道路几何设计关联性高，因此其安全水平必然存在一定的联系。将相邻交叉口和路段进行组合，可以更合理且高效地判别事故多发道路，并且有利于后期致因分析与改善措施的实施。因此，有必要将路段和交叉口组合起来形成一种新的中观分析单元，以便于更全面地进行事故影响因素分析和事故多发道路判别。

6.2.2 统计建模方法

早期,研究人员采用广义线性模型(Generalized Linear Model, GLM)进行宏观安全建模分析,主要有负二项模型[12]、泊松对数正态模型[13]等。GLM 模型要求各个空间分析单元在空间上独立,但是,相邻的空间分析单元由于社会经济、土地利用较为相似以及道路交通相互连通等原因导致单元之间存在一定的空间相关性。为了处理此类空间相关影响,X. Wang 等[14]基于交通分析小区(Traffic Analysis Zone, TAZ)层面对佛罗里达州两个县的事故数据建立了条件自回归模型,通过在泊松对数正态模型中引入空间随机效应项来反映相邻 TAZ 之间的空间相关性,使得模型表现更优。基于美国佛罗里达州的数据,P. Xu 和 H. Huang[15]分别建立了随机参数负二项模型和半参数地理权重泊松模型,以便更好地在区域安全建模过程中定量地考虑空间异质性对模型结果的影响。N. Dong 等[16]构建了支持向量机模型来处理高维空间数据,模型中分别采用了四种空间权重矩阵来考虑区域间的空间相关性,同时建立了条件自回归模型以进行对比分析。结果表明,在全样本情况下,支持向量机模型的拟合度表现优于条件自回归模型。

贝叶斯方法通过结合参数先验分布以及从样本数据得出的似然函数来估计参数的后验分布[17]。贝叶斯方法对复杂数据结构有较好的拟合性[18],研究人员倾向于在空间统计等复杂模型中使用贝叶斯方法进行参数估计。M. A. Quddus[19]利用 2000—2002 年伦敦市选区层面的事故数据,分别建立了传统的 GLM 模型、传统的空间分析模型和贝叶斯空间分析模型,模型比较结果表明,贝叶斯空间分析模型在拟合效果上最优。针对城郊主干道,本章在 TAZ 层面建立了贝叶斯泊松对数正态条件自回归模型,并开展了多层次影响因素分析。

6.3 城郊主干道交通安全模型

6.3.1 主干道选择与分析单元划分

为建立符合国内高强度土地利用、密集路网特征的城郊主干道安全分析模型,首先按照一定的原则选出适用于安全建模的城市主干道,并进行分析单元划分,以便于进一步提取数据和分析事故影响因素。

1. 主干道选择

在上海市道路网中选择了 9 条城郊主干道,这 9 条主干道具有不同的车道数、不同的中央分隔带形式和不同的区位等。由于使用的是 2012 年的事故数据,所以排除了 2012 年施工的主干道。所有位于信号控制交叉口之间的路段要保证是同质的,即道路横断面性质不发生变化。9 条城郊主干道的具体位置分布如图 6-5 所示,其主要特征统计如表 6-2 所列。

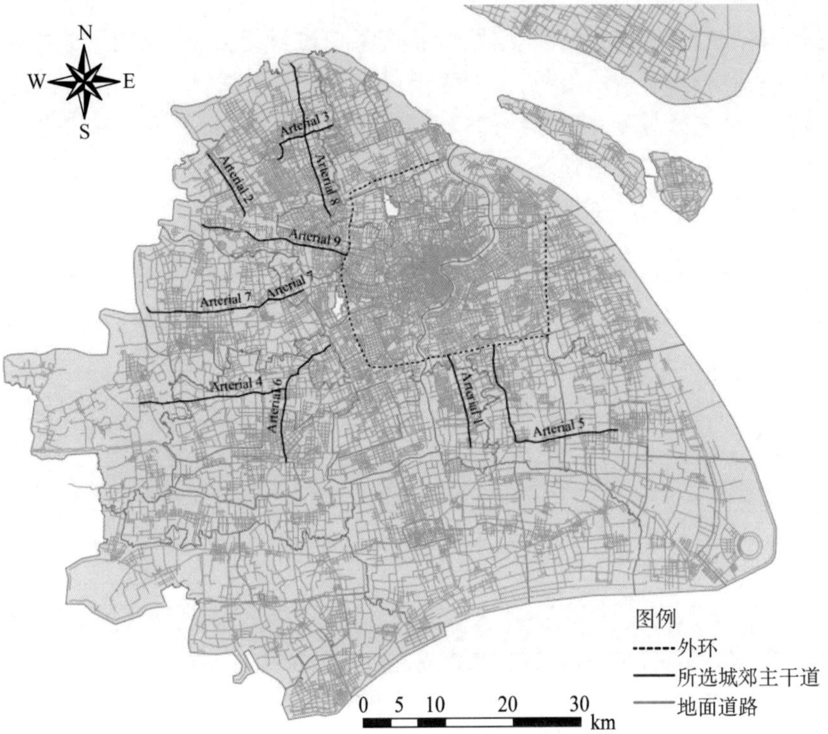

图 6-5 选取的 9 条城郊主干道位置示意

表 6-2 所选择的城郊主干道主要特征汇总

道路编号	道路长度/km	双向车道数	交叉口数量	中央分隔形式	限速/(km·h^{-1})
Arterial 1	12.97	4	16	划线分隔	40
Arterial 2	9.98	4	14	绿化带分隔,划线分隔	40
Arterial 3	10.77	4, 2	11	绿化带分隔	40
Arterial 4	20.70	4, 2	21	划线分隔	60
Arterial 5	28.01	4, 6	33	绿化带分隔	40, 60
Arterial 6	21.30	4	20	绿化带分隔	60
Arterial 7	22.88	4	22	绿化带分隔	60
Arterial 8	16.69	4, 6	32	绿化带分隔, 划线分隔	60
Arterial 9	20.87	6	32	绿化带分隔	80

注:个别主干道不同路段的区位特点、双向车道数、中央分隔形式等指标会发生变化,会出现多个值的情况。

2. 分析单元划分

本节基于以上背景提出了中观分析单元划分方法,具体划分步骤如下。

1）主干道纵向组合

本节基于事故的空间分布特征，将路段和交叉口进行组合，在纵向形成中观分析单元。由于交叉口事故显著多于路段事故，因此考虑以交叉口为主体，根据事故的空间分布特征合并两侧路段。为了充分观测路段事故的空间分布，使用 ArcMap® 并以 50 m 为间隔单位，在所有主干道的每个交叉口处构建多环缓冲带，以据交叉口的距离作为缓冲距离，统计不同缓冲距离内的事故数。如图 6-6 所示，路段事故呈现出交叉口聚集特征。

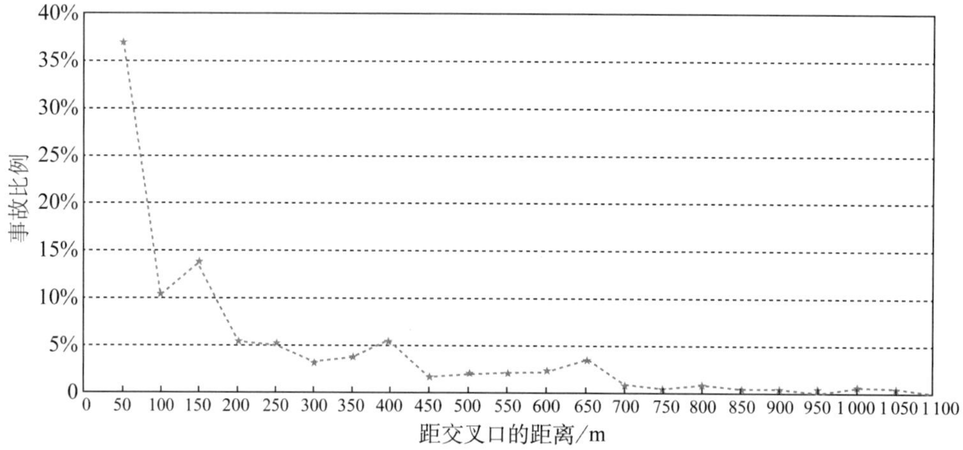

图 6-6　不同缓冲距离内事故比例

将每条主干道上所有路段以 50 m 为间隔打断，并统计事故数，若路段事故呈现出两端事故较多、中间事故较少的特征，则在事故数最低点进行分割；若不符合这一特征，则在中点进行分割。将每个交叉口与其两侧相邻路段相结合，最终形成 201 个中观分析单元。

2）主干道两侧影响区

为了探究主干道周边的土地利用和路网形态的安全影响，需要确定主干道的横向影响范围，以提取变量特征。考虑到快速城市化过程中，主干道周围出现了大量城市化用地（如居住用地、商业用地），主干道周边居民出行数量随之增加。频繁的出行活动会影响主干道的交通效率和安全，因此，本节根据与主干道垂直的区域的城市化用地比例来确定主干道两侧影响区。

（1）从卫星地图中提取各干道周边土地利用特征，使用 ArcMap® 中的多重缓冲工具，以200 m为间隔，在主干道两侧生成 10 条缓冲带。

（2）将土地利用类型分为城市化用地和非城市化用地，以便于进一步定量分析。根据《城市用地分类与规划建设用地标准》（GB 50137—2011）[20]，城市化土地利用包括居住用地、商业用地、工业用地以及科、教、文、卫用地；非城市化土地利用包括农业用地、未开发用地和绿地。

（3）计算垂直于城郊主干道的城市化用地比例。

如图 6-7 所示，当距主干道的垂直距离从 0.2 km 增至 1.6 km 时，城市化用地所占比例逐渐减少。城市化用地比例达到最小值的距离为 1.6 km，因此，该距离最终被作为城郊主干道的影响区域。曲线在 2.0 km 处出现明显的上升，表明周围其他主干道对土地利用产生了影响。

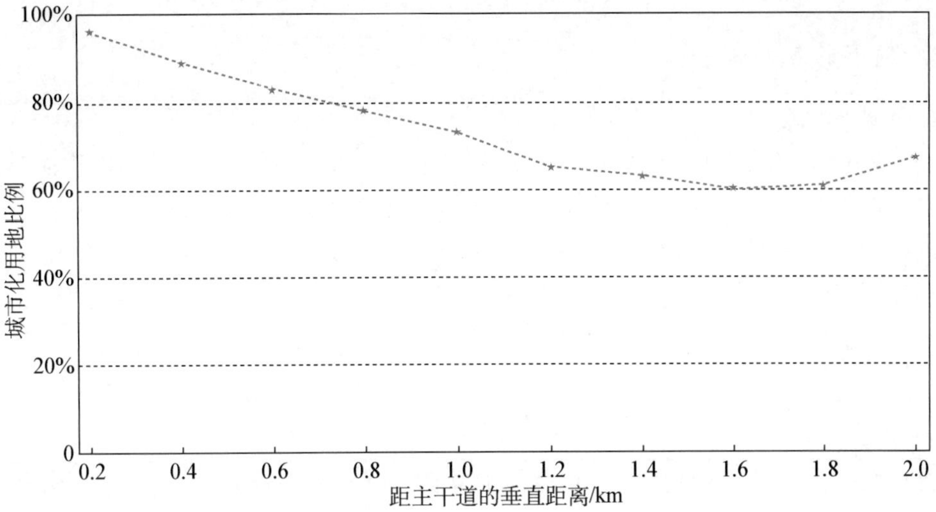

图 6-7　距主干道不同垂直距离内城市化用地比例

3）中观单元合并

201 个中观交通分析单元中的每个单元都包含一个交叉口及其在主干道上的两个相邻路段。根据分析单元划分的基本规则，同一个分析单元内的自变量和事故应保持同质，而不同分析单元之间的自变量和事故应该是异质的[21]。因此，将事故与自变量都同质的相邻分析单元相结合可以使模型更加合理。

考虑到基准单元内的主体为交叉口，而交叉口事故数与路段事故率的衡量单位不一致，不能简单地将其合并进行比较。因此，只能将相邻单元内交叉口与路段的事故水平差异分别进行计算，并将差异标准化（相对值）后进行叠加，从而再对相邻基准单元的事故水平差异进行比较。叠加后的相邻单元相对事故水平差异定义如下：

$$D_{i,j}=\frac{|C_{i,j-1}-C_{i,j}|\cdot N}{\sum_{j=1}^{N}C_{i,j}}+\frac{|I_{i,j-1}-I_{i,j}|\cdot N}{\sum_{j=1}^{N}I_{i,j}} \tag{6-1}$$

式中　$D_{i,j}$——第 i 条城郊主干道上 j 单元与 $(j-1)$ 单元的相对事故水平差异；

$C_{i,j}$——第 i 条城郊主干道上 j 单元内路段事故率；

$I_{i,j}$——第 i 条城郊主干道上 j 单元内交叉口事故数；

N——第 i 条城郊主干道上的基准单元数。

基于式(6-1)对所有相邻单元的相对事故水平差异进行计算并排序，此外还需保持其他属性的一致性。本节考虑了土地利用、路网形态、所处区域以及高峰小时流量，其中将各基准单元的高峰小时流量基于频率 1/4 分位划分为 4 个区段，分别以 1,2,3,4 代替原有的流量数值，并基于此判别相邻单元的高峰小时流量是否一致。

根据自变量的同质性（不考虑事故同质性），201 个中观分析单元中约有 1/2 的单元可以与相邻单元合并，即以 2∶1 的比例合并。在 201 个中观分析单元中，约有 1/4 的单元满足自变量和事故都是同质的要求，合并比例为 4∶3。因此，分别采用 4∶3 和 2∶1 两种组合比例,将201个基本中观分析单元分别组合成150个和100个合并单元。

6.3.2 数据收集与准备

1. 道路网络特征

使用2012年的卫星地图,以1.6 km作为主干道影响区,在主干道两侧提取道路网络,使用路网介数中心度来量化道路网络形态。介数中心度的定义见本书第5章中的式(5-1)。

使用UCINET®计算每个中观分析单元中道路网络的介数中心度,发现介数中心度的值随着主干道周围平行道路的增加而降低。数值在0～0.15之间的路网为网格型;数值在0.15～0.35之间的路网为不规则网格型[22];对于剩余的介度中心度大于0.35的路网,通过观察,将其归类为混合型或树枝型[10],如表6-3所列。

表6-3　　路网形态特征描述及相应的样本数量统计

路网形态	网格型	不规则网格型	混合型	树枝型
介度中心度	(0, 0.15)	[0.15, 0.35]	(0.35, 0.65]	(0.35, 0.65]
示例		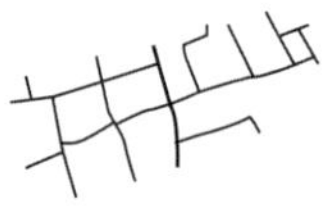	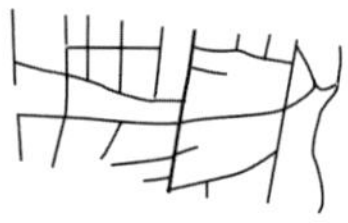	
特征描述	形状规则;城郊主干道两侧有平行次干路	形状不规则;城郊主干道两侧存在不完全平行或者不连续的次干路	不规则网格与树枝混合型;城郊主干道两侧有部分平行次干路	以城郊主干道为躯干的树枝型;公路两侧没有平行次干路
样本量	44 (21.89%)	101 (50.25%)	39 (19.40%)	17 (8.46%)

2. 土地利用特征

基于卫星地图2012年的历史影像图,人工提取中观单元影响区域的土地利用类型。在本书6.3.1节中,为了确定影响区域,将土地利用类型初步划分为城市化用地和非城市化用地。为了更充分地探讨土地利用与城郊主干道交通安全之间的关系,我们进一步将城市化用地划分为四种类型:居住用地、商业用地、工业用地和科教文卫用地。非城市化用地包括农业用地、未开发用地和绿地。选择每一个中观单元中面积占比最大的用地类型作为该单元的用地类型进行研究。

3. 交通运行特征

本节收集了2012年所有路段的流量数据,并换算为标准车当量数(passenger car unit, pcu)的形式。由于201个中观分析单元中每个单元都包含一个交叉口及其相邻两个路段的部分路段,因此,每个分析单元的交通流量都是通过计算其所包含的两个路段的高峰小时交通流量的平均值得到的,并将流量数据进行对数处理。

4. 事故数据

本节收集了9条选定的城郊主干道在2012年发生的交通事故总数。为了计算各个路段和交叉口关联的事故,通过事故记录中的X和Y坐标将事故定位到地图上,并与道路单元进行匹配,进而统计出每个中观分析单元的事故总数。

如表 6-4 所列,将中观单元的道路几何设计、路网形态、土地利用类型、交通运行等特征进行汇总。

表 6-4 路网形态特征描述及相应的样本数量统计

连续变量						
样本数量	变量	变量描述	均值	最小值	最大值	标准差
201	长度/km	中观单元长度	0.83	0.15	3.4	0.56
	接入口密度/(个·km^{-1})	每公里主干道接入口数量	10.25	0.00	33.78	6.62
	Ln_AADT/(pcu·h^{-1})	年平均日交通流量的对数	7.35	6.44	8.05	0.24
150	长度/km	中观单元长度	1.12	0.15	4.08	0.83
	接入口密度/(个·km^{-1})	每公里主干道接入口数量	10.59	0.00	26.42	6.38
	Ln_AADT/(pcu·h^{-1})	年平均日交通流量的对数	7.34	6.44	8.05	0.24
100	长度/km	中观单元长度	1.67	0.25	7.57	1.22
	接入口密度/(个·km^{-1})	每公里主干道接入口数量	10.37	1.43	25.82	5.75
	Ln_AADT/(pcu·h^{-1})	年平均日交通流量的对数	7.34	6.68	8.05	0.22

分类变量				
变量		样本数量(占比)		
		201	150	100
区位	近郊	131 (65.17%)	99 (66.00%)	69 (69.00%)
	远郊	70 (34.83%)	51 (34.00%)	31 (31.00%)
土地利用类型	居住用地	54 (26.87%)	43 (28.67%)	29 (29.00%)
	商业用地	10 (4.98%)	9 (6.00%)	6 (6.00%)
	工业用地	113 (56.22%)	81 (54.00%)	52 (52.00%)
	农业用地	24 (11.93%)	17 (11.33%)	13 (13.00%)
路网形态	方格网型	44 (21.89%)	33 (22.00%)	18 (18.00%)
	不规则网格型	101 (50.25%)	70 (46.67%)	44 (44.00%)
	混合型	39 (19.40%)	35 (23.33%)	29 (29.00%)
	树枝型	17 (8.46%)	12 (8.00%)	9 (9.00%)

6.3.3 统计分析模型

1. 泊松对数正态条件自回归模型

为了解决事故数据的过度离散问题,本节采用了泊松对数正态条件自回归模型。同一主干道上的中观单元的几何设计特征、交通运行和控制特征具有相似性,因而具有空间相关性。忽略空间相关性的影响会导致错误的统计推断。目前，较多的研究采用条件自回归模型来考虑分析单元间的空间相关性[23-25]。在本节中引入随机效应项φ_{ij}来描述中观单元i和中观单元j之间的空间相关效应。模型如下：

$$y_{ij} \sim \text{Poisson}(\lambda_{ij}) \tag{6-2}$$

$$\ln(\lambda_{ij}) = \beta_0 + \ln(Length_{ij}) + X_{ij}\beta + \theta_{ij} + \varphi_{ij} \tag{6-3}$$

$$\theta_{ij} \sim \text{Normal}(0, \sigma_\theta^2) \tag{6-4}$$

式中 i——某条主干道上从 1 开始的中观单元编号；

j——1～9 的主干道编号；

y_{ij}——某中观单元的事故数；

θ_{ij}——y_{ij}的期望值；

r——负二项分布的过度离散系数，$r \sim \text{gamma}(0.01, 0.01)$；

X_{ij}——中观单元的解释变量；

β——自变量的回归系数；

φ_{ij}——条件自回归先验信息，用来考虑中观单元ij与$i'j$之间的空间分布，φ_{ij}和$\varphi_{i'j}$有相似的大小。

中观单元间的空间相关性由邻近矩阵$\boldsymbol{W}$来表示。$w_{ij,i'j'}$代表了中观单元ij和ij'的空间关系，定义为中观单元间的距离函数。

$$w_{ij,i'j'} = \begin{cases} \dfrac{1}{d_{ij,i'j'}}, & if\ j = j' \\ 0, & if\ j \neq j' \end{cases} \tag{6-5}$$

式中，$d_{ij,i'j'}$为中观单元ij和$i'j'$中点间的距离，当主干道编号$j \neq j'$时，$w_{ij,i'j'} = 0$表示不同主干道上的中观单元之间不存在空间相关性。φ_{ij}的全概率条件分布如下：

$$p(\varphi_{ij} \mid \varphi_{\_ij}) \propto \exp\left[-\frac{w_{j+}}{2\sigma_\varphi^2}\left(\varphi_{ij} - \rho\sum_{i'\neq i}\frac{w_{i'j,ij}}{w_{j+}}\varphi_{i'j}\right)^2\right] \tag{6-6}$$

式中 $\varphi_{\_ij}$——$\varphi_{i'j}$的集合，其中$ij \neq i'j'$；

w_{j+}——第j条主干道的权重之和，$w_{j+} = \sum_{i'=1}^{nj} w_{ij,i'j}$。

$\rho = 1$，φ_{ij}和$\varphi_{_ij}$的条件分布为正态分布，均值为$\sum_{i'\neq i}(w_{i'j,ij}/w_{j+})\varphi_{i'j}$，方差为$\sigma_\varphi^2/w_{j+}$：

$$\varphi_{ij} \mid \varphi_{\_ij} \sim N\left(\sum_{i'\neq i}\frac{w_{i'j,ij}}{w_{j+}}\varphi_{i'j}, \frac{\sigma_\varphi^2}{w_{j+}}\right) \tag{6-7}$$

2. 贝叶斯估计

本节采用全贝叶斯估计方法[26]，使用 WinBUGS® 采用吉布斯取样法(Gibbs Sampling)模拟马尔可夫链以完成贝叶斯模型的标定。通过马尔可夫链进行 20 000 次迭代，舍弃前

5 000 个不稳定的样本。在全贝叶斯方法中，先验可以设置为一个特定分布，然后再与已发生的事故数相结合得出后验分布，即将要发生事故的期望。全贝叶斯法估计的过程可以认为是无缝的、整合的，其理论框架可以表示为

$$\pi(\theta \mid y)=\frac{L(y \mid \theta)\pi(\theta)}{\int L(y \mid \theta)\pi(\theta)\mathrm{d}\theta} \tag{6-8}$$

式中　y——实际事故数；

θ——事故发生的期望；

$L(y|\theta)$——似然函数；

$\pi(\theta)$——θ 的先验分布；

$\pi(\theta|y)$——给定 y 的条件下 θ 的后验分布，即将要发生事故数的期望。

与经验贝叶斯方法相比，全贝叶斯方法可以适应复杂的模型结果，并且可以利用少量样本获得有效的估计。

3. 模型评价

基于以下两个指标对比分析不同模型下事故的预测结果。标准绝对残差（Standardized Absolute Deviance，SAD）反映了各分析单元事故的预测精度，平均标准绝对残差（Mean Standardized Absolute Deviance，MSAD）反映了整体事故预测的精确性。SAD 和 MSAD 是比较不同模型预测结果的两个重要指标，其定义分别如下：

$$SAD=\frac{|y_i^e-y_i^o|}{SD(y^o)} \tag{6-9}$$

$$MSAD=\frac{1}{n}\sum_{i=1}^{n} SAD_i \tag{6-10}$$

式中　y_i^0——中观分析单元实际事故数；

y_i^e——基于模型估计得到的事故数；

$SD(y^0)$——所有样本实际发生事故数的标准差；

n——样本量。

SAD 值和 $MSAD$ 值越小，估计方法对事故数的预测就越精确。

6.4　城郊主干道影响因素分析

6.4.1　模型结果

针对不同的分析单元（201 个样本、150 个样本和 100 个样本），分别建立 3 个贝叶斯泊松对数正态条件自回归（CAR）模型，参数估计结果如表 6-5 所列。可以看出，3 个模型的 $MSAD$ 值存在显著差异。由于基于 150 个样本的模型 $MSAD$ 值最小，优于其他两个模型，因此基于该模型解释变量结果。

表 6-5　　贝叶斯泊松对数正态 CAR 模型参数估计结果

自变量		201 个样本系数 (95%置信区间)	150 个样本系数 (95%置信区间)	100 个样本系数 (95%置信区间)
常数项		3.009 (2.024, 3.796)	2.701 (1.822, 3.742)	2.874 (2.132, 3.597)
接入口密度		0.029 (0.007, 0.046)	0.021 (0.004, 0.042)	0.036* (−0.002, 0.062)
高峰小时流量		0.076* (−0.002, 0.189)	0.096 (0.005, 0.198)	0.059 (0.016, 0.179)
土地利用类型(基准:农业用地)	居住用地	1.078 (0.669, 1.449)	1.096 (0.647, 1.524)	1.159 (1.045, 1.882)
	商业用地	1.695 (1.173, 2.283)	1.666 (1.060, 2.313)	1.766 (1.336, 2.256)
	工业用地	1.202 (0.867, 1.522)	1.403 (1.007, 1.858)	1.423 (1.013, 1.771)
路网形态(基准:网格型)	不规则网格型	0.121 (0.013, 0.227)	0.373 (0.063, 0.683)	0.458 (0.124, 0.849)
	混合型	0.715 (0.334, 1.100)	0.625 (0.318, 1.021)	0.509 (0.271, 0.967)
	树型	0.730 (0.252, 1.177)	0.668 (0.168, 1.166)	0.554 (0.087, 1.045)
随机效应$\left(\frac{1}{\sigma_\theta^2}\right)$		0.622 (0.197, 1.021)	0.765 (0.250, 1.367)	0.953 (0.374, 1.640)
CAR 效应 (φ_{ij})		0.375 (0.258, 0.506)	0.433 (0.252, 0.696)	0.233 (0.126, 0.357)
MSAD		0.119	0.076	0.101

注:标注 * 的变量在 0.1 水平上显著;其他变量在 0.05 水平上显著。

6.4.2　模型结果分析

1. 路网形态

如表 6-5 所列,与网格型路网形态相比,其他路网形态与交通事故数呈显著正相关关系。其中,不规则网格型路网的事故风险较网格型路网高 45.2%,混合型路网环绕的主干道事故风险较网格型路网高91.9%,树枝型路网的事故风险较网格型路网高 95.0%。

网格型路网安全性较高可能是因为主干道周边平行的集散道路多,这些集散道路可以起到分流的作用,有助于减少驶入主干道的车辆数,从而降低主干道的事故风险。树枝型路网的主干道两侧没有平行次干路,沿线交通流极大地依赖城郊主干道,导致城郊主干道上交通流混杂,既有快速机动性的长距离交通,又有以非机动车和行人为主的本地生活性交通,若缺乏合理的交通流分离措施,复杂的交通流状况会显著增加城郊主干道的事故风险。

由图 6-8 可以看出，路网形态与城郊主干道事故率显著相关。路网形态愈趋于树枝型路网，城郊主干道事故率越高；路网形态愈趋于规则的网格型，城郊主干道事故率越低。

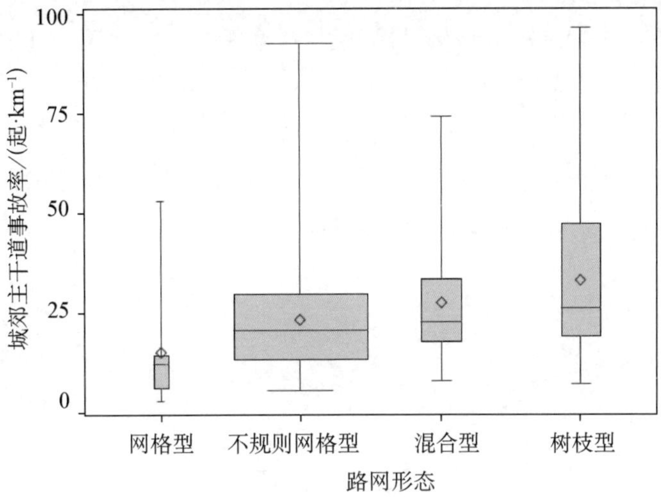

图 6-8 路网形态与城郊主干道事故率的关系

2. 土地利用类型

与以往的研究结果相似[27,28]，商业用地附近的城郊主干道发生事故的风险要高于居住用地，这可能是由于商业用地上公共设施的密集程度较高，会有较多人、车出行，从而增加了事故风险[29]。另外，农业用地的事故风险比居住用地低，这可能是由于农业用地上的人口密度较低，导致出行总量较少。这一发现更加表明对城郊主干道进行安全分析的必要性，因为快速城市化可能会增加干道沿线居住用地的比例，而居民出行的增加会对交通效率和安全提出更高的要求。

3. 接入口密度

接入口密度与城郊主干道事故率呈现微弱的正相关关系，如图 6-9 所示。每公里增加

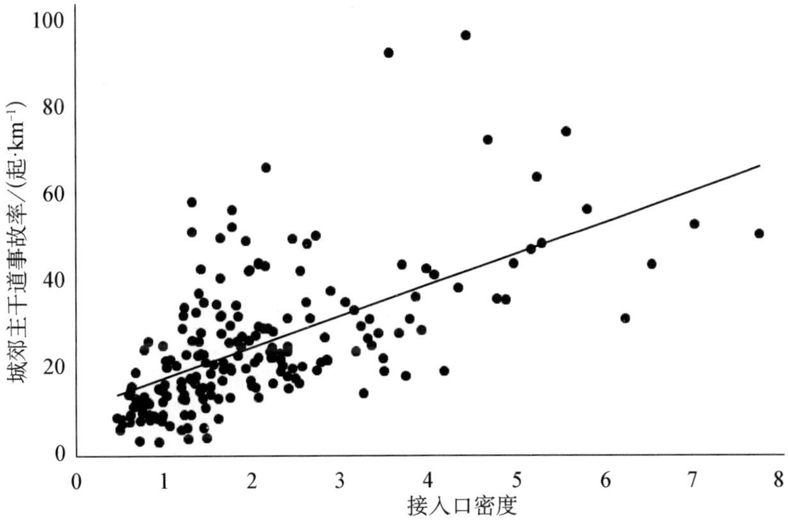

图 6-9 接入口密度与城郊主干道事故率的关系

一个接入口，事故风险就增加 2.12%。这一发现与以往针对城郊主干道的微观层面的研究[7]和宏观层面的研究[10]所得结果类似。较高的接入口密度往往会干扰主干道上的横向交通流，从而增加事故风险。

学者徐耀赐在研究道路路网结构时提出了"八阶理论"[30]，如图 6-10 所示，不同交通功能位阶的道路应各司其职，不可混淆。其中，接入位于区域道路网的最末端，是出行的起点或终点，应被视为区域道路网的一部分。遵循"八阶理论"将有助于构建层次化的路网结构，从而实现交通安全与畅通。

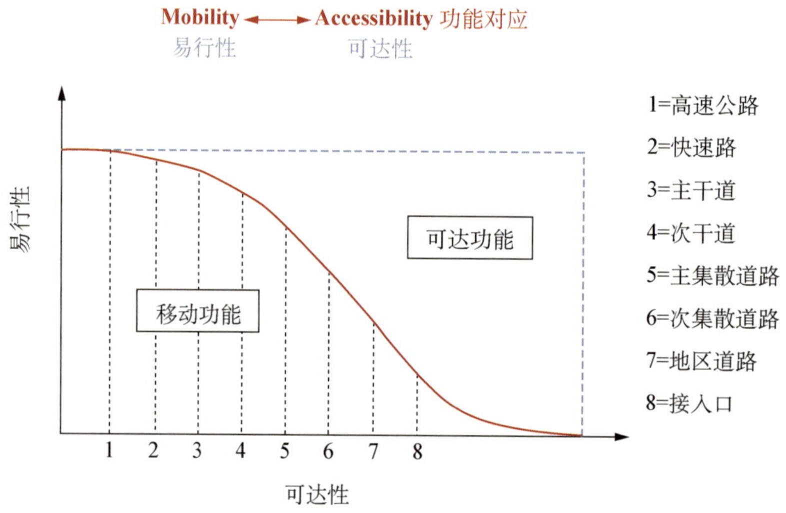

图 6-10 道路网结构八阶理论[30]

6.5 城郊主干道事故多发道路判别

6.5.1 基于安全可提高空间的事故多发道路判别方法

安全可提高空间(Potential for Safety Improvement, PSI)考虑了相似对象的事故均值，比起事故绝对数，其更适合作为判别事故多发道路的指标[31]。本节使用全贝叶斯法预测的事故发生数与同类型道路平均事故数之差来表示该中观分析单元的安全可提高空间，计算方法为

$$\begin{aligned} PSI &= N_{\text{expected}} - N_{\text{predicted}} \\ &= \exp(\beta_0 + X_{ij}\beta + \theta_{ij} + \varphi_{ij}) - \exp(\beta_0 + X_{ij}\beta) \\ &= \exp(\beta_0 + X_{ij}\beta)[\exp(\theta_{ij} + \varphi_{ij}) - 1] \end{aligned} \tag{6-11}$$

6.5.2 事故多发道路判别结果分析

本节计算了 150 个中观分析单元的 PSI 值并进行了排序，将 PSI 排名前 10%(15 个)的中观分析单元视为事故多发道路。结果显示，15 个事故黑点主要位于第 5、第 6、第 8、第

9条主干道,均包含多个路段和交叉口,如图6-11所示。与微观研究中所确定的单一路段或交叉口不同,这些长度较长的中观分析单元更符合交警和管理部门进行事故多发道路改善时的习惯,因此更具有应用价值。

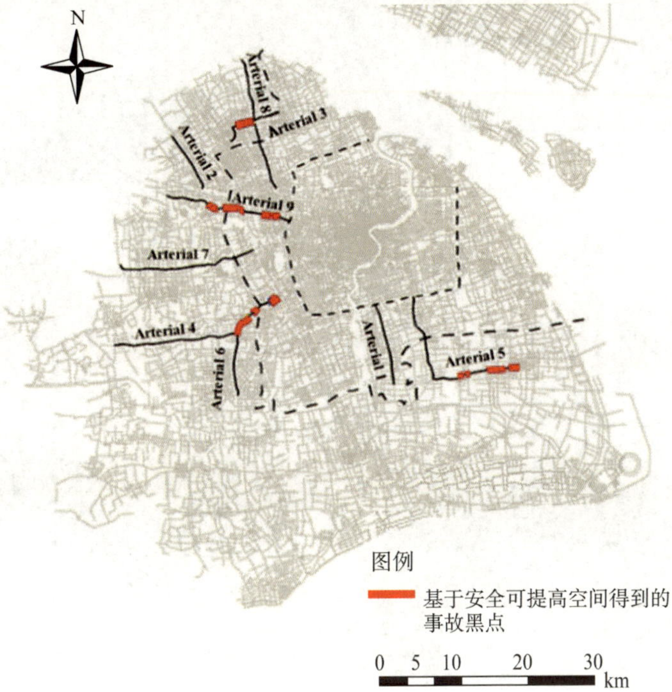

图6-11 基于安全可提高空间的事故多发道路判别结果

6.6 城郊主干道改善案例

本节以月罗公路的安全改善为例,选择交叉口尺度大、交叉口斜交、行人过街这3个城郊主干道常见安全问题。月罗公路东段全长约3 km,2017年共发生417起交通事故,其中死亡事故5起,造成5人死亡,故月罗公路东段属于上海市级事故多发道路。

6.6.1 典型交叉口安全隐患及改善

1. 安全隐患

1) 交叉口尺度过大

月罗公路存在交叉口尺度过大的问题,主要是由停止线靠后、转角半径偏大引起的,如图6-12所示。交叉口尺度偏大会产生诸多不利影响,如机动车通过交叉口时间长、运行轨迹离散,以及非机动车和行人过街时间长、不便于道路使用者观察交叉口的情况等问题,存在安全隐患。

2) 交叉口斜交

图6-12中的交叉口存在斜交的问题,斜交交叉口增加了车辆与行人的过街距离,也增

加了驾驶人的视野盲区。车辆转向角度与常规的直角转角不同,锐角区视线不佳、转向困难,钝角区冲突区域变大,影响道路使用者的判断和操作。

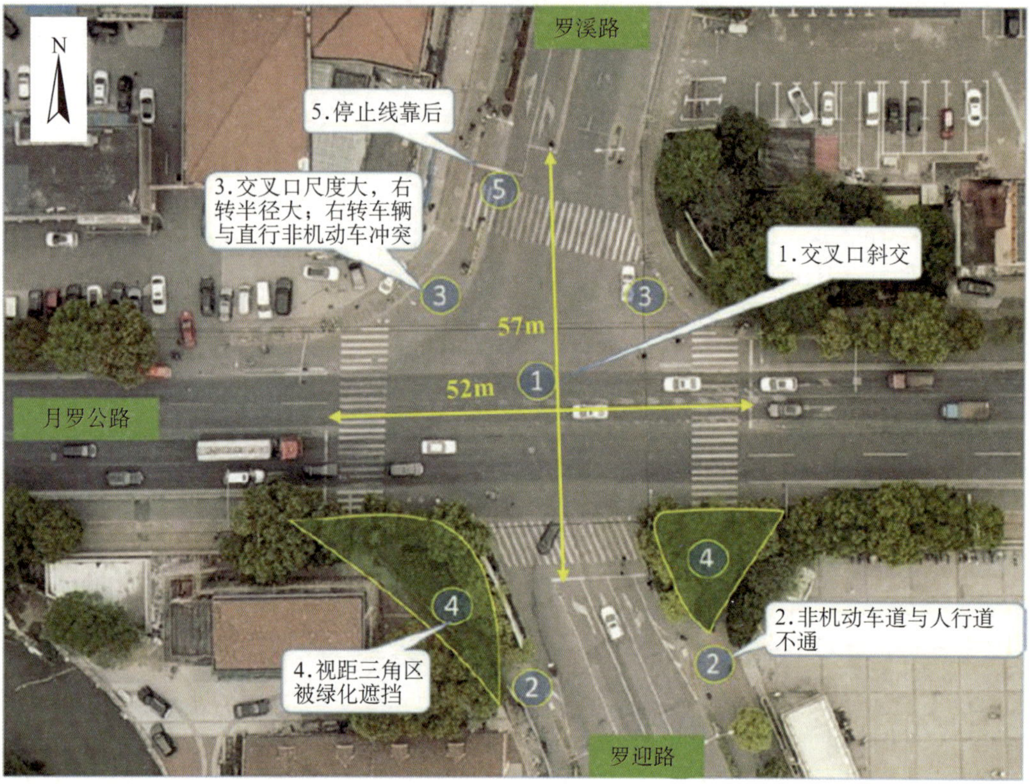

图 6-12　交叉口尺度大、斜交

2. 安全改善建议

针对月罗公路-罗迎路交叉口尺度过大、斜交的问题,建议如下(图 6-13):

(1) 在不影响周围建筑的情况下,将交叉口线位进行调整,清除部分绿化,改造为正交交叉口;

(2) 将交叉口各个进口道的停止线适当前移,并前移中央分隔带和人行横道;

(3) 设置导流岛,一方面,限制车辆的转弯半径;另一方面,防止非机动车斜穿交叉口,减少机非冲突;

(4) 清除西南角与东南角的部分绿化,保障行车视距。

6.6.2　行人过街安全隐患及改善

1. 安全隐患

月罗公路在行人过街方面主要存在以下问题:

(1) 二次过街安全岛行人行走方向背向来车。行人在二次过街安全岛上行走时,行走方向背向出岛侧的来车(图 6-14),导致行人走出安全岛时,背向面对主路驶向自己的车辆,易引发交通事故。

(2) 安全岛未进行无障碍设计。二次过街安全岛高于地面,影响了人行横道的连续性和舒适性,尤其不便于残疾人出行,如图 6-15 所示。

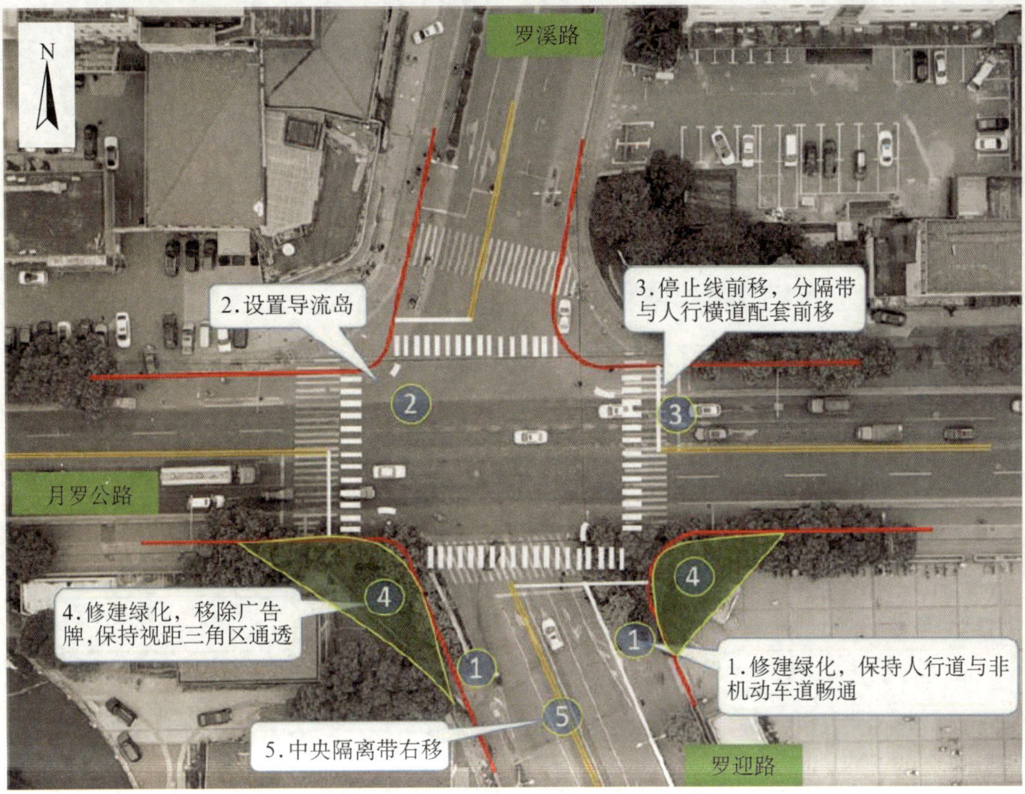

图 6-13 交叉口尺度大改善方案

图 6-14 行人行走方向背向出岛侧来车

(3) 路段行人过街横道两侧的中央绿化过高。一些路段未及时修剪路侧绿化,使得行人过街横道两侧的中央绿化过高,驾驶人与行人之间通视条件不佳,影响了行人过街的安全性,如图 6-15 所示。

2. 安全改善建议

针对行人过街存在的安全隐患,改善建议如下:

图 6-15 行人过街安全岛高出地面，两侧绿化过高

（1）行人在二次过街安全岛上行走时，行走方向应面向出岛侧的来车，使行人走出安全岛时能正面面对驶向自己的主路车辆，如图 6-16 所示。同时，降低路段二次过街安全岛侧石高度，使之与路面平齐，即进行无障碍设计。

(a) 安全岛正确布设方式　　(b) 面向出岛侧来车（正确布设）

图 6-16 行人行走方向正面面向出岛侧来车

（2）降低路段过街人行横道两侧（路段长度建议大于 50 m）中央分隔带绿化高度，建议低于 0.8 m。

（3）路段人行横道两侧增加夜间照明。

（4）交叉口人行横道进行无障碍设计，并增加端部保护，如图 6-17 所示。

6.6.3 月罗公路安全改善效果评估

月罗公路（罗迎路-罗东路）案例在 2019 年 4 月完成安全改善，对比其改善前后的事故数据，死亡事故下降了 100%。选取改善道路中沿线 3 个交叉口在 2018 年 4—7 月和 2019 年 4—7 月的事故进行同期对比，结果如图 6-18 所示，事故总数呈现不同程度的下降。由此可见，月罗公路东段改善成效显著。

(a) 错误方式　　(b) 正确方式（无障碍布设）

图 6-17　过街人行横道无障碍设计示例

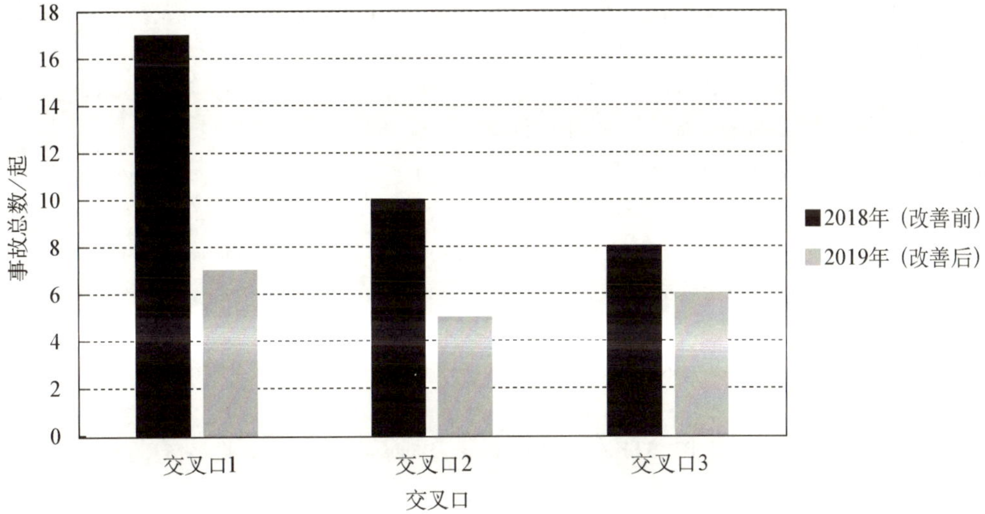

图 6-18　月罗公路东段改善前后事故总数对比

参考文献

[1] 中华人民共和国交通运输部.公路工程技术标准:JTG B01—2014[S].北京:人民交通出版社，2014.

[2] 中华人民共和国住房和城乡建设部.城市道路工程技术规范:GB 51286—2018[S].北京:中国建筑工业出版社，2018.

[3] 国家市场监督管理总局，中国国家标准化管理委员会.城郊干道交通安全评价指南：GB/T 37458—2019[S]. 北京:中国标准出版社,2019.

[4] 中华人民共和国住房和城乡建设部.城市综合交通体系规划标准:GB/T 51328—2018[S]. 北京:中国建筑工业出版社，2018.

[5] MIAOU S，LUM H. Modeling vehicle accidents and highway geometric design relationships[J]. Accident Analysis and Prevention,1993，25(6)：689-709.

[6] BAEK J，HUMMER J. Collision models for multilane highway segments to examine safety of curbs

[J].Journal of the Transportation Research Board,2008, 2083: 128-136.
[7] WANG X, SONG Y, YU R, et al. Safety modeling of suburban arterials in Shanghai, China [J]. Accident Analysis and Prevention,2014, 70: 215-224.
[8] GUO F, WANG X, ABDEL-ATY M. Modeling signalized intersection safety with corridor-level spatial correlations[J]. Accident Analysis and Prevention, 2010, 42(1): 84-92.
[9] AASHTO. Highway Safety Manual[M].Washington, D.C.: American Association of State Highway and Transportation Officials, 2010.
[10] WANG X, YUAN J, SCHULTZ G, et al. Investigating the Safety Impacts of the Roadway Network Features of Suburban Arterials in Shanghai [J]. Accident Analysis and Prevention, 2018, 113: 137-148.
[11] 王雪松，袁景辉.城郊公路路网特征交通安全影响研究[J].中国公路学报，2017，30(4)：106-114.
[12] NOLAND R B, QUDDUS M A. A spatially disaggregate analysis of road casualties in England[J]. Accident Analysis and Prevention,2004, 36(6): 973-984.
[13] SIDDIQUI C, ABDEL-ATY M, CHOI K. Macroscopic spatial analysis of pedestrian and bicycle crashes[J]. Accident Analysis and Prevention,2012, 45: 382-391.
[14] WANG X, WU X, ABDEL-ATY M, et al. Investigation of road network features and safety performance[J]. Accident Analysis and Prevention,2013, 56: 22-31.
[15] XU P, HUANG H. Modeling crash spatial heterogeneity: Random parameter versus geographically weighting[J]. Accident Analysis and Prevention,2015, 75: 16-25.
[16] DONG N, HUANG H, ZHENG L. Support vector machine in crash prediction at the level of traffic analysis zones: Assessing the spatial proximity effects[J]. Accident Analysis and Prevention,2015, 82: 192-198.
[17] CARLIN B P, LOUIS T A. Bayesian Methods for Data Analysis[M]. Boca Raton: Chapman & Hall/CRC, 2009.
[18] GELMAN A, CARLIN J B, STERN H S, et al. Bayesian data analysis [M]. [S. l.]: Taylor & Francis, 2014.
[19] QUDDUS M A. Modelling area-wide count outcomes with spatial correlation and heterogeneity: An analysis of London crash data[J].Accident Analysis and Prevention,2008, 40(4): 1486-1497.
[20] 中华人民共和国住房和城乡建设部.城市用地分类与规划建设用地标准:GB 50137—2011[S].北京：中国计划出版社,2011.
[21] MANNERING F L, SHANKAR V, BHAT C R. Unobserved heterogeneity and the statistical analysis of highway accident data[J]. Analytic Methods in Accident Research, 2016, 11: 1-16.
[22] LI J, WANG X. Safety analysis of urban arterials at the meso level [J]. Accident Analysis and Prevention, 2017, 108: 100-111.
[23] HUANG H, ABDEL-ATY M. Multilevel data and Bayesian analysis in traffic safety[J]. Accident Analysis and Prevention, 2010, 42(6): 1556-1565.
[24] GUO F, WANG X, ABDEL-ATY M. Modeling signalized intersection safety with corridor-level spatial correlations[J]. Accident Analysis and Prevention, 2010, 42(1): 84-92.
[25] EL-BASYOUNY K, SAYED T. Urban arterial accident prediction models with spatial effects[J]. Journal of the Transportation Research Board, 2009, 2102(1): 27-33.
[26] SPIEGELHALTER D J, BEST N G, CARLIN B P, et al. Bayesian measures of model complexity and

fit[J]. Journal of the Royal Statistical Society: Series B (Statistical Methodology), 2002, 64(4): 583-639.

[27] SCHULTZ G G, BRALEY K T, BOSCHERT T. Relationship between Access Management and Other Physical Roadway Characteristics and Safety[J]. Journal of Transportation Engineering, 2010, 136(2): 141-148.

[28] LOVEGROVE G R, SAYED T. Macro-level collision prediction models for evaluating neighbourhood traffic safety[J]. Canadian Journal of Civil Engineering, 2006, 33(5): 609-621.

[29] MANE A S, PULUGURTHA S S. Influence of on-network, traffic, signal, demographic, and land use characteristics by area type on red light violation crashes[J]. Accident Analysis and Prevention, 2018, 120:101-113.

[30] 徐耀赐.道路交通工程设计理论基础[M].北京：人民交通出版社，2020.

[31] MONTELLA A. A comparative analysis of hotspot identification methods[J]. Accident Analysis and Prevention, 2010, 42(2): 571-581.

7 城市快速路交通安全分析

城市快速路在城市道路系统中主要承担中长距离的快速出行，具有大容量、高速的特点。目前，我国建有城市快速路的城市已达 50 余座，北京、上海等大城市的快速路里程已超过 200 km。随着城市快速路里程与车流量的不断增长，交通安全问题愈发凸显。本章主要介绍城市快速路的交通安全特点和事故分析模型。

7.1 城市快速路发展现状

随着我国城市化进程的发展，城市不断扩大，居民市内交通出行的距离和过境交通的需求都在不断增加，城市道路的交通负荷日趋严重，一些大中城市交通拥堵现象频发。由于城市快速路可以满足中长距离机动车快速出行的需求，分担路网的机动车流量，提高路网的服务水平，因而我国大城市的交通管理者纷纷将修建快速路作为缓解交通拥堵的对策。

北京市城市快速路已建成“五环十五射”网络，如图 7-1(a)所示，截至 2019 年年底，北京市快速路总里程为 390 km。上海市于 2017 年基本形成了“三环、十字、五射”的城市快速路网，如图 7-1(b)所示，全市的城市快速路总里程达 207 km。广州市目前已建成 12 条城市快速路，总通车里程约 108 km。深圳市建成了由 20 余条城市快速路组成的城市快速路网，截至 2018 年，通车里程达 259 km。太原市的城市快速路建设也达到了一定规模，截至 2017 年，通车里程达 285 km。

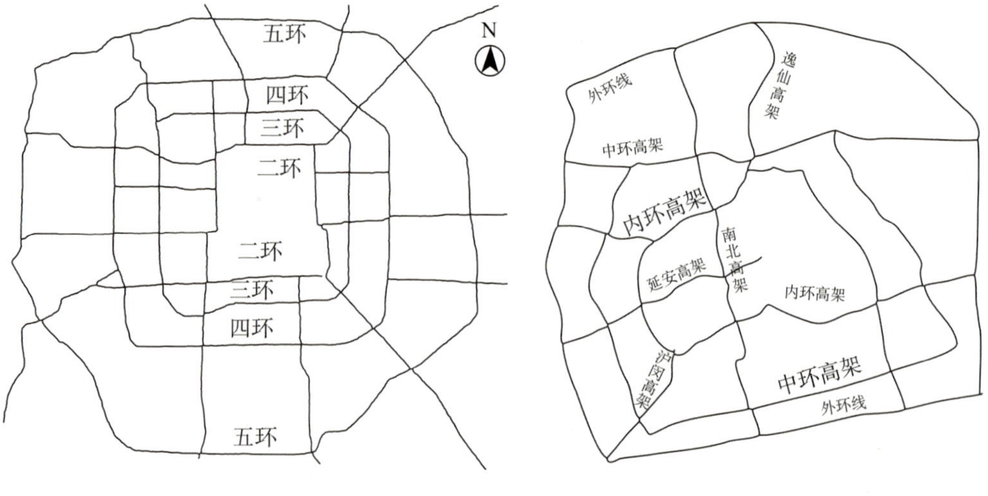

(a) 北京市“五环十五射”网络　　(b) 上海市“三环、十字、五射”网络

图 7-1　北京市和上海市的城市快速路网络

随着城市快速路里程和交通量的不断增加,城市快速路交通事故数量也呈现逐年上升趋势。以上海市为例,2011 年城市快速路共发生 29 252 起交通事件[1]。2013 年和 2014 年,上海市城市快速路分别发生了 32 196 起和 38 004 起交通事故。而交通事故的发生不仅造成了人员伤亡和财产损失,还易导致城市快速路系统的拥堵,影响城市快速路作为城市交通骨架网络作用的发挥。有研究表明[2],由于异常事件导致的偶发性拥堵占城市快速路拥堵的 50%~75%。《北京市交通发展年度报告(2011)》显示[3],交通拥堵使北京市年损失 1 056 亿元,相当于北京市年生产总值的 7.5%。因此,预防城市快速路事故的发生,不管从交通安全角度,还是从交通运行效率角度,都极其重要。

为了揭示城市快速路交通事故特征,通过提取上海市城市快速路系统(浦西)段(包括延安高架、南北高架、内环路、中环路、逸仙高架和沪闵高架的主线及匝道)2013 年 9—10 月间的 3 853 起事故数据(主线 3 221 起事故,非主线 632 起事故),并对不同事故类型的数据特征及主线不同车道数的事故总体特征进行分析。结果表明,城市快速路事故分为单车事故、两车事故和多车事故,从主线 3 221 起事故中提取 3 183 起有效事故,对应 229 个路段,对其进行分析,由于单车事故数占事故总数的比例较小,只有 10 起,因此,在以下分析过程中没有对其单独进行分析。表 7-1 列出了不同事故类型的数据特征。表 7-2 列出了主线不同车道数的总体事故特征。

表 7-1　　不同事故类型的数据特征

类型	均值/起	标准差	最小值	最大值
两车事故数	13.51	15.40	1	88
多车事故数	2.82	2.42	1	15
事故总数	13.86	16.91	0	104
平均每公里事故数	17.40	23.10	0	134.43

表 7-2　　主线不同车道数的事故总体特征

主线车道数	里程/km	事故数/起	事故率/(起·km^{-1})
2	56.97	625	10.97
3	76.16	1 027	13.48
4	70.11	1 380	19.68
5	14.82	141	9.51
总计	218.06	3 173	14.55

注:主线车道数是指路段中除过渡段辅助车道或者无辅助车道时主线的车道数,主线车道数主要分为 2 车道、3 车道、4 车道和 5 车道,表中 5 表示的是 5 车道及以上的路段。

7.2 城市快速路设施典型安全隐患分析

本节从道路几何设计、交通控制设施、路侧基础设施和出入口视距几方面概述城市快速路典型安全隐患。

7.2.1 道路几何设计

1. 路网衔接级数不合理

城市道路等级由高到低分别是城市快速路、城市主干道、城市次干道和支路，道路等级越高，车速越快，机动性越高；反之则车速越慢，可达性越高。两条道路衔接时速度差不宜大于 20 km/h，道路等级差不宜大于 2。如图 7-2 所示，在一条大约 1.5 km 的路段范围内，城市快速路接入了四条低等级的城市道路，严重影响城市快速路的运行效率。

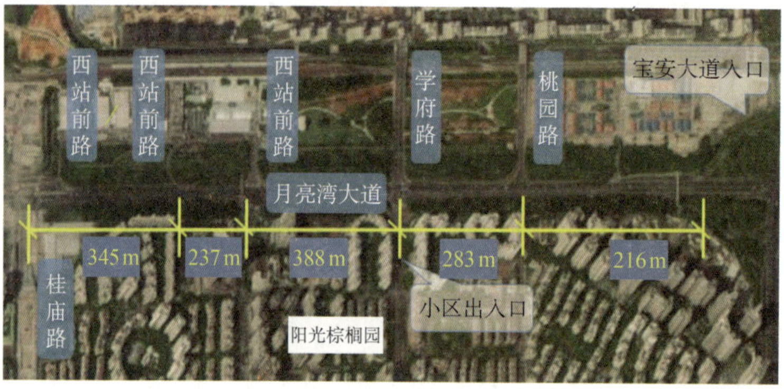

图 7-2 路网衔接级数不合理示例

2. 互通间距偏小

《城市道路交叉口规划规范》(GB 50647—2011)[4] 规定："相邻互通立交交叉点间的间距，应大于上、下游匝道出入口间变速车道与交织段长度之和及满足设置必要交通标志的要求，且不宜小于 1.5 km。"图 7-3 中互通的最小间距仅有 1.1 km。

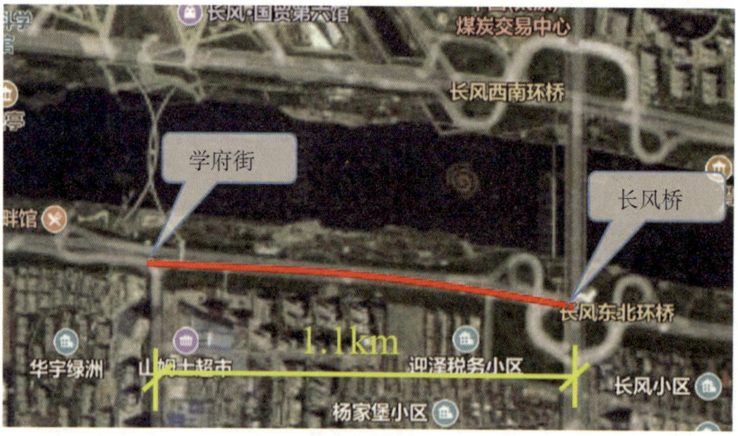

图 7-3 互通间距偏小示例

3. 出入口设计有待优化

根据主线路段上、下游接入匝道的不同将道路分为了四种路段类型：路段类型 1 为入口匝道-入口匝道路段(简称为"入-入")，路段类型 2 为入口匝道-出口匝道路段(简称为"入-出")，路段类型 3 为出口匝道-入口匝道路段(简称为"出-入")，路段类型 4 为出口匝道-出口匝道路段(简称为“出-出”),示意图见图 7-4。通过统计快速路 229 条路段 2013 年 9—10 月的事故数,得到不同路段类型的事故总体特征,如表 7-3 所列。

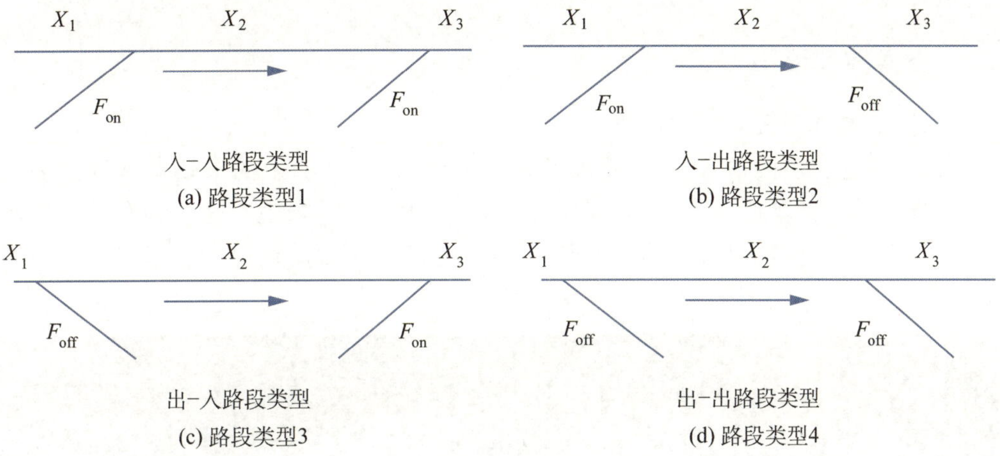

图 7-4　快速路四种路段类型

表 7-3　　不同路段类型的事故总体特征

路段类型	里程/km	事故数/起	事故率/(起·km^{-1})
1	25.45	610	23.97
2	85.62	1 497	17.48
3	65.98	440	6.67
4	41.01	626	15.27
总计	218.06	3 173	14.55

在出入口设计方面存在出入口间距过短、加减速车道长度过短、出入口尺度大等问题。《城市快速路设计规程》(CJJ 129—2009)[5]对于出入口间距和加减速车道长度所做的相关规定表示,当限速为 80 km/h 时,出入口间距应为 610 m,而在图 7-5 中,出入口平

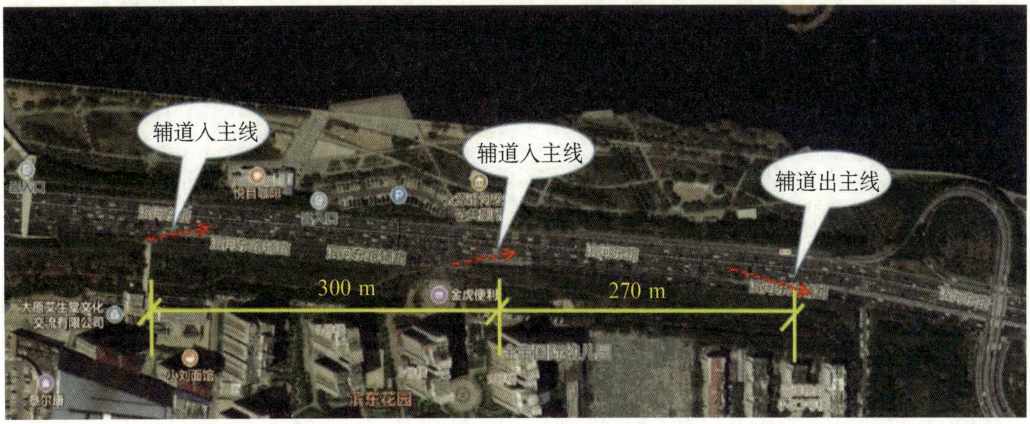

图 7-5　出入口距偏小示例

均间距仅为 285 m。当出入口间距无法得到保障时，加减速车道的长度也会受影响。出入口设计不合理会导致车流交织严重、换道频繁、速度差大等，这些是引起交通事故多发的重要原因。

7.2.2 交通控制设施

1. 出口区域车道配置有待提升

出口区域处有多根车道，车道边线为白色虚线，每根车道上的车辆均可通过多次变道驶出主线，车辆行驶的自由度高，但这会增加车辆间的冲突，也会对主线车流的行驶速度造成影响，当交通量较大时，容易出现交通紊乱甚至导致交通事故。出口区域车道配置如图 7-6 所示。

图 7-6 出口区域车道配置示例

2. 入口区域车道配置有待提升

入口区域的虚实线使用不当，如主线与加速车道间的实线过短或者直接使用虚线均会导致驶入车辆加速不充分，与主线车辆存在速度差，从而容易发生追尾事故。

入口区域两条车道直接汇入主线，当两股车流同时汇入主线时，往往无法达到两条车道的理想汇入流量，而且驶入车辆不仅会与主线车流发生冲突，还会与另一条汇入主线的车道内的车辆发生冲突，容易发生侧向碰撞，如图 7-7 所示。

3. 交通标志有待改善

交通标志传递的信息应清晰、明确、简洁，使驾驶人有时间发现、认知和做出反应。而现

图 7-7 两条车道直接接入主线示例

实中却存在交通标志信息过载、语义表示模糊、标志数量过多、出入口上游预告标志缺失等问题,如图 7-8 所示。某些地区的电子显示屏模糊、信息过载、夜间炫光,这些标志问题严重影响了驾驶人的驾驶行为。

图 7-8 交通标志信息过载、语义模糊示例

4. 交通标线有待改善

城市快速路交通标线问题大部分情况发生在出入口处或匝道处。例如,为了减少主线车辆与驶出车辆之间的冲突,会在出口区域处的车道间设置白色实线,对车道进行配置。但有的出口区域处白色实线长达 3 km,一旦交通标志指引不清或者驾驶人错过了交通标志指引信息,在内侧车道行驶的车辆将在 3 km 的长度内无纠错余地,无法从出口驶出。此类有问题的交通标线就需要进行改善。图 7-9 为纵向减速标线正确使用示例。

图 7-9　纵向减速标线正确使用示例

7.2.3　路侧交通设施

1. 主线出入口端部防护不足

在出入口端部应设置防撞垫(桶),如此便能在车辆发生撞击时起到缓冲作用,通过吸收失控车辆的能量来减轻事故对司乘人员的伤害,同时减少对设施结构的损坏。图 7-10 所示为出入口端部防护不足或防护设施缺失示例。

图 7-10　出入口端部防护不足示例

2. 路侧桥梁墩柱缺少防护设施和立面标记

《城市道路交通标志和标线设置规范》(GB 51038—2015)[6] 的 14.6.1 指出，在靠近道路建筑限界的跨线桥等的墩柱立面、隧道洞口端墙立面，应设置立面标记。桥梁墩柱的醒目提示和防护处理对城市快速路行车安全和桥梁设施的保护均起到了重要作用。但实际中存在不少桥梁墩柱缺少防护设施和立面标记的情况，如图 7-11 所示。

图 7-11 桥梁墩柱缺少防护设施和立面标记示例

7.2.4 出入口视距不佳

在出入口处应保持视距畅通，但是部分出入口通视三角形区域内的绿化比较高大且密集，从而影响了出入口的通视，如图 7-12 所示。视距被绿植遮挡后，主线车辆和出入口匝道内的车辆无法看清对方的行驶情况，这会影响驾驶人的判断和控制，容易导致交通事故。

图 7-12 出入口处视距不佳示例

7.3 城市快速路事故风险评估模型

目前，我国城市快速路的运行安全管理仍以交通事故发生后的处警、救援等为主，缺乏基于交通事故预判的主动安全管理。而欧美许多大都市已积极采用主动交通管理系统(Active Traffic Management System, ATMS),开展以速度协调优化(speed harmonization)为核心的运行安全管理,包括以下措施:

(1) 通过警告驾驶人注意拥堵并提高车速,从而减少初始事故的发生;

(2) 通过警告驾驶人拥堵或事件的存在及周边交通环境,从而减少二次事件的发生;

(3) 通过减少与初始事故和二次事故相关的延误,从而减少交通流的速度差,并减少交通波过多中断的影响;

(4) 通过在必要的拥挤时段增加路肩使用时间,从而增加整体通行能力;

(5) 拥堵期间速度一致性的整体改善;

(6) 通过提高通行能力和吞吐能力,减少延误,从而提高出行可靠性等。

相较于传统的响应式管理,主动式管理的优势在于其能基于实时事故风险评估,主动采取恰当的管理策略,从而降低、消除事故风险。其中,开展主动安全管理的关键在于对事故风险的准确评估与预警。

本节针对城市快速路事故风险评估模型的建模数据集构建、模型原理解析、预警阈值优选等进行介绍,并基于上海市城市快速路的实证数据进行案例分析。

7.3.1 建模数据集构建

区别于以事故频率为研究对象的安全表现评估模型,事故风险评估模型以单起事故为研究对象,通过对比事故和非事故条件下的交通运行状态,尝试从交通流运行特征方面揭示事故的影响因素,量化事故发生概率。

事故风险评估模型建模数据集的构建需要基于三部分基础数据:①城市快速路交通事故数据;②城市快速路交通运行感知数据(如感应线圈、车牌识别系统记录的运行状态数据);③城市快速路道路几何线形数据。

考虑到交通事故是小概率、偶发事件,因此在构建建模数据集时,通常采用病例-对照研究(case-control study)的数据整理方法。该类方法是经典的流行病学研究方法,常用于探索某疾病的危险因素。在事故风险评估研究中,“病例”是指交通事故发生前的交通流数据,“对照”则为没有发生事故条件下的交通流数据。

1. 事故数据与线圈数据匹配

为了分析交通流状态对事故风险的影响,需获取事故发生前事故发生地点上、下游的交通流数据。以线圈数据为例,通过对比线圈位置信息和事故地点,提取事故地点上、下游两个断面的线圈检测器数据,并依次命名为 U2,U1,D1,D2。其中,U 代表上游(Upstream),D 代表下游(Downstream),如图 7-13 所示。

2. 事故与非事故条件下的交通流数据提取

基于“病例-对照”研究的数据提取方法,病例与对照的比例通常采用 1∶4,且对照组的数据选取时考虑以下 5 个条件:①对照组所在日期与对应事故所在日期不同;②与事故发生时间相同;③与事故发生路段相同;④对照组所在当日与事故发生星期相同;⑤对照当日时间前后 1 h 内同地点无交通事故发生。

针对每起事故,提取事故发生前 30 min 内的交通流数据,并利用上述方法提取 4 组没

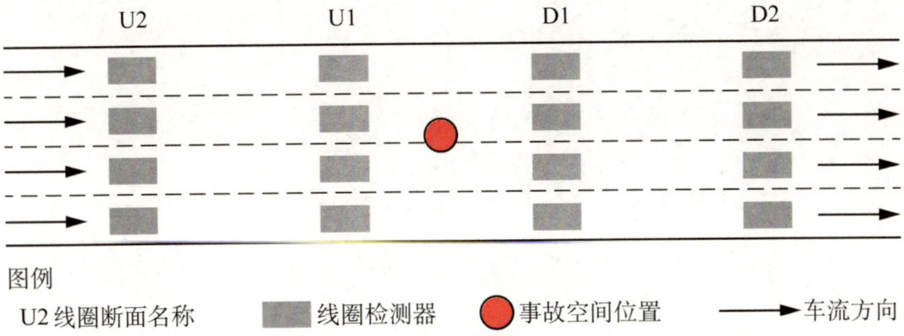

图 7-13 事故发生的空间位置

有发生事故条件下的交通流数据。例如,2013 年 9 月 10 日星期二 19:06:00 时,在路段编号为 24111 的事故,相应提取 2013 年 9 月 10 日星期二 18:36:00—19:06:00 事故发生地点前后最近路段(上游路段编号为 24110,下游路段编号为 24112)的交通参数作为一个病例;提取 2013 年 9 月 3 日(星期二)、2013 年 9 月 17 日(星期二)、2013 年 9 月 24 日(星期二)(已经检查该地点该时间前后 1 h 内无事故发生)18:36:00—19:06:00 事故发生地点前后最近路段(上游路段编号为 24110,下游路段编号为 24112)的交通参数,作为该病例的对照组。

3. 建模变量构建

本步骤是在上述获取的每个样本 30 min 交通流数据的基础上进行建模变量构建。通常以 5 min 作为交通流参数集计的基本单元,将 30 min 交通流数据划分为 6 个 5 min 片段,依次命名为时间片段 1,2,3,4,5,6。其中,时间片段 1 最靠近事故发生时间,其他时间片段依次渐远。针对每个时间片段,基于交通流的流量、速度和占有率等变量依次构建均值、标准差等统计值,并按照一定的规则进行变量命名(详见 7.3.1 节案例),形成建模数据集。

7.3.2 事故风险评估模型原理

事故风险评估模型的建模方法主要分为统计回归模型和数据挖掘模型两大类,且各有所长。统计回归模型可揭示影响事故发生的交通流因素及其影响程度,以便于分析事故形成机理,但需要大量的样本数据来提高模型的可靠性。数据挖掘模型的优势在于针对小样本数据也可提供较高的事故风险预测精度,但其基于事故之间相对独立的假定,且拟合过程是一个黑匣子,无法量化分析事故风险影响因素以及事故之间的相关性,难以揭示事故形成机理。本节主要介绍基于 Logistic 回归模型构建事故风险评估模型的原理和常用评估指标。

1. 二分类 Logistic 模型

当因变量是二分类时,逻辑回归模型又称为二分类 Logistic 模型(binary logit model)。二项 Logistic 回归模型常用来定量分析解释变量对二分类因变量的影响,同时可用来估计因变量某个分类出现的概率。当因变量为无序多分类时,称为多分类 Logistic 模型(polytomous logit model)或多项 Logistic 模型(multinomial logit model)。当因变量是有序多分类时,称为有序 Logistic 模型(ordinal logit model)或累积比数 Logistic 模型(cumulative odds logit model)或比例优势模型(proportional odds model)。

构建事故风险评估模型时,因变量 y 为一个二分类事故,该事故发生时赋值 $y=1$,否则 $y=0$。用 $p=p(y=1)$ 表示事故发生的概率,则令

$$\operatorname{logit}(p)=\ln\left(\frac{p}{1-p}\right) \tag{7-1}$$

式中,ln 是以 e 为底的自然对数,式(7-1)称为 logit 变换,$\operatorname{logit}\in(-\infty,+\infty)$。式(7-1)中等号右边的分数$\left(\frac{p}{1-p}\right)$是流行病学常用的描述疾病发生强度的统计指标,称为优势。

设有 n 个自变量 $x_1,x_2,x_3,\cdots,x_n$,用 $\operatorname{logit}(p)$ 与自变量建立线性关系:

$$\operatorname{logit}(p)=\beta_0+\beta_1x_1+\beta_2x_2+\beta_3x_3+\cdots+\beta_nx_n \tag{7-2}$$

经过简单的变换,即可得到 Logistic 模型,见式(7-3)和式(7-4):

$$p=\frac{e^{\beta_0+\beta_1x_1+\beta_2x_2+\beta_3x_3+\cdots+\beta_nx_n}}{1+e^{\beta_0+\beta_1x_1+\beta_2x_2+\beta_3x_3+\cdots+\beta_nx_n}} \tag{7-3}$$

$$\operatorname{logit}(p)=\ln\left(\frac{p}{1-p}\right)=\beta_0+\beta_1x_1+\beta_2x_2+\beta_3x_3+\cdots+\beta_nx_n \tag{7-4}$$

式中 β_0——常数项,表示自变量均为 0 时 $\operatorname{logit}(p)$的值;

β_i——偏回归系数,表示其他自变量不变的情况下,x_i 每变动一个单位时,$\operatorname{logit}(p)$的改变量,反映了变量 x_i 与事故发生的关联程度。

若将 β_i 变换成指数形式 EXP(β_i),则 EXP(β_i)等于优势比,即 EXP(β_i)=OR,表示事件发生与不发生概率的比值,该值越大,则事件发生的可能性就越大。

值得一提的是,暴露组的优势与非暴露组的优势的比值称为优势比(比值比,OR),用于说明暴露某因素(即变量)引起事故发生的危险度大小,如式(7-5)所示:

$$OR=\frac{p_1/(1-p_1)}{p_2/(1-p_2)} \tag{7-5}$$

对 OR 求对数,得

$$\ln(OR)=\beta_i \tag{7-6}$$

由此可见,Logistic 模型中自变量的系数 β_i 与优势比 OR 有密切联系,且与暴露因素的量化方法密切相关。一般来说,β_i 表示自变量 x_i 改变一个单位时 $\operatorname{logit}(p)$的改变量。

2. 模型拟合度评价指标

事故风险评估模型的拟合效果常采用赤池信息量准则(Akaike Information Criterion, AIC)和 AUC(Area Under the Curve of ROC)两个指标进行判别。AIC 准则是由 Akaike 于 1974 年提出的用于衡量统计模型拟合优良性的一种标准。AIC 准则基于信息理论,提供了数据信息损失的相对估计,用以权衡所估计模型的复杂度和此模型拟合数据的优良性。它能同时反映模型的复杂度和拟合优度,在评价模型时兼顾简洁性和精确性。模型的 AIC 值越小,其拟合优度就越好。

AUC 表示 ROC 曲线(Receiver Operating Characteristic Curve)下方的面积,作为判断

模型优劣的指标常用来比较分类模型的预测准确度。根据一系列不同的二分类方式,以假正类率(false positive rate)为横坐标,以真正类率(true positive rate)为纵坐标绘制 ROC 曲线。模型的 AUC 值越大,其预测性能就越好。

此外,用于评价分类模型拟合度的混淆矩阵(confusion matrix)、Youden 指数、F-score、马修斯相关性系数等也常用于评价事故风险评估模型的拟合度。

7.3.3 事故风险预警阈值优选

事故风险评估模型的输出为事故发生的概率,取 0~1 之间的连续数值。而在构建城市快速路主动安全管理系统时,需开展预警阈值的构建,即将事故概率转换为 0/1 二分类的预警结果。如果事故风险大于阈值,该情景将被预测为潜在事故,并同时发出交通事故预警。然而,如何选择合适的阈值是一个进退两难的问题:阈值越大,则越难识别出危险交通流;阈值越小,则越容易将正常的交通流误判为危险交通流。错误的预警将影响驾驶者的遵从率,提升主动交通系统的运行成本。本节介绍了三种常用的事故风险预警阈值优选方法。

1. 最大类间方差法

最大类间方差法(maximum between-class variance method)由于最早被 Otsu 提出,故又称为 Otsu 法。它是按图像的灰度特性将图像分成背景和目标两部分,背景和目标之间的类间方差越大,说明构成图像的两部分差别越大[7]。假设 $T_1, T_2, \cdots, T_L$ 是 L 层事故风险,其中,$0 \leqslant T_1 < T_2 < \cdots < T_L \leqslant 1$。类间方差定义为

$$\sigma_B^2 = \rho_0 (\mu_0 - \bar{\mu})^2 + \rho_1 (\mu_1 - \bar{\mu})^2 = \rho_0 \rho_1 (\mu_0 - \mu_1)^2 \tag{7-7}$$

式中 μ_0——样本 $C_0(T_1 \sim T_k)$ 中事故风险的期望;
μ_1——样本 $C_1(T_{k+1} \sim T_L)$ 中事故风险的期望;
$\bar{\mu}$——总体样本中事故风险的期望($T_1 \sim T_L$);
ρ_0——样本 C_0 中样本数占总样本数的比例;
ρ_1——样本 C_1 中样本数占总样本数的比例。

该法通过最大化事故样本与非事故样本间的类间方差来选择阈值,最优化阈值 T_{k^*} 的目标函数为

$$\sigma_B^2(k^*) = \max_{1 \leqslant k < L} \sigma_B^2(k) \tag{7-8}$$

2. 最大熵法

信息理论中熵的概念最早是被 T. Pun 应用到图像分割中的[8],J. Kapur 等[9]做了进一步优化研究。定义阈值 T_k 为将事故风险的分布划分为两个概率分布(D_0 和D_1),其熵分别为

$$E_0(T_k) = -\sum_{i=0}^{k} \frac{p_i}{\rho_0} \ln \frac{p_i}{\rho_0} \tag{7-9}$$

$$E_1(T_k) = -\sum_{i=k+1}^{L} \frac{p_i}{1-\rho_0} \ln \frac{p_i}{1-\rho_0} \tag{7-10}$$

$$E_1(T_k) = -\sum_{i=k+1}^{L} \frac{p_i}{1-\rho_0} \ln \frac{p_i}{1-\rho_0} \tag{7-11}$$

式中，ρ_0 为事故风险水平 T_1 与 T_k 之间的概率(分布D_0)，$\rho_0=\sum_{i=1}^{k}p_i$，$(1-\rho_0)$ 为事故风险水平 T_{k+1} 与 T_L 之间的概率(分布D_1)。

最大熵法通过最大化两个分布的熵之和来选择阈值，最优化阈值 T_{k^*} 的目标函数为

$$T_{k^*}=\underset{1\leqslant k\leqslant L}{\operatorname{argmax}}\{E_0(T_k)+E_1(T_k)\} \tag{7-12}$$

3. 最小交叉熵法

交叉熵的概念最早是被 S. Kullback 提出的[10]，Li Chun-Hung 和 C. K. Lee[11] 基于熵的概念提出了最小交叉熵法。交叉熵定义为

$$D(k)=\sum_{i=1}^{k}T_i p_i \ln\left(\frac{T_i}{\mu_0}\right)+\sum_{i=k+1}^{L}T_i p_i \ln\left(\frac{T_i}{\mu_1}\right) \tag{7-13}$$

式中 $p_1, p_2, \cdots, p_i$——事故风险各层的概率分布；

μ_0——样本 C_0 中事故风险的期望；

μ_1——样本 C_1 中事故风险的期望。

最小交叉熵法通过最小化预测前后样本的交叉熵来选择阈值，最优化阈值 T_{k^*} 的目标函数为

$$D(k^*)=\min_{1\leqslant k\leqslant L}D(k) \tag{7-14}$$

7.3.4 城市快速路事故风险评估模型案例

1. 建模数据集构建

本案例采用的数据包括上海市城市快速路道路几何线形数据、事故数据和线圈检测交通数据(5 min 集计的车道流量、平均速度)。上海市城市快速路事故以路侧桩号定位(桩号是施工单位对设计基础桩所进行的统一编号，号码不重复，分布于快速路两侧)，基于线圈位置的桩号信息可对每起事故地点上、下游线圈检测器进行匹配。

基于“病例-对照”研究的数据提取方法构建事故、非事故数据集，经匹配，分析样本中有 1 962 个病例对照组，其中包含 1 962 起事故(病例)和 5 925 起非事故(对照)。基于事故与非事故层面(病例对照组层面)，按照 7∶3 的比例将最终样本随机拆分为训练数据与测试数据，前者用于事故风险评估建模，后者用于模型的预测精度检验。

交通流数据提取步骤中，每个样本提取 30 min 交通流数据。所提取的 30 min 交通流数据被划分为 6 个 5 min 片段，依次命名为时间片段 1 至时间片段 6。其中，时间片段 1 最靠近事故发生时间，依次渐远。随后，针对每个线圈断面，计算平均速度和总流量，并计算车道间速度和流量的标准差，共计 16(即 4×4)个断面×6 个时间片段＝96 个建模变量。

建模变量的命名规则如图 7-14 所示，变量由 3 个英文字母和 2 个数字组成，字段(A/S/T)分别表示平均值(A)、标准差(S)和总和(T)；字段(S/V)表示平均速度(S)和流量(V)；字段(U2/U1/D1/D2)表示线圈断面编号；字段(1/2/3/4/5/6)表示时间片段，其值越小越接近事故发生时间。例如，ASU12 表示上游最近断面 U1 在第 2 个时间片段(即事故发生前 5～10 min)的平均速度。为避免事故记录时间误差，以及获得采取措施所需的预警时间，因

此,建模时不考虑时间片段 1 的变量。

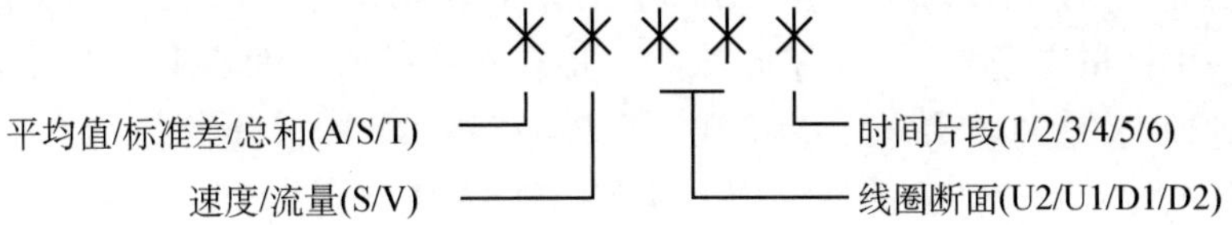

图 7-14　变量命名规则说明

2. 基于二分类 Logistic 模型的事故风险评估建模结果

本案例首先将全部自变量放入模型中,随后采用后退法(backward selection)开展自变量筛选:回归计算变量的显著性(P 值),将最不显著的变量(P 值最大)剔除,直至模型中变量的 P 值均不大于事先给定的显著水平临界值。基于训练数据,用后退法(给定的显著水平临界值为 0.15)筛选得到 19 个显著变量,再结合变量间的相关性及显著性,剔除了 16 个变量,最终选出 3 个最显著变量。使用 Logistic 回归模型建立事故风险评估模型,显著变量统计描述如表 7-4 所列,模型参数估计见表 7-5。

表 7-4　　事故风险评估模型显著变量统计描述

变量	描述	均值	标准差	最小值	最大值
ASU12	U1 断面时间片段 2 的平均速度/(km · h^{-1})	47.3	23.0	0	100.2
SVD12	D1 断面时间片段 2 的流量标准差/(pcu · 5 min^{-1})	18.6	16.6	0	157.3
TVD22	D2 断面时间片段 2 的流量总和/(pcu · 5 min^{-1})	301.6	148.7	0	1 090.0

表 7-5　　事故风险评估模型的参数估计

参数	参数估计	标准误差	卡方检验值	*P* 值	风险比(*HR*)
ASU12	−0.03463	0.00231	224.3314	<0.0001	0.966
SVD12	0.00857	0.00356	5.8019	0.016	1.009
TVD22	−0.0015	0.0005621	7.1384	0.0075	0.998
AIC	3 499.611				

注:风险比(Hazard Ratio, HR)表示事故组与对照组之间风险率之比的估计值。

最终模型有 3 个显著变量,ASU12 的系数为负,表示事故发生前 5～10 min 事故地点上游速度相对于非事故状况低;运行速度越小,事故发生风险越大,这与已有研究结果一致。SVD12 的系数为正,表示事故发生前 5～10 min 下游最近线圈断面的车道间流量的差异性相对于非事故状况大;流量的差异性越大,事故发生的风险越大,其每增加 1 pcu/5 min,则事故风险变为原来的 1.009 倍。TVD22 的系数为负,表示事故发生前 5～10 min 下游断面 D2 的流量相对非事故状态低;该断面流量越低,事故发生风险越大,可能由于下游流量越低造成上、下游密度差越大,引起的交通流波动更大,从而增加上游的事故风险。

综合考虑模型结果:U1 断面附近可能处于拥挤状态,低速(ASU12 的系数为负),而 D2

断面交通流量相对较低(TVD22 的系数为负),当车辆驶出拥挤交通流后,容易出现车道间车速不一致现象,导致车道间的流量不平衡性增加(SVD12 的系数为正),即出现紊乱交通流。当车辆驶出拥挤交通流时,易出现紊乱交通流,车道间流量的不平衡增大了侧碰事故发生的风险,拥挤时反复的启动与急停则增加了追尾碰撞事故的风险。

为了检验所构建的事故风险评估模型的预测精度,案例使用测试数据计算优势比,以进行拟合优度检验。模型正确预测事故与非事故的累计频率随优势比的变化如图 7-15 所示(图中只表示优势比不大于 5 的部分)。正确预测事故的累计频率随着优势比的增大而减小,而正确预测非事故的累计频率随优势比的增大而增大。当把优势比等于 1 作为阈值时,灵敏度为 67.01%,即事故样本中实际事故被预测为事故的比例,表明该模型可正确识别 67.01%的事故;特异度为 52.15%,即非事故样本中实际非事故被预测为非事故的比例,表明该模型可正确识别 52.15%的非事故。

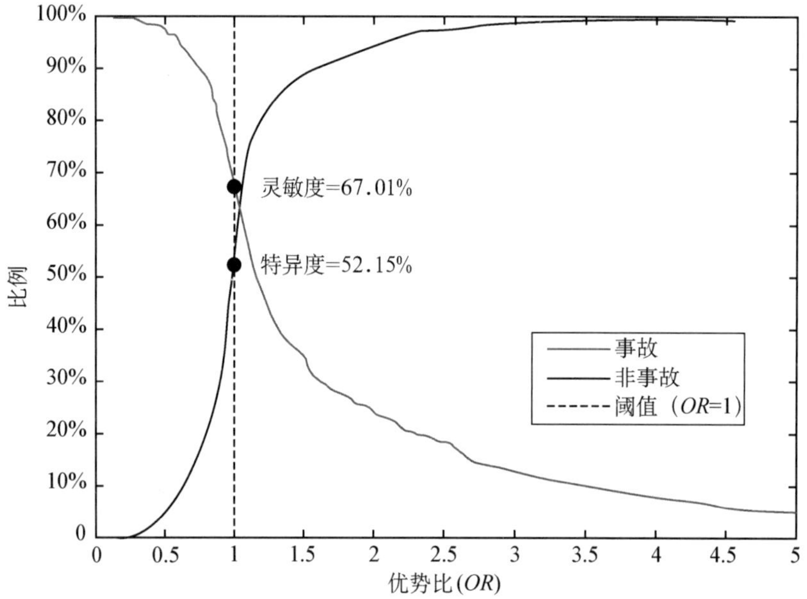

图 7-15 模型的预测性能

7.4 主动安全交通管理策略

7.4.1 主动安全交通管理逻辑

基于前述介绍的城市快速路事故风险评估模型研究成果,本节提出面向应用的主动安全交通管理框架,如图 7-16 所示。该系统包含五大模块,即实时交通检测模块、模型构建模块(线下)、阈值选取模块(线下)、实时事故预测模块及主动交通管理模块。

实时交通检测模块是利用安装在快速路及其附近的设备来采集与交通事故风险相关的数据,例如感应线圈检测器采集的每 20 s 的交通数据流、实时气象数据、道路特征数据、驾驶行为数据及影响事故产生的其他数据,该模块是系统的数据支撑和基础。

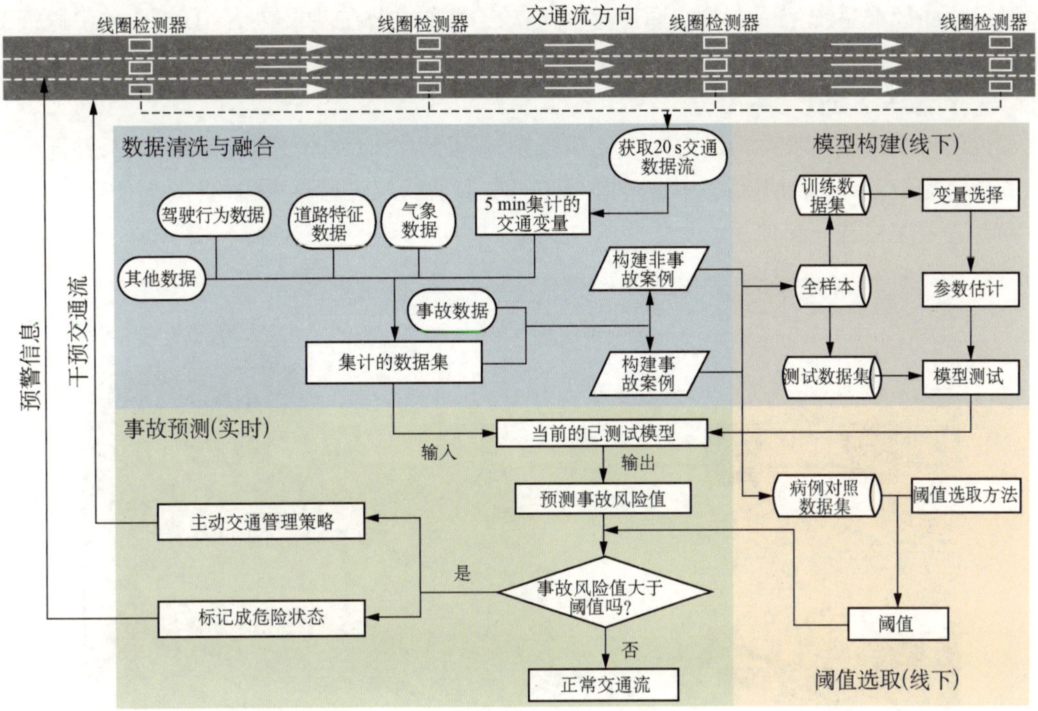

图 7-16　基于实时交通检测数据的主动安全交通管理框架

模型构建模块是基于采集到的事故、非事故样例的全样本(或者病例对照样本),使用先进的分类技术(如深度前馈网络、深度循环神经网络、Logistic 回归、支持向量机等)构建事故风险评估模型。变量选择、参数估计、模型测试是该模块的重要步骤与过程。

阈值选取模块是基于病例-对照样本集,使用合适的阈值选择方法(如本书 7.3 节中介绍的最小交叉熵法)构建临界阈值。

实时事故预测模块是基于实时交通数据的输入和事故风险评估模型来预测该时刻该路段对应的事故发生概率,并与阈值进行对比。若事故风险值小于阈值,则被判定为正常交通流;若事故风险值大于阈值,则被标记为危险状态,并发出事故预警,直接/间接通知道路管理人员和驾驶人,并触发相应的主动交通管理措施[12]。

7.4.2 典型的主动安全交通管控措施

目前建议在我国城市快速路使用的主动交通管理措施主要有:自适应匝道调节(Adaptive Ramp Metering, ARM)、动态连接处控制(Dynamic Junction Control, DJC)、动态车道分配(Dynamic Lane Assignment, DLA)、动态限速(Dynamic Speed Limit, DSpL)和排队预警(Queue Warning, QW)等。

1. 自适应匝道调节

该项管控措施通过在匝道上部署交通信号设施,以动态控制车辆进入城市快速路主线的流率。这在本质上可以使交通流“平滑”地流向主线,从而有效提高现有城市快速路的通行能力。自适应匝道调节利用交通响应或自适应算法(与预定时间或固定时间速率相反),

可以优化局部或系统范围内的交通运行。该管控措施的潜在效果包括：①减少主线通行延误；②提高主线通行时间可靠性；③减少匝道排队延误；④降低事故率。

2. 动态车道分配

该项管控措施也被称为动态车道使用控制，涉及动态地关闭或打开单个车道，并提供关闭的预警提示。通常利用动态车道控制标志对车道通行权进行动态调整(图 7-17)，并且常常与动态限速措施一起使用。

图 7-17　动态车道分配

(图片来源：美国华盛顿州交通运输部 https://wsdot.wa.gov)

3. 动态限速

该项管控措施也被称为可变限速(Variable Speed Limit, VSL)，其算法原理是根据实时交通、道路、天气条件等调整运行限速或显示车速建议，如图 7-18 所示。VSL 既可以是

图 7-18　动态限速

(图片来源：美国华盛顿州交通运输部 https://wsdot.wa.gov)

强制(监管)速度限制,也可以是推荐的速度预警,该措施可应用于整个路段或单条车道。研究表明,动态调整限速有助于缓解路段上的运行速度差异,减少交通流紊乱。该管控措施的潜在效果包括:①降低标牌速度与实际速度之间的差异;②降低速度波动性;③减少交通拥挤程度;④降低事故率;⑤降低事故严重程度。

4. 拥堵预警

该项管控措施基于门架式或路侧式可变情报板,实时显示路段下游的拥堵信息,以提醒驾驶人前方有车辆排队,给予急减速预期,从而减少追尾事故,提升运行安全性,如图 7-19 所示。拥堵预警常与动态限速和动态车道分配一同使用。

图 7-19 排队预警

(来源:美国密苏里州交通运输部 https://www.modot.org/)

参考文献

[1] 孙为珊.上海中心城快速路事件及事故诱因分析[J].交通与运输(学术版), 2012(1): 160-163.

[2] Giuliano G. Incident characteristics, frequency, and duration on a high volume urban freeway[J]. Transportation Research Part A: General, 1989, 23(5): 387-396.

[3] 北京市交通发展研究中心.北京市交通发展年度报告(2011)[R].北京: 北京市交通发展研究中心, 2012.

[4] 中华人民共和国住房和城乡建设部.城市道路交叉口规划规范:GB 50647—2011[S].北京:中国计划出版社,2011.

[5] 中华人民共和国住房和城乡建设部.城市快速路设计规程:CJJ 129—2009[S].北京:中国建筑工业出版社,2009.

[6] 中华人民共和国住房和城乡建设部.城市道路交通标志和标线设置规范:GB 51038—2015[S].北京:中国计划出版社,2015.

[7] OTSU N. A threshold selection method from gray-level histograms[J]. IEEE Transactions on Systems Man & Cybernetics,1979, 9(1): 62-66.

[8] PUN T. A new method for grey-level picture thresholding using the entropy of the histogram[J]. Signal Processing, 1980, 2(3): 223-237.

[9] KAPUR J, SAHOO P, WONG A K C. A new method for gray-level picture thresholding using the entropy of the histogram[J]. Computer Vision, Graphics, and Image Processing, 1985, 29(3): 273-285.

[10] KULLBACK S. Information theory and statistics[M]. New York: Dover Publications, 1968.
[11] LI Chun-Hung, LEE C K. Minimum cross entropy thresholding[J]. Pattern Recognition, 1993, 26(4): 617-625.
[12] Abdel-Aty M, Pande A, Hsia L. The concept of proactive traffic management for enhancing freeway safety and operation[J]. ITE Journal, 2010, 80(4): 34-41.

8 高速公路交通安全分析

高速公路是专供汽车分方向行驶、全部控制出入的多车道公路，具有流量大、运行速度快、交通流连续等特性。我国高速公路年平均日交通量逐年增加，由于事故数及死亡人数居高不下，交通安全压力大，因此发展重点逐步向“管建并举、管理为重”转移。为了定量探究影响高速公路运行安全的因素，并开展事故多发路段判别及安全改善工作，就需要进行高速公路安全统计建模。本章重点介绍高速公路安全现状、事故统计模型、事故多发路段判别、安全模型迁移和安全改善案例分析。

8.1 高速公路安全研究现状

1988 年，中国大陆首条高速公路沪嘉高速公路建成通车，高速公路里程突破零的纪录，并自此步入持续、快速的发展阶段，如图 8-1 所示[1]。自 2000 年以来，高速公路发展势头迅猛，总里程从 1.63 万 km 增至 2019 年年底的 14.96 万 km，年均增长量达 0.7 万 km。

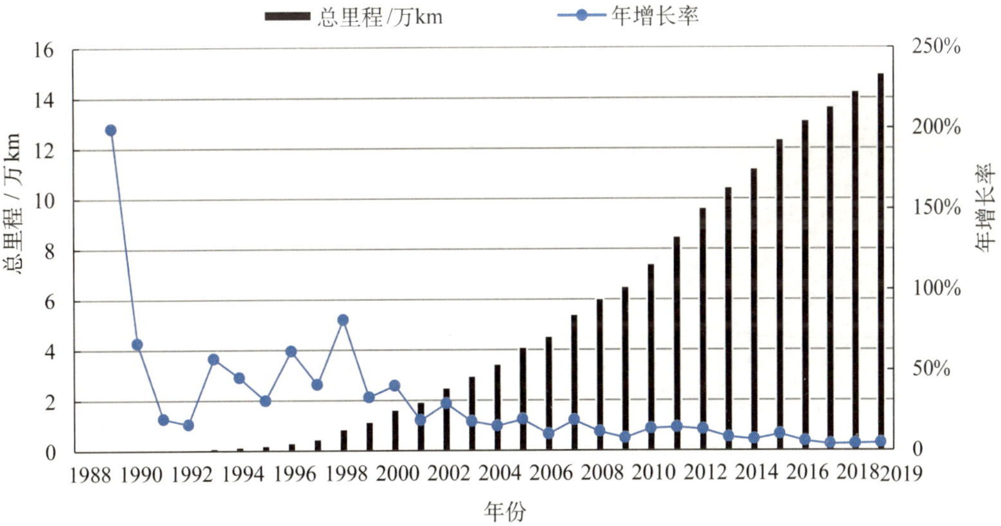

图 8-1　我国高速公路里程发展[1]

一般而言，高速公路事故中占比最高的是财产损失事故（占比 98.99%），其次为轻伤和重伤事故（分别为 0.79%和 0.03%），最后为死亡事故（占比 0.19%）。根据地形地貌类型，可将高速公路分为山区高速公路和平原高速公路两类。山区高速公路线形复杂、桥隧占比高，而平原高速公路线形平缓、车辆运行速度高，由于二者具有各自典型的道路属性和车辆运行特征,故交通事故特征也存在差异。

高速公路事故月分布如图 8-2 所示。平原高速公路(以沪宁高速为例,下同)在 2 月份事故最少(约占全年的 5%)。山区高速公路(以贵都高速为例,下同)在冬季月份和国庆假期当月事故高发,月度事故分别约占全年的 13%和 14%,这与冬季降雪和凝冻导致的不良道路环境、国庆假期流量大幅增加有关。

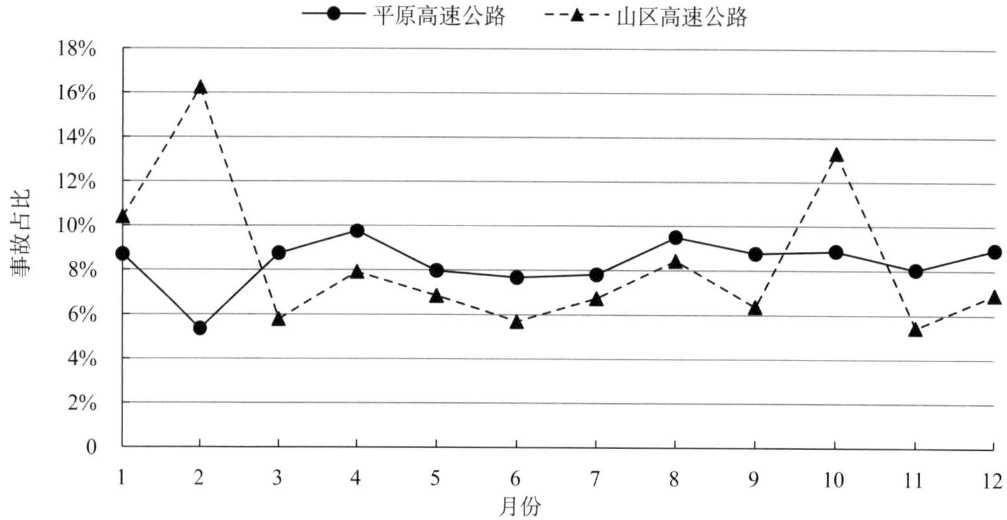

图 8-2 高速公路事故月分布

高速公路事故周分布如图 8-3 所示,事故在周一至周四分布较为均衡。对于平原高速公路而言,周末事故占比低,周五事故占比高;对于山区高速公路而言,周五、周末事故占比均较高。事故周分布特征的变化一般与流量相关。

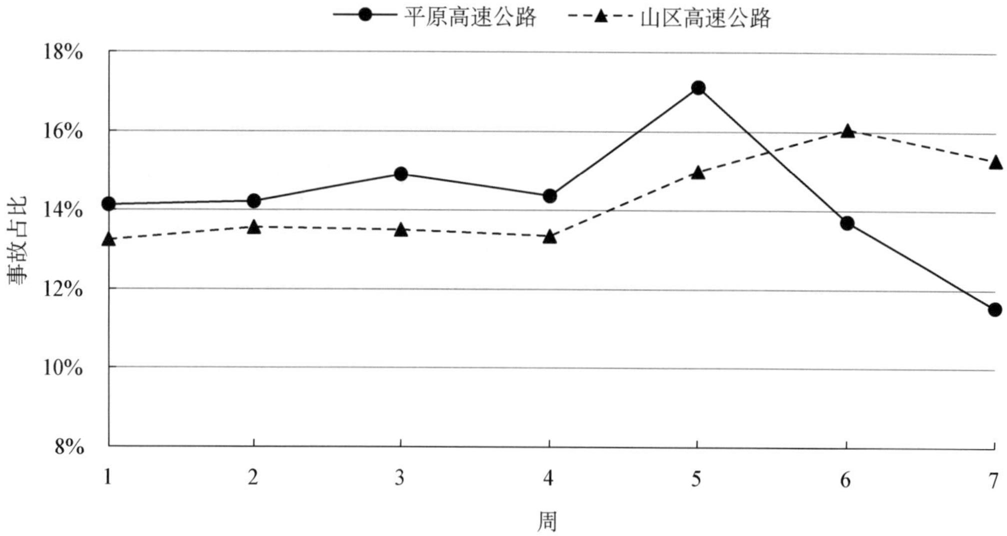

图 8-3 高速公路事故周分布

高速公路事故小时分布如图 8-4 所示,事故与流量的小时分布均呈现正相关关系,上午达到高峰，午间小幅回落，午后再次达到高峰，随后逐渐下降。

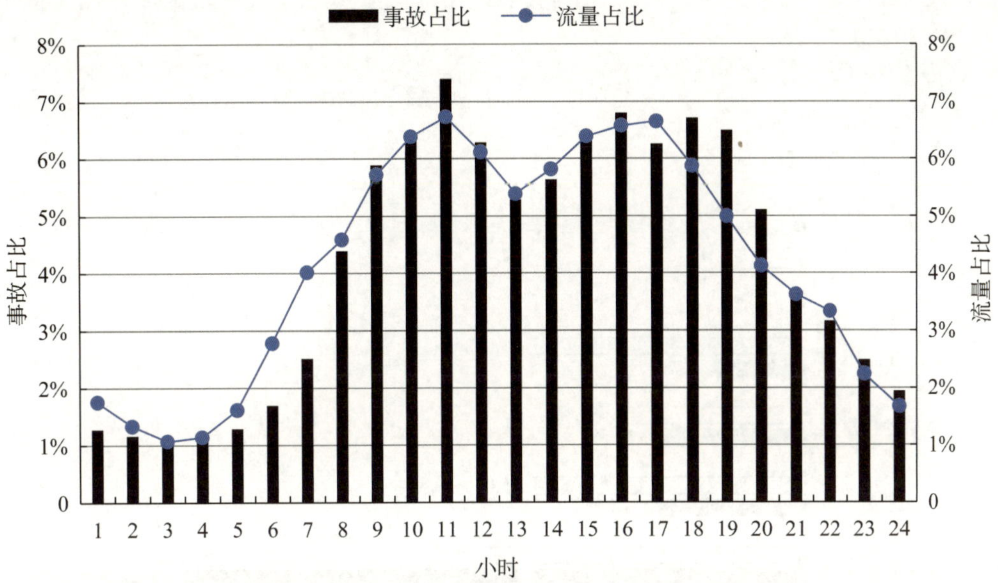

图 8-4 高速公路事故小时分布

高速公路事故形态特征如图 8-5 所示，平原高速公路事故以碰撞运动车辆、撞固定物为主；山区高速公路事故则以碰撞运动车辆、撞固定物、碰撞静止车辆为主。

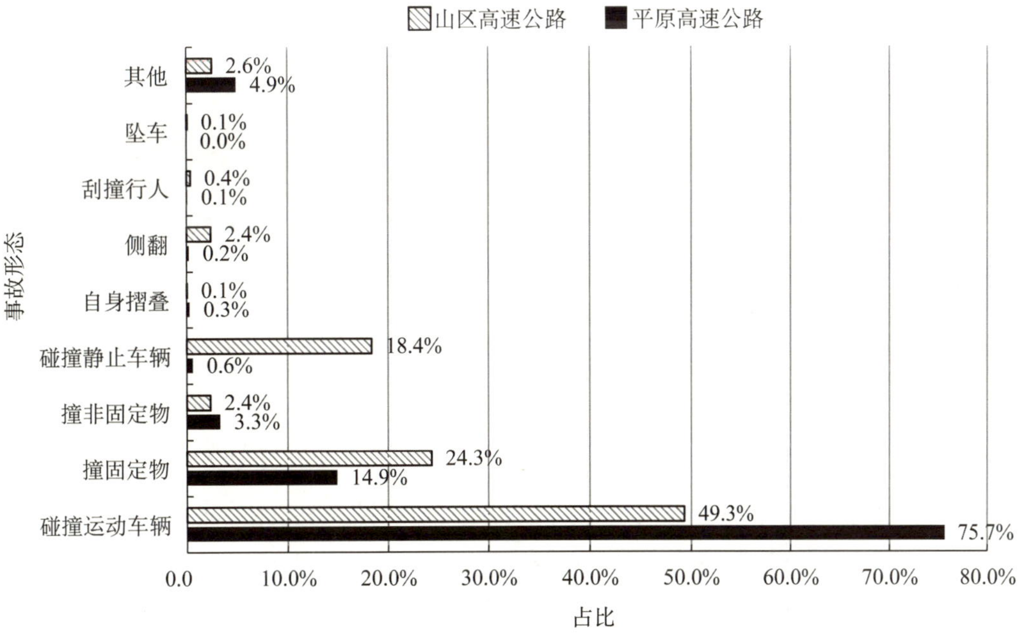

图 8-5 高速公路事故形态

高速公路死亡事故形态特征如图 8-6 所示，平原高速公路死亡事故以碰撞运动车辆、剐撞行人、碰撞静止车辆和撞固定物为主；山区高速公路死亡事故则是碰撞运动车辆、剐撞行人和撞固定物更为突出，这与沿线村民违法上高速、山区高速驾驶环境复杂有关，当然山区道路可达性低也是行人上高速的一个可能原因。在山区高速公路撞固定物死亡事故中，碰撞护栏、山体、桥墩的事故较为多发。

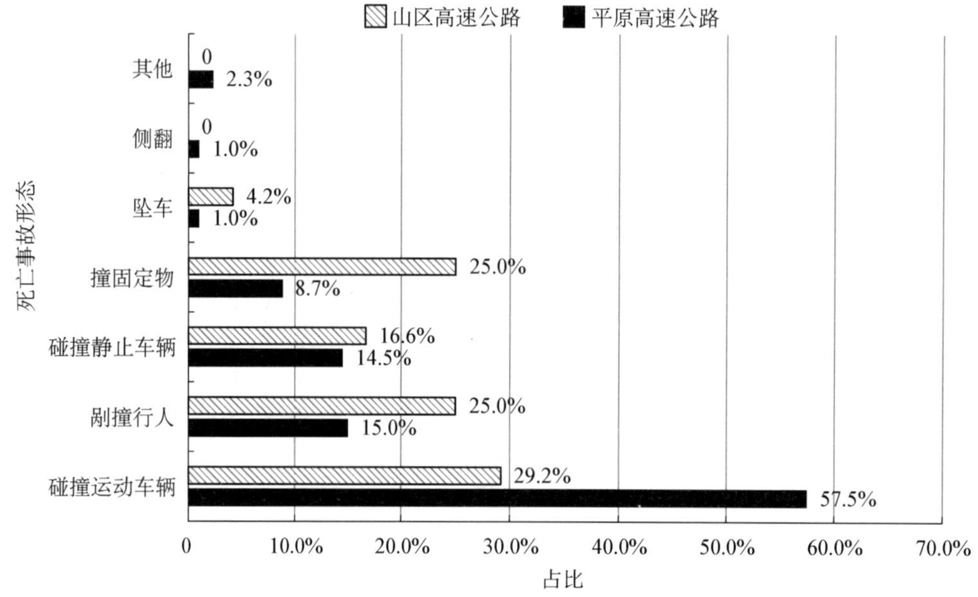

图 8-6 高速公路死亡事故形态

高速公路事故原因特征如图 8-7 所示，其中以操作不当、未保持安全车距和违法变道为主。

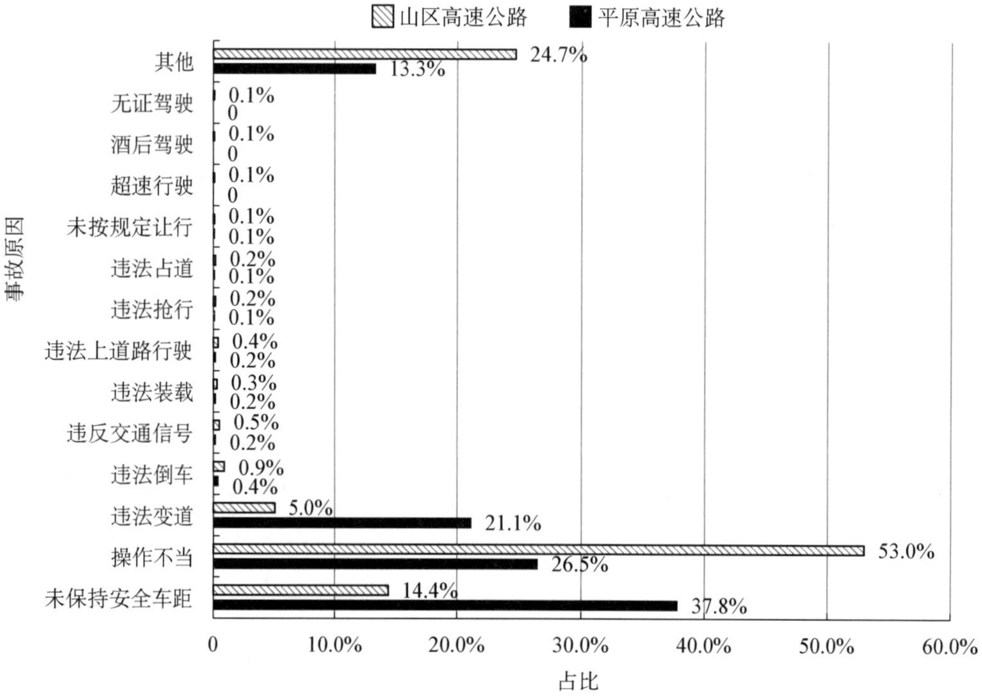

图 8-7 高速公路事故原因

高速公路死亡事故原因特征如图 8-8 所示，其中平原高速公路死亡事故的原因以未保持安全车距、操作不当和违法上道路行驶为主，分别占死亡总事故的 21.1%、11.7% 和 8.6%；山区高速公路以行人违法上道路、操作不当和未保持安全车距为主，分别占比 29.8%、26.4% 和 4.7%。

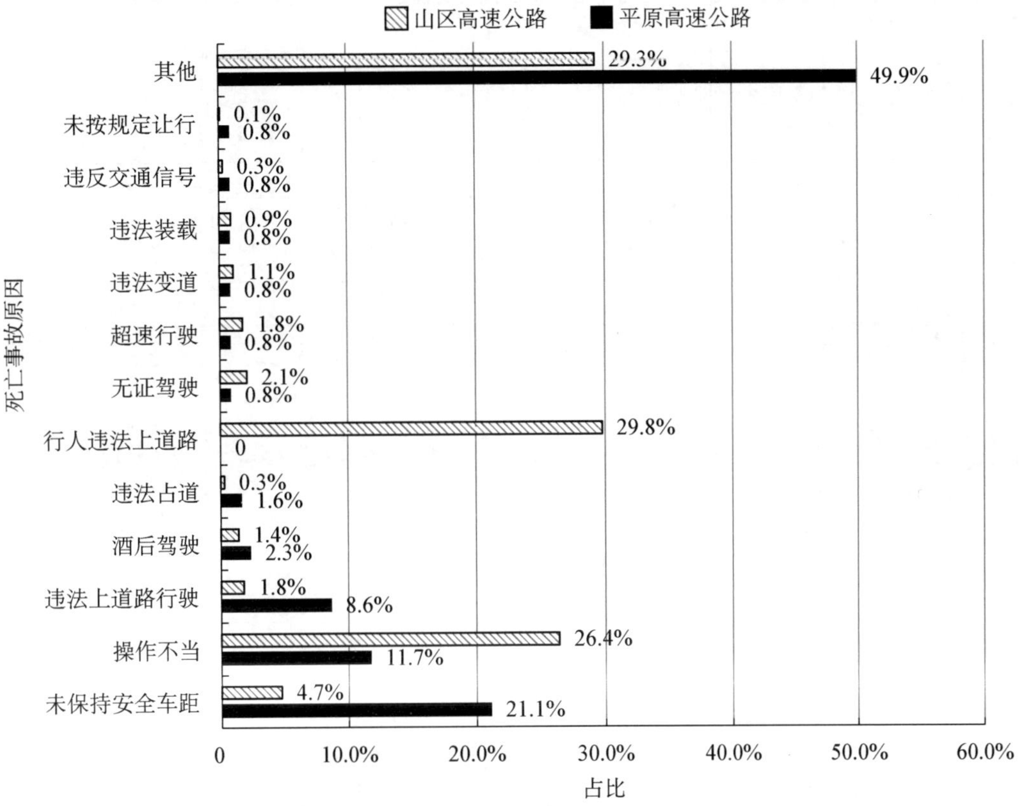

图 8-8 高速公路死亡事故原因

美国国家道路与交通运输协会(American Association of State Highway and Transportation Officials, AASHTO)出版的《公路和街道几何设计政策》(*A Policy on Geometric Design of Highways and Streets*，简称 Green Book)[2] 旨在为驾驶者提供高效率、舒适性、安全性、便利性、环境和谐的高速公路。2018 年，该书第 7 版结合最新的研究成果，分析了几何设计要素对所有交通方式的影响，强调了设计中对多模态需求的考虑，并强调规划者和设计师需要根据项目的特定条件和道路性能来确定适当的设计方案。

美国联邦公路局(Federal Highway Administration, FHWA)在 2000 年开发了交互式道路安全设计模型软件系统(Interactive Highway Safety Design Model, IHSDM)，可用于高速公路安全设计。该系统除了能评价已建道路的安全状况以外，还能对新建道路设计方案进行安全评价，旨在方案设计阶段尽可能地减少安全隐患，减少道路建成后事故的发生以及设施改善费用。

《高速公路管理和运行手册》(*Freeway Management and Operations Handbook*)[3] 由 FHWA 于 1983 年首次出版，最新版于 2017 年发布。该手册针对高速公路主动需求管理、主动交通管理、车道管理、交通事件管理、灾害紧急操作、施工区管理、交通信息传送、数据管理集成、运行监测评估、新兴研究趋势等内容给出了翔实的管理方案，为高速公路日常管理、维护、监测和评估提供了重要参考，其架构如图 8-9 所示。

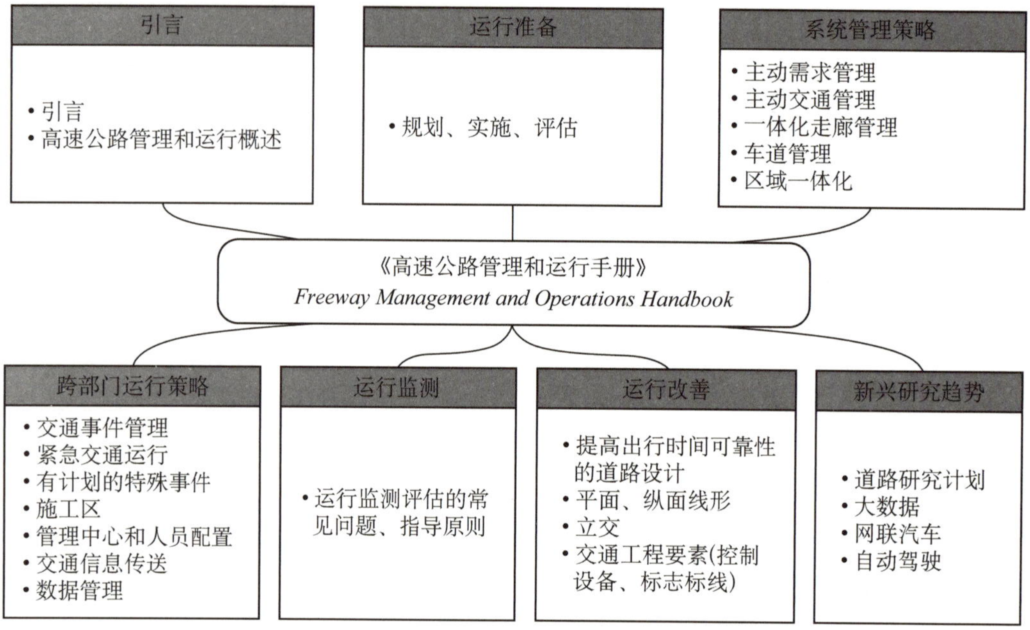

图 8-9 《高速公路管理和运行手册》(2017 版)架构

近年来，全国多条高速公路建立了以高速交警、高速路政、高速公路管理公司为主体的“一路三(多)方”联勤联动工作机制，如图 8-10 所示，通过联合制订和实施针对交通事故、恶劣天气、交通拥堵等突发事件的应急预案，共享道路监控信息与管理资源，开展联合值守巡逻工作，进一步提升高速公路交通事故及突发事件的快速处置能力，共同保障高速公路安全畅通。

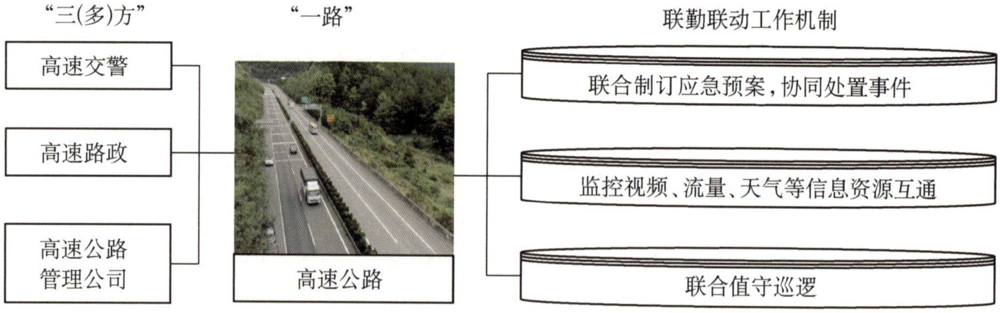

图 8-10 高速公路“一路三(多)方”联勤联动工作机制

虽然，目前交通管理部门已经开始基于交通事故与违法数据的分析来进行安全管理，但依然面临以下两方面的问题。

一方面是高速公路运行管理的依据以经验为主。我国国家高速公路里程已超越美国州际公路总里程，但实际交通运行管理大多依靠经验决策，缺乏理论依据以及系统的指导手册。虽然，高速公路拥有众多的主动安全设备设施，如可变标识、视线诱导标、护栏、防眩板、可变信息牌等硬件设施，但由于不同部门之间的信息联动共享机制不完善，并且各自的勤务管理相互独立，因此，运行管理未能形成一套集成化的机制。

另一方面是缺乏系统性的高速公路安全统计分析研究。目前，我国高速公路交通运行管理数据分析未能跟上高速公路里程发展的步伐，高速公路气象监测设备、交通流监控设备配套有限，大部分路段气象数据、交通运行数据缺失。对于高速公路事故多发路段的判别往往忽略了交通量、几何设计等对事故的潜在影响。而美国《道路安全手册》(*Highway Safety Manual*, HSM)[4]中有高速公路安全分析模型，该分析模型包括多种类型影响因素，可以为交通管理部门日常工作安排以及诸如恶劣天气下的管理提供理论依据。

8.2　高速公路安全建模数据准备

通过安全建模可以定量研究高速公路事故的影响因素。建模前的数据准备包括高速公路研究单元划分和关键数据采集。

8.2.1　路段划分方法

路段单元划分直接影响到模型拟合的精度以及模型的应用效能，现有的路段划分方法主要有定长法和同质法两种。

1. 定长法分段

定长法分段是指按照既定的固定长度对高速公路进行分段，如图 8-11 所示。该方法具有简单、易操作的优点，但缺乏对路段属性的考虑。由于同一条高速公路两侧的交通运行特征存在差异，在分段前需对高速公路进行分侧向处理。

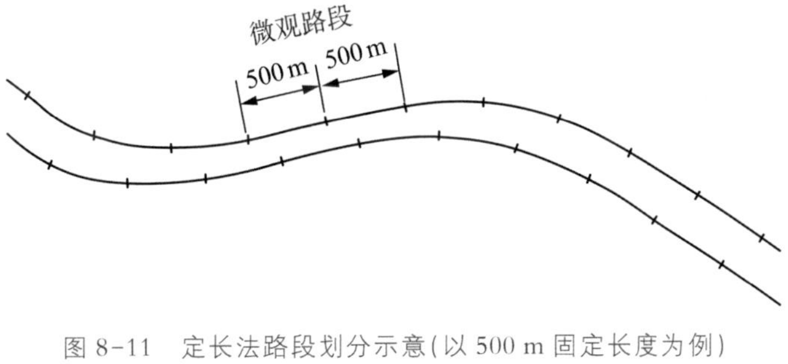

图 8-11　定长法路段划分示意(以 500 m 固定长度为例)

考虑到高速公路出入口匝道和互通立交匝道处形成的车辆分合流都可能对交通安全产生影响，且匝道影响区路段相较一般主线路段具有不同的安全特征，因此，需要将高速公路分为一般主线路段和出入口路段。如图 8-12 所示，以出口减速车道标线或入口鼻端的出现位置作为出(入)口的分界起点断面，以出口鼻端或入口加速车道标线结束位置作为出(入)口的分界终点断面，划分出(入)口匝道影响区。

图 8-12　出(入)口匝道影响区划分示意

2. 同质法分段

同质法分段是指以道路属性的变化为依据,对高速公路进行分段,每段长度各不相同。选取的分段指标主要有平纵线形、车道数、路肩宽度、出入口、隧道、限速和交通量等。同质法分段的优点是道路属性唯一,且能揭示各指标对于高速公路事故发生的影响。

通常,基于专家经验和特定研究目的,以某些变量作为控制指标,对道路进行同质性分段。近年来,该方法受到广泛认可与应用。美国《道路安全手册》(HSM)[4]提出,对道路进行研究单元划分时,应保证车道数、平曲线半径、匝道、路肩宽度、中央分隔带的一致性,同时分析单元长度不能小于 160 m。

以基于平面、纵断面及横断面线形设计指标为例,将高速公路研究路段划分为几何设计上不可再分的基本单元,以保证每个路段单元内平面、纵断面和横断面属性保持一致。因此,需要先采集高速公路平面、纵断面和横断面三方面的几何设计参数。详细的平面、纵断面设计参数主要来自道路设计 CAD 图,而横断面设计参数有可能部分来自平面设计 CAD 图,但主要来自卫星地图、街景地图、行车视频。

1）路段单元划分

在本例中,分段指标选取平面线形(直线段、曲线段)、纵断面线形(上坡、平坡、下坡、凸曲线、凹曲线)、车道数(2 车道、3 车道、4 车道)、中央分隔带宽度(2 m,3 m,3 m 以上)和主线类型(一般主线、出口、入口)。当分段指标中任意一个发生变化时,对道路进行打断。如图 8-13 所示,图中的道路有 5 个分界点,将道路划分为 6 个路段。

2）路段单元合并

美国《道路安全手册》[4]认为,路段长度过短时事故空间集聚不明显,从而会导致模型分析不精确,故提出在对道路进行路段单元划分时,分析单元长度不能小于 160 m。因此,需要对长度不足 160 m 的路段单元进行处理,与前、后路段单元合并,优先考虑横断面参数一致,其次是纵断面参数一致。

路段单元合并可能会导致分析单元内存在平面线形不一致的情况,因此需要增加变量来表征分析单元内部线形的不一致性。例如,增加平曲线比例变量,用于表征曲线段占路段单元长度的比例;平面线形类型则可采用平面线形组合路段。

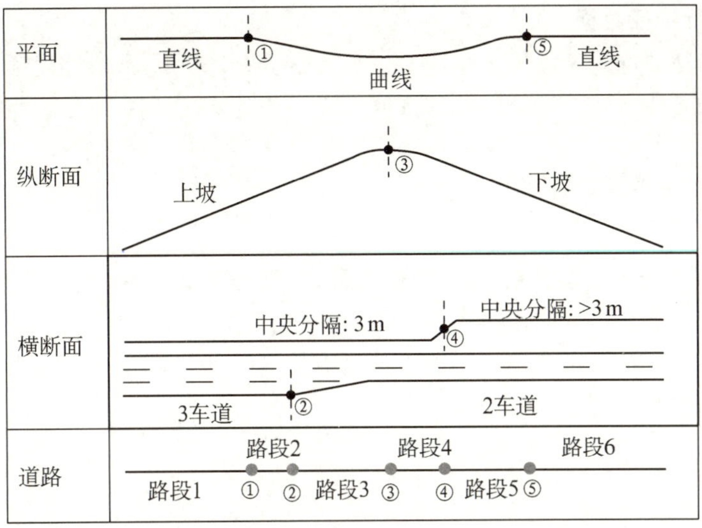

图 8-13 高速公路路段单元划分示意(以平、纵、横线形指标为例)

8.2.2 数据类型

在建立高速公路安全模型之前,需要准备事故、道路属性、交通运行特征、环境特征等数据,如图 8-14 所示。下面介绍前三类数据的来源及详细数据类型。

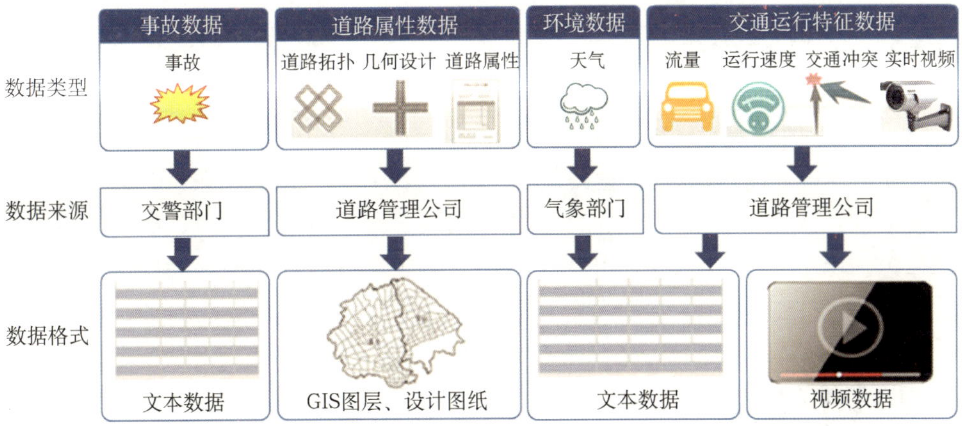

图 8-14 高速公路安全模型数据准备示意

1. 事故数据

事故数据所需字段类型一般包括事故发生时间、事故地点、事故严重程度、事故形态、事故原因和车辆类型等。在使用数据前,由于数据字段可能存在信息记录不完整、事故地点记录不规范等问题,故需要对事故数据质量进行诊断及数据清洗。

2. 道路属性数据

道路属性数据的主要来源为高速公路设计图纸、调研车辆行车记录视频、街景地图和卫星地图。所需数据类型包括路段类型(如一般主线、隧道、出入口、桥梁)、道路几何线形(如平曲线半径、平曲线类型、纵坡坡度、竖曲线类型)、车道数、中央分隔带宽度、路肩宽度和限速等。

3. 交通运行特征数据

交通运行特征数据的主要来源为 ETC 门架、收费站卡口和沿线监控视频。所需数据类型包括运行速度(如速度均值、速度方差、车道间速度差、客货车速度差)、交通量和货车占比等。

8.3 高速公路事故分析模型

高速公路事故分析模型结果可定量揭示事故的显著相关因素,可作为判别事故多发路段的基础模型。对于不同的事故类型,其事故特征也不同,因此,在建立事故分析模型时,须按实际需求选择合适的模型类型。下面以总体事故模型、单车和多车事故模型为例,介绍高速公路事故分析模型的建立与解析。

8.3.1 总体事故模型

采用负二项回归模型建立事故分析模型。模型解释变量包括路段长度、年平均日交通量、车道数、匝道数和所属高速公路。假设路段 i 的事故数 y_i 服从负二项分布,则事故预测值 y_i^{exp} 可以与解释变量 X_i 建立如下回归关系:

$$y_i \sim NB(y_i^{exp}, \alpha) \tag{8-1}$$

$$\lg(y_i^{exp}) = \beta_0 + \beta_1 X_1 + \cdots + \beta_n X_n \tag{8-2}$$

式中 y_i^{exp}——路段 i 的事故预测值;
X_i——影响交通事故的因素;
β_i——变量 X_i 对应的系数;
α——负二项模型的离散系数。

以苏州市高速公路为例,将高速公路以 1 km 等距划分为微观路段,采集各路段的年平均日交通量(通过 ETC 门架系统获取,见图 8-15)、道路几何变量(路段长度、车道数、匝道数),建立负二项回归模型。使用 SPSS 对数据进行多重共线性检验,得到的方差膨胀系数

图 8-15 苏州市高速公路 ETC 门架系统

(图片来源:http://jsgzw.jiangsu.gov.cn/art/2019/11/7/art_11776_8792439.html)

VIF 值均小于 3,因此,各变量不存在多重共线性。将 14 条高速公路的数据进行汇总,建立负二项回归模型。模型结果如表 8-1 所列。

表 8-1　　　　事故分析模型结果

解释变量 X_n		系数 β_n	标准差	P 值
常数项		0.8376	0.2307	<0.0001
路段长度 lg(length)		1.1041	0.2112	<0.001
车道数(基准:单向 2 车道)	3:单向 3 车道	−0.1895	0.1058	0.0733
	4:单向 4 车道	−0.0159	0.2007	0.9371
	5:单向 5 车道	−0.0661	0.5061	0.8961
	6:单向 4 车道,中间为不可跨越导流线	−0.5799	0.4309	0.1784
	7:收费站区域,车道过多,不便计数	3.1759	0.5865	<0.0001
路段匝道数(基准:主线路段)	1:路段有一条进口匝道	0.5569	0.1318	<0.0001
	2:路段有一条出口匝道	0.4117	0.1334	0.0020
	3:路段有两条匝道,先进后出	2.0093	0.6414	0.0002
	4:路段有两条匝道,先出后进	0.6670	0.1692	<0.0001
	5:路段有两条进口匝道	0.6489	0.9132	0.4770
年平均日交通量/$\times 10^4$ 辆		0.4026	0.0350	<0.0001
离散系数(α)		0.6204		
AIC		8 421.4		

根据模型结果可以发现:

(1) 路段长度变量系数为正,即随着路段长度的增加,事故数也会增加。R. Yu 和 M. Abdel-Aty[5] 以及 X. Ma 等[6] 的研究中有关路段长度与事故数的关系也得到了类似的结论。

(2) 就车道数而言,3 车道的事故数显著低于 2 车道;收费站区域事故数显著高于 2 车道,这与 M. Saad 等[7] 的研究结论相同,因为在收费站附近会出现车辆的合流、分流与交织,相对于普通路段会产生更多的冲突,从而导致事故数增加。

(3) 路段的匝道类型会影响事故数,如图 8-16 所示,共有 5 种出入口匝道类型。路段存在匝道或匝道数过多会增加路段事故数。其中,存在两条匝道的路段的事故数会多于存在一条匝道的路段,而先进后出匝道类型的事故数明显多于先出后进匝道类型的,因为先进后出形式会造成车道不平衡,而先出后进可以避免这种问题,从而减少由于车辆变更车道造成的冲突;进口匝道路段的事故数多于出口匝道,因为合流点的冲突要多于分流点。

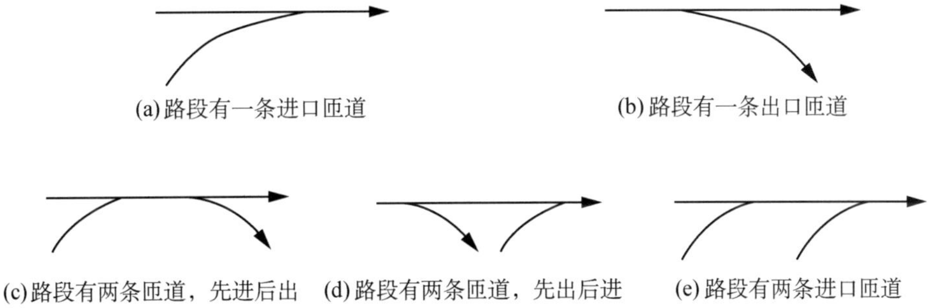

图 8-16　高速公路出入口匝道类型

(4) 年平均日交通量的系数也为正,即随着路段流量的增加,事故数也会随之增加。流量与事故关系的结论与诸多研究结论一致[8-11]。

8.3.2 单车、多车事故模型

常见的安全分析将事故总数作为因变量,然而研究表明不同路段上单车事故占比、单车/多车事故的空间分布以及两类事故的影响因素具有明显的差异[5,12,13]。以贵都高速公路为例(图 8-17),其单车事故占比高达 32%,因此有必要分析道路几何设计、交通运行与单车、多车事故之间的关系,从而为高速公路设计、规范制订、事故多发路段判别及安全改善提供参考。

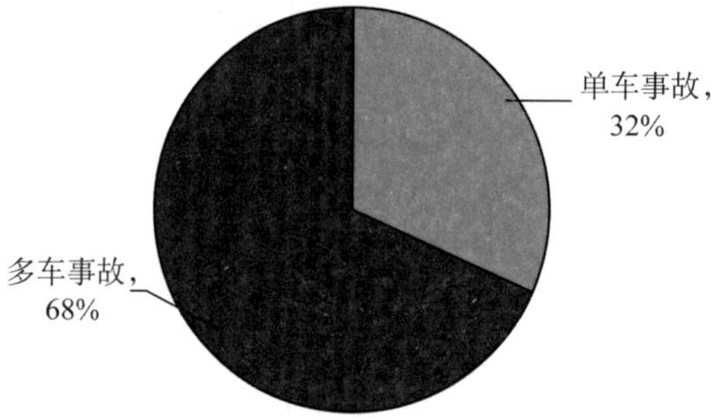

图 8-17 贵都高速公路单车、多车事故统计

1. 数据准备

1) 分析单元划分

选择沈海高速公路长度为 45 km 的主线路段作为研究对象,限速 100 km/h。采用同质法进行路段分段,选择平面线形(直线段、曲线段)、纵断面线形(上坡、下坡、凸曲线、凹曲线段)、车道数(2 车道、3 车道)、中央分隔带宽度(2 m,3 m,3 m 以上)作为分段指标。主线路段共被划分为 492 个路段单元,最小值为 7.6 m,最大值为 347 m。将过短的高速公路路段单元与其相邻路段单元合并,优先保证横断面参数(车道数与中央分隔带宽度)一致,最终主线路段被划分为 324 个分析单元,平均长度为 277.7 m。

2) 道路几何设计变量统计

道路几何设计变量描述及统计数据如表 8-2 所列。

表 8-2 沈海高速公路道路几何设计变量描述性统计

解释变量 X_i		变量描述	变量统计
平曲线	平曲线类型	1:直线	样本量:174
		2:平曲线	样本量:131
		3:直线与曲线组合路段	样本量:19
	平曲线曲率	平曲线半径的倒数/$\times 10^{-4}\,m^{-1}$	平均值:1.98
			标准差:2.47
	缓和曲线长度	直线与圆曲线间的缓和曲线长度/km	平均值:0.1758
			标准差:0.1272
	平曲线比例	分析单元内平曲线所占比例	平均值:43.31%
			标准差:48.40%

（续表）

解释变量 X_i		变量描述	变量统计
竖曲线	竖曲线类型	1:上坡	样本量:58
		2:下坡	样本量:52
		3:凸竖曲线	样本量:82
		4:凹竖曲线	样本量:68
		5:纵坡与竖曲线组合路段	样本量:64
	最大纵坡	分析单元内纵坡最大坡度	平均值:0.83%
			标准差:0.79%
	竖曲线曲率	分析单元内竖曲线半径的倒数/$\times 10^{-4}\ \mathrm{m}^{-1}$	平均值:0.63
			标准差:0.65
	纵坡变化	分析单元内纵坡坡度变化值	平均值:0.99%
			标准差:1.14%
	竖曲线比例	路段中竖曲线长度所占的比例	平均值:57.59%
			标准差:44.68%
横断面	车道数	1:车道数为 2	样本量:141
		2:车道数为 3	样本量:183
	中分带宽度	1：中央分隔带宽度为 2 m	样本量:33
		2：中央分隔带宽度为 3 m	样本量:74
		3：中央分隔带宽度超过 3 m	样本量:217
长度		分析单元长度/km	平均值:0.2199
			标准差:0.0945

3）交通运行参数统计

沈海高速沿线安装了大量交通监测和监控设备，监控视频为交通运行参数的获取提供了数据源。基于一周 7 天的监控视频数据，借助监控视频识别软件，获取路段各车道流量及过车速度数据，推算各路段的小时交通流量、平均车速等交通运行参数，如表 8-3 所列。

表 8-3　　沈海高速公路交通运行变量描述性统计

解释变量 X_i	变量描述	均值	标准差	最小值	最大值
小时交通量	路段单侧小时交通量/$\times 10^4$ 辆	0.12	0.05	0.05	0.28
大车比例	大车总数与车辆总数的比值	29.11%	5.94%	20.29%	45.65%
平均车速	路段所有车辆平均车速/($\mathrm{km}\cdot\mathrm{h}^{-1}$)	83.73	11.89	60.02	103.83
车速方差	路段车速方差	48.51	11.95	13.27	74.83

4）事故数据

沈海高速公路单车、多车事故空间分布(以北向南方向为例),如图 8-18 所示。单车事故与多车事故在空间分布上存在明显差异,部分路段以单车事故为主,部分路段则以多车事故为主,仅 9.25%的路段二者占比相当。

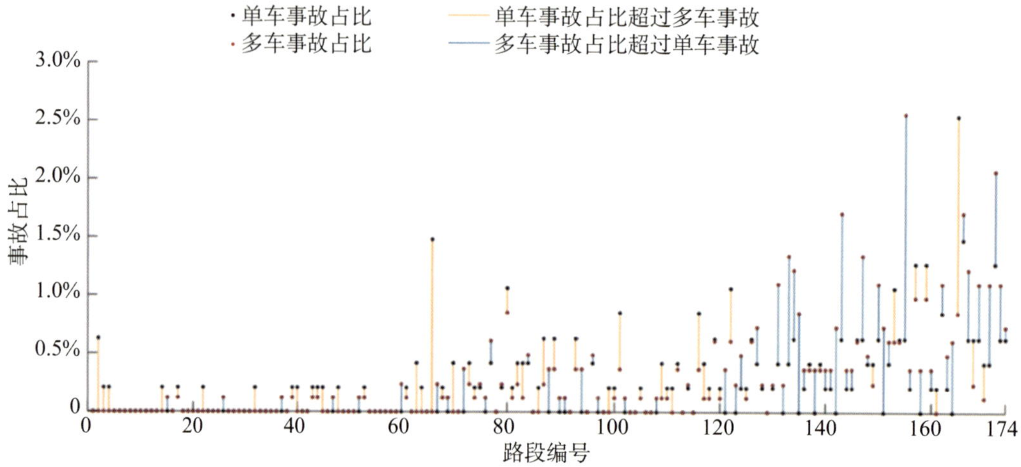

图 8-18 沈海高速公路单车、多车事故分布(以北向南方向为例)

2. 有限混合负二项模型

有限混合模型假定总体样本由有限个成分构成,即将异质性的总体样本划分成 k 组同质性的数据。各组数据可以服从不同的分布,如泊松分布、负二项分布等。作为有限混合模型的一种,有限混合负二项模型(Finite Mixture of Negative Binominal regression model, FMNB)可以解决事故数据过度离散的问题。因此,选择 FMNB 模型为建模方法,建立事故与道路几何参数、交通运行指标之间的回归模型,分析不同类型事故的影响因素。

假设样本被分为 k 组,每组分别服从不同的二项分布,y_i 为路段 i 的事故数,则 y_i 的密度函数 $f(y_i)$ 为

$$f(y_i)=\sum_{j=1}^{k}p_jNB(\mu_{i,j},\varphi_j)=\sum_{j=1}^{k}p_j\left[\frac{\Gamma(y_i+\varphi_j)}{\Gamma(y_i+1)\Gamma(\varphi_j)}\left(\frac{\mu_{i,j}}{\mu_{i,j}+\varphi_j}\right)^{y_i}\left(\frac{\varphi_j}{\mu_{i,j}+\varphi_j}\right)^{\varphi_j}\right] \tag{8-3}$$

$$E(y_i)=\sum_{j=1}^{k}\mu_{i,j}p_j \tag{8-4}$$

$$Var(y_i)=E(y_i)+\left[\sum_{j=1}^{k}p_j\mu_{i,j}^2\left(1+\frac{1}{\varphi_j}\right)-E(y_i)^2\right] \tag{8-5}$$

式中 x_i —— 回归变量;

$\mu_{i,j}$ —— 第 j 组样本的平均值,$\mu_{i,j}=\exp(x'_i\beta_j)$;

φ_j ——NB 模型的离散系数;

β_j ——j 组样本的回归参数;

p_j—— 混合比例，满足 $\sum_{j=1}^{k} p_j = 1$ 且 $0 \leqslant p_j \leqslant 1$；

$E(y_i)$——y_i 的期望函数；

$Var(y_i)$——y_i 的方差函数。

在拟合 k 个分组的有限混合负二项模型时，为每个样本计算成为分组 j 的成员的后验概率：

$$Pr(j \mid y_i) = \frac{p_j NB_j(y; \mu_{i,j}, \varphi_j)}{\sum_{j=1}^{k} p_j NB_j(y; \mu_{i,j}, \varphi_j)} \tag{8-6}$$

最终，每个样本被分配到拥有最大后验概率的分组中。参数 β_j 的估计方法有极大似然估计[14]和贝叶斯估计[15,16]。此处选择常用的最大期望(Expectation-Maximization，EM)算法进行混合密度的参数估计。令 $k=2,3,4,\cdots$，分别建立 FMNB 模型，最优成分数 k 可以通过比较一系列模型(令 $k=2,3,4,\cdots$)的拟合效果来确定[14]。常用的比较拟合准则有赤池信息准则(Akaike Information Criterion, AIC)、贝叶斯信息准则(Bayesian Information Criterion, BIC)和方差信息准则(Deviance Information Criterion, DIC)，取值越小，模型的拟合效果越好。

为了能直观地体现变量估计参数的含义，计算模型中自变量的边际效应表征自变量每增加一个单位，路段事故数相应的变化情况。第 j 组样本中自变量的边际效应计算公式为

$$\frac{\partial E_j(y_i)}{\partial X_i} = \frac{\partial \mu_{i,j}}{\partial X_i} \tag{8-7}$$

3. 单车事故影响因素

基于采集到的道路几何设计参数、交通运行数据以及事故数据，分别建立单车、多车事故的有限混合负二项模型，并分析高速公路事故的影响因素。在建立模型之前，先对自变量之间的相关性进行分析，并在建模时注意共线性问题。

建立不同成分数($k=2, 3, 4, 5, 6, 7$)的 FMNB 模型，各模型的拟合效果如表 8-4 所列。以 AIC 准则与 BIC 准则作为模型选择准则，当成分数为 2 时，模型结果最优。

表 8-4　　不同成分数模型拟合信息

拟合准则	AIC	BIC
FMNB-2	865.9	941.5
FMNB-3	872.2	981.9
FMNB-4	889.7	1 037.1
FMNB-5	909.9	1 095.1
FMNB-6	932.4	1 155.5
FMNB-7	946.5	1 207.4

建立成分数为 2 的 FMNB 模型，所有路段被分为两组，89%的路段属于成分 1,11%的路

段属于成分 2。比较不同成分中路段的特征，其中图 8-19 所示是连续型自变量，表 8-5 所列是因变量和分类型自变量。成分 1 中路段上发生的单车事故数远低于成分 2 中的路段；相比于成分 2 中的路段，成分 1 中路段的纵坡变化值较小，大车比例高，中央分隔带宽度多为 3 m 或以上；成分 2 中路段的纵坡变化值较大，以 3 车道路段为主，2 m 宽的中央分隔带比例相对较高。

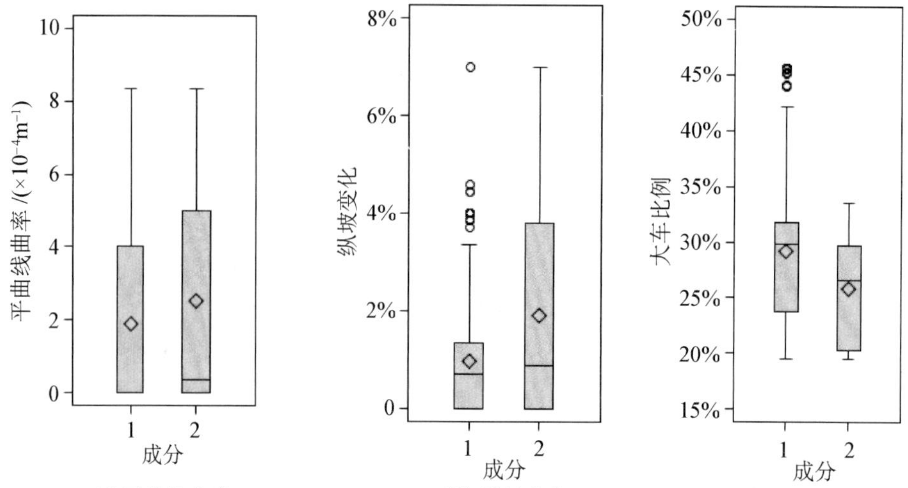

(a) 平曲线曲率　(b) 纵坡变化　(c) 大车比例

图 8-19　单车事故分组特征对比

表 8-5　单车事故分组特征对比

变量		参数统计		
		统计值	成分 1	成分 2
事故		平均值	0.95	7.86
		标准差	1.26	2.97
车道数	2 车道	样本比例	0.44	0.14
	3 车道	样本比例	0.56	0.86
中央分隔带宽度	2 m	样本比例	0.10	0.29
	3 m	样本比例	0.23	0.29
	>3 m	样本比例	0.68	0.43

表 8-6 汇总了单车事故 FMNB 模型显著变量的估计系数。在两个成分中，显著变量不完全相同，大车比例、中央分隔带宽度仅在成分 1 中显著，平曲线曲率、竖曲线曲率以及纵坡变化仅在成分 2 中显著；另外，同一显著变量在两个成分中的估计系数大小也存在差异，如路段长度和车道数。这表明变量对单车事故的影响较为复杂，在不同路段上产生的影响也不同。

表 8-6 单车事故 FMNB 模型结果

变量		成分 1			成分 2		
		估计系数	标准差	$Pr > \|z\|$	估计系数	标准差	$Pr > \|z\|$
常数项		0.20	0.42	0.6322	14.06	6.83	0.0394
路段长度		**4.18**	0.61	<0.0001	**0.83**	0.18	0.0418
平曲线曲率		0.04	0.03	0.0917	**−4.00**	1.98	0.0437
竖曲线曲率		−0.22	0.14	0.1149	**2.77**	1.17	0.0182
纵坡变化		0.04	0.06	0.4773	**0.41**	0.18	0.0225
车道数	2 车道	**−0.54**	0.19	0.0058	**−11.71**	5.90	0.0472
	3 车道	0.00	0.00	0.0000	0.00	0.00	0.0000
中央分隔带宽度	2 m	**0.39**	0.21	0.0493	−7.03	4.11	0.0869
	3 m	**0.36**	0.17	0.0346	−10.88	5.76	0.0589
	大于 3 m	0.00	0.00	0.0000	0.00	0.00	0.0000
大车比例		**−4.40**	1.35	0.0011	23.90	11.52	0.0679
成分比例		89%			11%		

注：表中加粗表示 95%置信度下显著变量的估计系数。

1）路段长度

路段越长，发生事故的概率就越大。路段长度每增加 1 km，成分 1 中路段平均事故数就增加 2.55 起，成分 2 中路段平均事故数就增加 0.43 起。

2）平曲线要素

平面要素中，成分 2 中的平曲线曲率对单车事故数有显著影响。其回归系数为负，表明平曲线半径越大，单车事故数越是显著增加，在已有研究中也得到了相同的结论[17]。虽然，平曲线半径越大，驾驶人视距范围内的障碍就越少，但在小半径曲线上行驶，驾驶人反而更加谨慎，更有利于减少单车事故的发生。由此可见，平曲线半径并不是越大越好，在进行道路设计时，不仅要符合最小平曲线半径要求，也要考虑最大平曲线半径的要求。

3）竖曲线要素

竖曲线曲率、纵坡变化对单车事故数有显著影响。在高速公路部分路段上，单车事故数随着竖曲线半径的增大而减小，说明在大竖曲线半径下，驾驶人视距良好，行驶更为平顺。纵坡变化与单车事故呈正相关关系，纵坡变化每增大 1%，路段平均事故数就增加 0.21 起，该结论与 R. Yu 和 M. Abdel-Aty[18] 的研究结果一致。

4）横断面要素

车道数、中央分隔带宽度对单车事故数有显著影响。相比于单侧 3 车道路段，成分 1 中单侧 2 车道路段发生的平均事故数减少 0.33 起，成分 2 中则平均减少 6.09 起。在成分 1 中，当中央分隔带宽度由 3 m 以上变窄时，单车事故会显著增加。

5）交通运行要素

成分 1 中大车比例对单车事故数有显著影响。大车比例每增加 1%，单车事故数就减少 2.68 起。该结论与 L. Chang 等[19]的结论相反,由于在大车较多的路段,驾驶人更加谨慎,因此翻车、撞固定物等单车事故的发生概率就相对较小。

4. 多车事故影响因素

通过比较不同成分数 FMNB 模型的拟合效果,同理可得成分数为 2 时模型最优。所有路段被分为两组,77%的路段属于成分 1,23%的路段属于成分 2。比较不同成分中路段的特征,图 8-20 所示是连续型自变量,表 8-7 所列是因变量和分类型自变量。

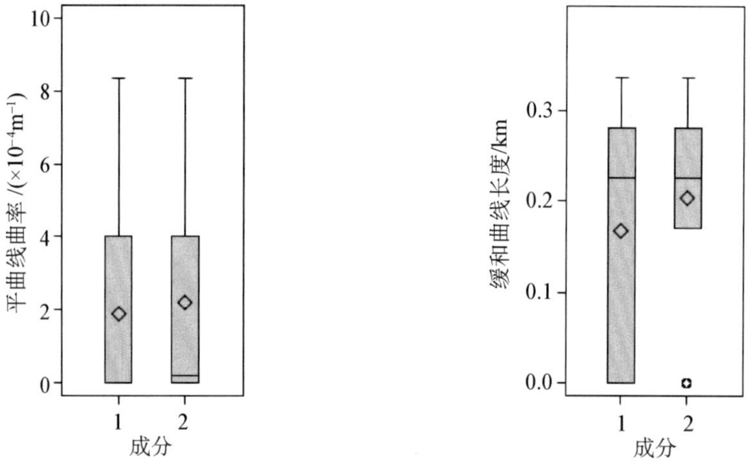

图 8-20 多车事故分组特征对比

表 8-7 **多车事故分组特征对比**

变量		参数统计		
		统计值	成分 1	成分 2
事故		平均值	1.38	5.13
		标准差	2.27	4.39
平曲线类型	直线	样本比例	0.54	0.40
	曲线	样本比例	0.40	0.41
	直线和平曲线组合	样本比例	0.05	0.19
车道数	2 车道	样本比例	0.43	0.49
	3 车道	样本比例	0.57	0.51
中央分隔带宽度	2 m	样本比例	0.11	0.08
	3 m	样本比例	0.22	0.28
	>3 m	样本比例	0.67	0.64

表 8-8 汇总了多车事故 FMNB 模型显著变量的估计系数。在两个成分中,显著变量不完全相同,中央分隔带宽度仅在成分 1 中显著,缓和曲线长度、最大纵坡与流量仅在成分 2 中显著;同一显著变量的估计系数大小或符号也存在差异,如路段长度、平曲

线曲率以及竖曲线比例。这表明变量对多车事故的影响较为复杂，在不同路段上产生的影响也不同。

表 8-8　　多车事故 FMNB 模型结果

变量		成分 1			成分 2		
		估计系数	标准差	$Pr > \lvert z \rvert$	估计系数	标准差	$Pr > \lvert z \rvert$
常数项		−3.02	0.70	<0.0001	6.94	1.38	<0.0001
路段长度		**5.40**	0.66	<0.0001	**6.72**	1.00	<0.0001
平曲线类型	直线	0.81	0.36	0.0655	**−2.24**	0.60	0.0002
	平曲线	**0.69**	0.31	0.0277	−0.24	0.30	0.4209
	直线与平曲线组合	0.00	0.00	0.0000	0.00	0.00	0.0000
平曲线曲率		**0.15**	0.04	0.0004	**−0.58**	0.12	<0.0001
缓和曲线长度		0.04	0.09	0.6500	**−0.34**	0.09	0.0003
纵断面类型	上坡	0.24	0.48	0.6219	**−2.46**	1.00	0.0137
	下坡	0.58	0.41	0.1555	**−2.10**	0.94	0.0254
	凸竖曲线	**−0.68**	0.30	0.0250	1.10	0.74	0.1395
	凹竖曲线	**−1.23**	0.33	0.0002	1.07	0.74	0.1463
	纵坡与竖曲线组合	0.00	0.00	0.0000	0.00	0.00	0.0000
最大纵坡		−0.10	0.07	0.1289	**−0.50**	0.19	0.008
竖曲线比例		**0.01**	0.01	0.0177	**−0.03**	0.02	0.0363
车道数	2 车道	**−1.49**	0.40	0.0002	**−0.95**	0.29	0.0013
	3 车道	0.00	0.00	0.0000	0.00	0.00	0.0000
中央分隔带宽度	2 m	**1.21**	0.27	<0.0001	−0.96	0.42	0.0516
	3 m	**1.17**	0.23	<0.0001	−0.16	0.38	0.6829
	>3 m	0.00	0.00	0.0000	0.00	0.00	0.0000
流量		−0.28	1.46	0.8473	**−9.74**	2.97	0.0010
成分比例			0.77			0.23	

注：表中加粗数字表示 95%置信度下显著变量的估计系数。

1）路段长度

路段长度与多车事故数之间呈正相关，长度增加，多车事故数也随之增加。

2）平曲线要素

平面要素中，平曲线类型、平曲线曲率以及缓和曲线长度对于多车事故数均有显著影响。在成分 1 中，曲线路段比组合平曲线路段平均多发生 0.28 起多车事故；在成分 2

中,组合平曲线路段比直线路段更容易发生事故。与 P. Kopelias 等[20]的研究结论相同,成分 1 中平曲线曲率与多车事故数呈正相关,平曲线半径每增加 10 000 m,多车事故数减少 0.06 起。在成分 2 的路段上却有相反的结论,随着平曲线半径的增大,更容易发生多车事故。这可能是由于在大半径平曲线路段,驾驶人不易觉察到曲线的存在。在成分 2 中,缓和曲线长度与多车事故数显著负相关,表明缓和曲线越长,直线与曲线之间过渡越平缓,行车越安全。

3) 竖曲线要素

纵断面要素中,纵断面类型、最大纵坡以及竖曲线比例对于多车事故数有显著影响。在大部分样本中,竖曲线路段发生事故的可能性较低。最大纵坡与多车事故呈负相关,坡度越大,发生多车事故的可能性就越小。竖曲线比例的增加会导致多车事故数的增加。

4) 横断面要素

横断面要素中,车道数以及中央分隔带宽度对于多车事故数均有显著影响。与单车事故相同,单侧 2 车道路段比 3 车道路段更安全。在成分 1 中,相比于中央分隔带宽度为3 m 或以下的路段,中央分隔带宽度在 3 m 以上的路段上多车事故平均减少 0.48 起。

5) 交通运行要素

小时交通量与多车事故数显著负相关。随着交通量的增加,多车事故数有减少的趋势,这与已有的一些研究[19,21]结论相反。这是因为研究对象为平原高速公路,线形平顺,出入口数量较少,在流量较大的情况下,变换车道更加困难,随意变道的情况减少,驾驶人也更为谨慎。

8.4 高速公路事故多发路段判别

高速公路事故多发路段是指在统计年限内,路段单元事故发生数量明显高于其他单元的路段。事故多发路段具有突出的安全问题,是高速公路安全管理的重要内容之一。高速公路事故多发路段判别方法主要包括事故绝对数法和安全可提高空间法。

8.4.1 事故绝对数法

基于事故绝对数对路段进行排序是判别事故多发路段最直观、最简单的方法。本小节采用事故总数和死亡事故数作为判别指标,以判别不同路段单元长度下的事故多发路段。

取 1～6 km 不同的长度对路段进行组合,统计各个单元长度下的事故总数和死亡事故数,结果如表 8-9 所列。表格中给出了在不同路段单元长度下,选择不同判别条件时得到的事故多发路段的数量。例如,当路段长度划分为 4～6 km 时,若判定事故总数在 300 起以上的路段为事故多发路段,则将判别出 8 条事故多发路段;若判定死亡事故数在 2 起以上的路段为事故多发路段,则将判别出 12 条事故多发路段。高速公路管理单位可根据年度工作安排和预算,明确可被优化和完善的道路数量,进而选取对应的道路单元长度和判别条件。

表 8-9　　不同路段单元长度下事故多发路段判别结果

判别指标	条件	路段单元长度/km										
		1~2	2~3	2~4	2~5	2~6	3~4	3~5	3~6	4~5	4~6	5~6
事故总数	≥700 起	0	0	0	0	0	1	1	1	2	2	3
	≥600 起	0	1	1	1	1	2	2	2	3	3	3
	≥500 起	1	3	3	3	3	4	4	4	4	4	5
	≥400 起	3	4	4	4	4	5	5	5	6	6	6
	≥300 起	5	6	6	6	6	6	6	6	7	8	9
	≥200 起	6	11	11	11	11	11	13	13	14	14	16
	≥100 起	23	28	28	26	25	32	30	30	32	31	30
死亡事故数	≥5 起	0	0	0	0	0	0	0	0	0	1	1
	≥4 起	0	0	0	0	0	1	1	1	1	1	1
	≥3 起	0	1	1	1	1	1	1	1	1	3	3
	≥2 起	3	4	7	8	8	7	9	11	9	12	11
	≥1 起	>30	>30	>30	>30	>30	>30	>30	>30	>30	>30	>30

选取路段长度为 2~4 km，采用事故总数大于 300 起和死亡事故数大于 2 起作为判别条件，分别判别高速公路的事故多发路段，结果如表 8-10 所列。可以发现，基于事故总数和基于死亡事故数的判别结果差异较大。由于死亡事故在高速公路事故中仅占 0.28%，其空间分布与总体事故的分布差异较大，因此判别结果也会有所不同。

表 8-10　　基于事故绝对数的事故多发路段判别结果

排序	事故总数≥300 起	死亡事故数≥2 起
1	CT 高速西侧(K96—K98+278)	JH 高速北侧(K1159—K1162)
2	CT 高速东侧(K96—K98+270)	JH 高速南侧(K1175—K1178)
3	SH 高速东侧(K1209—K1211+492)	CJ 高速东侧(K35—K39)
4	JH 高速南侧(K1187—K1188+400)	CH 高速北侧(K24—K27)
5	JH 高速南侧(K1120+500—K1122+30)	HY 高速北侧(K69—K71)
6	SH 高速西侧(K1208—K1210)	CT 高速东侧(K73—K77)
7	—	SS 高速北侧(K39—K41)

8.4.2 安全可提高空间法

根据已建立的高速公路事故分析模型，并基于安全可提高空间的事故多发路段判别方法，计算高速公路各微观路段单元的安全可提高空间值(Potential for Safety Improvement，PSI)，按照 *PSI* 值降序对路段进行排序，此处选取排名前十的路段作为事故多发路段，结果如表 8-11 所列。*PSI* 值越大，表明路段可改善空间越大，不仅发现了高速公路网中的危险路段,而且这些路段也是道路安全改善工作中亟须重视的路段。

表 8-11　　　　基于安全可提高空间法的事故多发路段判别结果

序号	事故多发路段	*PSI*
1	SH 高速东侧(K1209—K1210)	566.7
2	CT 高速西侧(K98—K98+278)	538.8
3	JH 高速南侧(K1122—K1121)	438.5
4	SH 高速东侧(K1211—K1210)	398.3
5	JH 高速北侧(K1122—K1121)	360.0
6	SH 高速东侧(K1209—K1208)	286.0
7	SH 高速西侧(K1247—K1246)	279.2
8	JH 高速北侧(K1122+30—K1123)	277.6
9	SH 高速西侧(K1209—K1210)	263.4
10	JH 高速南侧(K1141—K1140)	220.5

8.5　高速公路安全模型迁移

要建立事故分析模型,即 HSM 中的安全性能函数(Safety Performance Function, SPF),就需要采集足够的数据作为建模基础,当事故分析模型具备可迁移性时,便可节约各地建立模型的成本。事故分析模型多为广义线性回归模型,该模型将事故频数与事故影响因素(如道路几何设计、交通运行参数等)相关联,可用于事故频数预测、事故影响因素分析、事故多发路段判别、道路改善措施效果评估等。美国《道路安全手册》为一系列道路设施(包括高速公路)提供了系统的事故分析模型。在美国,受数据限制,部分城市或地区难以为本地道路建立事故分析模型。因此,迁移《道路安全手册》中的事故分析模型成为了一种替代方案。《道路安全手册》中建议采用校准系数对其模型进行校准和改进,使被迁移模型能够更好地适应本地道路条件。本节以中国和美国的高速公路数据为基础,开展了高速公路安全分析模型的迁移性研究。

8.5.1　安全模型迁移

采用三种常用的模型框架为高速公路建立事故分析模型,即泊松模型、泊松对数正态模型和负二项模型。

1. 泊松模型

泊松模型(Poisson model)中,因变量(事故频数)的概率密度函数和回归方程分别为

$$f(y_i \mid \lambda_i) = \frac{e^{-\lambda_i} \lambda_i^{\,y_i}}{y_i\,!} \tag{8-8}$$

$$y_{SPFi} = \lambda_i = \exp[A + B\ln(AADT_i) + \ln(t \times L_i)] \tag{8-9}$$

式中 y_i——路段 i 上观测到的事故频数；

y_{SPFi} 或 λ_i——事故频数预测值；

$AADT_i, L_i$——路段的年平均日交通量和路段长度；

t——年数；

A, B——待估计的模型回归参数。

2. 泊松对数正态模型

泊松对数正态模型(Poisson-Lognormal model, PLN)是泊松模型的衍生，其概率密度函数保持不变，而回归方程修改为

$$y_{SPFi} = \lambda_i = \exp[A + B\ln(AADT_i) + \ln(t \times L_i) + \varepsilon_i] \tag{8-10}$$

式中，ε_i 服从正态分布，即 $\varepsilon_i \sim \text{Normal}(0, \delta^2)$。事故频数的方差为 $Var[y_i] = E[y_i] \times \{1 + E[y_i] \times [\exp(\delta^2) - 1]\}$[22]。当 $\delta^2 = 0$ 时，泊松对数正态模型将简化为标准泊松模型。

3. 负二项模型

负二项模型(Negative Binomial model, NB)通过引入离散系数 k_i 来反映事故频数的过度离散性，即方差大于均值。在负二项模型中，事故频数的方差为 $Var[y_i] = E[y_i] \times (1 + k_i \times E[y_i])$，均值为 $E[y_i]$。当 k_i 不等于 0 时，满足方差大于均值。负二项模型的概率密度函数见式(8-11)：

$$f(y_i \mid \lambda_i, k_i) = \frac{\Gamma(y_i + k_i^{-1})}{\Gamma(y_i + 1)\Gamma(k_i^{-1})}\left(\frac{\lambda_i}{\lambda_i + k_i^{-1}}\right)^{y_i}\left(\frac{k_i^{-1}}{\lambda_i + k_i^{-1}}\right)^{k_i^{-1}} \tag{8-11}$$

在 NB 模型中，预测事故频数的回归方程与泊松模型中的相同。假定离散系数是高速公路路段长度 L_i 的函数，其中 C 是待估参数：

$$k_i = \frac{1}{\exp[C + \ln(L_i)]} \tag{8-12}$$

分别建立中国的上海市、苏州市和美国的得克萨斯州、纽约州以及佛罗里达州的高速公路事故分析模型[23]，参数估计结果如表 8-12 所列，所有变量的回归系数在 95%置信区间内是显著的。对于这五个区域，泊松模型的 AIC 和 BIC 均明显大于 PLN 模型和 NB 模型，说明 PLN 模型和 NB 模型的表现要优于泊松模型，这是因为事故频数是过度离散的。PLN 模型和 NB 模型的性能相近，但前者的表现相对较好，因为 PLN 模型中的 ε_i 能捕捉数据中未被观察到的异质性。

表 8-12　　事故分析模型参数估计结果

区域	模型	A		B		C		AIC	BIC
		系数	P 值	系数	P 值	系数	P 值		
上海市	泊松	−7.135	<0.0001	0.927	<0.0001	—	—	1 760.1	1 767.7
	PLN	−8.889	<0.0001	1.063	<0.0001	—	—	1 434.8	1 446.3
	NB	−7.352	<0.0001	0.948	<0.0001	2.277	<0.0001	1 448.3	1 459.8

（续表）

区域	模型	A		B		C		AIC	BIC
		系数	P 值	系数	P 值	系数	P 值		
苏州市	泊松	−5.951	<0.0001	0.948	<0.0001	—	—	6 164.1	6 171.4
	PLN	−5.421	<0.0001	0.878	<0.0001	—	—	2 013.7	2 024.7
	NB	−5.491	<0.0001	0.899	<0.0001	0.563	<0.0001	2 120.6	2 131.6
得克萨斯州	泊松	−11.820	<0.0001	1.219	<0.0001	—	—	438.8	444.2
	PLN	−13.719	<0.0001	1.390	<0.0001	—	—	379.0	387.0
	NB	−14.006	<0.0001	1.443	<0.0001	0.670	0.0202	380.1	388.1
纽约州	泊松	−20.155	<0.0001	2.057	<0.0001	—	—	2 905.5	2 913.0
	PLN	−14.261	<0.0001	1.484	<0.0001	—	—	1 393.8	1 405.1
	NB	−9.358	<0.0001	1.110	<0.0001	1.755	<0.0001	1 400.2	1 411.5
佛罗里达州	泊松	−31.420	<0.0001	2.990	<0.0001	—	—	16 754	16 764
	PLN	−55.717	<0.0001	5.011	<0.0001	—	—	6 591.1	6 605.5
	NB	−44.827	<0.0001	4.122	<0.0001	2.766	<0.0001	6 356.4	6 371.2

美国《道路安全手册》中第二章第三节推荐的校准系数虽然简单且易于操作，但是校准效果不佳。因此，在开展上述中美五个地区事故分析模型的迁移工作时，采用了基于负二项回归的校准函数来校准每个被迁移模型，使它们能够更好地适应目的地地区的数据特性。校准函数形式见式(8-13)和式(8-14)：

$$y_{\text{calib } i}=a\times(y_{\text{SPF}i})^{b} \tag{8-13}$$

$$k_{\text{calib } i}=\frac{1}{\exp[C_{\text{calib}}+\ln(L_{\text{local } i})]} \tag{8-14}$$

式中 $y_{\text{calib } i}$——校准后的事故频数预测值；

a,b——待估的校正系数；

$k_{\text{calib } i}$——校正后的离散系数；

$L_{\text{local } i}$——目的地地区高速公路的路段长度；

C_{calib}——待估系数。

表 8-13 给出了校准函数的参数估计值，可以发现，所有事故分析模型的校准函数中，参数 b 明显不等于 1，证明校准函数比校准系数更适合中国与美国间的模型迁移。此外，系数 C_{calib} 与对应目的地地区的本地 NB 模型的参数 C(表 8-12)很接近，而与被迁移地区的 NB 模型的参数 C(表 8-12)差异很大，说明有必要校正离散系数。

表 8-13　　校准函数的参数估计

区域	a			b			C_{calib}		
	泊松	PLN	NB	泊松	PLN	NB	泊松	PLN	NB
将美国 SPF 迁移到上海市									
得克萨斯	5.04	5.43	4.32	0.93	0.84	0.82	2.25	2.23	2.23
纽约	3.56	3.75	1.38	0.60	0.80	0.99	2.17	2.22	2.27
佛罗里达	6.74	11.03	8.97	0.41	0.24	0.29	2.11	2.04	2.06
将美国 SPF 迁移到苏州市									
得克萨斯	26.96	31.30	26.83	0.71	0.66	0.64	0.72	0.74	0.74
纽约	28.15	24.44	9.60	0.49	0.63	0.74	0.71	0.74	0.70
佛罗里达	54.29	85.51	71.98	0.33	0.19	0.23	0.60	0.45	0.50
将中国 SPF 迁移到得克萨斯州									
上海市	0.29	0.40	0.29	0.81	0.82	0.81	0.67	0.72	0.68
苏州市	0.09	0.11	0.10	0.81	0.80	0.81	0.67	0.64	0.65
将中国 SPF 迁移到纽约州									
上海市	1.26	1.53	1.24	0.86	0.85	0.86	1.76	1.78	1.77
苏州市	0.37	0.46	0.40	0.86	0.86	0.86	1.77	1.76	1.76
将中国 SPF 迁移到佛罗里达州									
上海市	0.29	0.35	0.28	1.44	1.45	1.44	2.28	2.33	2.29
苏州市	0.04	0.06	0.04	1.44	1.44	1.44	2.29	2.27	2.27

检测校准后的被迁移模型对目的地地区事故数据的拟合效果，结果如表 8-14 所列。可以看出，校准后的模型与本地的 NB 模型的数据拟合效果相当，有时甚至优于本地 NB 模型。比如，将得克萨斯州和纽约州的事故分析模型校准并迁移至苏州市的高速公路数据时，它们的 *MAD* 和 *RMSE* 指标比苏州市本地的事故分析模型更低。类似的情况同样出现在将上海市和苏州市的泊松模型和 NB 模型迁移至得克萨斯州高速公路数据时。其原因可能是在求解校准函数时，需要设置约束：校准后的事故频数预测值的总和等于目的地地区观测到的事故频数总和，这一约束有助于提高模型的拟合效果。而在建立本地事故分析模型时，并未设置该约束。

表 8-14　　校准 SPF 的模型拟合结果

区域	*MAD*			*RMSE*		
	泊松	PLN	NB	泊松	PLN	NB
将美国 SPF 迁移到上海市						
得克萨斯州	2.27	2.27	2.25	3.51	3.51	3.48

（续表）

区域	MAD			RMSE		
	泊松	PLN	NB	泊松	PLN	NB
纽约州	2.34	2.28	2.23	3.60	3.52	3.46
佛罗里达州	2.40	2.46	2.44	3.68	3.76	3.73
本地模型	2.24	0.69	2.24	3.45	0.90	3.45
将美国 SPF 迁移到苏州市						
得克萨斯州	12.66	12.52	12.50	23.64	23.68	23.70
纽约州	12.57	12.50	12.78	24.02	23.72	23.63
佛罗里达州	12.92	13.89	13.56	24.67	25.80	25.38
本地模型	13.58	0.67	13.35	25.79	0.83	25.17
将中国 SPF 迁移到得克萨斯州						
上海市	1.74	1.73	1.74	2.61	2.59	2.61
苏州市	1.74	1.74	1.74	2.61	2.62	2.62
本地模型	1.82	0.57	1.77	2.77	0.73	2.66
将中国 SPF 迁移到纽约州						
上海市	4.70	4.64	4.69	9.27	9.21	9.27
苏州市	4.71	4.72	4.69	9.28	9.29	9.27
本地模型	4.61	0.44	4.34	10.04	0.59	9.90
将中国 SPF 迁移到佛罗里达州						
上海市	13.29	13.19	13.28	44.80	47.59	44.25
苏州市	13.28	13.34	13.32	44.80	42.92	43.48
本地模型	12.68	1.06	11.54	44.45	2.52	30.00

8.5.2 迁移效果评价

用迁移指数(Transfer Index,TI)评价事故分析模型的可迁移性。该指数是一种基于似然对数的度量方法,它评估了被迁移模型相对于本地模型在预测目的地地区事故频数方面的能力[24]。当将地区 i 的模型迁移至目的地地区 j 的数据时,TI 计算如式(8-15)所示:

$$TI_j(\beta_i)=\frac{LL_j(\beta_i)-LL_j(\beta_{\text{reference},\ j})}{LL_j(\beta_j)-LL_j(\beta_{\text{reference},\ j})} \tag{8-15}$$

式中 $LL_j(\beta_i)$——将被迁移模型运用至目的地地区数据时的似然对数;

$LL_j(\beta_j)$——目的地地区本地事故分析模型的似然对数;

$LL_j(\beta_{\text{reference},j})$——目的地地区缺省模型(即只有一个常数项的事故分析模型,无自变量)的似然对数。

TI 为负表示地区 i 的事故分析模型不能转移至地区 j；而 TI 介于 0 和 1 之间表示地区 i 的事故分析模型比目的地地区 j 的缺省模型性能好，但比其本地事故分析模型的性能差；如果 TI 正好等于 1，则地区 i 的事故分析模型与地区 j 的本地模型表现一致。因此，取值为正的迁移指数说明地区 i 的模型可以迁移至地区 j。

表 8-15 展示了校准前和校准后的事故分析模型可迁移性评估结果。校准前，多数 TI 为负值，说明中国模型和美国模型之间不可直接进行迁移；校准后，除了将佛罗里达州的 PLN 模型迁移至苏州市的 TI 为负值以外，其余情况下的 TI 均大于 0，展现出较好的模型迁移性。迁移指数在校准前后的巨大差异表明校准函数极大地提高了事故分析模型的可迁移性。

当 TI 取值在(0, 1)范围内时，说明对于相同的模型形式，校准的事故分析模型比目的地地区缺省模型表现更好，但比目的地地区的本地事故分析模型的性能要差。TI 大于 1 表明校准后的被迁移模型比目的地地区的本地事故分析模型表现更佳。这一特征在泊松回归模型框架下更为明显，相比于 PLN 模型和 NB 模型，尽管泊松模型在本地模型中的性能是最差的(表 8-12)，但经校准后迁移至目的地地区时，泊松模型展现出与 PLN 模型和 NB 模型相近的数据拟合效果。

表 8-15　　SPF 可迁移性效果评价

区域	*TI*(校准前)			*TI*(校准后)		
	泊松	PLN	NB	泊松	PLN	NB
将美国 SPF 迁移到上海市						
得克萨斯州	−2.802	−18.123	−3.362	**1.665**	**0.827**	**0.926**
纽约州	−1.669	−12.253	**0.609**	**1.629**	**0.811**	**0.986**
佛罗里达州	−7.757	−91.245	−53.964	**1.601**	**0.496**	**0.631**
将美国 SPF 迁移到苏州市						
得克萨斯州	−4.194	−198.218	−41.347	**1.944**	**0.647**	**1.294**
纽约州	−4.280	−171.772	−20.711	**1.943**	**0.654**	**1.234**
佛罗里达州	−8.905	−625.070	−312.444	**1.935**	−0.008	**0.894**
将中国 SPF 迁移到得克萨斯州						
上海市	−9.424	−19.100	−19.482	**1.405**	**0.941**	**0.901**
苏州市	−63.601	−194.510	−17.854	**1.409**	**0.827**	**0.868**
将中国 SPF 迁移到纽约州						
上海市	**0.897**	−8.200	**0.730**	**1.971**	**0.986**	**1.015**
苏州市	−3.323	−30.821	−0.481	**1.971**	**0.966**	**1.006**
将中国 SPF 迁移到佛罗里达州						
上海市	**0.914**	−2.503	**0.552**	**1.422**	**0.946**	**0.613**
苏州市	−0.886	−9.153	−0.316	**1.422**	**0.928**	**0.599**

8.5.3 事故多发路段判别检验

将中国和美国校准后的事故分析模型迁移至另一个国家各个地区，并用于判别事故多发路段。本小节分别采用基于事故分析模型的经验贝叶斯估计指标(Empirical Bayes, EB)和 *PSI* 来判别事故多发路段。*EB* 值或 *PSI* 值越高，表明路段越危险，相比于同类型路段，发生交通事故的可能性就越大。因此，按照 *EB* 值或 *PSI* 值降序，可对所有路段进行排序。考虑到经济限制，交通管理部门主要关注排名靠前的危险路段，即事故多发路段。因此，在本小节中，将 *EB* 值或 *PSI* 值降序排名前 20%的高速公路路段判别为事故多发路段。

为了评估被迁移的事故分析模型在判别目的地地区事故多发路段方面的效果，采用方法一致性测试(Method Consistency Test, MCT)来对比由本地模型和被迁移模型判别的事故多发路段的一致性。MCT 之前被许多研究用于评估单个方法在不同时期的效果，即计算同一方法在不同时间段内判别出的相同的事故多发路段的数量。而本节用 MCT 评估两个模型的判别结果的一致性，其检验统计量的计算如式(8-16)所示：

$$MCT_{i\text{ to }j} = \{k_1, \cdots, k_m, \cdots, k_{n\alpha}\}_i \cap \{k_1, \cdots, k_m, \cdots, k_{n\alpha}\}_j \tag{8-16}$$

式中 $MCT_{i\text{ to }j}$——将 i 地区的事故分析模型迁移至目的地地区 j 时的检测结果；

k_m——目的地地区排名 m 的事故多发路段；

i——由被迁移模型判别的事故多发路段合集；

j——由本地模型判别的事故多发路段合集；

n——路段总数；

α——事故多发路段在总路段中的占比，即本节取的 20%。

MCT 的评估结果如表 8-16 所列。当使用 *EB* 值判别事故多发路段时，由本地 NB 模型判别的事故多发路段中，90%可以被校准后的迁移模型(包括泊松模型、PLN 模型和 NB 模型)识别，即事故多发路段判别一致性超过 90%。这一结果在上述中美五个地区得到了一致的验证。在使用 *PSI* 判别事故多发路段时也出现了类似的结果，除了将中国的模型迁移至佛罗里达州的情况外(一致性约 72%)。总的来说，校准后的被迁移模型在判别事故多发路段上的效果相当理想，尽管其一致性检验结果略低于 EB 方法。此外，校准后的泊松模型、PLN 模型和 NB 模型在判别目的地地区的事故多发路段方面的效果没有显著差异，表明在使用基于 NB 回归的校准函数后，三种模型的形式差异可以忽略不计。

表 8-16　　事故多发路段判别一致性检验结果

判别模型	区域	泊松		PLN		NB	
		MCT	**占比**	***MCT***	**占比**	***MCT***	**占比**
美国 SPF 在上海市数据中的应用(排名前 68)							
EB	得克萨斯州	66	97.06%	66	97.06%	66	97.06%
	纽约州	66	97.06%	66	97.06%	66	97.06%
	佛罗里达州	65	95.59%	65	95.59%	65	95.59%

（续表）

判别模型	区域	泊松		PLN		NB	
		MCT	占比	*MCT*	占比	*MCT*	占比
PSI	得克萨斯州	67	98.50%	66	97.06%	66	97.06%
	纽约州	64	94.12%	66	97.06%	67	98.50%
	佛罗里达州	63	92.65%	62	91.18%	62	91.18%
美国 SPF 在苏州市数据中的应用(排名前 57)							
EB	得克萨斯州	55	96.49%	55	96.49%	55	96.49%
	纽约州	52	91.23%	55	96.49%	55	96.49%
	佛罗里达州	52	91.23%	52	91.23%	52	91.23%
PSI	得克萨斯州	52	91.23%	52	91.23%	52	91.23%
	纽约州	52	91.23%	52	91.23%	52	91.23%
	佛罗里达州	51	89.47%	51	89.47%	51	89.47%
中国 SPF 在得克萨斯州数据中的应用(排名前 21)							
EB	上海市	20	95.24%	20	95.24%	20	95.24%
	苏州市	20	95.24%	20	95.24%	20	95.24%
PSI	上海市	19	90.48%	19	90.48%	19	90.48%
	苏州市	19	90.48%	19	90.48%	19	90.48%
中国 SPF 在纽约州数据中的应用(排名前 63)							
EB	上海市	60	95.24%	60	95.24%	60	95.24%
	苏州市	60	95.24%	60	95.24%	60	95.24%
PSI	上海市	59	93.65%	59	93.65%	59	93.65%
	苏州市	59	93.65%	59	93.65%	59	93.65%
中国 SPF 在佛罗里达州数据中的应用(排名前 206)							
EB	上海市	199	96.60%	199	96.60%	200	97.09%
	苏州市	200	97.09%	199	96.60%	199	96.60%
PSI	上海市	150	72.82%	151	73.30%	150	72.82%
	苏州市	150	72.82%	149	72.33%	150	72.82%

注：括号中的值是每个区域的高速公路事故多发路段数量。

8.6 高速公路安全改善案例

综合高速公路安全建模结果，道路线形、交通运行、交通控制、标志标线等特征均对高速公路运行安全会有影响。以同济大学开展的苏嘉杭高速公路南段安全改善工程应用为例，从入口管理、出口管理、交通标志、速度管理和夜间行车条件这五个高速公路设施常见安全问题入手，介绍高速公路安全改善案例。

8.6.1 入口管理

高速公路的入口是车流合流较为频繁的区域，若车流组织不当，会出现事故多发的情况。常见的入口安全问题包括：加速车道长度不足、绿化遮挡视距导致车辆合流前缺少交互和判断时间，如图 8-21 所示。当入口加速车道为多车道汇入时，车辆合流情况更加复杂，车流运行更紊乱，易诱发事故和拥堵。

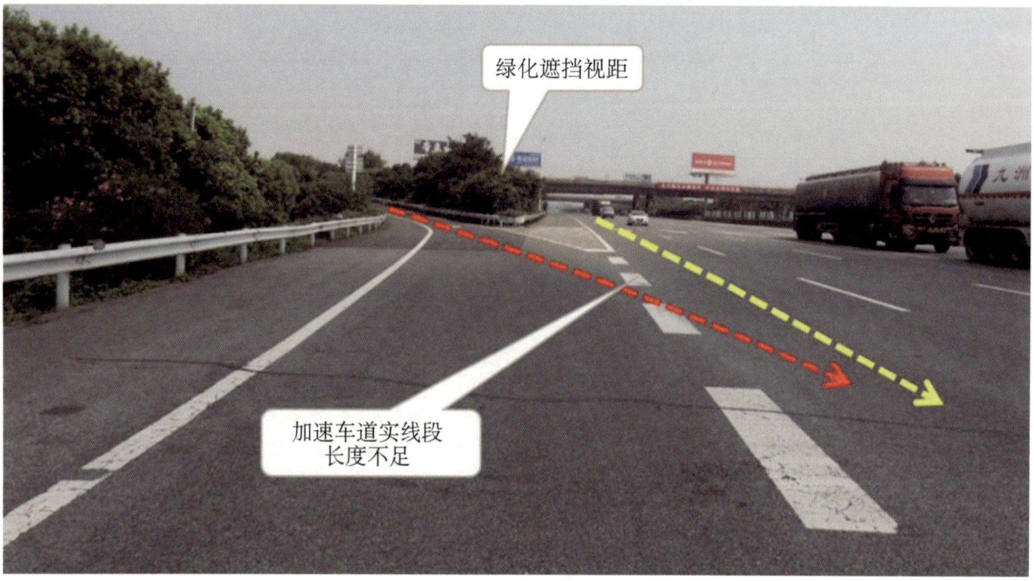

图 8-21　高速公路入口典型问题

高速公路入口安全改善要素如图 8-22 所示。对于多车道汇入的路段，应根据交通量来确定汇入车道数：若单车道汇入可以满足，则参考图 8-23 所示形式处置；若需要两车道以上汇入，则需妥当处理好汇入车道与主线车道的衔接，尽量减少不必要的交织和冲突。

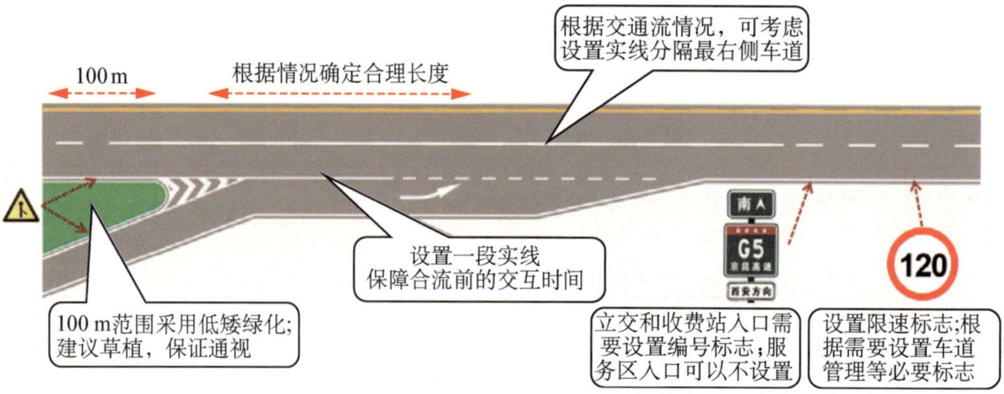

图 8-22　高速公路入口安全改善要素

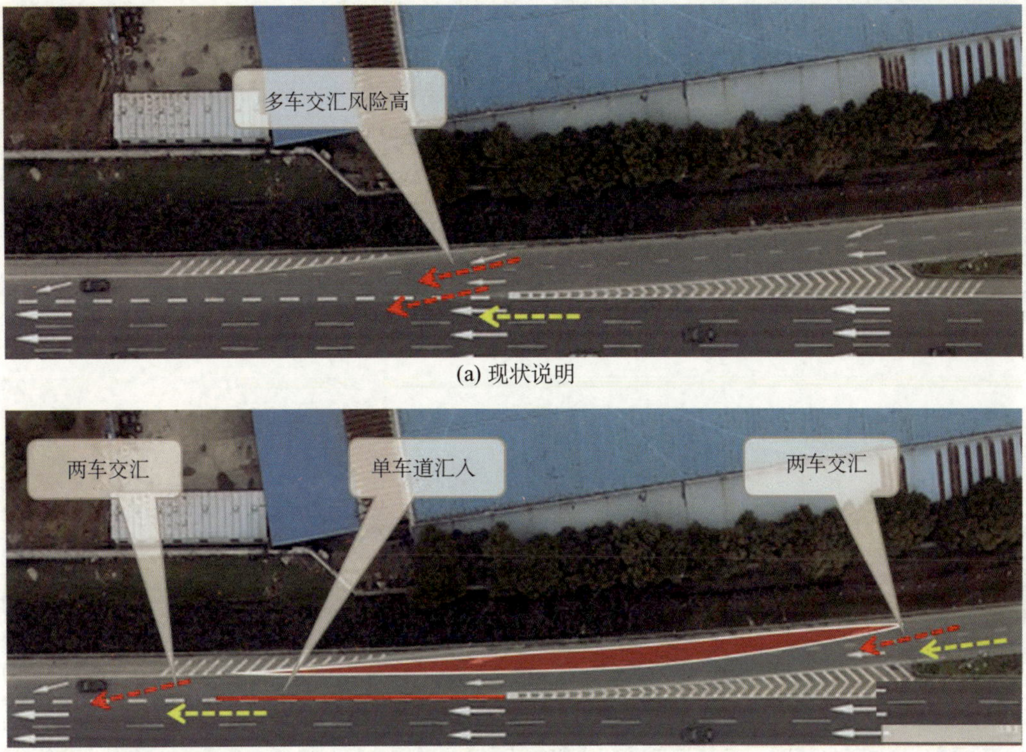

(a) 现状说明

(b) 改善思路

图 8-23 高速公路入口改善前后对比

8.6.2 出口管理

高速公路的出口是车辆分流较为频繁的区域,车流交织相较于正常路段要多、速度差较大,通常出口也是高速公路事故多发路段。常见的出口安全问题包括减速车道长度不足、指路标志引导不当、诱导标志缺失、分流鼻端缓冲设施不足、夜间视认性不佳、分流控制不当、车道不平衡等,如图 8-24 所示。

高速公路出口的改善措施主要包括车道控制优化、线形诱导优化、标志引导优化、缓冲构造优化等,如图 8-25 所示。

(1) 车道控制优化。优化分流的控制,使车道平顺过渡,保障车流有序驶出。

(2) 线形诱导优化。通过轮廓标、诱导标、凸起路标等措施,将分流路段的道路线形和道路信息充分地展现给驾驶人。

(3) 标志引导优化。通过对标志设置位置、标志形式、版面信息进行优化,构建简明、连续的高效指引体系。

(4) 缓冲构造优化。在出口鼻端前方没有足够缓冲区的情况下,应当设置缓冲设施。缓冲设施包括沙桶、防撞垫等。在设置缓冲设施时,既要根据速度的高低来确定其设置位置、构造尺寸以及与周边设施的过渡,又要考虑其造价、易维护性和耐久性等。

(a) 俯视视角

(b) 驾驶人视角

图 8-24 高速公路出口典型问题

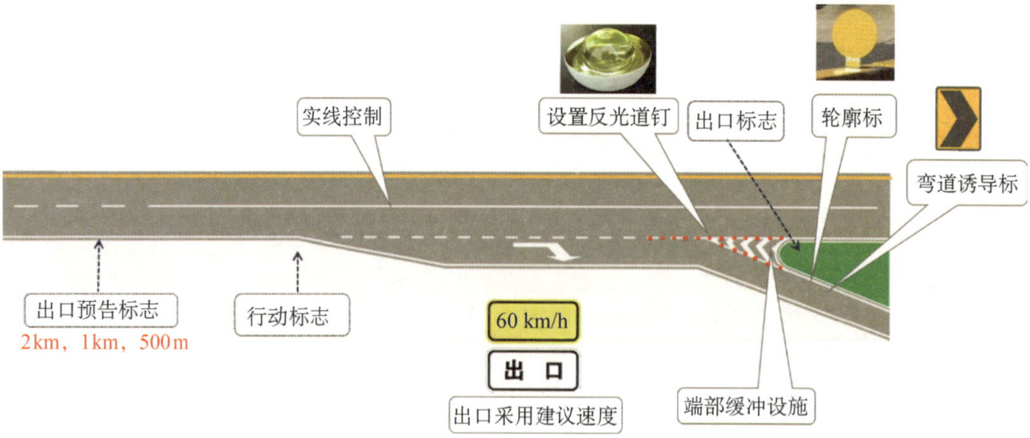

图 8-25 高速公路出口安全改善要素

8.6.3 交通标志

高速公路标志的常见问题包括标志信息复杂、标志信息过载等。可从标志设置位置、版面信息等方面对标志、标线进行优化，从而构建良好的高速公路指示信息系统。

(a) 改善前

(b) 改善后

图 8-26 交通标志车道功能指引改善前后对比

8.6.4 速度管理

速度管理是高速公路安全、高效运行的前提。高速公路速度管理常见的安全问题包括纵向限速策略变化频繁或限速差大、采用分车道横向限速策略等。

1. 纵向限速策略不宜变化频繁或限速差大

实际应用中，高速公路常因日常管理中积累的局部限速调整，导致道路纵向限速策略多变或限速差大：①当纵向限速策略变化频繁时，会影响驾驶人的速度选择，导致车辆频繁加减速，道路纵向运行速度存在速度差；②当纵向限速差大时，驾驶人难以及时加减车速来达到限速标志所示速度，从而导致驾驶人出现急加减速行为，易发生追尾事故。

在设置高速公路限速时，纵向限速设置应保证连续性(图 8-27)，限速值不宜频繁变化且应符合规范规定。在限速差大的路段需设置过渡区(图 8-28)，相同限速值的设置区域长度应尽可能长，以避免车辆运行速度频繁变化。

2. 慎重采用分车道横向限速策略

实际应用中，高速公路横向限速策略通常存在三类：分车型限速、分车道限速、单一限速。其中，当采用分车型限速时[图 8-29(a)]，考虑了各类车型的爬坡性能，适用于大车占比高的道路。当采用分车道限速策略时[图 8-29(b)]，会导致道路断面存在较大的横向速

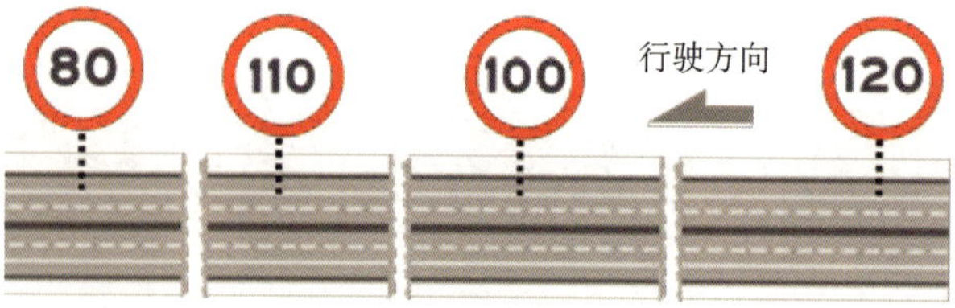

(a) 改善前

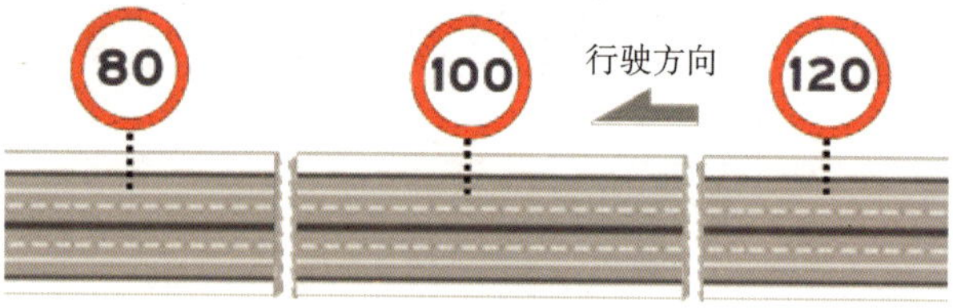

(b) 改善后

图 8-27　高速公路纵向限速策略改善前后对比

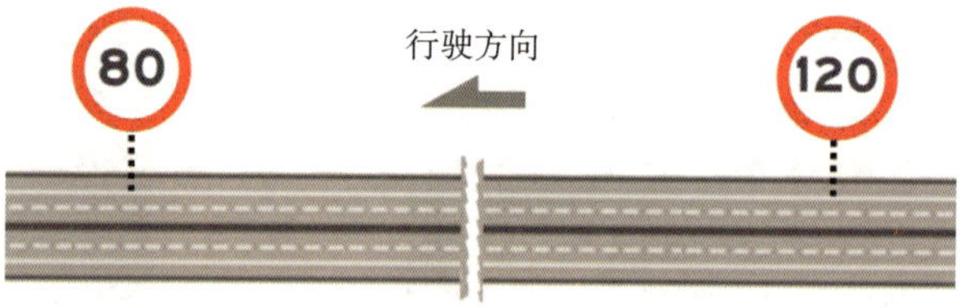

(a) 改善前

(b) 改善后

图 8-28　高速公路限速过渡区改善前后对比

度差，当驾驶人变道时，易发生事故。因此，应慎重采用分车道限速策略。若大车占比不高时，宜采用单一限速策略，如图 8-29(c)所示。

(a) 分车型限速

(b) 分车道限速

(c) 单一限速策略

图 8-29　高速公路横向限速策略类型

8.6.5 夜间行车条件

目前，高速公路夜间行车条件存在的主要问题包括：①线形诱导不足或缺失，轮廓标、标线反光性能不佳；②标志视认性不佳；③可变信息标志背景亮度高；④缺少防眩设施。改善夜间行车条件宜从以下四个方面进行考虑。

(1) 一般路段。通过在道路两侧护栏按照“左黄右白”的规则设置反光轮廓标，以实现道路线形诱导。此外，可通过凸起路标或凸起反光标线点实现车道诱导。改善前后对比如图 8-30 所示。

(a) 改善前　　(b) 改善后

图 8-30　一般路段夜间轮廓标、标线改善前后对比

(2) 出入口路段。通过设置轮廓标、弯道诱导标、凸起路标、立面轮廓标等措施，充分勾勒出入口路段的线形，以便于驾驶人准确识别车道和信息。出入口路段线形诱导改善前后对比如图 8-31 所示。

(a) 改善前

(b) 改善后

图 8-31　出入口路段线形诱导改善前后对比

(3) 防眩设施。防眩设施对夜间行车安全非常重要,凹曲线和跨线桥下是易被忽视的眩光发生地点,需着重校核防眩设施是否缺失。防眩设施缺失导致眩光如图 8-32 所示。

图 8-32　防眩设施缺失导致眩光

8.6.6　安全改善成效

苏嘉杭高速公路南段的多条路段在事故多发路段判别中排名靠前,因此对其开展了整体安全改善工作。苏嘉杭高速公路南段改善自 2018 年 7 月启动,于 2018 年 11 月完成改善方案的设计,于 2019 年 4 月完成改善方案的实施,最终成效显著。对比其改善前后的事故数据,在流量增加约 4%的前提下,事故总数下降 75.9%,死亡人数下降 58.8%;而在同期与其相邻的苏嘉杭高速公路北段事故总数及死亡事故仍呈上升趋势,如图 8-33 所示。

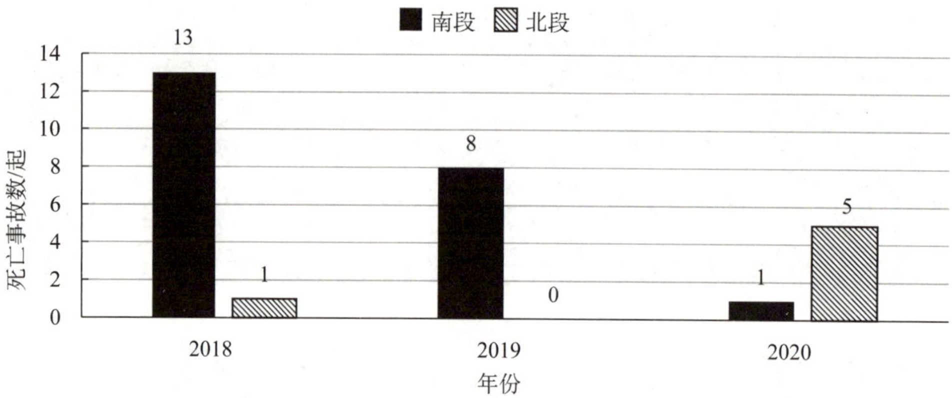

图 8-33　苏嘉杭高速公路南段安全改善前后死亡事故统计(与北段对比)

参考文献

[1] 中华人民共和国国家统计局.中国统计年鉴[M].北京:中国统计出版社,2020.

[2] AMERICAN ASSOCIATION OF STATE HIGHWAY AND TRANSPORTATION OFFICIALS. A Policy on geometric design of highways and streets [R].7th ed.2018.

[3] FEDERAL HIGHWAY ADMINISTRATION. Freeway management and operations Handbook [R].2017.
[4] AMERICAN ASSOCIATION OF STATE HIGHWAY AND TRANSPORTATION OFFICIALS. Highway safety manual[R].1st ed.2010.
[5] YU R, ABDEL-ATY M. Multi-level bayesian analyses for single-and multi-vehicle freeway crashes [J]. Accident Analysis and Prevention, 2013, 58: 97-105.
[6] MA X, CHEN S, CHEN F. Correlated random effects bivariate poisson lognormal model to study single-vehicle and multivehicle crashes [J]. Journal of Transportation Engineering, 2016, 142 (11): 04016049.
[7] SAAD M, ABDEL-ATY M, LEE J. Analysis of driving behavior at expressway toll plazas [J]. Transportation Research Part F: Traffic Psychology and Behaviour, 2019, 61: 163-177.
[8] PERSAUD B N, MUCSI K. Microscopic accident potential models for two-lane rural roads [J]. Transportation Research Record, 1995, 1485: 134-139.
[9] GEEDIPALLY S, LORD D. Identifying hot spots by modeling single-vehicle and multivehicle crashes separately [J]. Transportation Research Record, 2010, 2147: 97-104.
[10] GEEDIPALLY S R, LORD D. Investigating the effect of modeling single-vehicle and multi-vehicle crashes separately on confidence intervals of poisson-gamma models [J]. Accident Analysis and Prevention, 2010, 42(4): 1273-1282.
[11] MA X, CHEN S, CHEN F. Correlated random-effects bivariate poisson lognormal model to study single-vehicle and multivehicle crashes [J]. Journal of Transportation Engineering. 2016, 142 (11): 04016049.
[12] WANG X, FENG M. Freeway single and multi-vehicle crash safety analysis: influencing factors and hotspots [J]. Accident Analysis and Prevention, 2019, 132:105268.
[13] IVAN J N, PASUPATHY R K, OSSENBRUGGEN P J. Differences in causality factors for single and multi-vehicle crashes on two-lane roads [J]. Accident Analysis and Prevention, 1999, 31(6): 695-704.
[14] ZOU Y, ZHANG Y, LORD D. Application of finite mixture of negative binomial regression models with varying weight parameters for vehicle crash data analysis [J]. Accident Analysis and Prevention, 2013, 50: 1042-1051.
[15] PARK B J, LORD D. Application of finite mixture models for vehicle crash data analysis [J]. Accident Analysis and Prevention, 2009, 41(4): 683-691.
[16] PARK B J, LORD D, LEE C. Finite mixture modeling for vehicle crash data with application to hotspot identification [J]. Accident Analysis and Prevention, 2014, 71: 319-326.
[17] 钟纯耀.高速公路单车事故统计分析研究[D]. 西安：长安大学，2008.
[18] YU R, ABDEL-ATY M. Multi-level Bayesian analyses for single-and multi-vehicle freeway crashes [J]. Accident Analysis and Prevention, 2013, 58: 97-105.
[19] CHANG L, CHU H, LIN D, et al. Analysis of Freeway Accident Frequency using Multivariate Adaptive Regression Splines [J]. Procedia Engineering, 2012, 45: 824-829.
[20] KOPELIAS P, PAPADIMITRIOU F, PAPANDREOU K, et al. Urban freeway crash analysis: Geometric, operational, and weather effects on crash number and severity [J]. Transportation Research Record, 2007: 123-131.
[21] PAN C, RANJITKAR P. Modeling traffic accidents on auckland motorway[C]//Transportation

Research Board 92nd Annual Meeting,2013.

[22] TUNARU R. Hierarchical bayesian models for multiple count data [J]. Austrian Journal of Statistics, 2002, 31(3): 221-229.

[23] FENG M, WANG X, LEE J, et al. Transferability of safety performance functions and hotspot identification for freeways of the United States and China [J]. Accident Analysis and Prevention, 2020, 139: 105493.

[24] HADAYEGHI A, SHALABY A S, PERSAUD B N, CHEUNG C. Temporal transferability and updating of zonal level accident prediction models [J]. Accident Analysis and Prevention, 2006, 38 (3): 579-589.

9 基于驾驶模拟技术的道路线形设计

随着我国公路建设的重心逐渐向中西部地区转移，便出现了大量平曲线与竖曲线叠加的复杂道路线形(组合线形)，安全问题尤为突出。当前，道路线形对驾驶人的综合作用认知机理尚不明确，组合线形安全评估指标单一且其优化设计缺少细化规定。驾驶模拟作为道路线形设计的重要手段，已在国内外工程项目、研究领域得到了广泛认可和应用，但尚未形成系统的理论和方法。因此，基于驾驶模拟技术，揭示复杂道路线形与车辆运行的交互机理，形成道路设计安全评估与优化设计方法，提高复杂线形的设计安全水平就显得尤为迫切和重要。本章围绕基于驾驶模拟技术的道路线形设计，重点介绍驾驶模拟实验技术、车路交互机理、道路设计安全评估研究和道路线形安全评估与优化案例。

9.1 驾驶模拟实验技术

科学且系统的驾驶模拟实验技术有助于实现驾驶模拟功能的提升，同时也确保了实验数据的有效性。驾驶模拟实验技术主要包括四个部分：道路场景仿真模型、实验最小样本量、运动系统自由度选取原则和实验流程。

9.1.1 道路场景仿真模型

道路场景仿真建模过程是指依据山区高速公路所在位置的地形数据和高速公路的设计数据，利用驾驶模拟器软件系统建立一个与现实较为接近的虚拟山区高速公路驾驶环境。在构建道路模型时，主要分为道路逻辑层构建和 3D 环境建模两部分。

在构建道路逻辑层时，需要依据设计 CAD 图纸，精确地还原设计图中道路的平纵横断面及超高设计，以保证道路模型在模拟器中运行时能够平顺、稳定，能够真实地模拟出坡路、路面倾斜、颠簸路面以及车辆加减速、转向、侧滑时的运动临场感。3D 环境建模工作的主要流程为地形建模、道路建模、护坡边坡建模、桥梁隧道建模、道路设施建模以及环境美化。

本节所选取的路段是湖南永吉高速公路，基于湖南省道路勘测设计院永州-吉首段高速公路的设计图和当地相似路段的行车记录仪视频来构建道路模型。路线图及部分路段的 3D 模型细节如图 9-1 所示。

永吉高速公路主线全长 82.925 km，是湖南省“七纵九横”高速公路网中第七纵的一段，也是西北部区域通往湖北省的重要通道。所处的地貌地形以溶蚀构造中低山地貌为主，地形起伏大，沟壑林立。研究时选取了永吉高速公路主线中的一段，全长 24 km，道路双侧共包含 23 段平曲线下坡、21 段平曲线上坡。路基宽度 24.5 m，横断面宽 10.50 m，包含 3.75 m 宽的车道和 1.5 m 宽的路肩，设计速度为 80 km/h。

图 9-1　永吉高速公路实验场景

永吉高速公路是典型的山区高速公路，在所选取的 24 km 研究路段中，包含了连续的平曲线、纵坡及大量的平纵组合线形。研究路段坡度变化为－6.0%～＋4.0%，平曲线半径变化为 400～2 500 m。永吉高速公路纵断面特征如图 9-2 所示。

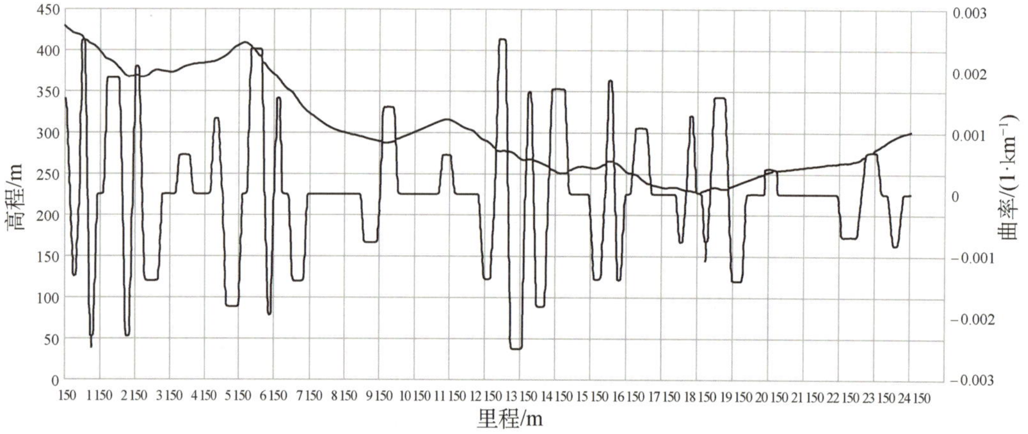

图 9-2　永吉高速公路纵断面

9.1.2　实验最小样本量

实验样本量，即在进行驾驶模拟实验时参与实验的驾驶人数量。样本量太大会造成人力、物力和财力的浪费；样本量太小会因抽样误差过大而影响研究结论的准确性。迄今为止，对于样本量大小尚无统一定论，且没有相关研究来确定驾驶模拟实验的样本量，大多数都是参考同类研究的实验方法结合实验成本等确定的样本量，而没有对样本量是否足够或合适进行验证。然而，通过样本量计算和样本量验证这两步可确定试验最小样本。

样本量计算：采用基于系数估计误差和预测精度误差的样本量计算模型以确定实验所需样本量。首先以 10 名实验人员数据作为初始样本，使用车速数据与线形设计特征构建混合线性速度模型，得到回归模型系数。根据置信区间公式得到基于系数估计误差的样本量计算模型，同时，使用边际误差公式得到基于预测精度误差的样本量计算模型，选择两个模型结果的最大值作为研究所需的最小样本量。

样本量验证：采用变量系数均方误差(Mean Square Error, MSE)的收敛性验证结果。采集55名实验人员的车辆运行数据，通过随机抽取样本，建立不同样本量条件下的混合线性速度模型、混合效应纵向加减速 Logit 模型和混合效应车道偏移 Logit 模型。基于变量系数 MSE 的收敛趋势，选取 MSE 收敛并趋于稳定的样本量值作为实验最小样本量。[1]

如图9-3所示，横坐标轴是样本数(sample)，纵坐标包括常数项(intercept)、坡度(slope)、上游400 m平均坡度(avgSF400)、上游400 m下坡比例(downPF400)、下游400 m下坡比例(downPB400)和上游400 m平均曲率(avgCF400)，它们是混合线性速度模型中道路线形设计参数的系数。随着样本量的增加，通过变量系数的均方误差(MSE)的变化对变量系数的稳定性进行评价。当达到或超过一定数量的样本大小时，MSE收敛并稳定，由此可识别出最小样本量。

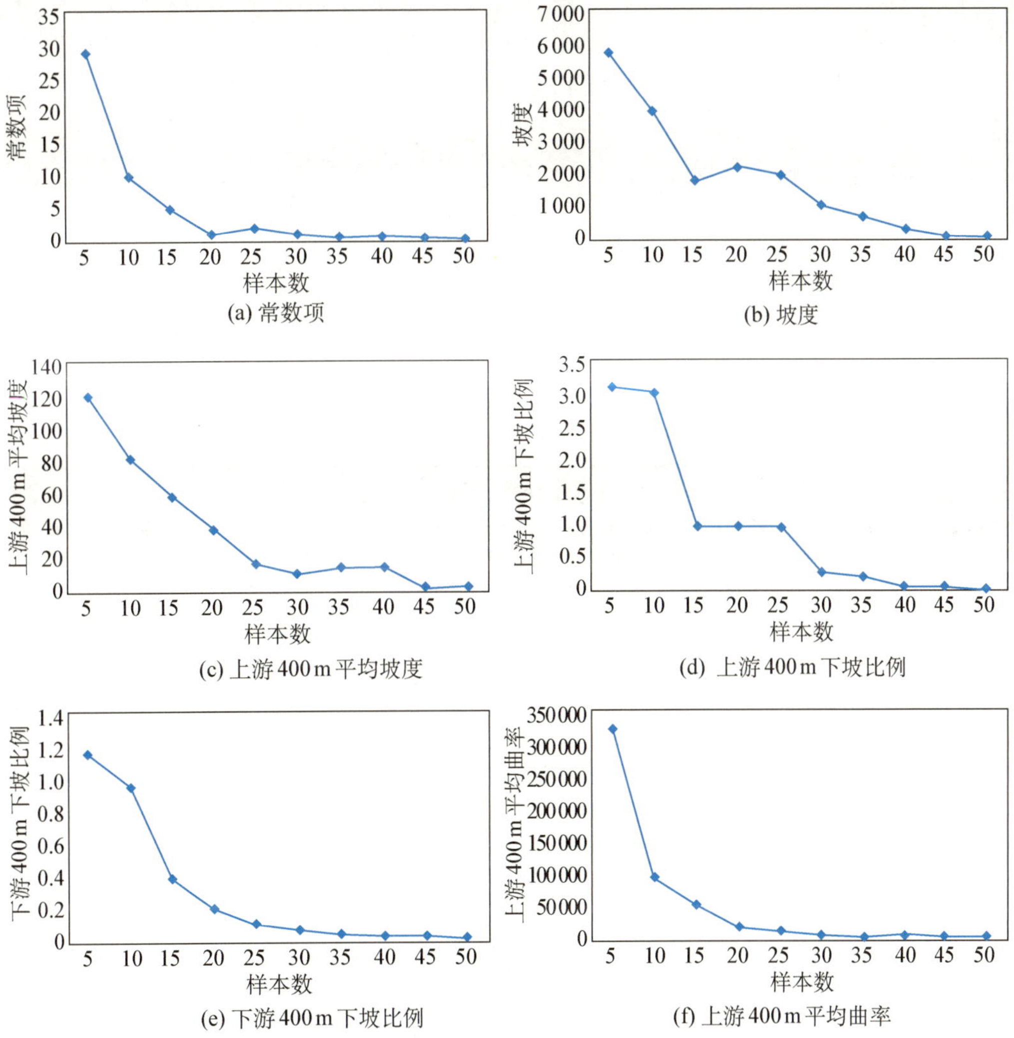

图9-3　不同样本量的混合线性速度模型变量系数均方误差折线图

在混合线性速度模型中，6 个变量的 MSE 折线的变化趋势均是随着样本量的增加，模型系数的均值误差减小，且当样本量达到 30 时，MSE 折线趋于稳定。进一步通过 T-test 检验了样本数为 30 与样本数为 55 时模型系数的差异，检验结果表明样本数为 30 时自变量的系数与样本数为 55 时的系数没有显著差异，由此确定了基于驾驶模拟器评估道路线形的最小样本量为 30。

9.1.3 运动系统自由度选取原则

驾驶模拟器运动系统对于测试结果的有效性至关重要，可能会影响驾驶模拟眩晕程度、速度、加速度和横向轨迹偏移等指标的结果。国内外尚无研究者针对驾驶模拟器运动系统对于复杂道路交通环境设计评估指标的影响开展过系统性研究。

通过调节驾驶模拟器运动系统的配置，使实验人员分别在八自由度、固定底座驾驶模拟器中开展实验。采用速度、纵向加减速、横向加速度、横向轨迹偏移作为客观评估指标，以驾驶模拟眩晕、运动系统真实性作为主观评估指标。将组合线形根据平面线形和纵坡特征划分为九类，利用 Wilcoxon 符号秩检验方法，比较四项客观评估指标在组合线形下两种实验条件间的差异，结果表明[2]：

(1) 相比固定底座驾驶模拟器，具有运动系统的模拟器可提供更逼真的运动提示，驾驶模拟眩晕感更轻。

(2) 驾驶模拟器运动系统会显著影响复杂道路组合线形场景下的速度(表 9-1)和横向轨迹偏移(表 9-2)。

(3) 利用驾驶模拟器针对复杂道路组合线形开展道路设计安全评估时，需要考虑运动系统的影响。

表 9-1　　速度指标 Wilcoxon 秩和检验结果

平面线形	纵坡	样本	八自由度		固定底座		Z 值	P 值
			均值	标准差	均值	标准差		
直线	平坡	55	99.80	2.11	98.19	2.78	−6.41	0.000
	上坡	31	96.21	3.96	93.71	4.38	−4.86	0.000
	下坡	11	102.03	3.01	100.71	3.83	−2.93	0.003
圆曲线	平坡	65	95.72	3.99	93.54	4.14	−6.68	0.000
	上坡	48	91.74	4.46	89.22	5.12	−6.02	0.000
	下坡	34	100.07	3.87	97.88	4.25	−4.69	0.000
缓和曲线	平坡	71	96.44	3.76	94.13	3.95	−7.26	0.000
	上坡	38	90.49	2.60	87.26	3.76	−5.37	0.000
	下坡	26	101.60	3.24	99.52	3.38	−4.00	0.000

表 9-2　　横向轨迹偏移指标 Wilcoxon 秩和检验结果

平面线形	纵坡	样本	八自由度		固定底座		Z 值	P 值
			均值	标准差	均值	标准差		
直线	平坡	55	−0.157	0.093	−0.119	0.098	−4.59	0.000
	上坡	31	−0.219	0.134	−0.172	0.120	−3.57	0.000
	下坡	11	−0.215	0.130	−0.175	0.110	−2.31	0.021
圆曲线	平坡	65	−0.125	0.295	−0.106	0.310	−1.97	0.049
	上坡	48	−0.165	0.276	−0.117	0.257	−3.56	0.000
	下坡	34	−0.125	0.227	−0.083	0.269	−2.86	0.004
缓和曲线	平坡	71	−0.157	0.275	−0.120	0.272	−3.70	0.000
	上坡	38	−0.128	0.275	−0.069	0.251	−4.20	0.000
	下坡	26	−0.244	0.218	−0.209	0.216	−2.63	0.009

9.1.4　实验流程

规范的驾驶模拟实验流程可提高驾驶模拟实验数据的有效性、降低驾驶人的眩晕感以及操作失误对实验结果准确性的干扰。驾驶模拟实验包括实验准备、预实验、正式实验和实验后四个阶段。

(1) 实验准备阶段:为了使实验数据能体现实验道路所在地区的特征,实验驾驶人组成需符合所在地区驾驶人的性别、年龄、驾龄分布。

(2) 预实验阶段:为了使驾驶人熟悉驾驶模拟器的操作方法和运行特征,减少正式实验阶段的操作失误,需采用相似实验道路场景,开展时长为 5 min 的预实验。若驾驶人出现模拟器眩晕症状,则停止实验。

(3) 正式实验阶段:为了减少实验驾驶人的记忆效应影响,若实验包含多个场景,可通过在相似场景间穿插差异较大的场景来调整实验场景顺序;若实验场景相同,同一驾驶人在完成实验次日再开展下一场景实验。

(4) 实验后阶段:为了提高实验数据的有效性,实验驾驶人需填写驾驶模拟眩晕量表、道路交通环境模型评估问卷和驾驶模拟器操作评估问卷,从中筛选并剔除由于模拟器眩晕、主观感受不佳而导致的无效数据。

9.2　车路交互机理

为了揭示复杂道路线形与车辆运行的交互机理,选取常用的纵向车辆运行指标(速度、纵向加速度)和横向车辆运行指标(横向加速度、横向轨迹偏移),采用连续建模策略构建线形要素与车辆运行指标的定量交互关系。

9.2.1 连续建模策略

在传统道路线形设计安全研究中，已有的大量车速模型均采用基于定点数据构建速度特征点的断面速度建模策略。以最新的《公路项目安全性评价规范》(JTG B05—2015)[3] 为例，该规范将公路线形划分为平直、平曲线、纵坡、弯坡组合及其他路段等五类，选择路段起终点和曲线段中点作为速度特征点，利用大量的点速度观测值构建预测模型组，采用从前到后迭代的方式按顺序预测整条道路上的速度变化曲线。之后，基于对驾驶人驾驶行为的基本假定连接这些速度特征点的预测值，得到连续的速度运行曲线。

现有的断面速度模型在应用时有两个主要的缺陷：①在应用速度预测模型之前就将连续变化的道路线形切割为不同的单元，从而割裂了道路线形变化的连续性，大大影响了模型在山区复杂组合线形条件下的适用性；②假定的速度特征点不一定是速度变化的极值点，如果用于预测速度曲线的基准点(假定的速度特征点)就会存在偏差，那么即使特征点速度的预测模型有很高的精度，所获得的速度曲线变化图也将和真实情况之间存在差距。

为了解决现有建模策略存在的缺陷，本章提出基于连续变化的道路设计参数预测速度的建模策略[4]。为了准确描述速度在复杂线形路段上的连续变化，将道路线形按照里程桩号等间距密集地划分为不同的预测区间，区间的间距为 5 m，认为车速在 5 m 范围内基本保持一致。由于各个区间所在的位置不再是道路线形上的特征点，因此就需要构建适用于所有位置的连续速度模型。连续速度模型与以往的基于特征点的断面速度模型在建模策略上的差异如图 9-4 所示。

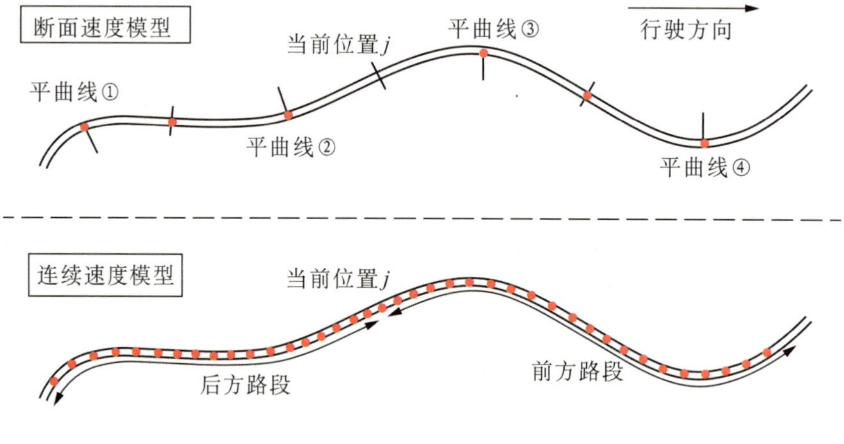

图 9-4　现有建模策略对比连续建模策略

连续速度模型的结构如式(9-1)所示

$$v_j = \sum_{kB=1}^{n} \beta_{kB} X_{kB,jB} + \sum_{k=1}^{n} \beta_k X_{k,j} + \sum_{kA=1}^{n} \beta_{kAB} DX_{kAB,jAB} + \varepsilon_j^* \tag{9-1}$$

式中 v_j——当前位置的预测车速；

$X_{kB,jB}$，$X_{k,j}$，$DX_{kAB,jAB}$——道路几何变量，分别代表后方路段、当前位置以及前、后路段差值，其中 $DX_{kAB,jAB}=X_{kA,jA}-X_{kB,jB}$；

β_{kB}，β_k，β_{kAB}——对应的模型系数；

ε_j^*——模型的误差项。

为了适应本节提出的连续速度模型，需要构建通用的描述道路线形特征的解释变量。提取当前位置前/后路段曲率、坡度的集计值(如极值、平均值、比例和分类变量等)作为潜在的解释变量。其中，平均坡度在计算时考虑上、下坡的差异，当路段范围内同时有上坡和下坡时按照距离大小加权平均；平均曲率在计算时不考虑左转和右转弯道的差异，只反映路段整体的弯曲程度。

对于不同的道路运行指标，影响指标变化的道路线形参数的影响范围可能不同，为了选择合适的集计距离，分别提取上、下游 50 m，100 m，200 m，300 m，400 m 以及 500 m 的设计参数集计值作为解释变量进行分析，分别构建基于潜在解释变量的预测模型，并根据模型的拟合优度确定各项运行指标最优的集计长度。

9.2.2 速度模型

使用多元线性回归模型建立连续速度模型，当取统计距离为 400 m 时，使用相同的解释变量，车速回归模型具有更高的调整后R^2，模型具有最优的拟合度，因此将 400 m 作为最佳的设计参数统计距离，模型结果如表 9-3 所列[5]。根据线性回归模型的参数，分别预测训练集和测试集路段的运行速度。以均方根误差 *RMSE*、平均绝对误差 *MAE* 和平均绝对百分比误差 *MAPE* 三个指标来评价模型的预测结果，运行速度模型的总体预测性能较好，在训练集和测试集中，模型预测的均方根误差都控制在 4 km/h以内，平均绝对百分比误差小于 3 km/h，平均相对误差在 3%以内。

表 9-3　　运行速度模型参数估计结果

变量	系数	标准误差	*P* 值
常数项	109.10	0.30	<0.0001
后方路段平均坡度	−183.59	4.30	<0.0001
后方路段平均曲率	−2.18	0.29	<0.0001
前后路段平均曲率差	−1.52	0.14	<0.0001
后方路段存在反向曲线	−1.58	0.16	<0.0001
后方路段最大超高值	−117.67	11.62	<0.0001
均值	102.97		
均方根误差	2.44		
样本量	1 525		
调整R^2	0.74		

后方路段平均坡度：该变量的系数为负值，说明车辆在经过上坡路段后车速降低。从后方路段平均坡度的系数值大小可以推断，后方路段的平均坡度每增加 1%，当前位置的运行速度将下降约 1.84 km/h。

后方路段平均曲率：曲率是半径的倒数，直线段的曲率为零，在缓和曲线段上，曲率由零渐变为圆曲线曲率值，因此曲率与车速之间应为负相关关系。模型中后方路段平均曲率的系数均为负，符合基本推断。

前后路段平均曲率差：该变量系数为负，说明前方的平曲线线形会影响驾驶人当前的车速选择，前方道路越曲折，当前位置的期望车速就越低，当前后路段平均曲率差为 1 km^{-1} 时，运行速度降低 1.52 km/h。

后方路段存在反向曲线：当后方路段存在反向曲线时，变量取值为 1，其系数为负，说明驾驶人在经过反向曲线时普遍有明显的减速行为，这一变量对运行速度的影响系数为 1.58。

后方路段最大超高值：除为了排水而设置的固有横坡，道路横断面的超高一般设置在平曲线上，与线形曲率之间存在较强的相关关系。最大超高值往往与小半径平曲线相对应，其值越大说明线形条件越差。

9.2.3 纵向加速度模型

以接近匀速（$-0.4\ m/s^2<$加速度$<0.4\ m/s^2$）为参照组，选取上游路段线形特征、当前位置属性、下游路段线形特征以及上、下游路段线形特征差值为自变量，建立混合 Logit 模型，得到影响因变量的具体变量及其影响范围[6]，如表 9-4 所列，其中各变量的方差膨胀系数（*VIF*）均小于 10，说明解释变量之间没有明显的共线性。

表 9-4　　加减速行为模型参数估计结果

变量			参数估计	标准误差	*VIF*	*P* 值
减速	常数项		−3.21	0.28	—	0.0001
	曲率		−7.24	12.14	1.03	0.5510
	下游路段 400 m 最大曲率/$(1\cdot m^{-1})$		1 071.47	15.19	1.18	0.0001
	上游路段 400 m 圆曲线段比例		0.94	0.11	1.25	0.0001
	下游路段 400 m 变坡点数量		−0.05	0.05	1.44	0.2680
	下游路段 400 m 曲线数量		−0.45	0.06	1.28	0.0001
	上游路段 400 m 平均曲率/$(1\cdot m^{-1})$		−638.04	29.34	1.30	0.0001
	隧道	隧道内	0.03	0.08	1.69	0.7040
	组合线形	平曲线下坡	−0.65	0.08	1.37	0.0001
		平曲线凸曲线	−0.58	0.09		0.0001
		平曲线凹曲线	−0.47	0.08		0.0001

（续表）

变量			参数估计	标准误差	*VIF*	*P* 值
加速	常数项		−3.89	0.28	—	0.0001
	曲率		−48.29	21.49	1.16	0.0246
	下游路段 400 m 最大曲率/$(1 \cdot m^{-1})$		313.93	24.40	1.36	0.0001
	上游路段 400 m 圆曲线段比例		−0.92	0.13	1.26	0.0001
	下游路段 400 m 变坡点数量		0.50	0.05	1.30	0.0001
	下游路段 400 m 曲线数量		0.18	0.05	1.24	0.0010
	上游路段 400 m 平均曲率/$(1 \cdot m^{-1})$		553.31	25.58	1.31	0.0001
	隧道	隧道内	0.17	0.08	1.49	0.0366
	组合线形	平曲线下坡	0.25	0.08	1.23	0.0010
		平曲线凸曲线	−0.57	0.11		0.0001
		平曲线凹曲线	−0.92	0.10		0.0001

当前位置曲率仅对加速行为有显著影响，且为负相关，表明当前曲率越大，即曲率半径越小，驾驶人加速的可能性就越低，这与 A. Jacob 等[7]在双车道乡村公路上建立的速度模型所得到的结论一致，当前位置的曲率对加速行为的影响表明驾驶人在面对小半径曲线时会更加谨慎。

下游路段 400 m 最大曲率与加速行为和减速行为均呈正相关，但减速系数约是加速系数的 3 倍，表明变量与减速的关系更强，当驾驶人观察到下游路段最大曲率增大时，驾驶人倾向于采取控制速度的行为，且更加趋于减速，这可能是由于驾驶人在观察到即将到来的线形越来越曲折时会变得更加谨慎[5]。

上游路段 400 m 圆曲线段比例结果表明，驾驶人驶过的上游路段圆曲线段比例越高，驾驶人采取减速行为的可能性就越大，采取加速行为的可能性则越低。曲线段频繁出现是山区道路为了适应地形产生的，所以，上游路段圆曲线段比例越高，反映出上游路段地形越复杂，驾驶人更趋向于采取减速行为。

下游路段 400 m 变坡点数量与减速行为呈负相关，与加速行为呈正相关，表明当驾驶人观察到下游路段变坡点数量较多时，驾驶人采取减速行为的可能性较低，驾驶人更倾向于提前加速通过下游路段。

下游路段 400 m 曲线数量结果表明，驾驶人观察到下游路段曲线数量较多时，相对于在当前位置减速，驾驶人更倾向于加速通过当前位置。这条结论与上条变坡点数量的结论类似，驾驶人观察到下游将经历较多的变坡和过弯后，不是在观察到时就选择立即减速，这两类变量可在进一步研究中用作道路安全评估的测量参数。

上游路段 400 m 平均曲率结果表明，驾驶人驶过的上游路段平均曲率越大，即驾驶人驶过一段曲率较大的路段后，采取减速行为的可能性较低，驾驶人倾向于开始加速行驶，这结果与当前曲率的影响不同，可能的原因是驾驶人驶出一个平均曲率较大的区段后，会逐渐提高已经处于较低水平的速度，通过下游较为平缓的线形。

隧道与组合线形环境对驾驶人加减速行为均有影响。其中,隧道仅对加速行为有显著影响,相对于隧道外,在隧道内驾驶人更容易加速,说明在隧道内驾驶人的速度控制更加不稳定;相对于平曲线上坡路段,平曲线凸曲线与平曲线凹曲线路段上驾驶人加减速行为的可能性均降低,说明在此两类组合线形上驾驶人趋向于以平稳的速度通过,而对于平曲线下坡路段,驾驶人则更加趋向于加速通过。

9.2.4 横向加速度模型

这里取最小的集计距离 50 m 作为最佳的设计参数提取距离。可以看到,与速度和纵向加速度相比,横向加速度的道路设计参数影响范围明显不同,这可能是由于横向加速度主要在车辆经过弯道时产生,变化速度快,变化惯性小,与上下游较远距离的设计参数变化关系不大。

选取模型拟合度最高的 50 m 作为横向加速度模型的最佳集计距离,模型参数估计结果如表 9-5 所列,其中横向加速度不区分左右不同的侧向,即在模型中使用的因变量为横向加速度的绝对值。

从表 9-5 可以看到,对横向加速度变化影响显著的变量有 7 项,其中 3 项为坡度相关变量,4 项为曲率相关变量,分别为上下游平均坡度、上游坡度差累和、下游坡度差累和、上游平均曲率值、上下游平均曲率差、上游曲线数量和下游曲线数量。

表 9-5　横向加速度均值模型参数估计结果

变量	参数估计	标准误差	*t* 值	*P* 值	方差膨胀系数
常数项	0.143	0.007	21.24	<0.0001	0.0000
上游 50 m 平均曲率值	348.485	6.511	53.52	<0.0001	1.2233
上下游 50 m 平均曲率差	−246.735	13.586	−18.16	<0.0001	1.3924
上下游 50 m 平均坡度	−1.645	0.176	−9.34	<0.0001	1.0015
上游 50 m 坡度差累和	1.352	0.415	3.25	0.0012	1.0769
下游 50 m 坡度差累和	1.538	0.416	3.69	0.0002	1.0806
上游 50 m 曲线数量	−0.111	0.015	−7.40	<0.0001	1.1432
下游 50 m 曲线数量	−0.118	0.015	−7.75	<0.0001	1.1911

上下游 50 m 平均坡度结果说明,上下游 50 m 的平均坡度越大,当前位置的横向加速度就越小。系数符号为负可以理解为当车辆位于上坡路段时,速度较低,发生横向运动的幅度也较小,因此横向加速度较小。

上游 50 m 坡度差累和、下游 50 m 坡度差累和:这两个变量所表征的含义相近,分别反映上下游路段内的竖曲线变化程度,在 50 m 的范围内存在较大坡度差累和变化的位置一般为竖曲线的顶点,在经过或即将到达这些位置时,车辆的稳定性不佳,更易于发生横向运动,因此这两个变量的模型系数均为正值。

上游 50 m 平均曲率值与横向加速度之间呈正相关,说明上游 50 m 路段的平均曲率值越大,当前位置的横向加速度就越大。实际上,横向加速度最重要的影响因素就是平曲线的弯曲程度，平曲线越弯曲，路段平均曲率值就越大，相应的横向加速度值也越大。

上游 50 m 曲线数量、下游 50 m 曲线数量：尽管当统计距离更大时可能出现大于 1 的情况，但是在 50 m 范围内，曲线数量的取值一般为 0 和 1，其中，0 对应当前位置处于圆曲线段内或直线段上的情况，而 1 对应当前位置处于缓和曲线段的情况。这两个变量的模型系数均为负值，说明当前位置位于缓和曲线段时，横向加速度值较小。

9.2.5 横向轨迹偏移模型

横向轨迹偏移需根据车辆横向偏移距离确定，车辆横向偏移是指：沿行车道方向，车辆中心线偏离行车道中心线的距离。当车辆偏于车道中心线左侧时，横向偏移为负值；反之，横向偏移为正值。当横向偏移小于 −0.775 m 时，为车辆左偏驶离车道，横向偏移大于 0.775 m 时，为车辆右偏驶离车道。以车辆在车道内行驶（$y=1$）为参照，将车道偏离分为两类，左偏驶离车道（$y=2$）与右偏驶离车道（$y=3$）。根据统计数据，驾驶人在进行车辆驾驶时，90%以上的情况是保持在车道内行驶。

以车辆在车道内行驶（$y=1$）为参照组，选取当前路段、上游及下游路段的道路线形参数及车辆运行速度为自变量建立双层 Logit 模型[8,9]，结果如表 9-6 所列。

表 9-6 横向轨迹偏移模型参数估计结果

变量		参数估计	*P* 值
左偏驶离车道（$y=2$）	曲线左转（分类变量）	1.4523	0.00
	下坡（$S<-2\%$）	−0.2730	0.02
	外侧车道（参照物为内侧车道）	1.7767	0.00
	上游 300 m 路段曲率差	0.2950	0.00
	上游 300 m 路段平均车速	0.0177	0.00
	常数项	−7.0230	0.00
	ICC 值	0.0880	—
右偏驶离车道（$y=3$）	曲线左转（分类变量）	−0.6963	0.00
	曲线右转（分类变量）	0.7205	0.00
	上坡（$S>2\%$）	−0.4402	0.00
	外侧车道（参照物为内侧车道）	−1.7962	0.00
	上游 300 m 路段曲率差	0.2587	0.00
	常数项	−4.2551	0.00
	ICC 值	0.2460	—

表 9-6 中各自变量的结果分析如下：

曲线转向：曲线转向相对于直线而言，分为曲线左转与曲线右转。当曲线左转时，更易导致左偏驶离车道；当曲线右转时，更易导致右偏驶离车道，即车道偏离更易偏向于曲线内侧。

坡度类型：将坡度作为连续变量纳入模型时，坡度对车道偏离无显著影响。以±1%，

±1.5%,±2%,±2.5%,±3%作为阈值对坡度进行分类时,其中±2%,±2.5%,±3%作为阈值分类的坡度类型对车道偏离有显著影响,而模型结果最优时的坡度分类阈值为±2%,下坡($S<-2\%$)降低车辆左偏驶离车道的概率,上坡($S>2\%$)降低车辆右偏驶离车道的概率。

内侧/外侧车道:内侧车道靠近道路中央分隔带,外侧车道靠近硬路肩。模型以内侧车道为参照,得出如下结果:外侧车道增加左偏驶离车道概率、降低右偏驶离车道概率。当以外侧车道为参照时,会得到内侧车道增加右偏驶离车道概率、减少左偏驶离车道概率的结果。简而言之,外侧车道增加左偏驶离车道概率,内侧车道增加右偏驶离车道概率。

上游 300 m 路段曲率差:上游 300 m 路段曲率差对车辆左偏与车辆右偏均有显著影响,上游 300 m 路段曲率差越大,车辆出现左偏或右偏驶离车道的概率就越大。针对曲率差变量,在进行影响因素分析与模型调试时,还得到如下结论:下游道路(50 m,100 m,150 m,200 m,300 m,400 m)的最大/最小曲率差对车辆车道偏离无影响;上游不同路段长度(50 m,100 m,150 m,200 m,300 m,400 m)的曲率差变量,具有显著相关性,但上游 300 m 路段曲率差变量对车道偏离影响最为显著,模型拟合效果也最好。

上游 300 m 路段平均车速:上游 300 m 路段平均车速显著增加车辆左偏驶离车道的概率,而对右偏驶离车道概率无显著影响,这是由于山区高速公路右侧多为悬崖,当车速增加时,驾驶人更容易向左侧偏移,以避免驶出路外。

9.3 道路设计安全评估研究

本节量化研究了“平曲线+下坡”“平曲线+上坡”“平曲线+凹曲线”“平曲线+凸曲线”这四类平纵组合线形要素对车速一致性的影响,构建了几何线形要素与车速一致性的相关关系[10,11]。以“切线段+平曲线”“平曲线+平曲线”两类相邻组合线形为例,提出了基于组合线形安全值域的设计评估方法。

9.3.1 平曲线下坡

针对平曲线下坡的车速一致性模型,考虑了平曲线、纵断面、横断面和平曲线纵断面相对位置四个方面需要分析的变量。针对平曲线设计要素考虑了半径、缓和曲线长、圆曲线长、曲线长及方向。针对纵断面考虑了平均坡度、最大坡度、坡度差、坡度类型、变坡点位置等变量。针对横断面则考虑了超高。针对每一个几何特征变量分别与车速一致性建立多项 Logistic 回归模型,对比分析每一类几何特征中的显著变量。表 9-7 为单因素建模结果汇总。

表 9-7　　平曲线下坡车速一致性单因素建模结果

变量		解释	系数(标准差)		*AIC*
			过度降速	过度提速	
平曲线下坡	$G_{mean}/\%$	平均坡度	−0.0847 (0.1119)	0.3496 (0.0923)	741
	ΔG	最大最小坡度差	0.2202 (0.098)	0.2813 (0.0979)	743
	L/m	长度	0.6685 (0.1391)	0.5477 (0.1368)	720

（续表）

变量		解释	系数(标准差)		AIC
			过度降速	过度提速	
平曲线下坡	L_{cc}/m	圆曲线长度	0.6081 (0.1424)	0.4495 (0.1381)	729
	L_{at}/m	缓和曲线 1 的长度	0.5718 (0.1245)	0.5105 (0.1238)	742
	L_{dt}/m	缓和曲线 2 的长度	0.4022 (0.1331)	0.5289 (0.1287)	733
相邻路段	$G_{max,p}/\%$	上游最大坡度	−0.0202 (0.0420)	−0.0493(0.0417)	754
与相邻路段线形设计变化	$\Delta C_{c,p}$	平曲线下坡与上游曲率变化	0.5406 (0.3000)	0.8790 (0.2956)	745
	$\Delta C_{c,f}$	平曲线下坡与下游曲率变化	0.2365 (0.2994)	0.4254 (0.2816)	741
	$\Delta G_{c,f}$	平曲线下坡与下游路段的坡度变化	0.1282 (0.1115)	0.3637 (0.1042)	743

由表 9-7 可以看出：

(1) 纵断面的设计要素中，平均坡度、坡度差为显著变量；

(2) 长度相关的变量对过度降速和提速均为显著变量；

(3) 相邻路段中，上游最大坡度、平曲线下坡与上游曲率变化、平曲线下坡与下游曲率变化、平曲线下坡与下游路段的坡度变化是显著变量。

针对显著的单一变量确定合理的组合进行建模，通过对比 *AIC* 进行变量取舍。首先，建立的模型 1 是只包含平纵组合线形几何特征变量。其次，在模型中逐一加入上游、下游的几何特征，进行模型优化，得到模型 2。

1. 平曲线下坡几何特征变量

在建模时，首先考虑平曲线下坡的线形设计变量，表 9-8 为仅包含平曲线下坡线形设计变量的车速一致性模型 1 参数估计。

表 9-8　　平曲线下坡车速一致性模型 1 参数估计

参数	过度降速	过度提速
	系数(标准差)	系数 (标准差)
截距	−1.8907 (0.6754)*	−1.9665 (0.8763)*
L	0.7804 (0.1026)*	0.3608 (0.3588)
G_{mean}	−0.7236 (0.0671)	0.4295 (0.2843)*
AIC	813.68	

备注：* 代表显著水平 $\alpha=0.05$。

由表 9-8 可知，平曲线下坡的长度 L 与过度降速行为有显著相关关系。当其他变量保持不变时，与驾驶人保持稳定的车速相比，随着平曲线下坡长度 L 的增加，过度降速行为的概率会增加。模型结果显示，平曲线下坡长度对过度提速没有显著意义上的定量关系。这可能是由于组合线形路段越长,驾驶人越容易刹车,越容易减速或提速。

平曲线下坡的平均坡度G_{mean}与过度提速行为有显著定量关系。当其他变量保持不变时,相比起驾驶人保持稳定的车速,随着平曲线下坡坡度的增加,驾驶人过度提速的概率增大。

2. 包含相邻路段几何特征变量

基于平曲线下坡几何特征变量的车速一致性模型,加入上、下游各 300 m 范围的几何特征变量,模型 2 的建模过程与模型 1 类似,参数估计结果如表 9-9 所列。

表 9-9　　平曲线下坡车速一致性模型 2 参数估计

参数		过度降速	过度提速
		系数(标准差)	系数(标准差)
平曲线下坡	截距	−1.5807 (0.3386)*	−2.1865 (0.2723)*
	L	0.9060 (0.1510)*	0.2443 (0.1255)
	G_{mean}	−0.2456 (0.1370)	0.5655 (0.1168)*
相邻组合路段	$\Delta C_{c,f}$	0.3817 (0.1756)	−1.0710 (0.3735)*
AIC		786.62	

备注:* 代表显著水平 $\alpha=0.05$。

从表 9-9 可以看出,平曲线下坡与下游路段的曲率差 $\Delta C_{c,f}$与过度提速行为有显著相关关系,系数为−1.071。当其他变量保持不变时,随着曲率差增大,驾驶人过度提速的概率降低,保持稳定车速的概率增大。例如,当平曲线下坡的下游相邻的是半径较小的曲线路段时,驾驶人可能会由于视距受影响而降低车速,从而较为谨慎地驶入下游路段。

通过对比两个模型的 AIC 可以看出,只包含平曲线下坡几何特征变量的模型 1 的 AIC 为 813.68,考虑了相邻路段几何特征变量的模型 2 的 AIC 为 786.62,说明加入相邻路段的几何特征变量之后,模型的解释度变高了。

9.3.2 平曲线上坡

1. 平曲线上坡几何特征变量

对于平曲线上坡与车速差进行安全建模,仅包含平曲线上坡线形设计变量的车速一致性模型参数估计结果如表 9-10 所列。

表 9-10　　平曲线上坡车速一致性模型 1 参数估计

参数	过度降速	过度提速
	系数(标准差)	系数(标准差)
截距	−1.5094 (0.3564)*	−1.3982 (0.1782)*
L	0.8275 (0.4793)*	0.5901 (0.5239)*
AIC	674.72	

平曲线上坡长度 L 与过度降速、过度提速皆有显著相关关系。该系数为正,说明当其他变量保持不变时,随着平曲线上坡长度增大,驾驶人过度降速和提速行为的概率会增大。

2. 包含相邻路段几何特征变量

基于平曲线上坡几何特征变量的车速一致性模型，加入上、下游各 300 m 范围的几何特征变量，参数估计结果如表 9-11 所列。

表 9-11　　平曲线上坡车速一致性模型 2 参数估计

参数		过度降速	过度提速
		系数(标准差)	系数(标准差)
平曲线上坡	截距	−1.8585 (0.1718)*	−2.4145 (0.2242)*
	L	0.5546 (0.1405)*	0.8162 (0.1834)*
相邻组合线形	$G_{max,f}$	−1.4896 (0.0419)*	−0.1476 (0.0509)*
AIC		623.2	

注：括号中为标准差，* 代表显著水平 $\alpha=0.05$。

平曲线上坡下游路段的最大坡度$G_{max,f}$对过度提速和过度降速行为有显著相关关系。系数为负，说明当其他变量保持不变时，随着下游路段越来越陡，驾驶人更倾向于稳定的车速。

通过对比两个模型的 AIC 可以看出，只包含平曲线下坡几何特征变量的模型 1 的 AIC 为 674.72，考虑了相邻路段几何特征变量的模型 2 的 AIC 为 623.2，说明加入相邻路段的几何特征变量之后，模型的解释度变高了。

由表 9-12 中所列的模型参数可见，两个显著变量 L 和$G_{max,f}$对过度降速和过度提速都有影响。这有可能是因为 L 的样本之间有显著不同，因此用方差检验对其进行分析。

表 9-12　　平曲线上坡 L 方差检验

	离均差平方和	均方	F 值	P 值
SS 组间	463 844.24	231 922.12	15.44	0.0000
SS 组内	6 580 205.8	15 023.301		

结果显示，P 值小于 0.05，平曲线上坡坡长样本间有显著差异。

9.3.3　平曲线凹曲线

1. 平曲线凹曲线几何特征变量

对于平曲线凹曲线与车速差进行安全建模，仅包含平曲线上坡线形设计变量的车速一致性模型参数估计结果如表 9-13 所列。

表 9-13　　平曲线凹曲线车速一致性模型 1 参数估计

参数	过度降速	过度提速
	系数(标准差)	系数(标准差)
截距	−2.1464 (0.3692)*	0.7552 (0.3941)
L_{at}	0.8059 (0.1803)*	0.7239 (0.2109)*
ΔG	−0.7364 (0.1782)*	−0.0953 (0.1428)*
AIC	509.6	

注：* 代表显著水平 $\alpha=0.05$。

进入平曲线凹曲线的缓和曲线长度L_{at}与过度提速和过度降速行为有显著的相关关系。系数为正，说明当其他变量保持不变时，随着缓和曲线长度增加，驾驶人过度提速和过度降速行为的概率增大。平曲线凹曲线坡度差 ΔG 与过度降速、过度提速行为有显著相关关系，随着坡度差变大，驾驶人倾向于保持稳定的车速。

2. 包含相邻组合路段几何变量

下游路段的最大曲率 $C_{max,f}$与过度降速行为有显著定量关系(表 9-14)。系数为正，说明随着下游路段曲率增大，驾驶人过度降速行为的概率增大。

表 9-14　　平曲线凹曲线车速一致性模型 2 参数估计

参数		过度降速	过度提速
		系数(标准差)	系数(标准差)
平曲线凹曲线	截距	−1.5894 (0.7889)*	0.5937 (0.5649)
	L_{at}	1.1193 (0.2273)*	0.8914 (0.1922)*
	ΔG	−0.2171 (0.0981)*	−0.2833 (0.0928)*
相邻组合路段	$C_{max,f}$	0.9685 (0.3146)*	0.0488 (0.2134)
AIC		443.6	

注：* 代表显著水平 $\alpha=0.05$。

通过对比两个模型的 *AIC* 可以看出，只包含平曲线下坡几何特征变量的模型 1 的 *AIC* 为 509.6，考虑了相邻路段几何特征变量的模型 2 的 *AIC* 为 443.6，说明加入相邻路段的几何特征变量之后，模型的解释度变高了。

9.3.4 平曲线凸曲线

1. 包含平曲线凸曲线的几何变量

对于平曲线凸曲线与车速差进行安全建模，仅包含平曲线凸曲线线形设计变量的车速一致性模型参数估计结果如表 9-15 所列。

表 9-15　　平曲线凸曲线车速一致性模型 1 参数估计

参数	过度降速	过度提速
	系数(标准差)	系数(标准差)
截距	−1.3418 (0.4138)*	−0.1293 (0.4931)
L_{cc}	−0.4504 (0.1381)*	0.3593 (0.1247)
K	0.00343 (0.00386)*	−0.0013 (0.0462)
AIC	456.3	

注：* 代表显著水平 $\alpha=0.05$。

平曲线凸曲线的圆曲线段长度L_{cc}与过度降速行为有显著的定量关系。系数为负，说明当其他变量保持不变时，随着圆曲线段长度增大，驾驶人过度降速的概率降低。边际效应结果显示，随着圆曲线段长度的标准值每增加 1 个单位，过度降速的概率就降低 15.85%。

平曲线凸曲线 K 值与过度降速行为有显著的定量关系。系数为正，说明当其他变量保持不变时，随着 K 值增大，驾驶人过度降速的概率增大。边际效应结果显示，随着 K 值每增加 1 个单位，驾驶人过度降速的概率就增加 0.12%。

2. 包含相邻组合路段的几何变量

基于平曲线凸曲线几何特征变量的车速一致性模型，加入上、下游各 300 m 范围的几何特征变量，结果如表 9-16 所列。

表 9-16　　平曲线凸曲线车速一致性模型 2 参数估计

参数		过度降速	过度提速
		系数(标准差)	系数(标准差)
平曲线凸曲线	截距	−1.7208 (0.4303)*	−0.2483 (0.7144)
	L_{cc}	−0.8785 (0.1971)*	0.3298 (0.2320)
	K	0.00623 (0.00194)*	−0.007 (0.0054)
相邻路段	$\Delta C_{c,f}$	−0.5797 (0.5035)	−1.8727 (0.6905)*
AIC	426.3		

注：* 代表显著水平 $\alpha=0.05$。

平曲线凸曲线和下游路段的曲率差 $\Delta C_{c,f}$ 与过度提速行为有定量关系。系数为负，说明当其他变量保持不变时，随着曲率差增大，驾驶人倾向于保持稳定的车速。由边际效应的结果可知，随着曲率差每增加 1 个单位，过度提速的概率就降低 7.49%。

通过对比两个模型的 AIC 可以看出，只包含平曲线下坡几何特征变量的模型 1 的 AIC 为 456.3，考虑了相邻路段几何特征变量的模型 2 的 AIC 为 426.2，说明加入相邻路段的几何特征变量之后，模型的解释度变高了。

驾驶人在平曲线上坡时，车速差最为稳定，说明此类组合线形比其他的平纵组合线形更安全。驾驶人在平曲线凸曲线上行驶时，其过度降速的可能性比其他组合线形大；在平曲线凹曲线上行驶时，有过度提速的可能性比其他组合线形大，当平曲线与凸曲线重叠时，会造成其看起来比实际中陡，而平曲线与凹曲线重叠时，会造成其看起来比实际中缓。

平纵组合线形的下游路段对车速一致性有显著影响。对于平曲线下坡和平曲线凸曲线，当下游路段与平纵组合的曲率差增加时，驾驶人倾向于保持稳定的车速。对于平曲线上坡，当下游路段的最大坡度增大时，驾驶人倾向于保持稳定的车速。对于平曲线凹曲线，当下游路段的最大曲率增大时，驾驶人倾向于减速。研究并没有发现车速差与上游路段的线形设计特征有显著的定量关系。

9.3.5 切线段与平曲线组合

以第 50 分位数和第 85 分位数为阈值界限，构建组合线形几何设计要素安全值域。针对“切线段＋平曲线”的相邻组合路段，路段最大车速下降值的第 85 分位值(MSR_{85})的模型形式如式(9-2)所示。

$$MSR_{85}=-51.26+6.84L+0.594V_{85} \tag{9-2}$$

式中 L——路段长度；

V_{85}——路段运行速度。

分别以路段长度(L)和运行速度(V_{85})为控制变量，绘制在不同取值范围下 MSR_{85} 值的分布区间，作为基于速度一致性的线形设计安全值域，如图 9-5 所示。为了保证路段的车速一致性在“GOOD”区间内，运行车速必须控制在 112 km/h 以下，同时，随着道路长度的增加，对于运行速度的要求更为严格，尤其当路段长度为 2 km 时，运行速度必须控制在 88 km/h 以下才能保证车速一致性达到“GOOD”。若运行速度超过 120 km/h，则路段长度必须小于 500 m 才能保证车速一致性达到“FAIR”。

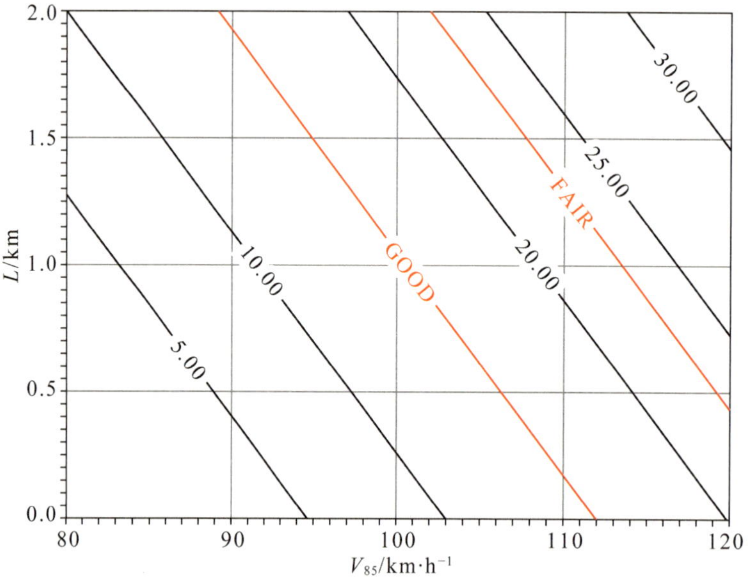

图 9-5 基于速度一致性的线形设计安全值域(切线＋平曲线)

9.3.6 平曲线与平曲线组合

针对“平曲线＋平曲线”的相邻组合路段，路段最大车速下降值的第 85 分位值(MSR_{85})的模型形式如式(9-3)所示。

$$MSR_{85}=-1.890+27.544L+8.423\frac{R_1}{R_2} \tag{9-3}$$

式中 L——上游路段长度；

R_1——上游平曲线半径；

R_2——下游平曲线半径。

平曲线与平曲线相邻组合路段的 MSR_{85} 值主要受上游路段长度(L)和两个弯道半径之比(R_1/R_2)的影响。将其作为控制变量，绘制在不同取值范围下 MSR_{85} 值的分布区间，作为基于速度一致性的线形设计安全值域，如图 9-6 所示。当半径之比为 0.5，即上游平曲线半径是下游平曲线半径的一半时，前一路段的长度必须控制在 480 m 以下，以保证车速一致性达到“GOOD”；若无法满足该条件,前一路段的长度必须小于 75 m,以保证车速一致性至少达到“FAIR”。

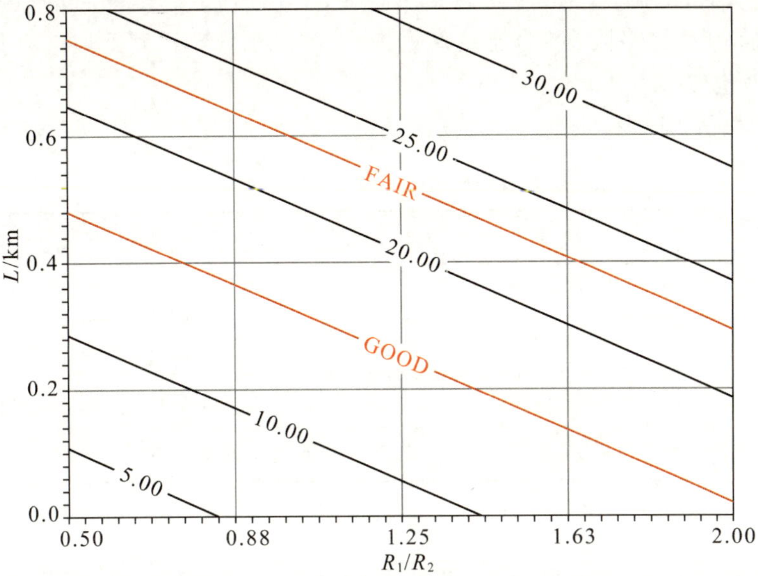

图 9-6 基于速度一致性的线形设计安全值域(平曲线 + 平曲线)

9.4 道路线形安全评估与优化案例

本节综合了基于驾驶模拟技术的道路线形设计研究成果,介绍道路线形安全评估与优化案例。以同济大学开展的湖南永吉高速公路设计驾驶安全及舒适性评价为例,通过计算道路线形安全评估指标来开展安全评价分析,并提出针对性的优化改善建议。

9.4.1 安全评价分析

1. 宜人性

1) 横向加速度标准差

图 9-7 为横向加速度标准差与曲率的变化曲线。从图中可以发现,在遭遇连续弯

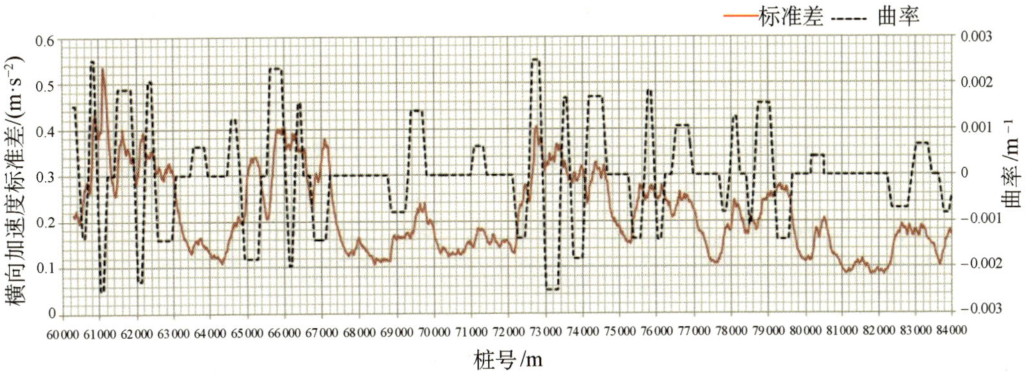

图 9-7 横向加速度标准差与曲率变化曲线(右线)

道处,横向加速度标准差的值相对较高。若取75%分位值(0.279)和85%分位值(0.334)作为阈值,所确定的安全隐患路段与通过均值确定的是吻合的,说明通常在横向加速度均值较大的路段,多为连续弯道或小半径弯道与长大下坡结合处,其横向加速度的标准差也较大。

根据上述阈值,下列路段则为存在安全隐患的路段,如表9-17所列。

表9-17　以横向加速度判别出的存在安全隐患的路段(右线)

指标	路段	特点
75%~85%	K76—K77	连续小半径弯道与下坡组合
85%以上	K61—K63	连续多个小半径弯道与长大下坡组合
	K65—K66	连续多个小半径弯道与长大下坡组合
	K72—K75	连续多个小半径弯道与长大下坡组合

2) 车速标准差

相对于车速,车速的标准差代表了不同驾驶人在同一路段处选择车速的变化,一定程度上更能反映道路的安全性。以75%分位值(8.24)和85%分位值(8.612)作为阈值,可以发现右线路段多处区域都存在一定的安全隐患,主要集中在K61,K63,K65,K74和K80附近区域。在桩号K73—K76之间的连续弯道,标准差非常高,代表驾驶人在此处的车速不一致。表9-18所列路段为存在安全隐患的路段。

表9-18　以行车速度判别出的存在安全隐患的路段(左线)

指标	路段	特点
75%~85%	K68—K70	小半径弯道与凹曲线组合
	K80—K81	小半径短弯道
85%以上	K61—K63	连续小半径弯道与下坡组合
	K65—K66	连续小半径弯道与下坡组合
	K72—K74	连续小半径弯道与下坡组合

3) 驾驶轨迹

本节针对车辆横向轨迹偏移指标,通过频谱分析的系列方法,提取车辆在沿道路行驶方向中各微段的轨迹波动频率,并横向比较各个微段的波动频率,以确定相对正常的路段和较为危险的局部路段。

频谱分析不仅能够直观地找出局部危险路段,而且能够定量地分析危险路段与正常路段之间的差异,帮助设计者更确切地了解局部路段危险的严重程度。

从频谱图中我们可以看到,颜色越深的地方代表该部分的波动能量越高。频率区间[0,0.5]内的能量是最高的,随着频率逐渐上升,其颜色变淡,代表能量减弱。但是,由于[0,0.5]部分属于低频区间,这部分的能量主要是由驾驶人正常驾驶时的车辆行为调整所引起的,而非由道路局部不良条件所造成的。因此,需要关注在高频区依然具有较高能量的部分,这部分的能量是由于不良道路条件所造成的高频高能量的驾驶调整。

以图 9-8 中所示正常条件下右线行驶记录为例,在[0.5, 1]间的高频区内,依然存在紫色部分的高能量区域,该部分相对于其他路段而言是非常危险的。

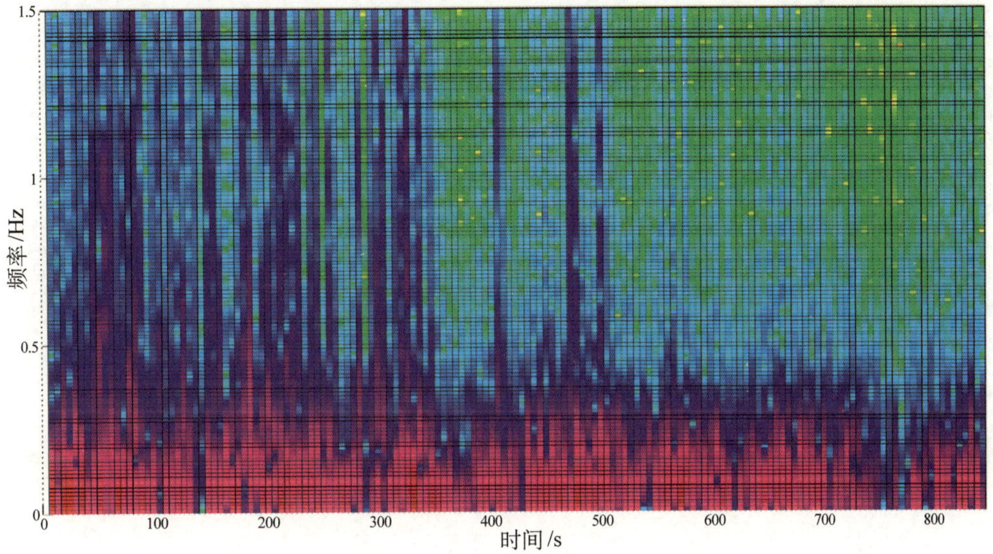

图 9-8　频谱分析(正常条件下右线行驶记录)

2. 稳定性

1) 横向力系数

图 9-9 为横向力系数的均值与曲率的变化曲线。横向力系数代表了车辆行驶过程中的横向稳定性。在桩号 K61 附近、K66—K67 之间和 K73—K74 之间,横向力系数明显偏高,说明局部路段的横向稳定性较差,汽车行驶时存在侧翻等安全隐患。

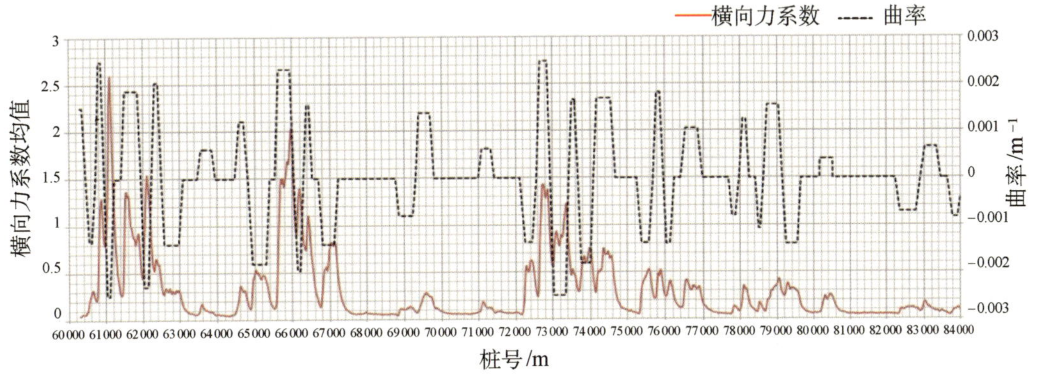

图 9-9　横向力系数均值与曲率变化曲线(右线)

针对右线,其 75%分位值和 85%分位值分别为 0.359 和 0.606。根据该阈值,表 9-19 列出的路段为存在安全隐患的路段。

表 9-19　　以横向力系数判别出的存在安全隐患的路段(右线)

指标	路段	特点
75%～85%	K75—K77	连续弯道与下坡组合
	K78—K80	连续弯道与下坡组合
85%以上	K61—K63	连续小半径弯道与下坡组合
	K65—K67	连续小半径弯道与下坡组合
	K72—K74	连续小半径弯道与下坡组合

2）侧倾角系数

另一项可以代表横向稳定性的指标为侧倾角,它是指车辆与水平面的侧向倾角。图 9-10为右线侧倾角均值与曲率的变化曲线。右线的 75%分位值和 85%分位值分别为 4.80 和 8.7。

可以发现,在桩号 K61—K62 之间,K66 附近,K73—K74 之间的侧倾角值远远超出了阈值范围,属于存在安全隐患的路段。

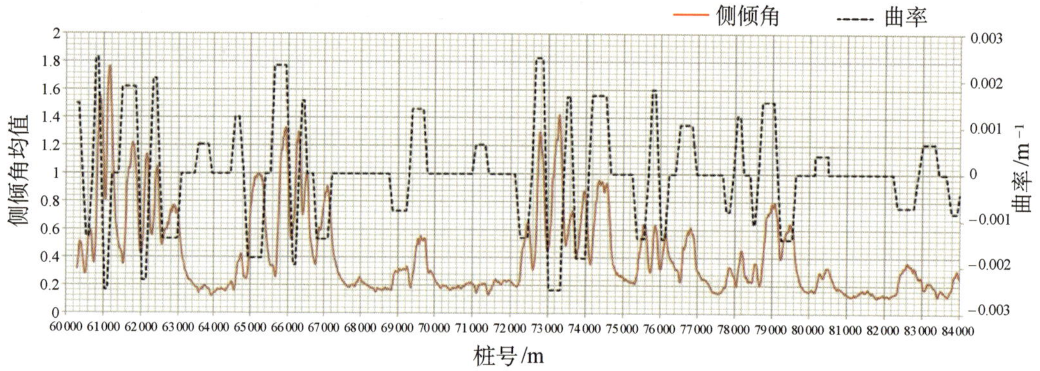

图 9-10　侧倾角均值与曲率变化曲线(右线)

根据上述阈值,表 9-20 列出的路段为存在安全隐患的路段。

表 9-20　　以侧倾角判别出的存在安全隐患的路段(右线)

指标	路段	特点
75%～85%	K76—K77	弯道与凸曲线组合
	K79—K80	连续弯道与凹曲线组合
85%以上	K61—K63	连续小半径弯道与下坡组合
	K65—K67	连续小半径弯道与下坡组合
	K72—K74	连续小半径弯道与下坡组合

3）纵向稳定性

纵向稳定性反映了汽车沿行驶方向的稳定性,图 9-11 为纵向稳定性与曲率的变化曲线。从图中可以发现,有多处纵向稳定性呈峰形,代表这些路段可能是潜在的危险路段。针对右线,纵向稳定性的 75%分位值和 85%分位值分别为 0.12 和 0.16。

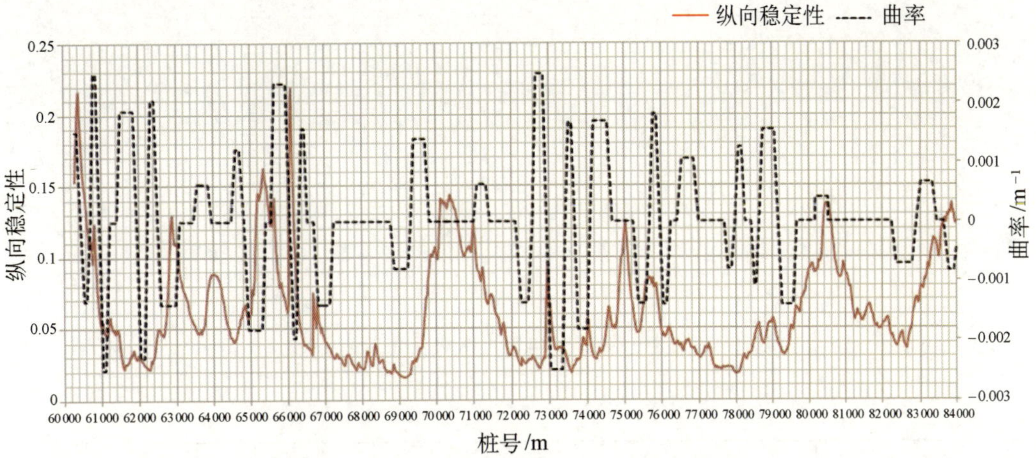

图 9-11 纵向稳定性与曲率变化曲线(右线)

根据上述阈值,表 9-21 列出的路段为存在安全隐患的路段。

表 9-21 以纵向稳定性判别出的存在安全隐患的路段(右线)

指标	路段	特点
75%～85%	K63 附近	小半径弯道凹曲线
	K70—K72	小半径弯道上坡
	K75 附近	小半径弯道凹曲线
	K80—K81	小半径弯道上坡
85%以上	K60—K61	小半径弯道与陡下坡组合
	K65—K66	小半径弯道与陡下坡组合

3. 舒适性

横向加速度指车辆在转弯时横向的加速度,当车辆在直线车道行驶时,在理想状况下横向是不受力的,但在转弯时,由于向心力的作用,会产生横向加速度,过大的横向加速度在让人感到不舒服的同时,也有可能导致车辆失控发生侧翻,引发交通事故。

图 9-12 为右线横向加速度均值与曲率的变化曲线。从图中可以发现,横向加速度与曲率之间存在非常紧密的联系,两条曲线形状的拟合度非常高。一方面,说明道路上遇到弯道时,横向加速度会有明显的增加;另一方面,曲率越大的弯道所引起的横向加速度偏移就越大。

通过对横向加速度做频率表,确定该指标分布的 75%分位值和 85%分位值分别为 0.267 和 0.743,以此作为评判安全性的阈值,即认为在 75%分位值以下的波动属于正常范围,超出该区间的波动则需要引起重视。特别地,当横向加速度值高于 85%分位值时,该区域路段可以认为是存在安全隐患的路段。根据上述阈值,表 9-22 列出的路段为存在安全隐患的路段。

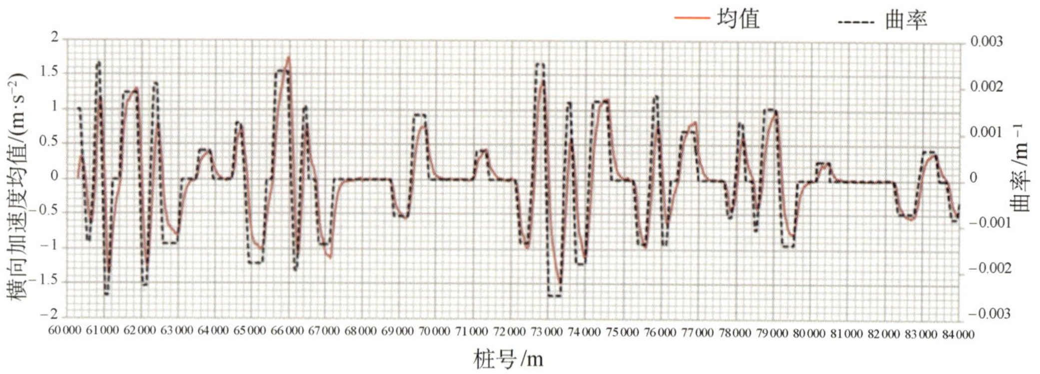

图 9-12 横向加速度均值与曲率变化曲线(右线)

表 9-22 以纵向稳定性判别出的存在安全隐患的路段(左线)

指标	路段	特点
75%～85%	K71—K73	连续弯道上坡组合
	K75—K77	连续弯道上坡组合
85%以上	K60—K62	连续小半径弯道与上坡组合
	K66—K67	连续小半径弯道与上坡组合

4. 一致性

右线车速较平稳,保持在 100 km/h 左右,随着缓和曲线逐渐增大,到达曲线中点同时也是变坡点附近,车速标准差最大,说明此时不同车之间的车速离散性较大,存在一定的安全隐患。

左线小半径曲线路段车速变化趋势是先降低,且在曲线中点、变坡点达到车速最低值,之后又有上升趋势,车速标准差也是在该点附近达到最大,说明曲线路段存在一定的安全隐患。

断面车速差、车速降低系数(Speed Reduction Coefficient, SRC)及车速变异系数如表 9-23 所列,其中 *SRC* 表示当前断面运行车速与前一断面运行车速的比值,车速变异系数表示车速标准差与均值的比值。

表 9-23 P2 路段右线速度特征值

P2 路段	右线					
	车速/(km·h⁻¹)	路段平均车速/(km·h⁻¹)	车速差/(km·h⁻¹)	*SRC*	车速变异系数	加速度干扰/(m·s⁻²)
K60+650	86.34					
K60+709.221	82.41	83.03	3.92	0.95	0.01	0.13
K60+768.3015	79.69	82.87	2.72	0.97		
K60+827.382	79.35	83.23	0.34	1.00		
K60+886.4625	83.48	84.16	4.13	1.05		
K60+945.543	87.70	85.01	4.22	1.05		
K61	90.24	84.63	2.54	1.03		

断面车速差与车速比的计算结果显示一致性较好，左线车速变异系数偏高，不安全；右线车速变异系数较小，安全性较高；左线速度摆动一般，舒适性一般；右线速度摆动小，舒适性较好。

9.4.2 优化改善建议

1. 小半径路段

1）提高防撞护栏安全等级

在连续下坡路段，车辆失控后易冲出中央分隔带护栏并驶向对向车道，从而造成高速公路上的正面对撞事故，危及对向车道的运营安全，因此要提高防撞护栏安全等级。

2）调整曲线超高

曲线超高将会平衡掉部分离心力，从而有利于车辆的横向稳定，对防止侧翻有一定的作用。

3）横向超高变坡设计

扩大驾驶人前方注视点的视角，向内侧调整中心线位置，采用弯道部位内外侧加宽与变坡度的横向超高相结合的横断面形式（下坡方向），曲线内侧超高采用正常设计值 5%，外侧车道的超高值由 5% 增至 8%，并对曲线部分中心线通过划线进行渠划。

4）设置避险车道

为了控制速度失控车辆在该连续长大下坡路段平曲线终点处容易冲出车道的情况，考虑地形、造价、养护维修等因素，充分利用现有地物，可在曲线末端对应山脚平缓处设置上坡沙坑型紧急避险车道。

5）设置震荡标线

在小半径曲线段前后道路的边线、中心线等位置处设置震荡标线，当车辆高速碾压这些标线时，产生的震动和噪声能够给予驾驶人足够的警示信息。

6）视觉效果增强的交通设计

为了提高视觉诱导效果，在下坡段进入曲线前的直线段上，增设视觉振动减速标线，以强制车辆减速；在危险路段前方设置“急弯视距不良”“事故易发路段”等警示标志。

2. 连续下坡路段、“下坡+急弯”组合路段

1）设置大型货车强制服务区

在连续下坡路段的坡顶位置设置大型货车强制服务区，并根据需要加设相应的指示标志和管理设施，服务区内提供连续下坡段的概略示意图，包括服务附属设施的位置和避险车道的位置。在服务区内驾驶人可以完成车况检查、加水、休息等，休整后以便有较好的状态下坡行驶。若坡长太大，可以考虑在长下坡中点再设置一个服务区。

2）设置简易休息区

建议在进入长下坡路段之前的适当地点增设简易休息区，并配合指示标志。简易休息区应在距离服务区较远的长大下坡路段起点或合适的位置设置。通过设置临时休息区，从而给驾驶人临时休息、检测车辆等提供方便。在临时休息区配备车辆加水及冷却设施、公共卫生设施等。加水设施是保证载重汽车制动性能稳定的有效服务设施。调查发现，车辆在淋水装置启动后，一般行驶 7 km 左右，水箱中的水就会用完，所以必须重新加水。

3）设置警告标志

在下坡前 500 m 处加设警告标志，以提醒驾驶人前方为长下坡路段，并标注连续下坡路段的长度。同时，加设辅助标志，提醒大型货车驾驶人检查车辆制动设备。

4）设置线形诱导标

在长下坡的急弯路段加设线形诱导标，以加强线形诱导，同时在进入急弯路段之前加设减速路面，以增大行车阻力。

5）设置震动减速标线

在距坡顶 200 m 处除了设置视距确认标志以外，在行车道还可加设震动减速标线，以提醒驾驶人注意控制车速，避免发生追尾事故。

6）加设照明

在某些山区公路沿线可以利用太阳能资源，在确定的危险路段加设太阳能照明设施，用于夜间和雾天照明，以提高驾驶人对路段道路条件的认识和判断。

7）在适当地点设置避险车道

对于失控车辆，避险车道是减轻事故危险性的一种有效途径。避险车道的设置要保证车辆进得去、出得来，并且能及时撤出现场，避免二次事故的发生。

8）加强护栏设置

在下坡急弯路段，沿车辆前进方向，右转的中央分隔带护栏和左转的路侧护栏尤其宜设置成刚性护栏并适当加高，特别是在高填方和山区险要路段以及桥梁处，更应加强护栏的设置，以避免失控车辆冲入对向车道或驶出路面，加重事故后果。

3. 连续上坡路段、“上坡＋转弯”组合路段

1）设置爬坡车道

在我国的现行技术标准中尚没有对应纵坡大小和坡长长度的有关规定。然而，通过交通仿真对高速公路行车风险的研究表明，应对纵坡大于 4%的路段设置爬坡车道。

2）车道限制

在连续上坡路段，特别是有爬坡车道的路段，大型货车应使用爬坡车道，严禁使用超车道。在无爬坡车道的连续上坡路段，也应加强车辆对车道的使用管理，特别是大型货车。

3）车速限制

追尾相撞事故的原因除了大型货车在运行车速上降低过多以外，另一个重要的原因就是小汽车车速过快，连续的上坡易使驾驶人注意力不集中，导致车辆追尾。

9.4.3 优化改善成效

通过驾驶安全性及舒适性评价对永吉高速公路线形设计进行优化，永吉高速公路在运营期间每公里事故数比湖南湘西地区高速公路的平均水平低了 60%，仅 2020 年因事故数减少而降低的财产损失约为 1.2 亿元，安全优化改善成效显著。

参考文献

[1] WANG X, LIU S, CAI B, et al. Application of driving simulator for freeway design safety evaluation:

a sample size study [C] // Proceedings of the Transportation Research Board 98th Annual Meeting, Washington D.C., USA, 2019.

[2] WANG X, YE X, WANG X. The effect of motion system on driver performance in simulated driving [C] // Proceedings of the Transportation Research Board 99th Annual Meeting, Washington D.C., USA, 2020.

[3] 华杰工程咨询有限公司. 公路项目安全性评价规范: JTG B05—2015 [S]:北京:人民交通出版社股份有限公司,2016.

[4] WANG X, GUO Q, TARKO A P. Modeling speed profiles on mountainous freeways using high resolution data [J]. Transportation Research Part C: Emerging Technologies, 2020, 117, 102679.

[5] 郭启明,王雪松,陈志贵. 基于驾驶模拟试验的山区高速公路运行速度建模[J]. 同济大学学报(自然科学版),2019,47(7):1004-1010.

[6] 陈志贵,王雪松,张晓春,等. 山区高速公路驾驶人加减速行为建模[J]. 中国公路学报,2020,36(7):165-175.

[7] JACOB A, ANJANEYULU M. Operating speed of different classes of vehicles at horizontal curves on two-lane rural highways [J].Journal of Transportation Engineering, 2012, 139: 287-294.

[8] CHEN Y, QUDDUS M, WANG X. Impact of combined alignments on lane departure: A simulator study for mountainous freeways [J]. Transportation Research Part C: Emerging Technologies, 2018, 86: 346-359.

[9] 陈亦新,王雪松. 山区高速公路组合线形路段车道偏移行为[J]. 中国公路学报,2018,31(4):98-104.

[10] 王雪松,王晓梦,杨筱菡. 平纵组合线形几何特征对车速变化的影响[J]. 同济大学学报(自然科学版),2018,46(5):0620-0625.

[11] WANG X, WANG X. Speed change behavior on combined horizontal and vertical curves: driving simulator-based analysis [J].Accident Analysis and Prevention, 2018, 119: 215-224.

10 行人交通安全分析

行人作为交通参与者中的弱势群体,极易在交通事故中受到伤害。根据世界卫生组织(World Health Organization, WHO)于2018年发布的《道路安全全球现状报告》(Global Status Report on Road Safety)[1],交通事故死亡人数中行人占比23%。我国道路交通环境复杂,行人安全问题突出,因此开展行人交通安全研究十分必要。本章从行人安全特征、行人安全调查、步行设施现状和行人宏观安全分析四个方面展开分析。

10.1 行人安全特征

步行是最普遍的交通出行方式,也是衔接其他交通工具的重要方式,但是,行人却面临着很大的安全风险。2019年,中国的行人死亡数为17 659人,占交通事故总死亡人数的28.1%[2]。世界各国在2011—2018年期间行人死亡人数占比如图10-1所示。其中,日本行人死亡人数占比最高,年平均占比为36.3%;澳大利亚行人死亡人数占比最低,年平均占比为13.7%[3,4]。行人作为道路交通的参与者,交通安全问题尤为突出。

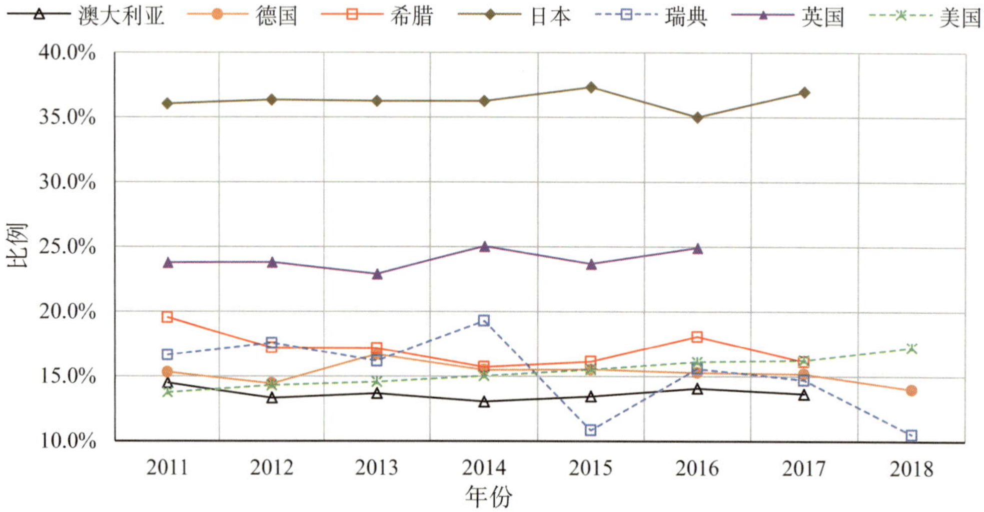

图10-1 世界各国行人死亡人数占比

(注:占比=行人死亡人数/总死亡人数)

只有深入了解行人事故的特征,才能更好地提出行人交通安全改善方案。我国行人事故的年龄分布如图 10-2 所示，年龄处于“3～8 岁”的行人事故多发，占行人事故总数的 16.2%。这可能与婴幼儿、小学生的防范能力和安全意识不足有关。

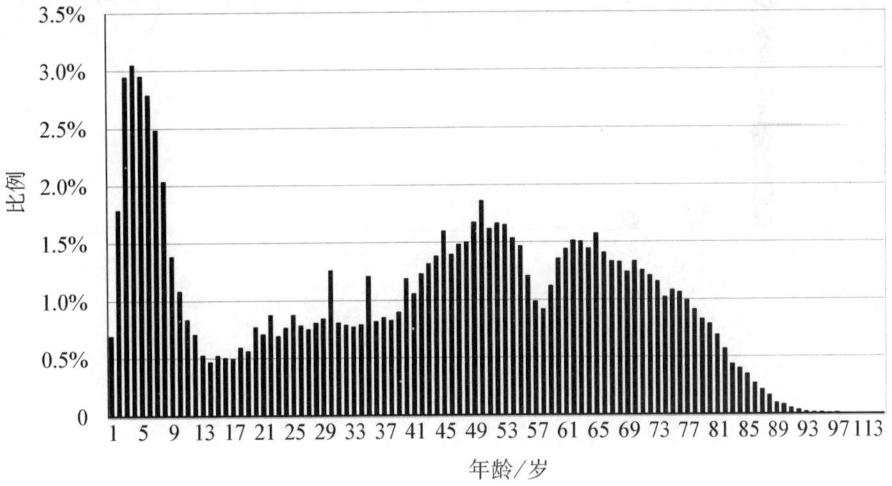

图 10-2　行人事故年龄分布

行人事故的时间分布如图 10-3 所示。行人事故在早高峰和晚高峰时段多发，可能的原因是早、晚高峰交通量大。

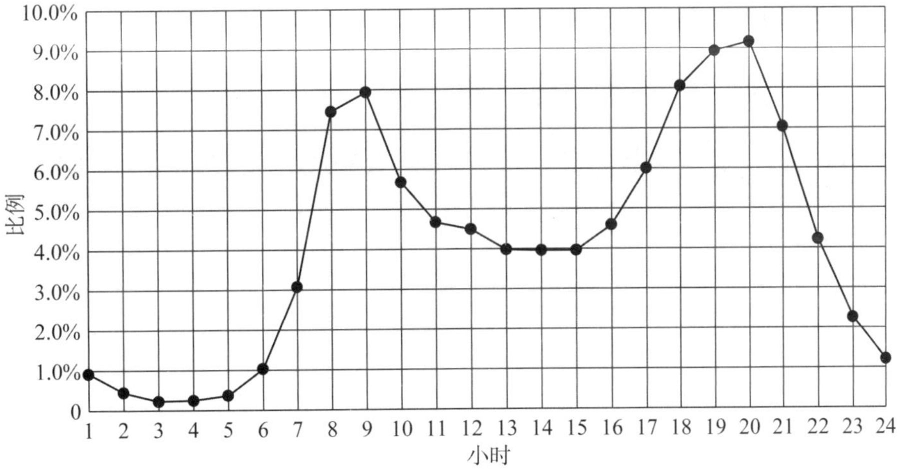

图 10-3　行人事故时间分布

行人事故在不同类型道路设施的分布如图 10-4 所示。普通路段行人事故比例最高(82.6%)，其次是四枝交叉口(7.7%)、三枝交叉口(5.2%)。

行人事故责任方分布如图 10-5 所示，其中事故责任方主要为小型客车、摩托车和电动自行车，共占行人事故总数的 64.2%。

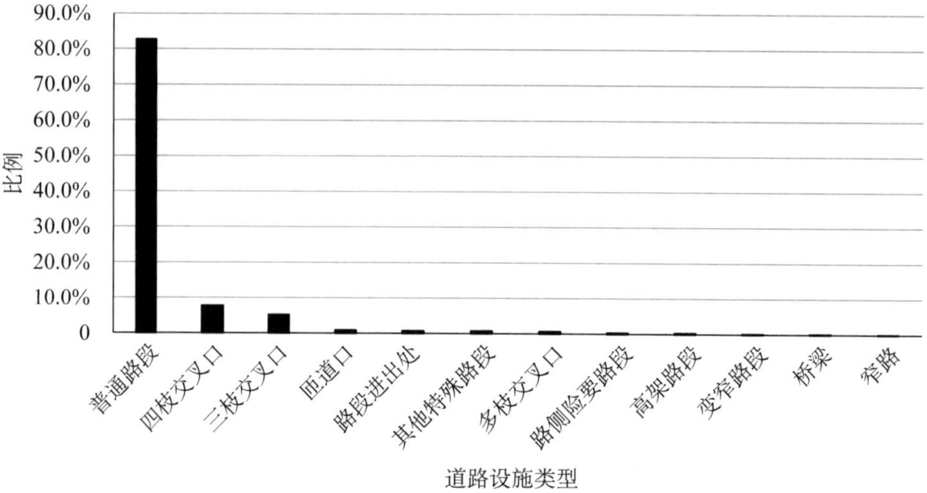

图 10-4 行人事故在各类型道路设施的分布

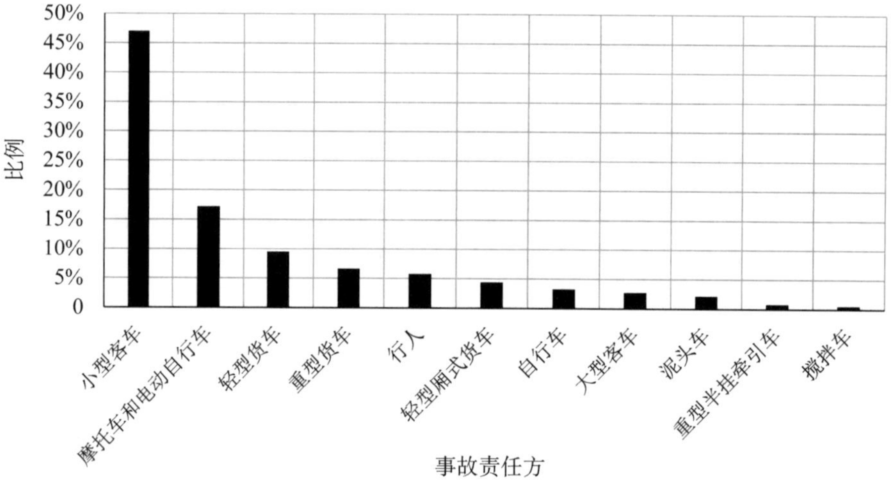

图 10-5 行人事故责任方分布

10.2 行人安全调查与分析

10.2.1 行人问卷调查的目的与内容

行人问卷调查的内容可以包括调查对象的个人背景信息、出行特征、交通违法及交通事故经历、相关法规遵守情况与态度、安全教育经历与偏好五个方面。问卷调查的结果有益于城市规划、建设部门了解行人的实际需求,在新建或改建步行设施时更多地考虑行人交通安全,也可为公安交通管理部门制订行人安全管理措施、开展行人交通执法和安全教育提供一定的参考。行人调查问卷如下。

行人调查问卷(以深圳市为例)

第一部分:个人背景信息

1. 您的性别:

○男　　○女

2. 您的户籍所在地及来深圳的时间:

○本市　　○本省外市,来深圳5年以下

○本省外市,来深圳5～10年　　○本省外市,来深圳10年以上

○外省,来深圳5年以下　　○外省,来深圳5～10年

○外省,来深圳10年以上

3.1. 您目前居住的行政区是:

○福田区　○罗湖区　○南山区　○盐田区

○宝安区　○龙岗区　○龙华区　○坪山区

○光明区　○大鹏新区　○深汕特别合作区

3.2. 您目前工作的行政区是:

○福田区　○罗湖区　○南山区　○盐田区

○宝安区　○龙岗区　○龙华区　○坪山区

○光明区　○大鹏新区　○深汕特别合作区

4. 您的年龄:

○16岁以下　○16～25岁　○26～30岁　○31～40岁

○41～50岁　○51～60岁　○60岁以上

5. 您目前的职业:

○国家机关、党群组织、事业单位人员　　○专业技术与文教科技人员

○普通职员　　○商业、服务业人员

○军人　　○农林牧渔、水利业生产人员

○生产、运输设备操作及相关人员　　○中小学生

○大专、本科及以上院校学生　　○离退休人员

○待业　　○自由职业

其他＿＿＿＿＿＿

6. 您的受教育水平:

○初中及以下　○高中/中专　○本科/大专　○研究生及以上

7. 您目前的平均月收入:

○≤3 000元　○3 001～6 000元　○6 001～10 000元

○10 001～15 000元　○>15 000元

第二部分:出行特征

8. 您日常主要的交通出行方式:(多选)

□步行　　□私家车

□电动自行车　　□其他非机动车(自行车/助力车)
□公共交通(公交车/地铁/出租车)

9. 您是否拥有私家车?
○有　　○没有

9.1. 您使用私家车时,有过几次交通违法行为?
○无　　○1～3 次　　○4～6 次　　○6 次以上

9.2. 您使用私家车共发生过几次交通事故?
○无　　○1～3 次　　○4～6 次　　○6 次以上

10. 您日常出行的主要目的:(多选)
□上下班/上下学　　□工作/商务需求　　□换乘
□购物休闲　　□接送他人　　□其他______

11. 您步行最常经过或前往的区域有:(多选)
□福田区　　□罗湖区　　□南山区　　□盐田区
□宝安区　　□龙岗区　　□龙华区　　□坪山区
□光明区　　□大鹏新区　　□深汕特别合作区

第三部分:交通违法及交通事故经历

12. 您过街时是否闯过红灯?
○从来没有　　○很少　　○有时　　○经常

13. 您认为行人出现闯红灯、不走斑马线等不安全行为的主要原因是:(多选)
□未意识到不安全　　□侥幸心理　　□从众心理
□人行横道设计不合理　　□交通指示灯不合理　　□车流量少
□外界环境(照明等)　　□其他______

14. 您在近 3 年内步行时发生过几次交通事故?
○无　　○1～2 次　　○3～4 次　　○5 次及以上

14.1 您步行时发生事故的对象为:(多选)
□机动车　　□电动自行车　　□其他非机动车
□行人　　□固定物　　□其他______

15. 您认为深圳市目前行人交通环境存在哪些不足?(多选)
□无人行道　　□人行道宽度不足
□路面不平整　　□交叉口人行横道不连续
□人行横道距离过长　　□过街天桥/地下通道无自动扶梯
□无障碍设施不足　　□行人绿灯时间过短
□行人等待红灯时间过长　　□被非机动车占用
□被机动车占用　　□被市政设施/商业设施占用
□与非机动车冲突严重　　□与机动车冲突严重
□其他______

15.1 您过人行道时被非机动车占道的频率是:
○很少　　○有时　　○经常　　○频繁

16. 您认为深圳市影响行人交通安全的风险因素有哪些?(多选)

□人行横道　□信控交叉口　□行人信号灯
□自行车　□电动车/助力车　□私人小汽车
□出租车　□公交车　□大客车
□货车　□泥头车　□危化品运输车
□其他＿＿＿＿＿＿

17. 您认为避免行人发生交通事故的主要措施有哪些?(多选)

□新建/加宽人行道　□改善路面质量(如修复破损)
□增添无障碍设施　□缩短人行横道长度
□增加人行横道宽度　□增大安全岛面积
□合理设计行人信号灯　□减少与非机动车的冲突
□减少与机动车的冲突　□加强安全教育
□加强交警监督力度　□加强时间惩罚力度(接受教育/社会劳动)
□加强金钱惩罚力度　□加强信用惩罚力度(贷款/工作)
□其他＿＿＿＿＿＿

第四部分:相关法规遵守情况与态度

18. 您对《中华人民共和国道路交通安全法》中行人相关的法律法规的熟悉程度:

○完全不熟悉　○不熟悉　○一般　○熟悉
○非常熟悉

19. 您平时过马路遵守交通规则吗?

○严格遵守　○通常遵守　○很少遵守　○从不遵守

20. 您是否支持深圳市新推出的“智能行人过街系统”?

○支持　○无所谓　○不支持　○不清楚

21. 您认为深圳市目前的交通法律法规对行人闯红灯等违法行为的处罚力度如何?

○力度太弱　○力度合理　○力度太强　○不清楚

第五部分:安全教育经历与偏好

22. 您在近1年内是否接受或参与过交通安全教育活动?

○从未参与　○参与较少　○一般　○参与较多
○经常参与

23. 您接受过哪种形式的交通安全教育?(多选)

□大众媒体宣传(广告/电视节目/广播)　□微信、微博等新媒体平台宣传
□宣传橱窗/板/横幅　□交通事故案例视频播放
□交通安全知识讲座(报告会)　□阅读交通安全宣传材料
□交通安全体验实践活动　□其他＿＿＿＿＿＿

24. 如果开展行人交通安全教育活动,您认为是否有必要?

○有必要,且愿意参加　○有必要,但不愿意参加
○没必要,但可以参加　○没必要,且不愿意参加

25. 您认为以下哪些行人交通安全教育内容最有必要?(多选)

□交通法律法规知识 □交通安全常识 □交通事故防范知识

□行人交通事故经验教训 □紧急救助知识 □其他____________

26. 您愿意参加哪种形式的行人交通安全教育?(多选)

□大众媒体宣传(广告/电视节目/广播) □微信、微博等新媒体平台宣传

□宣传橱窗/板/横幅 □观看交通事故案例视频

□参加交通安全知识讲座(报告会) □阅读交通安全宣传材料

□参加交通安全实践活动 □参加交通安全体验中心

□其他____________

27. 您认为开展行人交通安全教育活动的最佳场所是:

○居住社区 ○工作单位 ○学校

○商圈附近 ○事故多发地点 ○互联网平台

○微信微博平台 ○其他____________

28. 您认为最佳的行人交通安全教育频率是:

○一月1次 ○一季度1次 ○半年1次 ○一年1次

○一年以上1次

29. 您对深圳市的行人交通安全有什么意见和建议?(简答题)

____

10.2.2 问卷结果分析

本节从行人交通违法经历、安全教育经历与偏好、步行交通环境三个方面展开数据分析。通过对行人违法经历的调查,发现40%的被调查者有过闯红灯行为。存有侥幸心理、未意识到不安全是造成行人违法的重要原因,共占行人事故总数的52%,因此应当加强行人交通安全意识教育。

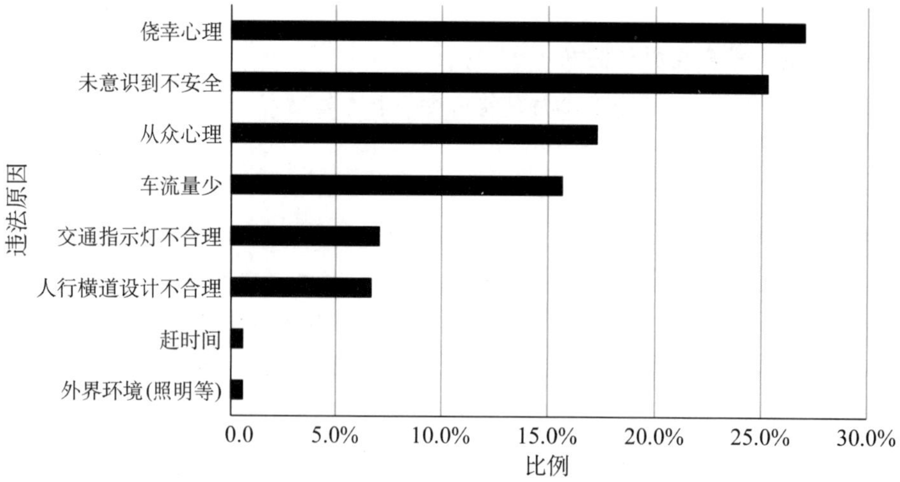

图10-6 行人违法原因分布

交通安全教育活动旨在帮助道路使用者了解交通安全知识，提高交通安全意识。通过对行人接受交通安全教育的经历调查发现，35.4%的被调查者没有参与过交通安全教育活动，而30.3%的被调查者较少参与。

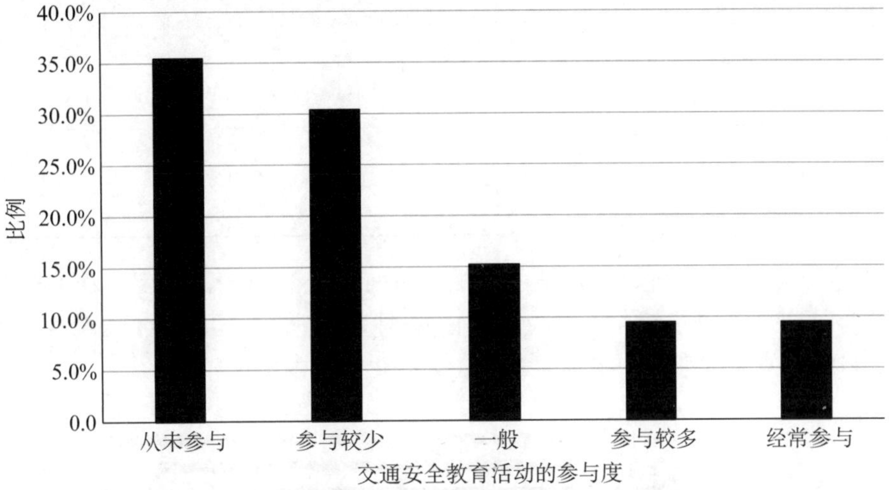

图 10-7 行人交通安全教育活动的参与度情况

行人交通安全教育偏好的调查结果如表10-1和表10-2所列。针对安全教育的内容和频率，行人对交通安全常识、交通法律法规知识、交通事故防范知识有较大的需求，愿意接受一季度1次或者一月1次的交通安全教育。

表 10-1 行人交通安全教育内容与频率偏好

交通安全教育内容		交通安全教育频率	
内容	比例	频率	比例
交通安全常识	23.8%	一季度1次	35.8%
交通法律法规知识	23.6%	一月1次	33.8%
交通事故防范知识	22.2%	半年1次	16.8%
行人交通事故经验教训	17.7%	一年1次	9.8%
紧急救助知识	12.7%	一年以上1次	3.8%

对于交通安全教育的形式和场所，行人偏向于大众媒体宣传、微信和微博等新媒体平台的宣传形式，并认为居住社区、工作单位是较佳的开展交通安全教育的场所。

表 10-2 行人交通安全教育形式与场所偏好

交通安全教育形式				交通安全教育场所			
形式	比例	形式	比例	场所	比例	场所	比例
大众媒体宣传(广告/电视节目/广播)	26.8%	宣传橱窗/板/横幅	6.9%	居住社区	36.4%	事故多发地点	9.8%

（续表）

交通安全教育形式				交通安全教育场所			
形式	比例	形式	比例	场所	比例	场所	比例
微信/博等新媒体平台宣传	25.2%	阅读交通安全宣传材料	6.8%	工作单位	15.8%	微信/博平台	9.8%
观看交通事故案例视频	16.0%	参加交通安全体验中心	6.0%	互联网平台	12.4%	商圈附近	4.1%
参加交通安全实践活动	7.2%	参加交通安全知识讲座(报告会)	5.1%	学校	11.7%	—	—

步行交通环境对行人交通安全有直接影响。路面不平整、人行道宽度不足、与非机动车冲突严重是目前步行交通环境存在的主要问题,如图 10-8 所示。因此,可从道路养护、交通规划设计、非机动车管理等诸多方面出发,为行人提供安全的出行环境。

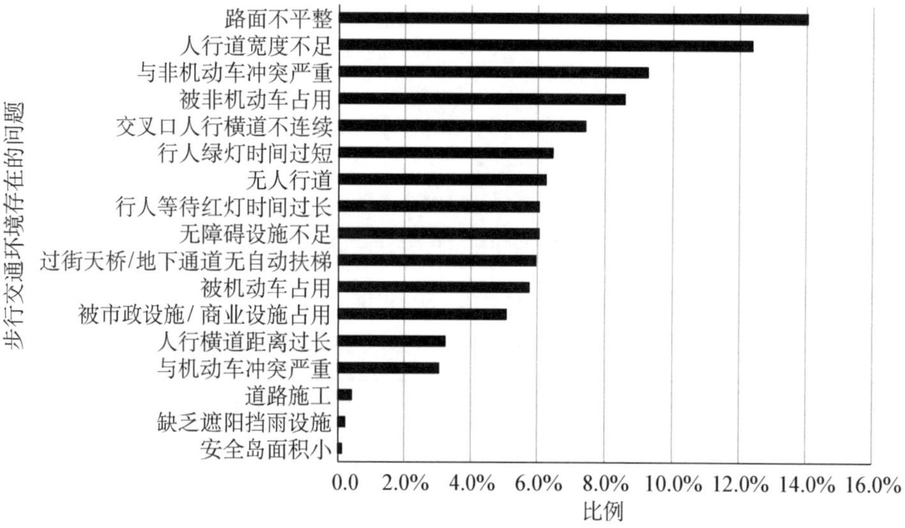

图 10-8　步行交通环境所存在的问题的分布情况

从被调查者的角度了解针对步行设施的改善建议,被调查者大多认为可从改善路面质量、新建/加宽人行道、减少与非机动车的冲突、合理设计行人信号灯等方面增强步行交通环境的安全性,如图 10-9 所示。

10.3　步行设施现状

完善的步行设施能够为行人提供安全的出行环境。本节从行人路权、步行设施设计、行人信号灯控制三个方面分析步行设施现状问题,总结国内外可借鉴的先进经验。

10.3.1　行人路权保障不充分

行人路权是行人在时间和空间上使用道路的权利,包括通行权、占用权等。我国道路设

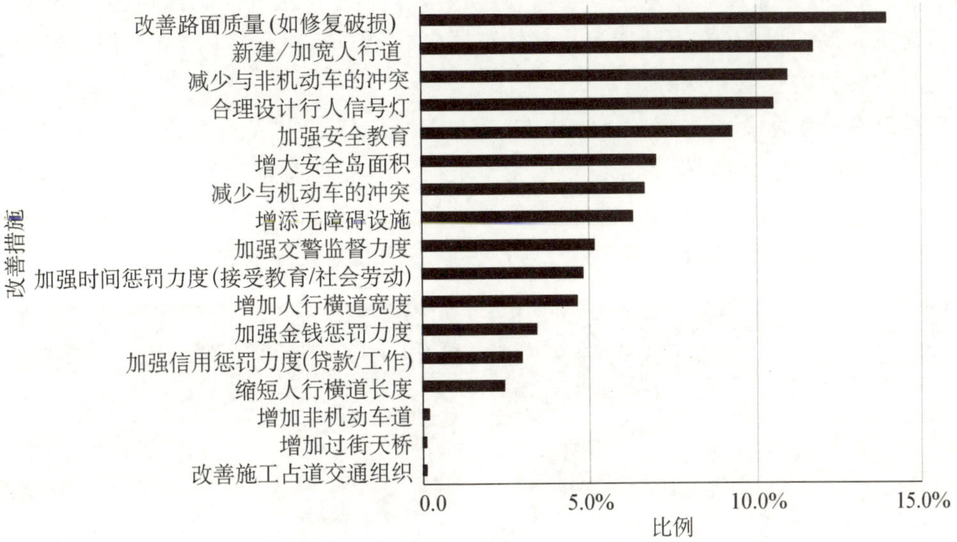

图 10-9 步行交通环境的改善措施分布

计者未充分考虑行人的出行需求,行人路权长期处于弱势地位,如图 10-10 所示。常见的是人行道与非机动车道无隔离设置,造成了非机动车占用行人路权。在道路建设或改造过程

(a) 人行道与非机动车道无隔离设置

(b) 人行道被压缩

(c) 人行道被商业设施占用

(d) 人行道被共享单车占用

图 10-10 行人路权缺乏保障

中，通过压缩人行道宽度来拓宽机动车道，致使行人通行空间缩小。市政设施（电线杆、消防供水设施等）、商业设施（临街商店等）、其他车辆（共享单车、机动车等）挤占行人通行空间，缺乏对行人路权的监管和保障。

纽约市在《街道设计手册》（*Street Design Manual*）[5]中采用车道变窄和清除（lane narrowing and lane removal）措施。车道变窄是在不改变现有车道数的情况下消除车道的多余宽度，车道清除是将未被充分利用的车道重新分配以用于其他功能，如图 10-11 所示。这两种措施均可通过增加行人安全岛等方式来扩大行人的通行空间。

(a) 实施前　　(b) 实施后

图 10-11　车道清除措施实施前后[4]

伦敦市在《街景指南：更好的伦敦街道指南》（*Streetscape Guidance: A guide to Better London Streets*）[6]中提出对人行道分段控制，将人行道分为路缘带、街道设施及绿化带、步行带和建筑沿街段空间。纽约市则在《街道设计手册》[5]中表明一条完整的人行道既要包含行人交通，也要包含街道设施和固定装置的空间。合理布局人行道空间能够有效避免其他设施（如市政设施）的占用。图 10-12 所示为伦敦市和纽约市人行道空间布局。

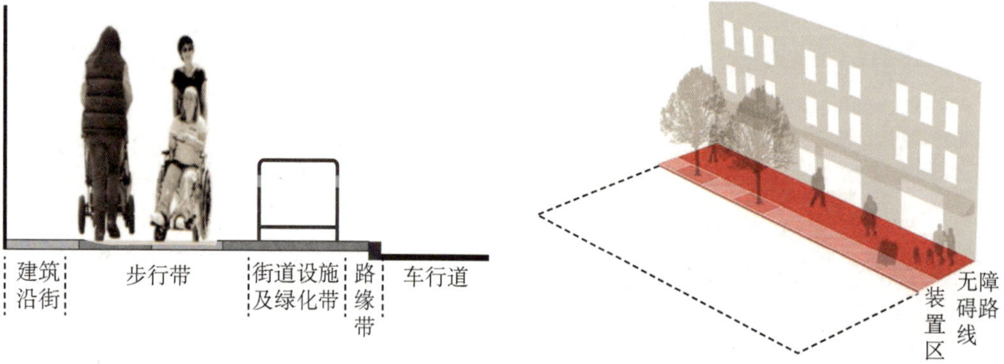

图 10-12　伦敦市（左）[6]和纽约市（右）[5]人行道空间布局

为了保障人行道空间，需要加强对人行道中各类设施的管理，对严重影响行人通行的设施予以处置、归并和拆除，从而逐步规范道路设施。北京市崇雍大街就很好地规范了道路设施，利用“多杆合一”的方式集约设置人行道各类设施（图 10-13），是人行道净化的典型案例[7]。

图 10-13 多杆合一建设[8]

10.3.2 步行设施设计不合理

步行设施主要包括人行道设施和行人过街设施。在人行道设施方面,主要存在人行道连续畅通性不足、人行道宽度不足、路面铺装设计不合理、盲道设计不合理、缓坡设计不合理等问题,如图 10-14 所示。目前,人行道设施的设计难以满足所有道路使用者,尤其是残疾人、老年人和儿童等人群的安全出行需求。

(a) 人行道宽度不足

(b) 人行道宽度不一致

(c) 盲道中断

(d) 缓坡设计不合理

图 10-14 不合理的人行道设施设计

在行人过街设施方面，主要存在以下问题：人行横道距离过长、连续性欠佳，行人二次过街设施不足，行人过街隔离与防护设施不足，地下通道和过街天桥等立体过街设施缺乏无障碍设施（如电梯、缓坡）等。不合理的行人过街设施设计难以保障行人过街的安全性。图 10-15所示为行人过街设施的不合理设计。

(a) 人行横道距离长

(b) 二次过街安全岛偏小

(c) 行人过街隔离与防护设施不足

(d) 无障碍设施不足

图 10-15　不合理的行人过街设施设计

在纽约市，人行道宽度须符合《美国残疾人法案》(*Americans with Disabilities Act*, ADA)中最小净宽度的要求，人行道要提供轮椅使用者可以相互通过或掉头的空间需求。在商业区、高密度住宅区、轨道临近区域的人行道，需提供一条至少 8 ft(1 ft＝0.3048 m)宽的无障碍道路；在低密度住宅区，要求人行道宽度至少为 5 ft[5]。

纽约市在交叉口增加缘石延伸(curb extension)设施，以将人行道或路缘线向交叉口内进行延伸，从而通过缩短行人过街距离、改善行人和司机的视线来提高行人安全。在路段采用中间街区变窄(mid-block narrowing)设施，在物理上或视觉上缩窄路段宽度，从而达到减慢车辆运行或提醒驾驶人路段有人行横道的目的[5]。此外，在交叉口内增加交通安全岛，可供行人驻留并缩短人行横道的距离[5,9]。图 10-16 所示为行人过街设施。

新加坡已着手为人行过街天桥安装电梯，2016 年已计划为 40 座人行过街天桥增设电梯，未来绝大多数轨道交通车站及交通枢纽附近的人行过街天桥都将实现无障碍化通行[10]。日本在设置人行地下通道时，统一设置为无障碍坡道以满足不同人群的通行需求，如图 10-17 所示。

(a) 交叉口缘石延伸[5]

(b) 路段中间街区变窄[5]

(c) 交通安全岛形式一[9]

(d) 交通安全岛形式二[5]

图 10-16　行人过街设施

图 10-17　日本地下通道用无障碍坡道代替楼梯[11]

10.3.3　行人信号灯控制不合理

我国行人信号灯控制主要存在的问题是：

(1) 我国缺乏行人信号控制规范[12]。

(2) 行人信号灯的配时设计不合理，无法满足行人过街的需求。如信号周期长，导致行人过街等待时间过长;行人绿灯时间过短,导致行人还未通过道路,信号灯已变红灯。

(3) 行人清空信号设置不合理,无法达到清空过街行人的目标。如绿闪的信号灯色[图 10-18(a)]难以起到清空过街行人的作用;不足的行人清空时间致使行人难以在给定的清空时间内完成过街。

(4) 行人信号灯相位设置不合理,如协调二次过街的相位设置,其行人信号绿灯分时启亮[图 10-18(b)],易导致行人误看灯色产生闯红灯等违法行为。

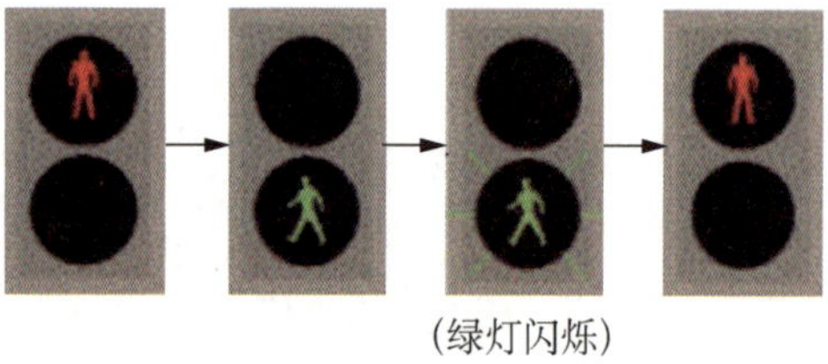

(a) 行人信号灯灯色转换[13]

(b) 行人信号绿灯分时启亮

图 10-18　不合理的行人信号灯控制

在德国,当道路上有 2 条以上的车道时,必须对行人过街进行信号控制;当跨越交叉口有 2 条以上车道时,必须有受保护的行人专用相位。考虑到大量自行车和行人的通行,德国采用更短的信号周期,最长周期为 120 s。德国法兰克福市通常使用 90 s 的信号周期,以尽可能地减少行人的等待时间[14]。美国则根据行人的步行时间和清空时间来确定行人信号灯的配时。《交通信号配时手册》(*Traffic Signal Timing Manual*)[15]建议行人的步行时间取值为 7 s,同时可根据行人流量、周期长度和周围区域的不同,取值在 4～15 s 之间变化。

对于行人清空信号的设置,美国(图 10-19)、英国、澳大利亚采用红灯闪烁信号,德国采用红灯无闪烁信号,瑞士部分城市采用黄灯信号。行人清空时间是根据过街距离与过街速度确定的,美国《统一交通控制设施手册》(*The Manual on Uniform Traffic Control Devices*)[16]中建议过街速度取为 1.07 m/s,德国采用的过街速度范围为 1.2～1.5 m/s,英国、澳大利亚和瑞士采用的过街速度为 1.2 m/s。欧美等发达国家通过行人清空信号设置足够长的行人清空时间,以保证行人过街的安全[17]。

(a) 行人绿灯时间　(b) 行人清空时间(红灯闪烁)　(c) 完全禁止过街时间

图 10-19　美国行人信号灯灯色转换[16]

德国的人行过街指示位于人行横道的近端,并在远端辅以"请稍候"指示。近端的指示灯为红灯或绿灯,如图 10-20 所示。在红灯期间,十字路口远端的"请等候"指示灯亮,与远端绿灯闪烁信号相比,这样的信号灯组合能够减少行人困惑,从而减少行人闯红灯等违法行为[14]。

图 10-20 德国行人信号灯灯色[14]

10.4 行人宏观安全分析

为了探究行人事故发生的机理,分析影响行人交通安全的显著因素,同济大学基于行人事故、道路、人口及土地利用数据,运用统计分析模型,开展了行人宏观安全研究。研究结果表明,道路、人口和土地利用均对行人事故有着显著影响。相较于微观交通安全分析,宏观交通安全分析视角更为宽广,分析结果也能为行人安全规划与管理提供一定的借鉴,并可进一步结合安全可提高空间等指标应用于事故多发区域的判别。

10.4.1 数据准备

以上海市为例,同济大学收集了上海市中心城区 263 个交通分析小区(Traffic Analysis Zone, TAZ)的行人事故、道路、人口及土地利用数据,并在此基础上开展了行人宏观安全研究[18,19]。交通分析小区示意图及事故分布如图 10-21 所示。

道路数据由 ArcGIS 软件统计得到,包括各个 TAZ 的道路及交叉口信息。TAZ 人口数量来自上海市城市规划设计研究院。人口数量与行人活动强度直接相关,因此可作为间接反映行人事故的暴露变量。土地利用数据来自上海市城乡建设和管理委员会,土地利用性质被划分为居住用地等八类;土地利用强度按照建筑容积率和平均建筑密度被分为低等、中等及高等开发强度三类,整体呈现从市中心向外强度逐渐减弱的分布特征。

同济大学收集了 2009 年外环以内的行人事故数据并定位于电子地图,利用 ArcGIS 软件统计各个 TAZ 的行人事故数量(图 10-21)。按照 TAZ 行人事故数量划分为低、中、高三个等级,其中高等级即为事故热点区(事故数排名前 15%)。

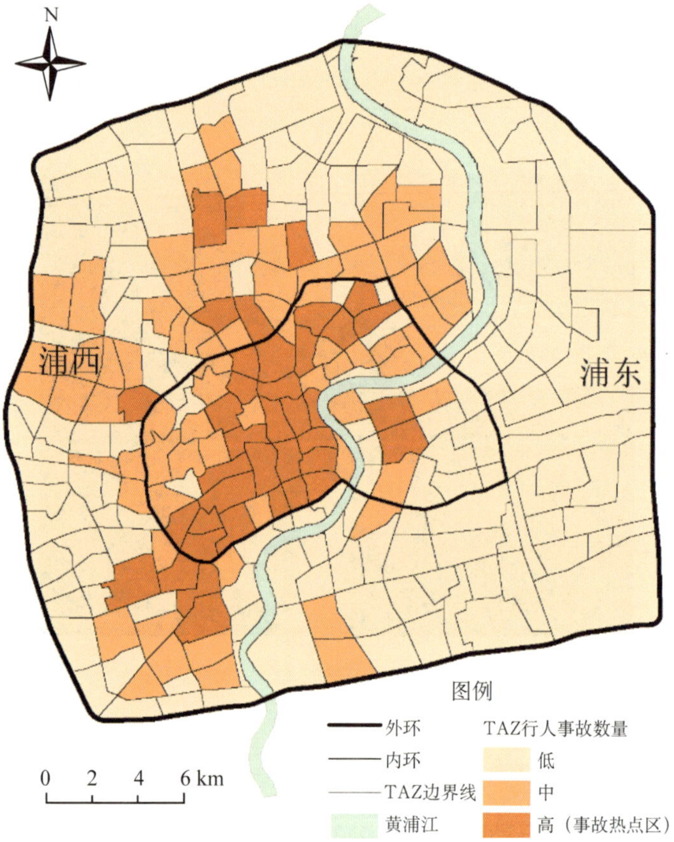

图 10-21 交通分析小区示意图及事故分布

将所有自变量分为连续自变量和分类自变量，统计结果如表 10-3 和表 10-4 所列。

表 10-3 **连续自变量统计描述**

变量	平均值	最小值	最大值	标准差
面积/km^2	2.453	0.463	18.055	2.183
交叉口数量/个	36.926	7	244	35.778
三路交叉口比例	54.812%	0	90.476%	15.734
四路交叉口比例	42.165%	8.333%	100%	15.620
主干道长度/km	3.600	0.726	4.428	1.615
次干道长度/km	1.818	0.942	2.452	0.769
路网密度/($km \cdot km^{-2}$)	6.961	0.473	53.726	6.926
平均交叉口间距/km	0.387	0.226	0.521	0.235
人口数量/$\times 10^3$ 人	42.690	1.040	132.440	24.260

表 10-4 分类自变量统计描述

变量	变量说明	百分比
土地利用性质	0 居住用地	22.4%
	1 居住商业用地	28.9%
	2 居住商业办公用地	11.0%
	3 居住科教文化商业用地	11.0%
	4 会展金融旅游用地	7.6%
	5 居住工业用地	9.1%
	6 居住物流用地	7.2%
	7 居住生态用地	2.7%
土地利用强度	0 低等强度	22.4%
	1 中等强度	27.4%
	2 高等强度	50.2%

考虑到 TAZ 行人事故数据可能存在空间关联,采用全局 Moran 指数 I 来分析研究范围内行人事故的空间关联。I 值的显著性水平采用显著性检验公式 Z-score 进行检验。在 5%显著性检验水平下,如果 $Z(I)$的绝对值大于 1.96,说明空间关联显著。利用 ArcGIS 软件计算得到 $I=0.616$,$Z=2.014$,说明 TAZ 行人事故数在空间上显著正相关,因此,在建模过程中,有必要考虑行人事故数据的空间关联。

10.4.2 统计分析方法

采用负二项模型分析行人事故数与 TAZ 特征变量之间的关系[20,21]。令 y_i 表示第 i 交通分析小区的行人事故数量,其服从泊松 Gamma 分布,如式(10-1)所示。

$$y_i \sim N_{eg}(\lambda_i, k) \tag{10-1}$$

式中 N_{eg}——泊松 Gamma 分布;

λ_i——y_i 的期望值;

k——离散系数。

负二项模型的连接函数为对数函数形式,如式(10-2)所示。

$$\ln(\lambda_i) = x'\beta + \varepsilon_i \tag{10-2}$$

式中 x'——自变量协方差矩阵;

β——回归系数的向量;

ε_i——随机误差项且服从正态分布,即 $\varepsilon_i \sim N(0, 1/\tau_\theta)$;

θ——贝叶斯模型参数向量;

τ_θ——精度参数,等于方差的倒数。

贝叶斯条件自回归(Conditional Autoregressive, CAR)模型可解决数据存在空间关联的问题。在负二项模型中引入空间随机效应项 φ_i 以解释第 i 个交通分析小区与其他交通分析小区之间的空间关联，模型定义如式(10-3)所示。

$$\ln(\lambda_i) = x'\beta + \varphi_i + \varepsilon_i \tag{10-3}$$

CAR 模型中利用权重矩阵 $w_{i,j}$ 来说明空间内任意 2 个交通分析小区之间的关系。在贝叶斯框架中，φ_i 的先验条件分布定义如式(10-4)所示。

$$\varphi_i \mid \varphi_{(-i)} \sim N\left(\sum \frac{w_{i,j}}{w_{i+}}\varphi_j, \frac{1}{\tau_c w_{i+}}\right) \tag{10-4}$$

式中　$\varphi_{(-i)}$——除 φ_i 以外所有 φ 的集合；

τ_c——空间随机效应项先验条件分布的精度参数；

w_{i+}——第 i 个 TAZ(TAZ_i)相邻 TAZ 的 $w_{i,j}$ 之和，$w_{i+} = \sum_{j=1}^{N} w_{i,j}$，其中 j 为与 TAZ_i 相邻的所有 TAZ 集合。

为了估计空间关联导致的误差和数据过度离散问题，引入参数 α 来表征空间关联对于误差的空间变异性和数据离散的解释能力，如式(10-5)所示。

$$\alpha = s(\varphi)/[s(\varphi) + s(\varepsilon)] \tag{10-5}$$

式中，s 为标准差。α 值越大，说明相比于随机误差项，事故受到空间随机效应项的影响就越大。

使用 WinBUGS 软件来完成模型参数的贝叶斯估计。贝叶斯方法使用马尔可夫链进行计算，由于缺少可靠的先验信息，因此假设所有回归系数的先验分布均为正态分布 $N(0, 10^5)$。设定模型中的马尔可夫链进行 25 000 次迭代，舍弃前 5 000 次迭代以确保模型收敛，选取之后的 20 000 个样本用以估计模型参数的后验分布。

空间关联是建立宏观安全统计分析模型时不可忽视的因素之一，CAR 模型使用空间权重矩阵来表征空间内任意 2 个分析单元的空间关系。常用的 5 种权重矩阵如下：①0-1 邻接矩阵；②边界长度矩阵；③分析单元中心距离倒数矩阵；④事故空间中心距离倒数矩阵；⑤分析单元中心距离多阶(geometric centroid-distance-order)矩阵。

1. 0-1 邻接矩阵

权重矩阵最简单的形式即为 0-1 邻接矩阵。多数研究中均使用 0-1 邻接矩阵来研究空间关联。如果TAZ_i 和TAZ_j 邻接，那么 $w_{i,j}=1$，否则 $w_{i,j}=0$。

2. 边界长度矩阵

考虑到发生在 TAZ 边界上的事故可能受到相邻 TAZ 属性的影响，因此，与 0-1 邻接矩阵相比，边界长度能够更好地量化相邻 TAZ 的属性所带来的影响。$l_{i,j}$ 为 TAZ_i 和 TAZ_j 共同边界的长度，$w_{i,j}=l_{i,j}$。

3. 分析单元中心距离倒数矩阵

前两种矩阵仅仅考虑了相邻 TAZ 之间的影响，而分析单元中心距离倒数矩阵则可兼顾邻接 TAZ 与非相邻 TAZ 之间的空间关联。$d_{i,j}$ 表示 TAZ_i 和 TAZ_j 之间的几何质心距离，$w_{i,j}=1/d_{i,j}$。

4. 事故空间中心距离倒数矩阵

事故空间中心反映了事故在空间上的集聚情况，可以较好地反映事故分布及分析单元之间的事故空间关联。分别计算每个 TAZ 所有事故的横坐标和纵坐标的平均值，得到每个 TAZ 的事故空间中心，最后计算各个 TAZ 之间事故空间中心的距离。$d'_{i,j}$ 表示 TAZ_i 和 TAZ_j 事故空间中心的距离，$w_{i,j}=1/d'_{i,j}$。

5. 分析单元中心距离多阶矩阵

0-1 邻接矩阵和边界长度矩阵仅考虑了相邻 TAZ 之间的影响；分析单元中心距离倒数矩阵和事故空间中心距离倒数矩阵则考虑了所有 TAZ 之间的影响。由于空间关联存在有效范围的特征，J. Aguero-Valverde 等[22]在针对路段的安全建模中分析了包括距离多阶矩阵在内的多种空间权重结构。考虑到区域层面的空间关联同样存在有效范围的特征，其强度应随着 TAZ 之间距离的增大而减小。因此，本研究将距离多阶矩阵应用于宏观安全建模，探究区域层面空间关联存在有效范围的特征。

以 TAZ_i 和 TAZ_j 几何质心距离 $d_{i,j}$ 划分权重矩阵 $w_{i,j}$。对 TAZ_i 来说，其一阶近邻单元为 $d_{i,j}$ 在 0—A 范围内的所有 TAZ_j；二阶近邻单元为 $d_{i,j}$ 在 A—B 范围内的所有 TAZ_j；三阶近邻单元为 $d_{i,j}$ 在 B—C 范围内的所有 TAZ_j（A，B 和 C 是常数项）。根据 J. Aguero-Valverde 等[22]的研究，将 $w_{i,j}$ 设置为阶数的倒数(即 1，1/2 和 1/3)。考虑到上海市中心城区居民步行的平均出行距离达到 0.9 km，上海市居民的平均出行距离达到 6.5 km[23]。设定 A 为中心城区居民步行平均出行距离(0.9 km)；B 为中心城区居民步行平均出行距离的两倍(1.8 km)；C 为居民平均出行距离(6.5 km)。权重矩阵 $w_{i,j}$ 的计算公式如式(10-6)所示：

$$w_{i,j}=\begin{cases}1, & d_{i,j}\leqslant 0.9\text{ km}\\ 1/2, & 0.9\text{ km}<d_{i,j}\leqslant 1.8\text{ km}\\ 1/3, & 1.8\text{ km}<d_{i,j}\leqslant 6.5\text{ km}\\ 0, & d_{i,j}>6.5\text{ km}\end{cases} \tag{10-6}$$

方差信息准则(Deviance Information Criterion，DIC)综合量化了贝叶斯模型的拟合度和复杂度，常用于比较多个复杂模型的优劣[24]。DIC 定义如式(10-7)所示。

$$DIC=\overline{D(\theta)}+p_D \tag{10-7}$$

式中 DIC——DIC 的计算参数；

$\overline{D(\theta)}$——贝叶斯后验均值误差，用于衡量模型的拟合优度；

p_D——用于衡量模型的复杂度。

一般 DIC 越小，模型拟合效果越好。

除了 DIC，同时计算了平均绝对偏差(Mean Absolute Deviation，MAD)以及判定系数(R^2)这两个指标以表征模型的拟合度。MAD 作为模型平均预测误差的量度，其值越接近 0，说明模型拟合效果越好；R^2 作为模型对样本数据拟合程度的量度，其值越接近于 1，说明模型拟合效果越好。

10.4.3 统计分析结果

在贝叶斯负二项 CAR 模型中，对比不同权重矩阵对 CAR 模型的影响，所选取的 5 个权重矩阵包括:0-1 邻接矩阵、边界长度矩阵、分析单元中心距离倒数矩阵、事故空间中心距离倒数矩阵和分析单元中心距离多阶矩阵,依次对应于模型 1 至模型 5,95%置信区间不包含零说明该变量显著[25],结果如表 10-5 所列。

表 10-5　　五个贝叶斯负二项 CAR 模型结果

变量	模型 1(0-1 邻接矩阵)	模型 2(边界长度矩阵)	模型 3(分析单元中心距离倒数矩阵)	模型 4(事故空间中心距离倒数矩阵)	模型 5(分析单元中心距离多阶矩阵)
人口数量	0.013 (0.010,0.017)	0.014 (0.011,0.017)	0.017 (0.012,0.022)	0.016 (0.012,0.022)	0.014 (0.009,0.018)
主干道长度	0.270 (0.190,0.360)	0.278 (0.194,0.366)	0.405 (0.283,0.521)	0.370 (0.262,0.489)	0.326 (0.233,0.417)
次干道长度	0.507 (0.311,0.691)	0.499 (0.323,0.698)	0.834 (0.570,1.055)	0.760 (0.473,1.132)	0.507 (0.287,0.673)
路网密度	0.016 (0.006,0.027)	0.015 (0.002,0.027)	0.022 (0.007,0.037)	0.026 (0.011,0.044)	0.025 (0.012,0.037)
平均交叉口间距	−1.667 (−2.737,−0.731)	−1.283 (−2.156,−0.215)	—	−1.109 (−1.978,−0.164)**	−2.572 (−3.366,−1.519)
三路交叉口比例	−0.600 (−1.072,−0.162)	−0.509 (−0.965,−0.014)	—	−0.470 (−1.065,−0.014)*	−0.690 (−1.335,−0.282)
面积	0.057 (0.021,0.092)	0.057 (0.023,0.089)	—	—	0.041 (0.001,0.079)
中等土地利用强度(基准:低等)	—	—	0.466 (0.160,0.796)	0.518 (0.225,0.865)	0.250 (0.011,0.535)
高等土地利用强度(基准:低等)	—	—	0.477 (0.202,0.780)	0.489 (0.220,0.774)	0.168 (0.020,0.347)**
α	0.888 (0.738,0.962)	0.845 (0.708,0.968)	0.042 (0.009,0.118)	0.864 (0.626,0.971)	0.899 (0.776,0.968)
DIC	1 566.530	1 573.700	1 763.480	1 609.440	1 544.700
MAD	1.999	2.034	6.749	1.384	1.201
R^2	0.985	0.983	0.767	0.993	0.995

注:表中括号前数值为后验均值;括号内为 95%贝叶斯置信区间;* 代表 90%贝叶斯置信区间;** 代表 80%贝叶斯置信区间;—代表该变量在 80%和 90%置信水平下不显著。

从模型的拟合效果(*DIC*)和事故预测准确度(*MAD*,R^2)两个方面综合判定,模型 5(分析单元中心距离多阶矩阵)的效果最优。模型 1 和模型 2 的效果较为接近,*DIC* 值相差 7.170,*MAD* 值相差 0.035,R^2 值相差 0.002。模型 3 和模型 4 的效果差异较大,其中模型 4 无论是在模型拟合效果还是事故预测准确度方面均显著优于模型 3,说明事故空间中心相较于分析单元中心能够更加准确地反映事故在空间上的集聚情况,从而更好地表征分析单元之间的空间关联。

模型 5 将分析对象的交通特征(步行平均出行距离等)引入分析单元中心距离多阶矩阵,作为各阶的划分标准,并应用于宏观安全建模。该空间权重矩阵表征的区域空间关联范围介于相邻 TAZ(模型 1、模型 2)和所有 TAZ(模型 3、模型 4)之间,反映了空间关联存在有效范围的特征,因此该矩阵更加准确地反映了 TAZ 之间存在的空间关联。模型拟合效果也表明,在贝叶斯负二项 CAR 模型中,分析单元中心距离多阶矩阵显著优于既有的 4 个空间权重矩阵,可用于进一步的宏观安全建模研究中。

10.4.4 影响因素分析

由于使用分析单元中心距离多阶矩阵的贝叶斯负二项 CAR 模型效果最优,因此选择基于该模型进行显著影响因素分析。显著因素包括:人口数量、主干道长度、次干道长度、路网密度、平均交叉口间距、三路交叉口比例、面积和土地利用强度等八个变量。TAZ 的道路特征、社会经济特征及土地利用特征中的各个影响因素解释如下。

主干道长度及次干道长度的增加会显著增加行人事故数,在保持其他因素不变的前提下,主干道及次干道长度每增加 1 km,平均行人事故数分别增加 38.5%即($e^{0.326}-1$)和 66.0%即($e^{0.507}-1$)。路网密度与行人事故数显著正相关,平均交叉口间距与行人事故数显著负相关。X. Wang等[26]同样发现了路网密度与事故数的显著正相关关系。

路网密度的增加与平均交叉口间距的缩短会增加区域内的交叉口数量,而交叉口由于存在不同交通流的交织,故成为行人事故高发区域。在保持其他因素不变的前提下,路网密度每增加1 km/km^2,平均行人事故数增加 2.5%即($e^{0.025}-1$)。三路交叉口比例与行人事故数显著负相关,相比于四路交叉口甚至多路交叉口,三路交叉口冲突点更少,信号周期更短,因而行人闯红灯的概率更低,交通运行状况更安全。在保持其他因素不变的前提下,三路交叉口比例每增加 1%,平均行人事故数减少 49.8%即($e^{-0.690}-1$)。三路交叉口比例的提高有助于降低行人事故发生的风险。

人口数量作为间接反映行人事故的暴露变量,对行人事故数的影响显著为正。在保持其他因素不变的前提下,人口数量每增加 103 人,平均行人事故数增加 1.4%即($e^{0.014}-1$)。TAZ 人口数量越多,行人活动强度越高,行人事故数也越多。J. Lee 等[27]和 M. Wier 等[28]在研究中同样发现了人口数量对于行人事故的正相关影响。

统计结果显示,土地利用强度与行人事故数呈显著相关关系。中等相对低等土地利用强度的后验均值为 0.250,高等相对低等土地利用强度的后验均值为 0.168,这表明中等及高等土地利用强度相比低等土地利用强度发生行人事故的概率更大,平均行人事故数分别增加 28.4%即($e^{0.250}-1$)和 18.3%即($e^{0.168}-1$)。土地利用与区域交通的产生和吸引直接相关,影响了区域的交通运行状态,众多研究表明,土地利用是影响行人事故发生的重要因素。A. Loukaitou-Sideris 等[29]发现中等、高等开发强度的商业和居住用地对行人死亡数有显著影响。

相比于高等土地利用强度,中等土地利用强度对行人事故的影响更大,造成的事故数更多。D. J. Graham 和 S. Glaister[21]在分析英国行人事故数时,使用人口和工作点密度来反映建筑开发及混合土地利用强度,同样发现随着点密度的提高,行人事故数逐渐增加,但当点密度达到一定程度之后,行人事故数反而随之减少。可能的原因是高等土地利用强度地区往往拥有更完善的道路设施及更安全的行人保护设施,从而降低了行人事故发生的概率。

基于分析单元中心距离多阶矩阵模型计算的结果,本节从道路、人口和土地利用三个方面分析了影响行人安全的显著因素。分析结果可为行人安全规划与管理提供借鉴,并可进一步结合安全可提高空间等指标,应用于事故多发区域判别。在交通规划中,应合理设置道路里程、路网密度以及交叉口间距,过短的交叉口间距会增加行人事故发生的可能性;应完善主、次干道的行人防护隔离设施,降低行人与机动车发生交通冲突的概率;考虑区域内不同土地利用类型及土地利用强度的合理搭配,尤其注意中等土地利用强度用地附近的行人安全,可将其作为行人交通安全改善的重点区域。

参考文献

[1] WORLD HEALTH ORGANIZATION. Global Status Report on Road Safety 2018[R].Geneva: World Health Organization, 2018.

[2] 公安部交通管理局.道路交通事故统计年报[R]. [S.l.]:[s.n.],2020.

[3] DESTATIS. Traffic accidents [DB/OL]. [2021-05-26]. https://www.destatis.de/EN/Themes/Society-Environment/Traffic-Accidents/_node.html#sprg265458.

[4] U.S. Department of Transportation, National Highway Traffic Safety Administration. Traffic safety facts 2018[R].[S.l.]:[s.n.],2020.

[5] New York City Department of Transportation.Street design manual [R].3rd ed.[S.l.]:[s.n.],2020.

[6] Streetscape Guidance: A guide to better london streets [R].Transport for London, 2009.

[7] 赵一新, 刘树斌, 李伟,等.《住房和城乡建设部关于开展人行道净化和自行车专用道建设工作的意见》解读[J].城市交通, 2020, 18(1):114-125.

[8] 全亚军.北京:"多杆合一"优化城市空间[N].中国城市报, 2020-08-03(8).

[9] New York City Department of Transportation. Safe streets for seniors [R].[S.l.]:[s.n.],2018.

[10] 陈广艺.新加坡 2030 年陆路交通发展规划简析与启示[J].城市交通, 2016,14(2):67-74,82.

[11] 邹双招, 谭炜, 陈建斌,等.国内外城市人行过街无障碍设施建设状况与发展趋势[J].城市道桥与防洪, 2017(5):47-51,59.

[12] 李克平,倪颖.科学设置行人清空信号破解行人"过街难"问题[J].汽车与安全, 2018(9):86-88.

[13] 中华人民共和国国家质量监督检验检疫总局,中国国家标准化管理委员会.道路交通信号灯设置与安装规范:GB 14886—2016 [S].北京:中国标准出版社,2016.

[14] Federal Highway Administration. Signalized intersection safety in Europe [R].[S.l.]:[s.n.],2003.

[15] U.S. Department of Transportation. Traffic signal timing manual [R].[S.l.]:[s.n.],2008.

[16] U.S. Department of Transportation, Federal Highway Administration. Manual on uniform traffic control devices for streets and highways[R].[S.l.]:[s.n.],2009.

[17] 李克平,倪颖.城市道路交叉口行人过街信号控制问题分析[J].城市交通, 2018, 16(5):71-78.

[18] 王雪松,杨俊广,杨筱菡,等.考虑空间相关性的行人宏观安全研究[J].中国公路学报, 2018, 31(5): 136-142.

[19] WANG X, YANG J, Lee C, et al. Macro-level safety analysis of pedestrian crashes in Shanghai, China[J]. Accident Analysis and Prevention, 2016, 96:12-21.

[20] 王雪松,宋洋.基于条件自回归模型的城市宏观安全分析[J].同济大学学报(自然科学版), 2014, 42(8):1176-1180.

[21] GRAHAM D J, GLAISTER S. Spatial variation in road pedestrian casualties: the role of urban scale, density and land-use mix[J].Urban Studies, 2003, 40(8): 1591-1607.

[22] AGUERO-VALVERDE J, JOVANIS P P. Spatial correlation in multi-level crash frequency models: effects of different neighboring structures [J]. Transportation Research Record: Journal of the Transportation Research Board, 2010,2165(1): 21-32.

[23] 上海市城乡建设和交通委员会，上海市城市综合交通规划研究所.上海市综合交通年度报告[R].上海：上海市城乡建设和交通委员会，上海市城市综合交通规划研究所，2013.

[24] SPEIGELHALTER D J, BEST N G, CARLIN B P, et al. Bayesian measures of model complexity and fit[J]. Journal of the Royal Statistical Society, 2002, 64: 583-639.

[25] HUANG H, ABDEL-ATY M, DAEWICHE A L. County-level crash risk analysis in florida: bayesian spatial modeling[J]. Transportation Research Record: Journal of the Transportation Research Board, 2010,2148(1):27-37.

[26] WANG X, JIN Y, ABDEL-ATY M, et al. Macro level model development for safety assessment of road network structures[J]. Transportation Research Record: Journal of the Transportation Research Board, 2012, 2280(1): 100-109.

[27] LEE J, ABDEL-ATY M, JIANG X. Multivariate crash modeling for motor vehicle and non-motorized modes at the macroscopic level[J]. Accident Analysis and Prevention, 2015, 78: 146-154.

[28] WIER M, WEINTRAUB J, HUMPHREYS E H, et al. An Area-level model of vehicle-pedestrian injury collisions with implications for land use and transportation planning [J]. Accident Analysis and Prevention, 2009, 41: 137-145.

[29] LOUKAITOU-SIDERIS A, LIGGETT R, SUNG H G. Death on the crosswalk:a study of pedestrian-automobile collisions in Los Angeles[J]. Journal of Planning Education and Research, 2007, 26 (3): 338-351.

11 非机动车交通安全分析

非机动车包括自行车、电动自行车和人力三轮车等。其中,自行车和电动自行车是我国居民日常出行的重要交通方式。我国非机动车保有量大,骑行人违法现象突出,非机动车道路设施问题日益凸显,非机动车事故频发。本章针对非机动车发展与安全特征、骑行人特征调查与分析、道路设施现状特征、非机动车事故宏观统计建模展开论述。

11.1 非机动车发展与安全特征

我国非机动车主要包括自行车和电动自行车,《电动自行车安全技术规范》(GB 17761—2018)[1]将电动自行车定义为"以车载蓄电池作为辅助能源,具有脚踏骑行能力,能实现电助动或/和电驱动功能的两轮自行车。"据工业和信息化部统计,2011—2019 年中国电动自行车年均产量 2 609.6 万辆,总体呈增长态势;自行车年均产量 5 382.5 万辆,总体呈下降态势(图 11-1)。自行车和电动自行车在全国交通工具年产量排名中分别位列第一和第二。截至 2019 年年底,我国自行车社会保有量已近 4 亿辆、电动自行车保存量近 3 亿辆,均位居世界第一,且电动自行车保有量呈持续增长态势(图 11-2)。

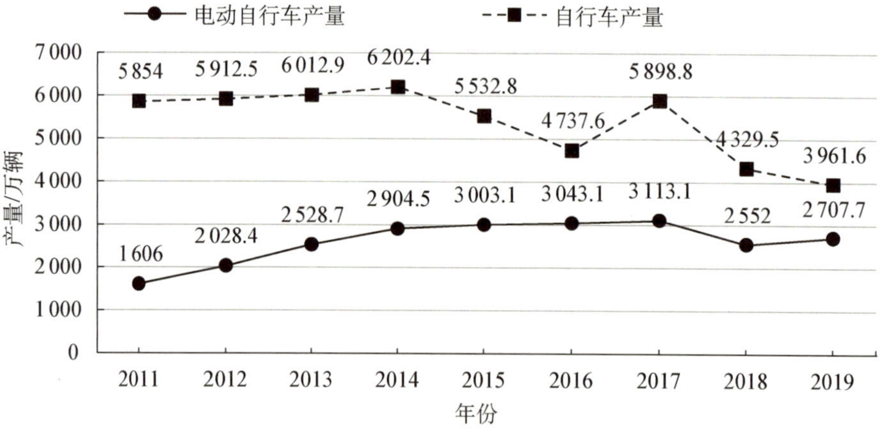

图 11-1 2011—2019 年非机动车年产量

(数据来源:https://www.miit.gov.cn/)

非机动车交通事故在总体交通事故中占比较高。如图 11-3 所示,某市的各类交通事故中,小型客车占比最高(54.85%),其次是电动自行车(23.58%),各类非机动车事故之和占比达 27.35%。骑行人违法或不当的交通行为是引起非机动车事故的主要原因,超过 50% 的骑行人在交叉口存在违法行为,主要包括错用车道、闯红灯、违法待行、违法载物和逆行。

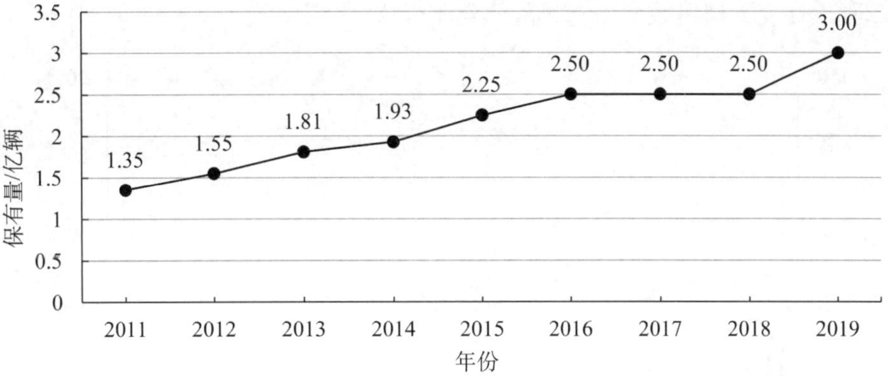

图 11-2 2011—2019 年电动自行车保有量

（数据来源：http://www.chyxx.com/industry/201911/801292.html）

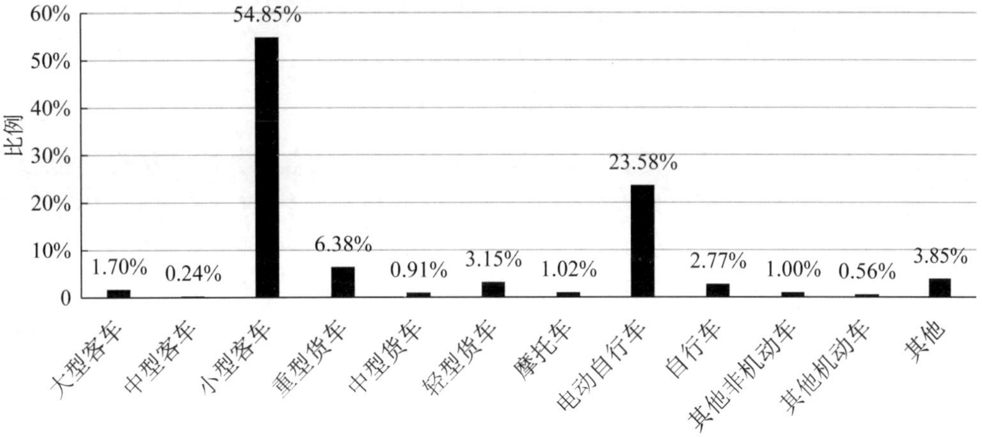

图 11-3 交通事故中各类型车辆占比

交通违法行为也是交叉口机非冲突的主要原因。根据机动车与非机动车的相对位置及行驶轨迹可将交叉口机非冲突划分为 17 类(图 11-4)。其中,右转机动车与同向直行非机动车冲突(类型 16)以及右转机动车与近端直行非机动车冲突(类型 14)这两类占交叉口机非冲突总数的 50%以上(图 11-5)。引起右转机动车与非机动车频繁冲突的原因有两方面：一方面,右转机动车在交叉口不受信号灯控制并且避让非机动车的意识淡薄;另一方面,非

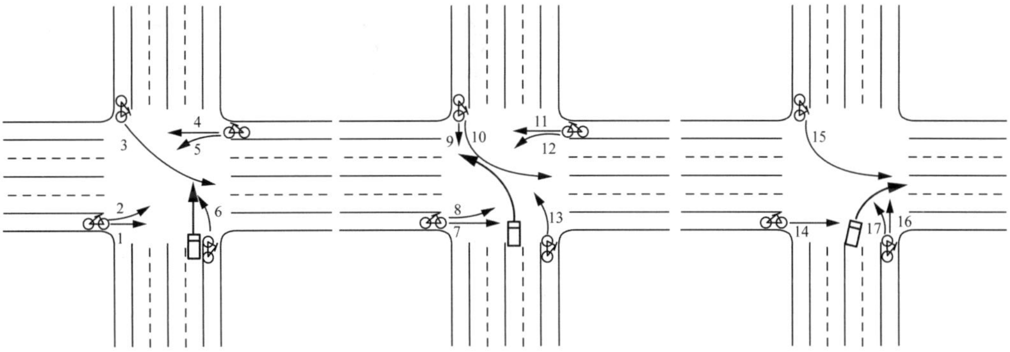

图 11-4 交叉口机非冲突类型

机动车驾驶人在交叉口有较多引起风险的驾驶行为。

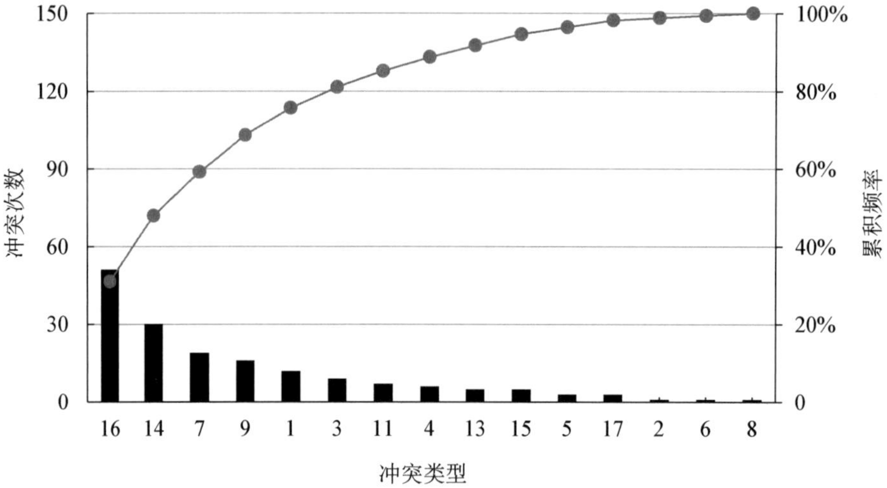

图 11-5 交叉口机非冲突类型分布

路段与交叉口的机非冲突类型存在差异。基于上海自然驾驶数据提取机非冲突事件，发生在路段的机非冲突类型可分为 5 类，如图 11-6 所示。其中，直行机动车与右前方变道非机动车冲突（类型 4）以及直行机动车与正前方非机动车冲突（类型 3）这两类纵向冲突占路段冲突总数的 65%以上，直行机动车与右前方非机动车垂直冲突（类型 1）和左前方非机动车垂直冲突（类型 2）这两类约占路段冲突总数的 23%。纵向冲突大多发生在单行道、无非机动车道的路段和非机动车道被占用的路段，可见道路设施不完善是导致路段机非冲突的主要原因。垂直冲突则由路段中非机动车过街或随意穿行引起。

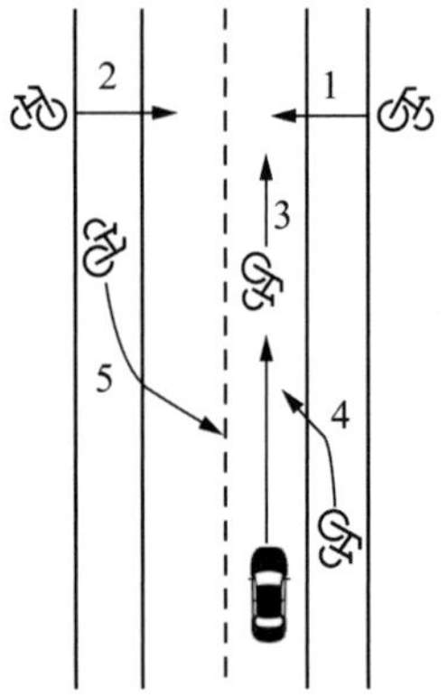

图 11-6 路段机非冲突类型

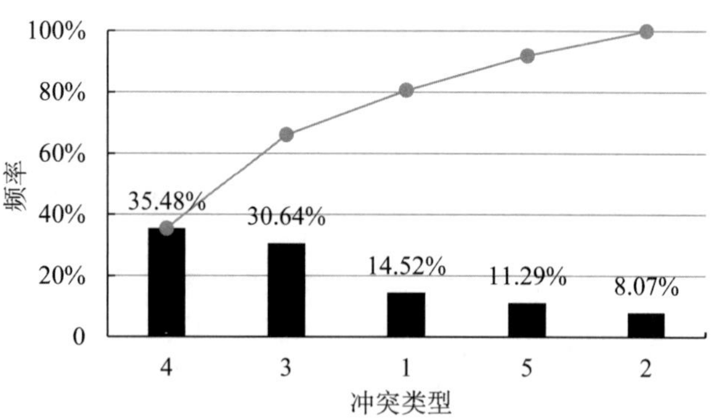

图 11-7 路段机非冲突类型分布

综上所述，非机动车的安全问题涉及人、车、路和管理，通过深入了解各方面的特征，将有助于提出有针对性的安全改善策略。针对骑行人，需要深入调查其出行特征、骑行习惯和安全意识，并制订相应的管理策略。针对非机动车道路设施，可从典型案例中总结设施的共性问题，并参考国内外的经验提出改善建议。通过建立非机动车宏观安全分析模型，探究区域层面影响事故发生的因素,从工程、教育等角度进行治理。

11.2 骑行人特征调查与分析

我们在上海和深圳两市开展了非机动车骑行人问卷调查,希望以此来提升上海市非机动车的管理水平并支持深圳市交通安全白皮书的编制。下面将介绍问卷设计及问卷调查的结果,其中针对骑行人头盔佩戴问题进行了影响因素分析,并总结了骑行人安全管理措施。

11.2.1 问卷设计与调查

通过非机动车骑行人问卷调查,了解骑行人的出行特征、交通事故和交通违法情况、头盔使用情况、国标执行情况等,以支持法律法规的制定和开展有针对性的交通执法,指导骑行人安全教育和管理。调查问卷包括五部分:个人背景信息、日常出行特征、违法及事故经历、相关政策执行情况与态度以及安全教育经历与偏好,问卷具体内容如下。

电动自行车使用者调查

第一部分:个人背景信息

1. 给您下发问卷的辖区大队是:

○福田大队　○罗湖大队　○盐田大队　○南山大队
○宝安大队　○龙岗大队　○龙华大队　○坪山大队
○光明大队　○大鹏大队

2. 您的性别:

○男　○女

3. 您的户籍所在地及来深圳的时间:

○本市　○本省外市,来深圳 5 年以下
○本省外市,来深圳 5～10 年　○本省外市,来深圳 10 年以上
○外省,来深圳 5 年以下　○外省,来深圳 5～10 年
○外省,来深圳 10 年以上

4. 您目前居住的行政区是:

○福田大队　○罗湖大队　○盐田大队　○南山大队
○宝安大队　○龙岗大队　○龙华大队　○坪山大队
○光明大队　○大鹏大队

5. 您的年龄:

○16 岁以下　○16～25 岁　○26～30 岁　○31～40 岁
○41～50 岁　○51～60 岁　○60 岁以上

6. 您目前的职业:

○外卖/快递派送员　○公司职员
○行政/事业单位员工　○农、林、牧、渔及水利业生产人员

○军人　○学生
○自由职业　○离退休人员
○待业　○其他＿＿＿＿＿＿

7. 您的教育水平：
○初中及以下　○高中/中专　○本科/大专　○研究生及以上

8. 您目前的平均月收入：
○<3 000 元　○3 001～5 000 元
○5 001～8 000 元　○8 001～10 000 元
○>10 000 元

9. 您的机动车驾龄：
○无驾驶证　○2 年及以下　○3～5 年　○6～10 年
○10 年以上

10. 您的家庭是否拥有电动自行车？
○否　○1 辆　○多辆

11. 您的电动自行车有无反光条等夜间反光装置？
○有　○没有

12. 您使用电动自行车的年限：
○2 年及以下　○3～5 年　○6～10 年　○10 年以上

第二部分：日常出行特征

13. 您日常使用电动自行车的主要目的是：（多选）
□上下班/上下学　□派送货物
□其他工作/商务需求　□购物休闲
□接送他人　□其他＿＿＿＿＿＿

14. 您骑行电动自行车的频率：
○每周 0～1 天　○每周 2～3 天　○每周 4～6 天　○每天都骑

15. 您平均每次骑行电动自行车的单程距离为：
○<5 km　○5～10 km　○11～15 km　○>15 km

16. 您骑车最常经过或前往的区域有：（多选）
□福田区　□罗湖区　□南山区　□盐田区
□宝安区　□龙岗区　□龙华区　□坪山区
□光明区　□大鹏新区　□深汕特别合作区

第三部分：违法及事故经历

17. 您曾经有过以下哪些违法行为？（多选）
□未佩戴头盔出行　□在骑行过程中打电话、回信息
□饮酒或醉酒后骑车　□未在非机动车道上行驶
□逆行　□违反信号灯
□载人　□其他＿＿＿＿＿＿

18. 您认为骑电动自行车出现逆行、闯红灯、打手机等不安全驾驶行为的主要原因是（最多3项）:(多选)

□未意识到不安全　　□侥幸心理
□从众心理　　□车辆设计原因
□道路设计不合理　　□道路占用问题严重
□外界环境(照明等)　　□其他____________

19. 您使用电动自行车发生过几次交通事故:

○无　　○1～3次　　○4～6次　　○6次及以上

20. 您使用电动自行车发生的事故对象为:(多选)

□未发生事故　　□机动车
□电动自行车　　□其他非机动车
□行人　　□固定物

21. 您认为电动自行车的交通安全风险主要有哪些?(多选)

□容易和小汽车发生事故
□容易和大货车、大客车发生事故
□电动自行车超速、闯红灯、频繁超车等行为普遍
□道路设施不完善
□发生事故理赔难
□其他____________

22. 您认为目前道路交通环境存在哪些不足?(多选)

□未设置非机动车道　　□非机动车道不连续
□非机动车道宽度不足　　□非机动车道被占用
□道路照明不佳　　□其他____________

第四部分:相关政策执行情况与态度

23. 您是否购买过或拥有电动自行车头盔?

○购买过/拥有　　○未购买过/未拥有

24. 您使用电动自行车时头盔佩戴频率?

○从不　　○偶尔　　○有时　　○经常

25. 若您不愿意佩戴头盔,主要原因是什么?(多选)

□感觉闷热　　□感觉太重
□不美观　　□不方便携带
□容易被盗　　□价格较贵
□身边人都不戴　　□觉得不戴也不会有危险
□其他____________

26. 您是否购买过电动自行车保险?

○购买过　　○未购买过

27. 若您未购买过电动自行车保险,主要的理由是:(多选)

□已购买过人身保险　　□认为发生事故的概率很小,没必要

□保险费用高　　　　　　　　　　□不知道需要购买保险

□不知道通过何种渠道购买　　　　□其他____________

28. 深圳已出台规定，对饮酒驾驶非机动车者进行处罚，您是否支持该规定？

○支持　　　　○无所谓　　　　○不支持

29. 您的电动自行车是否符合新国标要求(最大速度 25 km/h，整车重量不超过 55 kg，当车速超过 15 km/h 时有提示音，有脚踏骑行功能，有 3C 认证)？

○符合　　　　○不符合　　　　○不清楚

30. 您没有购买符合新国标要求的电动自行车的原因是：

○原来买的车没有更换

○不了解新国标的要求

○新国标规定的车速太慢，续航里程太短

○其他____________

31. 您不清楚购买的电动自行车是否符合新国标要求的原因是：

○原来买的车没有更换　　　　○不了解新国标的要求

○商家没有说明是否新国标　　○其他____________

32. 您是否了解超标电动自行车属于轻便摩托车，且上路行驶需要取得摩托车驾驶证？

○了解　　　　○不了解

第五部分：安全教育经历与偏好

33. 您对《中华人民共和国道路交通安全法》的熟悉程度：

○完全不熟悉　　○不熟悉　　○一般　　○熟悉

○非常熟悉

34. 您是否接受或参与过交通安全教育活动？

○从未参与　　○参与较少　　○一般　　○参与较多

○经常参与

35. 若要举办电动自行车安全教育活动，您认为最应该在哪里开展？

○居住社区　　　　○工作单位

○事故多发地点　　○学校

○商圈附近　　　　○其他____________

36. 如果社区或工作单位组织开展电动自行车安全教育活动，您认为是否有必要？

○有必要，且愿意参加　　○有必要，但不愿意参加

○没必要，但愿意参加　　○没必要，且不愿意参加

37. 以下为电动自行车安全教育内容，您认为哪些最有必要？(多选)

□交通法律法规知识普及　　□观看违法、事故案例

□事故应急处理常识　　　　□保险购买指南

□头盔使用方式　　　　　　□其他____________

38. 您愿意参加哪种形式的电动自行车安全教育？(多选)

□理论讲座　　□体验和互动

□问答竞赛　　□宣传海报或宣传手册

□电视公益宣传片　　　　　　　　　　□微信、微博等新媒体平台宣传

□报纸杂志　　　　　　　　　　　　　□其他＿＿＿＿＿＿

39. 您能够接受的电动自行车安全教育频率为：

○一月 1 次　　　○一季度 1 次　　　○半年 1 次　　　○一年 1 次

40. 您对我市的道路交通安全有什么意见和建议？（简答题）

＿＿＿＿＿＿＿＿＿＿＿＿＿＿＿＿＿＿＿＿＿＿＿＿＿＿＿＿＿＿＿＿＿＿

问卷调查主要通过线上电子问卷以及线下纸质问卷两种方式展开。在上海和深圳两地分别回收有效问卷 6 941 份和 2 598 份。

11.2.2 问卷分析

1. 骑行人基本信息与出行特征

以深圳市的问卷调查为例进行分析，被调查者中，男性约占 70%，数量为女性的两倍多；骑行人以 30～60 岁的中青年为主；骑行人的职业以公司职员以及外卖/快递派送员为主；骑行人的教育水平以高中/中专为主，研究生及以上学历占比较少；骑行人中深圳市本市户籍的仅占 20%左右，绝大部分的骑行人均为外地户籍，其中 56%的骑行人来深圳不到 10 年；骑行人的收入水平大多集中在 3 001～8 000 元，占被调查者的 75%；骑行人中超过 70%的人拥有机动车驾驶证，曾受过交通法律法规的学习与测试，有一定的交通安全常识与安全意识。

通过分析骑行人出行特征可以发现：超过 40%的骑行人使用电动自行车不超过两年，而 10 年以上经验丰富的骑行人占比不到 10%；骑行人使用电动自行车的频率较高，超过 60%的骑行人每天都会骑车出行，每周使用 4～6 次的占比近 24%；骑行人的出行距离通常较短，5 km以内的出行占到近 60%，17.4%的骑行人经常进行 15 km 以上的出行；骑行人的出行目的以日常通勤为主，快递/外卖人员派送货物的需求也较高，其余的需求主要为购物休闲以及接送他人。

2. 危险骑行行为以及事故经历

骑行人危险驾驶行为主要包括未佩戴头盔出行(26.43%)、未在非机动车道上行驶(25.24%)、载人(22.38%)、在骑行中打电话/回短信(8.03%)、违反信号灯(4.43%)、逆行(4.40%)以及饮酒或醉酒后驾车(0.94%)，仅 7.16%的骑行人表示未有过以上行为。

如图 11-8 所示，发生危险骑行行为的原因中，“未意识到不安全”(23.1%)、“侥幸心理”(22.0%)以及“从众心理”(11.2%)这三类是主要的主观原因，体现出骑行人自身安全意识薄弱。“道路占用问题严重”(20.7%)以及“道路设计不合理”(16.8%)这两类道路设施问题也是导致骑行人难以在非机动车道上正常骑行的主要原因。

探究危险骑行行为与事故频率的关系，结果如图 11-9 所示，无任何不当行为的骑行人发生事故的概率最低。曾经违反过信号灯的骑行人发生事故的概率最高，但事故次数较少，以 1～3 次为主。曾在骑行过程中打电话、发短信以及逆行的骑行人发生事故的概率也较高。曾饮酒或醉酒骑行的人发生多次事故的概率最高，说明此类骑行人危险程度比较高。

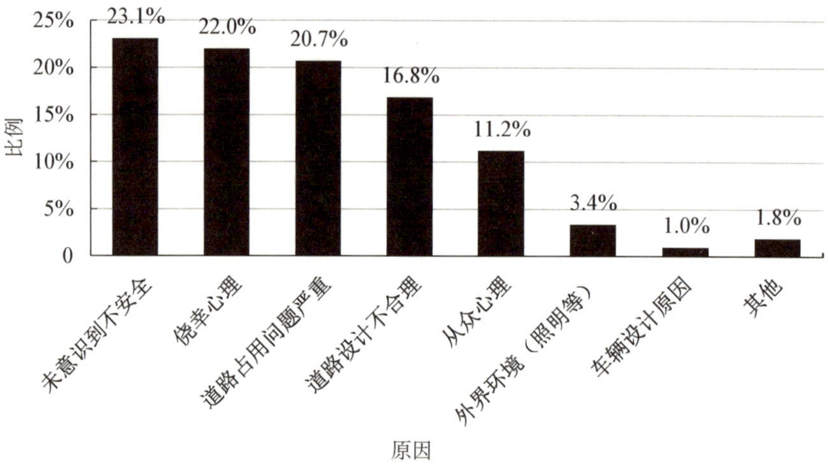

图 11-8 发生危险骑行行为的原因占比

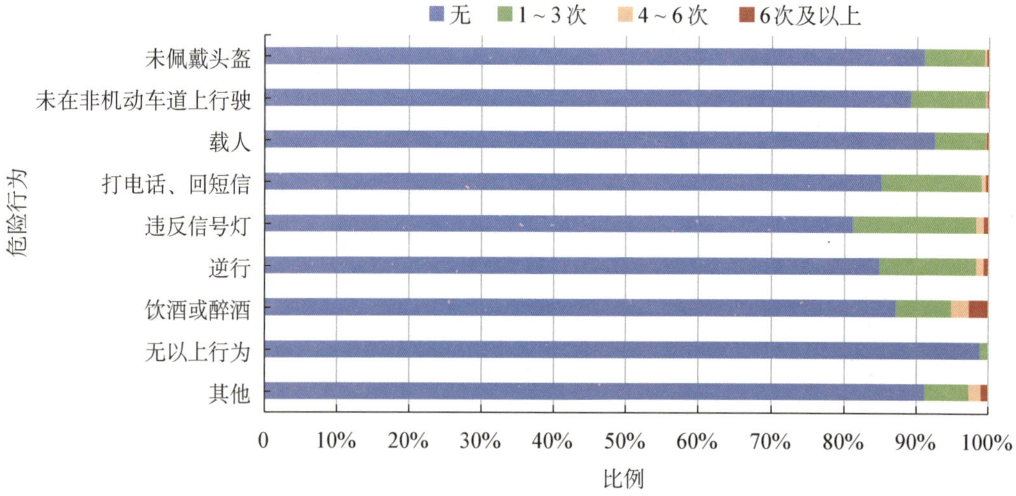

图 11-9 危险行为与事故频率的关系

3. 骑行人头盔佩戴情况

自 2020 年 4 月起，公安部在全国范围内开展“一盔一带”安全守护行动，各地公安交管部门大力纠察摩托车、电动自行车骑乘人员不佩戴安全头盔的行为。调查问卷对骑行人佩戴头盔的频率以及不愿佩戴头盔的原因进行了调查，分析“一盔一带”开展情况以及现存问题。

通过分析骑行人头盔佩戴情况发现，绝大多数骑行人(96.54%)都购买过头盔，但经常佩戴头盔的仅有 86.34%，如表 11-1 所列。如图 11-10 所示，骑行人不愿佩戴头盔的主要原因有：舒适性差，体现为闷热与沉重；另外，有较多骑行人因为头盔不方便携带而选择不佩戴；部分骑行人怀有侥幸心理和从众心理，认为不佩戴也不会有危险，且身边的人也都不佩戴。

表 11-1 骑行人头盔佩戴情况

头盔佩戴情况	百分比
经常	86.34%
偶尔	6.08%
有时	5.16%
从不	2.42%

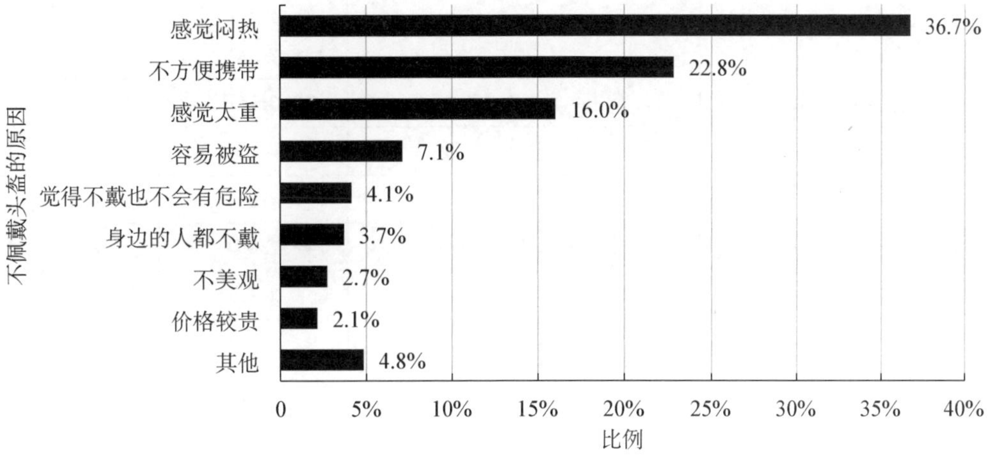

图 11-10 骑行人不佩戴头盔的原因

11.2.3 头盔佩戴影响因素分析

问卷调查结果显示，电动自行车骑行人安全意识薄弱是一个重要问题，具体体现在违法行为严重、不佩戴头盔等。规范佩戴头盔对于减轻骑行人在交通事故中颅脑损伤程度、降低伤亡率有显著作用。美国国家道路交通安全管理局(NHTSA)发现佩戴头盔可以避免摩托车骑行人 37%的死亡以及 65%的颅脑损伤[2]。对美国各州的头盔佩戴法律以及死亡数据进行研究发现，有头盔佩戴相关立法的州的死亡率比没有头盔佩戴相关立法的州低 22%～33%[3]。同时，撞击实验的结果也表明，佩戴头盔能够十分有效地降低颅脑损伤的程度[4]。因此，探究影响头盔佩戴率的因素对于制订合理的政策措施，以及有针对性地制订安全教育计划有着重要意义。

本研究以上海市 6 941 名快递/外卖骑手为研究对象，采用中介有序逻辑回归模型进行头盔佩戴影响因素分析。

1. 数据准备

本章所采用的数据为上海市快递/外卖配送员的问卷调查结果，主要关注的信息包括：年龄、教育水平、法律法规熟悉程度、头盔使用频率以及不愿佩戴头盔的原因，统计结果如表 11-2 所列。

表 11-2　　变量描述性统计(n=6 941)

变量	分类	数量/个	百分比
年龄/岁	<16	5	0.1%
	16~25	1 792	25.8%
	26~30	2 434	35.0%
	31~40	2 157	31.1%
	41~50	537	7.7%
	51~60	11	0.2%
	>60	5	0.1%
教育水平	中学	2 777	40.0%
	高中	3 547	51.1%
	本科/大专	617	8.9%
交通法律法规熟悉程度	完全不熟悉	186	2.7%
	不熟悉	204	2.9%
	一般	2 256	32.5%
	熟悉	1 522	21.9%
	非常熟悉	2 773	40.0%
头盔拥有情况	拥有	6 666	96.0%
	没有	275	4.0%
头盔佩戴频率	不佩戴	83	1.2%
	偶尔佩戴	567	8.2%
	经常佩戴	6 291	90.6%
不佩戴头盔的主要原因(多选)	感觉闷热	5 685	81.9%
	感觉太重	3 706	53.4%
	不美观	896	12.9%
	不方便携带	2 007	28.9%
	价格较贵	321	4.6%
	身边人都不戴	492	7.1%
	感觉不佩戴也不会有危险	636	9.2%
	其他	440	6.3%

统计结果显示,快递/外卖配送员的年龄主要分布在26~40岁之间(66.1%),教育水平以初高中为主(91.1%),对法律法规有一定的了解。96%的被调查者拥有头盔,绝大多数被调查者经常佩戴头盔(90.6%),但仍有9.4%的受访者不常佩戴头盔,主要原因包括头盔闷热、沉重、不便携带等。

2. 模型构建

在中介有序逻辑回归模型中，以头盔使用频率为因变量，以年龄、教育水平为自变量不仅可以直接影响头盔的使用频率，还会间接通过法律法规熟悉程度的中介作用影响头盔的使用频率。

因变量头盔使用频率可划分为三个等级，分别为 1＝从不，2＝偶尔，3＝经常。有序逻辑回归模型可表示为

$$\text{Logit}P(Y>j \mid X)=\ln\frac{P(Y>j \mid X)}{1-P(Y>j \mid X)}=\alpha_j+\beta X_m+e \tag{11-1}$$

式中 α_j——常数项；

β——自变量的系数，对任意 j 而言，系数 β 与自变量 X_m 相互独立，符合比例优势假设。

因变量 Y 有 j 个等级，对每一个 j，$\text{Logit}P$ 是自变量 $X_m(m\leqslant 3)$ 的线性表达。

加入中介变量后的模型可表示为

$$Y'=\text{Logit}P(Y>j \mid X)=\ln\frac{P(Y>j \mid X)}{1-P(Y>j \mid X)}=i_{1j}+c_m X_m+e_1 \tag{11-2}$$

$$Y''=\text{Logit}P(Y>j \mid M,\ X)=\ln\frac{P(Y>j \mid M,\ X)}{1-P(Y>j \mid M,\ X)}=i_{2j}+c'_m X_m+b_1 M+e_\gamma \tag{11-3}$$

$$M=i_3+a_1 X_m+e_M \tag{11-4}$$

式中 c_m——X_m(年龄和教育水平)对 Y(头盔佩戴频率)的总影响；

c'_m——X 的直接影响；

e, e_1, e_γ, e_M——均为残差项；

a_1——X 对 M(法律法规熟悉程度)的直接影响；

b_1——M 对 Y 的直接影响；

$a_1 \cdot b_1$——X 通过中介变量 M 对 Y 的间接影响。

在式(11-2)和式(11-3)中，由于c_m，b_1 和 c'不随 j 的变化而变化，因此，中介效应的大小不随因变量取值的变化而变化。由于中介变量的度量指标是 $a_1 b_1$，如果所有变量都显著，那么$c_m=c'_m+a_1 b_1$。

教育水平(E)与年龄(A)对头盔佩戴频率的总影响为 $c_{\text{total}}=c_E+c_A$。如图 11-11 所示，箭头表明年龄 A 以及教育水平 E 可能对头盔佩戴频率 W 有直接影响和间接影响，如果所有变量都显著，那么 $c_E=c'_E+a_1 b_1$，$c_A=c'_A+a_2 b_1$。

3. 模型结果

模型结果如表 11-3 所列，路径一表示教育水平和年龄这两个自变量对法律法规熟悉程度的直接影响；路径二表示以头盔使用频率为因变量，教育水平、年龄以及法律法规熟悉程度对其的直接影响。

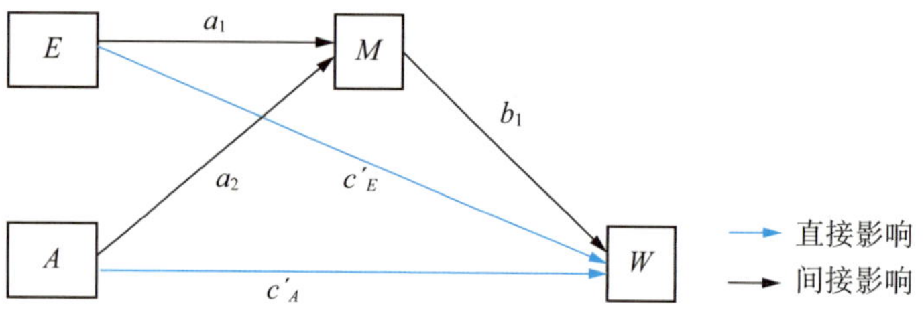

E—教育水平；A—年龄；M—法律法规熟悉程度（中介变量）；W—头盔佩戴频率

图 11-11　中介有序逻辑回归模型

表 11-3　　中介有序逻辑回归结果

变量	系数(γ)	误差	系数/误差(t)	P 值
路径一				
Y:M——法律法规熟悉程度				
X:教育水平（参考变量:中学）				
E_1——高中(a_1)	0.131	0.028	4.706	0.000
E_2——本科/大专(b_1)	0.198	0.049	4.018	0.000
年龄(c_1)	0.078	0.014	5.437	0.000
路径二				
Y:W——头盔使用频率				
X:法律法规熟悉程度	0.190	0.021	9.018	0.000
教育水平（参考变量:中学）				
E_1——高中(a_2)	0.034	0.044	0.766	0.444
E_2——本科/大专(b_2)	−0.144	0.070	−2.047	0.041
年龄(c_2)	0.095	0.022	4.309	0.000
阈值				
M$1	1.606	0.058	−27.638	0.000
M$2	−1.261	0.054	−23.455	0.000
M$3	0.033	0.052	0.630	0.529
M$4	0.592	0.052	11.357	0.000
W$1	−1.901	0.084	−22.618	0.000
W$2	−0.952	0.076	−12.602	0.000
中介影响				
$E_1 \rightarrow M \rightarrow W$ ($a_1 \cdot d_1$)	0.025	0.006	4.178	0.000
$E_2 \rightarrow M \rightarrow W$($b_1 \cdot d_1$)	0.038	0.010	3.672	0.000

（续表）

变量	系数(γ)	误差	系数/误差(t)	P 值
E 对 W 的间接影响($a_1 \cdot d_1 + a_2$)	0.063	0.014	4.490	0.000
E 对 W 的影响总和($b_1 \cdot d_1 + b_2$)	−0.048	0.095	−0.503	0.615
$A \rightarrow M \rightarrow W$ ($c_1 \cdot d_1$)	0.015	0.003	4.660	0.000
A 对 W 的影响总和($c_1 \cdot d_1 + c_2$)	0.110	0.022	4.982	0.000
E 和 A 对 W 的间接影响总和	0.077	0.015	5.080	0.000
E 和 A 对 W 的直接影响总和	0.062	0.097	0.643	0.520
拟合度指标				
自由变量数	13			
RMSEA	0.000			
CFI	1.000			
TLI	1.000			
WRMR	0.008			

模型结果表明，年龄($\gamma=0.095$, $t=4.309$, P 值$=0.000$)、法律法规的熟悉程度($\gamma=0.190$, $t=9.018$, P 值$=0.000$)都能够正向影响头盔佩戴频率，E_2(本科/大专)与头盔佩戴频率呈负相关($\gamma=-0.144$, $t=-2.047$, P 值$=0.041$)，E_1(高中)对头盔佩戴频率影响不显著($\gamma=0.134$, $t=0.766$, P 值$=0.444$)，法律法规熟悉程度对头盔佩戴频率的影响程度最大。

进一步分析结果表明，教育水平和年龄通过中介变量对头盔佩戴频率的影响是显著的($\gamma=0.077$, $t=5.080$, P 值$=0.000$)，而教育水平和年龄对于头盔佩戴频率的直接影响不显著($\gamma=0.062$, $t=0.643$, P 值$=0.520$)。因此，法律法规熟悉程度在本模型中起到了完全中介作用。以上结果表明，中介有序逻辑回归模型的建立可以解释变量间更深层的关联性，提升骑行人对于法律法规的熟悉程度能够直接提升头盔佩戴频率，而提升骑行人的教育水平能够通过中介变量间接提升头盔佩戴频率，对于降低非机动车事故对骑行人造成的伤害起着重要作用。

11.2.4 骑行人管理

骑行人的安全问题主要体现为违法行为严重以及安全意识淡薄。交警在执法过程中发现，非机动车逆行、超速、闯红灯等行为普遍发生，由非机动车违法引起的事故数量占比超过60%。问卷调查发现，超过90%的骑行人都曾有过不佩戴头盔、未在非机动车道上行驶、载人、闯红灯等危险行为。安全意识淡薄是骑行人发生此类危险行为的主要原因，超过半数的骑行人认为自己在发生危险行为时未意识到危险，或者怀有侥幸心理和从众心理。

针对以上问题，管理部门应该在加大违法行为查处力度的同时，重视宣传与教育，提升骑行人的安全意识与规则意识。

我国一些城市已开展非机动车交通整治行动，并采用先进的技术手段来规范非机动车管理体系。上海市自2016年起持续推进交通违法行为大整治，严厉查处非机动车闯红灯、逆向行驶等交通违法行为，并督促快递、外卖企业落实企业主体责任，从源头上抑制配送员交通违法高发、事故频发的情况。为了更加高效地查处违法行为，上海市还为快递外卖车辆安装了RFID电子标志，以便实时精确地对非机动车运行情况进行管理。《深圳市电动自行车管理规定(试行)》中提出参照机动车驾驶证记分管理模式，对电动自行车驾驶人进行累积记分，并将交通违法行为纳入个人信用征信系统，从而进一步规范骑行人管理系统。

国外在骑行人头盔佩戴、骑行人安全教育方面有许多经验可供我们借鉴。2002年，加拿大阿尔伯塔省就强制要求18周岁以下青少年和儿童在骑行时佩戴头盔，后续研究证明该政策不仅能够大幅提升青少年、儿童的头盔使用率，降低头部受伤比例，也能够显著提升成年人的头盔佩戴率[5,6]。瑞典[7]、瑞士[8]、荷兰[9]以及世界范围内[10]的研究均表明佩戴头盔能够显著降低事故导致的颅脑损伤程度，降低非机动车骑行人的伤亡率。

因此，许多国家和地区对头盔佩戴进行了立法，并进行大力宣传与教育。瑞典、法国、澳大利亚、新西兰、日本等国都颁布了全国性的头盔佩戴法律，美国各州以及加拿大各省多数制定了地方性法规，部分国家和地区还有专门针对儿童和青少年的法律法规。为配合头盔法律的高效执行，NHTSA以及疾病预防与控制中心(Center for Disease Control and Prevention, CDC)等政府部门与相关机构在网站上对自行车安全相关法律进行宣传，并指导进行骑行时的头盔选择以及衣着选择，同时通过视频、漫画等丰富的宣传方式进行自行车骑行安全知识的普及，如图11-12所示。

图11-12　NHTSA骑行人安全知识宣传

(图片来源：https://www.nhtsa.gov/road-safety/bicycle-safety)

在骑行人安全教育方面，伦敦、芝加哥以及香港都有着丰富的实践经验。《骑行安全行动指南》(*cycle safety action plan*)[11]中，伦敦警察开展了“换位体验”活动，邀请骑行人坐在货车驾驶室中体验驾驶人的视野，从而提升自我安全意识。伦敦还开展了“骑行安全贴士行动”，让骑行人与驾驶人共同参与，传递出各自最希望他人注意的安全问题，如图11-13所示。自2001年以来，芝加哥交通局(Chicago Department of Transportation)一直通过“安全路线大使”(Safe Routes Ambassador)项目推进自行车及行人的安全意识提升。中国香港特区政府下属的道路安全议会(Road Safety Council of the HKSAR Government)每年会举办多次宣传活动，包括播放安全宣传短片、摆放宣传展板、分发宣传单和举办道路安全讲座。此外，香港还在学校广泛开办安全驾驶游戏、单车骑行安全游戏等活动，寓教于乐，全面提升在校学生的交通安全意识。

图 11-13　伦敦"骑行安全贴士行动"[11]

在交通违法整治与骑行人管理方面，交警部门一方面可以加大执法力度，督促企业做好配送员的管理与教育；另一方面，可以采用先进的管理体系以及科学技术，建立骑行人登记系统以及车辆登记系统，从而更加科学高效地进行车辆、人员以及行为的管理。同时，借助公安部"一盔一带"安全守护行动开展的契机，各地可采取执法与教育相结合的形式，开展交互体验活动、丰富宣传方式，依托社区与企业，对外来务工人员、快递外卖从业人员展开定期教育，进一步提升骑行人的安全意识、规则意识以及头盔佩戴频率。

11.3　非机动车道路设施现状特征

11.3.1　非机动车道缺失

《城市道路工程设计规范》(CJJ 37—2012)[12]中指出："城市道路横断面宜由机动车道、非机动车道、人行道、分车带、设施带、绿化带等组成。"部分城市在道路规划与设计中未考虑非机动车的通行需求，道路缺少非机动车道，非机动车不得不行驶在机动车道或人行道上。由于缺少分隔设施，非机动车与机动车或者行人混行现象严重，如图 11-14 所示。

芝加哥致力于打造成全美国最友好的慢行城市，其在《2020 芝加哥自行车行动计划》(*Chicago Streets for Cycling Plan 2020*)[13]中提出了一个完整的非机动车路网规划方案。为满足各种交通需求并适应不同的环境，该计划将非机动车路网划分为三类：社区自行车道、穿越城区的自行车道和通勤路线。社区自行车道满足社区内部短距离出行需求，通过隔离栏、地面标线来保障自行车优先通行。穿越城区的自行车道主要满足长距离出行，连接大型社区以及城市重要目的地，通过隔离设施进行机非分隔，以保障自行车安全。通勤路线连接大型社区和市中心办公区，保障通勤者骑行的连续性以及安全性，并以良好的出行体验吸引更多的通勤者骑自行车出行。

《墨尔本市自行车计划 2016—2020 年》(*City of Melbourne Bicycle Plan 2016—2020*)[14]中也提出了类似的非机动车路网规划思路，将自行车道分为自行车走廊、自行车主

(a) 非机动车行驶在机动车道上（深圳市桃园路－新南路交叉口）

(b) 非机动车随意穿行（深圳市石龙路）

图 11-14　机非混行现象严重

干道和社区内部自行车道三个等级，给各类出行需求提供通达的自行车道路设施网络。

我国在城市交通规划中应明确非机动车在城市交通中的定位和发展方向，在路网规划时应充分考虑非机动车需求，从源头上避免非机动车道的缺失。对于已建道路的改善建议如下：

（1）对于人行道较宽的道路，宜考虑利用部分人行道空间改建为非机动车道；

（2）对于机动车道数量较多的道路，宜根据实际交通流量判断路段车道数量的合理性，可将一条车道改建为非机动车道；

（3）当非机动车与行人采用相同的交通组织时，非机动车过街设施应根据骑车人过街距离最短路线布置，有条件时可采用彩色铺装或喷涂，并设置醒目的引导标志。

11.3.2 非机动车路权缺乏保障

路权指道路主管机构为提升道路使用效率并确保道路使用者安全，根据交通工程与管理的可持续原理，利用法规、交通控制设施来规范道路使用者在一定空间、时间内的权利和义务。

城市道路中非机动车路权被侵占的现象十分普遍。一些道路尽管建设了非机动车道，但却被停放的车辆、绿化、市政设施以及随意穿行的行人所占用，如图 11-15 所示，导致非机动车道宽度变窄或不连续，非机动车无法正常行驶。在中心城区中普遍存在宽度较窄的道路，对此难以布设专门的非机动车道，然而在有非机动车道的路段上，道路改扩建工程往往又会压缩非机动车道，导致非机动车道的宽度不断地被蚕食。因此，非机动车路权总体上缺乏保障。

(a) 被停放的非机动车占用（深圳市西乡大道）

(b) 被行人占用（深圳市西乡大道）

(c) 被机动车占用（太原市青年路）

(d) 被机动车占用（太原市凯旋街）

图 11-15 非机动车道被占用案例

针对此类问题，在规划中应预留出机动车与非机动车停放区域；在道路建设与改扩建阶段应避免绿化、市政设施占用非机动车道；在道路运营过程中应通过交通管理来规范车辆停放。在非机动车停放区域规划方面，澳大利亚的墨尔本[14]提倡采用各类停车设施：在娱乐、商业场所附近的街道上设置自行车停车架，在人群聚集的场所附近设置一定规模的自行车停车场，在车站、交通枢纽等交通节点处设置自行车枢纽。在道路设计方面，美国《重新思考自行车道:25 个自行车道改善循证指南》(*Rethink Streets for Bikes: An Evidence-Based Guide to 25 Bike-Focused Street Transformations*)[15]提出了受保护的非机动车道,可用路缘石、隔离桩、绿化甚至是停放的车辆分隔机动车道与自行车道,如图 11-16 和图 11-17 所示。

图 11-16　以停放车辆与隔离桩分隔开的受保护的自行车道[15]

图 11-17　以绿化分隔开的受保护的自行车道[15]

11.3.3　大尺度与斜交交叉口

交叉口尺度偏大会导致交叉口内部存在大量冗余空间,机动车通过交叉口所需时间长且运行轨迹离散,非机动车与行人过街时间增加,从而加大了机动车与非机动车在交叉口内部发生冲突的概率。斜交交叉口会导致锐角区视距不佳、转向困难,钝角区冲突区域变大等问题。

(a) 机非混行实拍一　　(b) 机非混行实拍二

图 11-18　大尺度交叉口内机非混行（上海某交叉口）

针对此类问题,在交叉口设计和改造过程中,可通过前移停止线以及人行横道的方式缩小交叉口尺度,并设置导流岛划分机动车与非机动车的通行区域,还可通过优化信号灯、划定自行车等待区域等方式来保障自行车出行安全。图 11-19 所示为大尺度斜交交叉口改善案例,该交叉口还存在非机动车道不连续、停止线靠后等问题。通过打通非机动车道、设置导流岛、前移停止线与人行横道等措施来缩小交叉口尺度,减少右转机动车与非机动车的冲突，并取得了显著效果。

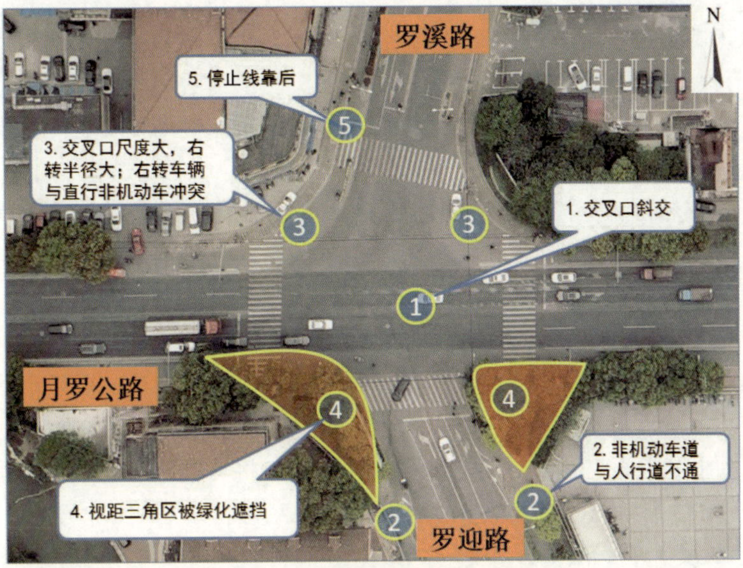

(a) 改善前

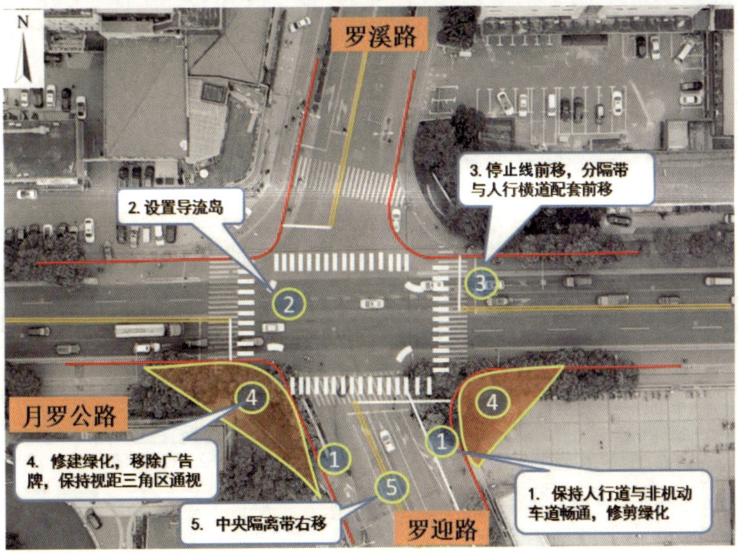

(b) 改善方案

图 11-19 大尺度斜交交叉口改善案例

11.4 非机动车宏观安全分析

本节利用非机动车事故数据，从工程改善及安全教育两个角度，开展非机动车宏观安全分析。通过分析影响事故发生及事故相关人员分布的重要因素，判别工程改善及安全教育的重点区域，支撑城市非机动车安全改善措施的制订与实施。

11.4.1 非机动车事故宏观统计建模

由于区域事故多发表征区域道路设施存在安全隐患，事故人员分布集中表征安全教育有待提升，本节根据事故数据中的事故地点以及人员住址这两个关键信息，分别构建了针对工程改善和安全教育的宏观安全分析模型，探讨影响城市非机动车安全的重要因素。

1. 数据准备

在明确了研究范围为上海全市域的基础上，我们开展了宏观统计建模的数据准备，包括明确宏观安全分析研究单元，以及收集各区域的事故数据、道路网络特征、社会经济属性和土地利用特征。

本节选取街道/乡镇为宏观安全分析单元，这是因为这一层面的数据较为全面且来源可靠；同时，街道和乡镇是基本的行政单位，研究成果可以相对容易地应用于行政管理。因此，对上海市全市域共计 213 个街道/乡镇开展非机动车宏观安全分析数据收集。

事故数据为上海市 2016 年 4 月非机动车事故数据，将其划分为两个严重程度等级：死亡或受伤事故(FI)和物损事故(PDO)。事故数据中的事故地点和人员住址可通过地图匹配划分至 213 个街道/乡镇中，并统计每个街道/乡镇范围内发生的事故数和事故相关人员数。

在收集了各区域的道路网络特征、社会经济属性、土地利用特征之后，利用方差膨胀因子(Variance Inflation Factor, VIF)对变量开展共线性检验，同时尽可能地保留影响非机动车安全的重要因素，最终选取 9 个变量进行后续宏观分析模型构建。对于这 9 个变量的描述性统计如表 11-4 所列，共线性检验结果如表 11-5 所列。

表 11-4　　变量描述性统计

类别	变量名称	单位	最小值	最大值	均值	标准差
道路网络	国道里程	km	0.00	12.87	0.80	2.56
	一、二级街道里程	km	0.00	47.67	4.13	6.73
	三、四级街道里程	km	0.00	89.00	10.22	14.54
	交叉口密度	个/km^2	0.00	109.45	9.78	14.10
	四枝交叉口数量	个	0.00	256.00	47.17	38.78
社会经济	户籍人口	千人	0.00	158.88	63.59	33.04
土地利用	面积	km^2	1.07	160.19	30.77	33.26
	地铁站数量	个	0.00	8.00	1.70	1.81
	区位	1=市区(36.20%)；2=郊区(63.80%)				

表 11-5　　共线性检验结果

	未标准化系数		标准化系数	t	显著性	共线性统计	
	B	标准误差	Beta			容差	VIF
常数项	472.672	277.31		1.704	0.09		

（续表）

	未标准化系数		标准化系数	t	显著性	共线性统计	
	B	标准误差	Beta			容差	VIF
国道里程/km	85.215	38.912	0.097	2.19	0.03	0.868	1.152
一、二级街道里程/km	−27.345	26.011	−0.082	−1.051	0.294	0.28	3.569
三、四级街道里程/km	−4.469	12.369	−0.029	−0.361	0.718	0.266	3.766
交叉口密度/(个·km^{-2})	−25.181	8.01	−0.159	−3.144	0.002	0.673	1.485
四枝交叉口数量/个	33.704	3.376	0.585	9.982	0	0.501	1.997
户籍人口/千人	28.531	3.507	0.422	8.136	0	0.639	1.564
区域面积/km^2	−15.353	4.684	−0.228	−3.278	0.001	0.354	2.827
地铁站数量/个	170.769	74.303	0.138	2.298	0.023	0.476	2.102
区位（1 市区;0 郊区）	−991.983	272.259	−0.214	−3.644	0	0.499	2.003

2. 基于事故地点的宏观安全模型

1）模型构建

针对工程改善措施，使用根据事故地点统计的事故数构建宏观安全模型。考虑到不同严重程度的事故之间存在潜在相关性，因此建立一个二元贝叶斯泊松对数正态条件自回归模型。

假设一个区域的事故数遵循泊松分布，该分布可表示为

$$Y_{ik} \mid \theta_{ik} \sim \text{Poisson}(\theta_{ik}) \tag{11-5}$$

式中 Y_{ik}——区域 i、严重程度 k 的事故数；

θ_{ik}——区域 i、严重程度 k 的事故期望。

将对数函数作为模型的连接函数，即

$$\ln(\theta_{ik}) = \beta_{0k} + \sum_{m=1}^{k} \beta_{mk} x_{imk} + e_{ik} + \phi_{ik} \tag{11-6}$$

式中 β_{0k}——严重程度 k 的模型截距项；

m——自变量数量；

β_{mk}——第 m 个自变量、严重程度 k 的系数；

x_{imk}——第 m 个自变量在区域 i、严重程度 k 的取值；

e_{ik}——残差项，表示区域 i、严重程度 k 未观测的异质性；

ϕ_{ik}——对于区域 i、严重程度 k 的空间效应项，表征区域 i 及其相邻区域的空间相关性。

为了考虑相邻区域事故分布的空间相关性，一般可采用空间自回归模型来处理，其中常用的是条件自回归(CAR)模型，通过在贝叶斯模型中引入考虑空间效应项的变量 ϕ_i 来解释区域 i 同其他区域 j 的空间相关性。在贝叶斯 CAR 模型中，ϕ_i 的先验条件分布可定义成如

式(11-7)所示：

$$\phi_i \mid \phi_{(-i)} \sim N\left(\sum_j \frac{w_{i,j}}{w_{i+}}\phi_j,\ \frac{1}{\tau_c w_{i+}}\right) \tag{11-7}$$

式中 $\phi_{(-i)}$——除 ϕ_i 外所有 ϕ 的集合；

τ_c——精度系数；

w_{i+}——与区域 i 相邻区域的 $w_{i,j}$ 之和，即 $w_{i+}=\sum_{j=1}^{N} w_{i,j}$；

j——与区域 i 相邻的区域集合。

CAR 模型中，利用权重矩阵 $w_{i,j}$ 来说明空间内任意两个区域的关系。其中，距离倒数矩阵是经典的空间权重矩阵之一，本研究采用该矩阵作为 CAR 模型的空间权重矩阵。该矩阵的原理简单易懂，即：一般来说，两个区域距离越近，互相之间的潜在影响就越强，距离倒数刚好可以反映这一关系。式(11-8)为分析单元中心距离倒数矩阵的结构形式示例：

$$\boldsymbol{W}=\begin{pmatrix} - & 1/d_{12} & 1/d_{13} & 1/d_{14} \\ 1/d_{21} & - & 1/d_{23} & 1/d_{24} \\ 1/d_{31} & 1/d_{32} & - & 1/d_{34} \\ 1/d_{41} & 1/d_{42} & 1/d_{43} & - \end{pmatrix} \tag{11-8}$$

2）模型结果

采用贝叶斯方法，通过 WinBUGS 软件估计模型参数。该方法将参数视为随机变量，从而可将独立变量的经验纳入模型中，利用马尔可夫链蒙特卡罗(Markov Chain Monte Carlo, MCMC)方法得到后验分布。在 WinBUGS 软件中设置两条链，进行 130 000 次迭代，舍弃前 10 000 次迭代的不稳定样本，从估计系数历史图中检验了链的收敛性。表 11-6 汇总了死伤事故及物损事故的二元贝叶斯泊松对数正态条件自回归模型的参数标定结果。

表 11-6　基于事故地点的宏观安全模型结果

死伤事故分布					
影响因素	均值	标准差	MC error	贝叶斯置信区间	
				5%	95%
常数项	3.865	0.7374	0.02801	2.066	4.591
国道里程	0.07545	0.04413	0.00160	0.00454	0.1490
一、二级街道里程	−0.07115	0.02518	9.178E-4	−0.1137	−0.03062
三、四级街道里程	0.02329	0.01156	4.283E-4	0.00383	0.04217
交叉口密度	−0.01196	0.00742	2.62E-4	−0.02429	−0.00014
四枝交叉口	0.00747	0.00401	1.502E-4	0.00077	0.01408
户籍人口	0.00405	0.00496	1.875E-4	−0.00465	0.01261

（续表）

死伤事故分布					
影响因素	均值	标准差	MC error	贝叶斯置信区间	
				5%	95%
区域面积	−0.00425	0.00972	3.677E-4	−0.01497	0.0170
地铁站	0.0375	0.08687	0.00323	−0.1044	0.1738
区位(以郊区为基准)	1.298	0.4101	0.01535	0.7907	2.206
物损事故分布					
影响因素	均值	标准差	MC error	贝叶斯置信区间	
				5%	95%
常数项	4.263	0.9819	0.03735	1.461	4.924
国道里程	0.07758	0.03297	0.001191	0.02792	0.1392
一、二级街道里程	−0.00089	0.02068	7.761E-4	−0.02703	0.02503
三、四级街道里程	0.009858	0.00939	3.535E-4	−0.00418	0.02327
交叉口密度	−0.01937	0.00514	1.75E-4	−0.02799	−0.01185
四枝交叉口	0.01646	0.00473	1.793E-4	0.01077	0.02803
户籍人口	0.01122	0.00496	1.884E-4	0.00582	0.02384
区域面积	−0.01114	0.01011	3.838E-4	−0.01955	0.00872
地铁站	0.052	0.05155	0.00191	−0.0263	0.1389
区位(以郊区为基准)	0.1506	0.4904	0.01851	−0.269	1.376

模型结果表明，国道里程、交叉口密度和四枝交叉口数量对非机动车死伤事故和物损事故均有显著影响，但各个影响因素作用的方向及影响程度存在差异。

(1) 道路网络。

国道里程和四枝交叉口数量对于非机动车死伤和物损事故分布系数为正，表明国道里程和四枝交叉口数量与事故数量成正相关关系。当国道里程每增加 1 km，死伤事故增加 7.8%即($e^{0.07545}-1$)，物损事故增加 8.1%即($e^{0.07758}-1$)；四枝交叉口数量每增加 1 个，两类事故也分别增加 0.7%即($e^{0.00747}-1$)和 1.7%即($e^{0.01646}-1$)。这可能是由于设施的修建促进了交通活动的增加，同时，目前上海市城郊高等级公路非机动设施不完善，导致非机动车事故风险升高，而四枝交叉口由于转向多使得非机动车等待时间增加，这也提升了事故发生的风险。

在此研究中，交叉口密度对于非机动车两类事故的分布系数为负，可能的解释为：交叉口密度越高，交通流速度越低，使得机动车驾驶人能充分采取避让措施，避免与非机动车的碰撞。这与 L. D. G. Felipe 等[16] 发现交叉口密度对事故数有正向影响的结论恰恰相反，反映出国家之间的差异。

一、二级街道里程影响因素为负向，而三、四级街道里程影响因素为正向。这可能是由于等级越高的街道，其断面设计能做到机非隔离以保护非机动车骑行人的安全，而三、四级街道更加注重道路两侧的联系，机非混行提高了非机动车的事故风险。

(2) 社会经济。

户籍人口对于非机动车物损事故为显著正向影响因素。此结果较易理解：人口数量越多，区域发展程度较高，交通出行量越大，使得发生交通事故的概率增加。这与 J. Lee 等[17]的研究结论一致。

(3) 土地利用。

区域面积对于非机动车死伤和物损事故分布系数为负，表明区域面积与事故数量呈负相关关系，区域面积越大，死伤事故和物损事故数量越少。该结果与 N. Levine 等[18]和 M. Wier 等[19]的研究结论一致，对于该结果可能的解释是：区域面积越大，人口密度可能相对降低，导致总体交通活动强度降低，从而减少了事故发生。

区位对于事故的发生也有重要影响，市区相对于郊区而言，死伤事故增加了近三倍，即 $(e^{1.298}-1)$，物损事故增加了 16.3%即 $(e^{0.1506}-1)$。这可能是由市区与郊区的非机动车出行频率差异导致的，市区非机动车出行频率较高，从而增加了事故风险。

3. 基于人员住址的宏观安全模型

1) 模型构建

针对安全教育措施，使用根据人员住址统计的人员数构建宏观安全模型。考虑到不同严重程度的事故之间潜在的相关性，因此建立了一个二元贝叶斯泊松对数正态条件自回归模型。具体模型结构与上述基于事故地点的宏观安全模型相同，此处不再赘述。

2) 模型结果

模型参数估计过程与基于事故地点的宏观安全模型相同。表 11-7 汇总了死伤事故人员及物损事故人员的二元贝叶斯泊松对数正态条件自回归模型的参数标定结果。

表 11-7　　基于人员住址的宏观安全模型结果

死伤事故人员分布					
影响因素	均值	标准差	MC error	贝叶斯置信区间	
				5%	95%
常数项	1.865	0.8691	0.0330	0.4177	3.347
国道里程	0.0634	0.0334	0.0012	0.01345	0.1284
一、二级街道里程	0.0080	0.0546	0.0020	−0.0695	0.0927
三、四级街道里程	0.0198	0.0103	3.882E−4	0.0024	0.0362
交叉口密度	0.0089	0.0226	8.58E−4	−0.0193	0.0494
四枝交叉口	0.0099	0.0054	2.075E−4	0.0010	0.0197
户籍人口	0.0162	0.0043	1.636E−4	0.0092	0.0225
区域面积	0.0344	0.0184	7.029E−4	0.0037	0.0629
地铁站	−0.0031	0.0452	0.0016	−0.0738	0.0728
区位(以郊区为基准)	1.511	0.4539	0.0171	0.6078	2.187

（续表）

物损事故人员分布					
影响因素	均值	标准差	MC error	贝叶斯置信区间	
				5%	95%
常数项	1.965	1.277	0.0485	0.4838	4.598
国道里程	0.0717	0.0402	0.0015	0.0081	0.1444
一、二级街道里程	0.0552	0.0857	0.0032	−0.0702	0.1863
三、四级街道里程	0.0223	0.0153	5.835E-4	−0.0048	0.0442
交叉口密度	0.0258	0.0352	0.0013	−0.0192	0.0795
四枝交叉口	0.0181	0.0074	2.818E-4	0.0056	0.0302
户籍人口	0.021	0.0069	2.655E-4	0.0103	0.0311
区域面积	0.0520	0.0272	0.0010	0.0045	0.0892
地铁站	0.0479	0.0670	0.0025	−0.0401	0.1742
区位(以郊区为基准)	2.007	0.6484	0.0246	0.4768	2.761

模型结果表明，国道里程、四枝交叉口数量、户籍人口、区域面积和区位对非机动车死伤事故人员分布和物损事故人员分布呈显著正相关，但各个影响因素的影响程度不同。

(1) 道路网络。

国道里程，三、四级街道里程与非机动车死伤事故和物损事故的人员分布均呈正相关关系。国道里程每增加 1 km，区域死伤事故相关人员数量增加 6.5%即($e^{0.0634}-1$)，物损事故相关人员数量增加 7.4%即($e^{0.0717}-1$)，这可能是由于国道中行驶的车辆类型机动化程度较高，非机动车驾驶环境较差，因此，此类设施周边区域的非机动车涉事人员较多。三、四级街道里程每增加 1 km，区域死伤事故相关人员数量增加 2.0%即($e^{0.0198}-1$)，物损事故相关人员数量增加 2.3%即($e^{0.0223}-1$)，这可能是由于随着设施建设的增加，区域内部划分增加，不利于完整社区的构建，使得区域安全教育难度增加，相关涉事人员数量也随之增加。

四枝交叉口数量与非机动车死伤事故和物损事故人员数量呈正相关关系。四枝交叉口数量每增加 1 个，区域死伤事故相关人员数量增加 1.0%即($e^{0.0099}-1$)，物损事故相关人员数量增加 1.8%即($e^{0.0181}-1$)，这可能是因为四枝交叉口交通运行相对复杂，交通冲突点多，因此涉事人员数量增加。

(2) 社会经济。

户籍人口与非机动车死伤事故和物损事故人员分布呈正相关。此结果较易理解：户籍人口越多，发生交通事故的人员数也同步增加。这与 J. Lee 等[20]的研究结论一致。

(3) 土地利用。

地铁站数量与死伤事故人员分布呈负相关，但与物损事故人员分布呈正相关。这可能是由于地铁站作为一个交通吸引点，会提升周边居民使用非机动车短途通勤的意愿与频次，因此物损事故人员数量较多；但是由于地铁站周边人员密集，非机动车和机动车驾驶人都会有意识地提高警惕、规范驾驶行为，因此死伤事故人员较少。

对于区位因素而言，市区死伤事故人员数量是郊区的 3.5 倍，即($e^{1.511}-1$)；是物损事故人员数量的 6.4 倍，即($e^{2.007}-1$)。这可能是因为在市区内，用地类型复杂，各类城市设施分布密集，使用非机动车出行的人员较多，而郊区出行距离较长往往以机动化出行为主，非机动车使用频率相对较低，导致市区内涉事人员显著高于郊区。

4. 事故模型与人员模型对比

对比上述两个宏观安全模型的结果，如表 11-8 所列，能更全面地理解上述因素对于非机动车安全的影响。

表 11-8　　事故模型与人员模型结果对比

影响因素	死伤事故	死伤人员	影响方向	物损事故	物损人员	影响方向
国道里程	0.07545	0.0634	同为正向	0.07758	0.0717	同为正向
一、二级街道里程	−0.07115	0.0080	相反	−0.00089	0.0552	相反
三、四级街道里程	0.02329	0.0198	同为正向	0.009858	0.0223	同为正向
交叉口密度	−0.01196	0.0089	相反	−0.01937	0.0258	相反
四枝交叉口	0.00747	0.0099	同为正向	0.01646	0.0181	同为正向
户籍人口	0.00405	0.0162	同为正向	0.01122	0.021	同为正向
区域面积	−0.00425	0.0344	相反	−0.01114	0.0520	相反
地铁站	0.0375	−0.0031	相反	0.052	0.0479	同为正向
区位	1.298	1.511	同为正向	0.1506	2.007	同为正向

结果表明，区域面积，一、二级街道里程和交叉口密度这三个变量对人员分布和事故分布的影响存在差异，而地铁站数量对于死伤事故人员分布与事故分布的影响也存在差异，这可能是由于上述影响因素对二者的作用机理存在差异。例如，就区域面积而言，面积越大，人口数量往往越多，事故人员分布可能更加密集；但是人口密度可能降低，这便导致出行活动强度降低而事故风险随之降低，这使得面积对于事故和人员的影响方向存在差异。对于其他因素，影响方向虽然相同，但是作用机理也并不完全一致。比如，户籍人口数量对人员数和事故数的影响方向虽同为正向，但事故人员数量与人口数量直接相关，而事故数则与交通活动强度相关，交通活动强度又受到人口数量的影响。

由以上分析可以发现，事故模型和人员模型中各类影响因素在作用方向和作用机理上都存在明显的差异。因此，有必要根据事故地点和人员住址，分别构建针对工程改善和安全教育宏观安全分析模型，为城市非机动车安全的综合提升提供数据支持。

11.4.2 安全问题重点区域判别

安全问题重点区域判别是为了在资源有限的情况下，判别问题最严重、最亟须改善的区域，对其优先进行安全改善。本节运用安全可提高空间法，根据事故地点、人员住址分别开展非机动车工程改善、安全教育重点区域判别，从而有效提升城市非机动车安全改善的资源投入。

1. 安全可提高空间法

安全可提高空间法(Potential for Safety Improvements, PSI)是通过计算贝叶斯估计的事故或人员数量与具有相同特征区域的事故或人员数量期望的差值,判别需要进行安全改善的重点区域。其优点在于:考虑了区域内多因素的综合影响,以评估所研究区域与相似区域的事故差异,相比于简单的事故指标更为科学合理;构建了安全分析模型,通过对区域事故进行长期预测,减少了回归到均值(Regression to the Mean, RTM)效应的影响。

安全可提高空间法的计算公式如式(11-9)所示:

$$
\begin{aligned}
PSI &= N_{\text{预测}} - N_{\text{类似平均值}} \\
&= \exp(\beta_0 + \beta X_i + \varepsilon_i + \phi_i) - \exp(\beta_0 + \beta X_i) \\
&= \exp(\beta_0 + \beta X_i)[\exp(\varepsilon_i + \phi_i) - 1]
\end{aligned}
\tag{11-9}
$$

式中 $N_{\text{预测}}$——采用贝叶斯安全分析模型预测得到的事故或人员数,其中考虑了空间相关性和随机效应;

$N_{\text{类似平均值}}$——根据安全分析模型计算得到的类似区域的事故或人员数的均值,未包含空间效应项和随机效应项。

由于 *PSI* 的实质是将所分析区域与类似区域进行对比,因此,*PSI* 为正值表示该区域事故人员数高于类似区域均值,有安全改善的空间;反之,若 *PSI* 为负值,则表示该区域事故人员数低于类似区域均值,相对安全。

2. 工程改善重点区域判别结果

基于采用事故地点所构建的宏观安全分析模型,应用式(11-9)分别计算了所分析的213个街道/乡镇的伤亡事故和物损事故的 *PSI*。按照 *PSI* 值可将这些区域分为三类:热区(hot zone)、温区(warm zone)和冷区(cold zone),热区为 *PSI* 值排名前10%的区域;温

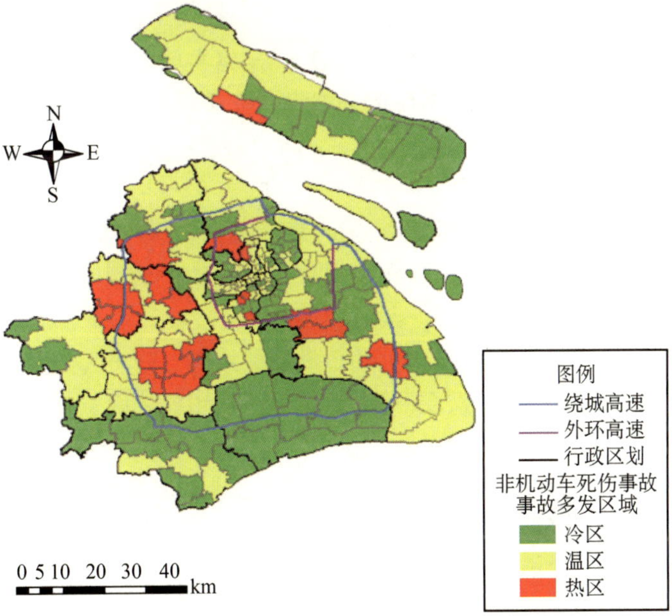

图 11-20 非机动车死伤事故分布区

区指 *PSI* 值大于 0 但不在排名前 10%的区域;冷区为 *PSI* 值小于 0 的区域。

非机动车死伤事故分布区和非机动车物损事故分布区如图 11-20 和图 11-21 所示。非机动车死伤事故多发区域和物损事故多发区域分布均较为分散,在市区(外环高速以内)、城郊接合部(外环高速至绕城高速之间)和郊区(绕城高速以外)均有分布。死伤事故的温区和热区大多分布在上海市中北部地区,南部的金山、奉贤分布得较少;而物损事故的温区和热区则更多地分布在上海市中西部地区,浦东东部和崇明分布得较少。

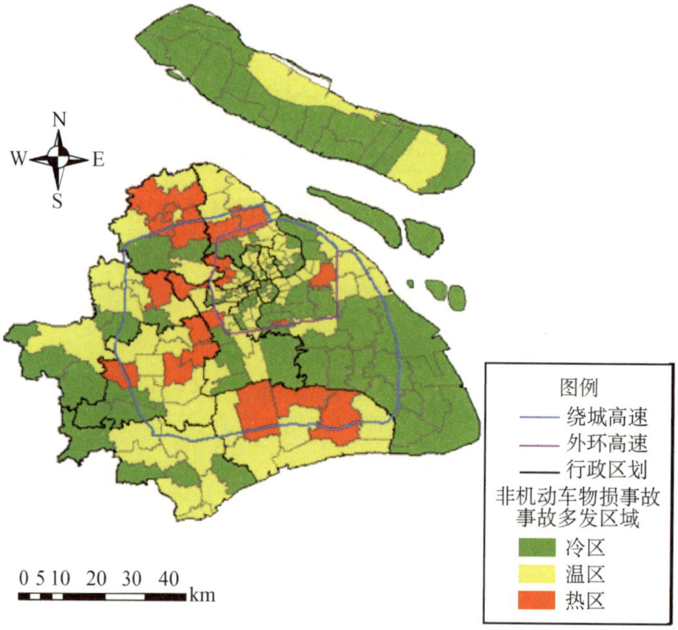

图 11-21 非机动车物损事故分布区

事故多发表明区域内部的安全设施、道路设计、网络布局等环节可能存在明显的安全隐患,故可以在上述事故多发区域开展系统的非机动车安全隐患排查,通过工程改善措施来提升区域的非机动车安全水平。

3. 安全教育重点区域判别结果

基于采用人员住址所构建的宏观安全分析模型,采用安全可提高空间法,分别计算了所分析的 213 个街道乡镇的伤亡事故人员和物损事故人员的 *PSI*,安全教育重点区域划分标准与工程改善重点区域划分标准保持一致。

非机动车死伤事故人员分布区和非机动车物损事故人员分布区如图 11-22 和图 11-23 所示。死伤事故人员热区较为分散,在市区、城郊接合部和郊区均有分布,且浦东、浦西的差别较小。然而,物损事故人员热区相对较为集中在城郊接合部,特别是青浦、松江和闵行的交界区域以及北部的绕城高速沿线,且浦西的重点区域明显多于浦东。

事故相关人员聚集则表明区域居民的交通安全意识、安全骑行行为、自我防护意识等环节可进一步提升,可以在上述事故人员集中区域针对各类重点人员开展交通安全宣传教育,通过安全教育措施来提升区域的非机动车安全水平。

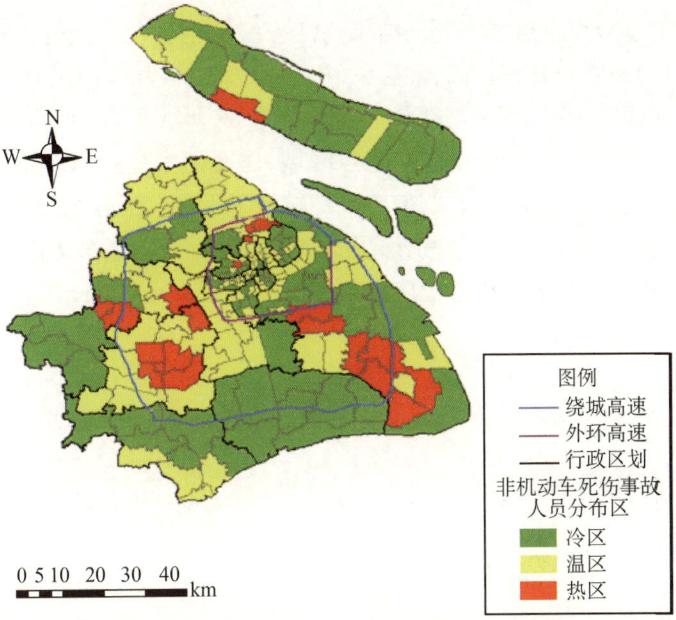

图 11-22 非机动车死伤事故人员分布区

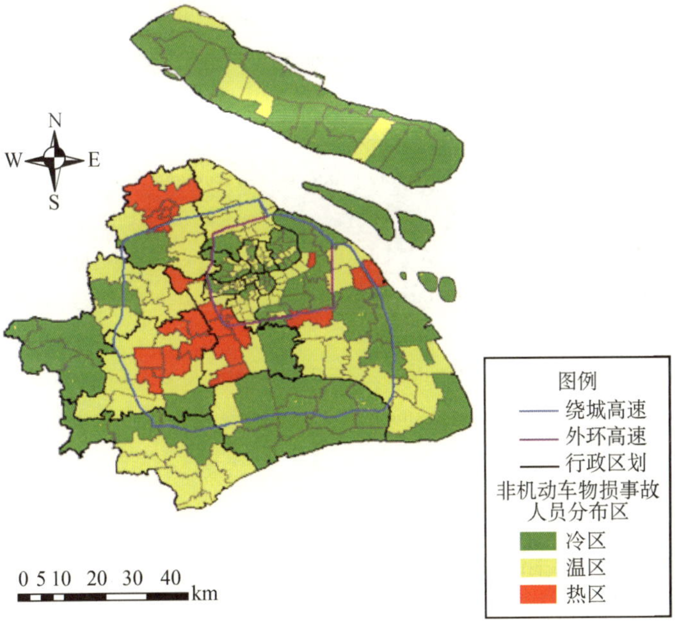

图 11-23 非机动车物损事故人员分布区

4. 工程改善与安全教育重点区域对比

工程改善与安全教育重点区域判别结果在部分区域上存在一致性。整体上，市区的事故风险较低，同时居民安全意识较高；郊区（如松江区、嘉定区和青浦区）的事故风险较高、居民安全意识较为薄弱。然而，两种判别结果也存在差异，具体体现为：浦东东南部片区和闵行区虽然事故风险较低，但作为安全教育重点区域，居民的安全意识有待提升；崇明区和奉贤区北部虽然不是安全教育重点区域，但事故却较为多发，在工程改善方面仍有待提高。

综合以上的安全问题重点区域判别结果，城市管理者可以精准识别道路设施及交通安全宣教存在缺失的区域，并采取相应措施以实现主动交通安全管理，有效提升资源投入，保障城市非机动车交通安全。

参考文献

[1] 国家市场监督管理总局，国家标准化管理委员会.电动自行车安全技术规范：GB 17761—2018[S].北京：中国标准出版社，2018.

[2] MAYROSE J. The effects of a mandatory motorcycle helmet law on helmet use and injury patterns among motorcyclist fatalities[J]. Journal of Safety Research, 2008, 39(4): 429-432.

[3] HOUSTON D J, RICHARDSON L E. Motorcyclist fatality rates and mandatory helmet-use laws[J]. Accident Analysis and Prevention, 2008, 40(1): 200-208.

[4] CRIPTON P A, DRESSLER D M, STUART C A, et al. Bicycle helmets are highly effective at preventing head injury during head impact: head-form accelerations and injury criteria for helmeted and unhelmeted impacts[J]. Accident Analysis and Prevention, 2014, 70:1-7.

[5] KARKHANEH M, ROWE B H, SAUNDERS L D, et al. Bicycle helmet use four years after the introduction of helmet legislation in Alberta, Canada[J]. Accident Analysis and Prevention, 2011, 43(3): 788-796.

[6] KARKHANEH M, ROWE B H, SAUNDERS L D, et al. Trends in head injuries associated with mandatory bicycle helmet legislation targeting children and adolescents[J]. Accident Analysis and Prevention, 2013, 59: 206-212.

[7] OHLIN M, STRANDROTH J, TINGVALL C. The combined effect of vehicle frontal design, speed reduction, autonomous emergency braking and helmet use in reducing real life bicycle injuries[J]. Safety Science, 2017, 92: 338-344.

[8] WEBER T, SCARAMUZZA G, SCHMITT K U. Evaluation of e-bike accidents in Switzerland[J]. Accident Analysis and Prevention, 2014, 73: 47-52.

[9] SCHOLTEN A C, POLINDER S, PANNEMAN M J M, et al. Incidence and costs of bicycle-related traumatic brain injuries in the Netherlands[J]. Accident Analysis and Prevention, 2015, 81: 51-60.

[10] ABBAS A K, HEFNY A F, ABU-ZIDAN F M. Does wearing helmets reduce motorcycle-related death? A global evaluation[J]. Accident Analysis and Prevention, 2012, 49: 249-252.

[11] Mayor of London and Transport for London. Cycle safety action plan[R]. London: Transport for London, 2018.

[12] 中华人民共和国住房和城乡建设部.城市道路工程设计规范：CJJ 37—2012[S].北京：中国建筑工业出版社，2012.

[13] Chicago Department of Transportation. Chicago Streets for Cycling Plan 2020[R]. Chicago: Chicago Department of Transportation, 2012.

[14] City of Melbourne. City of Melbourne Bicycle Plan 2016—2020 [R]. Melbourne: City of Melbourne, 2016.

[15] University of Oregon. Rethinking Streets for Bikes: An Evidence-Based Guide to 25 Bike-Focused Street Transformations[R].[S. l.]:[s. n.], 2019.

[16] FELIPE L D G, WASHINGTON S, OH J. Forecasting crashes at the planning level: simultaneous negative binomial crash model applied in Tucson, Arizona [J]. Transportation Research Record: Journal of the Transportation Research Board, 2004, 1897: 191-199.

[17] LEE J, ABDEL-ATY M, JIANG X. Multivariate crash modeling for motor vehicle and non-motorized modes at the macroscopic level[J]. Accident Analysis and Prevention, 2015, 78: 146-154.

[18] LEVINE N, KIM K E, NITZ L H. Spatial analysis of Honolulu motor vehicle crashes: II. Zonal generators[J]. Accident Analysis and Prevention, 1995, 27(5): 675.

[19] WIER M, WEINTRAUB J, HUMPHREYS E, et al. An area-level model of vehicle-pedestrian injury collisions with implications for land use and transportation planning [J]. Accident Analysis and Prevention, 2009, 41(1): 137-145.

[20] Lee J, ABDEL-ATY M. Macro-level analysis of bicycle safety: focusing on the characteristics of both crash location and residence [J]. International Journal of Sustainable Transportation, 2018, 8: 553-560.

12

客运行业安全管理

客运行业安全管理是交通安全管理的重要组成部分。本章选取公交、出租汽车和长途客运三个类型,从客运行业安全管理、企业安全管理和驾驶人安全管理三个层次介绍行业现状、研究方法和安全管理对策。

12.1 公交安全管理

12.1.1 公交行业安全现状

公交是城市公共交通系统的重要组成部分,为城市居民日常出行提供运输服务,有助于缓解城镇化和机动化快速发展带来的交通拥堵问题。2015—2019 年,全国公交数量、公交运营线路数量和公交线路总长度均呈现上升趋势[1-5],如图 12-1 和图 12-2 所示。2019 年,全国拥有公共汽(电)车 69.33 万辆,其中纯电动车约占 50%;全国公交运营线路共 65 730 条,总长度达 133.6 万 km,其中公交专用道长度共 14 951.7 km[5]。

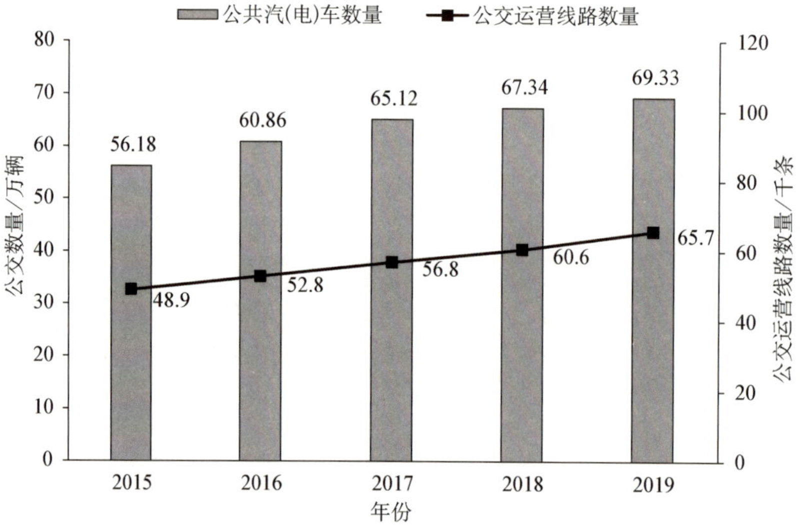

图 12-1 2015—2019 年全国公交数量及运营线路数量[1-5]

2015—2019 年,全国城市公共交通客运量的变化趋势如图 12-3 所示[1-5]。全国城市公共交通客运量在 2015—2018 年逐年降低,2019 年有所回升,达 1 279.16 亿人次。其中,2019 年全国公交客运量为 691.76 亿人次,占城市公共交通客运量的 54%[5],在城市交通中扮演着极为重要的角色。

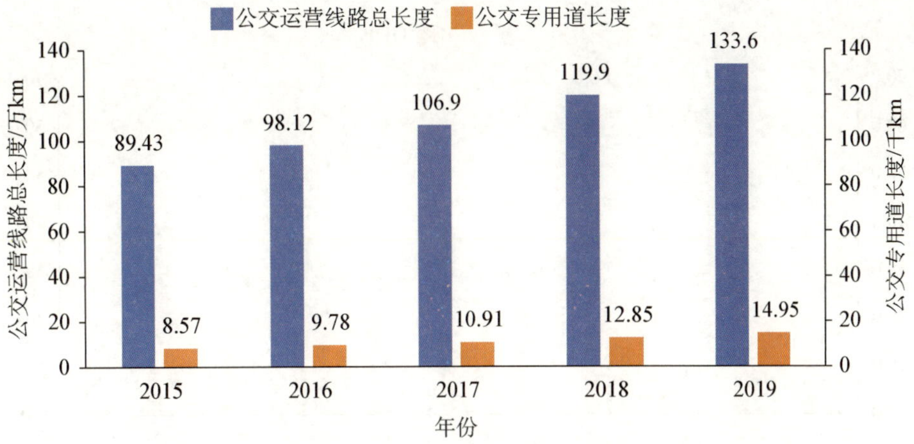

图 12-2 2015—2019 年全国公交运营线路长度及专用道长度[1-5]

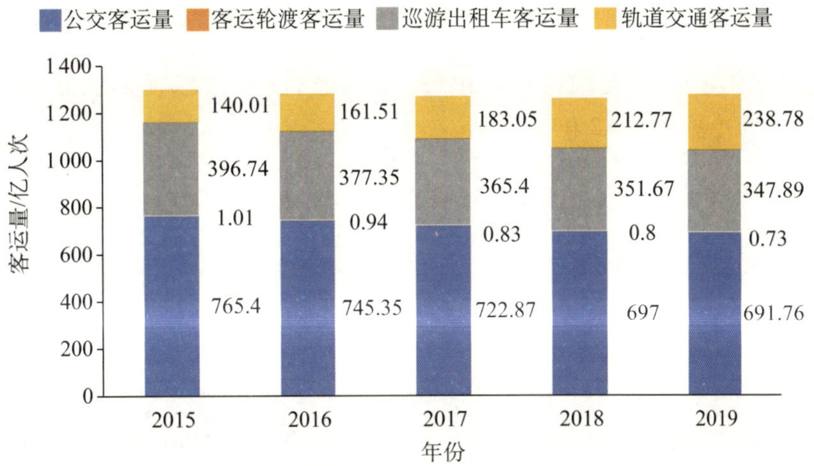

图 12-3 2015—2019 年全国城市公共交通客运量[1-5]

“公交都市”是国际上应对小汽车高速增长和交通拥堵问题所采取的一项城市交通发展战略，已成为全球许多大城市的发展方向。伦敦、新加坡、斯德哥尔摩和中国香港等是国际公认的公交都市。本章将国内大城市整体发展状况与这几个国际公认的公交都市进行比较，从而对我国公交行业的发展水平进行准确定位。

从城市人口数量和城市 GDP 发展情况来看，我国大城市的经济发展水平仍与部分国际城市存在差距，如图 12-4 所示。国内大城市如北京、上海、深圳和广州的人口数量远大于国外大城市，其中上海的人口数量约为伦敦的 2.6 倍；从城市 GDP 来看，纽约、伦敦的城市 GDP 处于国际领先水平，国内只有上海和北京的城市 GDP 与美国芝加哥的城市 GDP 水平相当。

从城市公交车辆数和线路数量来看，国内大城市公交行业发展整体处于国际中上水平，部分城市的公交行业发展水平甚至处于国际前列，如图 12-5 所示。上海、深圳和北京的城市公交车辆数超过 1.7 万辆，其中，上海的公交车辆数约为伦敦的 2 倍。

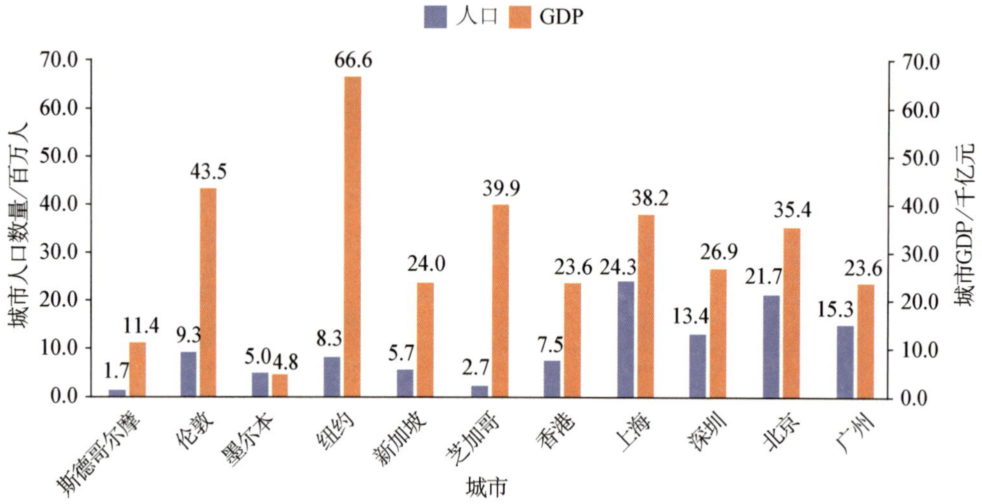

图 12-4　2019 年国内外城市人口数量和城市 GDP 对比情况[6-8]

2019 年，上海和广州的公交线路数均超过 1 200 条，达到国际领先水平，其中，上海的公交线路数约为伦敦的 2.32 倍。

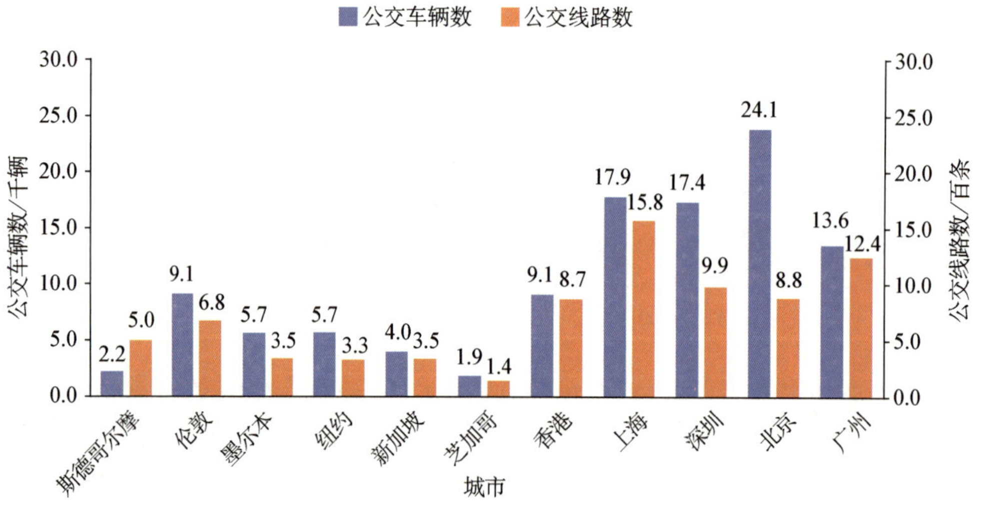

图 12-5　2019 年国内外城市的公交车辆数和公交线路数对比情况[6-8]

虽然，全国城市内部道路上运行的公交车辆总数较少，仅占全国机动车保有量的 0.26%[5]，但是，公交的载客量远超其他类型车辆，一旦发生事故，造成的人员伤亡和财产损失是极为严重的。以上海和深圳为例，2015—2019 年，上海由公交事故导致的死亡人数共计 138 人[9-12]，且与 2015 年相比，2019 年公交事故死亡人数并没有减少，整体行业安全状况没有得到改善；2015—2019 年，深圳公交事故死亡人数呈逐年降低的趋势，2019 年死亡人数降至 4 人，如表 12-1 所列。

表 12-1 **2015—2019 年上海和深圳的公交死亡人数** 单位：人

年份	公交死亡人数	
	上海	深圳
2015	28	17
2016	33	17
2017	22	12
2018	28	12
2019	27	4
总计	138	62

在交通事故方面，2017—2019 年，深圳发生公交事故的公交驾驶人占总体公交驾驶人数的6.5%。研究发现，"侧面碰撞"为发生频率最高的事故类型，约占全部事故类型的 50%，其次为"追尾"事故，约占所有事故类型的 25%，如图 12-6 所示。

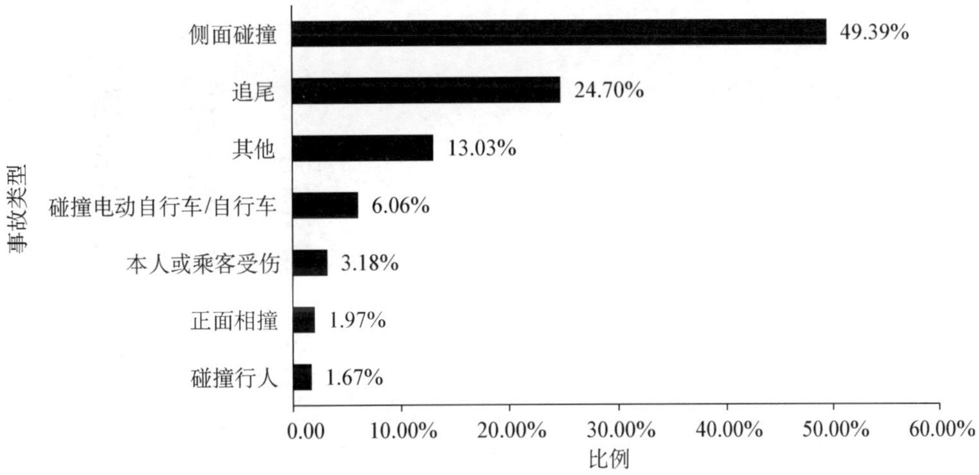

图 12-6 公交驾驶人事故类型及比例

在违法行为方面，2017—2019 年，深圳发生过违法行为的公交驾驶人占总体公交驾驶人数的8.4%。除"其他"违法行为以外，"压线"是比例最高的违法行为，在全部违法行为中占比 30.74%，其次是"闯红灯"和"超速行驶"，分别占 14.92%和 12.63%，如图 12-7 所示。

在安全隐患方面，深圳的公交驾驶人认为"疲劳驾驶"和"闯红灯"两种驾驶行为的安全隐患非常大，如图 12-8 所示，由此造成的事故损失和社会影响最为严重。目前，深圳超过50%的公交驾驶人会有疲劳驾驶现象，其中近 20%的公交驾驶人疲劳驾驶频率较高，因此，"疲劳驾驶"是公交行业需要重点解决的安全问题之一。

为了深入了解公交行业安全状况，并提出有效的改善意见，特选取政府部门、公交协会、公交企业和公交驾驶人作为调研对象，综合了问卷、访谈、会议、实地调研等方式，设计访谈调研提纲和公交驾驶人专项调查问卷，自上而下展开调查研究。通过本次调研，我们全方位地探究了公交行业管理、企业管理和驾驶人管理现状，系统梳理当前公交行业的重点安全问题，并结合国内外公交都市先进的管理经验，有针对性地提出改善策略。调研的具体流程如图 12-9 所示。

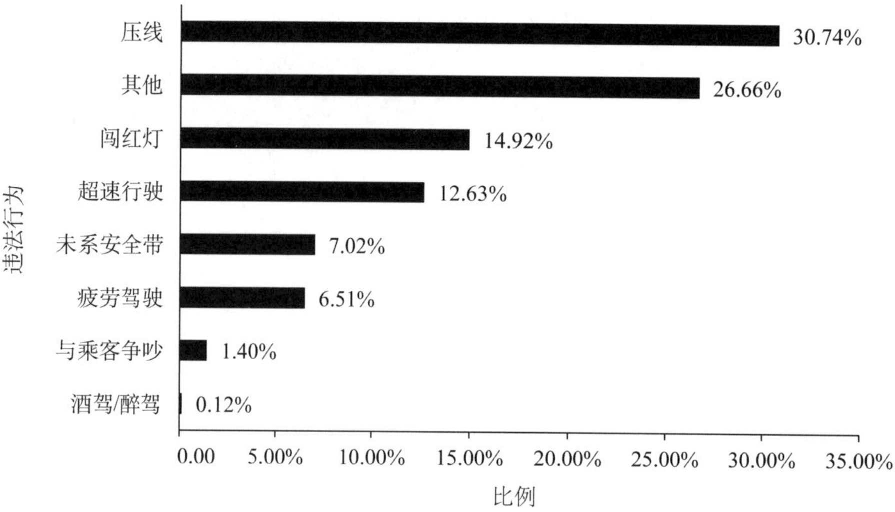

图 12-7 驾驶人各种违法行为及比例

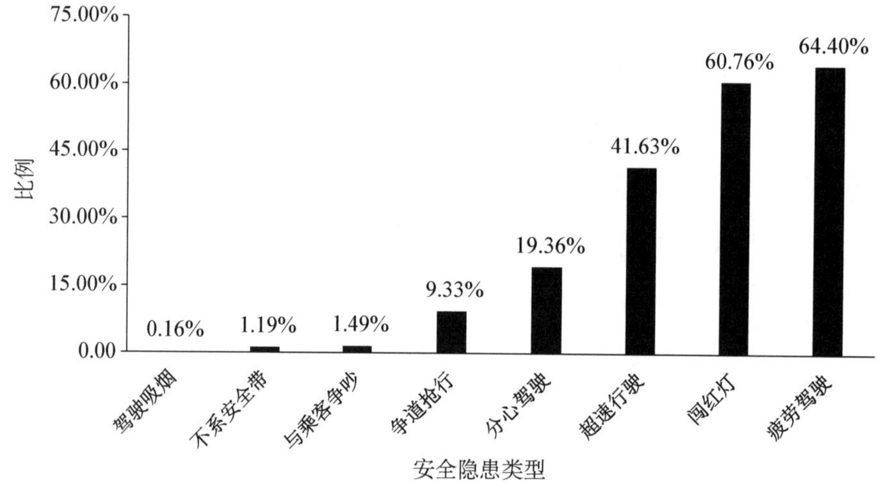

图 12-8 深圳公交驾驶人所认为的安全隐患类型

12.1.2 公交行业安全管理

为了了解公交行业安全管理的全过程,对公交行业管理架构和运营特征进行深入剖析,需要针对公交营运中涉及的政府部门、行业协会进行调研,对相关法律法规进行深入了解。

我国公交行业交通安全管理组织由三类不同的职能管理部门组成,它们分别负责公交企业的从业管理、日常运营监管和后期安全管理。各地政府部门以交通运输部发布的《城市公共汽车和电车客运管理规定》[13]作为指导思想,结合城市经济发展和综合实力状况,明确公交行业的主管部门和客运管理工作职责。

本章以上海为例,介绍公交行业政府部门安全管理体系,如图 12-10 所示,其中,上海市交通委员会负责上海公共汽车和电车的宏观行政管理,其直属单位上海市道路运输管理局和交通委员会执法总队负责日常管理,交警部门负责整体安全管理。各大公交企业配合行

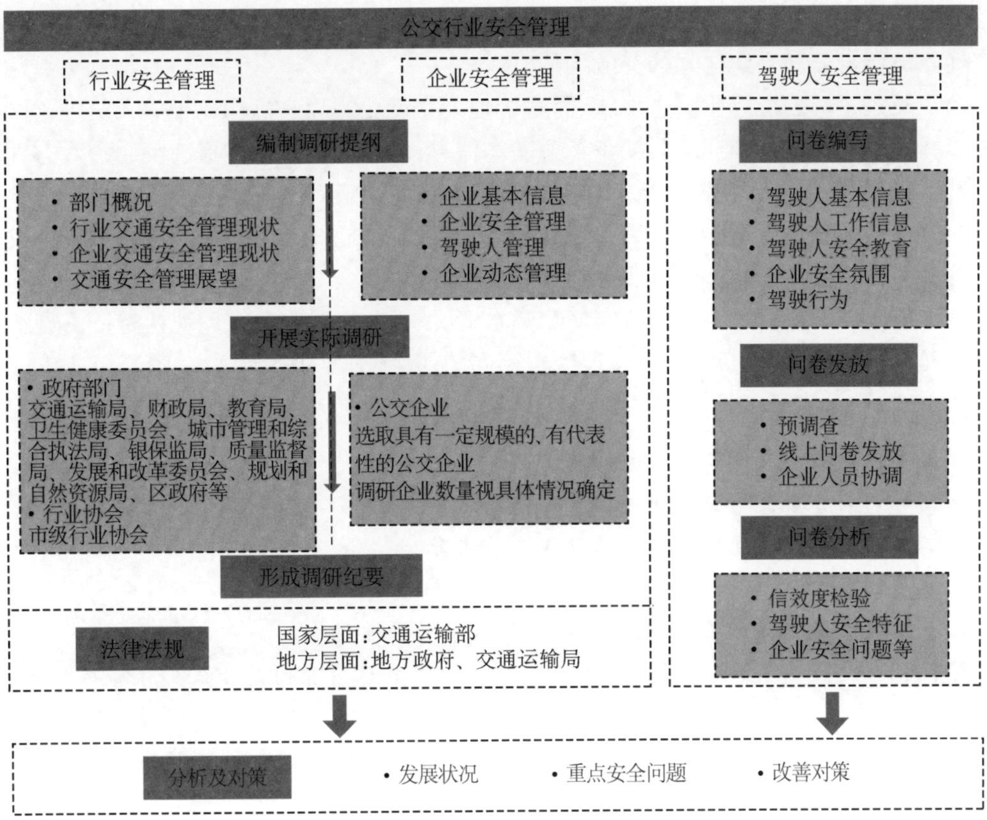

图 12-9　公交行业安全管理调研框架

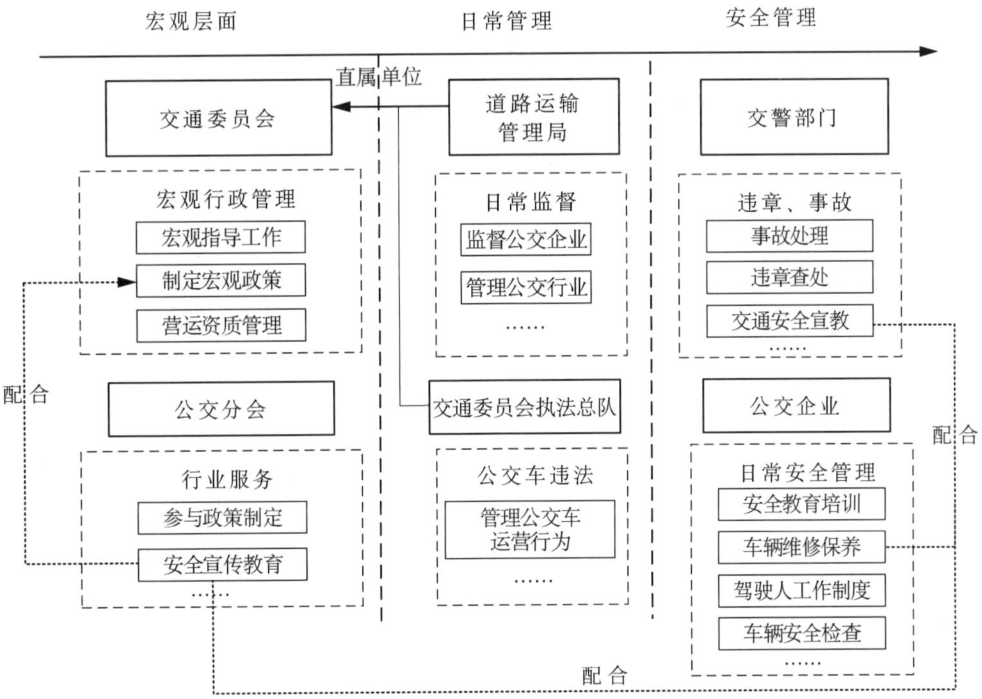

图 12-10　上海市公交行业政府部门安全管理体系

政主管部门及交警部门,做好日常安全管理工作,上海市交通运输行业协会公交分会负责加强交通委员会与公交企业之间的交流沟通。

为了深入了解公交行业安全现状,需对管理公交行业的政府机构及相关人员进行调研。首先,明确需要调研的政府部门,初步了解基本信息,编制调研提纲并提前发送给对方,以便对方准备好材料。其次,在调研当天详细记录双方谈话内容,会后形成完整的会议纪要,并发送对方核实信息是否有误。最后,针对尚不明确或仍需进一步了解的具体问题进行补充调研,以便对政府部门的安全管理工作进行全面分析。

政府部门调研提纲主要包括政府部门基本情况、行业交通安全管理现状特征、企业交通安全管理现状特征、行业交通安全管理展望等问题,具体内容如下。

一、政府部门基本情况

1. 本部门与公交交通安全相关的职责。

2. 本部门与公交交通安全相关的管理体系。

3. 本部门与公交交通安全相关的日常工作内容。

二、行业交通安全管理现状特征

1. 介绍近5年公交行业、企业、车辆、驾驶人安全管理现状。

2. 2015—2019年,公交行业事故数量有何变化?您认为原因是什么?有哪些安全管理经验?

3. 公交安全面临车辆升级转型、人员结构变化、社会卫生环境等新形势、新背景,您认为传统的安全管理模式在哪些方面会有所突破?

4. 您认为交通运输行业协会在政府和企业之间发挥了什么职能?交通运输行业协会对政府管理公交行业有哪些帮助?

5. 您认为公交行业目前存在的重点安全问题有哪些?

三、企业交通安全管理现状特征

1. 介绍当前公交企业的发展现状和经营格局。

2. 在授予线路经营权的招标工作中,对交通安全的评定标准是什么?

3. 公交企业安全管理主要依据哪些规章制度?这些规章制度发挥了什么效能,以及是否有需要改进的地方?

4. 公交企业营运服务状况评议结果如何?哪些企业得分更高?

5. 相关管理部门对经营者的营运管理情况是否会开展抽查?若开展抽查,具体如何开展?

6. 目前,公交行业的信息化管理和动态安全监控情况如何?公交车辆是否配置了ADAS(高级驾驶辅助系统)和DMS(驾驶人监测系统)等设备?未来是否打算安装此类设备?

7. 公交企业为保障公交行业及驾驶人的安全已采取了哪些措施?您认为还应在哪些方面进行提升和改善?

四、行业交通安全管理展望

1. 介绍公交行业“十四五”期间在交通安全管理方面的工作重点。

2. 您对公交车行业交通安全管理体制机制有什么建议?

行业协会属于非营利性民间组织,代表该行业全体企业的共同利益,是政府部门与企业之间的桥梁。上海市自 2019 年 7 月设立上海市交通运输行业协会公交分会以来,现有会员单位 87 家,基本包含了上海市所有的公交企业。

深圳市则尚未成立针对市内公交的独立行业协会。目前,深圳市 3 家公交特许经营企业的安全生产工作主要由政府主管部门进行监督指导。虽然,目前已有深圳市城市交通协会对整体城市交通从业单位和人员进行管理,但在深圳市公交行业中,只有 2 家特许经营企业在该协会业务管理范围内,故协会在公交行业的管理范围不够全面。

针对公交行业的安全管理,国家和地方层面的很多法律法规中都有涉及交通安全的条款。在国家层面,涉及公交交通安全管理的法律法规主要包括《城市公共汽车和电车客运管理规定》和《新能源公交车推广应用考核办法(试行)》。

在地方层面,不少城市都制定了地方性法规。比如深圳市有《深圳市公共汽车运营服务管理办法》《市交通运输委关于优化公共汽车车辆管理及启用政府公交监管平台业务管理系统的通知》等。上海市有关公交安全管理的地方性法规包括《上海市公共汽车和电车客运管理条例》《上海市公共汽车和电车乘坐规则》等,如表 12-2 所列。其他城市也有一些地方性法规,在此不再一一列举。

表 12-2　　公交安全管理涉及的法律法规及规范性文件

层级	法规政策及规范性文件	施行日期	颁布机构
国家层面	《城市公共汽车和电车客运管理规定》	2017 年 5 月 1 日	交通运输部
	《新能源公交车推广应用考核办法(试行)》	2015 年 11 月 10 日	交通运输部、财政部、工业和信息化部
地方层面	《市交通运输委关于优化公共汽车车辆管理及启用政府公交监管平台业务管理系统的通知》	2018 年 9 月 1 日	深圳市交通运输局
	《上海市公共汽车和电车客运管理条例》	2001 年 1 月 1 日	上海市人民代表大会常务委员会
	《上海市公共汽车和电车乘坐规则》	2021 年 12 月 28 日	上海市道路运输管理局

12.1.3　公交企业安全管理

企业安全管理是公交行业安全管理中最为关键的一环。目前,我国各大公交企业的安全管理正处于从传统安全管理向“传统＋智能”安全管理的过渡阶段。其中,传统安全管理工作涵盖驾驶人教育管理、车辆安全检查等内容。智能安全管理工作则是利用智能车载设备获取数据,以提醒和监管驾驶人的不良驾驶行为。

为了深入了解公交企业安全管理情况,故对公交企业的安全管理部门及相关人员开展调研。调研的基本流程包括:首先,根据城市公交行业发展状况,选取几家代表性强、覆盖面广的公交企业,结合其基本信息和运营特征编制调研提纲,并提前三天将提纲发送给对方并请其准备好相关材料。其次,在调研当天详细记录双方谈话内容,会后形成完整的会议纪要，并发送对方核实信息。根据企业的反馈修改会议纪要，还可针对尚不明确或仍需进一步了解的具体问题进行补充调研。最后，对企业的安全管理工作进行全面分析。

公交企业调研提纲主要包括企业基本信息、企业安全管理、驾驶人管理、企业动态监管等部分，具体内容如下。

一、企业基本信息

1. 贵单位运输业务的基本情况。

2. 贵单位的规模、车队结构/组成、企业/车队车辆数、公交线路数量、线路配备的驾驶人数量与基本特征等。

3. 请介绍贵单位的人员管理机制(如车队式管理)。

二、企业安全管理

1. 请介绍贵单位的安全管理机制(如设置专门的安全管理部门或安全管理专员)、人员结构、安全管理内容及效果评估。

2. 请介绍新入职的驾驶人接受上岗培训的内容及方式。

3. 贵单位是否有车队/企业安全例会？请介绍一下安全例会的频率、对象、内容、形式等。

4. 贵单位采取什么样的方式进行安全管理效果评估？

5. 您认为贵单位的公交车辆安全性能如何，存在哪些缺陷？请介绍一下贵单位对于公交车辆安全性能管理方面有哪些措施？

6. 能否介绍一下贵单位在企业安全管理方面比较创新的做法？效果如何？

三、驾驶人管理

1. 贵单位驾驶人的工作制度是怎样的(如每日工作时长、每周工作天数、休息/轮班安排等)。

2. 每位驾驶人的线路固定吗？一条线路由几名驾驶人负责？

3. 驾驶人的任务安排是否与绩效挂钩？如优先安排事故、违法少的驾驶人。

4. 驾驶人日常驾驶普遍存在的安全隐患有哪些(如闯红灯、超速、疲劳驾驶等)？

5. 针对市内公交不按规定停靠公交车站、疲劳驾驶等问题，企业如何对驾驶人进行管理及教育？

6. 请介绍驾驶人的工资与事故或违法行为的关联机制。

7. 贵单位对重点驾驶人(事故或违法行为多发的驾驶人)采取什么措施？效果如何？

四、企业动态监管

1. 目前，贵单位的公交车辆是否都配备了信息采集设备(如视频监控、GPS、车载预警系统等)？针对设备安装数量、设备主要功能和数据采集与存储方式，驾驶人及管理者的反馈评价(优缺点)是什么？

2. 设备安装前是否对驾驶人进行介绍与培训？请介绍一下培训的规模、方式及内容。

3. 目前，对于此类设备的数据是否有集中管理的平台或其他深度应用？是否针对重点驾驶人进行筛选？

4. 在动态监管方面，贵公司存在哪些困难？采取了哪些解决措施？

五、其他问题

1. 贵单位承运的公交线路的满载情况如何？

2. 公交线路上主要存在哪些风险？

3. 目前，市内公交行业存在哪些较为突出的安全问题？贵单位对于此类问题是如何进行干预的？

4. 公交运输如何借助信息管理系统、视频监控等电子系统来确保安全与高效性？

5. 能否谈一谈贵公司下一阶段在安全管理方面的工作重点和计划？

6. 对未来公交行业的安全管理机制有什么建议？

根据公交企业基本信息和公交企业安全管理调研结果，可以获悉该公交企业的安全管理体系和管理职责。通常，我国各大城市的公交企业都是根据自身情况来设立企业安全管理体系，因此，各企业的安全管理机构及管理内容不尽相同。深圳的两家公交特许经营企业均设置了自上而下的三级安全管理体系，其中，深圳巴士集团设立“集团-二级单位-基层单位”三层管理模式，深圳西部公汽设立“本部-分公司-车队”三层管理模式，具体如图 12-11 所示。

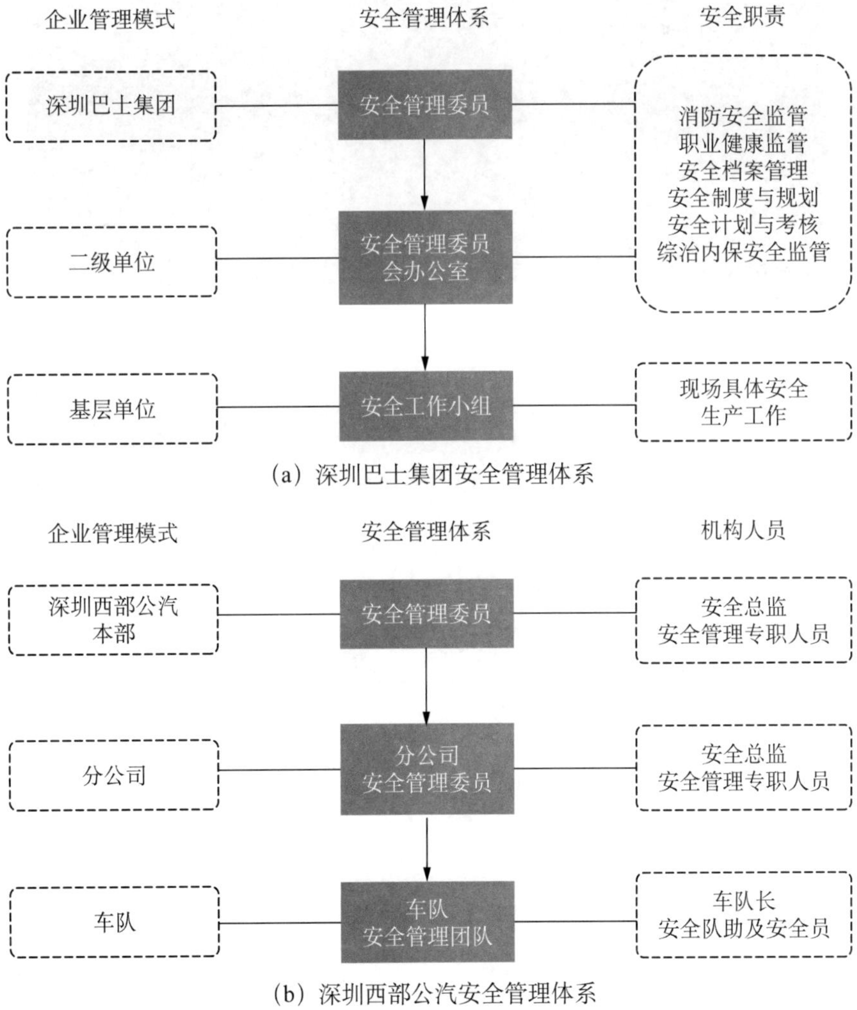

图 12-11　深圳巴士集团和深圳西部公汽的安全管理体系

根据调研结果可获悉公交企业的信息化建设和智能化管理现状。智能安全管理是当前我国各大公交企业的工作重点，主要采取的智能化车载设备包括高级驾驶辅助系统(Advanced Driving Assistance System, ADAS)和驾驶人监测系统(Driver Monitor System, DMS)，以实现主动安全预防。

深圳市公交企业的信息化建设较为扎实，设备配置较为完善。除视频监控、GPS等设备外，深圳市三大公交特许经营企业均安装了“主动安全智能防控系统”，该系统由高级驾驶辅助系统、驾驶人监测系统和配套智能监控平台组成，可提醒驾驶人保持安全行车状态、监测司机的不良驾驶行为，一经发现，立刻响起警报，并实时反馈到后台，由监控人员接管处理，如图12-12所示。

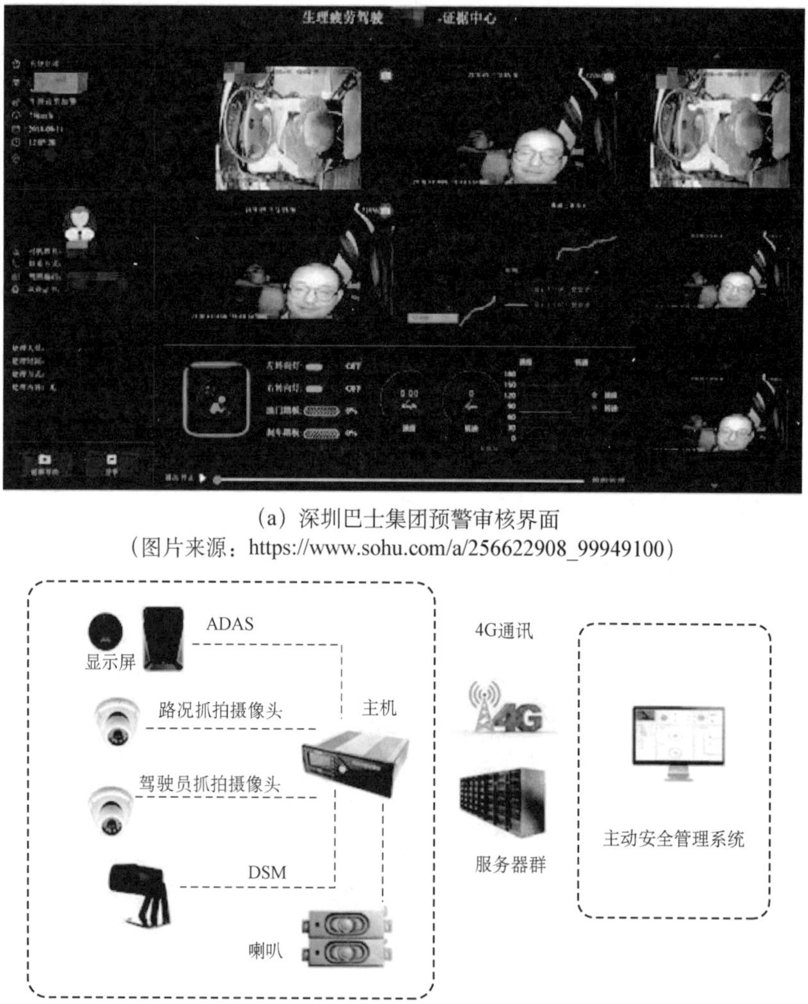

(a) 深圳巴士集团预警审核界面
(图片来源：https://www.sohu.com/a/256622908_99949100)

(b) 深圳西部公汽安全管控系统
(图片来源：https://baijiahao.baidu.com/s?id=1644210258085915951&wfr=spider&for=pc)

图12-12 深圳巴士集团和深圳西部公汽的主动安全智能防控系统

根据对公交企业驾驶人管理的调研结果，可获悉该企业对驾驶人的工作时间及职责、安全管理与培训等详情。公交企业对驾驶人的管理主要以教育培训为主，一般包括员工入职培训、专业性培训和安全教育例会。公交驾驶人入职前须进行教育培训，严格执行 72 小时岗前培训制度。培训内容包括公司规章制度、岗位安全操作规范、奖罚机制等多个方面。不同企业根据自身实际情况采取不同的培训方式。此外，我国各大城市的公交企业还会组织专业领域的安全培训，从应急处置、急救培训等方面全面增强驾驶人的安全技能。

公交企业一般都设有较为完善的安全例会制度，且需要在日常工作中严格贯彻落实，以营造安全生产工作环境。深圳市公交企业安全例会一般在“公司-分公司-车队”三个层面分别开展，如表 12-3 所列。

表 12-3　　深圳公交企业安全例会召开情况

层级	安全例会	召开频率	主持人员	参加人员
公司	安全委员会	每季度不少于 1 次	董事长/总经理	全体安委会成员
分公司	安全例会	每月不少于 1 次	总经理/安全总监	所属单位各业务高管、部门负责人
车队	车队安全例会	每月不少于 1 次	基层车队安全管理人员	车队全体人员

从企业驾驶人管理的调查结果可以看出，深圳市各大公交特许经营企业缺少完善的公交驾驶人健康保障机制。该市在一线的公交驾驶人长期处于劳动强度高、工作时间长和精神压力大的工作状态，且公交队伍老龄化问题严重，视力减退、三高、心源性疾病等高危症状普遍存在。虽然，深圳市交通运输局及部分公交企业会组织驾驶人参与义诊体检、心理健康状况测评等活动，但是，整体缺少对驾驶人的定期身体检查和专业心理疏导，且未形成行业统一的心理健康衡量标准，没能提供足够的风险规避和健康保障。

国际公交都市对于驾驶人健康保障机制的管理经验值得借鉴。日本大阪的城市公交通过建立驾驶人健康管理制度来保障司乘安全[14]；大阪市内公交驾驶人除了要进行例行的健康检查外，从 2009 年起，该市交通局定期对驾驶人进行呼吸睡眠暂停综合征(Sleep Apnea Syndrome, SAS)检查，以确保在行车过程中驾驶人不会因为健康安全问题导致安全事故。

澳大利亚新南威尔士交通局[15]规定，当地驾驶人在考取驾驶执照和公交车驾驶资格前需要进行单独的医学评估，评估合格后方能获取驾驶公交车辆的资格。60 岁以下的公交驾驶人须每三年完成一次医疗评估；患有疾病或年龄超过 60 岁的公交驾驶人需要每年完成一次医疗评估；身体素质较差或患有疾病的驾驶人则需要接受医学专家的专业评估(表 12-4)。若该年度医疗评估提交时间延期超过 6 个月将会影响公交驾驶人正常上岗。

表 12-4　　新南威尔士公交驾驶人医疗评估规定

年龄和身体状况	医学评估间隔时间	是否需要专业评估
＜60 岁，身体良好	每三年 1 次	不需要
＜60 岁，患有疾病	每年 1 次	机构专门告知
＞60 岁，身体良好	每年 1 次	机构专门告知
＞60 岁，患有疾病	每年 1 次	机构专门告知

12.1.4 公交驾驶人安全管理

为了研究公交驾驶人的安全特征，可采取问卷调查的方式对公交驾驶人进行专项调查，并根据调查结果来分析公交驾驶人存在的共性问题和个性问题，从而有针对性地开展安全培训和干预教育。

为了深入了解公交企业安全管理情况，需对公交企业的安全管理部门及相关人员进行调研，具体形式主要包括问卷调查、实地走访、文案（材料）调查等，各形式的具体概念及特点描述如表 12-5所列。

表 12-5　调查方法比较

	概念	特点
问卷调查	问卷调查就是根据调查目的，制订调查问卷，由被调查者按调查问卷所提的问题和给定的选择答案进行回答的一种专项调查形式	优点：①通俗易懂，实施方便；②适用范围广，既能开展专项调查，也能根据所获取数据开展数据挖掘；③节省调查时间，提高调查效率。 缺点：①问卷信效度需要经过检验，问题设计比较难；②问卷调查若采用由用户自己填写问卷的方式，则调查结果质量不佳；③问卷调查的回收率不稳定
实地走访	实地走访就是对调查对象的所有环境因素进行观察以获取调查资料的方法。研究者与被调查者直接接触，面对面交流，实地考察被调查者的日常生活状态和工作过程	优点：能够最直观地了解调研企业的日常经营状况和驾驶人状态，能够发现线上调研或问卷调查等未能发现的其他因素。 缺点：较为耗费金钱和时间
文案（材料）调查	文案调查，也称二手资料应用，它是指搜集、取得并利用现有（指本部门或其他部门的）的有关资料，对某一专题进行研究的一种专项调查形式	采用文案调查的重要意义在于充分利用现有资料。文案调查除直接利用二手资料就某一专题进行研究外，一般还应用于确定是否有必要专门组织一次专题调查，并确定专题调查的范围和具体调查内容等

公交驾驶人问卷调查整体流程包括问卷的编制、发放和分析，如图 12-13 所示。首先，在编制问卷前明确研究主题和目的，确定公交驾驶人问卷设计模块，查阅国内外相关资料选取合适的量表，整个过程需要结合心理学专家意见，对问卷的内容与实用性开展研讨。其次，在问卷发放前需要开展问卷预调查，基于预调查中公交驾驶人所反映的问题与预调查结果对问卷进行修改，之后方可发放正式的公交驾驶人专项调查问卷，问卷发放包括线下和线上两种方式。最后，在分析问卷前需要对回收的问卷进行信效度检验，在此基础上对驾驶人安全特征和企业安全氛围进行分析。

公交驾驶人专项调查问卷共分为六个部分。

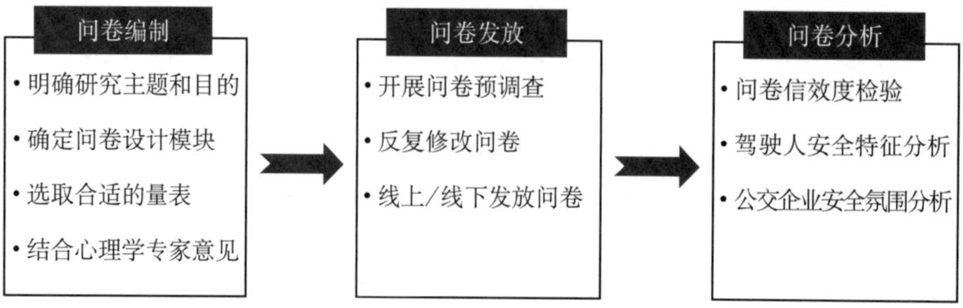

图 12-13　公交驾驶人问卷调查整体流程

第一部分为驾驶人基本信息，主要包括个人信息、失眠情况、既往病史、违法和违规行为等；第二部分为驾驶人工作信息，主要包括基本工作制度、工作时间、工作满意度等；第三部分为驾驶人安全教育，主要包括安全教育类型、教育形式、教育内容等。

第四部分为企业安全氛围，主要采用安全氛围量表进行考察。该量表是在 Y. Huang 等[16]编制的 32 个条目量表的基础上缩减而成，共包括 12 个条目，其中前 4 个条目用于考察企业层面的安全氛围，中间 4 个条目用于考察安全经理在公司中的地位及其对驾驶人的管理，最后 4 个条目用于考察车队层面的安全氛围。

第五部分为驾驶人安全意识，主要针对公交驾驶人超速、使用手机、不按规定进站、疲劳驾驶等不良驾驶行为的发生频率进行调查。

第六部分为驾驶行为，该部分主要采用 M. Maslac 等[17]编制的营运驾驶人驾驶行为问卷(Driving Behavior Questionnaire for Professional Drivers, DBQ)和 J. L. Deffenbacher 等[18]编制的驾驶愤怒量表(Driving Anger Scale, DAS)。

营运驾驶人驾驶行为问卷共包括 25 个条目，分为普通违规行为(ordinary violation)、侵略违规行为(aggressive violation)、错误驾驶行为(error)、失误驾驶行为(lapse)以及积极驾驶行为(positive behavior)五个维度。该问卷采用 6 点计分法，计分方式为从不(1 分)、极少(2 分)、偶尔(3 分)、有时(4 分)、经常(5 分)、总是(6 分)，其中，“积极驾驶行为”维度为反向计分条目，问卷得分越高，说明驾驶人的不良驾驶行为越多。

驾驶愤怒量表共包括 6 个条目，每个条目描述可能会引起驾驶人愤怒的驾驶场景，驾驶人通过打分来描述遇到此类驾驶场景时的愤怒情绪。该量表同样采用 6 点计分法，计分方式为完全没有(1 分)、轻微愤怒(2 分)、愤怒(3 分)、很愤怒(4 分)、非常愤怒(5 分)、极度愤怒(6 分)。问卷得分越高，表明驾驶人有路怒症的可能性越高。

公交驾驶人专项调查问卷内容具体如下。

公交驾驶人专项调查问卷(以深圳市为例)

第一部分：驾驶人基本信息

1. 您的性别：

○男　　○女

2. 您的户籍所在地及来深圳的时间：

○本市　　○本省外市，来深圳 5 年以下

○本省外市，来深圳 5～10 年　　○本省外市，来深圳 10 年以上

○外省，来深圳 5 年以下　　○外省，来深圳 5～10 年

○外省，来深圳 10 年以上

3. 您目前居住的行政区是：

○福田区　○罗湖区　○南山区　○盐田区

○宝安区　○龙岗区　○龙华区　○坪山区

○光明区　○大鹏新区　○深汕特别合作区

4. 您的年龄：________岁。

5. 您的教育水平：

○初中及以下 ○高中/中专 ○本科/大专 ○研究生及以上

6. 您的婚姻状况：

○未婚 ○已婚没有孩子 ○已婚有孩子 ○其他

7. 您目前的平均月收入：

○≤4 000 元 ○4 001～6 000 元 ○6 001～8 000 元

○8 001～10 000 元 ○10 000 元以上

8. 近一周以来，您工作日平均每天的睡眠时间：

○10 小时以上 ○8～10 小时 ○6～8 小时 ○4～6 小时

○4 小时以下

9. 近一个月以来，您是否受到失眠困扰？

○有 ○没有

10. 既往病史：(多选)

□无 □脊/腰/颈椎病 □胃病 □肩周炎

□高血压 □糖尿病 □神经衰弱 □冠心病

□高血压

11. 长期服用的药物：(多选)

□无 □止痛药 □降压药 □降糖药

□胰岛素 □安眠药 □其他

12. 您第一次取得的驾驶证类型为________类，距今已经________年。

13. 您目前使用的驾驶证类型为________类，已经使用________年。从事市内公交驾驶工作________年。

14. 您在过去 3 年是否发生过交通事故？

○没有 ○有

15. 发生过________次，发生的事故类型是：(多选)

□本人或乘客受伤 □追尾 □正面相撞 □侧面相撞

□碰撞电动 □自行车/自行车 □碰撞行人 □其他____________

16. 您在过去 3 年是否发生过交警扣分或罚款的违法行为？

○没有 ○有

17. 有过________次，违法类型是：(多选)

□闯红灯 □超速行驶 □与乘客争吵 □压线

□酒驾/醉驾 □疲劳驾驶 □未系安全带 □其他____________

第二部分：驾驶人工作信息

18. 您的驾驶线路为____________路，该线路上主要的安全隐患是____________。

19. 您工作的排班制度为：

○做一休一 ○做二休一 ○做五休二 ○上半天休息半天

○其他

20. 您的工作驾驶线路是固定的吗？

○是 ○否

21. 您所驾驶的公交线路的满载率情况：高峰＿＿＿＿＿＿平峰＿＿＿＿＿＿。

22. 您一周平均工作几天？

○≤3 天　○4 天　○5 天　○>5 天

23. 您工作日平均每天驾驶＿＿＿＿公里，平均每天驾驶＿＿＿＿小时。

24. 您工作日平均每天工作＿＿＿＿小时(包括驾驶、在车站等待、加油等)。

25. 您对目前的工作状态是否满意？

○满足现有工作状态

○偶尔有想换工作的想法

○非常想换工作

26. 您想换工作的原因是：(多选)

□企业管理水平较差

□单位转嫁风险，发生事故或纠纷自身相关权益得不到保障

□工资福利、发展空间达不到预期

□行车突发状况多、风险多，自身安全得不到保障

□工作时间长、作息不规律，工作劳动强度大

□车辆和配套设施差，工作环境压抑

□长期在外工作，与家人聚少离多

□其他＿＿＿＿＿＿

第三部分：驾驶人安全教育

27. 您在进入这家企业工作时，是否接受了上岗培训？

○是　○否

28. 您所在企业是否有以下安全培训教育或安全例会？(多选)

□从来没有　□月度安全例会　□季度安全例会　□年度安全例会

□发生事故后进行安全教育

29. 安全培训教育的形式通常为：(多选)

□交通安全教育培训基地学习　□聘请交通安全专家授课

□观看"大篷车"流动宣传教育　□发放交通安全宣传材料进行学习

□回答安全教育问卷并统一讲解　□管理人员开会讲解

□观看交通事故案例视频　□实车演示

□有奖问答　□关注交警微信公众号自学

□其他＿＿＿＿＿＿

30. 安全培训教育的内容通常为：(多选)

□安全驾驶知识　□安全驾驶技能　□交通法律法规

□公交行业专业知识　□应急处置知识　□交通事故案例

□其他＿＿＿＿＿＿

第四部分：企业安全氛围

31. 以下题目是对"公司"的一些描述，请您根据实际情况选出相应的选项。

题项	非常不同意	不同意	不确定	同意	非常同意
(1) 公司会努力提升各部门的安全水平					
(2) 公司会要求每个管理人员都协助改善其所属部门的安全					
(3) 公司会使用所有的可用资源来改进现有的安全规章制度					
(4) 公司会提供给驾驶人很多有关安全驾驶的信息					

32. 以下题目是对“安全经理”的一些描述，请您根据实际情况选出相应的选项。

题项	非常不同意	不同意	不确定	同意	非常同意
(1) 公司中安全经理的地位较高					
(2) 安全经理对货运车辆驾驶过程中存在的危险有清楚的认识					
(3) 安全经理始终严格要求我们的工作安全					

33. 以下题目是对“车队长”的一些描述，请您根据实际情况选出相应的选项。

题项	非常不同意	不同意	不确定	同意	非常同意
(1) 车队长会与我们讨论如何提高驾驶安全					
(2) 车队长使用解释的方法让我们安全驾驶，而不是命令					
(3) 车队长会提醒(需要被提醒的)驾驶人，让他们安全地驾驶					
(4) 车队长会确保我们遵守所有的安全规则(而不只是最重要的规则)					

第五部分：驾驶人安全意识

34. 您平时是否会超速行驶：

○从不　○偶尔　○有时　○经常

35. 您开车时使用手机(比如接听电话、看微信)的频率：

○从不　○偶尔　○有时　○经常

36. 您平时会遇到公交车无法按照规定停靠公交车站的情况吗？

○从不　○偶尔　○有时　○经常

37. 您平时出现疲劳驾驶的频率：

○从不　○偶尔　○有时　○经常

38. 您在出车前后对车辆进行例行安全检查的频率：

○从不 ○偶尔 ○有时 ○经常

39. 在以下行为中，您认为安全隐患最大的两项为：(多选)

□闯红灯 □超速行驶
□疲劳驾驶 □分心驾驶(例如看手机)
□不系安全带 □争道抢行
□不按规定停靠公交车站 □与乘客争吵
□驾驶吸烟 □其他____________

第六部分：驾驶行为

40. 请您判断在过去一年中此类行为/事件发生的频率，并选择合适的选项。

题项	从不	极少	偶尔	有时	经常	总是
(1) 超速驾驶						
(2) 在车道合并时或在迫不得已时，才变更车道						
(3) 在变道时没有看反光镜						
(4) 没有注意到路边的交通标识						
(5) 在任何情况下，我都会礼让行人						
(6) 酒后驾车						
(7) 故意惹恼我后面的司机						
(8) 错误估算了绿灯的持续时间，而不能让车在停止线前停住						
(9) 错误理解了交通标识，因此开错了路						
(10) 与前车保持必要的安全距离						
(11) 从右侧超过了一辆速度慢的车						
(12) 按喇叭来表示我的愤怒						
(13) 错误地估算了对面来车的车速						
(14) 发现我走错了路						
(15) 避免占用快速车道						
(16) 在交叉口闯红灯						
(17) 故意用远光灯干扰对面来车						
(18) 错过高速公路出口						
(19) 错误地打开车上的设备(如想打开雨刷却开了转向灯)						
(20) 有人对我超车时，我会保持车速以让他超过						
(21) 在驾驶中使用手机接电话						
(22) 在驾驶中使用手机阅读短信或浏览网页						

（续表）

题项	从不	极少	偶尔	有时	经常	总是
（23）车辆启动前忘记松开手刹						
（24）在路口没有注意到行人						
（25）停车时注意安全，注意避让其他车辆或行人						

41. 您在开车时如经历以下场景，请选出相应的情绪状态。

题项	完全没有	轻微愤怒	愤怒	很愤怒	非常愤怒	极度愤怒
（1）前面的车太慢						
（2）被其他车辆的远光灯闪到						
（3）想变道的时候前面的车加速阻止你变道						
（4）碰到长时间的堵车						
（5）被自行车或电动车占道						
（6）绿灯亮起时前面的车没有及时启动						

同济大学交通安全团队在深圳市开展了公交驾驶人问卷调查，结果显示男性公交驾驶人在整体中占比 97.6%，仅 2.4%的公交驾驶人为女性。整体平均年龄为 45.2 岁，与普通货运等行业相比，公交驾驶人年龄普遍偏高，50 岁以上驾驶人相对较多，如图 12-14 所示。通常，驾驶人的反应能力会随着年龄增长而有所下降。因此，司机老龄化会产生一定的安全隐患。

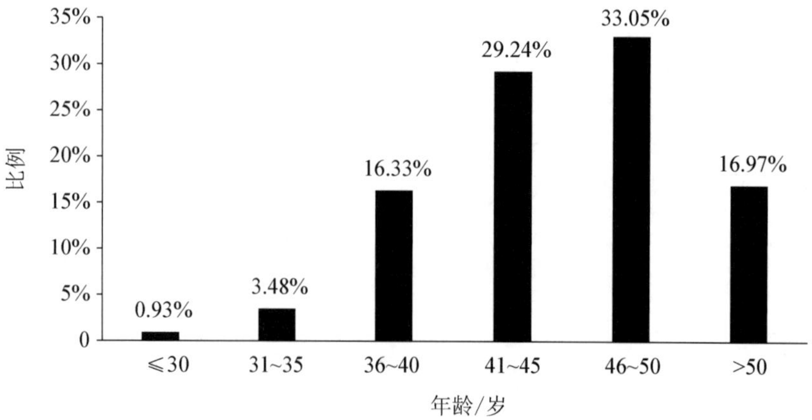

图 12-14 公交驾驶人年龄分布

从事公交行业的驾驶人平均工作年限为 11.23 年，驾龄在 6～15 年范围内的驾驶人超过 60%，但近 20%的驾驶人从事市内公交驾驶不超过 5 年，如图 12-15 所示。

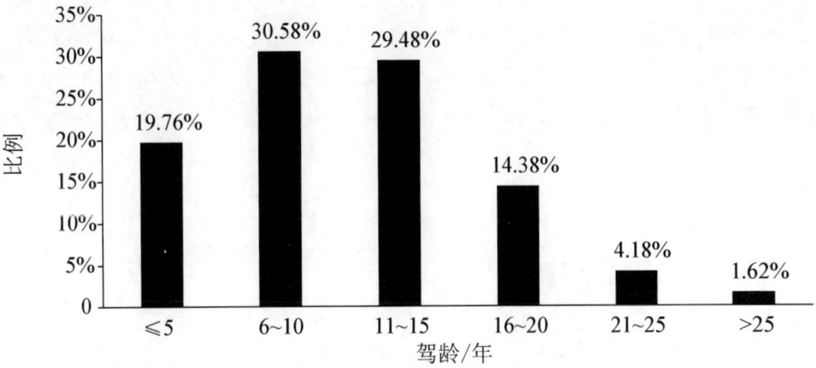

图 12-15 驾驶人从事公交驾驶时间分布

深圳公交驾驶人教育文化水平处于高中(中专)及以上的驾驶人超过70%,初中及以下教育水平驾驶人约占28%,如图12-16所示。

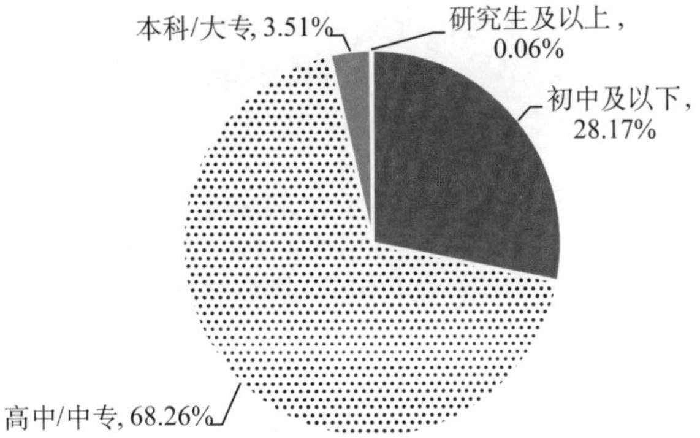

图 12-16 公交驾驶人教育文化水平

公交驾驶人平均每周工作天数为3.04天,其中70%以上的驾驶人每周工作3~4天。深圳市公交驾驶人的工作时间模式较多,如图12-17所示,其中,做二休一的公交驾驶人占比为22.8%。

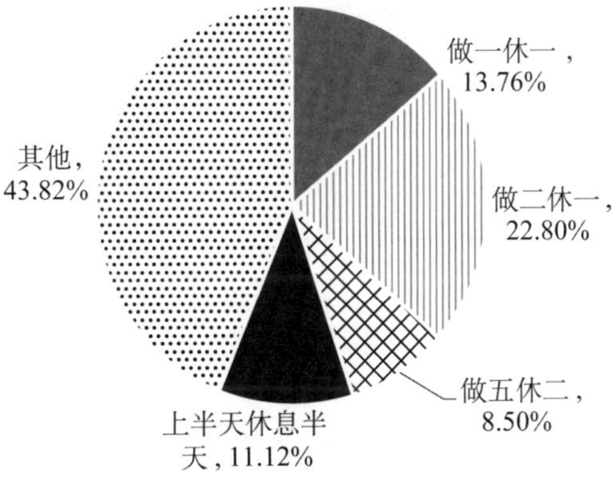

图 12-17 公交驾驶人工作时间模式

深圳市公交行业中超过 50%的驾驶人对现有工作状态感到满意,其余驾驶人有换工作的想法,其中有 8.44%的人表示自己非常想换工作,如图 12-18 所示。影响驾驶人换工作的主要原因包括“工作时间长、作息不规律,工作劳动强度大”“单位转嫁风险,发生事故或纠纷自身相关权益得不到保障”“长期在外工作,与家人聚少离多”“工资福利、发展空间达不到预期”等,如图 12-19 所示。

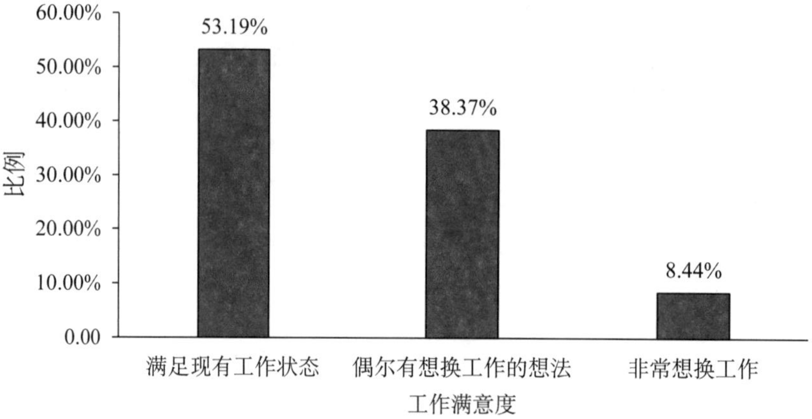

图 12-18　公交驾驶人工作满意度

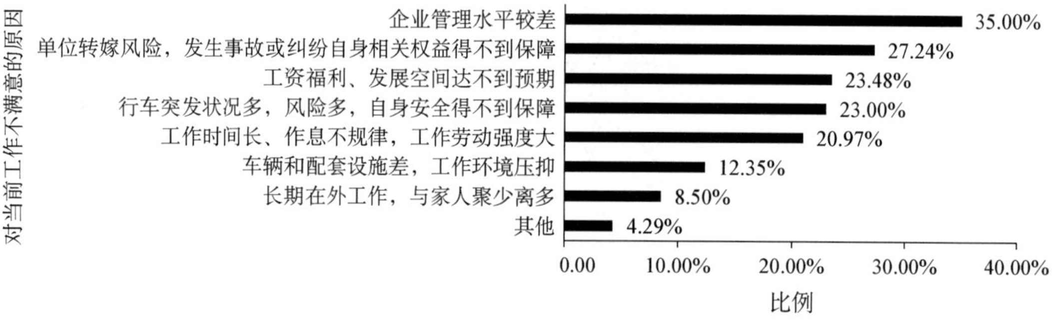

图 12-19　公交驾驶人对当前工作不满意的原因

工作满意度是衡量企业管理是否有效的重要指标,但公交驾驶人的工作满意度长期以来没有得到足够的重视,相关研究也较少。2020 年,同济大学交通安全团队基于 3 638 名公交驾驶人的自我报告数据,探究了公交驾驶人工作满意度与危险驾驶行为之间的影响关系[19]。首先,采用分类树和有序逻辑模型预测影响工作满意度的因素;其次,利用逐步前向回归和有序逻辑模型预测影响危险驾驶行为的显著因素,如图 12-20 所示。研究发现,驾驶人工作满意度是影响危险驾驶行为的重要因素,在影响工作满意度的众多因素中月收入与工作满意度的关联度最高。

开展安全教育对提高公交驾驶人的交通安全意识有较大作用,结果如图 12-21 所示。公交企业安全教育覆盖面较大,企业年度、季度及月度安全例会形式均有开展,其中月度安全例会普及率高达 99.7%,远高于其他营运行业。

企业安全氛围在一定程度上会对公交驾驶人的安全意识产生影响。根据国内公交企业

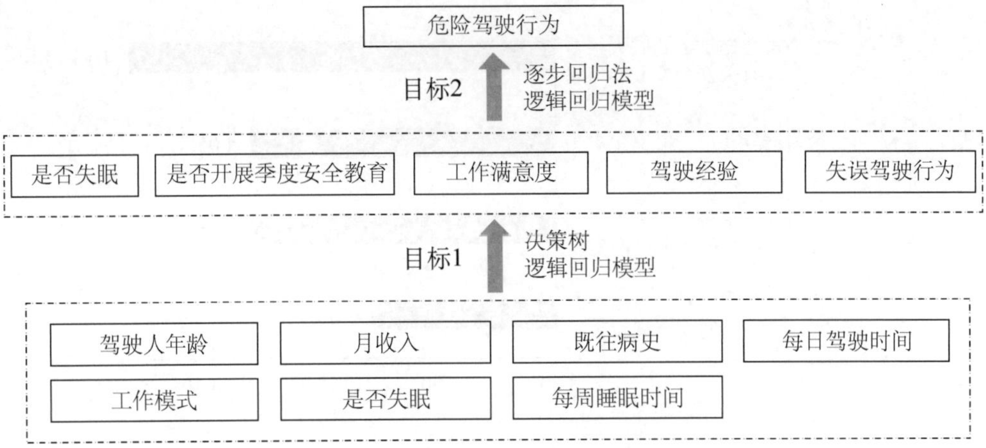

图 12-20 公交驾驶人危险驾驶行为和工作满意度影响因素[19]

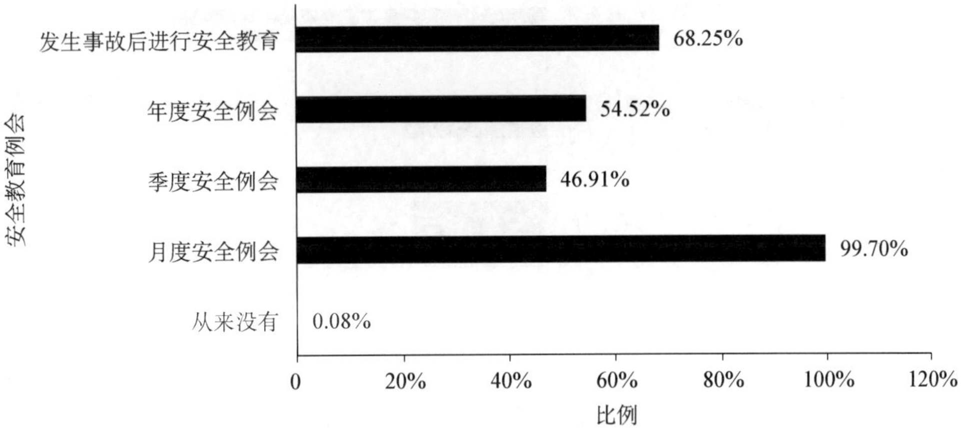

图 12-21 公交车驾驶人参与安全教育的情况

安全管理体系设置,同济大学交通安全团队从"公司-分公司-车队"三个层面分别对市内公交企业内部安全氛围进行了研究分析。

深圳市总公司安全氛围平均得分为 4.05 分,其中"公司会提供给驾驶人很多有关安全驾驶的信息"的安全管理方式最优,驾驶人认可度最高;相比之下,"公司会使用所有的可用资源来改进现有的安全规章制度"平均得分最低,说明严格规章制度的管理方式并不能起到很好的效果,亟待改善,如图 12-22 所示。

分公司层面主要由安全经理把关负责,总体安全氛围平均得分为 3.96 分,其中"安全经理始终严格要求我们工作安全"获得驾驶人的高度认可,而"公司中安全经理的地位较高"以及"安全经理对车辆驾驶过程中存在的危险有清楚的认识"平均得分均低于 4 分,说明公交安全经理对驾驶人的工作始终维持较高的管理标准,但对驾驶人安全管理权限受限,且对公交车辆运营过程风险认识不够清晰,如图 12-23 所示。

基层单位主要由车队长负责,总体安全氛围平均得分为 4.12 分,其中车队长在提醒驾驶人安全驾驶以及组织安全讨论两个方面获得驾驶人的认可度最高,但仍存在硬性要求、强

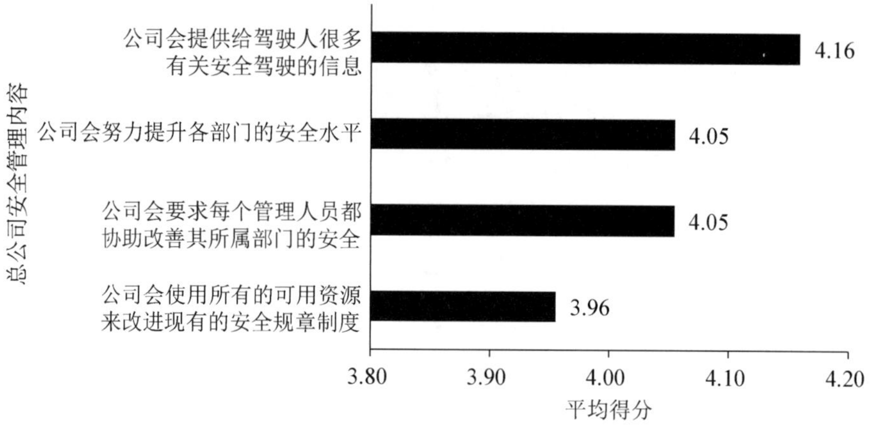

图 12-22 公交企业总公司安全氛围水平平均得分

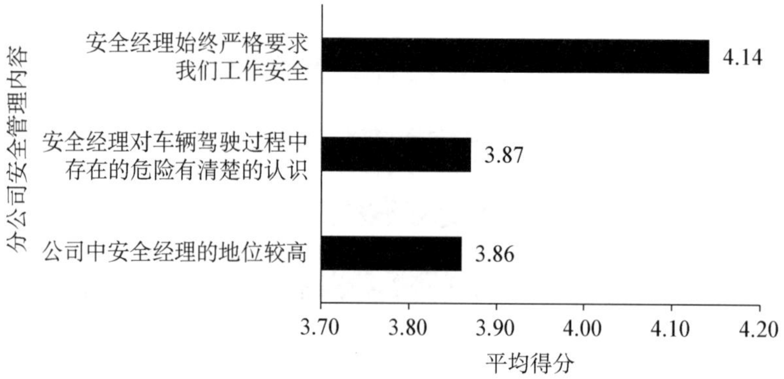

图 12-23 公交企业分公司管理水平平均得分

行命令等现象,说明市内公交企业车队长对驾驶人安全管理工作较为负责,但管理方式有待进一步改善,如图 12-24 所示。

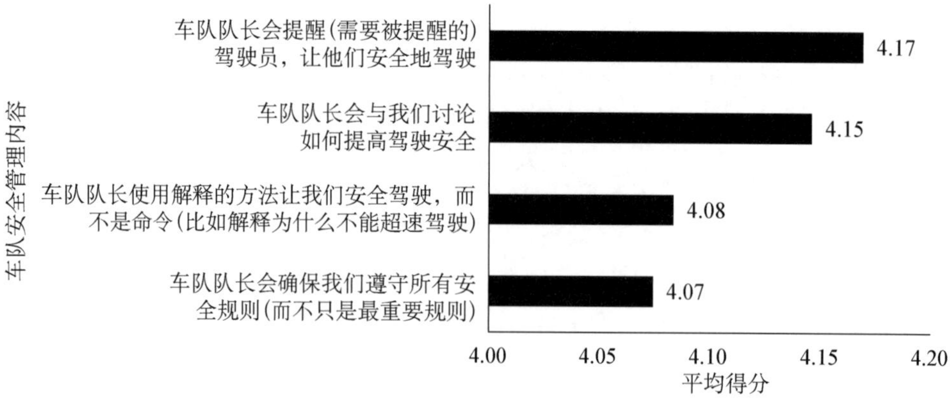

图 12-24 公交企业车队安全管理水平平均得分

总体来看,深圳市市内公交行业具有较高的安全管理意识,但仍存在公交企业安全规章建设不完善、安全经理对车辆运行风险认识不清以及车队长管理方式不妥等问题,有待日后进一步改善。

安全氛围一直是国际上行业和企业管理的关注要点，但是有关公交企业的安全氛围研究较少。2019 年，同济大学交通安全团队就曾编制驾驶人心理与行为问卷，对 844 名公交驾驶人进行了问卷调查[20]。问卷内容包括车队的安全氛围、驾驶人的个人信息、健康状况、睡眠状况、驾驶行为与驾驶愤怒。考虑到车队安全氛围对驾驶人的影响较大，于是我们建立了双层逻辑模型，以探究车队特征与个人特征对公交驾驶人事故风险的影响，具体模型如下。

第一层（驾驶人层面）：

$$P(Y_{ij}=0)=\frac{1}{1+\exp(b_{0j}+b_{1j}X_{ij})} \tag{12-1}$$

$$P(Y_{ij}=1)=\frac{\exp(b_{0j}+b_{1j}X_{ij})}{1+\exp(b_{0j}+b_{1j}X_{ij})} \tag{12-2}$$

式中　Y_{ij}——第 j 车队的第 i 个驾驶人是否发生交通事故；

$P(Y_{ij}=0)$——驾驶人不发生交通事故的概率；

X_{ij}——第 j 车队的第 i 个驾驶人所对应的个人特征集；

b_{0j}——第 j 车队驾驶人的常数项；

b_{1j}——第 j 车队驾驶人的影响系数（斜率）。

第二层（车队层面）：

$$b_{0j}=\gamma_{00}+\mu_{0j} \tag{12-3}$$

$$b_{1j}=\gamma_{10}+\mu_{1j} \tag{12-4}$$

式中　γ_{00}——常数项中的固定效应（固定截距）；

μ_{0j}——常数项中第 j 车队的随机效应；

γ_{10}——影响 X_{ij} 系数中的固定效应（固定截距）；

μ_{1j}——X_{ij} 影响系数中的随机效应。

结果表明，在相对重要度排序中，排名前六的影响公交事故的主要因素分别为驾驶行为问卷(Driving Behavior Questionnaire, DBQ)中的普通违规行为、车队安全氛围、失误驾驶行为、侵略驾驶行为、是否失眠和积极驾驶行为，如图 12-25 所示。因此，车队安全氛围在公交企业管理与驾驶人安全教育中的作用不容忽视。

近年来，一些重特大公交事故(如"7・7"贵州安顺公交坠湖事故)的发生引起全国上下对公交驾驶人的广泛关注。公交车事故与驾驶人身体素质和心理素质之间存在极为密切的关系，当前各大城市公交企业会对驾驶人进行安全教育，但效果欠佳，主要原因是对公交驾驶人不良驾驶行为的内在影响机制理解不足。因此，加强驾驶人管理需要更多的基础研究予以支撑。

2020 年，复旦大学探究了影响公交驾驶人驾驶行为的个人心理因素和组织环境因素，及其对不良驾驶行为的内在影响机制[21]。研究结果表明，公交驾驶人存在较高的组织认同

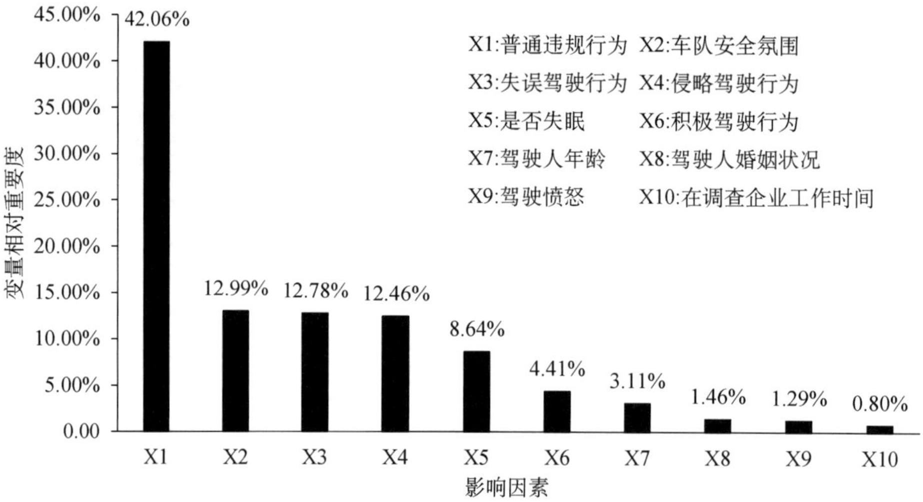

图 12-25 变量相对重要度排序[20]

感,且组织认同感对不良驾驶行为具有显著的负向预测作用,对工作倦怠程度也具有显著的负向预测作用;而工作倦怠程度对不良驾驶行为具有显著的正向预测作用。公交驾驶人的工作倦怠水平在组织认同感对不良驾驶行为的影响中起到部分中介作用,中介机制如图 12-26 所示。

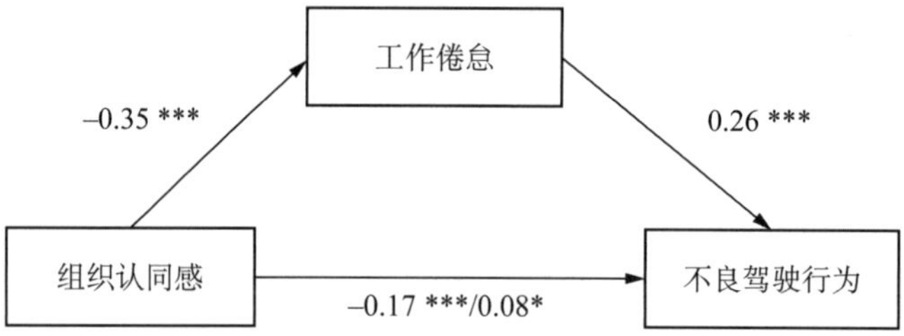

图 12-26 工作倦怠在组织认同感与不良驾驶行为间的中介机制[21]

在深入研究驾驶人不良驾驶行为内在影响机制的基础上,同济大学交通安全团队创新性地提出了集体共性问题与个体个性化教育相结合的组合式安全教育方法[22]。组合式体现在车队层面与驾驶人层面同时开展安全教育,车队层面的安全教育对象为车队内全体驾驶人,内容以驾驶人共性的不良驾驶行为为主;个性化教育体现在针对事故、违法频发的驾驶人,或在问卷调查中心理困扰与职业倦怠较严重的驾驶人,内容则根据驾驶人个体行为特征来制订,必要时开展一对一的心理干预教育。

针对驾驶人的共性不良驾驶行为,该团队基于心理学理论设计了两种行为干预方法:一种是基于"心理接种"理论的行为干预方法,以帮助驾驶人自觉抵御不良驾驶行为的发生;另一种是基于"认知重评"理论的行为干预方法,以帮助改变驾驶人内在的错误认知,形成正确、合理的认知,从而减少不良驾驶行为,如图 12-27 所示。其中,"心理接种"干预方法对改善驾驶人驾驶行为与心理困扰具有显著效果。

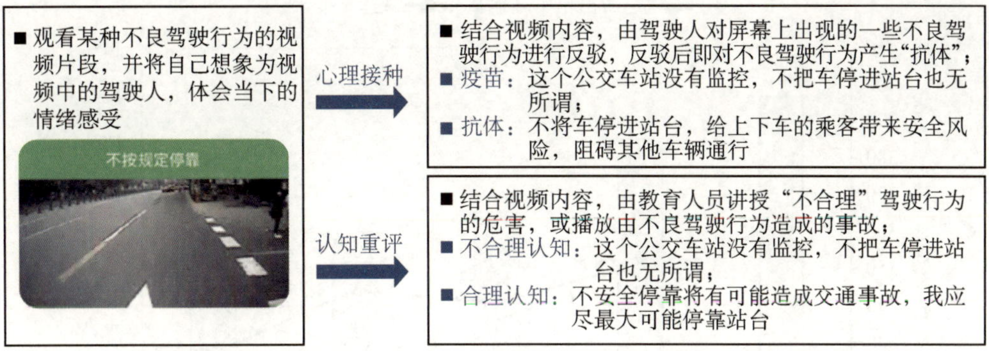

图 12-27 心理接种和认知重评举例描述[22]

12.2 出租汽车安全管理

12.2.1 出租汽车行业安全现状

出租汽车行业为社会公众提供个性化、品质化服务，具有方便、快捷、灵活、舒适、全天候服务的特点，是城市综合交通服务体系中不可或缺的组成部分，是城市公共交通的重要补充。本节所述的出租汽车专指巡游出租汽车，网约出租汽车等不计入其中。2015—2019年，全国出租汽车运营数量及客运量的变化趋势[1-5]如图 12-28 和图 12-29 所示。全国出租汽车运营数量整体较为稳定，而客运总量呈现逐年下滑的态势。2019 年，全国拥有出租汽车 139.16 万辆，全国出租汽车客运量为 347.89 亿人次[5]。

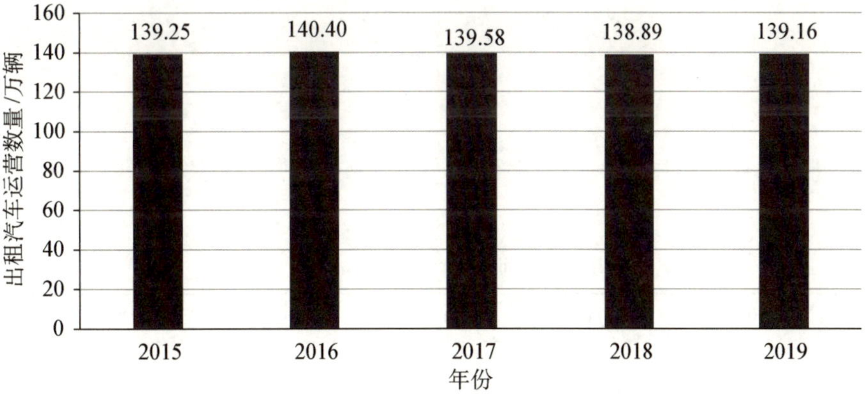

图 12-28 2015—2019 年全国出租汽车运营数量[1-5]

上海和深圳作为我国的超大城市，其出租汽车数量及变化趋势不尽相同。2015—2019年，上海市出租汽车保有量逐年下滑，而深圳市出租汽车保有量呈平稳上升的趋势，如图 12-30 所示。但从整体来看，上海的出租汽车保有量仍高于深圳。

2015—2019 年，上海市出租汽车事故共造成 87 人死亡[9-12]，死亡人数呈现先增加后持平的态势；2017—2019 年，深圳市出租汽车事故共造成 41 人死亡，未出现减少的趋势，如

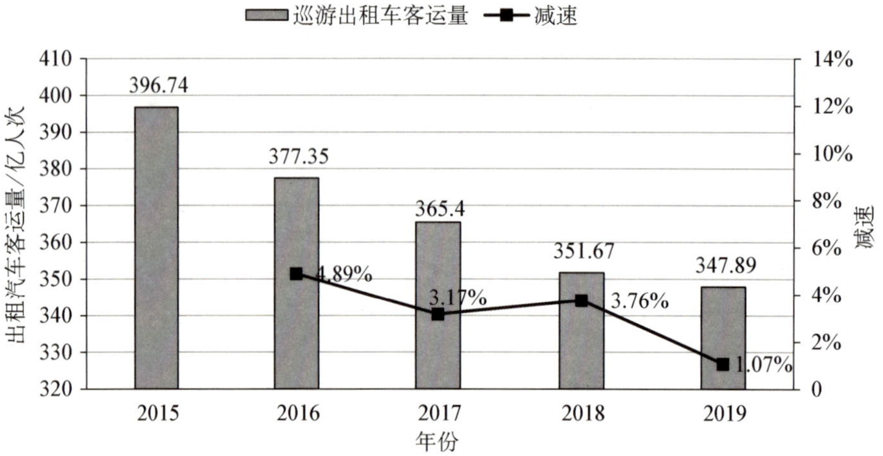

图 12-29　2015—2019 年全国出租汽车客运量[1-5]

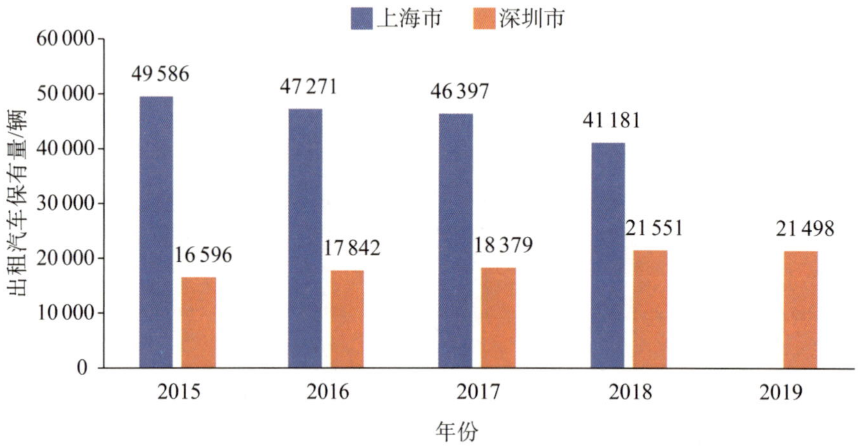

图 12-30　2012—019 年上海市和深圳市的出租汽车保有量

表 12-6 所列。这反映出国内城市的出租汽车行业安全现状仍不容乐观，安全管理水平仍有待提升。

表 12-6　　**上海市和深圳市出租汽车事故死亡人数**　　单位：人

年份	2015	2016	2017	2018	2019	总计
上海市	15	11	21	20	20	87
深圳市	—	—	13	14	14	41

2017—2019 年，深圳市出租汽车交通事故小时分布情况表明，相比于白天时段，22:00—5:00 间出租汽车事故数量较多，如图 12-31 所示。夜间事故多发的主要原因包括：夜间光线较暗，出租汽车驾驶人更难看清路标、行人、骑自行车者等周边环境；夜间工作违背人体正常作息时间，更易出现驾驶疲劳的现象。

从碰撞对象来看，在深圳市 2017—2019 三年累计发生的事故数中，出租汽车与小型客

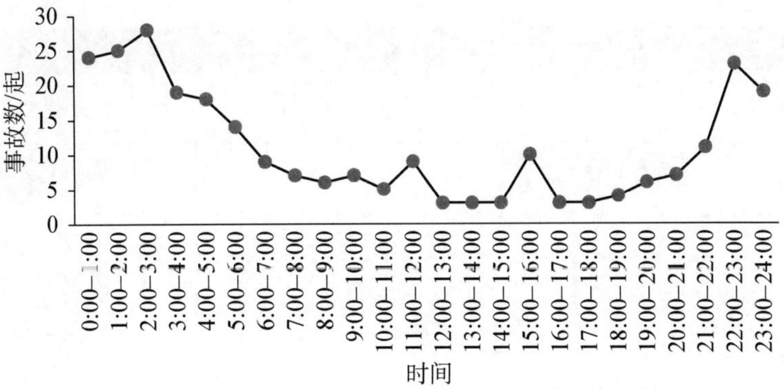

图 12-31 2017—2019 年深圳市出租汽车交通事故小时分布

车之间的碰撞事故较多，比例高达 54.55%，如图 12-32 所示。因此，出租汽车驾驶人在行车过程中应注意与小型客车间保持适当距离，谨慎驾驶。

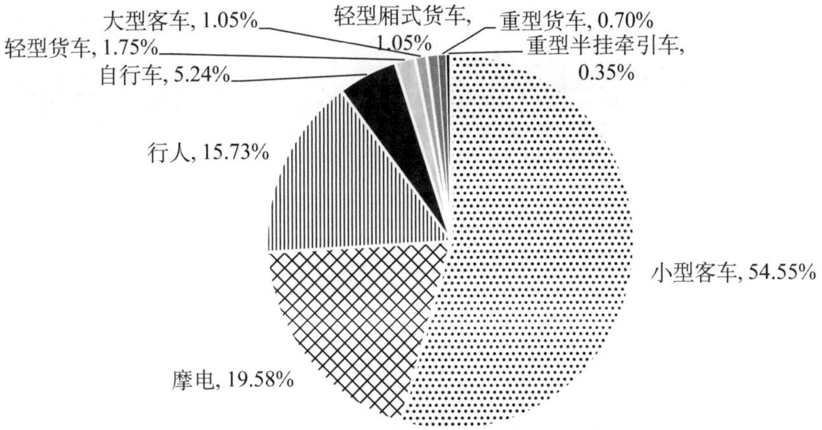

图 12-32 2017—2019 年深圳市出租汽车累计交通事故碰撞对象

根据深圳市 2020 年上半年的交通违法情况统计，不按规定使用转向灯和不按规定方向行驶占交通违法行为的 50%。其他较为常见的违法行为包括车速过快、违规掉头和在主干道违法停车。其中，违法停车这一行为，存在部分乘客强行要求停车的情况。但总体来说，出租车行业仍存在“多拉快跑”“着急赚钱”的危险驾驶情况。

针对上述出租汽车行业安全现状，同济大学交通安全团队对出租汽车行业安全管理进行了系统调研，在行业、企业和驾驶人管理三个主要方面深入调查，总结行业发展现状，剖析重点安全问题并提出改善对策。以深圳市为例，调研方法和框架如图 12-33所示。

12.2.2 出租汽车行业安全管理

为了解出租汽车行业安全管理的全过程，同济大学对出租汽车行业管理架构和运营特征进行深入剖析，需要对涉及的政府部门、行业协会进行调研，对相关法律法规深入了解，进而对出租汽车行业安全管理状况进行综合分析。

我国各大城市出租汽车行业管理体系不尽相同，下面以上海和深圳为例进行简要说明。

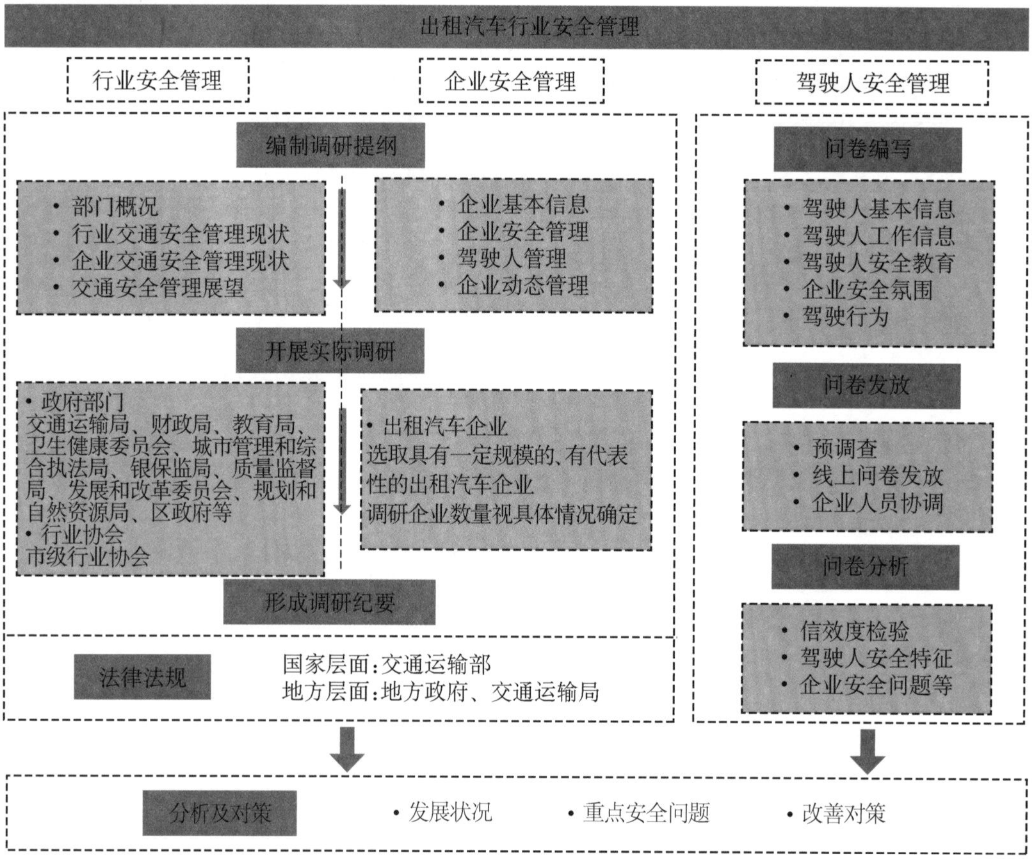

图 12-33　出租汽车行业安全管理调研框架

《上海市出租汽车客运服务规范》规定，上海市交通运输和港口管理局是该市出租汽车行业的行政主管部门，其下级单位上海市城市交通运输管理处负责该市出租汽车客运日常管理，上海市城市交通行政执法总队负责出租汽车客运监督检查和行政执法。交警部门负责道路上出租车事故的处理、出租车违法行为的查处以及针对出租车行业的安全宣教活动。市出租汽车暨汽车租赁行业协会主要服务出租车行业，与管理部门配合。上海市出租汽车行业管理体系如图 12-34 所示。

《深圳经济特区出租小汽车管理条例》规定，深圳市交通运输部门为特区出租汽车行业的主管部门，负责对出租汽车企业进行年度量化考核，考核内容主要包括企业服务质量信誉考核、企业经营服务量化考评和驾驶人服务质量信誉考核。公安机关交通管理部门及其他有关部门在各自的职权范围内依法对出租汽车行业的有关事项行使管理职责。深圳市出租汽车协会是全市出租汽车行业的民间社团组织。深圳市出租汽车行业管理体系如图 12-35 所示。

行业协会属于非营利性民间组织，日常协助政府主管部门开展行业管理工作，是政府主管部门与会员企业之间的桥梁纽带。为深入了解出租汽车行业安全管理现状，需对出租汽车行业协会及相关人员进行调研。首先，明确需要调研的部门，初步了解基本信息，编制调研提纲并提前发送给对方，以便对方准备好材料。其次，在调研当天详细记录双方谈话内

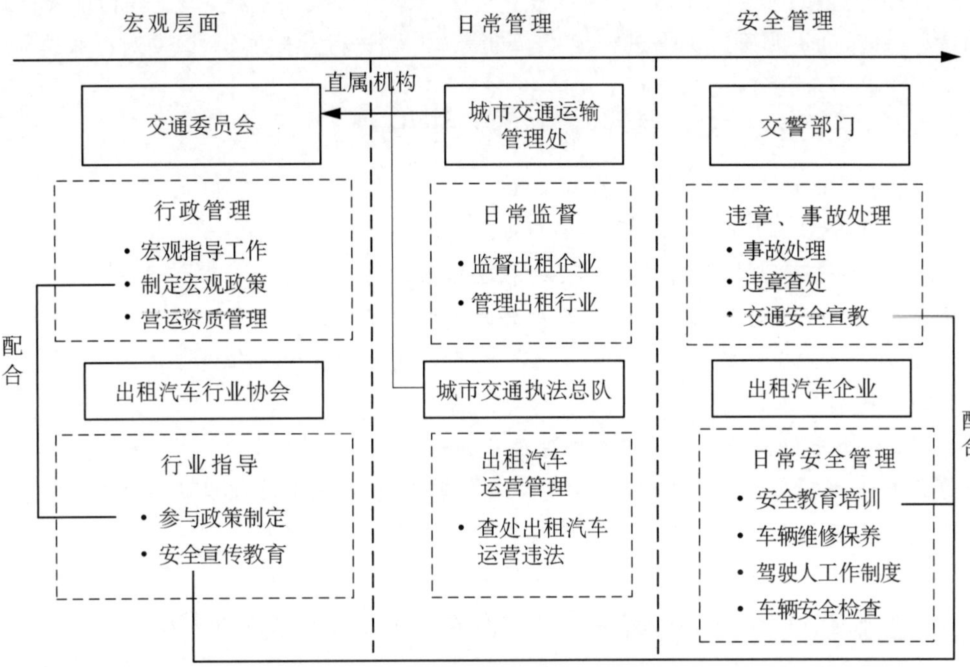

图 12-34　上海市出租汽车行业管理体系

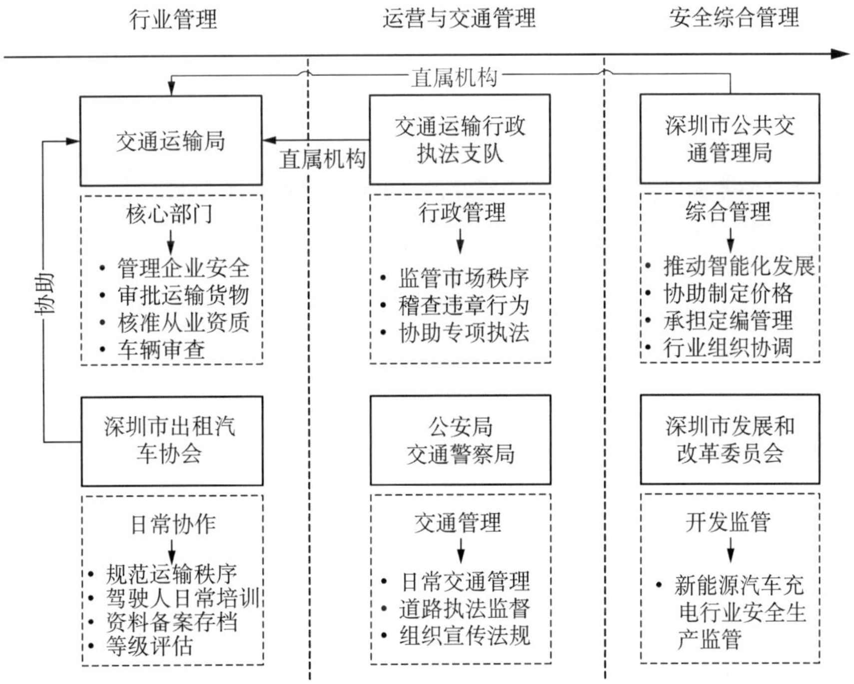

图 12-35　深圳市出租汽车行业管理体系

容，会后形成完整的会议纪要，并发送对方核实信息是否有误。最后，根据获得的调研问题反馈信息，针对尚不明确或仍需进一步了解的具体问题进行补充调研，以便对行业协会的安全管理工作进行全面分析。

出租汽车行业协会调研提纲具体如下，以深圳市为例。

一、深圳市出租汽车行业协会基本情况

1. 请简要介绍深圳市出租汽车协会的基本情况。

2. 请介绍一下深圳市出租汽车协会的管理体系。

3. 请介绍一下目前深圳市出租汽车协会的成员组成情况和数量。

4. 请解读协会日常工作内容中和交通安全管理相关的具体工作内容。

5. 协会的其他工作。

二、深圳市出租车行业交通安全管理现状特征

1. 请介绍一下深圳市近几年出租车行业、企业、驾驶人安全管理现状特征。

2. 您认为深圳市出租车行业安全管理有哪些经验值得借鉴？

3. 您认为深圳市出租车行业目前存在的重点安全问题有哪些？

4. 深圳市出租车行业是否存在巡游驾驶人数量不足、排班过多的情况？

5. 您认为深圳市出租车行业的驾驶人最常见的不良驾驶行为或违法驾驶行为有哪些？

6. 请介绍深圳市出租车行业的信息化管理、动态安全监控情况。

7. 深圳市出租车行业是否有交通事故应急救援预案？

三、深圳市出租车企业交通安全管理现状特征

1. 出租车行业协会给会员企业在交通安全管理方面提供什么支持和服务？

2. 深圳市出租车企业为保障乘客及驾驶人的安全采取了哪些措施？您认为还应在哪些方面提升和改善？

3. 深圳市出租车企业为车辆及驾驶人购买保险的落实情况如何？

4. 传统巡游车和网约车之争。

四、深圳市出租车行业交通安全管理展望

1. 请介绍深圳市出租车行业“十四五”期间在交通安全管理方面的工作重点？

2. 您对深圳市出租车行业交通安全管理体制机制有什么建议？

通过对行业协会的调研可以深入了解出租汽车行业协会的职能和组织架构。上海市出租汽车暨汽车租赁行业协会的业务主管单位为上海市交通委员会。上海市交通运输部门每季度召开一次行业协会代表联席会议，通报政府的有关政策，听取协会代表对有关部门的意见和建议。深圳市出租汽车行业协会设有会员大会、理事会、监事会和秘书处。其协会秘书处为常设办事机构，下设行政、财务、咨询、业务管理等专职岗位。

根据行业协会调研发现，我国出租汽车行业在培训等方面存在不足。可借鉴新加坡先进的管理经验，建立一套完善的出租汽车驾驶人从业管理和培训制度，以提高驾驶人的安全驾驶技能和意识水平。新加坡出租汽车学院由政府部门创建成立，围绕安全、健康和服务三方面对受训人员进行训练、考试和认证。其中，安全方面的培训内容主要为驾驶人对乘客安全、道路交通安全、社区安全和国家安全所应承担的责任，包括车辆结构安全、驾驶过程安

全、紧急情况处理、道路交通体系安全等。健康方面的培训内容包括身体健康、心理健康和社交健康，涉及饮食、睡眠、生活习惯、疾病预防、身体指标监控、抽烟、缓解压力、医疗救助常识、体检等。服务方面的培训内容主要包括服务基本理念、接送乘客的礼节、计费收费、特殊乘客的照顾等。

针对规范巡游出租汽车的安全管理，我国在国家和地方层面均有相关的法规政策和规范性文件，如表 12-7 所列。在国家层面，交通运输部办公厅发布了《巡游出租汽车经营服务管理规定》，对巡游出租汽车运营提出了总体要求。

在地方层面，广东省人民政府发布了《广东省出租汽车经营管理办法》，对出租汽车经营许可、经营行为、监督管理和法律责任做了详细规定，进一步落实《巡游出租汽车经营服务管理规定》。深圳市交通运输局发布了《深圳市交通运输委员会关于纯电动巡游出租汽车推广应用工作有关事项的补充通知》，该通知补充了深圳市对纯电动出租汽车的推广和施行措施，加快出租汽车的电动化进程。上海市交通委员会发布了《上海市出租汽车管理条例》，该条例对出租汽车行业的经营资质管理、客运服务管理、车辆租赁服务管理、检查和投诉、法律责任等进行了详细规定。其他城市也有一些地方性法规，此处不再一一列举。

表 12-7　　出租汽车安全管理法律法规

层级	法规政策及规范性文件	施行日期	颁布机构
国家层面	《巡游出租汽车经营服务管理规定》	2016 年 11 月 1 日	交通运输部
地方层面	《广东省出租汽车经营管理办法》	2018 年 2 月 1 日	广东省人民政府
	《上海市出租汽车管理条例》	2015 年 6 月 18 日	上海市人民代表大会常务委员会
	《深圳市交通运输委员会关于纯电动巡游出租汽车推广应用工作有关事项的补充通知》	2018 年 8 月 20 日	深圳市交通运输委员会

12.2.3　出租汽车企业安全管理

为了深入了解出租汽车企业安全管理情况，获取相关企业的信息，需要对出租汽车企业的安全管理部门及相关人员进行调研。首先，需要根据所调研城市出租汽车的发展情况选取几家有代表性、覆盖面广的出租汽车企业，结合企业性质和特点编撰调研提纲并于调研前发放给企业。其次，在调研当天详细记录双方谈话内容，会后形成完整的会议纪要，并发送对方核实信息是否有误。调研提纲需包含出租汽车企业的基本信息、企业安全管理、驾驶人管理和动态监管等内容。最后，在得到调研问题反馈后，可针对尚不明确或仍需进一步了解的具体问题进行补充调研，以便对该企业的安全管理进行全面分析。出租企业调研提纲具体如下。

一、企业基本信息

1. 贵单位规模、车队结构/组成、企业/车队拥有的车辆数等基本情况。

2. 请介绍一下贵单位的人员管理机制(如车队式管理)，以及出租汽车车辆产权归属情况、车辆挂靠经营情况。

二、企业安全管理

1. 请您介绍贵单位的安全管理机制(如设置专门的安全管理部门或安全管理专员)、人员结构、安全管理内容及效果评估。

2. 请介绍一下新入职的驾驶人接受上岗培训的内容及方式。

3. 贵单位是否有车队/企业安全例会?请介绍一下安全例会的频率、对象、内容和形式等。

4. 请介绍一下贵单位对驾驶人安全宣传教育的开展情况,包括宣传内容及宣传形式。

5. 您认为贵单位车辆的安全性能怎么样?存在什么缺陷?请介绍一下贵单位对出租汽车车辆安全性能管理方面有哪些措施?

6. 能否介绍一下贵单位在企业安全管理方面比较创新的做法?效果如何?

三、驾驶人管理

1. 贵单位驾驶人的工作制度(如每日工作时长、每周工作天数、休息/轮班安排)是怎样的?

2. 据您的了解,驾驶人日常驾驶普遍存在的安全隐患(如闯红灯、超速、低速、疲劳驾驶等)有哪些?

3. 针对出租汽车超速、疲劳驾驶等问题,企业如何对驾驶人进行管理及教育?效果如何?

4. 请介绍一下驾驶人的工资或奖金与事故及违法行为的关联机制。

四、企业动态监管

1. 目前,贵单位的车辆是否都配备了信息采集设备(如视频监控、GPS、车载预警系统等)?针对设备安装数量、设备主要功能和数据采集与存储方式,驾驶人及管理者的反馈评价(优缺点)是什么?

2. 设备安装前是否对驾驶人进行介绍与培训?请介绍一下培训的规模、方式及内容。

3. 目前,对于此类设备的数据是否有集中管理的平台或其他深度应用?是否针对重点驾驶人进行筛选?

4. 在动态监管方面,贵公司有什么困难?采取了哪些解决措施?

五、其他问题

1. 您认为出租汽车出车时,主要存在哪些风险?

2. 贵单位出租汽车驾驶人是否有使用网约车软件(如滴滴打车)进行营运服务的?贵单位对此类出租(网约)车的运营数据是否能够监测到?

3. 您认为私家车做网约车运营的行为对出租汽车行业有哪些影响?

4. 您认为目前出租汽车行业存在哪些较为突出的安全问题?贵单位对于这些问题是如何进行干预的?

5. 出租汽车如何借助信息管理系统、视频监控等电子系统来确保安全性与高效性?

6. 是否能谈一谈贵公司下一阶段在安全管理方面的工作重点和计划?

7. 对未来行业的安全管理机制有什么建议?

根据企业安全管理调研可获悉该城市出租车营运企业安全管理架构。我国各大城市出租汽车公司在企业安全方面的职责主要是执行各项日常安全管理制度、履行安全责任,企业大多采用“企业-车队-驾驶人”三级管理体系。深圳市出租汽车企业设有安全生产委员会专门机构,下设安全管理部,主要负责日常各项安全管理工作,如图 12-36 所示。

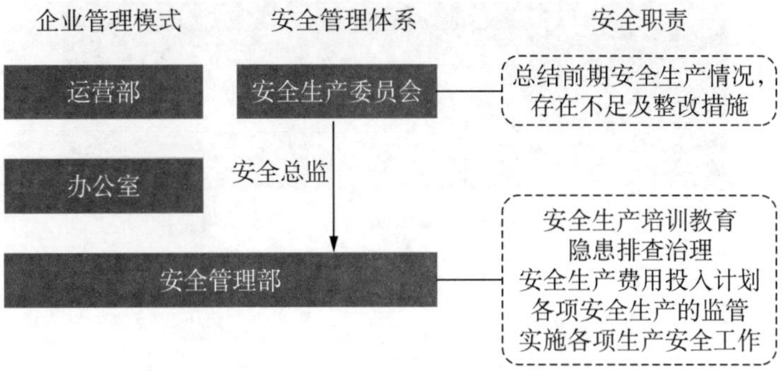

图 12-36 深圳市出租汽车公司企业安全管理架构

根据企业动态监管调研,可获悉出租汽车信息化建设现状。出租汽车信息化建设主要包含 GPS 定位装置、监控系统安装和监控中心建设。目前,深圳市绝大多数出租汽车均已安装了 GPS 定位装置和监控系统,可实现 24 h 查控驾驶人行车状态以及监控驾驶人的疲劳驾驶、使用电子设备、抽烟等不良行为。企业通过该系统对驾驶人的驾驶习性进行持续跟踪和分析,并采取针对性的教育培训。

根据企业驾驶人管理调研可获悉该企业对驾驶人的工作时间及职责、安全管理与培训等管理详情。

出租汽车企业对于驾驶人的工作时间安排大多有较为明确的制度。深圳市鹏程出租汽车公司采取综合工时制,由驾驶人灵活制订每日的工作时间。当驾驶人临时有事或日常休息、轮班时,机动驾驶人临时顶班,以保障驾驶人有合理的营运及休息时间。在驾驶人的管理与培训方面,出租汽车企业对新入职的驾驶人严格按国家级行业要求开展 72 学时岗前培训,其中安全营运培训在岗前培训体系中占据重要地位,如表 12-8 所列。

表 12-8 深圳市鹏程出租汽车公司岗前培训体系

培训规模	培训内容
公司级培训	公司简介、企业文化、公司规章制度、诚信经营、优质服务及承诺、安全生产规章制度与劳动纪律、行业及公司安全生产形势、工会组织培训、职业健康及安全心理教育等
部门级培训	安全法律法规、安全生产教育、营运服务培训
车队级培训	一般营运、充电、安全操作培训等

国际上对出租汽车驾驶人的培训经验同样值得借鉴。美国洛杉矶市的《特许经营条例》[23]规定,出租汽车公司必须为驾驶人提供培训,使其了解如何安全有效地使用所有车内路线导航设备(如街道地图和 GPS,或其他计算机地图和路线设置程序),如图 12-37 所示。此外,《特许经营条例》要求出租汽车公司提供培训计划,包括驾驶人安全及防御性驾驶、驾驶后培训、无障碍车辆操作培训等,并且为无障碍车辆驾驶人提供心肺复苏培训证书。

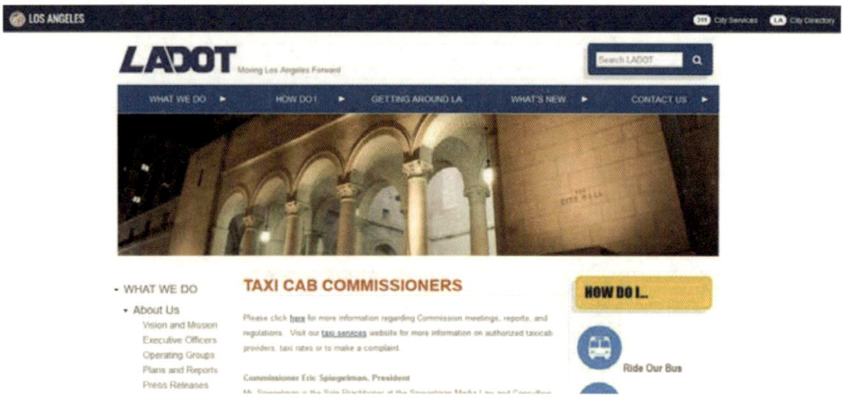

图 12-37　洛杉矶交通部门下属出租汽车委员会网站[23]

12.2.4　出租汽车驾驶人安全管理

为了深入研究出租车驾驶人的安全管理现状，可采取问卷调查的方式对驾驶人的工作状态、安全意识等进行详细调研。要进行驾驶人安全管理调研，首先需设计调研问卷，包括选取合适的教研量表，并结合心理学范畴设计显性和隐性的调研类项。其次，随机选取若干位驾驶人进行前测，然后根据前测反馈来调整优化调研题目，采用线上调查和线下调查两种方式发放调研问卷。出租汽车驾驶人调查问卷结构及内容具体如下。

出租汽车驾驶人专项调查问卷（以深圳市为例）

第一部分：驾驶人基本信息

1. 您的性别：

○男　○女

2. 您的户籍所在地及来深圳的时间：

○本市　○本省外市，来深圳 5 年以下

○本省外市，来深圳 5～10 年　○本省外市，来深圳 10 年以上

○外省，来深圳 5 年以下　○外省，来深圳 5～10 年

○外省，来深圳 10 年以上

3. 您目前居住的行政区是：

○福田区　○罗湖区　○南山区　○盐田区

○宝安区　○龙岗区　○龙华区　○坪山区

○光明区　○大鹏新区　○深汕特别合作区

4. 您的年龄：________岁。

5. 您的教育水平：

○初中及以下　○高中/中专　○本科/大专　○研究生及以上

6. 您的婚姻状况：

○未婚　○已婚没有孩子　○已婚有孩子　○其他

7. 您目前平均月收入为：

○≤4 000 元 ○4 001～6 000 元 ○6 001～8 000 元 ○8 001～10 000 元

○10 000 元以上

8. 近一周以来，您工作日平均每天的睡眠时间为：

○10 小时以上 ○8～10 小时 ○6～8 小时 ○4～6 小时

○4 小时以下

9. 近一个月以来，您是否受到失眠困扰？

○有 ○没有

10. 既往病史：(多选)

□无 □脊/腰/颈椎病 □胃病 □肩周炎

□高血压 □糖尿病 □神经衰弱 □冠心病

□高血压 □其他

11. 长期服用的药物：(多选)

□无 □止痛药 □降压药 □降糖药

□胰岛素 □安眠药 □其他

12. 您第一次取得的驾驶证类型为________类，距今已经________年；

您目前使用的驾驶证类型为________类，已经使用________年。

13. 从事出租汽车驾驶工作________年。

14. 您在过去 3 年是否发生过交通事故：

○没有 ○有

15. 发生过________次事故，发生的事故类型是：(多选)

□本人或乘客受伤 □追尾 □正面相撞 □侧面相撞

□碰撞电动 □自行车/自行车 □碰撞行人 □其他____________

16. 您在过去 3 年是否发生过交警扣分或罚款的违法行为？

○没有 ○有

17. 有过________次，违法类型是：(多选)

□闯红灯 □超速行驶 □与乘客争吵 □压线

□酒驾/醉驾 □疲劳驾驶 □未系安全带 □其他____________

第二部分：驾驶人工作信息

18. 您的用工形式属于以下哪一种？

○受聘于运输企业，和运输企业签订劳动合同

○受聘于运输企业，没有签订劳动合同

○受聘于劳务派遣公司，和劳务派遣公司签订劳动合同

○受聘于劳务派遣公司，没有签订劳动合同

○受聘于个人车主，有口头或者书面协议

○个体自营，自己的车

○临时雇佣

○挂靠经营

19. 挂靠费用________元/年(不收取费用请填0)。

20. 您一周平均工作几天?

○≤3天　○4天　○5天　○>5天

21. 您是主班(白班)还是副班(夜班)?

○主班　○副班

22. 您工作车辆的主班或副班是否空缺?

○是　○否

23. 您工作日平均每天驾驶________公里,平均每天驾驶________小时。

24. 您工作日平均每天工作(包括驾驶、在车站等待、加油等)________小时。

25. 您对目前的工作状态是否满意?

○满足现有工作状态　○偶尔有想换工作的想法　○非常想换工作

26. 您想换工作的原因是:(多选)

□企业管理水平较差

□单位转嫁风险,发生事故或纠纷后自身相关权益得不到保障

□工资福利、发展空间达不到预期

□行车突发状况多、风险多,自身安全得不到保障

□工作时间长、作息不规律,工作劳动强度大

□车辆和配套设施差,工作环境压抑

□长期在外工作,与家人聚少离多

□其他____________

27. 您的工作压力主要来自:(多选)

□行业竞争　□租车贵　□找不到副班　□身体原因

□担心驾驶安全　□担心交通违法　□其他

第三部分:驾驶人安全教育

28. 您在进入这家企业工作时,是否接受了上岗培训?

○是　○否

29. 您所在企业是否有以下安全培训教育或安全例会?(多选)

□从来没有　□月度安全例会　□季度安全例会　□年度安全例会

□发生事故后进行安全教育

30. 安全培训教育的形式通常为:(多选)

□交通安全教育培训基地学习　□聘请交通安全专家授课

□观看"大篷车"流动宣传教育　□发放交通安全宣传材料进行学习

□回答安全教育问卷并统一讲解　□管理人员开会讲解

□观看交通事故案例视频　□实车演示

□有奖问答　□关注交警微信公众号自学

□其他____________

31. 安全培训教育的内容通常为:(多选)

□安全驾驶知识　□安全驾驶技能　□交通法律法规

□出租车行业专业知识　□应急处置知识　□交通事故案例
□其他＿＿＿＿＿＿

第四部分:企业安全氛围

32. 以下题目是对"公司"的一些描述,请您根据实际情况选出相应的选项。

题项	非常不同意	不同意	不确定	同意	非常同意
(1) 公司会努力提升各部门的安全水平					
(2) 公司会要求每个管理人员都协助改善其所属部门的安全					
(3) 公司会使用所有的可用资源来改进现有的安全规章制度					
(4) 公司会提供给驾驶人很多有关安全驾驶的信息					

33. 以下题目是对"安全经理"的一些描述,请您根据实际情况选出相应的选项。

题项	非常不同意	不同意	不确定	同意	非常同意
(1) 公司中安全经理的地位较高					
(2) 安全经理对出租车驾驶过程中存在的危险有清楚的认识					
(3) 安全经理始终严格要求我们的工作安全					

34. 您所在公司是否利用出租车远程监控系统实行如下措施?(多选)
□对驾驶人进行监督检查　□对驾驶人的驾驶行为进行提醒
□根据驾驶人的表现进行相应的奖惩　□其他＿＿＿＿＿＿

35. 公司是否对员工提供以下关怀?(多选)
□定期安排驾驶人体检　□为驾驶人提供心理咨询类服务
□关怀驾驶人的家庭情况并提供补贴　□从未提供此类服务
□其他＿＿＿＿＿＿

第五部分:驾驶人安全意识

36. 您平时是否会超速行驶?
○从不　○偶尔　○有时　○经常

37. 您开车时使用手机(比如接听电话、看微信)的频率:
○从不　○偶尔　○有时　○经常

38. 您使用网约车软件(如滴滴)接客吗?
○从不　○偶尔　○有时　○经常

39. 您是否曾在不允许停车的地方停车上下客?

◯从不　　◯偶尔　　◯有时　　◯经常

40. 您平时出现疲劳驾驶的频率：

◯从不　　◯偶尔　　◯有时　　◯经常

41. 您在出车前后对车辆进行例行安全检查的频率：

◯从不　　◯偶尔　　◯有时　　◯经常

42. 您的车辆在以下方面安全性能如何？

题项	非常好	很好	一般	不好	非常差
(1) 制动性能					
(2) 车速控制					
(3) 车辆 A 柱视线遮挡方面					
(4) 导致驾驶疲劳方面					

43. 在以下行为中，您认为安全隐患最大的两项是什么？(多选)

□闯红灯　　□超速行驶

□疲劳驾驶　　□分心驾驶(例如看手机)

□不系安全带　　□争道抢行

□不按规定停靠出租车　　□与乘客争吵

□驾驶吸烟　　□其他________

第六部分：驾驶行为

44. 请您判断在过去一年中此类行为/事件发生的频率，并选择合适的选项。

题项	从不	极少	偶尔	有时	经常	总是
(1) 超速驾驶						
(2) 在车道合并时或在迫不得已时，才变更车道						
(3) 在变道时没有看反光镜						
(4) 没有注意到路边的交通标识						
(5) 在任何情况下，我都会礼让行人						
(6) 酒后驾车						
(7) 故意惹恼我后面的司机						
(8) 错误估算了绿灯的持续时间，而不能让车在停止线前停住						
(9) 错误理解了交通标识，因此开错了路						
(10) 与前车保持必要的安全距离						
(11) 从右侧超过了一辆速度慢的车						
(12) 按喇叭来表示我的愤怒						

（续表）

题项	从不	极少	偶尔	有时	经常	总是
(13) 错误地估算了对面来车的车速						
(14) 发现我走错了路						
(15) 避免占用快速车道						
(16) 在交叉口闯红灯						
(17) 故意用远光灯干扰对面来车						
(18) 错过高速公路出口						
(19) 错误地打开车上的设备(如想打开雨刷却开了转向灯)						
(20) 有人对我超车时，我会保持车速以让他超过						
(21) 在驾驶中使用手机接电话						
(22) 在驾驶中使用手机阅读短信或浏览网页						
(23) 车辆启动前忘记松开手刹						
(24) 在路口没有注意到行人						
(25) 停车时注意安全，注意避让其他车辆或行人						

45. 您在开车时如经历以下场景，请选出相应的情绪状态。

题项	完全没有	轻微愤怒	愤怒	很愤怒	非常愤怒	极度愤怒
(1) 前面的车太慢						
(2) 被其他车辆的远光灯闪到						
(3) 想变道的时候前面的车加速阻止你变道						
(4) 碰到长时间的堵车						
(5) 被自行车或电动车占道						
(6) 绿灯亮起时前面的车没有及时启动						

同济大学交通安全团队在深圳市开展了出租汽车驾驶人问卷调查，结果显示96.61%的驾驶人为男性，3.39%的驾驶人为女性。整体平均年龄为43.69岁(标准差为6.35岁)，其中近85.87%的驾驶人处于壮年，如图12-38所示。该年龄段驾驶人体力和注意力尚未衰退，与青年人相比，中年驾驶人的驾驶经验更丰富。深圳市出租汽车驾驶人教育水平处于高中或中专的驾驶人占65.25%，初中及以下占26.27%。而太原市出租汽车驾驶人的教育水平相对较低，初中以下学历占51.15%。出租汽车驾驶人教育水平在不同城市之间存在差距，需要出租汽车企业依据自身情况加强对驾驶人的教育培训。

通过对出租汽车驾驶人工作信息的调查可深入了解其工作强度，同时也可以洞悉一些

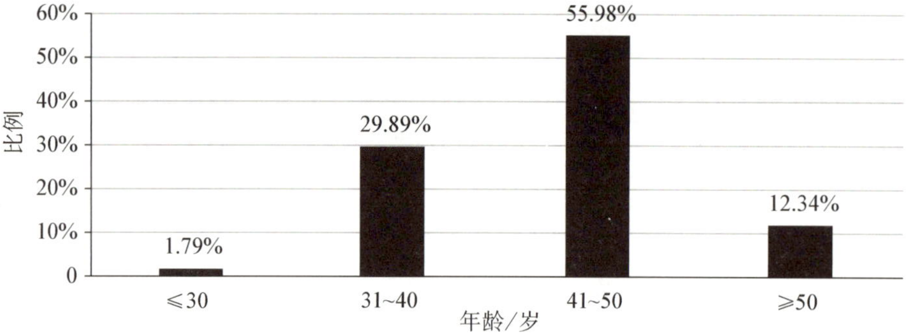

图 12-38 出租汽车驾驶人年龄分布

安全隐患和企业管理工作的不足之处。

深圳市出租汽车驾驶人日均驾驶里程为 228.31 km,日均驾驶时间为 10.51 h,超过 95%的驾驶人每周工作 5 天以上,在岗时间较长。30.51%的驾驶人患有脊/腰/颈椎病。60.17%的驾驶人表示在驾驶过程中存在疲劳驾驶的现象。长期疲劳驾驶会导致驾驶人反应速度下降、对复杂道路的处理时间延长,从而增加交通事故的潜在风险。2019 年,深圳“8·30”重大交通事故是三车相撞造成 1 死 2 伤,如图 12-39 所示,经交警部门调查,发现肇事出租车司机疲劳驾驶为事故的主要原因。

图 12-39 深圳“8·30”交通事故现场图片[24]

针对出租汽车驾驶人在岗时间长、疲劳驾驶严重的现象,我国出租汽车行业可借鉴法国出租汽车在岗时间管控策略,合理控制出租汽车驾驶人的工作强度。法国严格禁止运营车辆司机加班,法律规定其每天开车不得超过 11 h,且两个工作日之间的连续休息时间不得小于 11 h。每辆出租汽车后挡风玻璃内设有红色字样电子显示屏,用于显示驾驶人的上班时间。电子显示屏既可提醒司机合理作息,也方便值勤警察据此监督或制止驾驶人超时工作。如果驾驶人未打开此显示器或者工作时间超过规定时间,就会收到 38 欧元的罚单。如果重犯则会收到工作执照吊销一个月的处罚[25]。

针对出租汽车驾驶人由于工作压力、身体和心理健康状况所带来的风险驾驶,部分企业实施了一些有效的改进措施。例如,深圳市鹏程出租汽车企业对员工的身体和心理健康做了很多重要的工作，例如定期安排员工体检；专门开设 EAP(Employee Assistance Program)心理援助，对驾驶人的情绪进行疏导和管理，比如当驾驶人出现家庭问题或变故、职业压力等情况时，公司会主动予以疏导帮助，驾驶人也可自发寻求 EAP 帮助。

调查结果显示，开展驾驶人安全教育对提高驾驶人交通安全意识发挥了巨大作用，出租汽车企业安全教育覆盖面广，企业年度、季度及月度安全例会均有开展，其中月度安全例会普及率高达 100%，远高于其他营运行业，如图 12-40 所示。

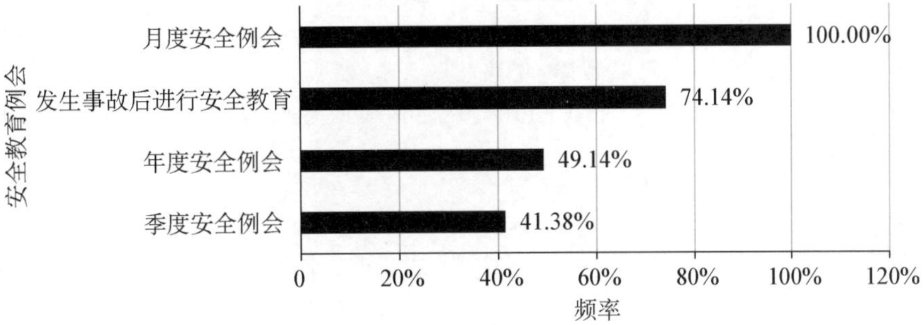

图 12-40 深圳市驾驶人安全教育频率

对出租车驾驶人安全教育内容的调查结果表明，“安全驾驶知识”和“交通事故案例”是出租车企业向驾驶人重点宣传的内容。同时，企业还积极讲解交通法律法规，以提高驾驶人的法律知识。在道路交通应急处置方面，出租车企业普遍开展应急处置知识培训，以提高驾驶人在紧急情况下的应急处置能力，如图 12-41 所示。

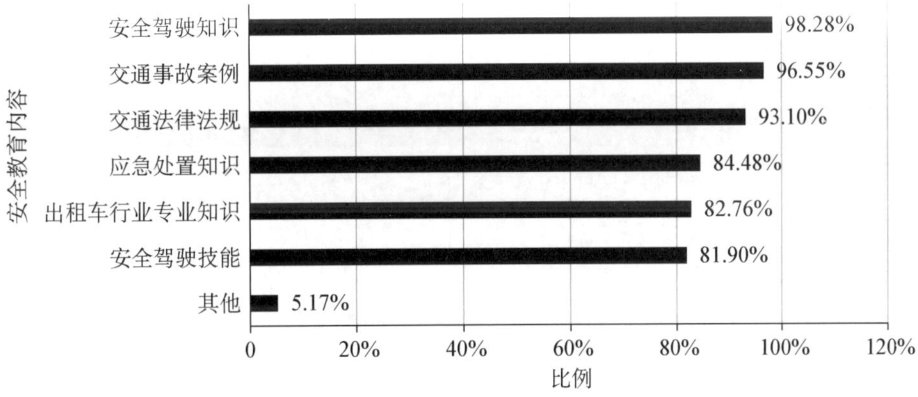

图 12-41 出租车驾驶人安全教育内容分布

在对出租车驾驶人安全教育的形式上，深圳市出租车企业最常采用“管理人员开会讲解”和“观看交通事故案例视频”的形式，如图 12-42 所示。部分课程会涵盖会议、视频、问答、授课等多种方式，并加入了“实车演示”“聘请安全专家授课”“有奖问答”等创新形式，以提高安全教育水平、增加驾驶人的参与度。

通过对出租车驾驶人参与企业安全教育和培训的问卷调查可发现，出租车企业教育培训内容与上级主管部门的要求大体无异，但对于教育形式企业有较大的自由度，不同的出租车企业采用的教育形式会有所差异。为了切实提升企业安全教育水平，在保证教

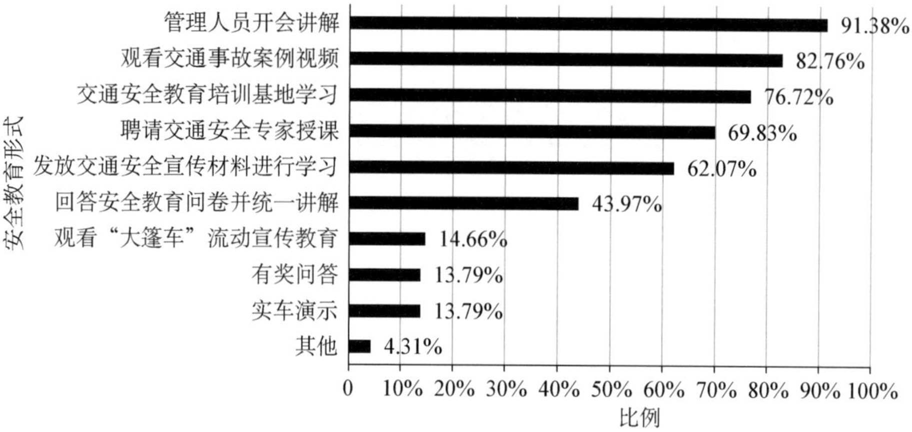

图 12-42 出租车驾驶人接受教育形式分布

育内容充实、全面的基础上,还应该创新教育形式,以提高出租车驾驶人的参与度和主观接受度。

对于出租车驾驶人开展企业安全氛围的相关调查可获悉企业安全氛围的情况。出租车企业安全氛围建设在一定程度上会对驾驶人安全意识产生影响。利用 Y. Huang 等[16]编制的安全氛围量表中的总公司分量表和分公司分量表,要求驾驶人对各个选项进行认可度打分,分数越高说明企业安全氛围越好。

根据对出租车驾驶人的问卷调查,分别从公司和安全经理的角度对安全氛围进行分析。深圳市出租汽车企业在公司层面总体安全氛围平均得分为 4.32 分,即总体上驾驶人对企业安全氛围较为满意,其中,驾驶人对于“公司会提供给驾驶人很多有关安全驾驶的信息”的认可度最高,如图 12-43 所示。

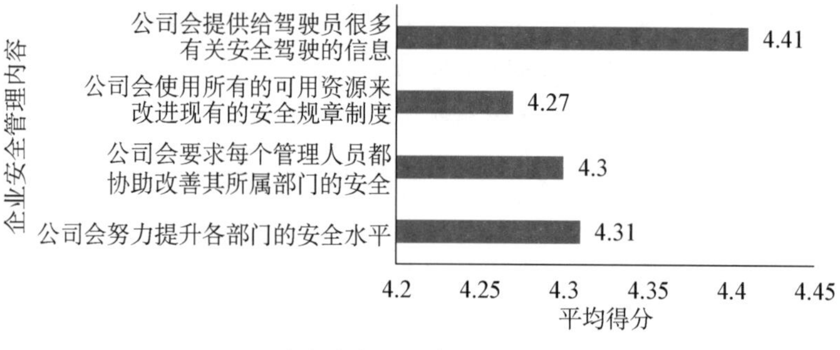

图 12-43 出租汽车企业安全氛围水平平均得分

安全经理管理层面总体安全氛围平均得分为 4.02 分,其中,驾驶人对“安全经理始终严格要求我们的工作安全”认可度最高,而公司中“安全经理的地位较高”平均得分低于 4 分,说明驾驶人对安全经理的地位和作用不太清楚,这反映出安全经理对驾驶人的安全管理影响有限,如图 12-44 所示。因此,出租汽车企业在安全经理职能作用上需要进一步提升和改善。

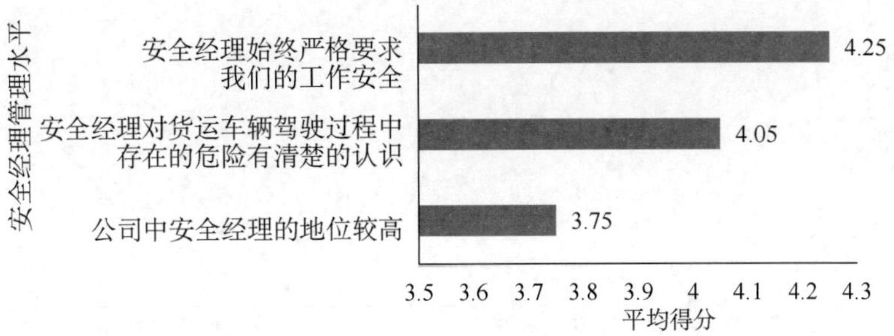

图 12-44 出租汽车安全经理管理水平平均得分

12.3 长途客运安全管理

12.3.1 长途客运行业安全现状

2015—2019 年,全国长途客运汽车数量呈逐步下降趋势[1-5],如图 12-45 所示。2019 年全国拥有载客汽车 77.67 万辆,比上年下降了 2.5%,共计 2 002.53 万客位,客位数下降了 2.2%[5];其中,大型客车 30.31 万辆,比上年增长 0.11%,共计 1 334.35 万客位,客位数增长了 0.03%。

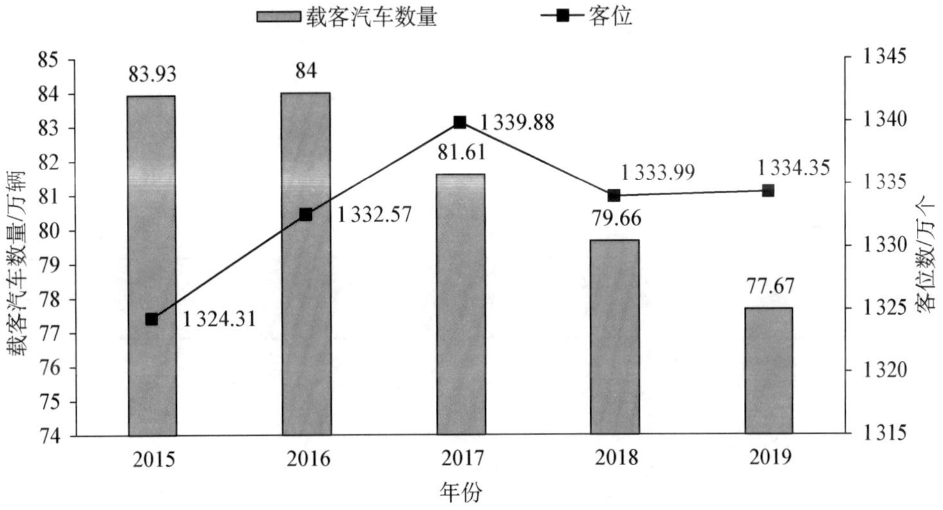

图 12-45 2015—2019 年全国载客汽车数量及客位数[1-5]

根据 2017—2019 年深圳市长途客运行业的 24 小时交通事故数据[26],长途客运事故数量在早高峰时段(7:00—9:00)相对较多,如图 12-46 所示。早高峰期间车流量较多,长途客运车和私家车容易发生拥挤,进而导致事故发生。因此,长途客运驾驶人在早高峰时期应更加关注路面情况。

通过对上海市小型客车交通事故致因进行分析发现,长途客运行业驾驶人的危险驾驶行为是引起事故发生的主要原因。2019 年,上海市小型客车事故数据显示,除其他操作不当和影响安全行为以外,客运驾驶人未与前车保持安全车距、未按规定让行、违法变更车道等是造成客运事故的主要原因。

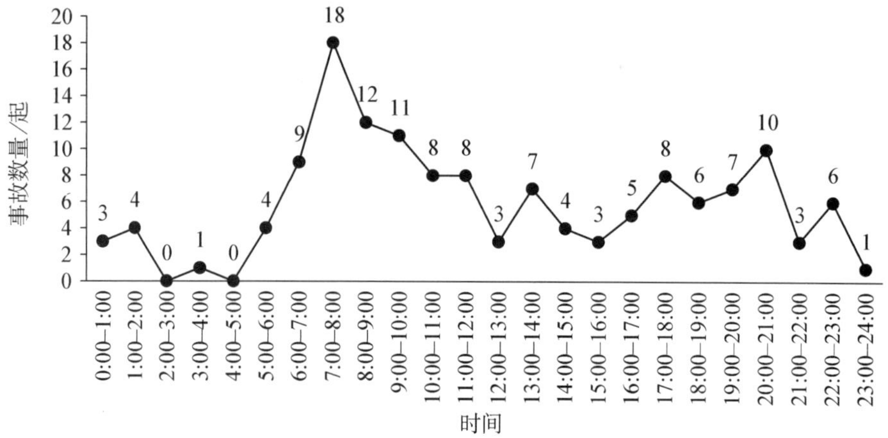

图 12-46　2017—2019 年深圳市长途客运累计交通事故发生时间分布[26]

（数据来源：深圳市道路交通事故综合分析与预警平台）

表 12-9　　　2019 年上海市小型客车事故原因占比统计表(前 10)

事故原因	占比
其他操作不当	42.85%
其他影响安全行为	16.72%
在同车道行驶中，不按规定与前车保持必要的安全距离的	10.04%
未按规定让行	9.28%
违法变更车道	6.78%
违法倒车	4.10%
制动不当	2.46%
转向不当	1.18%
违反交通信号(非)	0.97%
逆行(非)	0.61%

通过对长途客运驾驶人的违法类型分析发现，41.37%的长途客运驾驶人曾出现违法行为，其中“压线”是最常见的违法行为，占整体违法行为的 48.03%，而 15.75%的驾驶人有过“驾驶人/乘客未系安全带”的违法行为，如图 12-47 所示。

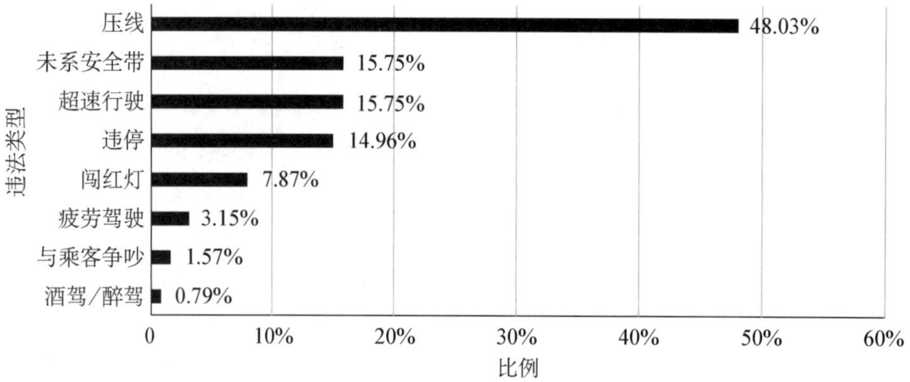

图 12-47　长途客运驾驶人存在的违法类型分布

根据《深圳市交通运输局关于发布深圳市 2020 年省际客运班线经营权招投标项目评分标准涉及信息的通告》[27]，对 2019 年深圳市道路长途客运 2 085 条违章情况进行分析，其中不按照规定站点停靠、不按规定线路/班次行驶是长途客运最常出现的违章情况，如图 12-48 所示。

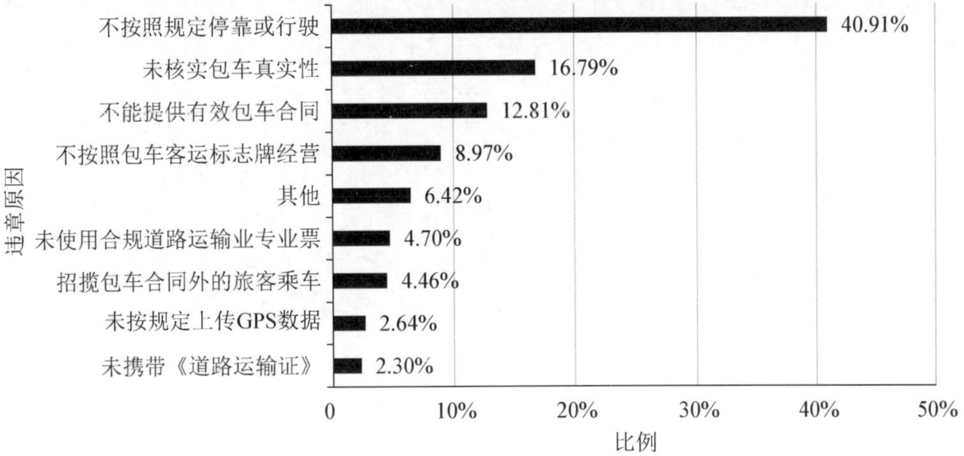

图 12-48　深圳市长途客运违章主要原因

根据上述长途客运行业安全现状，为了全面了解长途客运行业安全管理，需从行业、企业和驾驶人管理三个方面开展深入调研，总结行业发展现状，剖析重点安全问题并提出改善对策。以深圳市为例，调研方法和框架如图 12-49 所示。

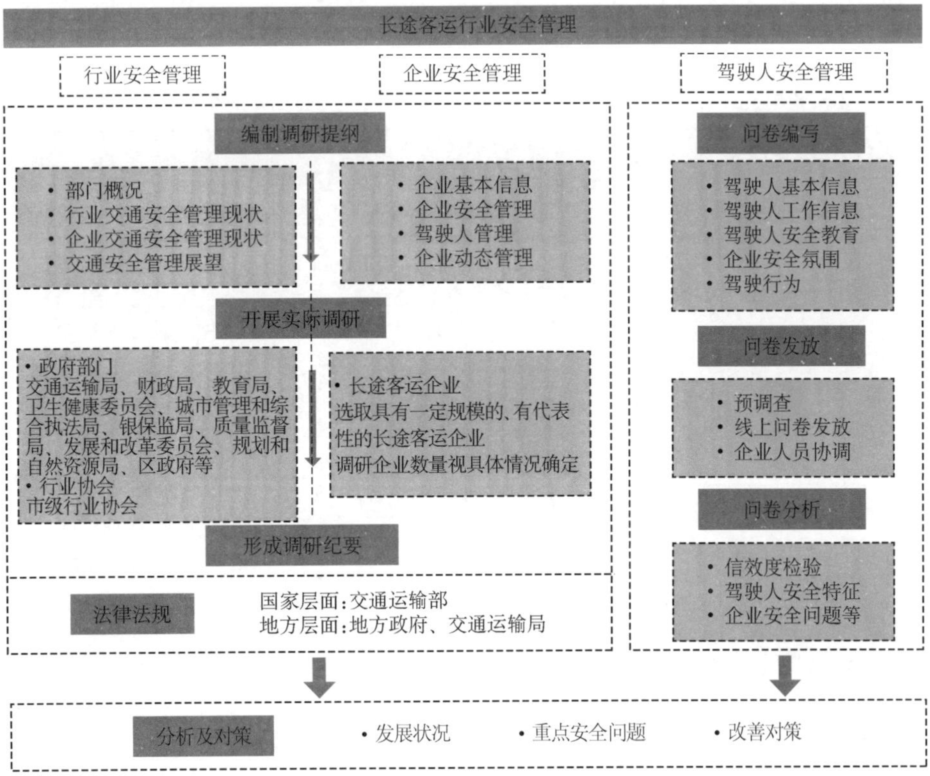

图 12-49　长途客运行业安全管理调研框架

12.3.2 长途客运行业安全管理

为了解长途客运行业安全管理的全过程,对长途客运行业管理架构和运营特征深入剖析,需要针对长途客运营运中涉及的政府部门、行业协会进行调研,深入了解相关的法律法规。

以深圳市为例,交通运输局是长途客运班线、长途客运站经营权的行政主管部门。公安局交通警察局负责全市道路交通安全管理,承担监管责任。深圳市文体旅游局负责督促涉及旅游包车业务的旅行社,建立相关旅游包车安全管理制度和安全防范措施,并检查落实情况。深圳市市场监督管理局负责机动车安全技术检验和长途客运车辆安全设施规范的审查工作。深圳市长途客运行业政府部门安全管理体系如图 12-50 所示。

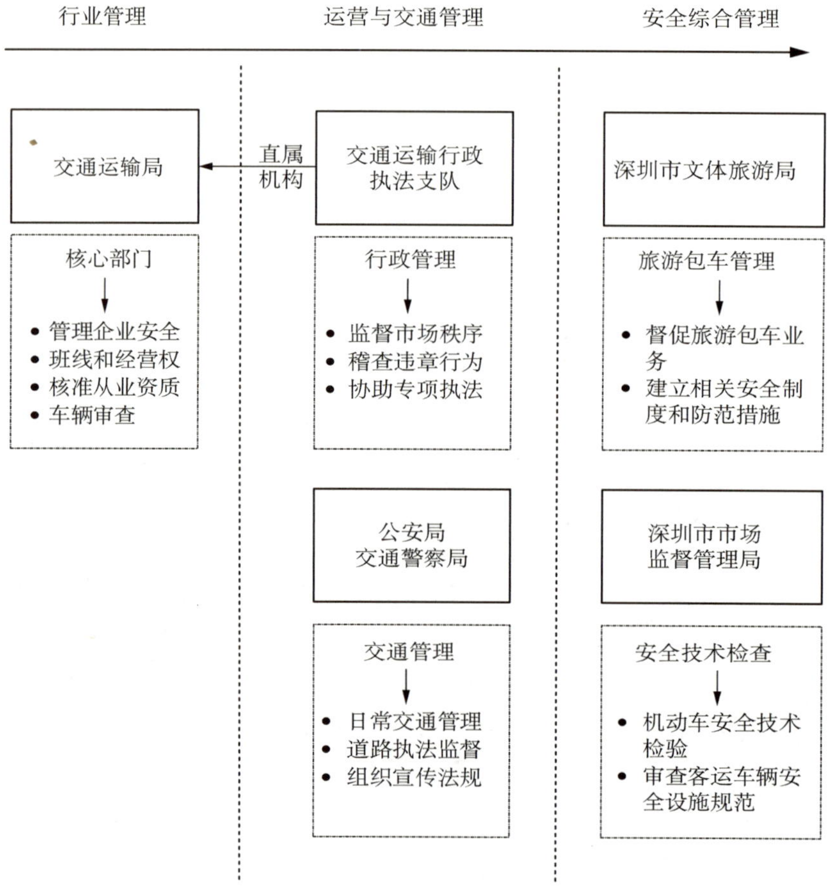

图 12-50 深圳市长途客运行业政府部门安全管理体系

法律法规和地方管理条例是影响企业管理的重要宏观因素。针对长途客运安全管理,我国在国家和地方层面均有相应立法,很多法律法规的条款中都有涉及交通安全管理。表 12-10汇总了与广东省长途客运相关的法律法规及规范性文件。

表 12-10 长途客运安全管理涉及的法律法规及规范性文件

层级		法规政策及规范性文件	施行日期	颁布机构
国家层面		《交通运输部办公厅关于全面做好〈道路旅客运输企业安全管理规范〉贯彻实施工作的通知》	2018 年 6 月 1 日	交通运输部
国家层面		《交通运输部、公安部、应急管理部关于印发〈道路旅客运输企业安全管理规范〉的通知》	2018 年 5 月 3 日	交通运输部、公安部、应急管理部
国家层面		《交通运输部关于修改〈道路旅客运输及客运站管理规定〉的决定》	2017 年 3 月 1 日	交通运输部
国家层面		《校车安全管理条例》	2012 年 4 月 5 日	国务院
地方层面	广东省层面	《关于规范省市际客运许可和行业管理的指导意见(征求意见稿)》	2019 年 5 月 29 日发布	广东省交通运输厅
地方层面	广东省层面	《广东省实施〈校车安全管理条例〉办法》	2015 年 3 月 16 日	广东省人民政府
地方层面	深圳市层面	《关于加强 12 座以上非营运客车安全管理有关事项的通知》	2018 年 4 月 1 日	深圳市交通运输局、深圳市公安局交通警察局
地方层面	深圳市层面	《深圳市客运车辆卫星定位监控系统应用管理办法》	2017 年 12 月 8 日	深圳市交通运输局
地方层面	深圳市层面	《深圳市校车交通安全管理暂行办法》	2006 年 6 月 1 日	深圳市人民政府

12.3.3 长途客运企业安全管理

为了深入了解货运企业安全管理状况，需对货运企业的安全管理部门及相关人员进行调研。综合以上各企业调研方式的优缺点，并结合长途客运行业的特点，可采用以下长途客运企业调研提纲。

一、企业基本信息

1. 贵单位规模、车队结构/组成、企业/车队车辆数、长途客运线路数量、线路，驾驶人数量与基本特征等基本情况。

2. 请介绍一下贵单位的管理机制(如车队式管理)。

二、企业安全管理

1. 贵单位的安全管理机制是怎样的？例如设置专门的安全管理部门或安全管理专员、人员结构、安全管理内容及效果评估。

2. 请介绍一下新入职的驾驶人接受上岗培训的内容和方式。

3. 贵单位是否有车队/企业安全例会？请介绍一下安全例会的频率、对象、内容和形式等。

4. 您认为贵单位车辆安全技能如何？存在什么缺陷？请介绍一下贵单位在道路客运车辆安全性能管理方面有哪些措施？

5. 能否介绍一下贵单位在企业安全管理方面比较创新的做法？效果如何？

三、驾驶人管理

1. 请介绍一下贵单位驾驶人的排班制度(如每日工作时长、每周工作天数、休息/轮班安排)。

2. 请介绍一下每辆车的驾驶人配置情况(如每辆车配备两名以上驾驶人)。

3. 请介绍一下客运运营线路的驾驶人配置情况(如一条运营线路由几名驾驶人负责)。

4. 驾驶人的任务安排是否与绩效挂钩? 如优先安排事故、违法少的驾驶人。

5. 据您的了解,驾驶人日常驾驶普遍存在的安全隐患有哪些(如闯红灯、超速、低速、疲劳驾驶等)?

6. 针对道路客运不按规定停靠车站、疲劳驾驶等重点问题,企业如何对驾驶人进行管理及教育? 效果如何?

7. 请介绍一下驾驶人的工资或奖金与事故及违法行为的关联机制。

四、企业动态监管

1. 目前,贵单位的车辆是否都配备了信息采集设备(如视频监控、GPS、车载预警系统等)? 针对设备安装数量、设备主要功能和数据采集与存储方式,驾驶人及管理者的反馈评价(优缺点)是什么?

2. 设备安装前是否对驾驶人进行介绍与培训? 请介绍一下培训的规模、方式和内容。

3. 目前,对此类设备的数据是否有集中管理的平台或其他深度应用? 是否针对重点驾驶人进行筛选?

4. 在动态监管方面,贵公司有什么困难? 采取了哪些解决措施?

五、其他问题

1. 贵单位承运的道路客运的满载情况如何?

2. 您认为道路客运上主要存在哪些风险?

3. 您认为目前道路客运行业存在哪些较为突出的安全问题? 贵单位对于这些问题是如何进行干预的?

4. 道路客运如何借助信息管理系统、视频监控等电子系统来确保安全性与高效性?

5. 是否能谈一谈贵公司下一阶段在安全管理方面的工作重点和计划?

6. 对未来行业的安全管理机制有什么建议?

在明确了被调查企业的基本信息后,将调研提纲提前发送给对方,以便于被调查者做好相应的准备。在调研当天详细记录双方谈话内容,会后形成完整的会议纪要,并发送给对方核实信息的准确性。在得到调研问题反馈之后,还可针对尚不明确或仍需进一步了解的具体问题进行补充调研。最后,对企业的安全管理工作进行全面分析。

我国各大城市长途客运企业根据自身情况设立企业安全管理体系,虽然各企业的管理模式不同,但安全管理机构及管理内容大致相似。以深圳市斯为美汽车运输有限公司为例,其安全管理体系如图 12-51 所示,该公司设置了多级安全机构,总经理为企业安全的第一责任人,安全部总经理或分管安全的副总经理是企业安全生产的中层负责人,车队长为直接监管驾驶人日常工作和生活的基层领导者。

大多数长途客运车辆已安装了 GPS 定位系统,同时,大型长途客运企业已按照标准建设了道路运输车辆动态监控平台,并配备了专职人员对其所属车辆和驾驶人进行实时监控

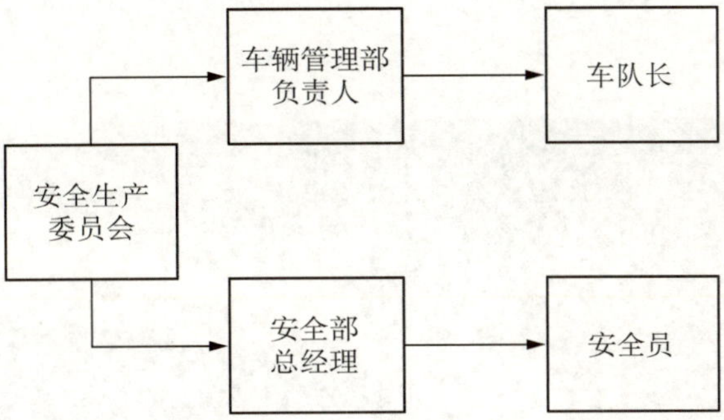

图 12-51 深圳市斯为美汽车运输有限公司安全管理体系

与管理。由于资金有限，小型企业仅安装了 GPS 定位系统，尚未建设完备的车辆动态监控平台，或采用第三方公司的主动安全预警设备及驾驶人监控预警设备。图 12-52 为径卫视觉公司长途客运行业车辆动态监控界面截图。

图 12-52 径卫视觉公司长途客运行业车辆动态监控界面截图

（图片来源：https://www.roadefend.cn/index.php? m = &c = Index&a = lists&catid = 31）

虽然，我国对长途客运乘客佩戴安全带有明文规定，但部分车辆的安全带存在损坏、老旧和松散等问题，同时，部分乘客安全意识淡薄，存在不按规定使用安全带的现象。

韩国《交通运输法》[28]规定：驾驶人和前排乘客应当使用安全带，前排乘客未按规定使用安全带的，驾驶人应当提醒乘客使用。在高速公路或汽车专用道路上行驶的车辆，所有乘客都应当使用安全带。因疾病无法使用安全带或有特别规定可以不必使用安全带的情况除外。此外，韩国《旅客汽车运输事业法》规定：出租车、城市快速公交车、城际长途客车、旅游大客车以及特殊客运车辆的乘客均有义务按规定使用安全带，一旦违反规定，将对运输企业、驾驶人分别处以 50 万韩元(2 789 元人民币)和 10 万韩元(558 元人民币)的罚款，如图 12-53 所示。

图 12-53　韩国交警向过往车辆发放使用安全带相关规定

(图片来源：https://www.sohu.com/na/404717189_601552)

12.3.4　长途客运驾驶人安全管理

为了了解长途客运行业驾驶人的工作状况、驾驶人安全培训情况及安全意识等，可采取问卷调查方式对不同城市的长途客运驾驶人进行专项调查。

长途客运行业调研问卷主要分为以下几个方面：驾驶人基本信息、驾驶人工作信息、驾驶人安全教育、企业安全氛围、驾驶人安全意识和驾驶行为。问卷具体内容如下。

长途客运驾驶人专项调查问卷(以深圳市为例)

第一部分：驾驶人基本信息

1. 您的性别：

○男　　○女

2. 您的户籍所在地及来深圳的时间：

○本市　　○本省外市，来深圳 5 年以下

○本省外市，来深圳 5～10 年　　○本省外市，来深圳 10 年以上

○外省，来深圳 5 年以下　　○外省，来深圳 5～10 年

○外省，来深圳 10 年以上

3. 您目前居住的行政区是：

○福田区　　○罗湖区　　○南山区　　○盐田区

○宝安区　　○龙岗区　　○龙华区　　○坪山区

○光明区　　○大鹏新区　　○深汕特别合作区

4. 您的年龄：________岁。

5. 您的教育水平：

○初中及以下　○高中/中专　○本科/大专　○研究生及以上

6. 您的婚姻状况：

○未婚　○已婚没有孩子　○已婚有孩子　○其他

7. 您目前平均月收入：

○≤4 000 元　○4 001～6 000 元　○6 001～8 000 元　○8 001～10 000 元

○10 000 元以上

8. 近一周来，您工作日平均每天的睡眠时间：

○10 小时以上　○8～10 小时　○6～8 小时　○4～6 小时

○4 小时以下

9. 近一个月以来，您是否受到失眠困扰？

○有　○没有

10. 既往病史：(多选)

□无　□脊/腰/颈椎病　□胃病　□肩周炎

□高血压　□糖尿病　□神经衰弱　□冠心病

□高血压

11. 您长期服用的药物：(多选)

□无　□止痛药　□降压药　□降糖药

□胰岛素　□安眠药　□其他

12. 您第一次取得的驾驶证类型为________类，距今已经________年；

您目前使用的驾驶证类型为________类，已经使用________年。

13. 您从事长途客运车辆驾驶________年了。

14. 您在过去 3 年是否发生过交通事故？

○没有　○有

15. 发生过________次，发生的事故类型是：(多选)

□本人或乘客受伤　□追尾　□正面相撞

□侧面相撞　□碰撞电动自行车/自行车　□碰撞行人

□其他____________

16. 您在过去 3 年是否发生过交警扣分或罚款的违法行为？

○没有　○有

17. 有过________次，违法类型是：(多选)

□闯红灯　□超速行驶　□与乘客争吵　□压线

□酒驾/醉驾　□疲劳驾驶　□未系安全带　□其他____________

第二部分：驾驶人工作信息

18. 您的用工形式属于以下哪一种？

□受聘于运输企业，和运输企业签订劳动合同

□受聘于运输企业，没有签订劳动合同

□受聘于劳务派遣公司,和劳务派遣公司签订劳动合同
□受聘于劳务派遣公司,没有签订劳动合同
□受聘于个人车主,有口头或者书面协议
□个体自营,自己的车
□临时雇佣
□挂靠经营

19. 挂靠费用________元/年(不收取费用请填0)。

20. 车辆是否配置2名以上驾驶人?

○是　　○否

21. 您工作的排班制度为:

○做一休一　　○做二休一　　○做五休二　　○上半天休息半天
○其他

22. 您的工作驾驶线路是固定的吗?

○是　　○否

23. 您驾驶客运车辆的行驶区域为:

○市内　　○省内跨市　　○跨省

24. 您一周平均工作几天?

○≤3天　　○4天　　○5天　　○>5天

25. 您工作日平均每天驾驶________公里,平均每天驾驶________小时。

26. 您工作日平均每天工作(包括驾驶、在车站等待、排队等)________小时。

27. 您对目前的工作状态是否满意?

○满足现有工作状态　　○偶尔有想换工作的想法
○非常想换工作

28. 您想换工作的原因是:(多选)

□企业管理水平较差
□单位转嫁风险,发生事故或纠纷自身相关权益得不到保障
□工资福利、发展空间达不到预期
□行车突发状况多、风险多,自身安全得不到保障
□工作时间长、作息不规律,工作劳动强度大
□车辆和配套设施差,工作环境压抑
□长期在外工作,与家人聚少离多
□其他____________

第三部分:驾驶人安全教育

29. 您在进入这家企业工作时,是否接受了上岗培训?

○是　　○否

30. 您所在企业是否有以下安全培训教育或安全例会?(多选)

□从来没有　　□月度安全例会
□季度安全例会　　□年度安全例会

□发生事故后进行安全教育

31. 安全培训教育的形式通常为:(多选)

□交通安全教育培训基地学习 □聘请交通安全专家授课

□观看"大篷车"流动宣传教育 □发放交通安全宣传材料进行学习

□回答安全教育问卷并统一讲解 □管理人员开会讲解

□观看交通事故案例视频 □实车演示

□有奖问答 □其他____________

32. 安全培训教育的内容通常为:(多选)

□安全驾驶知识 □安全驾驶技能

□交通法律法规 □危险品运输行业专业知识

□应急处置知识 □交通事故案例

□其他____________

33. 据您所知,您所在的企业利用GPS监控平台进行了以下哪些举措?(多选)

□不清楚

□没有GPS监控平台

□及时提醒驾驶人避免疲劳驾驶

□监督驾驶人的驾驶行为

□利用该平台数据对驾驶人进行奖励或惩罚

□其他____________

第四部分:企业安全氛围

34. 以下题目是对"公司"的一些描述,请您根据实际情况选出相应的选项。

题项	非常不同意	不同意	不确定	同意	非常同意
(1) 公司会努力提升各部门的安全水平					
(2) 公司会要求每个管理人员都协助改善其所属部门的安全					
(3) 公司会使用所有的可用资源来改进现有的安全规章制度					
(4) 公司会提供给驾驶人很多有关安全驾驶的信息					

35. 以下题目是对"安全经理"的一些描述,请您根据实际情况选出相应的选项。

题项	非常不同意	不同意	不确定	同意	非常同意
(1) 公司中安全经理的地位较高					
(2) 安全经理对货运车辆驾驶过程中存在的危险有清楚的认识					
(3) 安全经理始终严格要求我们的工作安全					

36. 以下题目是对"车队长"的一些描述，请您根据实际情况选出相应的选项。

题项	非常不同意	不同意	不确定	同意	非常同意
(1) 车队长会与我们讨论如何提高驾驶安全					
(2) 车队长使用解释的方法让我们安全驾驶，而不是命令					
(3) 车队长会提醒(需要被提醒的)驾驶人，让他们安全地驾驶					
(4) 车队长会确保我们遵守所有的安全规则(而不只是最重要的规则)					

第五部分：驾驶人安全意识

37. 您平时是否会超速行驶？

○从不　○偶尔　○有时　○经常

38. 您开车时使用手机(比如接听电话、看微信)的频率：

○从不　○偶尔　○有时　○经常

39. 您开车时使用手机地图导航功能的频率：

○从不　○偶尔　○有时　○经常

40. 您平时出现疲劳驾驶的频率：

○从不　○偶尔　○有时　○经常

41. 您在出车前后对车辆进行例行安全检查的频率：

○从不　○偶尔　○有时　○经常

42. 在以下行为中，您认为安全隐患最大的两项为：(多选)

□闯红灯　□超速行驶　□疲劳驾驶

□分心驾驶(例如看手机)　□不系安全带　□争道抢行

□与乘客争吵　□驾驶吸烟　□其他 ________

第六部分：驾驶行为

43. 请您判断在过去一年中此类行为/事件发生的频率，并选择合适的选项。

题项	从不	极少	偶尔	有时	经常	总是
(1) 超速驾驶						
(2) 在车道合并时或在迫不得已时，才变更车道						
(3) 在变道时没有看反光镜						
(4) 没有注意到路边的交通标识						
(5) 在任何情况下，我都会礼让行人						
(6) 酒后驾车						
(7) 故意惹恼我后面的司机						

（续表）

题项	从不	极少	偶尔	有时	经常	总是
(8) 错误估算了绿灯的持续时间，而不能让车在停止线前停住						
(9) 错误理解了交通标识，因此开错了路						
(10) 与前车保持必要的安全距离						
(11) 从右侧超过了一辆速度慢的车						
(12) 按喇叭来表示我的愤怒						
(13) 错误地估算了对面来车的车速						
(14) 发现我走错了路						
(15) 避免占用快速车道						
(16) 在交叉口闯红灯						
(17) 故意用远光灯干扰对面来车						
(18) 错过高速公路出口						
(19) 错误地打开车上的设备(如想打开雨刷却开了转向灯)						
(20) 有人对我超车时，我会保持车速以让他超过						
(21) 在驾驶中使用手机接电话						
(22) 在驾驶中使用手机阅读短信或浏览网页						
(23) 车辆启动前忘记松开手刹						
(24) 在路口没有注意到行人						
(25) 停车时注意安全，注意避让其他车辆或行人						

44. 您在开车时如经历以下场景，请选出相应的情绪状态。

题项	完全没有	轻微愤怒	愤怒	很愤怒	非常愤怒	极度愤怒
(1) 前面的车太慢						
(2) 被其他车辆的远光灯闪到						
(3) 想变道的时候前面的车加速阻止你变道						
(4) 碰到长时间的堵车						
(5) 被自行车或电动车占道						
(6) 绿灯亮起时前面的车没有及时启动						

2020 年 3—6 月，同济大学交通安全团队调研了太原市晋龙捷泰运输贸易有限公司、山西迎宾旅游汽车服务有限公司、深圳市斯为美汽车运输有限公司、深圳市运发集团股份有限

公司等企业,共620名长途客运驾驶人先后参与了问卷调查。

在参与调查的620名长途客运驾驶人中,仅3名女性,其余617名为男性,平均年龄为46.80岁(标准差为7.03岁),其中70%以上的驾驶人年龄大于40岁,行业内青壮年驾驶人比例较小,整体呈老龄化趋势,如图12-54所示。

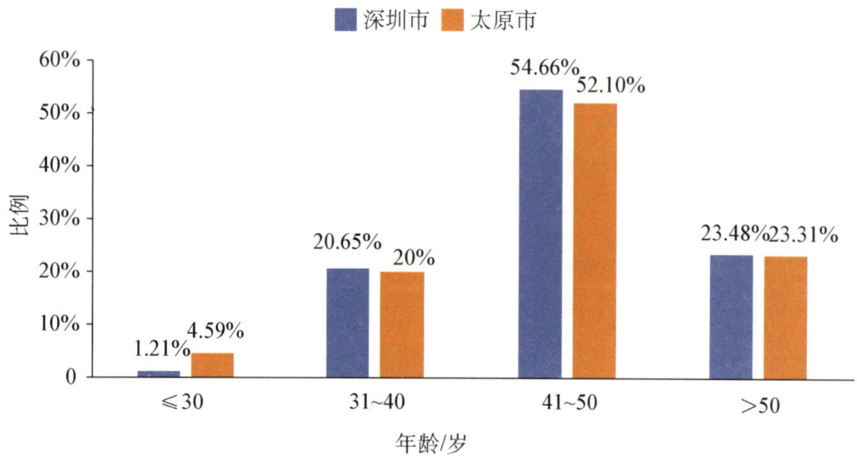

图12-54 客运驾驶人年龄分布

长途客运行业90%的驾驶人的教育水平处于高中或中专及以下。太原市长途客运行业的驾驶人中半数以上为初中及以下学历,深圳市存在少量本科以上学历的驾驶人,如图12-55所示。

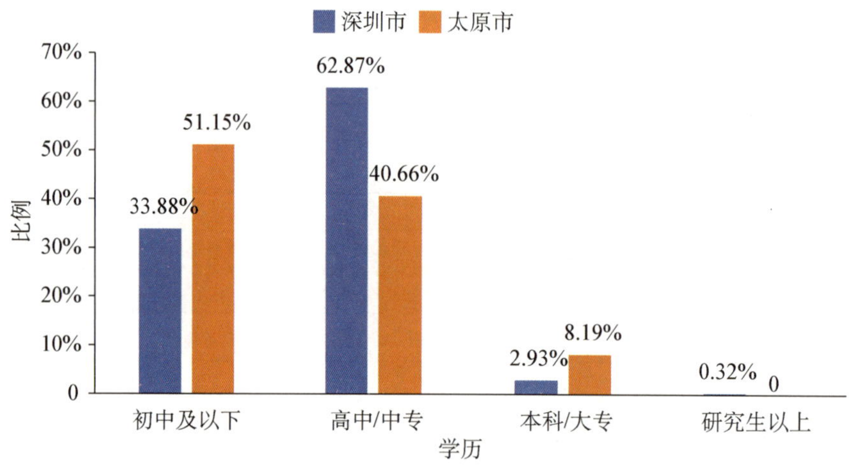

图12-55 客运驾驶人教育水平分布

对长途客运驾驶人既往病史的调查发现,39.74%的驾驶人存在不同情况的健康问题,其中,53.28%的驾驶人患有脊/腰/颈椎病,26.23%的驾驶人患有肩周炎,如图12-56所示。

通过对比深圳市和太原市长途客运驾驶人的驾龄可以发现,深圳市长途客运驾驶人的驾龄主要集中在6~15年;太原市长途客运驾驶人整体驾龄较长,主要集中在11~20年,如图12-57所示。

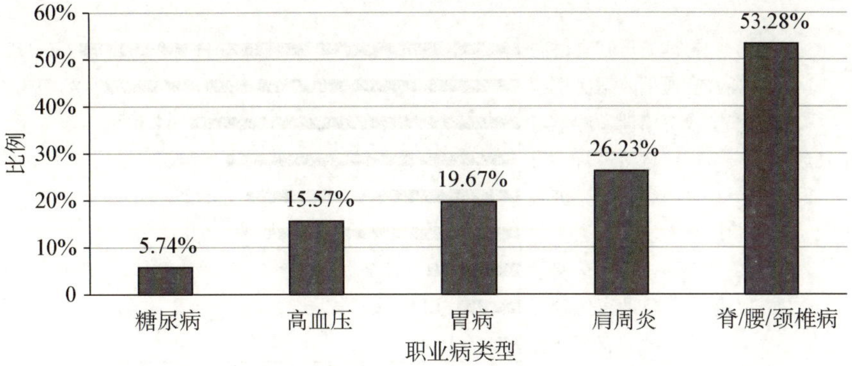

图 12-56 客运驾驶人所患职业病分布

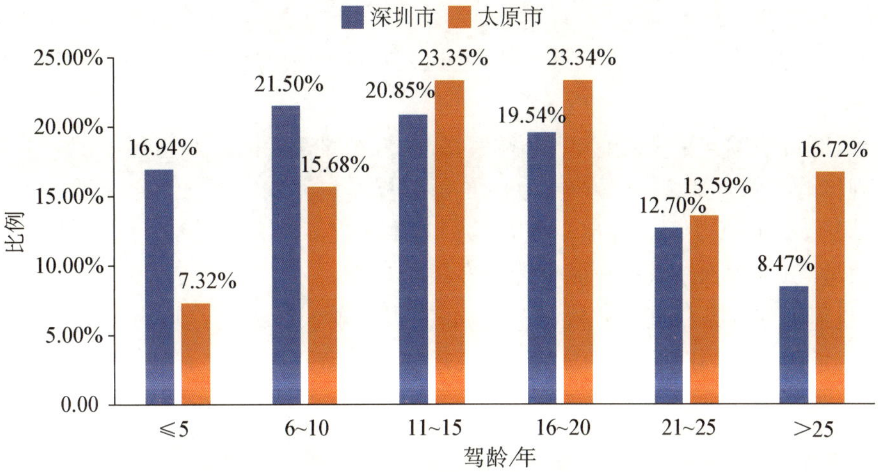

图 12-57 客运驾驶人驾龄分布

长途客运行业安全教育培训的内容主要包括安全驾驶知识、交通法律法规、交通事故案例、道路客运专业知识、应急处置知识和安全驾驶技能等,如图 12-58 所示。

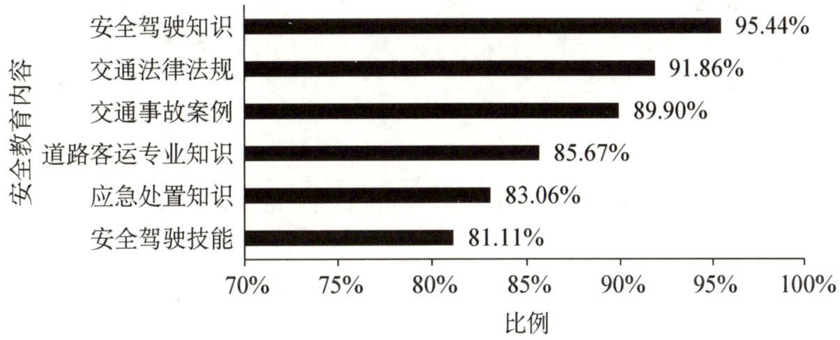

图 12-58 客运驾驶人安全教育内容分布

在对驾驶人进行安全教育的形式方面,最常见的是"管理人员开会讲解"和"观看交通事故案例视频";除此之外,企业也会"发放交通安全宣传材料进行学习"与"聘请交通安全专家讲课”,如图 12-59 所示。

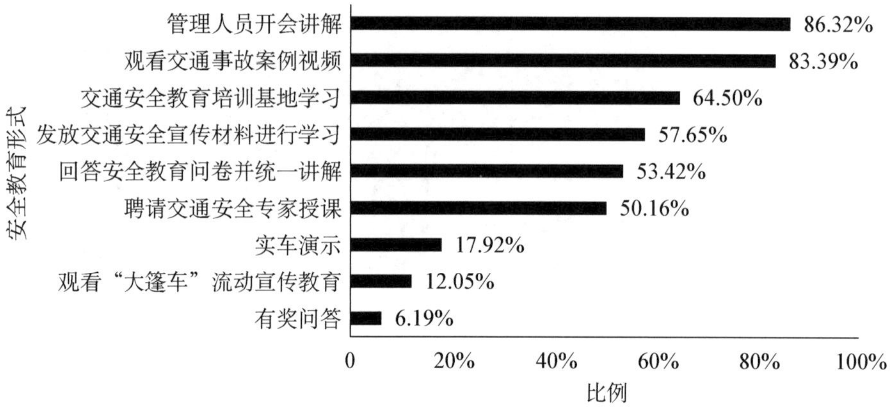

图 12-59 客运驾驶人接受安全教育形式分布

在研究驾驶行为时,常用的工具有两个量表:危险驾驶行为倾向量表[29]和驾驶人路怒倾向量表[30]。

危险驾驶行为倾向量表共有 25 个条目,分为五个维度:维度 1(普通违规行为)、维度 2(侵略违规行为)、维度 3(错误驾驶行为)、维度 4(操作失误)、维度 5(积极驾驶行为)。该量表采用 6 级计分,由 1(从不)到 6(总是)打分,其中维度 5 为反向计分。总分在 25～150 分之间,分数越高,说明驾驶人的驾驶行为潜在风险越大。

量表也可对单一条目进行分析,分数越高说明驾驶人对该行为倾向性越高。在对长途客运驾驶人危险行为倾向的调查中发现,“占用快速车道”(题号 15)是长途客运驾驶人最容易出现的危险行为,如图 12-60 所示。

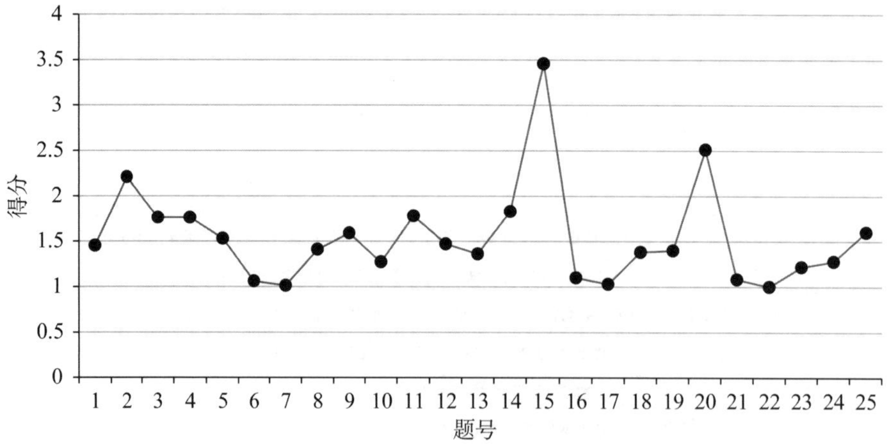

图 12-60 长途客运驾驶人危险行为倾向量表结果

驾驶人路怒倾向量表主要用于评估驾驶人的愤怒程度。在对驾驶人路怒倾向的调查中设定不同的驾驶场景,驾驶人回忆在该场景下出现路怒情绪的频率,进而判定驾驶人的路怒倾向程度。每个题目取 6 级计分形式,从“1—完全不愤怒”到“6—极度愤怒”,驾驶人分数越高,说明其路怒倾向越高。

通过对长途客运驾驶人的调查发现，在“驾驶人想变道，却被前方车辆加速阻止变道”(题号3)场景下，驾驶人最容易感到愤怒，如图12-61所示。因此，长途客运驾驶人应注意周围车辆的变化。

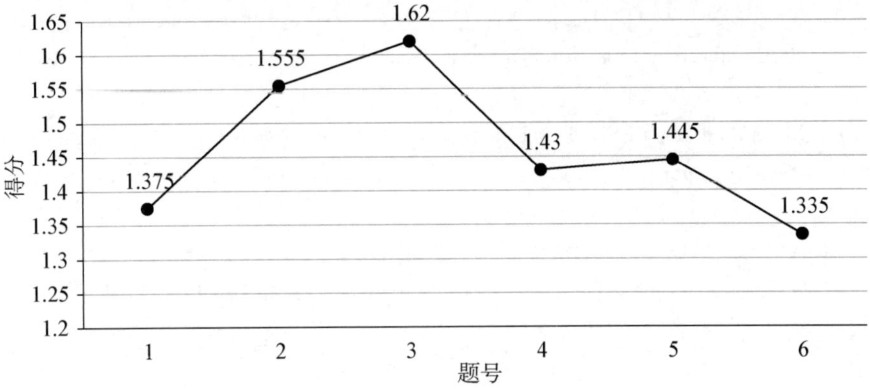

图12-61　驾驶人路怒倾向调查结果

参考文献

[1] 中华人民共和国交通运输部. 2015年交通运输行业发展统计公报[R]. 北京：中华人民共和国交通运输部，2015.

[2] 中华人民共和国交通运输部. 2016年交通运输行业发展统计公报[R]. 北京：中华人民共和国交通运输部，2016.

[3] 中华人民共和国交通运输部. 2017年交通运输行业发展统计公报[R]. 北京：中华人民共和国交通运输部，2017.

[4] 中华人民共和国交通运输部. 2018年交通运输行业发展统计公报[R]. 北京:中华人民共和国交通运输部，2018.

[5] 中华人民共和国交通运输部. 2019年交通运输行业发展统计公报[R]. 北京：中华人民共和国交通运输部，2019.

[6] 上海市统计局. 2019年上海市国民经济和社会发展统计公报[R]. 上海：上海市统计局，2019.

[7] 北京市统计局. 2019年北京市国民经济和社会发展统计公报[R]. 北京：北京市统计局，2019.

[8] 深圳市交通运输局. 2019年深圳市综合交通年度评估报告[R]. 深圳：深圳市交通运输局，2019.

[9] 上海市交通港行发展研究中心. 2016年上海市交通行业发展报告[R]. 上海：上海市交通港行发展研究中心，2016.

[10] 上海市交通港行发展研究中心. 2017年上海市交通行业发展报告[R].上海:上海市交通港行发展研究中心，2017.

[11] 上海市交通港行发展研究中心. 2018年上海市交通行业发展报告[R].上海:上海市交通港行发展研究中心，2018.

[12] 上海市交通港行发展研究中心. 2019年上海市交通行业发展报告[R].上海:上海市交通港行发展研究中心，2019.

[13] 中华人民共和国交通运输部. 城市公共汽车和电车客运管理规定[S]. 北京：中华人民共和国交通运

输部，2017.
[14] 沈媛媛.日本大阪的公交安全对策[J].人民公交，2010(6)：59-60.
[15] NSW GOVERNMENT. Streamlining bus driver medicals [EB/OL].[2021-08-23]. https://www.rms.nsw.gov.au/business-industry/buses/drivers/bus-driver-medical-assessments/index.html.
[16] HUANG Y, LEE J, CHEN Z, et al. An item-response theory approach to safety climate measurement: the liberty mutual safety climate short scales[J]. Accident Analysis and Prevention, 2017, 103:96-104.
[17] MASLAC M, ANTIC B, PESIC D, et al. Behaviours of professional drivers: validation of the DBQ for drivers who transport dangerous goods in Serbia[J]. Transportation Research Part F Traffic Psychology & Behaviour, 2017, 50:80-88.
[18] DEFFENBACHER J L, LYNCH R S, OETTING E R, et al. The driving anger expression inventory: a measure of how people express their anger on the road[J]. Behaviour Research & Therapy, 2002, 40(6):717-737.
[19] WANG X, CHOWDURY S, JIAO Y. Driving Behavior Study of Bus Drivers: An Insight to Job Satisfaction [C]//. Transportation Research Board 100th Annual Meeting, Washington D.C., USA, 2021. 1.25-29.
[20] LI R, WANG X, MA X, et al. Analysis of Safety Climate and Individual Factors Affecting Bus Drivers' Crash Involvement Using a Two-Level Logit Model[C]//. Transportation Research Board 99th Annual Meeting, Washington D.C., USA, 2020.
[21] 马雪铭，李婵，江展，等.公交车驾驶人组织认同感和工作倦怠对不良驾驶行为的影响[J].中国公路学报，2020，33(6)：224-234.
[22] 李瑞瑞，王雪松，张明，等.营运企业驾驶员安全教育方法研究[J].汽车与安全，2019(5)：92-98.
[23] The Department of Transportation of Los Angeles. City of Los Angeles Taxi Services [EB/OL].[2021-06-18].http://www.taxicabsla.org/home.html.
[24] 出租车闹市失控冲上安全岛，致 1 死 2 伤！司机涉嫌疲劳驾驶[EB/OL].[2021-07-22]. https://society.huanqiu.com/article/9CaKrnKmytb.
[25] 国外出租车行业对比[EB/OL].[2021-03-16].http://wenku.baidu.com/view/18862e070740be1e650e9a89.html.
[26] 深圳市道路交通事故综合分析与预警平台[DB].2019.
[27] 深圳市交通运输局.深圳市交通运输局关于发布深圳市 2020 年省际客运班线经营权招投标项目评分标准涉及信息的通告[EB/OL].[2020-06-24].http://jtys.sz.gov.cn/bsfw/zdyw/dlky/tzgg/content/post_8183485.html.
[28] 公安部道路交通安全研究中心. 境外对于机动车驾乘人员使用安全带有何规定？[EB/OL].[2021-04-20].https://www.sohu.com/na/404717189_601552.
[29] MASLAC M, ANTICB, LIPOVACK, et al. Behaviours of drivers in Serbia: non-professional versus professional drivers [J]. Transportation Research Part F Traffic Psychology and Behaviour, 2018, 52: 101-111.
[30] ZHANG T, CHAN A, LI S, et al. Driving anger and its relationship with aggressive driving among Chinese drivers [J]. Transportation Research, 2018, 56: 496-507.

13 货运行业安全管理

本章主要针对我国的普通货运和危化品运输两类货运行业，从行业、企业和驾驶人安全管理三方面进行介绍。通过对行业现状进行分析，总结货运行业的重点安全问题，提出安全管理建议及对策。

13.1 普通货物运输安全管理

13.1.1 普通货运行业发展现状

国家统计局发布的数据显示，我国公路营运载货汽车数量在 2009—2014 年间持续增长，2015 年开始略有下降，至 2018 年拥有量维持在 1 350 万辆左右[1]。2009—2018 年，我国公路营运载货汽车吨位数持续上升，2018 年达到 12 872.97 万 t，如图 13-1 所示。2009—2018 年，货运总量和公路货运量也持续上升，如图 13-2 所示，公路货运量在货运总量中的占比始终超过 75%，10 年均值为 75.98%。

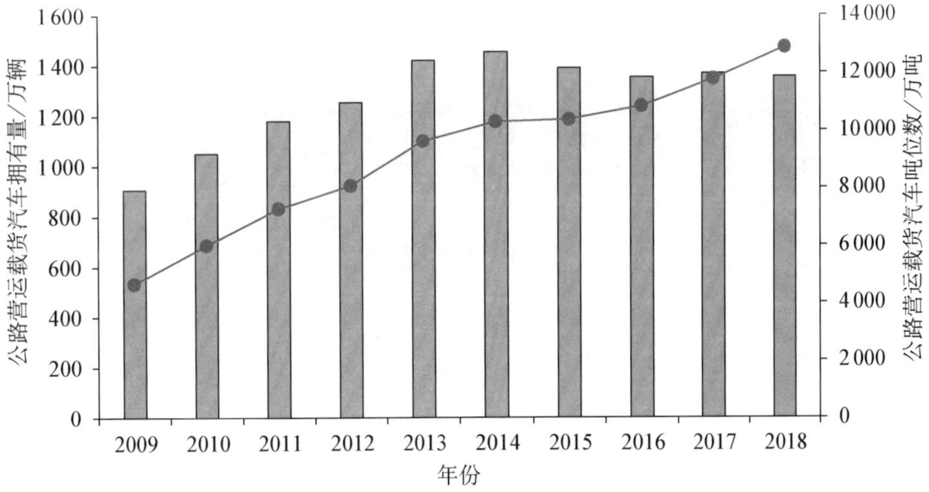

图 13-1　我国公路载货汽车发展趋势

（数据来源：http://www.stats.gov.cn/）

2019 年，我国发生的营运车辆交通事故中，普通货运交通事故占比为 12.83%，死亡人数占比为 23.30%，如图 13-3 所示。2019 年，高速公路货车事故高达 40.19%，死亡人数占比为 43.54%[2-6]。

纵观国外，美国交通安全事故分析年报（Traffic Safety Fact，2018）数据显示，近年来，

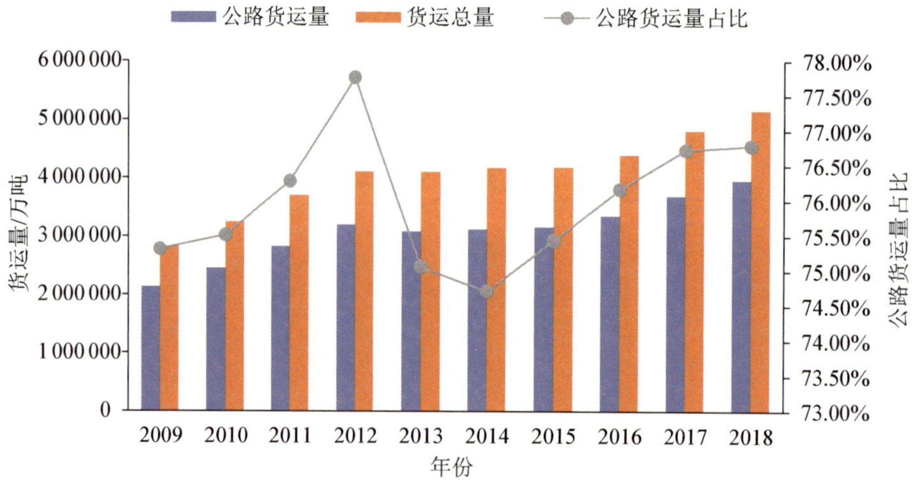

图 13-2 我国公路货运量发展趋势

(数据来源:http://www.stats.gov.cn/)

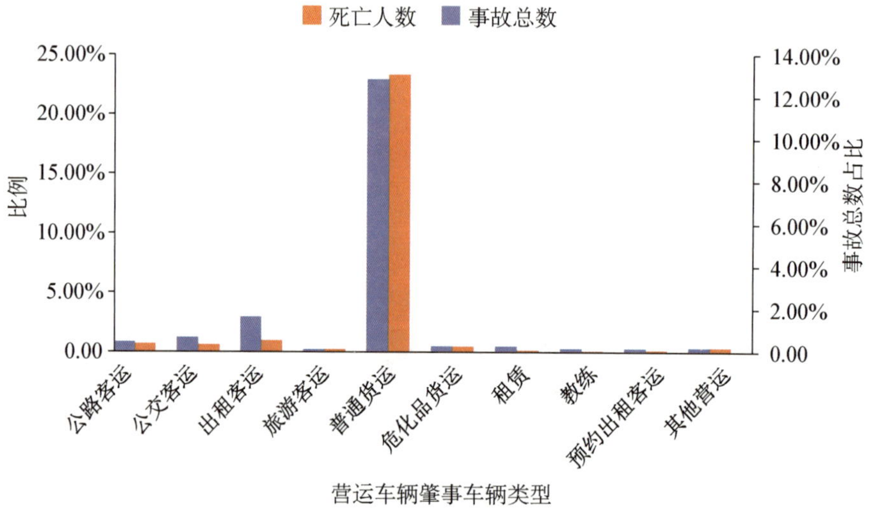

图 13-3 普通货运车辆事故分布[2-6]

轻型货车、重型货车的亿英里死亡率和受伤率均出现反弹[7],如图 13-4 所示。货运车辆由于其自身营运特点,一旦发生事故,易造成群死群伤、重大财产损失等后果,社会影响恶劣,因此对其应引起高度重视。

借鉴美国国家道路交通安全管理局(National Highway Traffic Safety Administration, NHTSA)事故前场景推导方法,通过事故类型划分、车辆运动形态和事故致因分析可推导出货车事故前场景[8]。该方法能够有效分析货运车辆事故特征、诱发事故的关键因素及货车事故重点问题。基于我国货运车辆事故描述数据,随机提取 2 000 起货运车辆事故数据,归纳出货车事故前场景共计 43 种,其中追尾、倒车以及碰撞物体等场景是高频的货车事故前场景,如表 13-1 所列。

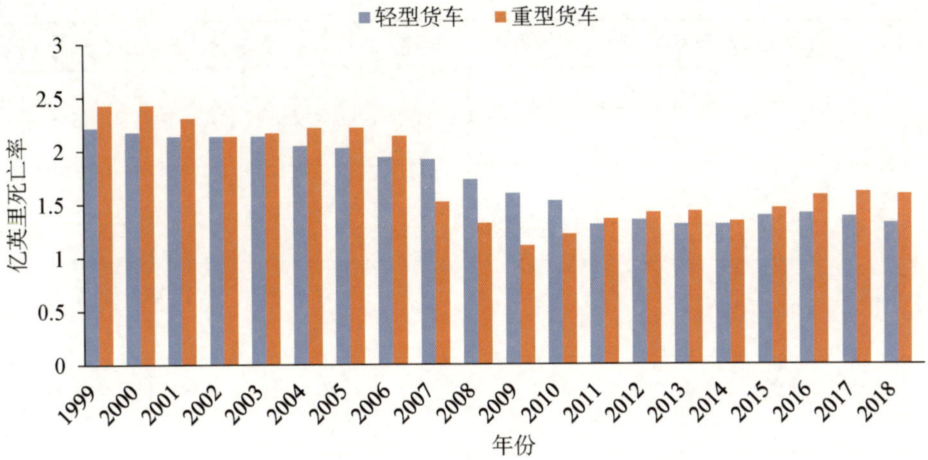

图 13-4　美国轻型货车和重型货车亿英里死亡率[7]

表 13-1　　货车事故前场景分类及占比

排序	货车事故前场景		占比	排序	货车事故前场景	占比
1	货运车辆碰撞物体或碰撞路边	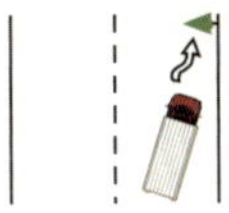	10.82%	7	货运车辆碰撞直角方向电动车(交叉口)	4.85%
2	他车碰撞静止货运车辆	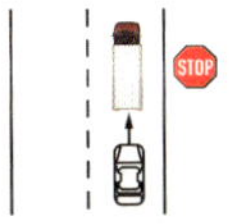	10.60%	8	他车倒车,碰撞货运车辆	3.46%
3	货运车辆追尾他车	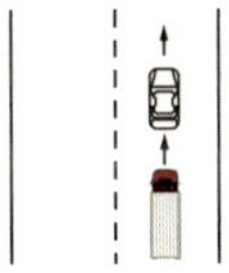	10.02%	9	货车倒车,碰撞物体	2.93%
4	他车追尾货运车辆	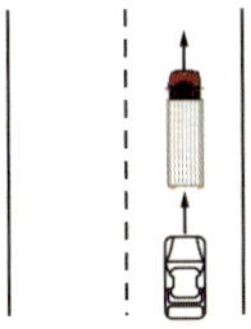	7.25%	10	货车倒车,碰撞行驶车辆	2.61%
5	货车倒车,碰撞静止车辆		7.03%	11	货运车辆碰撞静止车辆	2.45%
6	货运车辆碰撞同向电动车	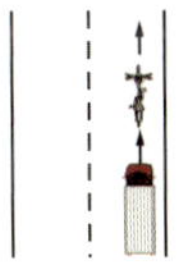	6.29%	12	货运车辆碰撞对向电动车	2.24%

（续表）

排序	货车事故前场景	占比	排序	货车事故前场景	占比
13	货运车辆直行，碰撞直角转向车辆	2.13%	29	货运车辆起步，碰撞他车	0.91%
14	他车变道，碰撞左侧直行货运车辆	1.86%	30	两转向车辆，同向碰撞	0.85%
15	货运车辆碰撞行人	1.76%	31	货运车辆直行，碰撞同向左侧车辆	0.75%
16	货运车辆直行，碰撞同向右侧车辆	1.65%	32	他车变道，碰撞右侧直行货运车辆	0.69%
17	货运车辆变道，碰撞右侧直行车辆	1.49%	33	货运车辆直行，碰撞对向直行车辆	0.64%
18	侧翻	1.44%	34	货运车辆闯红灯	0.59%
19	货运车辆变道，碰撞左侧直行车辆	1.39%	35	货运车辆转向，碰撞同向车辆	0.53%
20	货运车辆掉落货物	1.33%	36	货运车辆发生故障（制动失灵、轮胎磨损等）	0.47%
21	货运车辆碰撞摩托车	1.33%	37	货运车辆直行，碰撞对向转向车辆	0.42%
22	货运车辆直行，碰撞直角直行车辆	1.28%	38	货运车辆转向，碰撞对向车辆	0.42%
23	他车超车，碰撞货运车辆	1.23%	39	酒驾	0.36%
24	货运车辆转向，碰撞直角车辆	1.12%	40	他车起步，碰撞货运车辆	0.31%
25	货运车辆超车，碰撞他车	1.01%	41	其他	0.31%
26	货运车辆掉头，碰撞他车	0.96%	42	货运车辆逆行，碰撞他车	0.15%
27	货运车辆碰撞自行车	0.96%	43	他车逆行，碰撞货运车辆	0.15%
28	他车掉头，碰撞货运车辆	0.96%			

在分析营运车辆交通事故致因时，除“其他”事故致因以外，我们发现营运车辆驾驶人的风险驾驶行为是引起事故的主要原因。我国的机动车事故数据也显示，货运驾驶人未按规定让行、超速行驶以及未保持安全车距等不良驾驶行为是造成货运事故的主要原因[2]，如图13-5所示。

2018年，美国联邦机动车运输安全管理局（Federal Motor Carrier Safety Administration，FMCSA）以及NHTSA针对货运车辆违法类型进行了统计，如表13-2所列。统计结果表明，货运驾驶人常见的违法行为包括超速、不系安全带、违反禁令标志等。

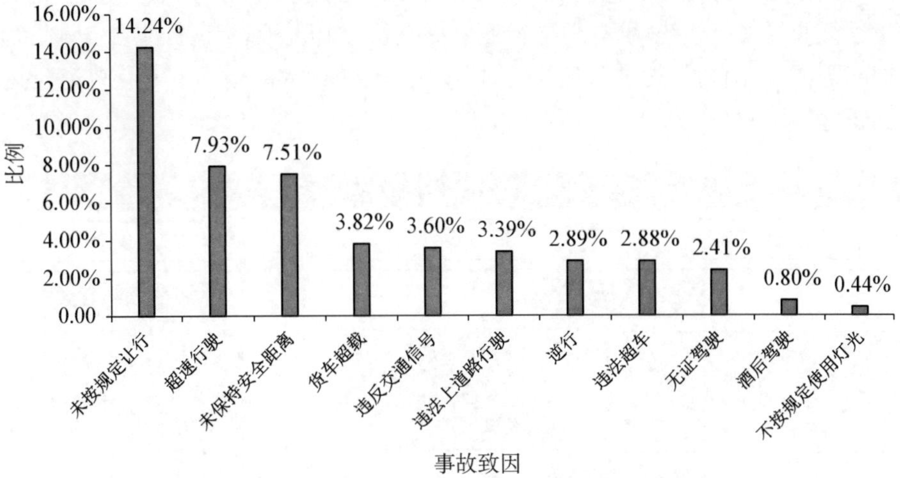

图 13-5 2019 年我国货运驾驶人事故致因统计[2]

（注：统计时已排除“其他”类事故致因）

表 13-2 美国货运驾驶人违法行为(2018 年)[7]

违法编码	种类	违法描述	违法数/起
395.8	无记录/无实时记录	未按规定形式记录工作职责	81 046
392.2SLLS2	交通环境	超速行驶(限速 6～10 mile/h)	72 224
392.16	安全带	驾驶营运车辆未使用安全带	60 433
392.2C	交通环境	违反交通控制信号	53 947
391.41AF	健康证明	未持有有效健康证明驾驶货车	52 616
383.23A2	其他违规行为	没有营运车辆驾驶证驾驶营运车辆	38 687
395.22A	其他违规行为	违规使用未注册的设备	36 498
392.2LV	交通环境	违反交通限制信号	35 598
392.2SLLS3	交通环境	超速行驶(限速 11～14 mile/h)	32 871
395.8E	无记录/无实时记录	虚报驾驶人工作记录	31 664
391.41A	健康证明	驾驶人无健康证明	27 528
395.8F01	无记录/无实时记录	驾驶人工作记录不是最新状态	26 708
395.8A	无记录/无实时记录	无驾驶人工作记录	23 138
392.82A1	其他违规行为	驾驶营运车辆时使用手机	20 367
395.3A3II	工作时间	工作时间超过 8 h，自上次下班或休息时间未满 30 min	20 118

注：1 mile＝1 609.344 m。

为了了解普通货运行业的安全现状，同济大学交通安全团队从行业、企业及驾驶人三个层面对货运行业开展了系统调研，总结行业发展现状，剖析普通货运行业在安全管理方面存在的关键问题，结合国内外先进管理经验，提出安全改善策略。图 13-6 为普通货运行业安全管理调研框架。

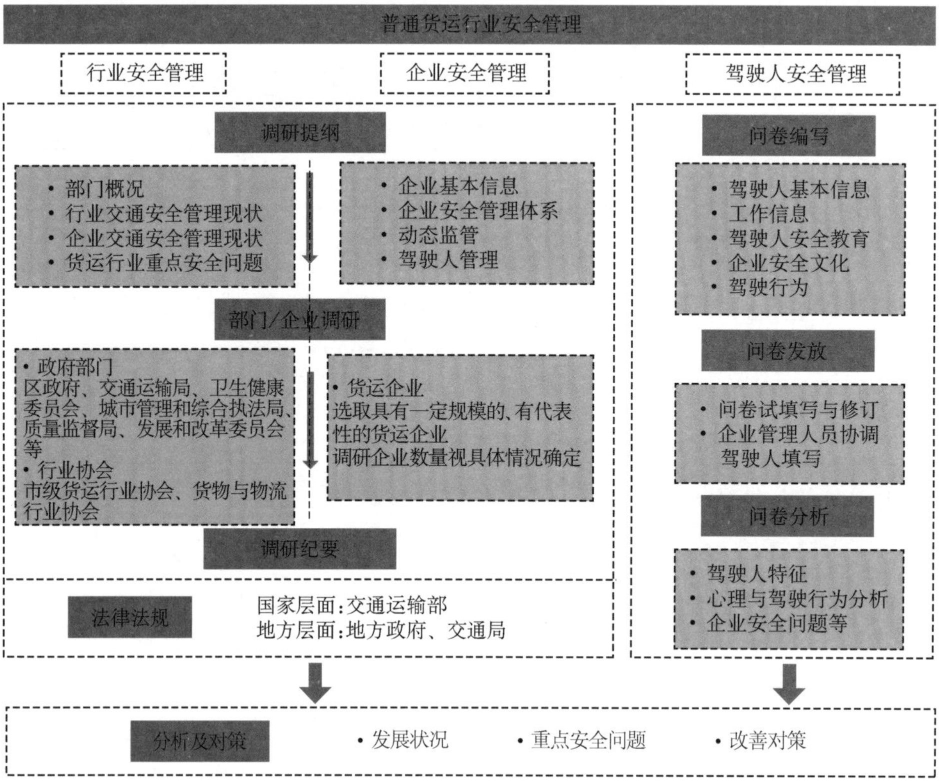

图 13-6　普通货运行业安全管理调研框架

13.1.2　普通货运行业交通安全管理

我国普通货运行业交通安全管理由三类不同职能的管理部门完成，分别负责货运企业的从业管理、日常运营监管以及后期安全管理。

以深圳市为例，深圳市交通运输局是深圳市货运行业的主管部门，负责货运企业的经营许可、营运秩序及服务质量的监管。深圳市交通运输行政执法支队和其他道路运输执法机构负责货物运输活动的监督检查，依法实施行政处罚等安全管理工作；深圳市港航和货运交通管理局则负责货运行业的日常监管，包括从业人员管理、货运车辆管理以及场站管理。图 13-7 为深圳市普通货运行业政府职能部门。

发达国家往往通过提高行业准入门槛、明确车辆及驾驶人安全标准来提升营运行业车辆的安全性。同时，主管机构每年收集事故数据进行分析，并将分析报告公布在官网上。表 13-3 所列为发达国家营运行业管理机构。

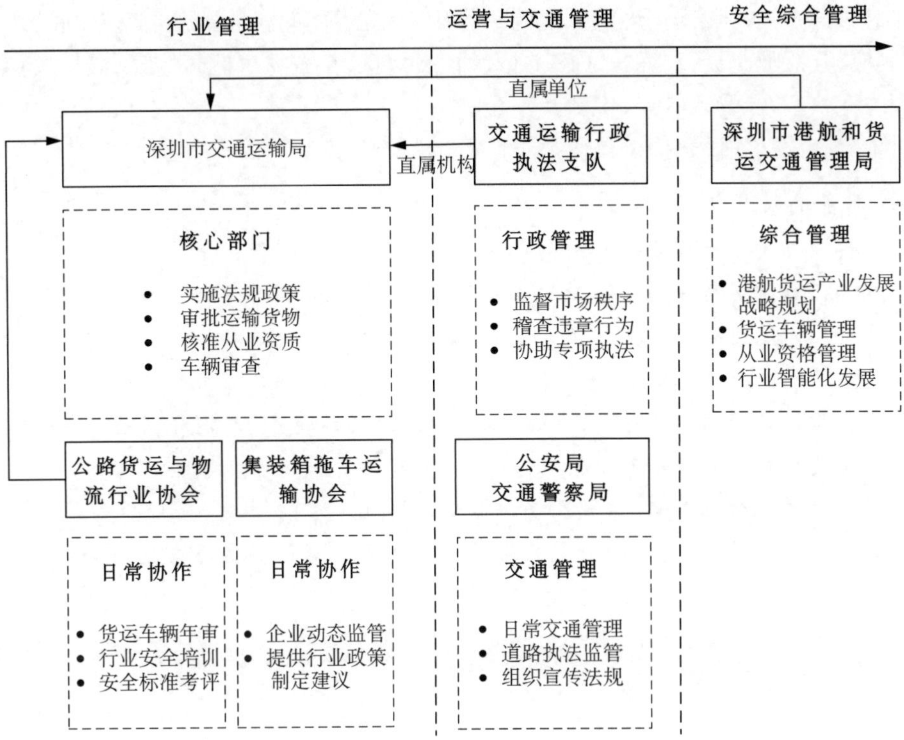

图 13-7 深圳市普通货运行业政府职能部门

表 13-3 发达国家营运行业管理机构[7,9-10]

国家	主管机构	职责	工作内容
美国	Federal Motor Carrier Safety Administration(联邦机动车运输安全管理局)	负责监管营运车辆安全的主要机构,其任务是减少大型卡车事故、伤亡	颁发营运车辆驾驶证、数据收集与分析、执行法规、开展安全相关的研究与技术等
澳大利亚	The National Heavy Vehicle Regulator(国家重型车辆监管局)	澳大利亚所有重型车辆的监管机构,领导并推动行业安全、持续发展	申请重型车辆准入许可证,制订驾驶人工作日记和风险分级制度,开展疲劳管理,执行政策、处罚等
加拿大	Transport Canada's Motor Carrier Division(加拿大机动车运输部)	负责减少加拿大大型商用卡车和公共汽车的伤亡及事故	与各省、地区和行业紧密合作,共同制定有关商用车、驾驶人和操作员的安全法规等
加拿大	The Canadian Council of Motor Transport Administrators(加拿大机动车运输管理委员会)	负责协调所有涉及机动车运输和公路安全管理、法规和控制的事项	国家安全法规的维护机构,在道路安全研究、政策、驾驶人、车辆和监管事务等领域提供合作与指导
英国	Department for Transport-Driving and Road Transport(英国交通运输部)	负责英国交通运输管理的政府部门,维护道路网络运输,改善客运及货运并制订新计划	驾驶考试、执照发布及车辆检测,关注重型、轻型货车的安全运输

在对普通货运行业安全现状调研的过程中，首先，明确需要调研的政府部门，编制调研提纲；其次，开展调研会议，深入了解并记录相关信息，补充完善调研信息；最后，总结分析安全管理的现状问题、管理特点、优势及不足。

对于政府部门的调研提纲具体如下。

一、行业的基本情况

1. 本部门与货运行业安全相关的职责。

2. 本部门与货运行业安全相关的管理体系。

3. 本部门与货运行业安全相关的日常工作内容。

二、行业安全管理现状特征

1. 介绍货运行业的安全管理现状（如行业标准，货运企业、车辆和驾驶人的管理现状）。

2. 介绍货运行业的宣传教育情况，包括安全宣传资料的内容等。

3. 现阶段货运行业车辆、驾驶人动态监管的情况。

4. 您认为公路货运物流协会、集装箱运输协会等货运行业协会在政府和企业之间发挥了什么作用？对政府管理货运行业有哪些帮助？

5. 货运行业目前存在的重点安全问题有哪些？

三、企业交通安全管理现状特征

1. 介绍当前货运企业的发展现状、规模和经营格局。

2. 目前货运企业的准入标准是什么？

3. 货运企业的安全资信等级评定内容是什么？针对资信等级高的货运企业有哪些相关的支持发展政策？

4. 如何进行货运车辆的安全检查和监控平台监管？监管过程中面临的主要问题是什么？

5. 如何进行货运从业人员的管理，包括驾驶人从业资格以及驾驶人安全教育培训等。

四、行业交通安全管理展望

1. 请介绍货运行业“十四五”期间在交通安全管理方面的工作重点？

2. 货运行业交通安全管理面临的重点问题是什么？

针对货运车辆安全，我国在国家和地方层面均有相应立法，如表 13-4 所列。相关的法律法规对普通货运行业的经营资质管理、货运从业人员、货运车辆安全管理、检查和投诉、法律责任等进行了详细规定。

表 13-4　　普通货运安全管理法律法规

层级	法规政策及规范性文件	施行日期	颁布机构
国家层面	《道路运输从业人员管理规定》	2019 年 6 月 21 日	交通运输部
	《超限运输车辆行驶公路管理规定》	2016 年 8 月 30 日	交通运输部
地方层面	《深圳市交通运输行业安全生产举报奖励暂行办法》	2018 年 11 月 22 日	深圳市交通运输局
	《上海市道路运输管理条例》	2020 年 7 月 29 日	上海市道路运输管理局

目前,我国货运企业安全管理体系不甚健全,存在准入门槛过低、挂靠严重的现象。以深圳市和太原市为例,中小企业挂靠现象严重,运输企业对“挂靠”车辆的技术状况、驾驶人、安全教育及事故后的法律责任等都缺乏监管能力。

而美国的做法是建立重型车辆行业安全管理体系(Safety Management System, SMS)[10]。SMS 由安全政策与文件、安全风险管理、安全保证及安全提升四部分构成,能够为员工、客户、承包商提供安全的工作环境,将资源分配到对安全有影响的关键领域,以提高企业的管理效率,降低事故风险。

目前,我国货运车辆超载问题严重。由于我国当前道路运输信息化服务水平较低,货物跟踪、货物配载、车辆调度服务系统尚未完善,导致出现运输成本高、空载率高的问题。然而,运输市场集约化水平低、不具备规模能力势必会导致运输成本的增加。与此同时,货运企业又竞相压价,从而形成恶性循环,使得当前运输行业如果不超限超载就无法谋取利益。

发达国家针对营运驾驶人超载超限的处罚力度很大。以美国为例,发现车辆超重后,工作人员会第一时间将车辆拦截,要求立即卸载货物,超载车辆绝不允许重新上路。此外,驾驶人和所在公司将面临双重罚款,超出部分按每磅 1～4 美元来计算,即超载 1 t 会被处罚人民币约 1.3 万～5.3 万元。

美国处理超限超载车辆的主要措施有:①向违章车辆发出违章传票,确定罚款金额,并辅以其他惩罚措施,如交付路产补偿金、被列入驾驶人和运输企业不良记录档案等;②卸载或均载(移动货物直到轴载不超限);③对严重超限超载或屡次违章者采取司法行动,包括刑事诉讼、短期拘留和长达 1 年以上的监禁。同时,美国还通过处罚驾驶人“信誉”来约束驾驶人的超限超载行为。

13.1.3 普通货运企业管理

普通货运企业的安全管理模式因企业规模大小不同而存在差异。大型货物运输企业一般会采用“企业-车队-驾驶人”的三级管理方式,配备安全经理、安全管理人员以及车队长。中小型货运企业(货物运输车辆小于 50 辆)不会专门设置安全管理部门与安全管理人员,而是由运营经理或企业所有人直接对车辆的安全进行管理。图 13-8 所示为普通货运企业安全管理架构。

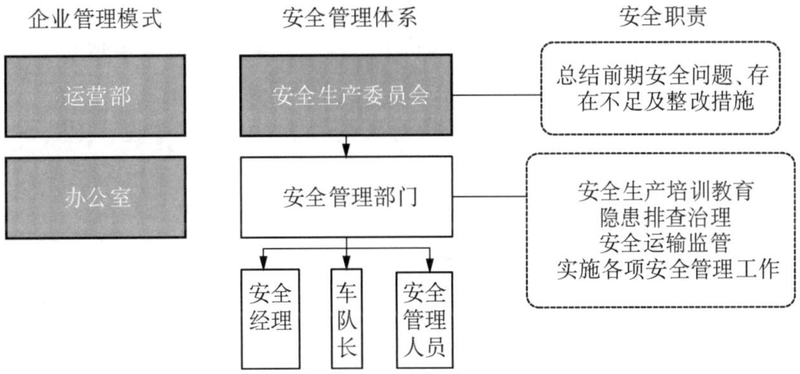

图 13-8 普通货运企业安全管理架构

安全经理负责企业生产安全、消防安全以及道路交通安全；专职监控人员负责对车辆动态监控平台进行监控与管理，对驾驶人的驾驶行为进行监督；车队长负责车队内驾驶人的安全教育培训以及车辆的日常检修维护。

为了深入了解货运企业安全管理状况，需对货运企业的安全管理部门及相关人员进行调研，调研大纲如下。

一、企业基本信息

1. 贵单位运输业务基本情况、货物类型。

2. 贵单位规模、车队结构/组成、企业/车队车辆数、驾驶人数量与基本特征、驾驶人工作时间与组织方式等。

3. 介绍贵单位的人员管理机制（如车队式管理）。

4. 货物配送的主要需求是什么？配送难度是什么？

二、企业安全管理

1. 请您介绍贵单位的安全管理机制（如设置专门的安全管理部门或安全管理专员）、人员结构、安全管理内容及效果评估。

2. 贵单位是否有车队/企业安全例会？请介绍一下安全例会的频率、对象、内容和形式等。

3. 市内货运车辆存在什么缺陷？请介绍贵单位在市内货运车辆的安全性能管理上有哪些措施？

4. 请介绍贵单位在企业安全管理方面比较创新的做法。效果如何？

5. 请介绍新入职的驾驶人接受上岗培训的内容及方式。

6. 贵单位采取什么样的方式进行安全管理效果评估？

三、驾驶人管理

1. 贵单位驾驶人的工作制度是怎样的？比如每日工作时长、每周工作天数、休息/轮班安排、每台车配备几名驾驶人共同完成运输任务等。

2. 驾驶人的运输任务安排是否与绩效挂钩（如优先安排事故少、违法少的驾驶人）？

3. 驾驶人日常驾驶普遍存在的安全隐患有哪些（如闯红灯、超速、低速、疲劳驾驶等）？

4. 介绍驾驶人的工资、奖金与事故及违法行为的关联机制。

5. 贵单位对重点驾驶人（事故违法多发者）采取什么措施？效果如何？

四、企业动态监管

1. 目前，贵单位的车辆是否都配备了信息采集设备（如视频监控、GPS、车载预警系统等）？针对设备安装数量、设备主要功能和数据采集与存储方式，驾驶人及管理者的反馈评价（优缺点）是什么？

2. 设备安装前是否对驾驶人进行介绍与培训？请介绍一下培训的规模、方式和内容。

3. 贵单位是否有数据监控中心/部门？对于上述数据如何进行使用？是否针对重点驾驶人进行筛选？

4. 在动态监管方面，贵公司有什么困难？采取了哪些解决措施？

五、其他问题

1. 目前货运行业存在哪些较为突出的安全问题？贵单位对此类问题是如何进行干预的？

2. 贵公司下一阶段在安全管理方面的工作重点和计划是什么？

3. 对未来行业的安全管理机制有什么建议？

4. 针对货物运输超载、超限等问题，企业应如何对驾驶人进行管理及教育？

按照交通运输部发布的《道路运输车辆动态监督管理办法》[11]，总质量为 12 t 及以上的普通货运车辆须"安装、使用具有行驶记录功能的卫星定位装置"并开展"相关安全监督管理活动"。以深圳市为例，目前符合要求的车辆均已安装 GPS 定位系统，大型货物运输企业(拥有 50 辆以上货物运输车辆的企业)已按照标准建立了道路运输车辆动态监控平台，如图 13-9 所示，并配备了专职人员对车辆和驾驶人进行实时监控与管理。由于资金有限，小型企业仅安装了 GPS 定位系统，尚无法配备完备的车辆动态监控平台。

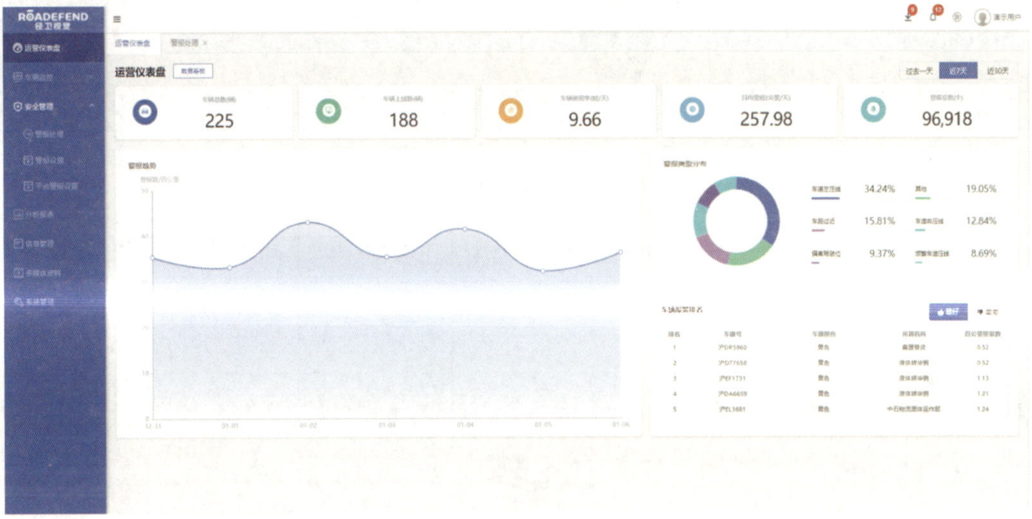

图 13-9　车辆动态监控平台

(图片来源：https://www.roadefend.cn)

货运企业使用的车辆动态监控平台功能存在差异。部分企业的车辆上配有主动安全预警设备及驾驶人监控预警设备。预警信息将被上传至企业的车辆动态监控平台，专职人员对预警信息进行审核、记录以及人工提醒。

为了降低货运车辆驾驶人的行车风险，近年来，国内外常采用驾驶人监控设备以及车辆主动安全设备进行风险预警及干预。针对驾驶人监控设备，国外大多采用机器视觉、红外识别、眼部追踪、脑电检测等技术，利用摄像头、眼镜、头盔等设备对驾驶人疲劳进行监控预警，如表 13-5所列。国内大多采用图像识别、面部检测等技术对驾驶人疲劳进行监控预警，如表 13-6 所列。

表 13-5　　国外驾驶人监控设备功能及特点

国家	企业	产品名称	产品图片	应用技术	功能	特点
美国	Lytx	DriveCam		机器视觉、人工智能	对危险驾驶行为进行识别和分类	前/后置摄像头共同监控，记录360°全景数据
澳大利亚	Optalert	Drowsiness Detection Glasses		红外识别、眼部追踪	对眼部数据进行分析，计算疲劳等级	从医学角度对疲劳进行识别和等级划分
澳大利亚	SmartCap	LifeBand		脑电技术、疲劳检测	监测微疲劳，排除疲劳风险	实时监测，可以进行干预
美国	CurAegis	CURA 系统		疲劳监测技术	通过心率、血氧饱和度等指标监测疲劳	在线疲劳管理和训练，结合疲劳教育视频提高驾驶人疲劳意识

表 13-6　　国内驾驶人监控设备功能及特点

企业	产品名称	产品图片	应用技术	功能	特点
商汤科技	DMS 后装软硬件一体解决方案	—	图像识别算法、底层加速技术	驾驶人监控（疲劳、分心）、身份识别	4G 网络、设备自诊断低功耗运行
清研微视	疲劳驾驶预警系统		机器视觉技术	驾驶人监控（疲劳、分心、离岗）	远程监控及预警
径卫视觉	RDT401		人工智能、面部检测	驾驶人预警（疲劳、分心）	实时上传报警至云端
腾视科技	驾驶人状态管理系统		人工智能技术	驾驶人监控（疲劳、分心、不良行为）	大数据与车联网技术相结合

针对货运车辆主动安全设备，国外大多采用雷达检测、车道线识别等技术进行车距检测、车道线识别；采用声光等预警方式对紧急情况进行安全提醒，如表 13-7 所列。国内则大多采用图像识别、图像处理等技术进行车距检测、车道线识别，如表 13-8 所列；其预警方式较为单一，预警场景相对简单。

表 13-7　　国外货车主动安全设备

国家	企业	产品名称	产品图片	应用技术	功能	特点
德国	Bosch 集团	重型车辆车道偏离系统多功能照相机		车道线检测、盲区检测	换道辅助系统、车道偏离预警、车道保持系统	车道线识别、采用声光提醒方式进行预警
美国	Bendix	Bendix® Wingman® Advanced™	—	雷达检测技术、视频识别技术	车道保持系统、自适应巡航	结合雷达、影像及制动系统进行图像、算法处理
以色列	Mobileye	Mobileye-550 Mobileye C2-270		车道线检测、自行车检测、行人检测	前向避撞、自行车检测、车道偏离预警、车距检测	行人、非机动车检测能够针对不同车速进行预警
日本	Denso Corp.	毫米波雷达传感器		毫米波雷达检测技术	前向碰撞预警	检测前车距离、驾驶人安全预警

表 13-8　　国内货运车辆主动安全设备

企业	产品名称	产品图片	应用技术	功能	特点
径卫视觉 ROADEFEND 径卫视觉	RDT500 主动安全智能防控系统		图像识别 图像处理	FCW LDW 行人检测	能与雷达设备相融合
联通智网科技 智网科技	汽车行驶记录仪	—	图像识别	FCW DMS	支持大容量固态存储器
MINIEYE MINIEYE	长征 3		图像处理	LDW FCW	匹配智能安全实时监控终端
MAXIEYE MAXIEYE	IFVS 系列		摄像头监测 图像处理	LDW FCW	系统两级预警

2020 年,美国政府对货运车辆主动安全设备(Automatic Emergency Braking,AEB)进行了调查,分析了 AEB 设备的技术和营销问题,并从行业专家和利益相关者处收集信息,从而掌握了美国货运车辆 AEB 的安装情况[12]。美国货运车辆 AEB 安装率分析如表 13-9 所列。

表 13-9　　美国货运车辆 AEB 安装率分析[12]

年份	美国第 8 类货车(重型货车)的销售量/辆	安装率	AEB 系统销售量/个	AEB 系统累积销售量/个
2009	94 790	1%	948	948
2010	107 140	3%	3 214	4 162

(续表)

年份	美国第 8 类货车(重型货车)的销售量/辆	安装率	AEB 系统销售量/个	AEB 系统累积销售量/个
2011	171 350	5%	8 568	12 730
2012	194 710	10%	19 471	32 201
2013	193 010	15%	28 952	61 152
2014	220 340	20%	44 068	105 220
2015	248 730	30%	74 619	179 839
2016	192 520	40%	77 008	256 847
2017	192 252	50%	96 126	352 973

13.1.4 普通货运驾驶人管理

我国货运企业对于驾驶人的安全教育培训是改善驾驶人风险驾驶行为的重要措施。对于新入职的驾驶人,企业一般需要先对驾驶人进行场地驾驶技能测试与理论考试,只有通过了这两项考试才可入职;入职后需要跟车学习,进而独自驾驶。

在日常安全教育方面,企业每月通过 1～2 次例会开展驾驶人安全教育,主要内容包括规章制度、典型事故讲解和安全理念的提升。使用的教育材料由运管处和交警统一发放。部分企业会定期对在职驾驶人进行驾驶技能测试,以巩固驾驶人对法律法规、安全驾驶技能的掌握,测试结果与驾驶人的工资挂钩。

为了深入研究货运驾驶人的安全影响因素,可通过驾驶人心理及行为问卷进行调查。调查问卷从驾驶人基本信息、驾驶人工作信息、驾驶人安全教育、企业安全氛围、驾驶人安全意识、驾驶行为等方面开展,具体如下。

市内货物运输驾驶人专项调查问卷(以深圳市为例)

第一部分:驾驶人基本信息

1. 您所承担的货物运输类型为:

○普通货物运输　　○集装箱货物运输
○危险品货物运输　　○特种货物运输
○其他

2. 您的性别:

○男　　○女

3. 您的户籍所在地:

○深圳市　　○本省外市　　○外省

4. 您的年龄:________岁。

5. 您的教育水平:

○初中及以下　　○高中　　○专科　　○本科及以上

6. 您的婚姻状况：

○未婚　○已婚没有孩子　○已婚有孩子

○离异　○丧偶

7. 您取得驾照________年。

8. 您从事市内货物运输________年。

9. 您在过去3年是否发生过交通事故？

○从来没有　○发生过1次　○发生过2次及以上

10. 您在过去3年是否发生过交通违法？

○从来没有　○发生过1次　○发生过2次及以上

11. 近一个月以来，您是否受到失眠困扰？

○有　○没有

12. 既往病史：(多选)

□ 无　□ 脊/腰/颈椎病　□ 胃病　□ 肩周炎

□ 高血压　□ 糖尿病　□ 神经衰弱　□ 冠心病

□ 其他

13. 长期服用的药物：(多选)

□ 无　□ 止痛药　□ 降压药　□ 降糖药

□ 胰岛素　□ 安眠药　□其他

第二部分：驾驶人工作信息

14. 您的工作驾驶线路是固定的吗？

○是　○否

15. 您工作日平均每天驾驶________公里。

16. 你工作日平均每天驾驶________小时。

17. 您一周平均工作几天？

○小于3天　○3到5天　○5天以上

第三部分：驾驶人安全教育

18. 您在进入这家企业工作时，是否接受了上岗培训？

○是　○否

19. 您所在企业是否有以下安全培训教育或安全例会？(多选)

□从来没有　□月度安全例会　□季度安全例会

□年度安全例会　□发生事故后进行安全教育

20. 安全培训教育的形式通常为：(多选)

□管理人员开会　□实车演示　□聘请交通安全专家讲课

□发放交通安全宣传材料　□观看交通事故案例视频　□其他__________

21. 安全培训教育的内容通常为：(多选)

□交通法规　□安全驾驶知识　□事故案例

□驾驶技能　□其他______________

第四部分：企业安全氛围

22. 以下题目是对“公司”的一些描述，请您根据实际情况选出相应的选项。

题项	非常不同意	不同意	不确定	同意	非常同意
(1) 公司会努力提升各部门的安全水平					
(2) 公司会要求每个管理人员都协助改善其所属部门的安全					
(3) 公司会使用所有的可用资源来改进现有的安全规章制度					
(4) 公司会提供给驾驶人很多有关安全驾驶的信息					

23. 以下题目是对“安全经理”的一些描述，请您根据实际情况选出相应的选项。

题项	非常不同意	不同意	不确定	同意	非常同意
(1) 公司中安全经理的地位较高					
(2) 安全经理对货运车辆驾驶过程中存在的危险有清楚的认识					
(3) 安全经理始终严格要求我们的工作安全					

24. 以下题目是对“车队长”的一些描述，请您根据实际情况选出相应的选项。

题项	非常不同意	不同意	不确定	同意	非常同意
(1) 车队长会与我们讨论如何提高驾驶安全					
(2) 车队长使用解释的方法让我们安全驾驶，而不是命令					
(3) 车队长会提醒(需要被提醒的)驾驶人，让他们安全地驾驶					
(4) 车队长会确保我们遵守所有的安全规则(而不只是最重要的规则)					

第五部分：驾驶人安全意识

25. 您认为以下行为中，安全隐患最大的为：(多选)

□超速行驶　□安全驾驶知识　□分心驾驶(例如看手机)
□不系安全带　□争道抢行　□超载
□驾驶吸烟　□其他______

26. 您平时是否会超速行驶？

○从不　○偶尔　○有时　○经常

27. 您开车时使用手机(比如接听电话、看微信)吗?

○从不　○偶尔　○有时　○经常

28. 您平时是否会疲劳驾驶?

○从不　○偶尔　○有时　○经常

29. 您是否会在出车前后对车辆进行例行检查?

○从不　○偶尔　○有时　○经常

30. 您认为以下的驾驶行为哪几项是安全驾驶行为?(多选)

□不昏昏欲睡　□不超速

□耐心驾驶　□调整镜子以防止盲点

□礼貌地对待其他司机　□与前方车辆之间的车头时距至少保持 2 秒

□没有分心的驾驶　□系好安全带

□其他__________

第六部分:驾驶行为

31. 请您判断在过去一年中此类行为/事件发生的频率,并选择合适的选项。

题项	从不	极少	偶尔	有时	经常	总是
(1) 超速驾驶						
(2) 在车道合并时或在迫不得已时,才变更车道						
(3) 在变道时没有看反光镜						
(4) 没有注意到路边的交通标识						
(5) 在任何情况下,我都会礼让行人						
(6) 酒后驾车						
(7) 故意惹恼我后面的司机						
(8) 错误估算了绿灯的持续时间,而不能让车在停止线前停住						
(9) 错误理解了交通标识,因此开错了路						
(10) 与前车保持必要的安全距离						
(11) 从右侧超过了一辆速度慢的车						
(12) 按喇叭来表示我的愤怒						
(13) 错误地估算了对面来车的车速						
(14) 发现我走错了路						
(15) 避免占用快速车道						
(16) 在交叉口闯红灯						
(17) 故意用远光灯干扰对面来车						
(18) 错过高速公路出口						
(19) 错误地打开车上的设备(如想打开雨刷却开了转向灯)						
(20) 有人对我超车时,我会保持车速以让他超过						

（续表）

题项	从不	极少	偶尔	有时	经常	总是
(21) 在驾驶中使用手机接电话						
(22) 在驾驶中使用手机阅读短信或浏览网页						
(23) 车辆启动前忘记松开手刹						
(24) 在路口没有注意到行人						
(25) 停车时注意安全，注意避让其他车辆或行人						

32. 您在开车时如经历以下场景，请选出相应的情绪状态。

题项	完全没有	轻微愤怒	愤怒	很愤怒	非常愤怒	极度愤怒
(1) 前面的车太慢						
(2) 被其他车辆的远光灯闪到						
(3) 想变道的时候前面的车加速阻止你变道						
(4) 碰到长时间的堵车						
(5) 被自行车或电动车占道						
(6) 绿灯亮起时前面的车没有及时启动						

普通货运驾驶人问卷调查结果显示，货运驾驶人的年龄主要分布在36～45岁，驾驶人普遍年纪较大，如图13-10所示。我国货运驾驶人需持有A类驾照，驾驶人年龄须满21周岁且有1年以上的驾驶经验。

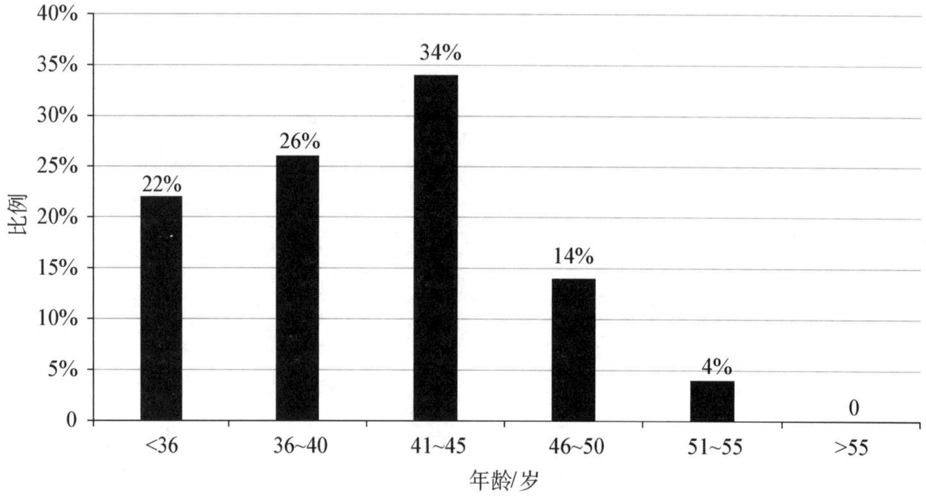

图13-10 普通货运驾驶人年龄分布

统计驾照为A类的普通货运驾驶人的驾龄情况，得到驾龄分布图，如图13-11所示。

由该图可知,14%的驾驶人拿到A类驾照的时间小于6年;接近46%的驾驶人驾驶经验丰富,拿到A类驾照的时间超过15年。

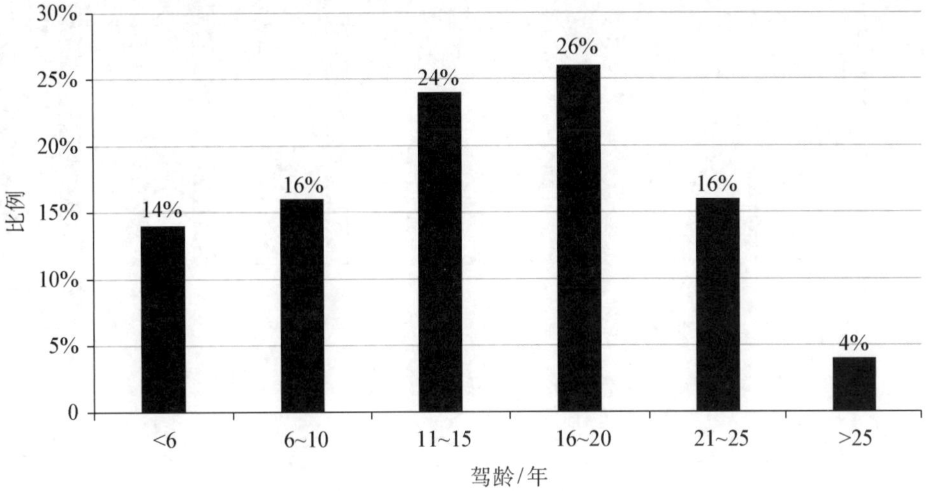

图 13-11 普通货运驾驶人驾龄分布

统计普通货运驾驶人的教育水平,得到驾驶人的教育水平分布图,如图13-12所示。由图可见,普通货运驾驶人的文化水平普遍较低,82%的驾驶人教育水平处于初中,高中学历驾驶人仅占18%。

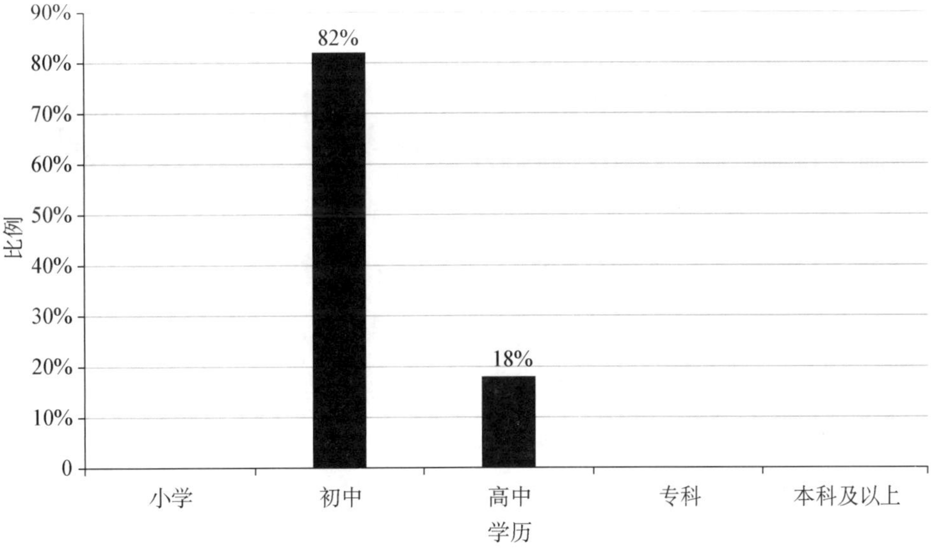

图 13-12 普通货运驾驶人教育水平

采用R. C. Kessler编制的凯斯勒心理困扰量表(Kessler Psychological Distress Scale, K6)能够对货运驾驶人的心理困扰进行测评[13]。测评结果显示,10%的货运驾驶人K6量表得分>12,即患心理疾病的风险较高;同时,驾驶人在焦虑维度的平均得分为1.3,在抑郁维度的平均得分为1.38,即驾驶人在抑郁方面的困扰较为严重。

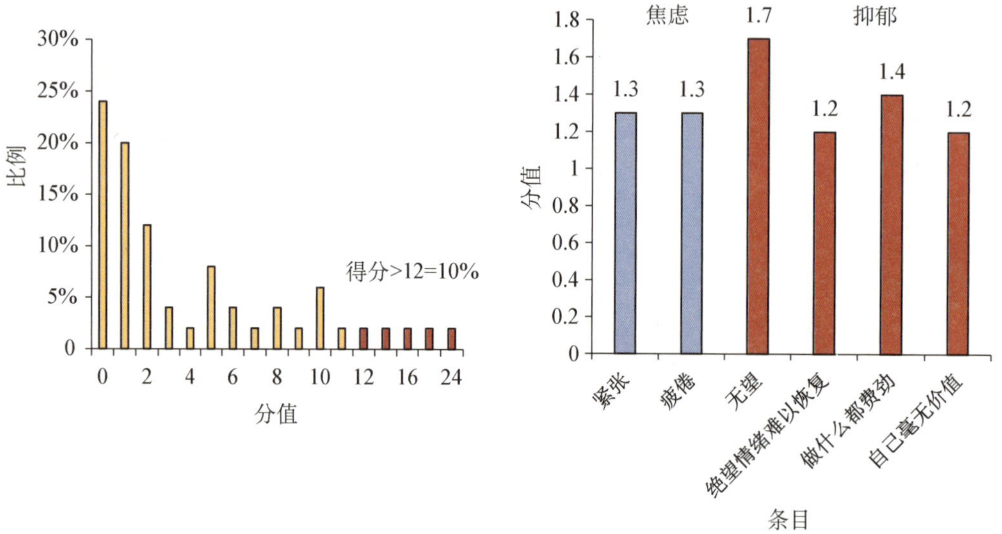

(a) 驾驶人K6量表得分　　(b) 驾驶人在K6量表各条目上的得分

图 13-13　货运驾驶人心理困扰分析

为了探究驾驶人心理健康状态对驾驶行为的影响，可基于驾驶人在 K6 量表中的得分情况，将驾驶人分为两组：患心理疾病风险性低（K6 量表得分小于 13 分）和患心理疾病风险性高（K6 量表得分大于等于 13 分），进而与驾驶行为问卷（DBQ）的得分进行对比分析[13-17]。

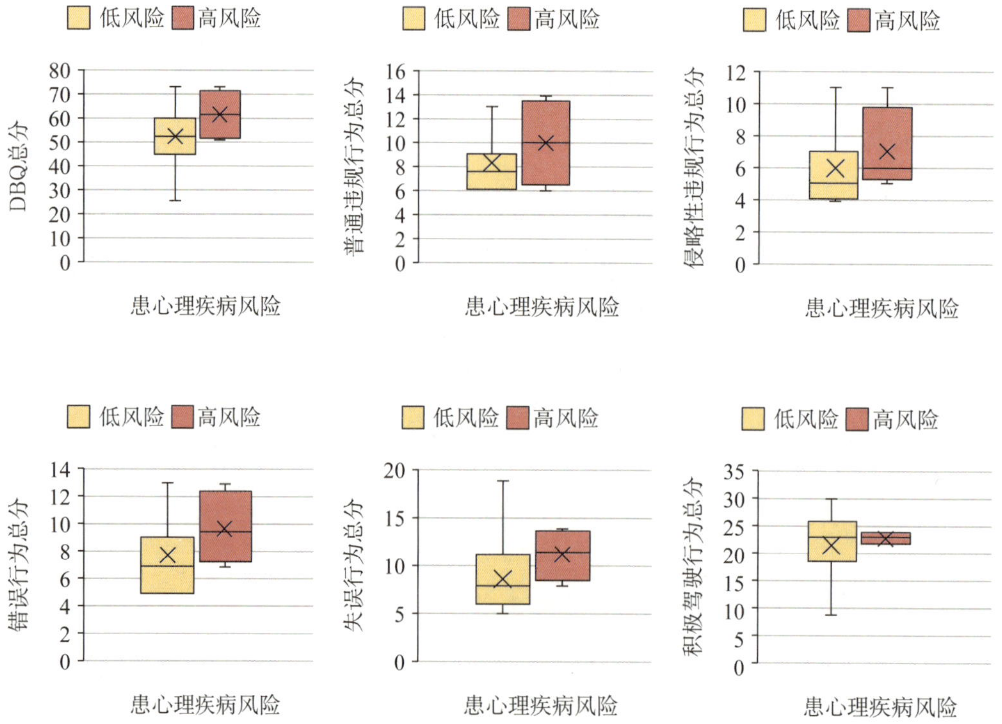

图 13-14　患心理疾病风险性高、低的两组驾驶人在 DBQ 各维度的得分情况

分析结果显示，患心理疾病风险性高的驾驶人在DBQ总分上明显高于患心理疾病风险性低的驾驶人。也就是说，心理健康状况较差的驾驶人在驾驶过程中出现不良驾驶行为的概率更高。

近年来，美国联邦机动车运输安全管理局针对货运驾驶人安全风险影响因素展开了研究。2020年发布的《营运驾驶人安全风险影响因素》(*Commercial Driver Safety Risk Factors*, CDSRF)报告中，从驾驶人群体特征、医疗状况、个人态度、历史事故、违法记录等方面分析了风险影响因素与事故的关系[18]。研究表明，9%的营运车辆驾驶人存在嗜睡的可能性，此类驾驶群体睡眠质量较差，易产生疲劳驾驶风险，如图13-15所示。

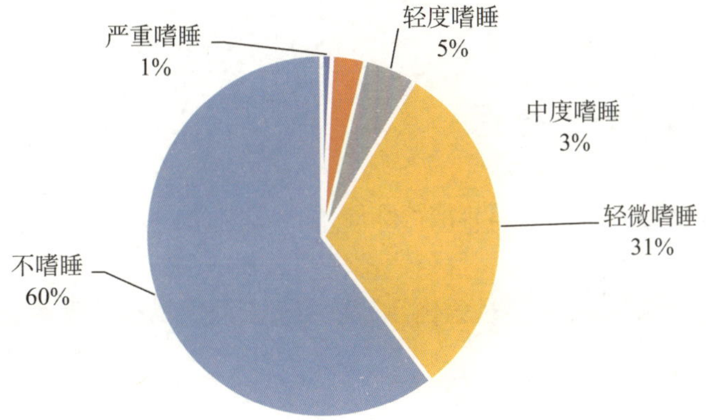

图13-15　营运驾驶人嗜睡分析

(图片来源：https://rosap.ntl.bts.gov)

针对驾驶人不良行为严重的问题，亟须通过改善安全教育方式来有针对性地提高货运驾驶人的交通安全水平。可通过驾驶人行为数据采集、行为分析、安全教育和效果评估四个阶段开展基于行为分析的驾驶人安全教育，如图13-16所示。

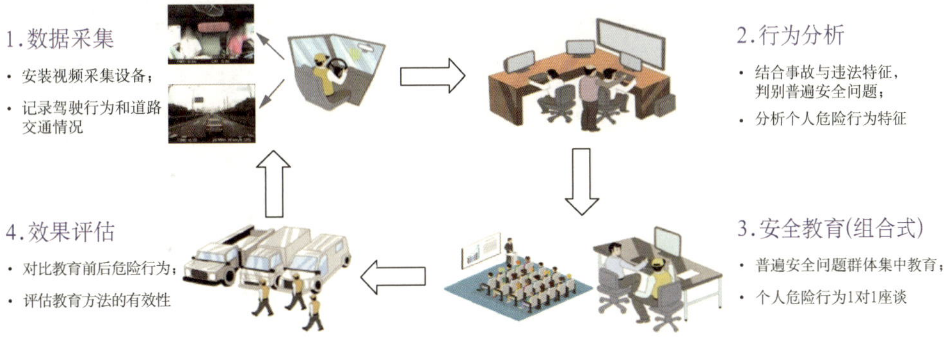

图13-16　基于行为分析的驾驶人安全教育方法四阶段

此外，可借助驾驶人监控设备和车辆主动安全设备所采集的行为数据对驾驶人行为进行分析。虽然，我国很多营运企业安装了视频监控设备，但尚未对该设备进行充分利用。通常基于视频监控，可对驾驶人开展行为监控与分析，并基于驾驶人的行为特点进行安全教育，如图13-17所示。

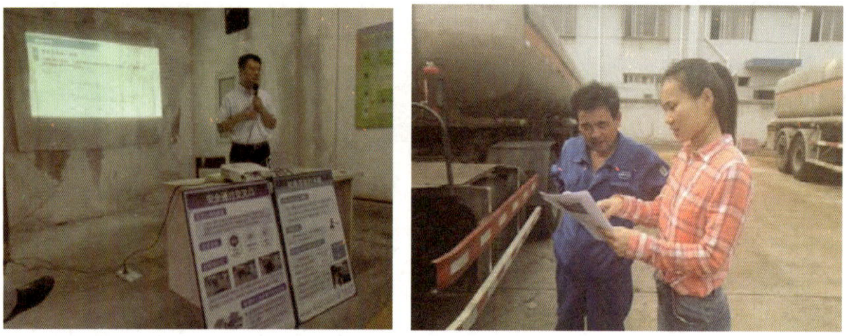

图 13-17　基于行为分析的驾驶人针对性安全教育

13.2　危化品运输安全管理

危化品运输是货运行业中一项非常特殊的运输工作，由于运输的货物通常为具有爆炸性、剧毒性、放射性的高危险货物，一旦车辆发生交通事故，将造成非常严重的影响，事故的波及范围也会非常广，因此有必要对危化品运输安全管理现状及其重点安全问题展开介绍。

13.2.1　危化品运输行业发展现状

统计 2009—2017 年公路营运载货汽车拥有量，我国危化品运输车辆保有量都呈稳定增长趋势，年均增长量约 5.5 万辆。与此同时，危化品运输车在道路交通运输车总量中的占比逐年上升。如图 13-18 所示，2017 年营运车辆中危化品货运的占比为 2.27%，比 2009 年提高了 10 倍，危化品运输车辆增加了近 460 000 辆[19]。然而，目前有很多中小型危化品运输企业因其规模小、专业化程度低、产业集中度低，故存在运输不规范、零散运输等情况，从而造成极大的安全隐患。

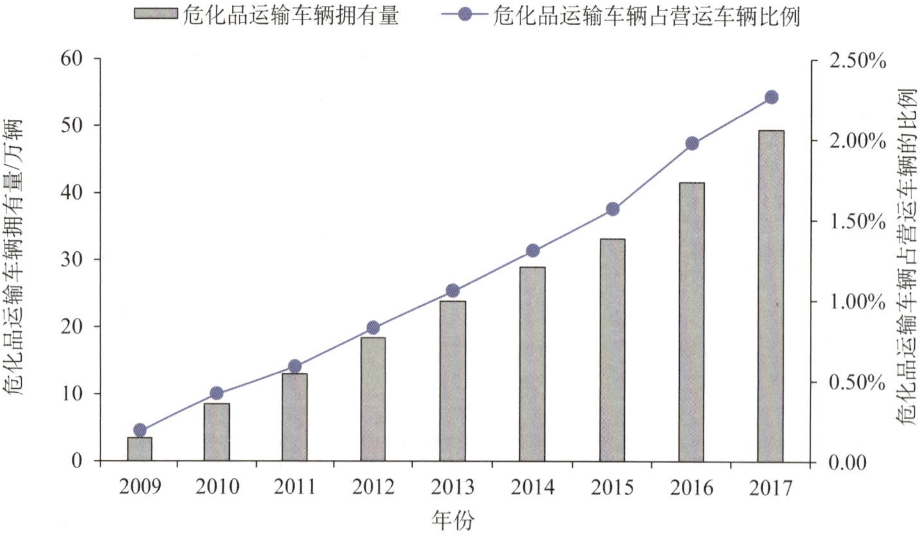

图 13-18　危化品运输车辆拥有量及占比

（数据来源：http://www.stats.gov.cn/）

据统计，2015—2019 年(缺失 2018 年数据)我国危化品货运死亡事故数在总营运车辆死亡事故中的占比由 1.26%提升至 1.67%，如表 13-10 所列。危化品驾驶人存在诸多不良驾驶行为，如吸烟、接打电话、将手臂搭放在车窗外等。这些不良驾驶行为会导致驾驶人分心驾驶，容易造成事故发生，危及公共安全。

表 13-10　　危化品运输车辆交通死亡事故数据统计[2-6]

年份	危化品死亡事故总数	营运车辆死亡事故数	危化品占营运车辆事故比例
2015	235	18 673	1.26%
2016	328	19 018	1.72%
2017	321	17 957	1.79%
2018	—	—	—
2019	255	15 291	1.67%

危化品货运车辆一旦发生事故，具有突发性、复杂性和更大危害性。2015—2017 年，我国共发生了 2 起危化品货运重特大事故。

本节将结合我国《道路交通事故信息采集项目表》和美国国家道路交通安全管理局(NHTSA)的事故信息采集标准(MMUCC)建立哈顿矩阵，对 2017 年“河北张石高速公路涞源段‘5・23’重大道路交通事故”的致因进行深度分析，力图找出危化品重特大交通事故的致因特点。

2017 年 5 月 23 日 6 时 30 分，蒙 M22001(蒙 M7866 挂)号重型半挂牵引车运载危化品，于张石高速公路 301 km 处浮图峪 5 号隧道内，遇前方车队缓慢行驶，跟车过程中，车辆发生燃烧引发爆炸。事故共造成 15 人死、15 人受伤，并波及高速公路坡下 43 户民房受损，12 名村民轻微受伤。事故致因分析如表 13-11 所列。

表 13-11　　河北张石高速公路涞源段“5・23”重大道路交通致因分析[5]

因素	阶段		
	事故前(减少事故发生)	事故中(减少事故伤害)	事故后(有效救援)
驾驶人	未及时发现车辆轮胎起火；禁止通行时段进入高速公路	—	—
车辆和设备	轮胎燃烧；未按规定放置危险品警示标志	车载氯酸钠发生燃烧	燃烧爆炸
环境	隧道；夜间	隧道间距不符合规定	—
社会企业管理	企业对员工安全教育不到位	监控平台值守人员危险警报信息未处理	隧道管理部门未及时处理车辆起火的异常情况

为了预防和降低事故发生率，大多数危化品运输企业安装了 GPS 智能监控系统和视频监控系统。然而，目前仍然有少部分企业的货车未安装 GPS 设备，或 GPS 设备未启用，甚至已安装的 GPS 设备部分存在故障，如误报较多、数据异常或无法上传数据。部分企业存在未如实记录、记录缺失、记录不规范或无 GPS 台账，甚至缺少安全监管制度等问题。

随着危化品载货汽车的保有量以及危化品货运量的不断增长，危化品货运交通安全及危化品货运行业安全管理问题面临了巨大挑战。为了解危化品运输行业安全管理的全过程,需要针对危化品营运中涉及的政府部门、行业协会进行调研,以深入了解相关法律法规,从而对危化品运输行业安全管理状况进行分析,图 13-19 所示为危化品运输行业安全管理框架。

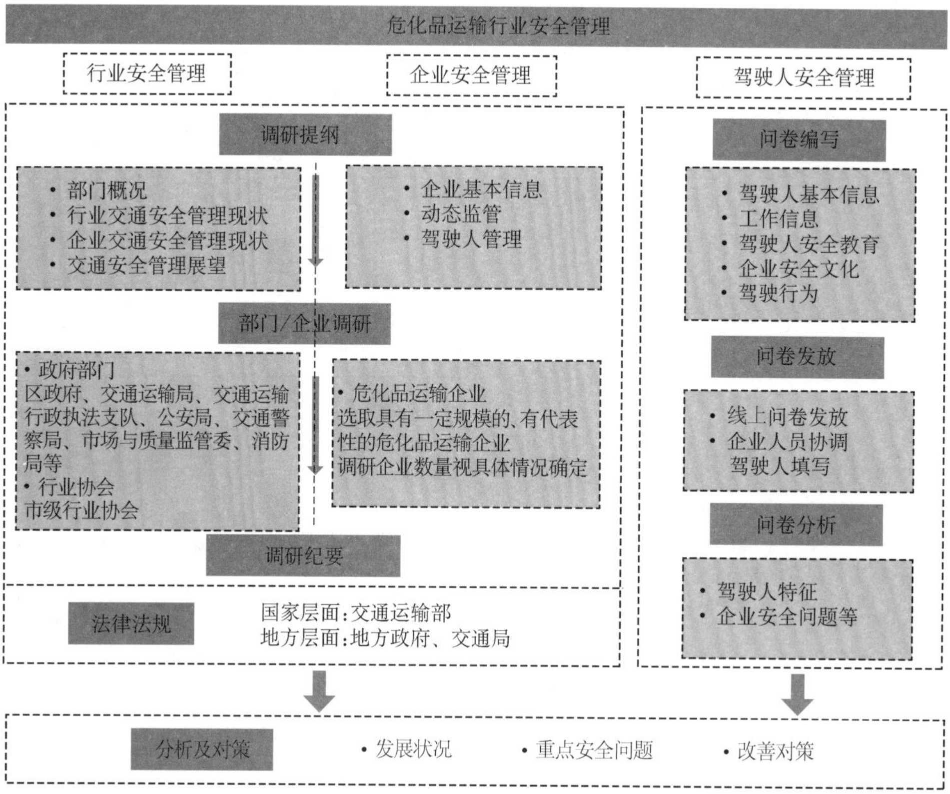

图 13-19　危化品运输行业安全管理框架

13.2.2　危化品运输行业管理

危化品运输行业交通安全管理的组织结构一般由三类不同职能的管理部门组成,它们分别负责营运企业的从业管理、日常运营监管和安全执法。

以深圳市为例,首先,深圳市交通运输局作为深圳市道路危险货物运输管理中的核心部门,负责危险货物道路运输单位及其运输工具的安全管理。其次,深圳危运协会协助交通运输局进行日常行业管理;交通运输行政执法支队以及交通警察局负责日常运营与交通管理;市场和质量监管委与公安局、消防局则负责安全综合管理。深圳市危化品运输行业职能部门如图 13-20 所示。

通过整理汇总发达国家的危化品管理办法(表 13-12),发现具有以下共同点:通过建立健全完备的法律体系,明确危化品运输过程中各参与人员的具体职能和责任,对人员培训、车辆安全许可、安全运输等都有明确要求,对经营者或所有者也有安全评估要求。同时,发达国家的立法具有全员参与性,不仅有管理者的意见、意志和意愿,还广泛征求行业各界代表的意见,因而可操作性和实践性较强。此外,发达国家对于道路危化品运

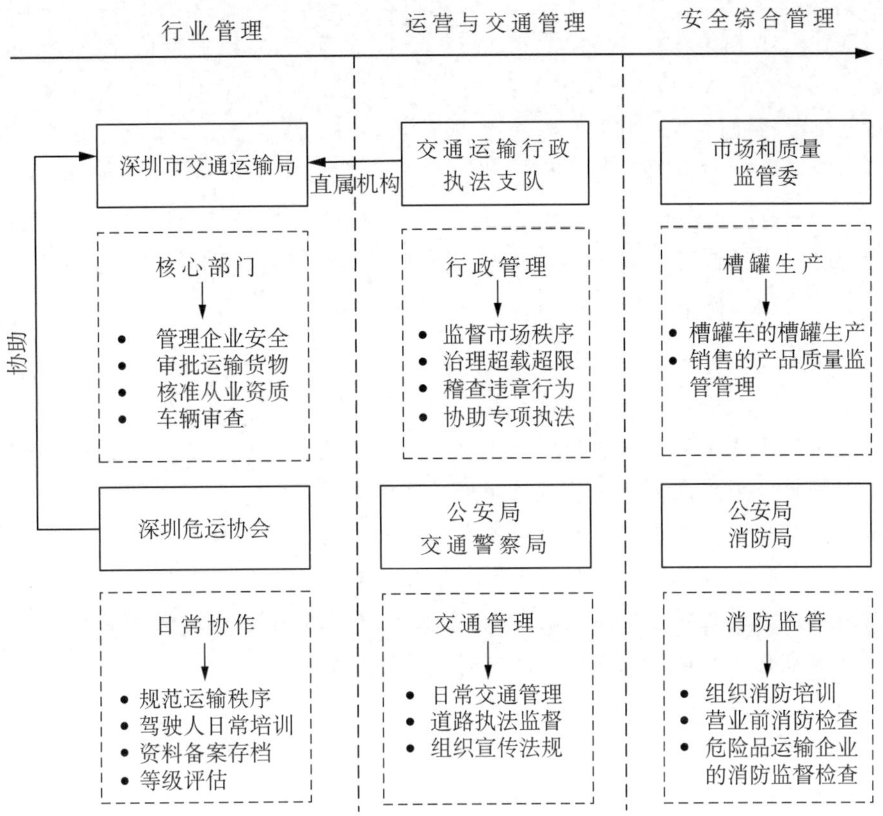

图 13-20 深圳市危化品运输行业职能部门

输管理的相关法律法规，若干年就要进行补充、修订和完善，以保证内容贴近国家发展现状，符合实时国情。

表 13-12 发达国家危化品运输法律法规和各部门管理职责

国家	法律体系构成	管理职责
美国	*Hazmat Transportation Training Requirements*[20]	交通运输部全权负责
英国	本国:*Recommendations on the Transport of Dangerous Goods: Model Regulations*[21] 欧盟:*European Agreement Concerning the International Carriage of Dangerous Goods by Road*-ECE/TRANS/275(ADR)[22]	交通部管理局负责发行危化品运输许可证，行业协会和危化品专业人士协会负责执行，警察局和道路管理局进行配合
德国	*European Agreement Concerning the International Carriage of Dangerous Goods by Road*-ECE/TRANS/275(ADR)[22]	工商企业联合会全面负责执业人员培训和颁证;货运管理局各派出机构和各州警察局共同负责执法检查
日本	昭和 23 年法律第 186 号《消防法》、昭和二十六年法律第百八十三号《道路运送法》和平成元年 12 月 19 日法律第 83 号《货物汽车运送事业法》	总务省下属消防厅负责执法和监管

在行业协会方面，各地方按照民间组织管理条例，成立当地的危化品运输行业协会，实

行民主管理制，会员大会是最高的权力机构，负责重大事项的决策，下设理事会、监事会。行业协会的主要工作内容为每年与交通局通过招投标的方式，为行业内危化品企业提供应急救援服务。

在对危化品行业协会的相关人员进行调研时，首先，需要初步了解基本信息，编制调研提纲并提前发送给对方，以便对方准备相关材料。其次，在调研当天详细记录双方谈话内容，会后形成完整的会议纪要，并发送对方核实信息是否有误；根据调研问题反馈，针对尚不明确或仍需进一步了解的具体问题进行补充调研。最后，对政府部门的安全管理工作进行全面分析。行业协会调研提纲具体如下，以深圳市为例。

一、深圳市危运协会基本情况

1. 介绍深圳市危运协会的基本情况。

2. 介绍深圳市危运协会的管理体系。

3. 介绍目前深圳市危运协会的成员组成情况和数量。

4. 解读协会日常工作内容中和交通安全管理相关的具体工作内容。

二、深圳市危化品运输行业交通安全管理现状特征

1. 介绍深圳市近几年危化品运输行业、企业、驾驶人安全管理现状特征。

2. 深圳市危化品运输行业安全管理有哪些经验值得借鉴？

3. 深圳市危化品运输行业目前存在的重点安全问题有哪些？

4. 介绍深圳市目前危化品运输行业的信息化管理、动态安全监控情况。

5. 深圳市危化品运输行业的驾驶人最常见的不良或违法驾驶行为包含哪些？

6. 深圳市危化品运输行业是否有交通事故应急救援预案？

三、深圳市危化品运输企业交通安全管理现状特征

1. 深圳市危化品行业协会给会员企业在交通安全管理方面提供什么支持和服务？

2. 是否存在以下情况：无运营资质的企业，却在普通货物运输中夹带危险化学品？

3. 深圳市危化品运输企业为保障运输安全及驾驶人的安全已采取了哪些措施？您认为还应在哪些方面提升和改善？

4. 深圳市危化品运输企业为运输车辆及驾驶人购买保险的落实情况如何？

四、深圳市危化品运输行业交通安全管理展望

1. 请介绍深圳市危化品运输行业“十四五”期间在交通安全管理方面的工作重点。

2. 您对深圳市危化品运输行业交通安全管理体制机制有什么建议？

调研结果显示，危化品运输行业存在部分无运营资质的企业、在普通货物运输中夹带危化品或将危化品匿报或者谎报为普通货物进行运输的情况。这部分企业存在极大的侥幸心理。由于交警部门没有权利打开货物检查，因此交通部门需要加强对生产厂家、仓储企业、港口码头出货的管理。只有对工业园区所生产的产品一一记录，出货有单据，运输有痕迹，数量精准，危化品运输行业才会得到有效管控。

根据协会和企业的调研反馈，由于危化品运输行业整体利润率低(不足5%)，因此影响了企业提升员工待遇、人员配备和场地设施，进而影响驾驶人的工作积极性，造成管理隐患。例如，深圳市部分龙头企业多年未提高工资待遇，有的未设立安全员，也有企业反馈，没有场

地停车，搬家频繁，这些问题都会对驾驶人的积极性和管理有一定的影响。

此外，对异地车辆缺乏有效的跨区域管理也会造成安全问题。异地车的运输管理因为无人审查，年审时存在将车牌号寄送回注册城市，而未进行车辆检查的情况，因而无法保证运营车辆的安全，甚至存在部分异地车辆利用普货车辆偷运危化品的情况。

目前，我国的法律法规对危化品的运输有严格的规定，运输危化品等危险货物需从企业、车辆、人员三方面保证"三证"齐全，如表 13-13 所列。

表 13-13　危险品运输"三证"

主体	内容
企业	营业执照、道路危险货物运输许可证
车辆	道路运输证、行驶证
人员	驾驶人员的驾驶证、从业资格证；押运、装卸人员的从业资格证

在车辆管理政策方面，目前国家统一规定，专用车辆的技术要求应当符合国家颁布的《道路运输车辆技术管理规定》[23]。另外，危化品运输经营者应当为运输车辆按要求足额投保承运人责任险。

国外针对危化品车辆管理有着更为明确的规定，如日本要求移动油罐车储藏的危险品必须在边长介于 0.3～0.4 m 之间的正方形板上标明"危"字样，且字样要求底为黑色，文字用黄色的反射涂料；美国则要求将整个罐体全部涂上颜料，表明该罐体运输的是危险品。

中国一般采用的是 6×4 车型或者 8×4 车型的单车，牵引车也以 6×4 车型的半挂牵引车为主。日本则为 6×2 车型的双导单车，轴距不长，如图 13-21 所示。小型车体的质量轻、制动时间短、更容易操控。同时，日本车型底盘较低，稳定性好，但只适用于良好路况。另外，日本车型的最大载重量要比中国的小，故装载的危化品总量少，一旦发生交通事故，危害性就比较小，但运输成本会随之提高。

图 13-21　日本危险品运输车体较小

（图片来源：https://m.evpartner.com/news/detail-25388.html）

在驾驶人管理方面，我国规定，从业者必须持有中华人民共和国车辆驾驶证(B2)[24]和从业证，其有效期为 6 年。而国外从业人员的资格有效期一般为 2～3 年。相比之下，过长的有效期不适合危化品运输管理。随着经济的发展，危险品种类、数量的增长速度会越来越快，如果驾驶人不及时学习更新相关的知识，就无法准确、高效地应对实际工作中可能出现的新情况，从而也会影响危险货物的运输安全。因此，对已有资质的从业人员的再培训就显得格外重要，应该从制度层面进行规定，缩减从业人员资格的有效期。

13.2.3 危化品运输企业管理

为了深入了解危化品企业安全管理情况，需对危化品企业的安全管理部门及相关人员进行调研。与客运行业调研类似，首先明确需要调研的企业单位，在了解基本信息后编制调研提纲，并提前发送给对方。其次，在调研当天详细记录双方谈话内容，会后形成完整的会议纪要，并发送给对方核实信息是否有误；针对尚不明确或仍需进一步了解的具体问题进行补充调研。最后，对企业的安全管理工作进行全面分析。企业调研提纲具体如下。

一、企业基本信息

1. 贵单位运输业务基本情况、货物类型。

2. 贵单位规模、车队结构/组成、企业/车队车辆数、驾驶人数量与基本特征等。

3. 危化品配送的范围（全国、省内、市内）？线路是固定的吗？

二、企业安全管理

1. 请您介绍贵单位的安全管理机制（如设置专门的安全管理部门或安全管理专员）、驾驶人管理机制等。

2. 新入职的驾驶人接受上岗培训的内容和方式是什么？

3. 贵单位是否有车队/企业安全例会？请介绍一下安全例会的频率、对象、内容和形式。

4. 贵单位采取怎样的方式进行安全管理效果评估？

5. 您认为贵单位的车辆安全技能如何，存在哪些缺陷？请介绍一下贵单位对于车辆安全性能管理方面有哪些措施？

6. 能否介绍一下贵单位在企业安全管理方面比较创新的做法？效果如何？

三、驾驶人管理

1. 贵单位驾驶人的工作制度是怎样的，比如每日工作时长、每周工作天数、休息/轮班安排、每台车配备几名驾驶人共同完成运输任务等，是否配备安全员？

2. 驾驶人的运输任务安排是否与绩效挂钩（如优先安排事故少、违法少的驾驶人）？

3. 据您的了解，驾驶人日常驾驶普遍存在的安全隐患有哪些（如闯红灯、超速、低速、疲劳驾驶等）？

4. 请介绍一下驾驶人的工资或奖金与事故及违法行为的关联机制。

5. 贵单位对重点驾驶人（事故或违法行为多发的驾驶人）采取什么措施？效果如何？

四、动态监管

1. 介绍车辆行驶的主要区域、线路，出车的时间，线路上的主要风险。

2. 目前，贵单位的车辆是否都配备了动态监控设备（如视频监控、GPS、车载预警系统等）？针对设备安装数量、设备主要功能和数据采集与存储方式，驾驶人及管理者的反馈评价（优缺点）是什么？

3. 设备安装前是否对驾驶人进行介绍与培训？请介绍一下培训的规模、方式和内容。

4. 贵单位是否有数据监控中心/部门，对于上述数据如何进行使用？是否针对重点驾驶人进行筛选？

5. 在动态监管方面，贵单位存在哪些困难？采取了哪些解决措施？

五、其他问题

1. 您认为目前深圳市的危险品运输行业存在哪些较为突出的安全问题？贵单位对此类问题是如何进行干预的？

2. 是否能谈一谈贵单位下一阶段在安全管理方面的工作重点和计划？

3. 对未来行业的安全管理机制有什么建议？

4. 危险品运输如何借助信息管理系统、仓储系统、个人终端系统等电子系统来确保运输的安全与高效？

5. 针对危化品运输不按规定线路行驶、疲劳驾驶等问题，企业如何对驾驶人进行管理及教育？

问卷调查发现，为了完善大型危化品运输企业的安全管理体系，大型危化品运输企业一般会制定安全生产责任制，实行三级管理，分为公司经营班子级、各职能部门级和车队级，如图 13-22 所示，从主要负责人、运输主管、GPS 监控员到押运人员，全面实行安全责任考核，落实奖惩制度，目前已建立了较为完备的驾驶人管理制度，包括驾驶人的在途管理、驾驶人安全培训与教育以及驾驶人事故违法责任制度。但危化品运输行业有很多中小型企业，其特点是规模小、专业化程度低、产业集中度低、零散运输不规范，因而难以管理。

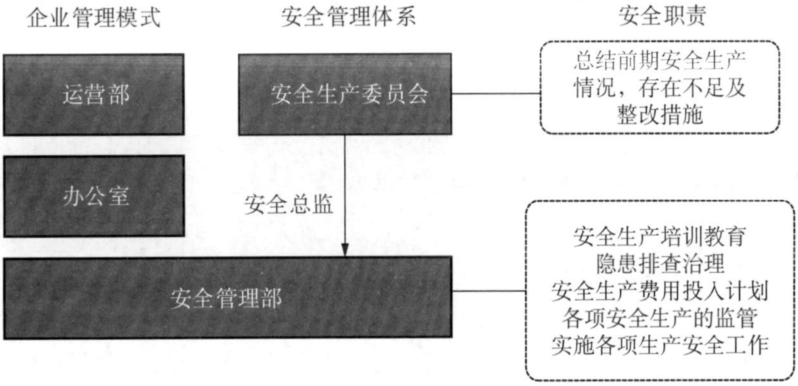

图 13-22　企业安全管理体系层次

针对危化品运输行业体制机制有待完善这一安全问题，建议加强对企业的监管，落实运输企业主体责任。加强源头管理和路途中的稽查与检查，规范经营者的经营行为，对违章的经营者要严管重罚，对非法经营危化品运输的企业或个体户要给予坚决打击。借鉴发达国家经验，引入包括驾驶人、车辆、普通危化品货物、三类高危专用货物等的分级检查机制，形成行业标准，提高执法力度。同时，加强市场检查力度，尤其对于危货集散地和重要运输线路的监督检查，及时纠正违章作业，建立企业安全档案，取缔无证经营，消除事故隐患。

车辆安全管理和信息化建设监管不足。尽管，目前危化品企业的车辆均已安装了 GPS 智能监控系统和视频监控系统，如图 13-23 所示，其中，GPS 主要查处车辆轨迹，防止违停或不按路线行驶等违法行为；视频监控主要防范驾驶人不安全驾驶行为。但是，因为监控及主动预警设备频繁出现误报情况，导致驾驶人对监控及预警设备产生抵触情绪，同时，企业无法合理地利用预警设备及事故数据来对驾驶人及时进行安全教育与管理。

图 13-23 空气化工产品气体(深圳)有限公司 G7 监控系统

(图片来源：https:// www.g7.com.cn)

在安全教育方面，我国危化品运输企业针对危化品驾驶人有相应的安全培训管理。驾驶人在入职前，首先要接受公司人事行政、业务部、安全管理部等各职能部门的入职培训，其次驾驶人要接受车队管理员业务及安全培训，接着安排一对一的带班培训。然而，企业虽已建立了较为完善的驾驶人安全培训与教育机制，且经常聘请交通安全专家、交警等专业人士为驾驶人讲授安全知识，但管理人员反映部分驾驶人对于安全教育的态度消极、麻木，不良驾驶行为屡教不改，致使培训效果不佳。

调研结果显示，我国危化品运输行业车辆监管相对不足，驾驶人安全意识差，对此建议企业加强对车辆的动态监管。第一，可以建立通行证智能管理系统以实时掌握行车路线，避免车辆进入禁行和限行区域，为驾驶人提供专业的导航服务，同时也能显示道路隐患点，让驾驶人在行车过程中了解行驶路线上可能存在的隐患。第二，可以利用人脸识别和虹膜识别系统，减少驾驶人无证驾驶、伪造从业证驾驶等问题，对已持有从业证的驾驶人建立数据库、培训档案和事故违法档案，驾驶全程信息绑定驾驶人个人，避免出现驾驶人和驾驶证不一致的“替驾”情况。也可以同医疗系统共享信息，避免出现带病驾驶的情况。同时，建议在危化品运输车辆上搭载驾驶人疲劳驾驶和分心驾驶识别装置，以保护驾驶人运输安全。

13.2.4 危化品运输驾驶人管理

为了深入探究危化品驾驶人的安全特征，同济大学交通安全团队通过问卷调查对不同城市的危化品驾驶人进行了专项调研。问卷主要分为驾驶人基本信息、驾驶人工作信息、驾驶人安全教育、企业安全氛围、驾驶人安全意识、驾驶行为六部分内容。问卷内容具体如下。

危化品运输驾驶人专项调查问卷(以深圳市为例)

第一部分:驾驶人基本信息

1. 您的性别:

○男　○女

2. 您的户籍所在地及来深圳的时间:

○本市　○本省外市,来深圳5年以下

○本省外市,来深圳5～10年　○本省外市,来深圳10年以上

○外省,来深圳5年以下　○外省,来深圳5～10年

○外省,来深圳10年以上

3. 您目前居住的行政区是:

○福田区　○罗湖区　○南山区　○盐田区

○宝安区　○龙岗区　○龙华区　○坪山区

○光明区　○大鹏新区　○深汕特别合作区

4. 您的年龄:________岁。

5. 您的教育水平:

○初中及以下　○高中/中专　○本科/大专　○研究生及以上

6. 您的婚姻状况:

○未婚　○已婚没有孩子　○已婚有孩子　○其他

7. 您目前平均月收入:

○≤4 000元　○4 001～6 000元　○6 001～8 000元　○8 001～10 000元

○10 000元以上

8. 近一周以来,您工作日平均每天的睡眠时间:

○10小时以上　○8～10小时　○6～8小时　○4～6小时

○4小时以下

9. 近一个月以来,您是否受到失眠困扰?

○有　○没有

10. 既往病史:(多选)

□无　□脊/腰/颈椎病　□胃病　□肩周炎

□高血压　□糖尿病　□神经衰弱　□冠心病

□高血压

11. 长期服用的药物:(多选)

□无　□止痛药　□降压药　□降糖药

□胰岛素　□安眠药　□其他

12. 您第一次取得的驾驶证类型为________类,距今已经________年;

您目前使用的驾驶证类型为________类,已经使用________年。

13. 您从事危化品运输车辆驾驶________年。

14. 您在过去3年是否发生过交通事故：

○没有　　○有

15. 发生过________次，事故类型是：(多选)

□本人或乘客受伤　□追尾　□正面相撞

□侧面相撞　□碰撞电动自行车/自行车　□碰撞行人

□其他 ____________

16. 您在过去3年是否发生过交警扣分或罚款的违法行为：

○没有　　○有

17. 有过________次，违法类型是：(多选)

□闯红灯　□超速行驶　□与乘客争吵　□压线

□酒驾/醉驾　□疲劳驾驶　□未系安全带　□其他 ____________

第二部分：驾驶人工作信息

18. 您认为您所驾驶的车辆安全性如何？(0～10分打分)________

19. 您所在企业对车辆安全管理采取了哪些措施？(多选)

□未采取任何措施　□安装主动安全管理设备

□定期进行车辆安全检查及维修　□讲解车辆使用方法

□讲解车辆保养技巧　□其他____________

20. 您的驾驶线路区域主要集中在：(多选)

○遍布全国　○广东省　○深圳市

21. 您的驾驶线路主要集中在深圳市哪些区？(多选)

□全市范围　□福田区　□罗湖区　□南山区

□盐田区　□宝安区　□龙岗区　□龙华区

□坪山区　□光明区　□大鹏新区　□深汕特别合作区

22. 您的工作驾驶线路是固定的吗？

○是　　○否

23. 您的驾驶线路是否经过隧道？

○是　　○否

24. 您的驾驶线路是否经过临水临崖路段？

○是　　○否

25. 您的驾驶线路中主要存在的安全风险是____________________________________

26. 您主要的出车时段：(多选)

□0:00—3:00　□3:00—6:00　□6:00—9:00　□9:00—12:00

□12:00—15:00　□15:00—18:00　□18:00—21:00　□21:00—24:00

27. 您一周平均工作几天？

○≤3天　○4天　○5天　○>5天

28. 您工作日平均每天驾驶________公里，平均每天驾驶________小时。

29. 您工作日平均每天工作(包括驾驶、装卸车、排队等)________小时。

30. 您对目前的工作状态是否满意？

○满足现有工作状态 ○偶尔有想换工作的想法

○非常想换工作

31. 您想换工作的原因是：(多选)

□企业管理水平较差

□单位转嫁风险，发生事故或纠纷自身相关权益得不到保障

□工资福利、发展空间达不到预期

□行车突发状况多、风险多，自身安全得不到保障

□工作时间长、作息不规律，工作劳动强度大

□车辆和配套设施差，工作环境压抑

□长期在外工作，与家人聚少离多

□其他____________

第三部分：驾驶人安全教育

32. 您在进入这家企业工作时，是否接受了上岗培训？

○是 ○否

33. 您所在企业是否有以下安全培训教育或安全例会？(多选)

□从来没有 □月度安全例会

□季度安全例会 □年度安全例会

□发生事故后进行安全教育

34. 安全培训教育的形式通常为：(多选)

□交通安全教育培训基地学习 □聘请交通安全专家授课

□观看"大篷车"流动宣传教育 □发放交通安全宣传材料进行学习

□回答安全教育问卷并统一讲解 □管理人员开会讲解

□观看交通事故案例视频 □实车演示

□有奖问答 □其他____________

35. 安全培训教育的内容通常为：(多选)

□安全驾驶知识 □安全驾驶技能

□交通法律法规 □危险品运输行业专业知识

□应急处置知识 □交通事故案例

□其他________

36. 据您所知，您所在的企业利用GPS监控平台进行了以下哪些举措？(多选)

□不清楚 □没有GPS监控平台

□及时提醒驾驶人避免疲劳驾驶 □监督驾驶人的驾驶行为

□利用该平台数据对驾驶人进行奖励或惩罚 □其他____________

第四部分：企业安全氛围

37. 以下题目是对"公司"的一些描述，请您根据实际情况选出相应的选项。

题项	非常不同意	不同意	不确定	同意	非常同意
(1) 公司会努力提升各部门的安全水平					
(2) 公司会要求每个管理人员都协助改善其所属部门的安全					
(3) 公司会使用所有的可用资源来改进现有的安全规章制度					
(4) 公司会提供给驾驶人很多有关安全驾驶的信息					

38. 以下题目是对“安全经理”的一些描述，请您根据实际情况选出相应的选项。

题项	非常不同意	不同意	不确定	同意	非常同意
(1) 公司中安全经理的地位较高					
(2) 安全经理对货运车辆驾驶过程中存在的危险有清楚的认识					
(3) 安全经理始终严格要求我们的工作安全					

39. 以下题目是对“车队长”的一些描述，请您根据实际情况选出相应的选项。

题项	非常不同意	不同意	不确定	同意	非常同意
(1) 车队长会与我们讨论如何提高驾驶安全					
(2) 车队长使用解释的方法让我们安全驾驶，而不是命令					
(3) 车队长会提醒(需要被提醒的)驾驶人，让他们安全地驾驶					
(4) 车队长会确保我们遵守所有的安全规则(而不只是最重要规则)					

第五部分：驾驶人安全意识

40. 您平时是否会超速行驶？

○从不　○偶尔　○有时　○经常

41. 您开车时使用手机(比如接听电话、看微信)的频率：

○从不　○偶尔　○有时　○经常

42. 您开车时使用手机地图导航功能的频率：

○从不　○偶尔　○有时　○经常

43. 您平时出现疲劳驾驶的频率：

○从不　○偶尔　○有时　○经常

44. 您在出车前后对车辆进行例行安全检查的频率：

○从不　○偶尔　○有时　○经常

45. 您对“发生交通事故后的应急处置知识”了解多少？

○基本不了解　○了解很少　○了解一些　○非常了解

46. 您对“各类危险化学品分类知识”了解多少？

○基本不了解　○了解很少　○了解一些　○非常了解

47. 您对“各类危险品防火、防爆、防泄漏等措施”了解多少？

○基本不了解　○了解很少　○了解一些　○非常了解

48. 在以下行为中，您认为安全隐患最大的两项为：(多选)

□闯红灯　□超速行驶

□疲劳驾驶　□分心驾驶(例如看手机)

□不系安全带　□争道抢行

□超限超载　□驾驶吸烟

□其他____________

第六部分：驾驶行为

49. 请您判断在过去一年中此类行为/事件发生的频率，并选择合适的选项。

题项	从不	极少	偶尔	有时	经常	总是
(1) 超速驾驶						
(2) 在车道合并时或在迫不得已时，才变更车道						
(3) 在变道时没有看反光镜						
(4) 没有注意到路边的交通标识						
(5) 在任何情况下，我都会礼让行人						
(6) 酒后驾车						
(7) 故意惹恼我后面的司机						
(8) 错误估算了绿灯的持续时间，而不能让车在停止线前停住						
(9) 错误理解了交通标识，因此开错了路						
(10) 与前车保持必要的安全距离						
(11) 从右侧超过了一辆速度慢的车						
(12) 按喇叭来表示我的愤怒						
(13) 错误地估算了对面来车的车速						
(14) 发现我走错了路						
(15) 避免占用快速车道						
(16) 在交叉口闯红灯						
(17) 故意用远光灯干扰对面的来车						
(18) 错过高速公路出口						
(19) 错误地打开车上的设备(如想打开雨刷却开了转向灯)						
(20) 有人对我超车时，我会保持车速以让他超过						

（续表）

题项	从不	极少	偶尔	有时	经常	总是
(21) 在驾驶中使用手机接电话						
(22) 在驾驶中使用手机阅读短信或浏览网页						
(23) 车辆启动前忘记松开手刹						
(24) 在路口没有注意到行人						
(25) 停车时注意安全，注意避让其他车辆或行人						

50. 您在开车时如经历以下场景，请选出相应的情绪状态。

题项	完全没有	轻微愤怒	愤怒	很愤怒	非常愤怒	极度愤怒
(1) 前面的车太慢						
(2) 被其他车辆的远光灯闪到						
(3) 想变道的时候前面的车加速阻止你变道						
(4) 碰到长时间的堵车						
(5) 被自行车或电动车占道						
(6) 绿灯亮起时前面的车没有及时启动						

对上海与深圳的危化品驾驶人所进行的调查得到的结果表明，危化品运输行业对从业人员的驾驶经验和技能要求较高，危化品运输驾驶人全部为男性驾驶人，其中年龄超过 40 岁的驾驶人偏多。该年龄段驾驶人体力和注意力尚未衰退，与青年人相比，驾驶经验更为丰富，如图 13-24 所示。

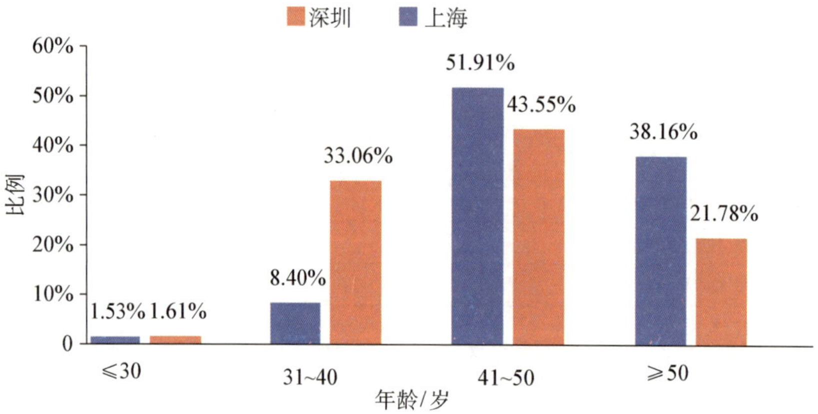

图 13-24　危化品运输驾驶人年龄分布

深圳的危化品驾驶人的教育水平处于高中或中专的占 77.42%，初中及以下占 19.35%；上海的危化品驾驶人近 77%的教育水平为初中及以下，如图 13-25 所示。整体来看，深圳的危化品驾驶人的教育水平略高于上海。

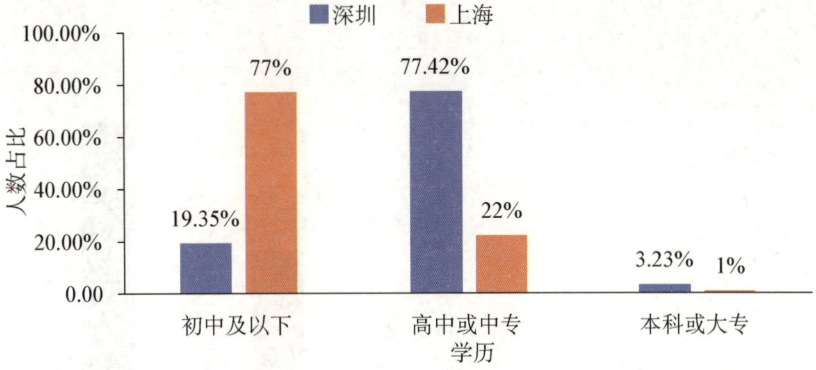

图 13-25 危险品运输驾驶人教育水平分布

深圳市危化品运输驾驶人的驾龄普遍较长，如图 13-26 所示，驾龄小于等于 5 年的驾驶人仅占 0.81%，驾龄大于 25 年的驾驶人占 31.45%。但其中约 32.26%的驾驶人从事危险品运输驾驶小于等于 5 年，如图 13-27 所示。虽然驾驶人驾龄较长，但运输危险品的专业经验不足，事故应急能力相对较弱。

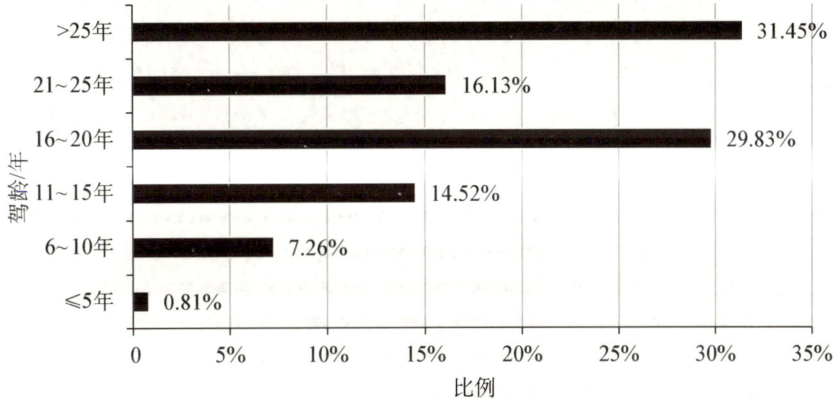

图 13-26 深圳市危化品运输驾驶人驾龄(首次取得驾照至今)分布

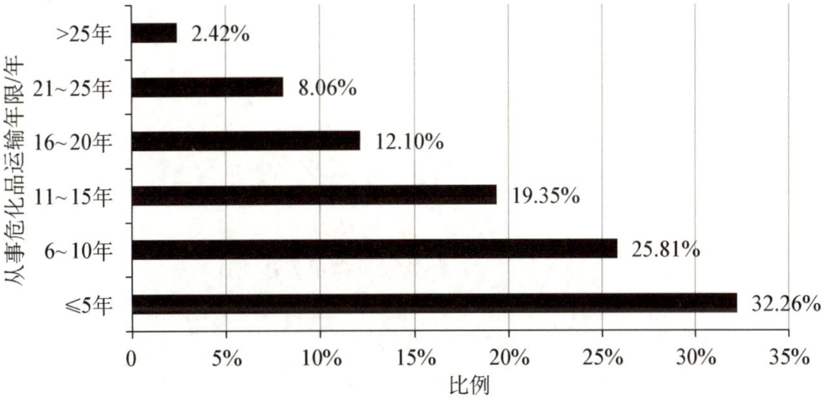

图 13-27 深圳市驾驶人从事危化品运输年限分布

危化品运输驾驶人日均驾驶里程为 176.81 km,日均驾驶时间为 7.16 h,超过 56%的驾驶人每周工作 5 天以上,如图 13-28 所示。29.03%的驾驶人表示在驾驶过程中存在疲劳驾驶的现象。

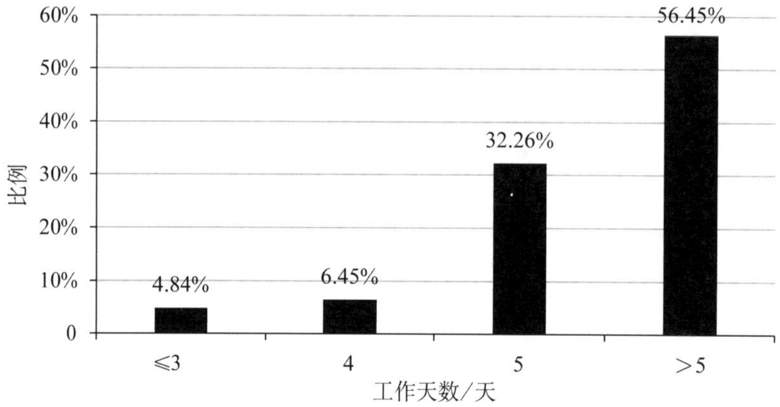

图 13-28　深圳市驾驶人每周工作天数分布

我国对危化品运输驾驶人的安全教育比较重视,部分危化品运输企业对驾驶人的安全培训也较为系统和完善,驾驶人的安全意识较强。然而,深圳市调研结果表明,在驾驶人安全教育的方式方面,企业最常采用"观看交通事故案例视频"和"管理人员开会讲解"的形式,如图 13-29 所示。但是,这种教育形式略为单调、枯燥,因而驾驶人出现分心的情况较为普遍。

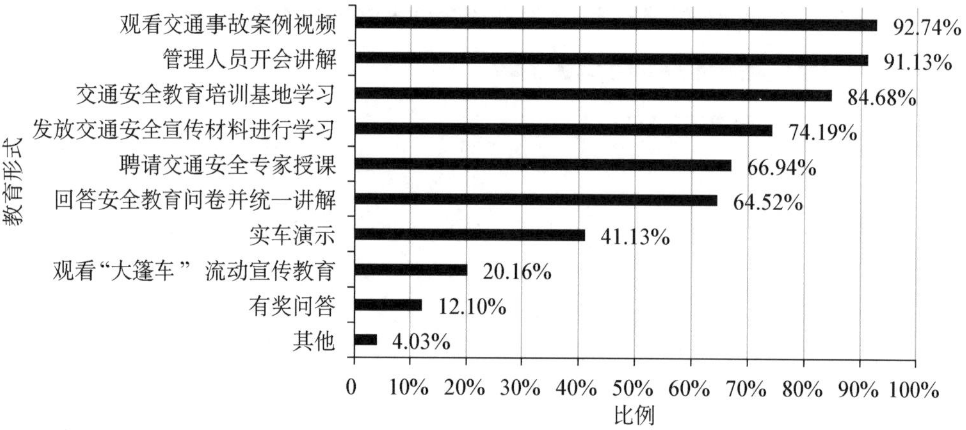

图 13-29　深圳市危化品运输驾驶人受教育形式分布

对 174 名危化品货运驾驶人在 K6 量表、DBQ 以及驾驶愤怒量表中的得分进行相关性分析,结果如表 13-14 所列。

表 13-14　　驾驶人心理状况与驾驶行为相关性统计

变量	K6	焦虑	抑郁	DAS	DBQ	普通违规	侵略违规	错误行为	失误行为	积极驾驶行为
K6	1									

（续表）

变量	K6	焦虑	抑郁	DAS	DBQ	普通违规	侵略违规	错误行为	失误行为	积极驾驶行为
焦虑	0.879**	1								
抑郁	0.958**	0.738**	1							
DAS	−0.169	−0.178	−0.167	1						
DBQ	0.024	0.134	−0.034	−0.356*	1					
普通违规	0.356*	0.312*	0.314*	−0.167	−0.189	1				
侵略违规	0.378**	0.278	0.456**	−0.189	0.089	0.705**	1			
错误行为	0.389**	0.289*	0.347**	−0.090	0.189	0.590**	0.656**	1		
失误行为	0.377**	0.339*	0.493**	−0.189	0.189	0.598**	0.690**	0.895**	1	
积极驾驶行为	0.089	0.189	0.067	−0.490**	0.424**	0.0018	0.054	0.170	0.298*	1

注：* 在置信度（双侧）为 0.05 时，相关性是显著的；** 在置信度（双侧）为 0.01 时，相关性是显著的。

驾驶人在 K6 量表中的得分与 DBQ 中的普通违规、侵略违规、错误行为以及失误行为得分均呈显著正相关关系。这表明，驾驶人的心理困扰越多，其风险驾驶行为出现的频率越高。驾驶人在 K6 量表中的“焦虑”维度得分与 DBQ 中的普通违规、错误行为及失误行为得分呈显著正相关关系，这表明驾驶人焦虑程度越高，其出现风险驾驶行为的频率越高。除此之外，表 13-14 的分析结果显示，驾驶人的抑郁情绪越严重，其出现风险驾驶行为的频率也越高。

为了进一步探究影响危化品运输驾驶人安全水平的个人心理因素和组织环境因素，同济大学交通安全团队选用驾驶人在 2018 年是否有违法历史作为衡量安全水平的指标。该研究调查了危化品运输企业的 4 个车队，形成了“车队-驾驶人”的数据结构，采用双层 Logit 模型进行建模。自变量有睡眠、工作负荷、心理困扰、驾驶行为和职业倦怠，模型的结果如表 13-15 所列。

表 13-15　　危险品运输驾驶人双层 Logit 模型估计结果

自变量		E	S.E.	P	OR
睡眠： 日睡眠时间		−0.665	0.342	0.053	1.945
工作负荷： 日均驾驶里程（参照组：≤270 km）	>270 km	0.798	0.461	0.085	2.223
日均驾驶时间（参照组：≤6 h）	6～8 h	−1.142	0.642	0.077	0.319
	>8 h	−0.511	0.616	0.408	0.599
心理困扰： 焦虑（参照组：≤1）	>1	2.191	1.168	0.062	0.112

（续表）

自变量	E	S.E.	P	OR
驾驶行为： 错误驾驶行为	−1.727	0.809	0.034	0.177
失误驾驶行为	1.866	0.789	0.019	6.467
职业倦怠： 情绪枯竭 >2 (参照组：≤2)	0.955	0.479	0.048	0.384
$\sigma_u^2=0.962$	$ICC=0.226$			

1. 车队层面

在建模过程中未发现车队安全氛围对驾驶人违法情况有显著影响。模型的$\sigma_u^2=0.962$，代入公式 $ICC=\dfrac{\sigma_u^2}{\sigma_u^2+\pi^2/3}$中，可得 ICC 值为 0.226。也就是说，车队层面的差异解释了模型22.6%的方差。虽然，本次测量的车队安全氛围对驾驶人违法情况没有显著影响，但车队层面的差异不能忽视，安全水平较差的车队应汲取安全水平较高的车队的经验，对安全管理进行优化。

2. 工作负荷

在工作负荷方面，结果显示，日均驾驶时间与日均驾驶里程对驾驶人的违法发生情况均有影响。在日均驾驶里程方面，每天驾驶超过 270 km 的驾驶人发生交通违法的概率是每天驾驶小于等于 270 km 驾驶人的 2.223 倍；但在驾驶时间方面，每天驾驶 6～8 h 的驾驶人反而比每天驾驶小于等于 6 h 的驾驶人发生交通违法的概率小一些，这可能是企业在安排任务时，将时间长的工作任务安排给安全性较高的驾驶人所造成的。

3. 心理健康

在心理健康方面，模型结果显示，危化品运输驾驶人在焦虑维度的得分比抑郁维度的得分更高。而在心理困扰量表(K6)中，焦虑维度的得分对驾驶人违法情况有显著影响。焦虑维度得分大于 1 分的驾驶人发生交通违法的概率是得分小于等于 1 分的驾驶人的 1.11 倍。因此，危化品运输驾驶人的焦虑困扰不可忽视。

4. 驾驶行为

在驾驶行为的五个维度中，调查发现危化品运输驾驶人在错误驾驶行为与失误驾驶行为的打分与交通违法历史具有密切关系。其中，在错误驾驶行为维度打分越高的驾驶人有交通违法历史的概率越小，打分每高一个单位，有交通违法历史的概率就降低 82.3%。另外，在失误驾驶行为维度打分越高的驾驶人有违法历史的概率更高，得分每升高一个单位，发生交通违法的概率提升 6.47 倍。造成两种驾驶行为对交通违法影响正负性不同的原因可能是两种不良驾驶行为背后的形成机制不同。

5. 职业健康

在职业健康方面，调查发现职业倦怠与危化品运输驾驶人的违法发生情况有显著关系，但并未发现组织认同感与违法行为有相关关系。驾驶人在职业倦怠量表中情绪枯竭的打分对违法发生情况有显著影响。其中，情绪枯竭得分大于 2 分的驾驶人发生交通违法的概率是得分小于等于 2 分的驾驶人的 1.384 倍。

针对上述双层二元 Logit 模型中得到的显著变量，采用 LMG 方法对其进行相对重要度排序。R 软件中 hier.part 程序包可实现此过程。重要度排序结果如图 13-30 所示。

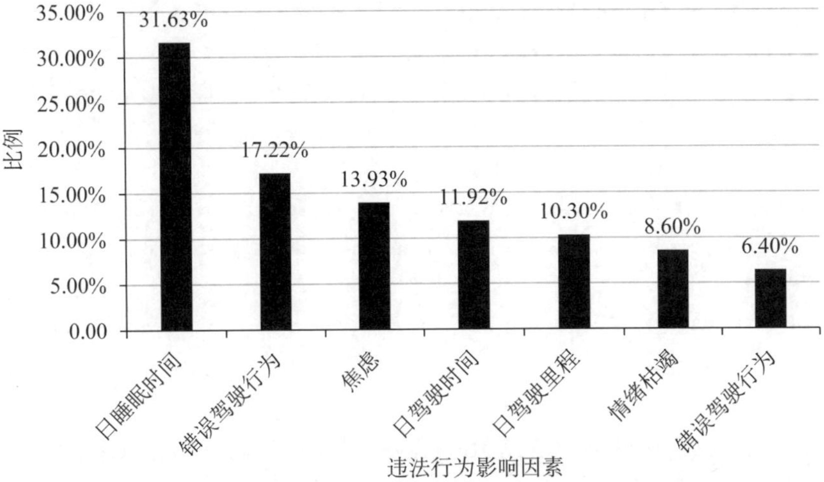

图 13-30 危险品运输驾驶人违法行为影响因素相对重要度排序

分析结果表明，首先，日睡眠时间、错误驾驶行为、焦虑心理困扰对驾驶人违法情况的影响较大；其次是日驾驶时间与日驾驶里程；再次是职业倦怠量表中的情绪枯竭以及错误驾驶行为。

为了减少驾驶人的危险驾驶行为，危化品运输企业应落实安全主体责任，充分利用已有监控设备与定位系统对驾驶人的行为进行监督与检查，并针对高发的驾驶人不良驾驶行为采取有针对性的干预。借鉴发达国家的经验，引入成熟的主动安全防护设备，如驾驶疲劳预警系统、前向避撞系统、车道偏移系统和车尾监测系统等，以辅助驾驶人安全驾驶。

参考文献

[1] 国家统计局.2019 公路载货汽车拥有量数据[EB/OL]. [2020-12-20]. http://www.stats.gov.cn/.
[2] 公安部交通管理局.中华人民共和国道路交通事故统计年报(2019 年度)[R].北京：公安部交通管理局，2020.
[3] 公安部交通管理局.中华人民共和国道路交通事故统计年报(2015 年度)[R].北京：公安部交通管理局，2016.
[4] 公安部交通管理局.中华人民共和国道路交通事故统计年报(2016 年度)[R].北京：公安部交通管理局，2017.
[5] 公安部交通管理局.中华人民共和国道路交通事故统计年报(2017 年度)[R].北京：公安部交通管理局，2018.
[6] 公安部交通管理局.中华人民共和国道路交通事故统计年报(2018 年度)[R].北京：公安部交通管理局，2019.

[7] Department of Transportation Federal Motor Carrier Safety Administration. 2019 Pocket Guide to Large Truck and Bus Statistics [EB/OL]. [2020-10-29]. https://www.fmcsa.dot.gov/.

[8] U.S. Department of Transportation, National Highway Traffic Safety Administration. Description of Light-Vehicle Pre-Crash Scenarios for Safety Applications Based on Vehicle-to-Vehicle Communications [EB/OL]. [2013-05-01]. https://www.nhtsa.gov/.

[9] U.S. Department of Transportation, Federal Highway Administration. MAP-21-Moving Ahead for Progress in the 21st Century Act [EB/OL].[2016-02-17]. https://www.fhwa.dot.gov/.

[10] U.S. Department of Transportation, Safety Management Systems [EB/OL]. https://www.faa.gov/.

[11] 中华人民共和国交通运输部.道路运输车辆动态监督管理办法[EB/OL]. [2021-09-13].http://law.mot.gov.cn/showLaw.action? law.id=1867.

[12] U. S. Department of Transportation. Research and Testing to Accelerate Voluntary Adoption of Automatic Emergency Braking (AEB) on Commercial Vehicles[EB/OL]. [2020-05-01]. https://rosap.ntl.bts.gov/.

[13] KESSLER R C, ANDREWS G, COLPE L J, et al. Short screening scales to monitor population prevalences and trends in non-specific psychological distress[J]. Psychological Medicine, 2002, 32, 959-956.

[14] MASLAĆ M, ANTIĆ B, PEŠIĆ D, et al. Behaviours of professional drivers: validation of the DBQ for drivers who transport dangerous goods in Serbia [J]. Transportation Research Part F Traffic Psychology & Behaviour, 2017, 50:80-88.

[15] 李瑞瑞,王雪松,张明,等.营运企业驾驶员安全教育方法研究[J].汽车与安全,2019(5):92-98.

[16] LI R, WANG X S, MA X, et al. Analysis of safety climate and individual factors affecting bus drivers' crash involvement using a two-level logit model[C]//Proceedings of the Transportation Research Board 99th Annual Meeting, Washington D.C., USA, 2020.

[17] WANG X S, XING Y L, LUO L, et al. Evaluating the effectiveness of behavior-based safety education methods for commercial vehicle drivers[J]. Accident Analysis and Prevention, 2018, 117:114-120.

[18] U.S. Department of Transportation. Commercial Driver Safety Risk Factors [EB/OL]. [2020-06-01]. https://rosap.ntl.bts.gov/.

[19] 道路交通集成优化与安全分析技术国家工程实验室. 高风险驾驶人不良驾驶行为分析与干预研究[R]. 2018.

[20] U.S. Pipeline and Hazardous Materials Safety Administration. Hazmat Transportation Training Requirements [EB/OL]. [2016-10-01]. https://www.phmsa.dot.gov.

[21] U.K. UNECE. Recommendations on the Transport of Dangerous: Goods Model Regulations[S]. U.K. The United Nations Economic Commission for Europe, 2017.

[22] ANON. European Agreement Concerning the International Carriage of Dangerous Goods by Road (ADR)[M]. H.M.S.O. 1971.

[23] 中华人民共和国交通运输部.道路危险货物运输管理规定[EB/OL]. [2021-07-10].http://law.mot.gov.cn/showLaw.action? law.id=2681.

[24] 中华人民共和国交通运输部.道路运输从业人员管理规定[EB/OL]. [2021-06-12].http://law.mot.gov.cn/showLaw.action? law.id=2644.

14

车辆主动安全

随着交通安全问题的日益凸显,车辆的安全理念也发生了巨大变化,兼顾被动安全和主动安全。车辆主动安全设备利用安装在车上的传感器来感知周围环境、识别驾驶风险,从而预先提醒驾驶人行车风险,降低事故发生概率。为了提高车辆主动安全系统的有效性,需要从风险感知识别、预警算法设计和人机交互三方面开展研究。本章分别从前向碰撞预警、疲劳驾驶预警以及车载信息系统的设计、评估与优化几个方面介绍车辆主动安全的研究与发展现状。

14.1 前向碰撞预警

14.1.1 前向碰撞预警系统介绍

美国 2018 年的 Traffic Safety Fact 年报[1]显示,追尾事故占比为 32.3%,在所有事故类型中占比最高,如图 14-1 所示。在我国,追尾事故在所有事故中占比为 20%,而在高速公路和隧道中,追尾事故占比分别升至 49%和 67%[2]。驾驶人注意力不集中是导致驾驶反应时间延长,最终造成追尾事故的最重要因素。

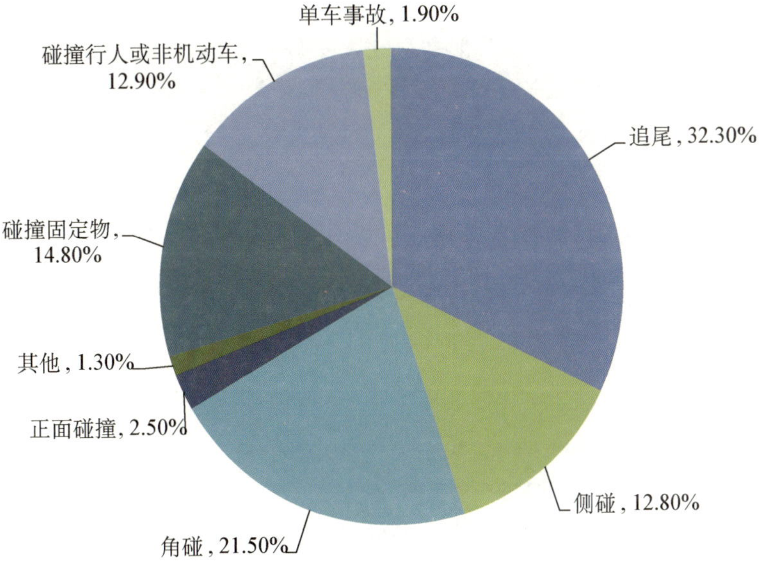

图 14-1 美国事故形态统计数据[1]

前向碰撞预警系统(Forward Collision Warning System, FCWS)是利用传感器检测车辆前方的道路环境和车辆运动状况,在适当的时机及时给予驾驶人报警信息,从而辅助驾驶人有效地避免事故发生。迄今为止,研究已经证实了前向碰撞预警系统存在巨大的潜在安全收益[3-5]。

前向碰撞预警系统基于雷达或摄像头计算本车与前方车辆的距离、方位和相对速度。系统的波束宽度和驾驶人的视野组成了一个顶点在车辆前部中心的三角形[6]。随着前方物体处于三角形的位置、与本车的时间间隔的不同,系统会发出相应的警告。典型的前向碰撞预警系统如图 14-2 所示。

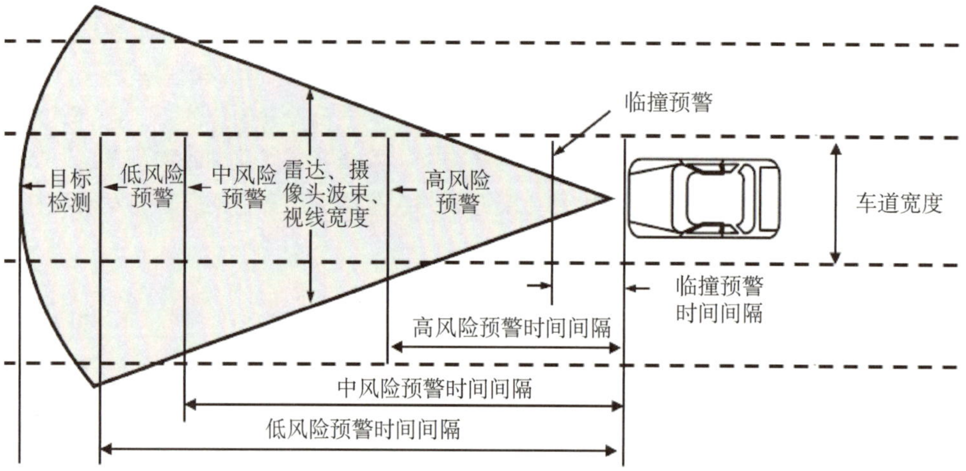

图 14-2 典型的前向碰撞预警系统[6]

目前,发达国家对于车载主动安全技术的研发已相对成熟,汽车制造商在大部分车型中已投入使用。近年来,国内一些硬件供应商也开始生产前向碰撞预警设备,应用于大型商用车辆。有效的前向碰撞预警系统能够帮助驾驶人更快地对潜在碰撞风险做出反应,但一个设计失败的预警系统则会增加驾驶人的工作负担[7]。为了设计出有效的前向碰撞预警系统,就需要全面理解前向临撞工况的特征,以及驾驶人对危险的感知与响应行为。从系统感知(雷达、摄像头等)、算法逻辑以及预警交互层面,开发有效的前向碰撞预警系统。

14.1.2 前向碰撞预警系统需求分析

美国国家道路交通安全管理局(NHTSA)提出的事故前场景分类方法将事故划分为 37 种典型场景[8]。使用我国交通事故数据,对事故前场景进行分类的推导流程如图 14-3 所示。

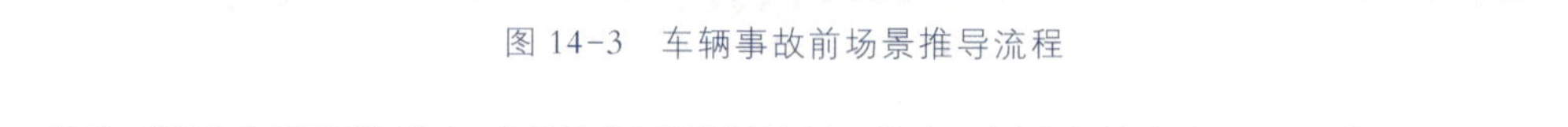

图 14-3 车辆事故前场景推导流程

首先,通过分析事故形态对事故类型进行推导;其次,分析事故中主要的车辆运动状态,对事故原因进行分析;最后,提取车辆事故场景中的关键事件,结合信号灯、路段或交叉口、车辆类型等辅助变量,最终得到车辆事故前场景。事故前场景的分析流程如图 14-4 所示。

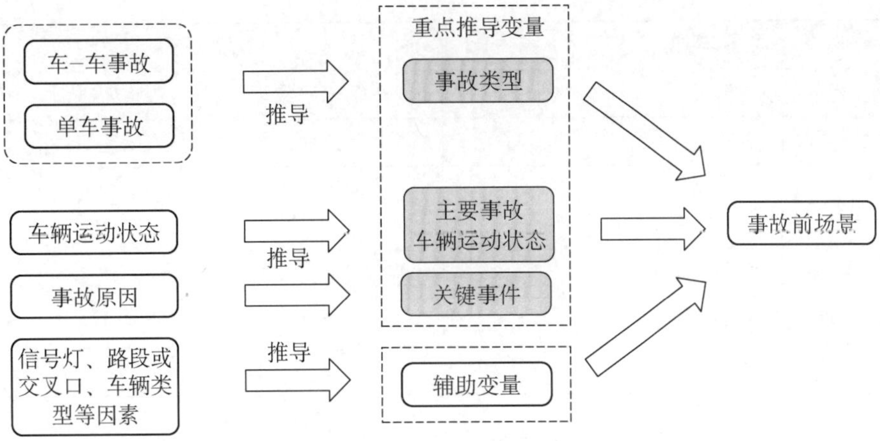

图 14-4 事故前场景分析流程

随机抽取上海市 1 000 起交通事故数据，得到 43 种事故前场景，如表 14-1 所列。统计结果表明，车辆碰撞行人、碰撞电动自行车、超速是最常见的三类事故前场景。

表 14-1 **事故前场景分类**

No.	事故前场景	占比	No.	事故前场景	占比
1	车辆故障	0	18	两转弯车辆在信号交叉口碰撞	0.1%
2	非碰撞事故	0.5%	19	两转弯车辆在无信号交叉口碰撞	0
3	酒驾	3.5%	20	两直行车辆在信号交叉口碰撞	0.1%
4	超速驾驶	4.3%	21	两直行车辆在无信号交叉口碰撞	0.1%
5	疲劳驾驶	0.1%	22	转弯车辆与直行车辆在信号交叉口碰撞	0
6	车辆采取制动，碰撞动物	0	23	转弯车辆与直行车辆在无信号交叉口碰撞	0.1%
7	车辆未采取制动，碰撞动物	0	24	碰撞信号交叉口静止车辆	0.2%
8	车辆采取制动，碰撞行人	5.4%	25	碰撞无信号交叉口静止车辆	0
9	车辆未采取制动，碰撞行人	3.0%	26	车辆采取制动，追尾前车	0.9%
10	车辆采取制动，碰撞自行车	1.0%	27	车辆未采取制动，追尾前车	2.2%
11	车辆未采取制动，碰撞自行车	19.9%	28	车辆采取制动，碰撞对向车辆	0.2%
12	车辆采取制动，碰撞电动自行车	5.7%	29	车辆未采取制动，碰撞对向车辆	0.9%
13	车辆未采取制动，碰撞电动自行车	16.4%	30	车辆采取制动，碰撞直角车辆	0
14	车辆采取制动，碰撞摩托车	0	31	车辆未采取制动，碰撞直角车辆	0.3%
15	车辆未采取制动，碰撞摩托车	3.2%	32	车辆停车-同向碰撞	0.1%
16	闯红灯	0.5%	33	车辆起步-同向碰撞	0
17	违反禁停标志	0.3%	34	车辆转向-同向碰撞	0

（续表）

No.	事故前场景	占比	No.	事故前场景	占比
35	车辆变道-同向碰撞	0	40	车辆未采取措施，与路边物体碰撞	0.5%
36	车辆掉头-同向碰撞	0	41	车辆采取措施，与路中物体正面碰撞	0
37	车辆倒车-同向碰撞	0	42	车辆未采取措施，与路中物体正面碰撞	1.9%
38	同向碰撞-车辆未采取任何操作	0.7%	43	其他	27.9%
39	车辆采取措施，与路边物体碰撞	0			
总和					100%

提取面向前向碰撞预警系统的事故场景时，应该优先考虑临撞工况，而深入了解当时驾驶人避撞行为的关键指标和参数，对建立有效的 FCWS 具有重要的指导意义[9]。因此，可利用驾驶模拟器构建虚拟临撞工况场景，以研究驾驶人在不同临撞工况场景、不同风险程度下的避撞行为。前向碰撞预警系统关注的四类典型的临撞工况如表 14-2 所列。

表 14-2　　临撞工况

<table>
<tr><th colspan="3">临撞工况描述</th><th colspan="4">测试条件</th></tr>
<tr><th>类型</th><th>编号</th><th>图示</th><th>车头时距/s</th><th>本车车速/(km·h⁻¹)</th><th>前车车速/(km·h⁻¹)</th><th>前车加速度/g</th></tr>
<tr><td>变道切入</td><td>1</td><td>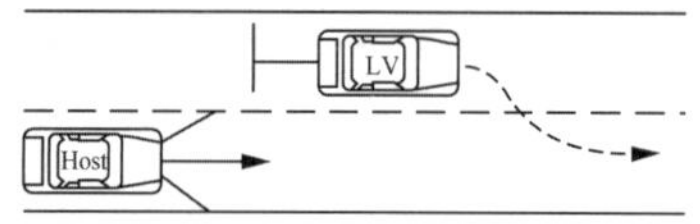</td><td>1.5</td><td>120</td><td>80</td><td>—</td></tr>
<tr><td rowspan="6">前车减速</td><td>2</td><td rowspan="6">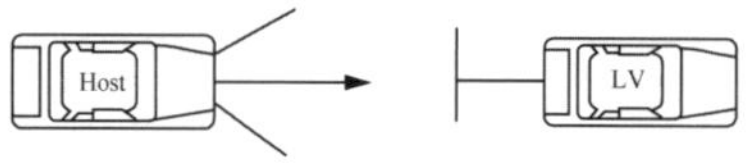</td><td>1.5</td><td>120</td><td>120</td><td>0.3</td></tr>
<tr><td>3</td><td>2.5</td><td>120</td><td>120</td><td>0.3</td></tr>
<tr><td>4</td><td>1.5</td><td>120</td><td>120</td><td>0.5</td></tr>
<tr><td>5</td><td>2.5</td><td>120</td><td>120</td><td>0.5</td></tr>
<tr><td>6</td><td>1.5</td><td>120</td><td>120</td><td>0.75</td></tr>
<tr><td>7</td><td>2.5</td><td>120</td><td>120</td><td>0.75</td></tr>
<tr><td>变道切出</td><td>8</td><td>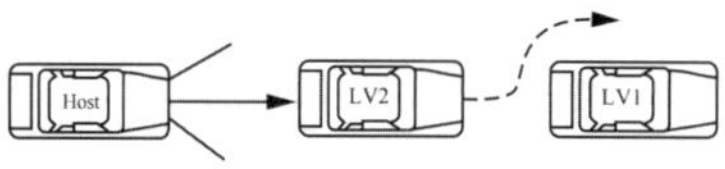</td><td>1.5</td><td>120</td><td>0</td><td>—</td></tr>
<tr><td>弯道停车</td><td>9</td><td>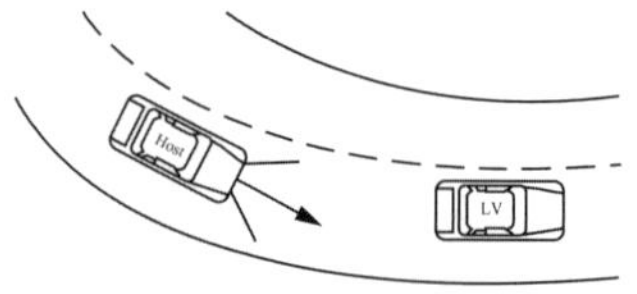</td><td>—</td><td>100</td><td>0</td><td>—</td></tr>
</table>

同济大学交通安全团队的前向碰撞预警研究报警模拟实验共招募了 24 名驾驶人，覆盖了不同年龄、性别和驾驶经验。驾驶人根据驾驶经验主要分为以下三类：新手驾驶人、经验驾驶人和熟练驾驶人，如表 14-3 所列。为避免学习效应，采用交叉实验设计对临撞工况中的避撞行为进行测试，通过高仿真度驾驶模拟器采集避撞行为数据。

表 14-3　　驾驶人群体分类

分类	驾驶经验	参考年龄	样本量
新手驾驶人	获得驾照>3 年，累计行驶里程超过 1 万 km	18～30 岁	8
经验驾驶人	获得驾照>3 年，累计行驶里程超过 3 万 km	31～50 岁	8
熟练驾驶人	获得驾照>3 年，累计行驶里程超过 10 万 km	>50 岁	8

基于城市道路数据库构建驾驶模拟场景，并在场景中加入适当的社会车辆以提高真实度。要求被试者分别在直线路段、沿海高速路段以及山区弯道路段场景下进行测试实验。该测试实验包括刹车实验、跟车实验和弯道测试实验。模拟仿真测试场景如图 14-5 所示。

(a) 直线路段刹车测试仿真场景

(b) 沿海高速跟车实验仿真场景

(c) 山区弯道测试仿真场景

图 14-5　模拟仿真测试场景

该实验对临撞工况发生时本车和前车的车速、本车减速度、刹车踏板扭矩、方向盘转角以及油门开度等参数的变化过程进行了分析，如图 14-6 所示。图 14-6 中标识出了用以提取因变量参数的关键特征时刻，包括工况触发时刻、工况停止时刻(本车停止)、开始释放油门时刻、完全释放油门时刻、开始制动时刻以及制动至不同刹车踏板扭矩的时刻。通过提取特征时刻驾驶人的驾驶行为参数，能够系统地描述驾驶人在避撞过程中的行为特征。

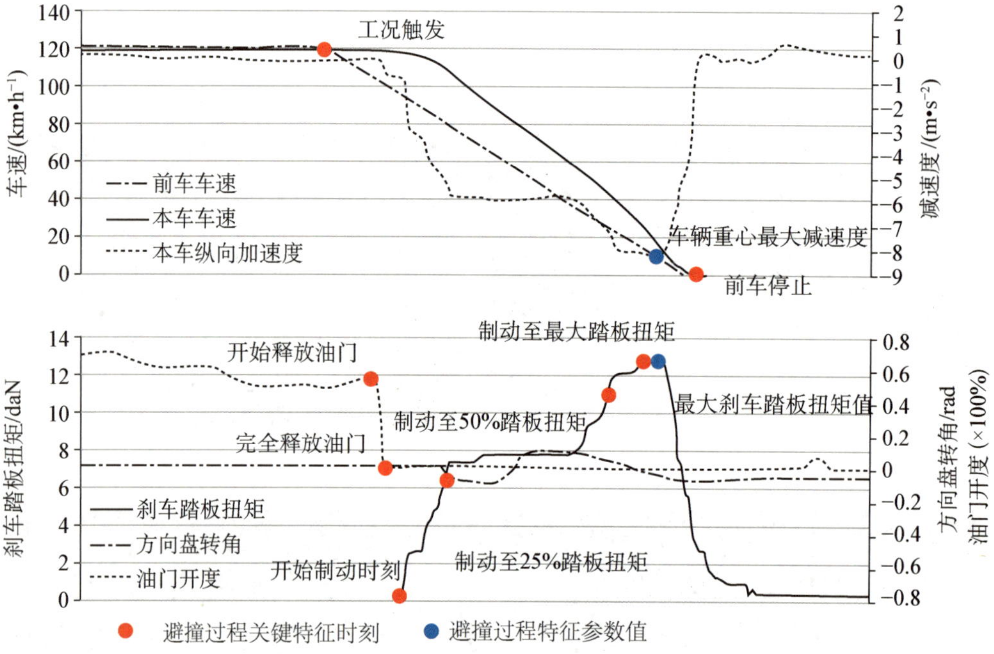

图 14-6　临撞工况关键特征参数变化过程

14.1.3　驾驶人避撞响应行为研究

在人机(驾驶人与车载系统)交互的过程中，只有深入理解驾驶人在临撞工况下的避撞行为和危险感知，才能够更有效地开发前向碰撞预警系统[10]。当临撞工况发生时，驾驶人首先需要感知潜在的危险场景，这可能依赖于车头时距、碰撞时间(Time To Collision, TTC)或视觉变化率等指标的变化，如图 14-7 所示；当检测到危险时，驾驶人对危险场景的风险程度做出判断，然后采取相应的制动或者变道措施。在整个临撞工况发生过程中，涉及驾驶人的避撞响应行为、油门踏板的释放行为、刹车踏板的制动行为以及方向盘的转向行为[11]。

实验结果显示，驾驶人制动时刻的瞬间 *TTC* 均值为 4.4 s，标准差为 2.54 s。最小 *TTC* 均值为1.82 s，标准差为1.62 s。避撞所需减速度均值为−6.11 m/s²，标准差为2.64 m/s²。

图 14-8 为制动时刻 *TTC* 与最小 *TTC* 的回归关系，二者呈线性关系，且显著正相关。这意味着尽管驾驶人可以通过不同程度的制动措施来避撞，但是避撞过程中的最危险场景(即最小 *TTC*)依然与工况初始的 *TTC* 有紧密联系。

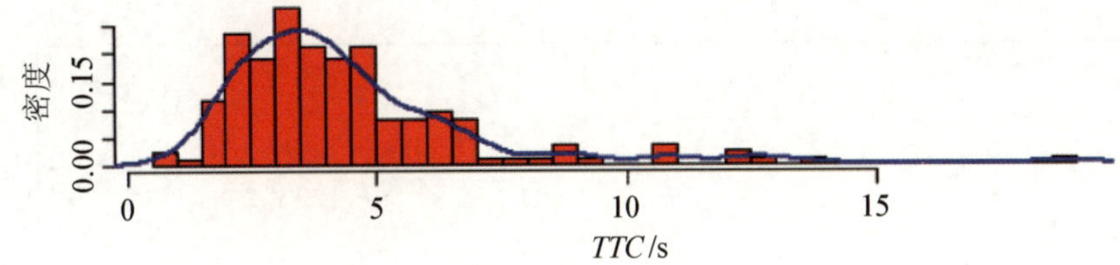

(a) *TTC* 值分布

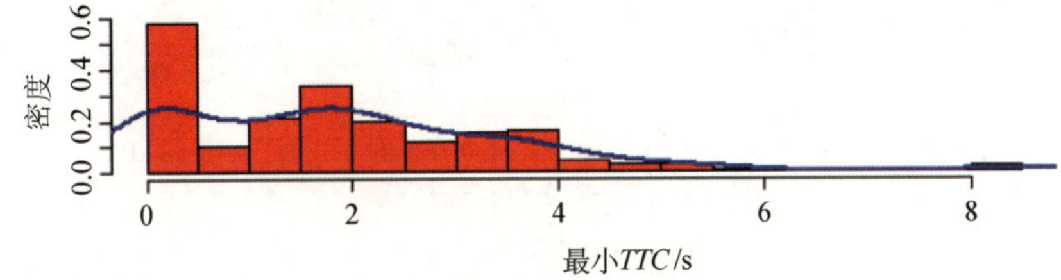

(b) 最小*TTC* 值分布

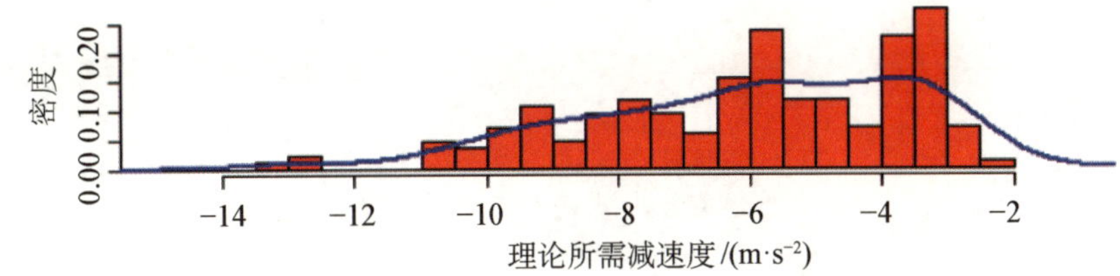

(c) 理论所需减速度分布

图 14-7　*TTC*、最小 *TTC* 和理论所需减速度的密度分布曲线

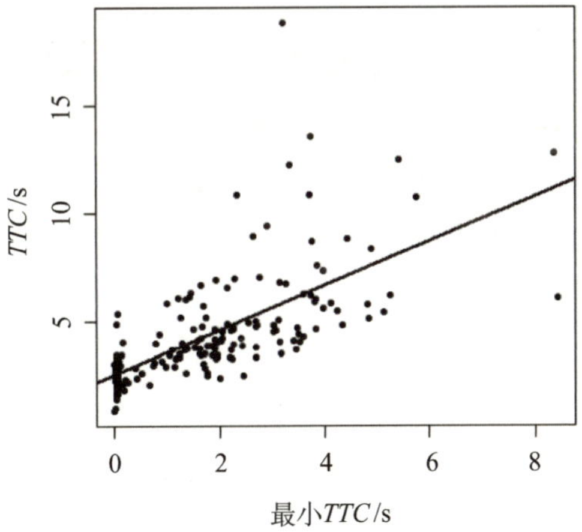

图 14-8　*TTC* 与最小 *TTC* 回归关系

图 14-9 为三项指标(*TTC*、最小 *TTC* 和理论避撞所需减速度)在不同初始车头时距和前车减速度条件下的分布。随着前车减速度的增加,*TTC*、最小 *TTC* 和理论避撞所需减速度指标均呈明显的减小趋势;同时,*TTC* 指标的分布区间范围也随着减速度的增大而减小。

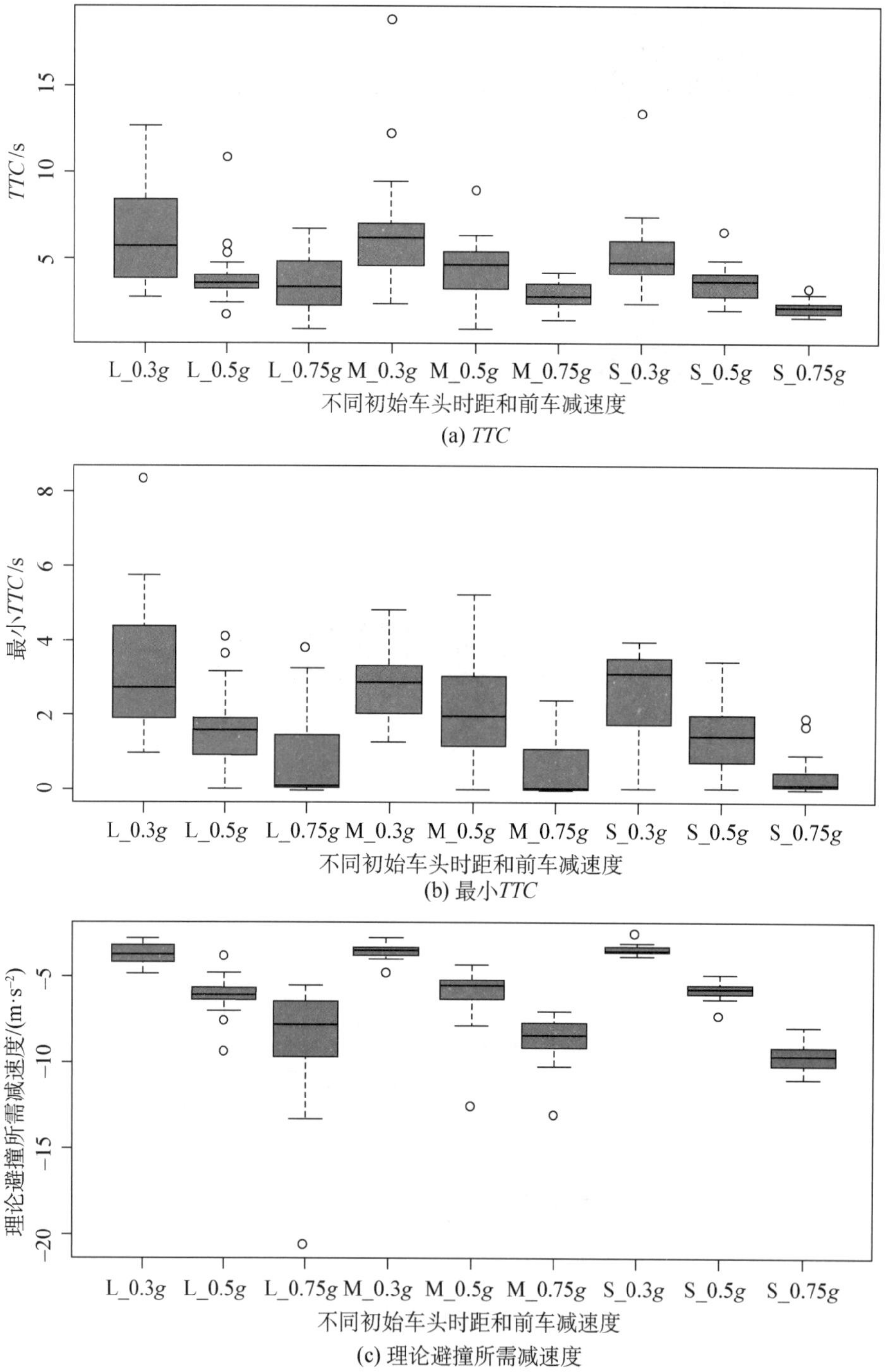

图 14-9　*TTC*、最小 *TTC* 和理论避撞所需减速度分布

在前车减速工况条件下,驾驶人近 90%的情况是仅通过制动去避撞,10%的情况会采取制动和变道相结合的方式避撞。

避撞反应时间在不同车头时距和前车减速度条件下的分布范围有着明显差异，随着前车减速度的增加而减小，随着车头时距的增大而增大，即工况的危险程度越高，驾驶人的避撞反应越快，如图 14-10 所示。

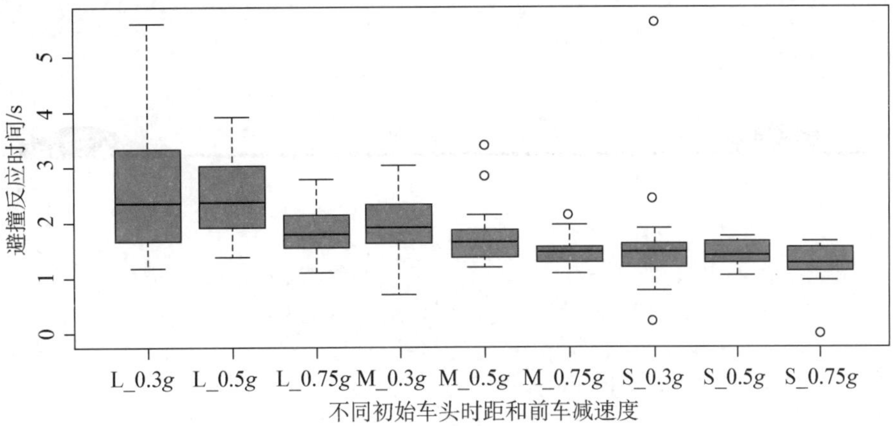

图 14-10　避撞反应时间分布

在前车减速度和车头时距不变的条件下，具有不同驾驶经验的群体的避撞反应时间没有特别明显的差异。但通过引入前车减速度与驾驶经验的交叉项后，在前车减速度为 0.3g 的条件下，熟练驾驶人比新手驾驶人的反应时间快 0.79 s，经验驾驶人比新手驾驶人的反应时间快 0.50 s，且结果在 95%水平上显著，如图 14-11 所示。这说明驾驶经验对于避撞反应时间的提升仅仅体现在风险程度较低的情况下，而对于较高风险的工况，不同驾驶经验下的避撞反应时间差异并不明显。

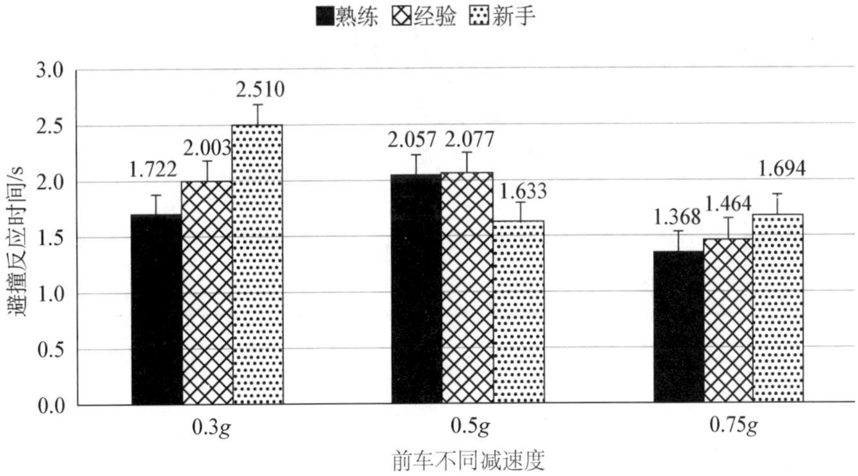

图 14-11　不同经验驾驶人的避撞反应时间比较

14.1.4　前向碰撞预警算法设计

临撞工况的整个发生过程通常仅持续短短几秒，故判断最合理的报警时机区间就显得非常重要。过早的报警时机容易引起驾驶人的不信任，增加误报概率；过晚的报警时机则无法帮助驾驶人及时避免碰撞的发生。因此，对于前向碰撞预警系统而言，存在一个可接受的报警时机区间（Acceptable Crash Alert Onset Timing Zone），如图 14-12 所示。

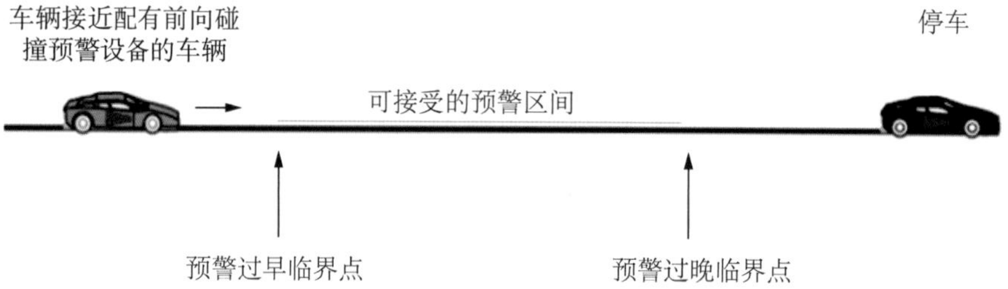

图 14-12 可接受的报警时机区间示意

在美国 CAMP 项目中，R. Kiefer 等[11,12]利用实车实验数据建立了一项基于运动学理论的报警算法，该算法被业内公认为较成熟的报警算法。基于驾驶模拟仿真实验，在 CAMP 项目的基础上，补充高风险场景的制动阈值研究，以用于设计并改进不同风险等级下前向碰撞预警系统算法逻辑及报警方式。

在开发报警时机算法时，对驾驶人响应减速度的准确预测是非常重要的。实验提取了 111 起只采用刹车并且成功避撞的临撞工况事件，计算了工况发生过程中的驾驶人理论所需减速度和实际制动减速度。

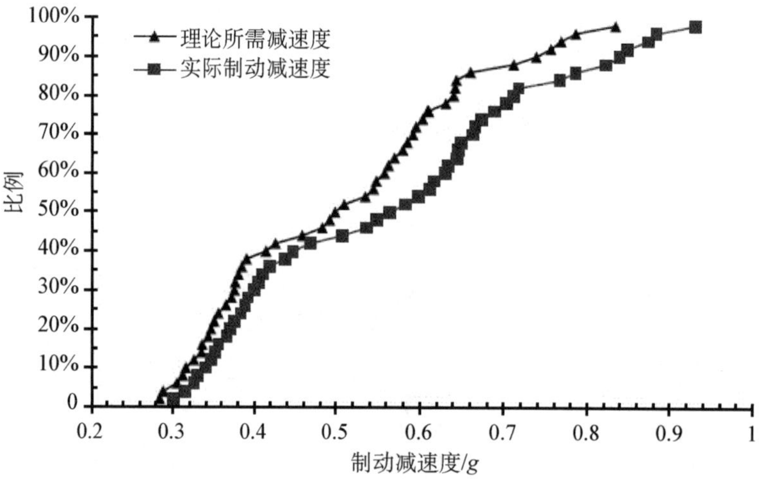

图 14-13 成功避撞的临撞工况下理论所需减速度与实际制动减速度分布

在美国 CAMP 项目中，R.Kiefer 等以理论所需减速度作为因变量（代表响应减速度），利用线性函数拟合了响应减速度与前车减速度和相对车速的关系，并建立了回归模型，见式（14-1）。同济大学交通安全团队利用临撞工况仿真实验采集到的驾驶行为数据，同样以理论所需减速度作为因变量，以前车减速度和相对车速作为自变量，采用相同的形式拟合了线性回归模型，见式（14-2）。

CAMP：

$$dec_{\text{Req}} = -0.165 + 0.685(dec_{\text{LV}}) - 0.080(If\ LVmoving) - 0.0087(V_{\text{SV}} - V_{\text{LV}}) \tag{14-1}$$

线性模型：

$$dec_{\text{Req}} = -0.0557 + 0.75824(dev_{\text{LV}}) - 0.0135(V_{\text{SV}} - V_{\text{LV}}),(R^2 = 0.82) \tag{14-2}$$

式中 dec_{Req}——理论避撞所需减速度，g，负值代表制动；

dec_{LV}——前车减速度，g，负值代表制动；

V_{SV}——本车车速，m/s；

V_{LV}——前车车速，m/s。

在以上线性模型中，预测的响应减速度均随着前车减速度和相对车速的增加而线性增加。但是，在实际情况中，驾驶人的避撞行为并非完全如此。因此，在线性回归模型的基础上，加入前车减速度与相对车速的交叉项来拟合数据中的非线性特征，见式(14-3)。

非线性模型：

$$dec_{\text{Req}} = 0.10996 + 1.174(dec_{\text{LV}}) - 0.033(V_{\text{SV}} - V_{\text{LV}}) - 0.0472(dec_{\text{LV}}) \times (V_{\text{SV}} - V_{\text{LV}}),$$
$$(R^2 = 0.826) \tag{14-3}$$

图 14-14 对比了线性和非线性模型的值域分布，当前车减速度或者两车相对速度差较大时(例如前车减速度达到$-0.7g$)，驾驶人的响应减速度必须达到$-0.7g$。因此，非线性模型预测的响应减速度更符合驾驶人实际的避撞行为特征。

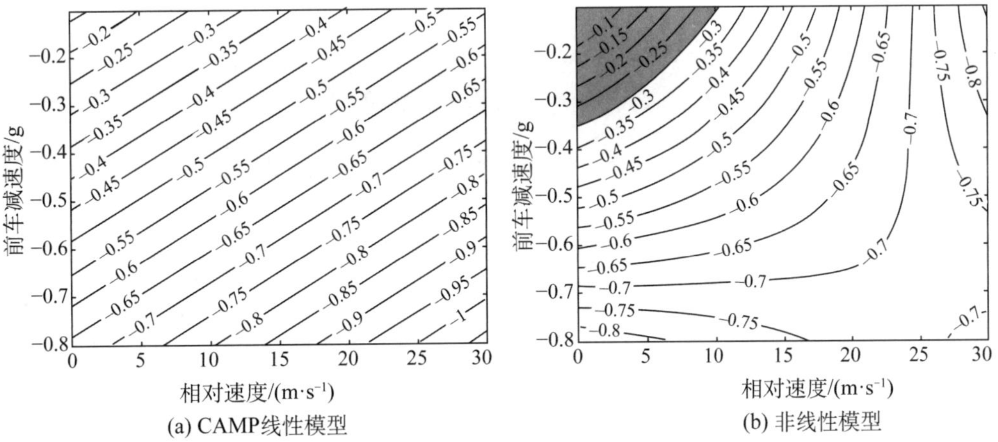

(a) CAMP线性模型　　(b) 非线性模型

图 14-14 响应减速度预测值域分布

基于预测的驾驶人响应减速度，前向碰撞预警的距离阈值计算可按四步骤实现。预警距离计算算法分别以两车车速、两车加/减速度这四项作为初始输入参数，四步骤计算出预警距离阈值：

步骤一：确定总延误时间，计算距初始状态经过总延误 (Delay Time) 后的两车车速。

$$V_{\text{SVP}} = V_{\text{SV}} + dec_{\text{SV}} \times Delay\ Time \tag{14-4}$$

$$V_{LVP} = V_{LV} + dec_{LV} \times Delay\ Time \tag{14-5}$$

$$Delay\ Time = Brake\ Reaction\ Time + 0.02 \tag{14-6}$$

式中 V_{SVP},V_{LVP}——经过延误时间后两车的投影车速,km/h;

$Delay\ Time$——总延误时间;

$Brake\ Reaction\ Time$——驾驶人对预警的刹车反应时间,s。

式(14-6)中,0.02 s 为系统延误时间。根据刹车反应测试,驾驶人在不同条件下的刹车反应时间如表 14-4 所列,通常取第 85 分位值或第 95 分位值,以满足大部分驾驶人都能达到所要求的反应时间。

表 14-4　驾驶人在不同条件下的刹车反应时间　单位:s

条件	刹车反应时间第 85 分位值	刹车反应时间第 95 分位值
未干扰条件	1.1000	1.4175
干扰条件	1.6375	2.5125
视觉预警	1.5750	2.6750
声音预警	1.3000	2.0250
渐强的声音预警	0.9250	1.4250

步骤二:驾驶人的响应减速度。根据驾驶人响应制动减速度预测模型,在经过延误时间后,驾驶人将采取的响应制动减速度计算公式如式(14-7)所示。

$$dec_{Req} = \begin{cases} -0.0557 + 0.75824(dec_{LV}) - 0.0135(V_{SVP} - V_{LVP}), \\ \qquad\qquad \text{若式(14-2) 预测值大于} -0.25g \\ 0.10996 + 1.174(dec_{LV}) - 0.033(V_{SVP} - V_{LVP}) - 0.0472\,(dec_{LV}) \times \\ (V_{SVP} - V_{LVP}), \qquad \text{若式(14-2) 预测值小于} -0.25g \end{cases} \tag{14-7}$$

步骤三:计算制动距离 (Brake Onset Range, BOR) 和延误距离 (Delay Time Range, DTR)。两车在延误时间内发生的相对距离变化即延误距离 (DTR),可按式(14-8)计算:

$$DTR = (V_{SV} - V_{LV}) \times Delay\ Time + 0.5 \times (dec_{SV} - dec_{LV}) \times (Delay\ Time)^2 \tag{14-8}$$

驾驶人能成功将车停下的制动距离 (BOR)的计算如下:

若$\dfrac{V_{LV}}{-dec_{LV}} \leqslant \dfrac{V_{SV} + dec_{SV}(Delay\ Time)}{-dec_{SVR}} + Delay\ Time$,其中,$dec_{SV} < 0$, $dec_{LV} < 0$,

即$dec_{LV} \times V_{SV} \leqslant dec_{SVR} \times V_{LV} - dec_{LV} \times Delay\ Time \times (dec_{SV} - dec_{SVR})$,其中$dec_{SVR}$为本车理论避撞所需减速度,单位为 g,负值代表制动。那么,当两车接触时,前车已静止(前车先停,后车再停),此时 BOR 的计算见式(14-9):

$$BOR = \frac{(V_{SVP})^2}{-2 \times dec_{SVR}} - \frac{(V_{LVP})^2}{-2 \times dec_{LV}} \tag{14-9}$$

否则,两车接触时前车仍在运动(后车先停,前车再停),此时 BOR 的计算见式(14-10):

$$BOR = \frac{(V_{\mathrm{SVP}} - V_{\mathrm{LVP}})^2}{-2 \times (dec_{\mathrm{SVR}} - dec_{\mathrm{LV}})} \tag{14-10}$$

步骤四：计算预警距离。预警距离阈值为制动距离与延误距离之和，具体见式(14-11)：

$$R_{\mathrm{warning}} = BOR + DTR \tag{14-11}$$

基于以上预警时机算法，建立相应的多级前向碰撞预警系统。预警逻辑中各级别的触发条件、预警方式以及描述，如表 14-5 所列。

表 14-5　多级前向碰撞预警逻辑

预警等级	触发条件	预警方式	车头时距	说明
—	车头时距>3 s	无	NO	前方未检测到车辆
LEVEL Ⅰ	车头时距≤3 s		YES	检测到前方范围内的行驶车辆，并开始提示与前车的车头时距
	车头时距≤1 s		YES	检测到与前车的距离小于安全跟车距离(但并无实际危险)，向驾驶人予以警示
	车头时距≤0.6 s	 +恒定声音	YES	检测到与前车的距离过近(但并无实际危险)，前车的制动/减速均有可能使驾驶人陷入危险状态，向驾驶人予以高度警示
LEVEL Ⅱ	跟车距离小于 LEVEL Ⅱ预警距离	 +渐强声音	YES	检测到本车与前方车辆处于危险(碰撞)状态，需要驾驶人采取(能够承受的)一定制动措施，方能脱离危险情况

14.1.5 前向碰撞预警功能评估

同济大学交通安全团队进行的前向碰撞预警研究中，预警模拟实验测试了两类典型的前向临撞工况：前车减速工况与前车低速行驶工况。这两类典型工况约占 70%的前向碰撞场景[13]。

驾驶人在接收到预警信息后，对预警时机进行主观评价，结果如图 14-15 所示，大部分驾驶人(59%和 68%)都认为实验中所提供的预警时机刚好且能够被接受，有小部分驾驶人则认为预警时机较早或者较晚；在前车减速工况中，约 20%的事件被评价为较早或较晚；在前车低速行驶工况中，约 15%的事件被评价为较早或较晚。

对比有/无预警条件下的事故率与碰撞速度，结果如图 14-16 所示。相比无预警实验，预警条件下的事故率从 37.7%降至 3.12%，降幅约为 91.7%，碰撞速度降幅约为 29.2%。因此，从事故率和事故严重程度来看，预警总体上能够带来一定的改善。

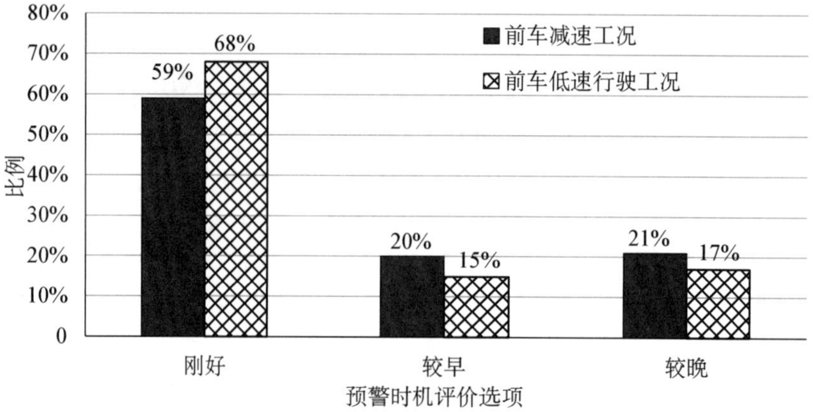

图 14-15 报警时机评估

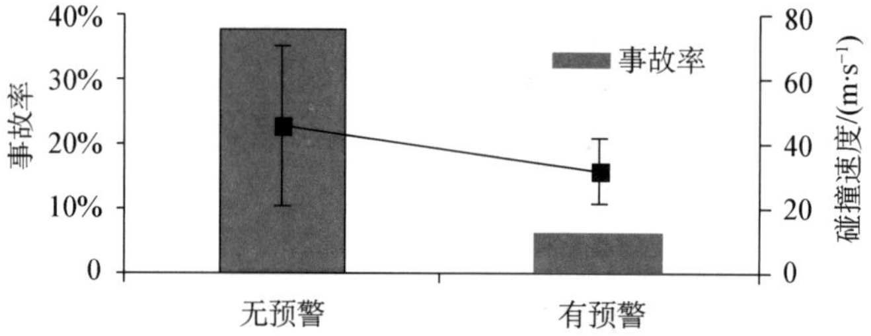

图 14-16 有无预警条件下事故率差异

对比有/无预警条件下 *TTC* 与车头时距的差异,结果如图 14-17 所示。预警对于增大避撞过程中的最小 *TTC* 值效果显著($F[1,188]=54.0, p<0.001$),即预警能够有效地降低工况中的风险程度。此外,从图 14-17 还可以发现,在不同车头时距和前车减速度条件下,预警对于最小 *TTC* 的改善作用是相对固定的。

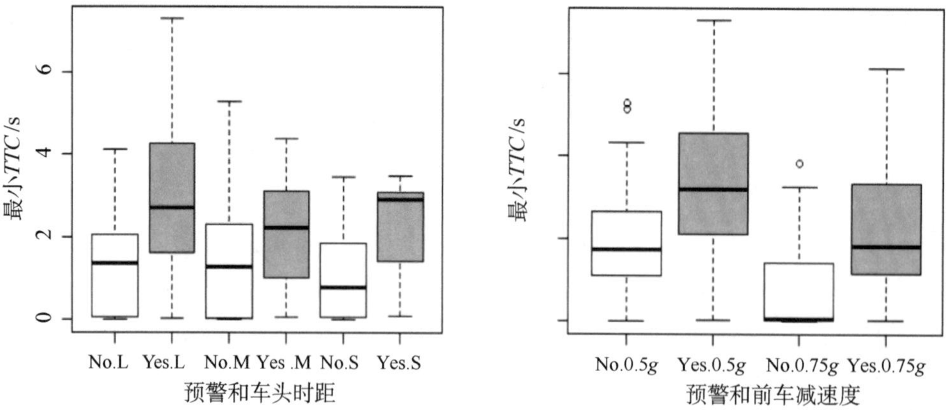

图 14-17 有无预警条件下最小 *TTC* 比较

对比有/无预警条件下的实际避撞减速度可以发现,实际避撞减速度在不同车头时距和前车减速度下的差异并不明显。

上海自然驾驶研究(Shanghai Naturalistic Driving Study, SH-NDS)是中国首个自然驾驶研究项目,实验车均配置了包含 FCWS 的 Mobileye C-270 车辆主动安全系统。为了研究 FCWS 功能的有效性并提出优化方案,实验人员在 FCWS 开启/关闭的情况下采取了跟车行为。通过车头时距及反应时间的对比分析来研究 FCWS 对跟车行为的影响[13]。

Mobileye® 车辆主动安全系统中的 FCWS 可以同时提供车头时距提示和预警功能。当车头时距小于 2.5s 时,车头时距数值将展示在屏幕上。当车头时距降至 0.6 s 时,屏幕上会显示 1 个红色的车形图案,同时警报声响起,以警示车距过近,如图 14-18 所示。

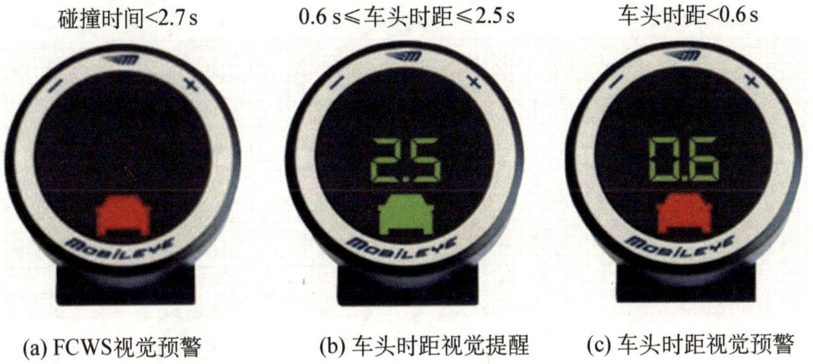

图 14-18 FCWS 视觉显示[14]

为了分析 FCWS 的预警效果,需要确定驾驶人的反应时间。反应时间可以通过 G. S. Gurusinghe[14] 提出的对比前车加速度(FV Acceleration)和相对速度(Relative Speed)的曲线图解法来确定,如图 14-19 所示。

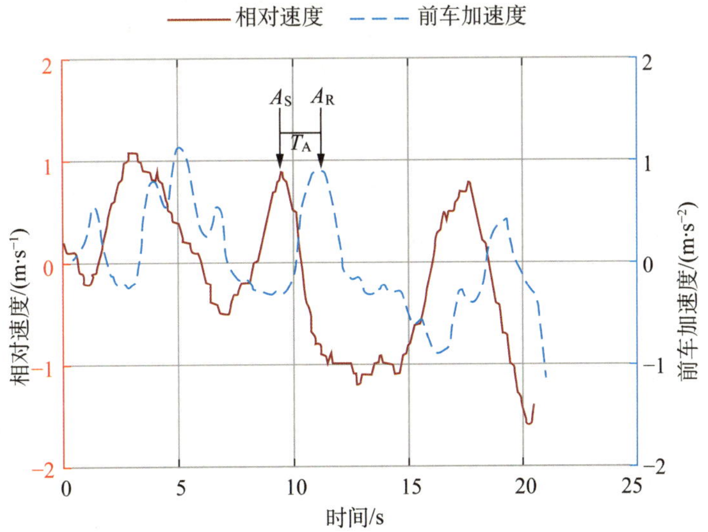

图 14-19 通过识别刺激及反应点确定反应时间[14]

在FCWS开启/关闭状态下，采用线性混合模型分析车头时距和跟车反应时间的影响变化，线性混合模型的表达式如式(14-12)所示。

$$y = \boldsymbol{X}\beta + \boldsymbol{Z}\gamma + \varepsilon \tag{14-12}$$

式中 y——因变量；

$\boldsymbol{X}$——固定效应矩阵；

β——固定效应系数；

$\boldsymbol{Z}$——随机效应矩阵；

γ——随机效应系数；

ε——随机误差。

分析结果显示，FCWS在开启状态下，驾驶人倾向于保持更大的车头时距，而更大的车头时距有助于提高行驶的安全性。FCWS的状态对驾驶人反应时间有显著影响。FCWS开启后，跟车反应时间随之减少。FCWS效果评估如图14-20所示。

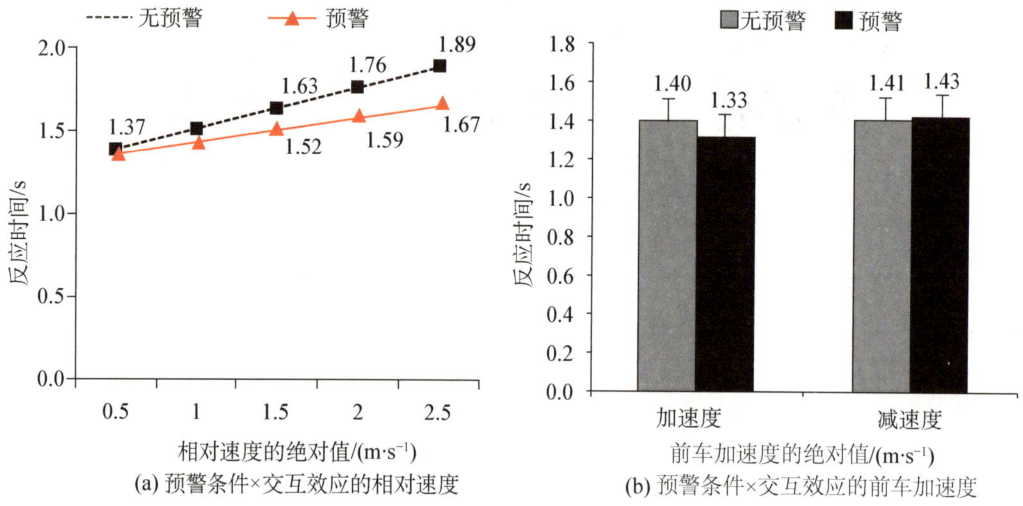

图14-20 FCWS效果评估

为了进一步验证FCWS对驾驶人跟车行为的影响，采用非线性跟车模型，即GHR模型(Gazis-Herman Rothery)来检验在FCWS开启/关闭状态下，车速、加速度等参数的变化，结果如图14-21所示。

14.2 疲劳驾驶预警

疲劳驾驶研究主要采用驾驶模拟器实验、实车实验和自然驾驶测试等方式来采集驾驶人在疲劳状态下的驾驶行为、生理特征等指标，通过对驾驶人疲劳的检测及疲劳等级的判别，可为其提供实时、有效的预警措施，从而降低事故风险，提高道路交通安全性。

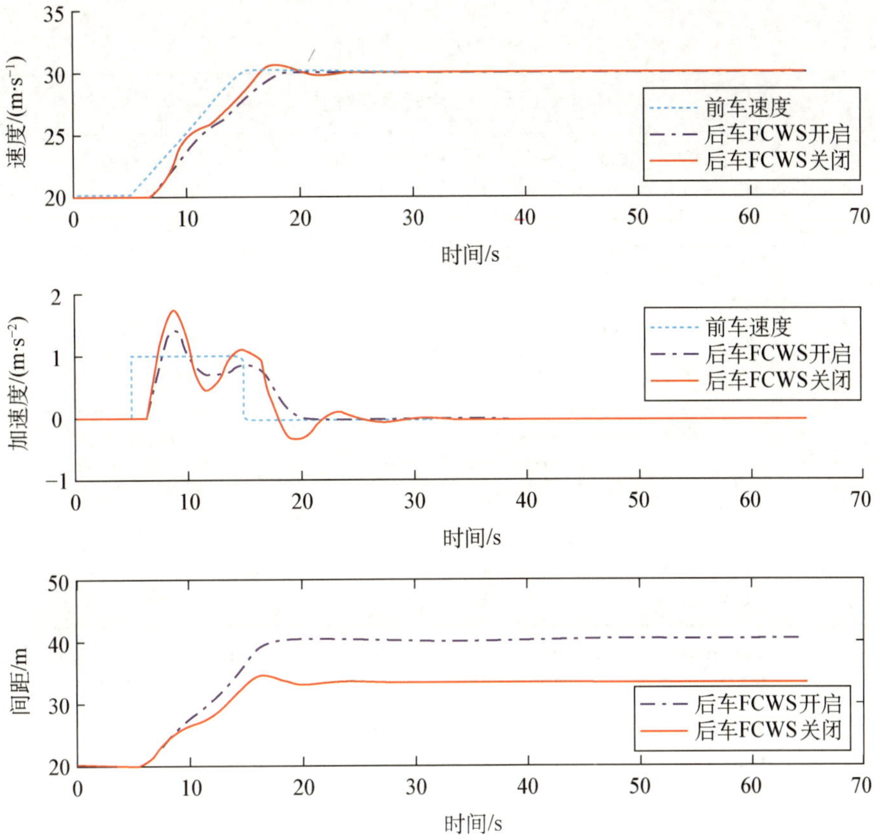

图 14-21 采用 GHR 模型验证在 FCWS 开启/关闭状态下各参数的变化

14.2.1 疲劳检测方法

疲劳驾驶检测方法主要包括主观测量法、生理特征测量法和驾驶行为测量法。按照采集仪器是否与人体直接接触,可将疲劳检测方法分为侵入式测量法(直接接触驾驶人)与非侵入式测量法(非直接接触驾驶人)两大类。

侵入式测量法可以更加精准地获取驾驶人的疲劳情况,但由于需要将测量仪器(如生理多导仪、脑电仪等)直接与驾驶人身体接触,可能会对驾驶人的行为造成干扰;而非侵入式测量法无须直接接触驾驶人(如采集车辆运行特征、驾驶人头部姿态等),对驾驶行为的影响很小,但其测量精度可能略低于侵入式测量法。

1. 主观测量法

主观测量法是一种非侵入式测量法,通常基于驾驶人对自身疲劳水平的评价来判断疲劳状态。许多测量工具可将这一评价量化为对疲劳水平的测量,如卡罗林斯卡嗜睡量表(Karolinska Sleepiness Scale, KSS)便是最常用的主观疲劳评估量表,它用 9 个困倦等级来评估被试者从清醒到困倦的不同疲劳状态[15],如表 14-6 所列。此外,常见的量表还有斯坦福嗜睡量表(Stanford Sleepiness Scale, SSS)、视觉模拟评分法(Visual Analogue Scales, VAS)、瑞典职业疲劳量表(Swedish Occupational Fatigue Inventory, SOFI)和 Chalder 疲劳量表(Chalder Fatigue Scale, CFS)等。

表 14-6　KSS原文及中文翻译

KSS 分数	主观感受描述	
	原文	中文翻译
1	Extremely alert	极度清醒
2	Very alert	非常清醒
3	Alert	清醒
4	Rather alert	有些清醒
5	Neither alert nor sleepy	既不清醒也不困倦
6	Some signs of sleepiness	有些困倦的迹象
7	Sleepy, but no difficulty remaining awake	困倦,容易控制
8	Sleepy, some effort to keep alert	困倦,困难但还可以控制
9	Extremely sleepy, fighting sleep	极度困倦,无法控制想要入睡

使用主观评分的缺点在于自我汇报的形式会不断干扰驾驶人的警觉性,从而降低其真实的疲劳水平。此外,驾驶人可能会因社会称许性(即在自我评价时,评价者通常倾向于用一种比他们的“真实”答案更能被社会接受的方式来给出答案)[16]的影响,导致所给出的疲劳等级出现偏差。为了检查驾驶人自我汇报疲劳水平的可靠性,通常采用观察者评估法[17]对驾驶人的疲劳水平进行客观评估,并对驾驶人的汇报结果进行校验。

2. 生理特征测量法

生理特征测量法分为侵入式测量法和非侵入式测量法两类。

在侵入式测量法中,常见的测量特征包括脑电信号、心电信号、皮肤电信号和血液容积变化信号等[18]。驾驶人在疲劳时,脑电信号中的 α 波及 θ 波通常会有显著变化,且驾驶人的心率会显著降低、皮电反应减小[18]。上述特征在疲劳检测中均表现出较好的检测精度。

在非侵入式测量法中,经常使用视频或非接触式眼动仪采集生理特征,包括:①驾驶人头部姿态:如头部垂直摆动幅度及标准差等;②嘴部特征:如打哈欠频率、单位时间内嘴部张开时间占比等;③眼部特征:如眨眼频率、眨眼持续时间、瞳孔直径、单位时间内眼睑闭合时间百分比(Percentage of Eyelid Closure, PERCLOS)等[19,20]。研究表明,瞳孔直径及PERCLOS是与疲劳水平显著相关的眼动指标,且PERCLOS会随着驾驶人疲劳程度的增加而增加,瞳孔直径则会随着疲劳程度的增加而减小[19]。

3. 驾驶行为测量法(车辆运行指标测量法)

驾驶行为测量法主要通过车辆运行特征(如车道偏移、车速变化、方向盘转角、方向盘握力等)来判断驾驶人是否疲劳。这些指标的收集一般需要在车辆中(如方向盘处)安装传感器,利用其产生的信号来检测驾驶人的疲劳程度。该方法的主要目的是通过观察驾驶模式的变化及驾驶能力的下降来判断驾驶人的疲劳状态。

与驾驶行为相关的检测指标主要分为车道指标和方向盘运动指标两大类。车道指标中的车道偏移标准差是与驾驶人疲劳状态变化最为一致的指标[21];另外,车道偏移均值、车辆越线时间也被证明与疲劳程度显著相关。常见的方向盘运动指标包括方向盘反转次数、大幅度方向盘转角、方向盘握力等。已有研究表明,疲劳时驾驶人的方向盘修正次数较少,且随着疲劳程度的增加,车道偏移标准差显著增大[18,19]。此外,车速、制动及油门踏板力、车头偏航角、车辆越线时间等指标也被证明可对疲劳状态进行有效识别[19,20,22,23]。

驾驶行为测量法的优势在于指标相对容易采集,但这些指标易被道路几何特征、交通环境以及驾驶人状态(如认知负荷、视觉分心)等因素干扰。例如,方向盘握力与驾驶人的情绪波动和道路状况密切相关,驾驶人在空旷路段或繁忙路段、笔直路段或陡峭山路中的方向盘握力具有显著差异[24]。

14.2.2 实验设计及数据采集

驾驶模拟器实验法具有场景安全、条件可控、测量便利、数据相对真实等优点,因此被国内外研究者广泛采用。在利用驾驶模拟器研究疲劳驾驶时,有以下几个关键问题:①实验设计,包括驾驶模拟器类型的选择、明确被试者的数量及属性的明确、实验时间及时长的确定、测试前被试者的疲劳水平控制等;②道路环境设计,包括道路横断面、道路线形、环境车辆、限速、环境背景等参数的设置;③数据采集与分析,包括生理信号、操作特征、反应特征、车辆运行特征、疲劳的主观评价的采集与分析等。下面介绍疲劳驾驶实验的设计方法及数据采集方法。

1. 实验设备

以同济大学的疲劳驾驶实验为例,通过高仿真驾驶模拟器采集驾驶行为数据。驾驶模拟器如图 14-22 所示,该驾驶模拟器具有八自由度运动系统,驾驶舱为封闭刚性结构,实验车辆为真车,车辆去除了发动机,并加装了方向盘、刹车力反馈系统及数据输入输出设备,投影系统通过 5 个内置于驾驶舱的投影仪将场景投影到柱形幕上,场景的水平视角为 250°。模拟平台使用法国 OKTAL 公司开发的 SCANeR™控制软件。

(a) 外部　　(b) 内部　　(c) 驾驶人视角

图 14-22　同济大学高仿真驾驶模拟器

通过四通道 SmartEye 眼动仪采集眼动数据,可实现六自由度头部跟踪和二自由度目光跟踪。仪表盘上方工作台处放置 4 个摄像头装置,用于捕捉驾驶人的面部特征,跟踪头部运动,并通过对瞳孔检测及定位来确定驾驶人的视线方向。

2. 被试者

此次实验共招募了30名被试者,其中男性24名,女性6名。实验要求所有被试者持有效驾照,身体状况良好,无与睡眠相关的疾病,在实验前1个月内无药物服用史,测试前24 h内不允许饮用酒、咖啡及功能性饮料。被试者在测试前需要填写描述实验要求和被试者权利的“实验知情同意书”。实验结束后,根据测试时间向每位被试者支付报酬。“实验知情同意书”的具体内容如下。

疲劳驾驶实验知情同意书

· 实验声明

(1) 实验目的:进行驾驶人驾驶特征研究。

(2) 数据采集:驾驶人部分个人信息,实验中将记录驾驶人的视频、声音、操控行为和车辆运动。

(3) 隐私保护:所采集数据仅用于本项目研究,未经测试驾驶人本人允许,与其有关的任何个人信息都不会对外公开,我们承诺保护每一位测试驾驶人的隐私。

· 实验过程

您将驾驶同济大学驾驶模拟器,操控方式为自动挡。您需要在一条高等级公路上驾驶约60 min。道路限速120 km/h,单向3车道,请保持在第2条车道上行驶。

· 实验前

(1) 请将手机关机或由工作人员保管。

(2) 填写问卷:请您在工作人员的指导下完成“驾驶模拟器眩晕测试调查表”(实验前)、“驾驶模拟器实验情绪”(实验前)。

· 实验后

填写“疲劳问卷——驾驶人填写部分”“事故记录表”“疲劳附加调查表”。

· 实验风险

通常,驾驶模拟器少部分测试人员可能在实验中或实验后一段时间内感到不适(如恶心等),停止驾驶一段时间后该反应会减轻并消失。

· 免责声明

(1) 实验前,请确认身体状况良好可以参加实验。如果由于隐瞒疾病而导致伤害事件发生,实验组织方不承担任何责任。

(2) 实验中,由于参加测试的驾驶人不听从工作人员的安排而导致伤害事件发生,实验组织方不承担任何责任。

(3) 实验后,建议驾驶人乘坐公共交通工具回家休息。如果驾驶车辆的,需要至少休息1 h以上才能驾车离开,实验方提供休息场所。

(4) 驾驶人离开实验室后,双方责任关系终止。之后发生的任何事件,实验组织方不承担任何责任。

我已经阅读了以上说明，我身体状况良好，自愿参加此次测试，并同意实验数据供研究使用。

驾驶人签名：______________ 日期： 年 月 日

3. 实验设计

实验道路是一条总长度为 20 km 的双向 6 车道环形一级公路，由直线路段、大半径圆曲线路段和连接曲线构成，如图 14-23 所示。该道路包括：6 段直线路段，每段长 2 km，编号为 1,3,5,9,11,13；2 段圆曲线路段，每段半径为 700 m，长度为 2 km，编号为 7,15；以上路段之间用大半径 S 曲线连接，编号为 2,4,6,8,10,12,14,16。为了增加驾驶环境的真实感，实验场景道路两旁设置绿草地、树木和少量的村落建筑。(注：本例仅针对直线路段采集的数据进行分析)

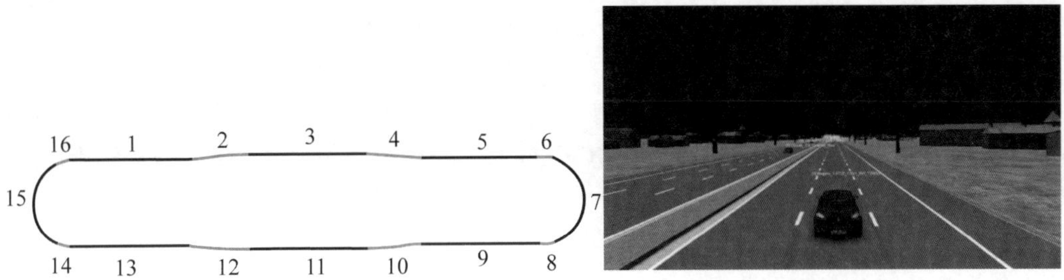

(a) 实验道路 (b) 驾驶环境

图 14-23 实验道路及环境设计

为了重点评估在较高疲劳程度下的驾驶行为，要求被试者在值夜班后的早晨 8 点接受测试。实验前，被试者先填写驾驶人基础信息调查表和测试前疲劳状态调查表，然后进行 5 min 试驾以熟悉驾驶模拟器。实验正式开始后，为了创造单调的驾驶环境以使驾驶人在有限的实验时间内能够较快进入疲劳状态，驾驶人需将车速保持在 120 km/h 左右，行驶过程中不允许听广播或音乐，道路上设置少量环境车辆，无隧道，无不良天气。实验结束后，驾驶人填写实验后疲劳状态调查表。

4. 主观疲劳等级

为了记录驾驶人的疲劳程度，驾驶人行驶至每圈中点处时需要按照 KSS 量表的标准，报告其主观疲劳程度。原始 KSS 量表共分为 9 个等级，如表 14-6 所列，而面向预警功能的疲劳检测无须区分出所有的疲劳等级，仅需区分出影响事故风险的较高等级疲劳状态。当 KSS 值小于 6 时，不会出现行为和生理的明显变化；当 KSS 值为 6 或 7 时，表示驾驶人疲倦，但仍然清醒；当 KSS 值为 8 或 9 时，表示驾驶人需要努力保持清醒状态[20]。因此，本实验将疲劳程度划分为 3 个等级：$KSS=1\sim5$，未疲劳；$KSS=6\sim7$，中度疲劳；$KSS=8\sim9$，重度疲劳。

5. 无侵入测量指标采集

本例中除驾驶人自陈式 KSS 主观疲劳等级数据外，同时采集三类客观数据：生理信号、操作参数和车辆运行特征参数。其中，生理信号包括眼动仪采集的眼睑开合度、瞳孔直径、眨眼频率等眼动信号;操作参数包括驾驶人对于方向盘、油门踏板、刹车踏板的控制信号;车辆运行特征参数包括车辆的横向速度、纵向速度、车道偏移值等。

14.2.3 疲劳等级判别

目前,针对疲劳等级的判别已开展了广泛的研究,如通过探究不同疲劳等级下的驾驶行为和生理特征变化来反映驾驶人的疲劳水平等。但已有研究常常忽略了疲劳在驾驶人之间所表现出的个体差异(如在相同疲劳水平下,不同驾驶人的车道偏离行为或 PERCLOS 等指标显著不同)[19]以及疲劳随时间的累积效应(Time Cumulative Effect, TCE)这两个重要特征[20]。基于以上背景,本节提出了考虑驾驶人个体差异及时间累积效应下的疲劳状态检测方法。

1. 考虑时间累积效应的混合效应有序 Logit 模型

传统的回归模型需要个体之间具有独立性。但在实际应用中,数据通常采用复杂随机抽样的方法获取,因而数据通常呈现出层次结构。若采用传统的回归模型,会影响解释变量估计参数的有效性和统计特性。在对疲劳驾驶研究的过程中,由于被试者的驾驶行为和眼动特征可能存在个体差异,因此在模型中引入随机效应来体现驾驶人的个体差异。本例采用考虑时间累积效应的混合效应有序 Logit 模型(Mixed-effect Ordered Logit model considering Time Cumulative Effect, MOL-TCE model)开展分析,该模型可以通过反映个体差异的随机效应和没有个体差异的固定效应来准确地解释响应变量的变化。

具体模型如下:设 Y_{ij} 是第 i 个路段上驾驶人 j 的观测疲劳等级,该方法认为离散变量 Y_{ij} 的背后存在一个连续的隐变量 Y_{ij}^*,而获取离散 Y_{ij} 的过程就是建立一系列阈值,划分离散的 Y_{ij} 值。每位驾驶人均需要两个阈值 $\eta_{mj}(m=1,2)$将疲劳状态分为 3 个等级,即

$$Y_{ij}=\begin{cases}1, \text{ if } & -\infty < Y_{ij}^* < \eta_{1j} \\ 2, \text{ if } & \eta_{1j} < Y_{ij}^* < \eta_{2j} \\ 3, \text{ if } & \eta_{2j} < Y_{ij}^* < +\infty\end{cases} \tag{14-13}$$

则模型可表示为

$$\begin{aligned}p_{ij(m)} &= P(Y_{ij} \leqslant m) = P(y_{ij}^* \leqslant \eta_{mj}) \\ &= \frac{\exp(\alpha_{mj}^{\text{Random}} + f(t_{[i-1]j}) + \beta^{\text{Fixed}} X_{ij}^{\text{Fixed}} + \beta_j^{\text{Random}} X_{ij}^{\text{Random}})}{1+\exp(\alpha_{mj}^{\text{Random}} + f(t_{[i-1]j}) + \beta^{\text{Fixed}} X_{ij}^{\text{Fixed}} + \beta_j^{\text{Random}} X_{ij}^{\text{Random}})}\end{aligned} \tag{14-14}$$

即

$$\begin{aligned}Logit(p_{ij(m)}) &= \lg\left(\frac{P(Y_{ij} \leqslant m)}{1-P(Y_{ij} \leqslant m)}\right) = \alpha_{mj}^{\text{Random}} + f(t_{[i-1]j}) + \\ &\quad \beta^{\text{Fixed}} X_{ij}^{\text{Fixed}} + \beta_j^{\text{Random}} X_{ij}^{\text{Random}} + \varepsilon_{ij},\ \varepsilon_{ij} \overset{i.i.d.}{\sim} N(0,\sigma_\varepsilon^2)\end{aligned} \tag{14-15}$$

式中 $p_{ij(m)}$——路段 i 上驾驶人 j 发生疲劳等级为 m 的概率;

i——路段编号;

j——驾驶人编号;

$f(t_{[i-1]j})$——时间函数,其中 $t_{[i-1]j}=t_{ij}-t_{1j}$;

t_{ij}——驾驶人 j 驾驶至路段 i 时的时间;

$t_{[i-1]j}$——从车辆驾驶至第 1 个路段开始直到第 i 个路段时的累积时间；

$\alpha_{mj}^{\text{Random}}$——受解释变量影响的驾驶人 j 的第 m 个累计 Logit 分界点；

β^{Fixed}——固定效应回归系数；

β_j^{Random}——随机效应回归系数；

X_{ij}^{Fixed}——固定效应变量，本例中，固定效应变量为车道偏离标准差；

X_{ij}^{Random}——随机效应变量；

$i.i.d$——独立同分布(independently · identically · distribution，i.i.d)。

2. 模型结果

为了防止模型对数据的过度拟合，利用随机抽样法从 3 个不同的疲劳等级中随机抽取 70％的数据作为训练集，剩余 30％的数据作为测试集。本节同时使用未考虑疲劳累积效应的混合效应有序 Logit 模型(MOL model)作为参考，对比 MOL 模型和 MOL-TCE 模型的疲劳水平检测效果。模型参数估计结果如表 14-7 所列(因变量的参考组为“重度疲劳”)。由表 14-7 可知，时间、车道偏移标准差、眼睑闭合时间百分比与疲劳程度显著相关。

表 14-7　疲劳检测模型参数估计结果

模型	参数		估计	标准差	t 值	显著性
MOL-TCE	截距	η_1	11.817	1.259	9.390	0.000**
		η_2	19.240	1.412	13.620	0.000**
	时间		−2.419	0.143	−16.980	0.000**
	车道偏移标准差		−8.242	2.530	−3.260	0.006**
	眼睑闭合时间百分比		−18.892	5.016	−3.770	0.000**
	眼睑闭合时间百分比×瞳孔直径		4 530.410	1 242.250	3.650	0.000**
	车道偏移标准差×瞳孔直径		1 486.660	628.360	2.370	0.018*
	σ_{j1}^2		3.796	0.788		
	σ_{j2}^2		6.332	4.991		
	σ_{j12}^2		0.071	0.860		
	−2lg Likelihood		14 387.430			
MOL	截距	η_1	−0.232	0.623	−0.370	0.716
		η_2	4.725	0.643	7.350	0.000**
	车道偏移标准差		−10.997	1.864	−5.900	0.000**
	眼睑闭合时间百分比		−23.237	4.072	−5.710	0.000**
	眼睑闭合时间百分比×瞳孔直径		4 363.380	976.690	4.470	0.000**
	车道偏移标准差×瞳孔直径		1 858.150	470.560	3.950	0.000**
	σ_{j1}^2		2.153	0.466		
	σ_{j2}^2		1.376	1.951		

（续表）

模型	参数		估计	标准差	t 值	显著性
MOL	σ_{j12}^2		0.015	0.713		
	$-2\lg$ Likelihood		18 027.740			

注：*** 表示显著性 $p<0.001$，** 表示显著性 $p<0.01$，* 表示显著性 $p<0.05$。

3. 疲劳等级判别

为了进一步评估 MOL-TCE 模型对疲劳的检测效果，本例考虑使用机器学习法——决策树算法来对驾驶人的疲劳状态进行判别。

决策树通过递归算法形成的树形图来表示事物分类逻辑。CHAID（Chi-squared Automatic Interaction Detector）算法又称卡方自动交叉检验，是决策树分类算法的一种，它可以一次对因变量切分出多个统计显著的分支，从而可以更快地生长出高预测能力的分支。CHAID 算法适用于分类和序次等级数据的分析，同时还能衡量自变量对因变量的重要性。

因变量为离散变量 y，而 $x_1, x_2, \cdots, x_m$ 为 m 个解释变量，CHAID 的算法如下：先将连续变量 x_k 离散化，并让离散化后的变量 $x_k(1\leqslant k\leqslant m)$ 与 y 进行交叉分类；然后计算每个交叉分类表的卡方统计量：

$$\chi^2=\sum_i\sum_j\frac{(f_{ij}-\widehat{F_{ij}})^2}{\widehat{F_{ij}}} \tag{14-16}$$

式中　f_{ij}——第 k 个交叉分类表中第 i 类 x_k 与第 j 类 y 的实际分布频率，$f_{ij}=y_{ij}/n$，其中 y_{ij} 为分布频数，n 为分类表样本总数；

$\widehat{F_{ij}}$——与 f_{ij} 对应的期望分布频率估计值。

比较 m 个交叉分类表 χ^2 的相伴概率 p 值的大小，假如 x_k 与 y 的 p 值最大，则选 x_k 为最佳交互分类。重复以上步骤，得到不同阶段多维交互表并找到针对 y 的最优分类，当满足深度或显著性终止条件后停止。

CHAID 决策树模型的建立可以通过 SPSS 软件实现。模型以疲劳等级（DL）作为因变量，以 PERCLOS、车道偏移标准差（LP_stdev）和方向盘反转率（SWM_Re）作为自变量。SPSS 中的模型设置如下：所有自变量都为连续变量，均被离散化为 10 个区间；根节点的最大深度取默认值为 3，父节点和子节点需要的最小观测数分别取为 50 和 25；使用 Pearson 卡方统计量；分割节点和合并节点的显著性水平都取 0.05，最大迭代次数取 100，单元格最小频率改变量取 0.001；允许用 Bonferroni 方法调整合并或分割节点时的显著性水平，允许对节点进行重新分割；采用交叉检验（参数设置为 10 组）的方式对决策树进行验证。

决策树模型的结果如图 14-24 所示。最优分化变量为 PERCLOS（$\chi^2=152.828$），其卡方值远大于其他指标，另一个分化变量为车道偏移标准差（$\chi^2=28.965$）。从划分区间来看，两个变量与疲劳程度都呈正相关关系。

表 14-8 为 MOL-TCE 模型、MOL 模型和决策树模型对疲劳水平的判别精度。由结果可知，MOL-TCE 模型对疲劳水平的判别精度达到 80.35%，远高于未考虑疲劳随时间累积效应的 MOL 模型（67.75%）和决策树模型（55.22%）。

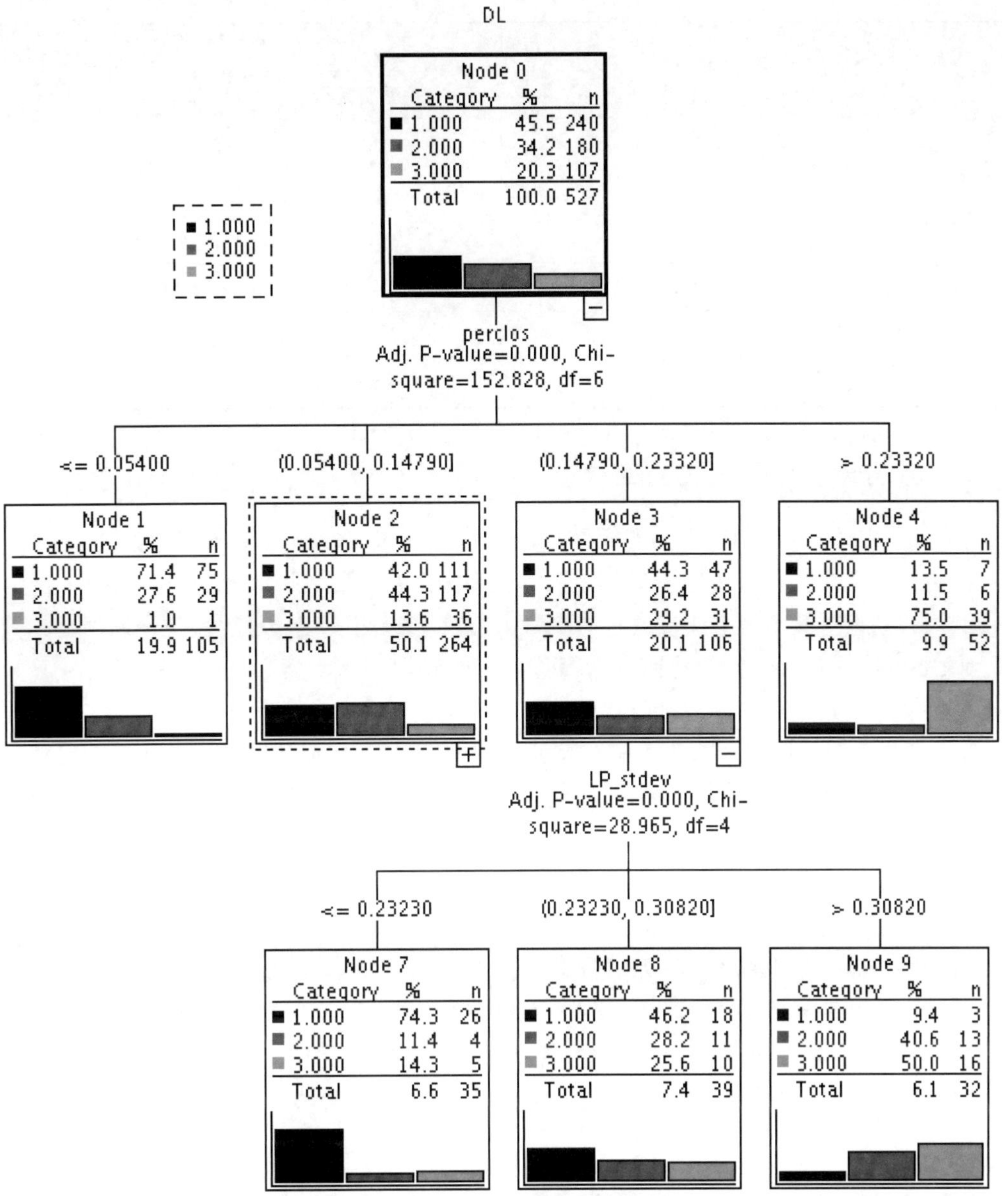

图 14-24 决策树模型的树形图

表 14-8 **三个模型对疲劳状态判别结果**

模型	观测值	预测值			准确率	总体预测精度
		未疲劳	中度疲劳	重度疲劳		
MOL-TCE	未疲劳	77.78%	22.22%	0.00	77.78%	80.35%
	中度疲劳	3.25%	91.23%	5.53%	91.23%	
	重度疲劳	0.00	27.97%	72.03%	72.03%	

(续表)

模型	观测值	预测值			准确率	总体预测精度
		未疲劳	中度疲劳	重度疲劳		
MOL	未疲劳	48.96%	51.04%	0.00	48.96%	67.75%
	中度疲劳	6.85%	88.22%	4.93%	88.22%	
	重度疲劳	0.00	33.92%	66.08%	66.08%	
决策树	未疲劳	49.73%	46.28%	3.99%	49.73%	55.22%
	中度疲劳	23.43%	65.31%	11.26%	65.31%	
	重度疲劳	15.17%	34.22%	50.61%	50.61%	

14.2.4 疲劳驾驶预警人机交互设计

疲劳驾驶预警属于驾驶人监测系统(Driver Monitor System, DMS)的功能之一,该系统通常使用摄像头和红外传感器对驾驶人的注意力进行监测,被广泛应用于乘用车、商用车等领域。驾驶人监测系统的主要功能包括驾驶人疲劳检测、注意力检测、身份识别及其他异常行为(如吸烟、使用手机等)检测。当驾驶人出现异常行为时,该系统将通过灯光闪烁、警告音提示等方式向驾驶人发出警告提醒。

现有 DSM 疲劳驾驶预警的人机交互设计通常从交互界面安装位置(仪表盘、中控台、前挡风玻璃等)、预警形式(视觉提示、听觉提示等)等方面进行设计。下面以同济大学疲劳驾驶预警实验研究为例予以介绍。

预警提示的人机界面主要由预警提示显示屏和音响构成。由于对未疲劳、中度疲劳、重度疲劳采取的预警策略和强度不同,因此设计了分级预警显示图标(图 14-25)和提示音。

(1) 无报警:显示屏无画面,无声音提示。

(2) 中度疲劳预警:中度疲劳预警提示音(音调中等、频率中等),显示屏疲劳提示标志为黄色,文字显示“您已疲劳,请休息”,标志在预警时亮起并保留。

(3) 重度疲劳预警:重度疲劳预警提示音(音调中等,频率快),显示屏疲劳提示标志为红色,文字显示“您已严重疲劳,请休息”,标志在预警时亮起、闪烁 3 次并保留。

(a) 无报警 (b) 中度疲劳预警 (c) 重度疲劳预警

图 14-25 疲劳预警提示图标

预警显示屏安放在车辆中控台左上方,如图 14-26(a)所示,屏幕分辨率为 800×600;预警提示音响安放在驾驶人座椅两侧，如图 14-26(b)所示。

(a) 预警显示屏安放位置

(b) 预警提示音响安放位置

图 14-26　疲劳预警显示屏及音响的安放位置

14.2.5　疲劳预警有效性评价

疲劳预警有效性评价主要包括基于驾驶人反馈的主观评价和基于指标观测的客观评价两种。其中，客观评价指标包括疲劳预警前后的外部观测 KSS 等级指标、驾驶人生理特征指标和车辆运行特征指标。

1. 主观评价法

主观评价法通常利用问卷方式进行测量，主要从疲劳预警系统总体(表 14-9)、预警方案(表 14-10)及报警方式认可程度(表 14-11)等角度进行衡量。

表 14-9　疲劳预警系统总体评价

对于您刚才体验过的疲劳预警系统，请根据您的认可程度对以下选项进行打分	非常不同意	比较不同意	中立	比较同意	非常同意
1. 愿意我的下一辆车上有疲劳预警系统	1	2	3	4	5
2. 我对疲劳预警系统很满意	1	2	3	4	5
3. 疲劳预警系统对我在高速公路上长时间驾驶有很大帮助	1	2	3	4	5
4. 疲劳预警系统提高了我的驾驶安全性	1	2	3	4	5
5. 疲劳预警系统能帮助我避免由于疲劳驾驶而引起的交通事故	1	2	3	4	5
6. 疲劳预警系统容易理解、方便使用	1	2	3	4	5
7. 我对疲劳预警系统提示图标的显示位置满意	1	2	3	4	5
8. 为了满足我的个人需求，我需要调节疲劳预警系统报警时机的早晚	1	2	3	4	5

表 14-10　疲劳预警系统预警方案评价

1. **预警提示时机**(请在每项右侧对应数字上打钩)	
请对系统的总体提示时机进行评价	(1)过早；(2)恰当；(3)过晚

(续表)

请对“中度疲劳”提示时机进行评价	(1)过早;(2)恰当;(3)过晚
请对“重度疲劳”提示时机进行评价	(1)过早;(2)恰当;(3)过晚
2. **视觉部分**(请在每项右侧对应数字上打钩)	
您认为报警图标的**大小**如何	(1)非常差;(2)较差;(3)一般;(4) 较好;(5)非常好
您认为报警图标的**颜色**如何	(1)非常差;(2)较差;(3)一般;(4) 较好;(5)非常好
您认为报警图标的**亮度**如何	(1)非常差;(2)较差;(3)一般;(4) 较好;(5)非常好
您认为报警图标的**位置**如何	(1)非常差;(2)较差;(3)一般;(4) 较好;(5)非常好
3. **声音部分**(请在每项右侧对应数字上打钩)	
您认为报警声音的**音量**如何	(1)非常轻;(2)较轻;(3)刚好;(4) 较响;(5)非常响
您认为报警声音的**持续时长**如何	(1)非常短;(2)较短;(3)刚好;(4) 较长;(5)非常长
您认为报警声音**是否刺耳**(音频)	(1)非常刺耳;(2)有一点刺耳;(3) 完全不刺耳
4. **您对疲劳预警系统的哪方面最满意?**	
5. **您对疲劳预警系统的哪方面最不满意?**	
6. **您对改善疲劳预警系统有何建议?**	

表 14-11　　不同报警方式认可程度

请根据您对于视觉、声音报警的认可程度对以下选项进行打分,评分标准:1—非常不同意;2—比较不同意;3—中立;4—比较同意;5—非常同意	**视觉报警**	**声音报警**
1. 这是一种很好的提供报警的方法		
2. 报警在车里能够很好地引起注意		
3. 如果我在驾驶时分心或未集中注意力,报警能够有效地引起我的注意力		
4. 报警不会惊吓到我(例如,使我眨眼、跳起来或采取某些反射性行为)		
5. 报警不会干扰到我采取对于安全驾驶所需的准确、迅速的决定		
6. 报警能够准确地告知我当前处于危险并需要及时做出反应		
7. 报警能够有效地提醒我认识自己目前的疲劳状态		

2. 客观评价法

常用的客观指标包括生理指标和车辆运行指标。在生理指标中,单位时间内眼睑闭合时间百分比与驾驶人疲劳程度最为相关。通过该指标在报警前后的变化情况可以看出报警提示是否有助于缓解疲劳。在车辆运行指标中,主要从车辆位置和越线情况进行考虑。车道偏移均值反映车辆是否按照要求的车道和位置行驶,在不考虑驾驶习惯的前提下,驾驶人越清醒,车道偏移均值越接近 0。车道偏移标准差反映的是一段时间内车辆运行轨迹左右波动的情况,处于疲劳状态的驾驶人对车辆的控制力弱,使得车辆左右波动得更剧烈,车道偏移标准差就越大。越线时空面积是反映车辆侧向偏移程度的指标,清醒的驾驶人更能控制车辆,该值会被控制在较小的范围内。

本例选取单位时间内眼睑闭合时间百分比(PERCLOS)、车道偏移均值、车道偏移标准差及越线时空面积这 4 个指标对中度疲劳预警提示的有效性进行评价。

对于中度疲劳预警,截取预警前后 15 s 内的 4 个指标进行参数统计,如表 14-12 所列。预警前后指标的配对样本 t 检验结果如表 14-13 所列,从中可以看出,车道偏移均值的显著性水平值为 0.632,远大于 0.05,表明在预警提示前后车道偏移均值的变化并不显著,不能判定疲劳预警对驾驶人起到了有效干预,这可能因驾驶人的驾驶习惯具有个体差异,即不同驾驶人对车道中心线位置的判断不同,导致车道偏移均值具有个体差异。由于预警本身不会改变驾驶人对车道中心线的判断,因此,预警前后车道偏移均值不会有显著差异。

PERCLOS、车道偏离标准差和越线时空面积的双侧显著性水平分别为 0.062,0.001 和 0.038,在 90%置信水平上均小于 0.1,说明上述 3 个指标在预警前后存在显著性差异。从预警前后的均值差来看,3 个指标的均值差均为正值,说明在预警前后,PERCLOS、车道偏移标准差和越线时空面积的均值均下降。由于这 3 个指标与疲劳程度之间均为正相关关系,预警后值下降说明预警能有效地提醒驾驶人,帮助驾驶人恢复更为清醒的意识,从而使所驾驶的车辆保持更稳定的运行,减少越线的概率,表明疲劳预警能有效提示驾驶人并使其增强对驾驶车辆的有效控制。

表 14-12　　中度疲劳预警前后各指标统计参数

指标	预警前(I)		预警后(J)	
	均值	标准差	均值	标准差
PERCLOS	0.174	0.116	0.152	0.106
车道偏移均值	0.222	0.578	0.254	0.337
车道偏移标准差	0.457	0.320	0.328	0.242
越线时空面积	11.714	34.631	3.140	10.092

表 14-13　　中度疲劳预警前后各指标配对样本 t 检验结果

指标	均值($I-J$)	标准差	t(检验)	显著性
PERCLOS	0.022	0.097	1.897	0.062
车道偏移均值	−0.032	0.545	−0.482	0.632
车道偏移标准差	0.129	0.314	3.418	0.001
越线时空面积	8.574	33.605	2.119	0.038

14.3 车载信息系统设计评估与优化

车载信息系统(In-Vehicle Information Systems, IVIS)集成了车辆自动驾驶、电动化和连接性等多种功能,能够为驾驶人提供独特的驾驶体验。然而,车载信息系统迅速发展的同时,驾驶人的感知范围与信息接收量也会大幅提升,从而改变了传统汽车驾驶人的感知与决策机理,这也为驾驶安全研究带来了更大的挑战。因此,在车内应用迅速发展的当下,车载信息系统的设计评估与优化对降低车辆行驶风险非常重要。

14.3.1 车载信息系统发展现状

随着汽车智能化、自动化、电子化的发展趋势，车载信息系统可以增强驾驶过程中的安全性、舒适性、控制性和娱乐性，从而改善驾驶人的体验。车载信息系统的快速发展，在不同的主流平台上可以被更直观地感受到。

苹果 Carplay：2014 年 3 月，苹果公司推出“Carplay”车载服务系统，其主要功能是让 iOS 设备能够与嵌入式车载系统无缝衔接，可以在汽车显示屏上运行部分 iOS 应用。目前，Carplay 主要支持以下几项功能：①Siri Eyes Free；②实时导航；③通话功能；④音乐功能；⑤短信、iMessage 阅读和回复（语音控制），如图 14-27 所示。

图 14-27 Carplay 界面

（图片来源：https://gps.zol.com.cn/622/6228379.html）

谷歌 Android Auto：Android Auto 是谷歌（Google）推出的专为汽车设计的 Android 功能，旨在取代原生车载系统以执行 Android 应用与服务，并访问与存取 Android 手机的内容。Android Auto 有 4 个主要功能：导航、电话、音乐和汽车状态，其主界面本质上就是 Google Now，还包括联系上下文的通知消息和快捷音乐控制，如图 14-28 所示。

华为 HUAWEI HiCar：2019 年 HUAWEI HiCar 平台发布，其核心设计理念是安全交互（safety）、无感全互联（smart connection）、资源共享（resource sharing）和无缝流转（seamless experience）。HUAWEI HiCar 的主要功能包括导航、通话、音频和主动安全，如图 14-29 所示。

然而，车载信息系统行业在高速发展的同时，也面临着重大的安全挑战。

首先，在法律法规方面，当前国内外并没有针对车载信息系统设计评估与优化的法律法规，往往只能参照与手机使用相关的驾驶安全法律法规及标准。究其原因主要在于智能手机一直处于“引领消费者终端人机交互体验”的地位，而当前车载信息系统的设计评估与优化尚处于追赶并尝试齐平智能手机的阶段。

图 14-28 Android Auto 概念图

（图片来源：https://www.pocket-lint.com/cars/news/138135-android-auto-explored-taking-google-on-the-road）

图 14-29 HUAWEI HiCar 概念图

（图片来源：https://www.mobiflip.de/shortnews/huawei-hicar-display-2021-china/）

其次，在标准规范方面，目前国内外的标准规范大体上是将车载信息系统安全评估分为设计元素、版面布局和交互方式三部分内容，如表 14-14 所列。其中，设计元素是指车载信息系统设计中的基础符号；版面布局是各类设计元素在车载信息系统上编排布局的整体产物;交互方式是指车载信息系统与驾驶人之间交流的内容和结构。

表 14-14 标准规范汇总

内容		指标	标准来源
设计元素	文字易读性	字体大小、文字最大信息量、像素矩阵字符格式(英文)、像素矩阵字符格式(汉字)、字重、宽高比、字间距、词间距、行间距以及设备变化	ISO 9241-307[25]; ISO 15008[26]
	对比度	不同环境光、驾驶场景、对比度无法满足的补偿措施	ISO 15008[26]
	色相	色彩最小差异、色彩使用规则	ISO 9241-307[25]; ISO 15008[26];NHTSA[27]
	亮度	整体亮度、夜晚亮度、亮度调节	ISO 15008[26]; MIL-STD-1472G[28]
	音效	声音频率、启动时间、最小响度、最大响度	NHTSA[27]
版面布局	图标布局	一般图标设计、交通指示图标设计规范	ISO 9241-307[25]; ISO 15008[26]
	最大信息量	图像最大信息量	JAMA Guidelines[29]
	闪烁	闪烁	ISO 9241-307[25]; ISO 15008[26]
	稳定性	稳定性	ISO 9241-307[25]; ISO 15008[26]; MIL-STD-1472G[28]
交互方式	语音	播报语速、播报结构、信息单元	NHTSA[27]
	反馈优先级	反馈优先级	ISO 15006[30]
	系统可控性(语音)	支持中断、支持全局重新输入、支持全局取消/返回 、不限制收音时长 、支持收音 、识别率、语义理解、交互成功率、响应时间、语音反馈、语音唤醒、语音增强	NHTSA[27]; GB/T 36464.5—2018[31]

现有的标准规范仍有诸多不足。例如,在设计元素方面,国外的标准对英文字符(30 字符)、日文(31 字符)的信息量标定了上限[27,29],但对中文字符特有的表意方式、中国人特有的阅读习惯,中文字符信息量上限需要被标定。声音响度方面有最大响度不超过 90 dB 的上限[27],但缺乏对特殊情境下(如疲劳预警)声音响度的规范。

在版面布局方面,现有规范对图标中的细节(如文字、符号等)大小做了下限的标定[25,26],但缺乏对整体版面布局的规范;另外,显示位置仅对关键信息在视野内的位置做了标定[27,28],应结合用户使用习惯,进一步细化位置的布局。

在交互方式方面,国内外标准主要规定了车载语音交互的标准,涉及识别率、交互成功率、响应时间等[27,31],但均未考虑其他的交互方式(如触控等)。

在应用服务的设计评估与优化方面,本节以典型的导航、通话、音频和主动安全这四个车载信息系统应用为例进行具体分析。

(1) 导航类应用:作为车载设备的关键功能之一,导航功能为驾驶人提供了丰富的信息。驾驶过程中频繁使用导航功能,极易产生认知负荷[32]。然而,目前国内外对车载设备导航界面的设计与体验并不深入,规范也不够全面。

(2) 通话类应用:车载通话功能发展十分迅速,驾驶人使用车载通话设备进行通信的行为也日益普遍。车载通话功能应符合一定的安全性和可靠性要求。2010 年,美国 NHTSA 在出台的指南中,基于自然驾驶的数据结果,对车辆内置电子设备、车内移动设备进行了限制[27]。但目前针对车载通话功能的安全评价仍无明确标准。

(3) 音频类应用:当下驾车时听音乐已成为一种汽车文化。与此同时,车载音乐或广播引起的分心驾驶引起了学者的关注,音频类产品对驾驶安全性和可靠性产生的影响仍有待进一步的研究[33]。

(4) 主动安全类应用:目前有关主动安全类应用的设计要素、版面布局、交互方式的研究较少,国内外车企开发应用的主动安全预警方案缺乏规范和研究支持。

14.3.2 应用功能与实验设计

为了研究车载信息系统的应用与服务对驾驶可靠性和安全性的影响,同济大学与华为技术有限公司开展了合作。基于车载信息系统的三个方面即设计元素、版面布局和交互方式,分别从导航、通话、音频、主动安全这四类主要的应用功能入手进行设计评估与优化,如表 14-15 所列。

表 14-15　车载信息系统设计评估与优化内容汇总

<table>
<tr><th rowspan="2">移动应用</th><th colspan="3">研究内容</th></tr>
<tr><th>设计元素</th><th>版面布局</th><th>交互方式</th></tr>
<tr><td>导航类</td><td>导航界面单行显示中文字数

5字 9字 13字</td><td>车载主界面图标数目

三图标 四图标 自由多图标</td><td>诱导信息栏搜索效率

百度 高德 腾讯</td></tr>
<tr><td>通话类</td><td>—</td><td>来电提示卡片位置
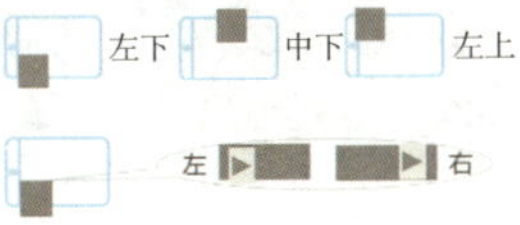</td><td>不同情境的拨打电话操作

触屏 语音 触屏 + 语音</td></tr>
<tr><td>音频类</td><td>单页呈现歌曲数量评估
</td><td>歌单列表布局方式
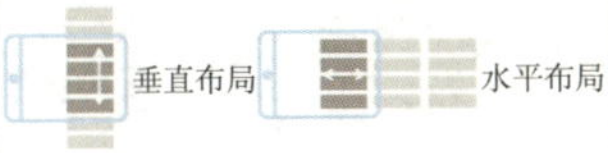</td><td>操作交互方式评估
(逐页滑动操作/自由滑动操作)</td></tr>
<tr><td>主动安全类</td><td>预警响度
(50 dB,60 dB,70 dB)</td><td>预警位置(抬头/仪表盘/中控屏)
</td><td>疲劳预警提醒方式
</td></tr>
</table>

针对导航功能,本实验关注设计元素、版面布局和交互方式三个层面。在设计元素方

面，测试导航功能中的单行显示中文字数，得出驾驶人能接受的最佳通知单行显示字数；在版面布局方面，得出最适宜的主界面设计方案；在交互方式方面，对比百度、高德、腾讯的诱导信息栏的信息搜索效率，得出最适宜的导航界面诱导信息栏设计方案。

针对车载通话功能，本实验重点关注版面布局和交互方式两个层面，并对其安全性和可靠性进行分析。车载界面版面布局的安全标准尚无具体规定，如何评定尚无权威方法。针对车载通话的交互过程，语音交互是否可以减少驾驶人分心尚不明确，多种交互方式混合操作的安全性也未有定论。

针对音频功能，车载音频对驾驶可靠性和安全性的影响主要有两方面。一方面，音频产品软硬件属性特征对驾驶者的影响，主要涉及音频界面设计（设计元素、版面布局）、人机交互操作等；另一方面，音频内容本身对驾驶者的影响，涉及音频内容的情绪效价、信息密度、驾驶者的个体偏好等。音频实验主要以车载音频产品本身的属性特征为切入点，探讨音频产品在设计元素、版面布局、交互操作三个方面的设计对驾驶可靠性和安全性的影响。

针对主动安全功能，本实验关注设计元素、版面布局和交互方式三个层面，对主动安全的最佳预警音量、最佳预警位置、最佳预警方式和信息通道进行研究。

14.3.3 评估与优化实验分析

以不同的导航界面诱导信息栏设计方案为例，展开具体的设计评估与优化实验。导航界面诱导信息栏版面布局的三类设计方案分别为百度诱导信息栏、高德诱导信息栏和腾讯诱导信息栏，其设计示意图如图 14-30 所示。

(a) 百度诱导信息栏界面

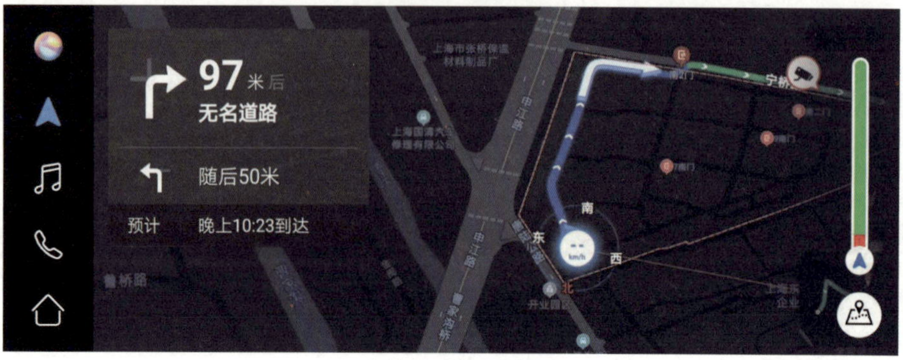

(b) 高德诱导信息栏界面

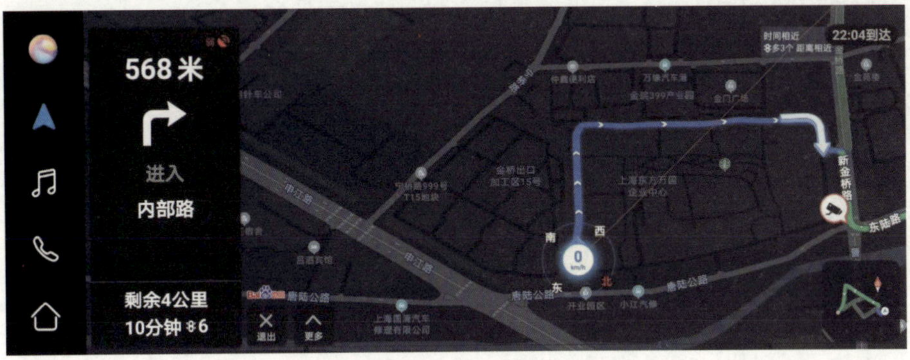

(c) 腾讯诱导信息栏界面

图 14-30 诱导信息栏界面设计示意

本实验选取了车辆运行特征参数、操作参数、眼动参数、反应时指标、生理指标和主观评价这六类指标来对实验方案进行评估，每类指标下又细分了详细的类项，具体指标如表 14-16 所列。

表 14-16 因变量汇总表

指标类型	采集仪器	采样频率/Hz	原始数据	分析指标
车辆运行特征参数	驾驶模拟器	10	车辆速度	速度均值；速度标准差
			车道偏移值	车道偏移值；车道偏移值标准差；越线时空面积
操作参数			方向盘转角	方向盘转角；方向盘转角标准差
眼动参数	DG3 眼动仪	10	注视	注视总时间；注视次数；单次注视时长；首次注视时间
			眼跳	平均眼跳角度；眼跳次数
反应时指标	—	—	—	任务完成时间
生理指标	心率仪	1	心率	心率均值；心率标准差
主观评价	—	—	—	主观评级

1. 实验设备与场景

实验设备：同济大学驾驶模拟器、德国 Dikablis 头戴式眼动仪、心率监测仪、华为样机(华为 MatePad Pro、华为 Mate30 手机、OTG 转换器等)。

在一条双向 4 车道上进行本实验，该段道路总长度为 39 km，车道宽度为 3.75 m。在正式实验中，测试路段为 9 段长度为 1 km 的弯道和 9 段长度为 1 km 的直道。为了避免无关因素导致驾驶人认知负荷的增加，本次实验不加入环境车辆。

2. 实验任务

驾驶人以弯道限速 50 km/h、直道限速 70 km/h 的速度在 20～25 min 内完成驾驶任务，驾驶过程中车辆靠最外侧车道行驶，不可以变道。在驾驶过程中，每隔 1 km 驾驶模拟器的主屏幕会提示一项导航信息搜索任务，被试者需要在导航界面浏览左侧诱导信息栏搜索相应的信息，完成浏览后点击屏幕任意位置以完成任务。

3. 被试者筛选

本次实验中，被试者共 41 人，其中男性 30 人，女性 11 人；25 岁以下 16 人，26～40 岁 13 人，41 岁以上 12 人；年均驾驶里程 5 000 km 以下 15 人，5 000～10 000 km 14 人，10 000 km 以上 12 人。人口统计学分析情况如表 14-17 所列。

表 14-17　　人口统计学分析

项目	类别	样本量(n)	百分比
性别	女	11	26.8%
	男	30	73.2%
年龄	25 岁以下	16	39%
	26～40 岁	13	31.7%
	41 岁以上	12	29.3%
年均驾驶里程	5 000 km 以下	15	36.6%
	5 000～10 000 km	14	34.1%
	10 000 km 以上	12	29.3%

4. 单因素方差分析

在主界面的单因素方差分析中，主观感受和车辆指标的结果表明，百度诱导信息栏的界面设计表现最优；反应时指标结果显示，高德/腾讯诱导信息栏的任务完成时间相对较优；其他指标中，三个设计水平没有显著差异，如表 14-18 所列。由于诱导信息栏的各项设计在单指标分析结果中的差异不明显，因此需要整合各项指标得到一个综合评估结果。

表 14-18　　主界面单因素方差分析结果

指标类型	类型	分析指标	诱导信息栏
眼动指标	眼跳	平均眼跳角度	无差别
		眼跳次数	无差别
	注视	注视总时间	无差别
		注视次数	无差别
		单次注视时长	无差别
		首次注视时间	无差别
反应时指标	—	任务完成时间	高德/腾讯

（续表）

指标类型	类型	分析指标	诱导信息栏
车辆指标	运行	车辆速度	无差别
		车道偏移值	无差别
		车身越线面积	无差别
	操作	方向盘转角	百度
主观感受	—	主观评级	百度(描述性)
生理指标	—	心率	无差别
		血氧	无差别

5. 综合评价

目前，针对车载信息系统的安全评估方法以单一指标的评估为主，缺少整体状况的评分。如，S. A. Birrellab 等[34]利用单因素多元方差分析，对实车驾驶环境下驾驶人使用车载信息系统时的扫视行为进行研究；B. G. Simons-Morton 等[35]利用多因素方差分析，考虑不同车载信息系统以及驾驶人文化多样性对辅助输入系统进行评估。基于以上背景，本节提出了基于模糊综合评价模型，考虑各项指标的车载信息系统综合安全评估方法，具体步骤如图 14-31 所示。

图 14-31　模糊综合评价步骤

6. 划分因素集

基于单因素方差分析结果，选取具有显著性差异的评价指标纳入指标集 U，如式(4-17)所示。

$$U=\{u_1, u_2, \cdots, u_k\}，且\ U=\bigcup_{i=1}^{k} U_i, U_i \cap U_j=\Phi\ (i\neq j) \tag{14-17}$$

在本研究中，一级评价指标集为 $U=\{u_1, u_2, u_3, u_4\}$，包括任务完成时间、主观评级、车辆指标(方向盘转角)。

7. 计算隶属度

采用模糊统计法计算隶属度，对于评价集中的元素 u_0 是否属于模糊集 A，其隶属度 f_n 的计算如式(14-18)所示。

$$f_n=\frac{A\ 覆盖 u_0\ 的次数}{n} \tag{14-18}$$

式中，n 为实验次数。

采用 K-means 聚类算法计算数据的聚类区间，以确定各等级的取值范围，进而利用指标隶属度函数建立评价矩阵。诱导信息栏中各项测量指标评价等级的取值聚类中心如

表 14-19 所列。

表 14-19　诱导信息栏最终聚类中心

一级指标	二级指标	等级 1（好）	等级 2（较好）	等级 3（一般）	等级 4（较差）	等级 5（差）
反应时	任务完成时间/s	3.45	4.67	7.02	8.92	11.41
主观感受	主观评级	1.00	2.00	3.00	4.00	5.00
车辆	方向盘转角/(°)	−0.53	0.01	0.40	0.90	1.48

经过隶属度计算，针对诱导信息栏设计形成 3 项一级评价指标、5 个评价等级隶属度矩阵(3×5)，如表 14-20 所列。

表 14-20　诱导信息栏设计总体隶属度矩阵

一级指标	二级指标	等级 1（好）	等级 2（较好）	等级 3（一般）	等级 4（较差）	等级 5（差）
反应时	任务完成时间/s	32.5%	40.7%	17.9%	6.5%	2.4%
主观感受	主观评级	28.5%	25.2%	34.1%	9.8%	2.4%
车辆	方向盘转角/(°)	75.0%	3.3%	6.7%	8.3%	6.7%

8. 权重计算

评估需要充分考虑专家知识经验以及数据本身蕴涵的信息，应用层次分析法(Analytic Hierarchy Process, AHP)和熵权法确定评价指标的权重，综合权重由 AHP 法和熵权法加权平均获得，能够同时反映评价等级的主观性和实测数据的客观性。具体计算公式见式(14-19)。

$$w_i = \frac{w_i' w_i''}{\sum_{i=1}^{n} w_i' w_i''} \tag{14-19}$$

式中　w_i——综合权重；

w_i'——主观权重；

w_i''——客观权重。

由于主观评价中几位专家对 3 个一级指标相对重要性排序权值相一致，故通过指标的一致性检验，可取平均值作为权重值。通过计算，得到诱导信息栏主观安全评价指标的权重计算结果，具体见表 14-21。

表 14-21　诱导信息栏 AHP 主观权重

一级指标	二级指标	专家 1	专家 2	…	主观权重 w_i'
反应时	任务完成时间/s	0.50	0.50	…	0.47
主观感受	主观评级	0.13	0.14	…	0.17
车辆	方向盘转角/(°)	0.38	0.36	…	0.36

在诱导信息栏设计的客观评价的指标权重分析中，本实验选取隶属度计算结果作为判断矩阵。首先对诱导信息栏的隶属度进行标准化和归一化，其判断矩阵如表 14-22 所列。

表 14-22　**诱导信息栏隶属度标准化和归一化矩阵**

一级指标	二级指标	等级 1（好）	等级 2（较好）	等级 3（一般）	等级 4（较差）	等级 5（差）
标准化 v_{ij}						
反应时	任务完成时间/s	0.21	0.00	0.60	0.89	1.00
主观感受	主观评级	0.18	0.28	0.00	0.77	1.00
车辆	方向盘转角/(°)	0.00	1.00	0.95	0.93	0.95
归一化 p_{ij}						
反应时	任务完成时间/s	0.08	0.00	0.22	0.33	0.37
主观感受	主观评级	0.08	0.13	0.00	0.35	0.45
车辆	方向盘转角/(°)	0.00	0.26	0.25	0.24	0.25

其次，在经过标准化和归一化后，得到诱导信息栏的信息熵值 e_i 和熵权 w_i''，其结果如表 14-23 所列。

表 14-23　**诱导信息栏熵权指标权重**

一级指标	二级指标	信息熵值 e_i	差异系数 d_i	熵权 w_i''
反应时	任务完成时间/s	0.66	0.34	0.46
主观感受	主观评级	0.74	0.26	0.35
车辆	方向盘转角/(°)	0.86	0.14	0.19

将 AHP 和熵权法确定的主观权重和客观权重带入式(14-19)中，得到各评价指标的综合权重 w_i，计算结果如表 14-24 所列。

表 14-24　**诱导信息栏综合评价指标权重**

一级指标	二级指标	主观权重 w_i'	熵权 w_i''	综合权重 w_i
反应时	任务完成时间/s	0.47	0.46	0.62
主观感受	主观评级	0.17	0.35	0.18
车辆	方向盘转角/(°)	0.36	0.19	0.20

9. 计算综合得分

对第一级因素 $U=\{u_1, u_2, \cdots, u_k\}$ 进行综合评价，见式(4-20)。

$$T = W \circ R \tag{14-20}$$

式中，“$\circ$”为模糊合成算子。

采用 M(·,⊕)算子,即加权平均型算子,不仅考虑了所有因素的影响,且保留了单因素评判的全部信息。计算得到模糊综合评估结果向量 $\boldsymbol{T}=(t_1, t_2, t_3, \cdots, t_n)$,$t_j$ 表示某一设计方案设置效果隶属于评价等级 V_j 的程度。定义分数梯度矩阵 $\boldsymbol{S}=(90,80,70,60,50)^{\mathrm{T}}$,$\boldsymbol{T}$ 和 $\boldsymbol{S}$ 的乘积即为综合得分 F。

图 14-32 展示了三个诱导信息栏设计的综合得分情况。由结果可知,在诱导信息栏设计综合评估中,高德的综合评分最高(80.52 分),腾讯其次(80.04 分),百度的综合评分最低(78.92 分)。在本次实验中,高德和腾讯的诱导信息栏采用了较少的内容。由于高德和腾讯的诱导信息栏综合评估得分相差不多,因此,这两个设计方案均为较优。

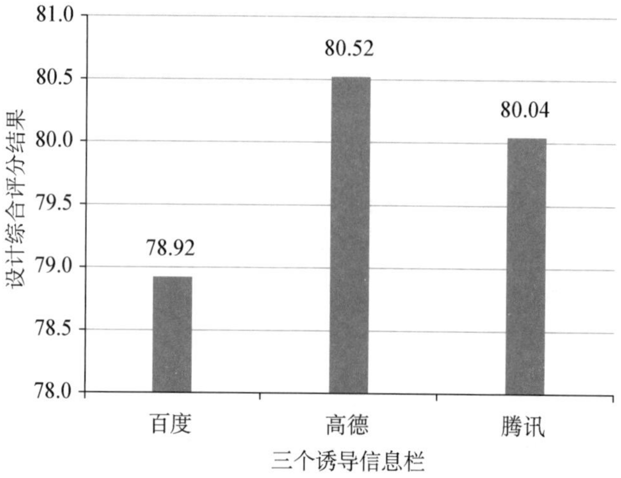

图 14-32 三个诱导信息栏设计的综合评分结果

参考文献

[1] 2018 Traffic Safety Facts A Compilation of Motor Vehicle Crash Data (Annual Report) [EB/OL]. [2020-11-01].https://cdan.nhtsa.gov/tsftables/tsfar.htm.

[2] 王雪松,朱美新,邢祎伦.基于自然驾驶数据的避撞预警对跟车行为影响[J].同济大学学报(自然科学版), 2016, 44(7):1045-1051.

[3] 王雪松,朱美新,陈铭.驾驶员前向避撞行为特征的降维及多元方差分析[J]. 同济大学学报(自然科学版), 2016, 44(12):1858-1866.

[4] 陈铭,王雪松.城市主干路车速影响因素研究[J]. 交通与运输(学术版), 2011,2:20-24.

[5] 王雪松,游世凯,陈铭.基于驾驶模拟器的驾驶人制动后制动踏板操作行为分析[J]. 交通信息与安全, 2014,32(5):30-35.

[6] HOUSER A, PIEROWICZ J, MCCLELLAN R. Concept of operations and voluntary operational requirements for forward Collision Warning Systems (CWS) and Adaptive Cruise Control (ACC) systems on board commercial motor vehicles[R].US Department of Transportation, Federal Motor Carrier Safety Administration, 2005.

[7] WANG X, CHEN M, ZHU M,et al. Development of a Kinematic based Forward Collision Warning Algorithm Using an Advanced Driving Simulator[J]. IEEE Transactions on Intelligent Transportation

Systems, 2016,17(9):2583-2591.

[8] LIU Q, WANG X, WU X, et al. Crash comparison of autonomous and conventional vehicles using pre-crash scenario typology[J]. Accident Analysis and Prevention,2021,159(4):106281.

[9] ZIEFLE M.Information presentation in small screen devices: the trade-off between visual density and menu foresight [J]. Applied Ergonomics, 2010, 41(6): 719-730.

[10] WANG X, ZHU M, CHEN M,et al. Drivers' rear end collision avoidance behaviors under different levels of situational urgency[J]. Transportation Research Part C: Emerging Technologies, 2016, 71: 419-433.

[11] KIEFER R, LEBLANC D, PALMER M,et al. Development and validation of functional definitions and evaluation procedures for collision warning/avoidance systems [R]. Washington D. C., US Department of Transportation,1999.

[12] KIEFER R, CASSAR M, FLANNAGAN C A,et al. Forward collision warning requirements project: refining the CAMP crash alert timing approach by examining "last-second" braking and lane change maneuvers under various kinematic conditions [R]. Washington D. C., US Department of Transportation,2003.

[13] ZHU M, WANG X, HU J.Impact on car following behavior of a forward collision warning system with headway monitoring[J]. Transportation Research Part C: Emerging Technologies, 2020, 111: 226-244.

[14] GURUSINGHE G S, NAKATSUJI T, AZUTA Y,et al. Multiple car-following data with real-time kinematic global positioning system[J]. Transportation Research Record Journal of the Transportation Research Board,2002. 1802(1):166-180.

[15] AKERSTEDT T, GILLBERG M. Subjective and objective sleepiness in the active individual[J]. International Journal of Neuroscience, 1990, 52(1-2): 29-37.

[16] KRUMPAL I.Determinants of social desirability bias in sensitive surveys: a literature review[J]. Quality & Quantity, 2011, 47(4): 2025-2047.

[17] WIERWILLE W W, Ellsworth L A. Evaluation of driver drowsiness by trained raters[J]. Accident Analysis and Prevention, 1994, 26(5): 571-581.

[18] SAHAYADHAS A, SUNDARAJ K, MURUGAPPAN M. Detecting driver drowsiness based on sensors: a review[J]. Sensors (Basel Switzerland), 2012, 12(12): 16937-16953.

[19] WANG X, Xu C.Driver drowsiness detection based on non-intrusive metrics considering individual specifics[J]. Accident Analysis and Prevention, 2016, 95: 350-357.

[20] ZHANG X,WANG X,YANG X,et al. Driver drowsiness detection using mixed-effect ordered logit model considering time cumulative effect [J]. Analytic Methods in Accident Research, 2020, 26:100114.

[21] LIU C C,HOSKING S G, LENNE M G.Predicting driver drowsiness using vehicle measures: recent insights and future challenges[J]. Journal of Safety Research, 2009, 40(4): 239-245.

[22] 胥川, 王雪松, 陈小鸿,等.基于决策树的驾驶疲劳等级分析与判定[J].同济大学学报(自然科学版), 2015, 43(1):75-81.

[23] 胥川, 裴赛君, 王雪松.基于无侵入测量指标的个体差异化驾驶疲劳检测[J].中国公路学报, 2016, 29(10):118-125.

[24] RAMZAN M,KHAN H U,AWAN S M, et al. A survey on state-of-the-art drowsiness detection techniques[J]. IEEE Access, 2019, 7: 61904-61919.

[25] Ergonomics of human-system interaction-Part 307: Analysis and compliance test methods for electronic visual displays:ISO 9241-307[S].International Organization for Standardization, 2008.

[26] Road vehicles-Ergonomic aspects of transport information and control systems:specifications and test procedures for in-vehicle visual presentation: ISO 15008: 2017 [S]. International Organization for Standardization, 2017.

[27] Department of transportation. National highway traffic safety administration: NHTSA—2010—0053 [S].National Highway Traffic Safety Administration, 2010.

[28] Department of defense design criteria standard human engineering: MIL—STD—1472G [S]. The Military Standard,2012.

[29] JAMA. Guidelines for In-vehicle Display Systems-Version 3. 0 Japan Automobile Manufacturers Association[S]. The Japan Automobile Manufacturers Association, 2004.

[30] IX-ISO.Road vehicles-Ergonomic aspects of transport information and control systems-Specifications for in-vehicle auditory presentation:ISO 15006—2011[S].Switzerland:[s.n.],2011.

[31] 国家市场监督管理总局,中国国家标准化管理委员会.信息技术 智能语音交互系统 第 5 部分:车载终端:GB/T 36464.5—2018[S].2019.

[32] OVIEDO-TRESPALACIOS O, NANDAVAR S, HAWORTH N. How do perceptions of risk and other psychological factors influence the use of in-vehicle information systems (IVIS)? [J]. Transportation Research Part F: Traffic Psychology and Behaviour, 2019, 67: 113-122.

[33] 马锦飞, 常若松, 陈晓晨,等.音乐对驾驶警觉的影响及其理论模型[J].心理科学进展,2014,22(5):782-790.

[34] BIRRELLAB S A, FOWKES M.Glance behaviours when using an in-vehicle smart driving aid: A real-world, on-road driving study[J]. Transportation Research Part F: Traffic Psychology and Behaviour, 2014, 22: 113-125.

[35] SIMONS-MORTON B G,GERSHON P,GENSLER G,et al. Kinematic risky driving behavior among younger and older drivers:differences over time by age group and sex[J]. Injury Prevention, 2019, 20 (7): 708-712.

15

面向自动驾驶的交通安全分析

自动驾驶技术的快速发展给现有道路交通安全带来了新的机遇和挑战。目前,国内外在面向自动驾驶的事故特征解析、安全控制算法评估、道路设计优化方面的研究尚处于起步探索阶段。本章对比人工驾驶与自动驾驶的事故特征,提炼面向自动驾驶的风险场景库;以责任敏感安全模型为例,提出安全控制算法标定与评估方法;基于自动驾驶感知能力,进行路段和交叉口关键设计指标推导。

15.1 自动驾驶发展现状

自动驾驶技术受到世界各国的空前重视,中国、美国和日本等国以及欧洲地区均将自动驾驶作为汽车产业发展的战略方向,通过制定战略规划、创新和完善政策标准,引导自动驾驶产业发展。2020 年,美国发布了 *Ensuring American Leadership in Automated Vehicle Technologies: Automated Vehicles 4.0*[1] 和 *Intelligent Transportation Systems Strategic Plan* 2020—2025,日本发布了《自动驾驶政策方针 4.0 版》和《道路运输车辆法》修正案,欧盟 STRIA(Strategic Transport Research and Innovation Agenda)及 ERTRAC(European Road Transport Research Advisory Council)颁布了自动驾驶领域路线图。

2020 年 1 月,我国国家发展和改革委员会、工业和信息化部(后简称"工信部")等 11 部委联合发布《智能汽车创新发展战略》。该战略提出到 2025 年实现有条件自动驾驶(conditional automation),智能汽车达到规模化生产,以及实现高度自动驾驶(high automation)智能汽车在特定场景下的市场化应用。2020 年 3 月 9 日,工信部公示了《汽车驾驶自动化分级》推荐性国家标准报批稿,并于 2021 年 1 月 1 日开始实施。自此,中国自动驾驶有了明确的分级标准和定义,如图 15-1 所示。2020 年 11 月 11 日,世界智能网联汽车大会在北京举办,《智能网联汽车技术路线图 2.0》发布,确定了各级智能网联汽车部署策略。在各部委政策的指导下,2020 年各省市也相继推出更详细的自动驾驶地方性法规,如表 15-1 所列。截至 2020 年 12 月,北京、上海、广州、长沙、武汉、沧州 6 个城市已开放载人测试许可。

表 15-1　　2020 年自动驾驶地方性法规

地区	时间	法规名称
嘉兴	2020.01	《嘉兴市智能网联汽车道路测试管理办法实施细则(试行)》
青岛	2020.01	《青岛市智能网联汽车道路测试与示范应用管理实施细则(试行)》
上海	2020.04	《上海市道路交通自动驾驶开放测试场景管理办法(试行草案)》

（续表）

地区	时间	法规名称
深圳	2020.08	《深圳市关于推进智能网联汽车应用示范的指导意见》
合肥	2020.08	《合肥市智能网联汽车道路测试管理实施细则(试行)》
丽水	2020.08	《丽水市智能网联汽车道路测试管理办法实施细则(试行)》
海南	2020.08	《海南省智能汽车道路测试和示范应用管理办法(试行)》
重庆	2020.09	《重庆市自动驾驶道路测试管理办法(试行)》
北京	2020.11	《北京市自动驾驶车辆道路测试管理实施细则(试行)》
长沙	2020.11	《长沙市关于推进智能网联汽车应用示范的指导意见(试行)》

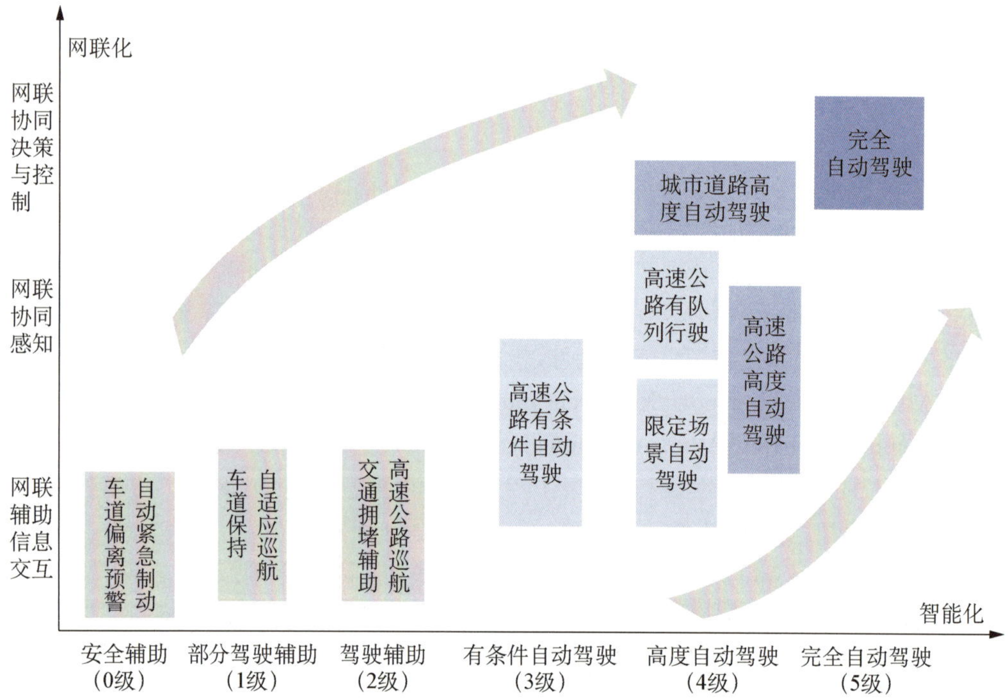

图 15-1　中国自动驾驶分级

（图片来源：http://268kc.cn/9IlEW）

在地方政府和企业的推动下，自动驾驶不再仅是支持技术研发，鼓励示范试点、落地应用已势在必行。自动驾驶在未来的快速发展是必然趋势，这给道路交通安全带来了新的机遇与挑战。

（1）自动驾驶车辆事故特征研究尚不充分。分析自动驾驶车辆事故特征将有助于理解自动驾驶车辆的失效机理、揭示人工驾驶与自动驾驶事故前场景的差异，为建立面向自动驾驶的风险测试场景库提供依据。

（2）自动驾驶控制算法安全性测试和优化方法尚未形成。基于典型道路交通风险场景，对自动驾驶控制算法进行安全评估、提出优化方法是有待实践的关键技术。

(3) 面向自动驾驶的道路安全评估和优化设计理论尚未完善。人工驾驶与自动驾驶在感知、决策方面存在差异。在自动驾驶环境下,推导道路关键设计指标极限值是建立道路优化设计理论的重要基础。

15.1.1　自动驾驶车辆事故

自动驾驶车辆在公共道路开展测试是其最终实现商业化应用的必经之路。截至 2021 年 3 月,美国 41 个州和哥伦比亚特区已经颁布法律或规定,允许研究、测试或部署自动驾驶车辆[2]。在美国加州,自动驾驶车辆制造商和公司在公开道路测试期间需要向加州机动车管理局(California Department of Motor Vehicles)提交涉及自动驾驶车辆的交通事故报告和接管报告。截至 2021 年 3 月,美国加州自动驾驶公共道路测试共有 285 起车辆事故报告公开发布[3]。

F. M. Favarò 等[4]从 26 起自动驾驶车辆事故中发现自动驾驶车辆被传统车辆追尾的事故是最常见的事故类型,其发生频率是传统车辆追尾事故的两倍。A. M. Boggs 等[5]使用文本分析了 113 起自动驾驶车辆事故报告,发现最常见的自动驾驶车辆事故类型是追尾(61.1%;69 起),13.3%(15 起)的事故出现了人员受伤。针对追尾事故类型,基于异质性分层贝叶斯方法(hierarchical bayesian heterogeneity-based approach)分析发现,处于自动驾驶系统开启状态的自动驾驶车辆会比关闭状态时更有可能发生追尾事故。

事故前场景(pre-crash scenarios)是基于车辆参与数量、车辆运动状态、事故原因描述来提取事故发生前的场景类型。2007 年,美国国家道路交通安全管理局(National Highway Traffic Safety Administration, NHTSA)定义了一种事故前场景分类法(pre-crash scenario typology)[6]用于车辆事故前场景识别和智能车辆避撞研究[6,7],明确了事故前场景有助于理解事故的发生过程和关键事件,对分析事故特征和影响因素具有重要作用。因此,基于事故前场景的自动驾驶车辆事故特征分析是至关重要的。

15.1.2　自动驾驶安全性

安全控制系统帮助自动驾驶车辆及时感知、预测环境中存在的潜在风险,并做出相应的避险措施。图 15-2 为戴姆勒联合其他车企和自动驾驶技术企业发布的白皮书"*Safety First for Automated Driving*"中自动驾驶各功能层面任务的分解示意图[8]。

真实道路环境复杂多变,难以形成业界公认的自动驾驶安全控制技术标准。2017 年,Mobileye 提出了用于自动驾驶安全控制的责任敏感安全(Responsibility-Sensitive Safety, RSS)模型[9],该模型已成为国际电气和电子工程师协会(IEEE)自动车辆模型决策标准 IEEE 2846 的核心内容。RSS 是一个严格的数学模型,通过实时计算自动驾驶车辆所需与其他交通参与者保持的安全距离来帮助自动驾驶车辆合理应对紧急场景。依据交通参与主体在不满足安全距离时是否采取适当的避险措施,RSS 模型可帮助评判事故的责任归属。目前,RSS 模型的安全性能有待在真实交通场景中进行测试,最佳参数组合也有待优化。

当前自动驾驶研究主要针对车辆本身的技术研发,而对于自动驾驶车辆和道路基础设施、人工驾驶车辆的交互影响研究尚不充分。现有道路设计规范以驾驶人感知和车辆动力学特征为主要依据,自动驾驶车辆则是基于机器视觉来感知环境、基于决策算法来控制运行

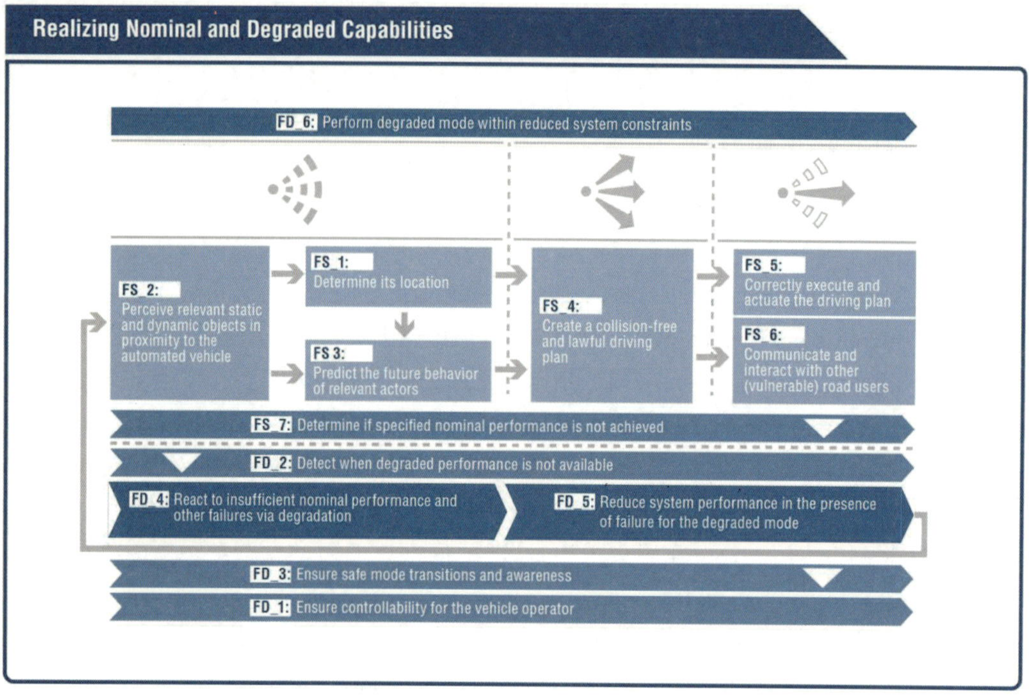

图 15-2　自动驾驶各功能层面的执行任务[8]

的，与驾驶人存在差异。因此，传统的道路几何设计不一定能适用于自动驾驶车辆的安全运行需求。由于道路基础设施改善周期较长，我国亟须开展面向自动驾驶的道路设计安全评估，使道路适配自动驾驶车辆的感知与决策需求，以提升现有道路对自动驾驶车辆的适应性。

15.2　自动驾驶车辆事故特征

本节将基于事故前场景分析自动驾驶事故特征，对比自动驾驶车辆与传统车辆的事故前场景。考虑到自动驾驶车辆与传统车辆事故前场景的不同，通过融合交通事故、自然驾驶、自动驾驶测试数据，构建自动驾驶综合场景库。

15.2.1　基于事故前场景的自动驾驶事故特征

2007 年，NHTSA 基于事故前场景分类法[6]，利用 2004 年事故通用预测系统(General Estimates System, GES)数据库，定义了 37 类事故前场景。每类场景描述了轻型车的运动状态和事故发生前的关键事件。

2014 年 10 月 14 日至 2020 年 6 月 15 日，美国加州公共道路自动驾驶测试共有 259 起事故报告公开发布。收集了 259 起自动驾驶测试事故报告和 4 121 起 2015 年 GES 数据库中的传统车辆事故，对比自动驾驶车辆和传统车辆的事故前场景[10]。

结合自动驾驶测试报告和场景分析要素，同济大学交通安全团队开发了自动驾驶事故编码方案，如图15-3 所示。方案中包括了车辆基本信息、道路、环境、碰撞关键信息等 16 种事故信息。

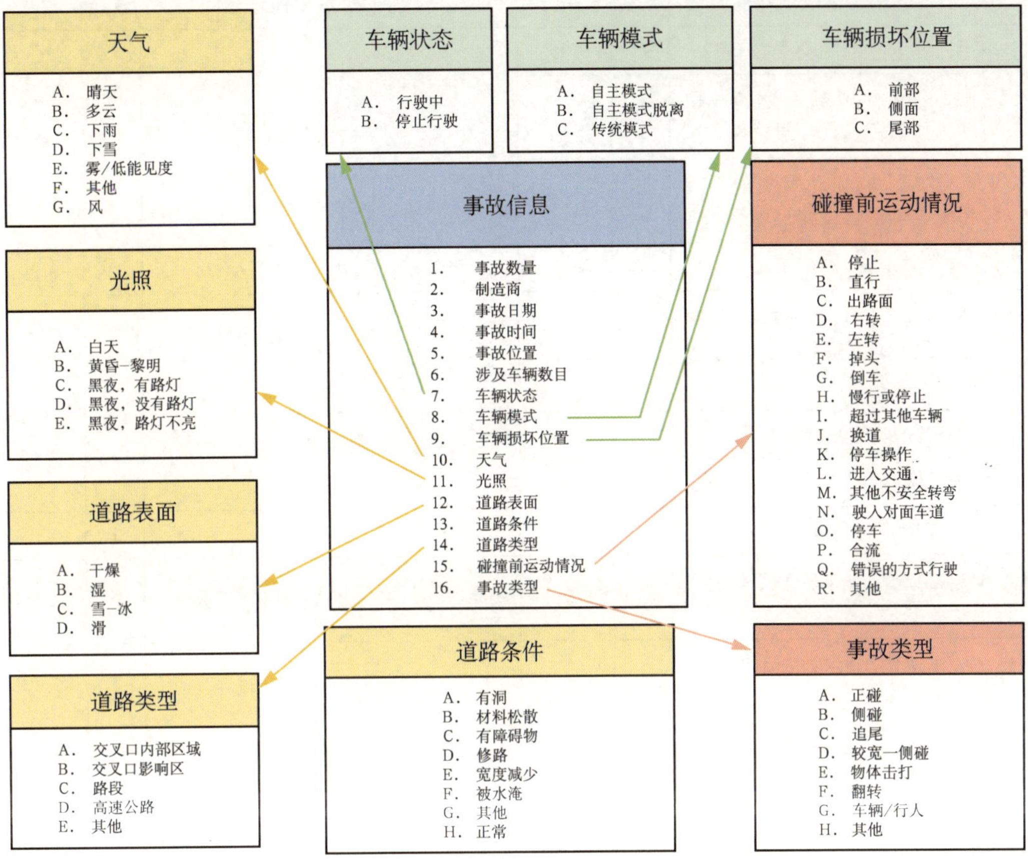

图 15-3　自动驾驶车辆事故编码结构

使用事故前场景分类法对筛选出的 122 起发生在地面道路上的涉及自动驾驶车辆的两车事故进行分析。采用关键变量和辅助变量相结合的方法对事故前场景进行推导，共获得 15 种自动驾驶车辆事故前场景。

使用事故前场景分类法对筛选出的 2 084 起发生在美国加州地面道路上的两车事故进行分析。使用 NHTSA 报告中的事故前场景代码来推导传统车辆的事故前场景，共获得 26 种传统车辆事故前场景。表 15-2 列出了每类自动驾驶车辆和传统车辆的事故前场景的数量及其占比。

表 15-2　　传统车辆与自动驾驶车辆事故前场景对比

自动驾驶车辆事故前场景	数量	占比	传统车辆事故前场景	数量	占比
1. 前车(自动驾驶车辆)停止	38	31.2%	1. 前车停止	438	21.0%
2. 前车(自动驾驶车辆)正在减速	20	16.4%	2. 前车正在减速	154	7.4%
3. 传统车辆换道(相同方向)	16	13.1%	3. 车辆换道(相同方向)	192	9.2%
4. 自动驾驶车辆换道(相同方向)	7	5.7%			

（续表）

自动驾驶车辆事故前场景	数量	占比	传统车辆事故前场景	数量	占比
5. 车辆在无信号控制交叉口转弯	11	9.0%	4. 非信号交叉口车辆转弯	239	11.5%
6. 无信号交叉口，传统车辆转弯和自动驾驶车辆直行穿过道路	2	1.6%			
7. 无信号交叉口，自动驾驶车辆转弯和传统车辆直行穿过道路	5	4.1%			
8. 后车(传统车辆)进行机动	7	5.7%	5. 后车进行机动	19	0.9%
9. 在非信号交叉口，传统车辆左转弯和自动驾驶车辆从相反方向直行穿过道路	4	3.3%	6. 非信号交叉口，车辆从相反方向左转穿过马路	103	4.9%
10. 自动驾驶车辆闯红灯	3	2.5%	7. 闯红灯	169	8.1%
11. 传统车辆闯红灯	1	0.8%			
12. 前车(自动驾驶车辆)正在加速	3	2.5%	8. 前车正在加速	1	0.1%
13. 前车(自动驾驶车辆)以较低的恒定速度行驶	3	2.5%	9. 前车以较低的恒定速度行驶	109	5.2%
14. 传统车辆倒车时撞向自动驾驶车辆	1	0.8%	10. 车辆倒车时撞向另一辆车	7	0.3%
15. 传统车辆进行机动(相反方向)	1	0.8%	11. 车辆进行机动(相反方向)	2	0.1%
			12. 信号交叉口相反方向车辆左转弯	223	10.7%
			13. 无信号交叉口处，车辆直行	128	6.2%
			14. 车辆漂移(相同方向)	87	4.2%
			15. 车辆未做机动(相反方向)	57	2.7%
			16. 车辆转弯(相同方向)	21	1.0%
			17. 信号交叉口，车辆右转	13	0.6%
			18. 控制损失，无事先车辆行动	11	0.5%
			19. 偏离道路边缘，无事先车辆机动	7	0.3%
			20. 停泊(相同方向)	7	0.3%
			21. 行人事故，无事先车辆机动	4	0.2%
			22. 车辆故障	3	0.2%
			23. 偏离道路边缘，有先前车辆机动	2	0.1%
			24. 动物事故，无事先车辆机动	1	0.1%
			25. 骑自行车事故，无事先车辆机动	1	0.1%
			26. 其他	86	4.1%

根据事故中车辆的相对位置对自动驾驶车辆事故前场景进行可视化重构，按照自动驾驶事故前场景的比例大小降序排列，如图 15-4 所示。在自动驾驶车辆事故前场景中，占比最高的两类事故前场景分别是跟车场景(52.6%)和换道场景(18.85%)。跟车场景描述了当前车停止、减速或加速时，后车与前车发生追尾；换道场景描述了自动驾驶车辆或传统车辆变换至相同方向的车道。

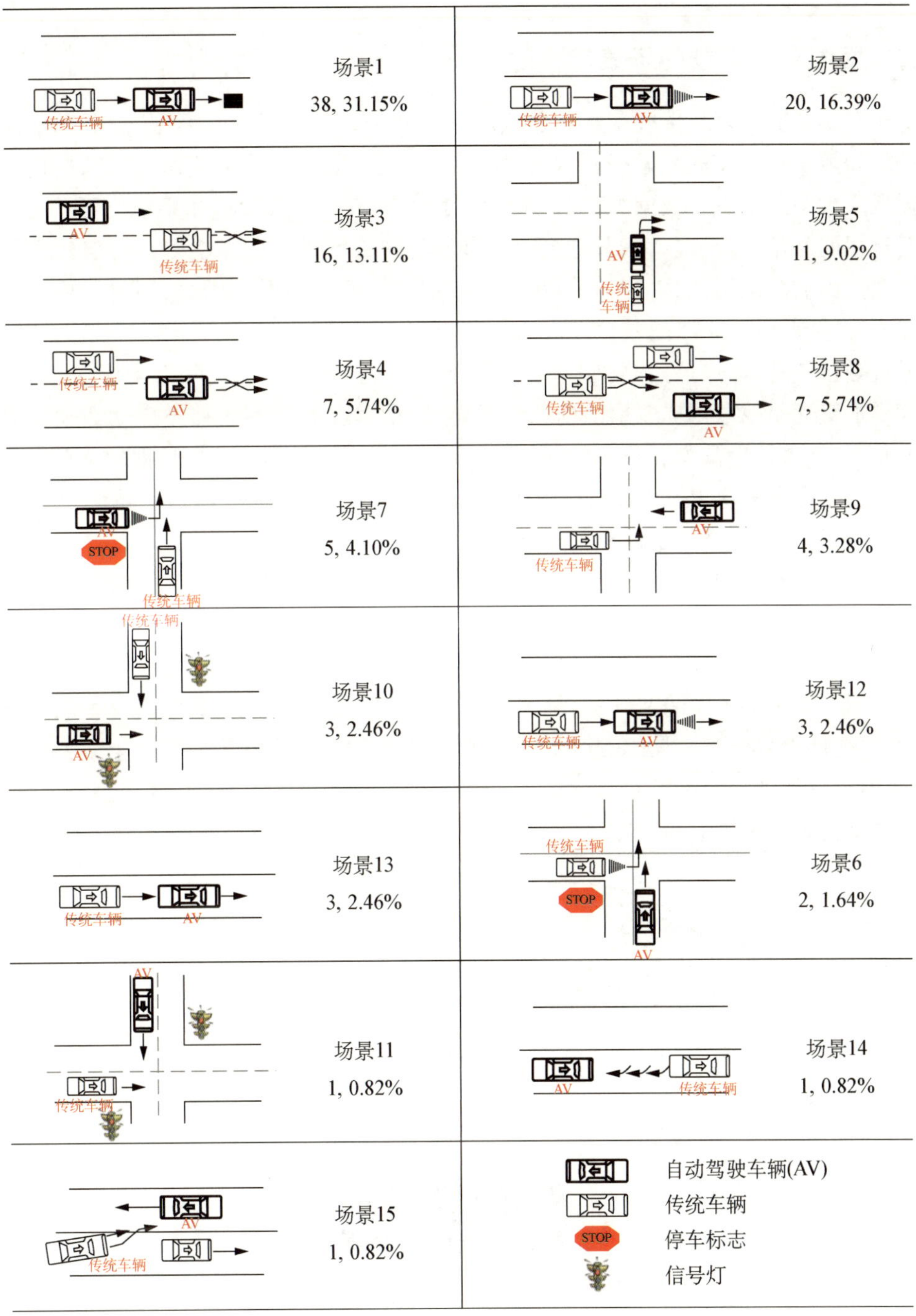

图 15-4　自动驾驶车辆事故前场景可视化

自动驾驶车辆与传统车辆的事故前场景差异体现在以下两个方面：

(1) 事故前场景的类型不同。自动驾驶车辆有 15 个事故前场景,而传统车辆有 26 个事故前场景。自动驾驶车辆事故前场景中出现了 4 个与传统车辆事故场景不同的场景,即表 15-1 中的场景 4、场景 6、场景 7 和场景 10。

(2) 事故前场景的比例不同。以跟车场景为例,自动驾驶车辆被传统车辆追尾的占比为52.6%,是传统车辆追尾事故的 1.6 倍。

15.2.2 面向自动驾驶的场景库构建

对比自动驾驶车辆与传统车辆的事故前场景显示,二者存在较明显的差异。面向自动驾驶的风险测试场景库需考虑多源数据融合,以实现场景类型的全覆盖。目前的自动驾驶测试场景库大多基于单一数据源,难以全面涵盖复杂道路交通环境,不足以支撑车-路与车-车交互过程的参数化分析。例如,中汽数据有限公司的场景案例库主要基于自然驾驶数据和轨迹数据生成测试用例,百度 Apollo 场景库基于路测数据提取场景,同时采用自动化挖掘手段进行逆向补充[11]。

通过融合交通事故、自然驾驶、自动驾驶测试数据,实现自动驾驶综合场景库的构建。基于大样本交通事故数据提取事故前场景,结合自动驾驶测试事故补充自动驾驶相关场景的失效致因、失效结果及测试条件,实现传统事故数据与自动驾驶事故数据的全覆盖。基于自然驾驶数据提取紧急工况[12],根据致因相似原则,将事故前场景与自然驾驶紧急工况相匹配,对风险驾驶场景进行过程参数化描述与致因分析。

形成的自动驾驶测试场景库包含由交通事故数据、自动驾驶事故数据和自然驾驶数据提供的静态场景要素,以及由自然驾驶数据提供的动态场景要素,如图 15-5 所示。静态场景要素包括冲突类型、路面条件、天气条件、光照条件、道路类型、交通流密度以及具体诱因等静态指标。针对每一类静态场景,利用自然驾驶数据,提取影响场景触发进程的关键运动学参数,并统计参数分布。具体测试时,基于蒙特卡洛法和重要性采样自动生成关键参数组合,以实现自动驾驶风险场景的自动构建。最终形成集合道路环境、车辆交互、驾驶行为的完整参数化自动驾驶风险场景库。

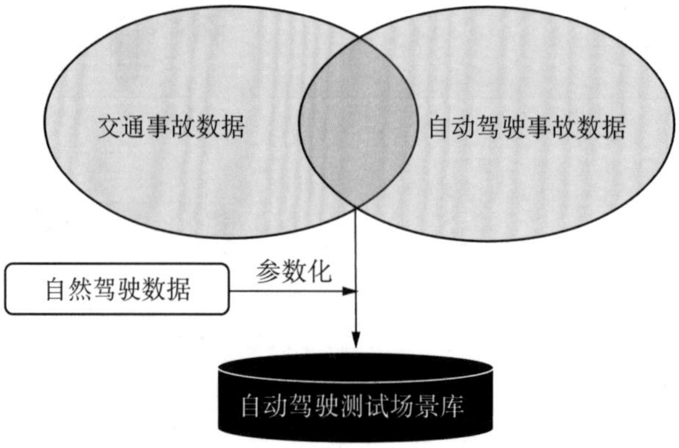

图 15-5 面向自动驾驶的风险场景库

15.3 自动驾驶车辆的安全控制

以跟车场景下的责任敏感安全(RSS)模型为例,本节将介绍基于风险场景库的自动驾驶安全控制算法标定和评估方法。RSS默认参数模型保守度大,导致跟车距离过长,造成道路资源浪费。为探究RSS模型的最佳参数组合,综合安全性能和保守程度,形成完备的RSS模型标定和评估方法体系,如图15-6所示,基本流程如下:①基于风险驾驶场景库,在仿真平台中复现跟车风险场景,将RSS算法嵌入自动驾驶控制决策系统;②综合模型的安全性能和保守程度建立目标函数,构建多目标最优化问题;③求解目标函数,得到RSS模型的最终标定结果;④建立安全评价指标,对比搭载RSS的ACC(Adaptive Cruise Control)算法、ACC算法以及驾驶人三者的安全表现。

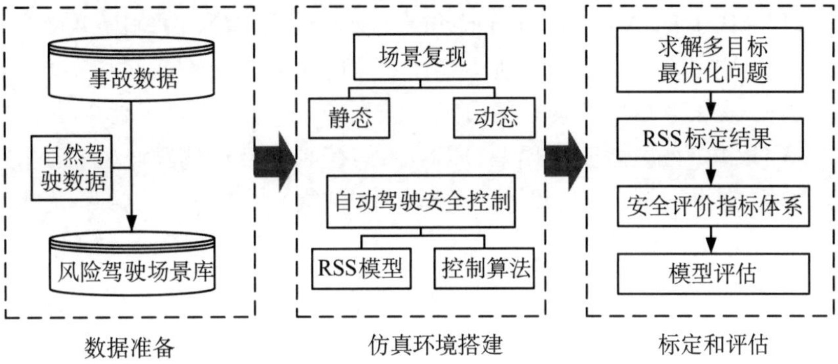

图15-6 自动驾驶安全控制RSS模型的标定与评估流程

15.3.1 RSS模型

在跟车风险场景下,RSS模型的运行原理是实时计算自动驾驶车辆需要与前车保持的安全距离,若实际跟车距离不满足安全距离,则自动驾驶车辆以预定义的最小减速度,即舒适减速度进行减速。计算安全距离的核心思想是:假设前车在当前时刻突然采取最大减速度 $a_{\max,\text{brake}}$,自动驾驶车辆在反应时间 ρ 内,以最大加速度 $a_{\max,\text{accel}}$ 进行加速,反应时间后以最小舒适减速度 $a_{\min,\text{brake}}$ 减速,在上述情况下不会发生碰撞的最小安全距离即为RSS安全距离 $d_{\min}$(图15-7),其计算公式如下[9]:

$$d_{\min}=\left[v_{\text{a}}\rho+\frac{1}{2}a_{\max,\text{accel}}\rho^{2}-\frac{(v_{\text{a}}+\rho a_{\max,\text{accel}})^{2}}{2a_{\min,\text{brake}}}+\frac{v_{l}^{2}}{2a_{\max,\text{brake}}}\right]_{+} \tag{15-1}$$

$$[x]_{+}=\max\{x,\ 0\} \tag{15-2}$$

式中 v_{a}——自动驾驶车辆当前时刻的速度;

v_{l}——前车当前时刻的速度;

ρ, $a_{\max,\text{accel}}$, $a_{\min,\text{brake}}$, $a_{\max,\text{brake}}$——待标定的参数。

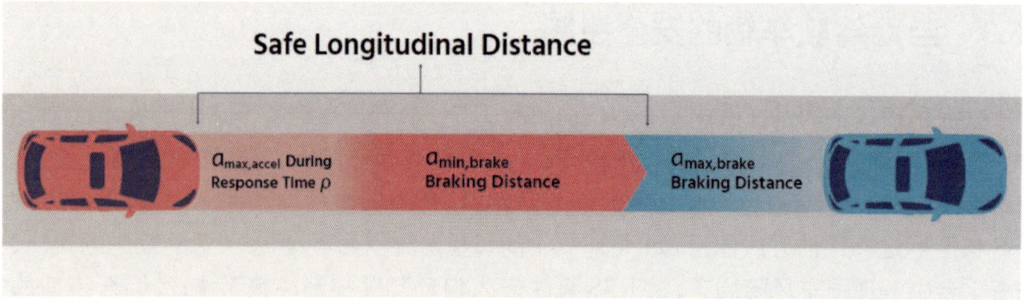

图 15-7　RSS 跟车安全距离示意图[9]

15.3.2　仿真平台搭建

利用 MATLAB 中的 Automated Driving System 工具箱，将危险事件在 MATLAB Simulink 仿真平台中复现[13]。以跟车危险事件为例，后车的初始速度和初始位置、前车的轨迹以及道路中心线和道路宽度均采用自然驾驶真实数据，在仿真平台中将后车设置为由自适应巡航(ACC)和责任敏感安全模型(RSS)共同控制的自动驾驶车辆；通过上述仿真获得后车的运动轨迹数据。图 15-8 展示了 Simulink 仿真平台中复现的跟车危险场景，以及嵌入 RSS 的自动驾驶安全控制策略。

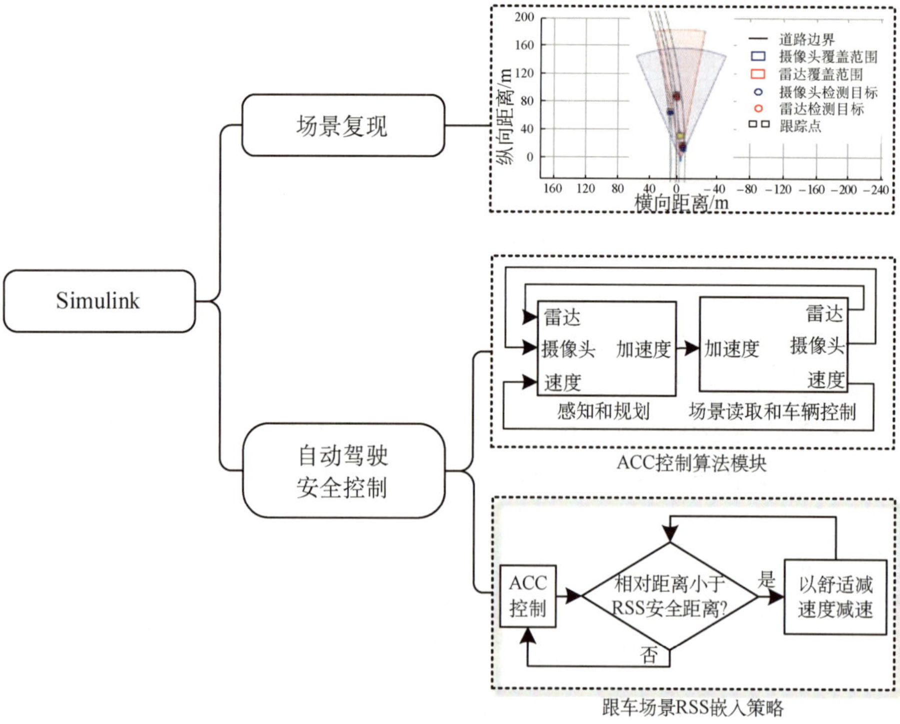

图 15-8　Simulink 自动驾驶控制算法模块

15.3.3 模型标定

综合 RSS 模型的安全性能和保守程度建立目标函数，构建多目标最优化问题。其中，安全性能由碰撞时间（TTC）的集计指标 TIT（Time-Integrated TTC）度量，目标是自动驾驶车辆在所有危险跟车事件中产生的 TIT 总和最小。将模型的保守程度纳入其中考虑是为了避免算法为获得更安全的结果而产生过大的跟车距离，导致道路资源利用率过低。

多目标函数定义为

$$\Omega = (\max f_{\text{Safety}},\ \min f_{\text{Conservativeness}}) \tag{15-3}$$

子目标 1：

$$\begin{aligned} &\max f_{\text{Safety}} = \min \sum_{i=1}^{N} TIT_i \\ &\sum_{i=1}^{N} TIT_i = \sum_{i=1}^{N} \sum_{t=1}^{T} [TTC^* - TTC_i(t)] \times \tau_{sc},\ \forall 0 \leqslant TTC_i(t) \leqslant TTC^* \end{aligned} \tag{15-4}$$

式中 N——从自然驾驶数据中提取的危险跟车事件数；

TIT_i——危险跟车事件 i 的 TIT 值，为安全性能的度量指标，度量一段时间内小于某一阈值的累计 TTC，单位为 s^2；

$TTC_i(t)$——事件 i 在 t 时刻的 TTC 值，为 t 时刻自动驾驶车辆与前车的相对距离与相对速度的比值；

τ_{sc}——仿真时间步长；

TTC^*——TTC 的阈值。

子目标 2：

$$\left.\begin{aligned} &\min f_{\text{Conservativeness}} = \min \sum_{i=1}^{N} \Delta d_i \\ &\sum_{i=1}^{N} \Delta d_i = \sum_{i=1}^{N} [d_{\min}(t_i^{\text{RSS}}) - d_{\text{relative}}(t_i^{\text{RSS}})] \end{aligned}\right\} \tag{15-5}$$

式中 Δd_i——度量了事件 i 的保守程度；

t_i^{RSS}——RSS 安全距离 $d_{\min}$ 大于实际跟车距离 d_{relative} 的初始时刻，即与 d_{relative} 相比，$d_{\min}$ 越大，RSS 模型的触发时刻越提前，迫使自动驾驶车辆以 $a_{\min,\text{brake}}$ 进行减速，进而模型的保守程度越高；

Δd_i——度量了 $d_{\min}$ 超过 d_{relative} 的程度，若不存在 $d_{\min}$ 大于 d_{relative} 的时刻，则 Δd_i 等于 0。

利用带精英策略（elitist principle）的非支配排序遗传算法（Elitist Non-dominated Sorting Genetic Algorithm, NGSA-Ⅱ）求解多目标最优化问题[14]。NGSA-Ⅱ 的过程如图 15-9 所示。

(1) 随机生成初始种群,其中的个体代表 RSS 模型的一个随机参数集。

(2) 针对随机选择的个体与个体对进行突变和交叉,生成子群。

(3) 结合父代与子代。

(4) 利用快速非支配排序算法(fast non-dominant sorting algorithm)对个体按照支配关系进行分层。其中,支配关系是指:对于多目标最小化问题,n 个目标分量 $f_i(i=1, \cdots, n)$组成的向量 $\bar{f}(\bar{X})=(\bar{f}_1(\bar{X}), \bar{f}_2(\bar{X}), \cdots, \bar{f}_n(\bar{X}))$,任意给定两个决策变量 $\bar{X}_u$, $\bar{X}_v \in U$,当且仅当,对于 $\forall i \in \{1, \cdots, n\}$,都有 $\bar{f}_i(\bar{X}_u) < \bar{f}_i(\bar{X}_v)$,则 $\bar{X}_u$ 支配 $\bar{X}_v$。

(5) 逐层计算个体的拥挤度(crowding distance),选择合适的个体组成新父代。拥挤度计算公式如下:

$$i_{\mathrm{d}} = \sum_{j=1}^{m} (|f_j^{i+1} - f_j^{i-1}|) \tag{15-6}$$

式中 i_{d}——i 点的拥挤度;

f_j^{i+1}——$(i+1)$点的第 j 个目标函数值;

f_j^{i-1}——$(i-1)$点的第 j 个目标函数值。

(6) 重复步骤(2)—步骤(5),直至满足终止条件,即各代之间适应度函数值的平均相对权重变化或迭代次数满足阈值时,NGSA-Ⅱ迭代终止。

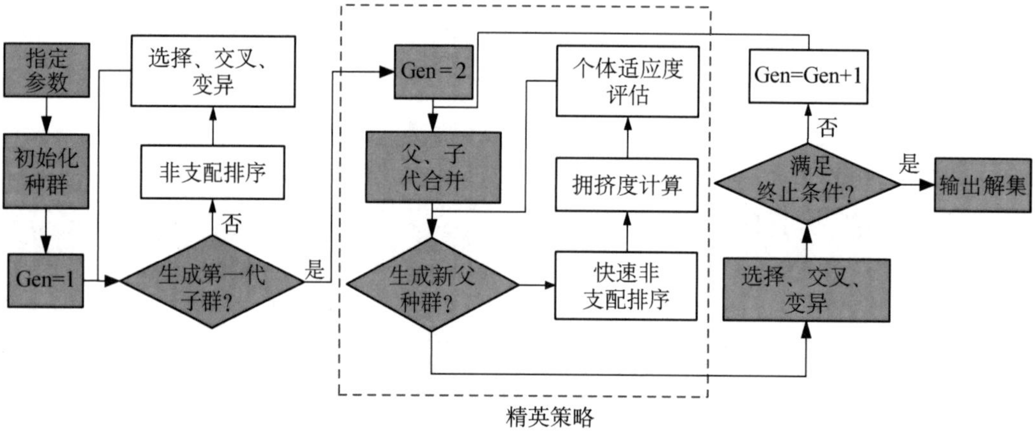

图 15-9 NGSA-Ⅱ算法流程

利用 NGSA-Ⅱ算法求解多目标最优化问题,标定 RSS 模型,得到参数组合解集。从 NGSA-Ⅱ 产生的解集中选取子目标 1(安全性能)值最大的解,作为 RSS 模型的最终标定结果。

15.3.4 模型评估

针对标定后的模型,对比驾驶人、未嵌入 RSS 的 ACC 和嵌入标定后 RSS 的 ACC,实现 RSS 算法安全性能的横向与纵向评估。算法安全性能评估需选取有效的安全评价指标。安全评价指标将微观车辆运动学参数与事故风险进行联系,可从一定程度上反映潜在的事故风险。常用的安全评价指标包括车头时距(time head way)、避免碰撞减速度

(Deceleration Rate to Avoid Crash, DRAC)、碰撞时间 TTC 等。其中,TTC 常被用于评估追尾事故风险。TTC 是一个瞬时值,而时间综合 TTC(即 TIT)是一个集计指标,用以评估一段时间内 TTC 小于某个阈值的累计时长,可以反映一段时间内的累计事故风险。相关安全评价指标的计算公式如下所示[15]:

(1) 碰撞时间(TTC):

$$TTC_i(t)=\begin{cases}\dfrac{x_{i-1}(t)-x_i(t)-L_{i-1}}{v_i(t)-v_{i-1}(t)}, & v_i(t)>v_{i-1}(t)\\ \infty, & v_i(t)\leqslant v_{i-1}(t)\end{cases} \tag{15-7}$$

式中 $x_i(t)$——自动驾驶车辆 i 在 t 时刻的位置;

$v_i(t)$——自动驾驶车辆 i 在 t 时刻的速度;

L_{i-1}——前车($i-1$)的车身长度。

(2) 时间暴露 TTC(TET):

$$TET_i=\sum_{t=0}^{N}\delta_i(t)\times\tau_{sc}$$
$$\delta_i(t)=\begin{cases}1, & \forall\, 0\leqslant TTC_i(t)\leqslant TTC^*\\ 0, & \text{否则}\end{cases} \tag{15-8}$$

式中 N——总时长;

τ_{sc}——微小时间间隔(如 0.1 s);

TTC^*——TTC 的阈值。

(3) 时间综合 TTC(TIT):

$$TIT_i=\sum_{t=0}^{N}[TTC^*-TTC_i(t)]\times\tau_{sc},\quad \forall\, 0\leqslant TTC_i(t)\leqslant TTC^* \tag{15-9}$$

式中,$TTC_i(t)$为自动驾驶车辆 i 在 t 时刻的 TTC。

(4) 避免碰撞减速度($DRAC$):

$$DRAC_i(t)=\begin{cases}\dfrac{[v_i(t)-v_{i-1}(t)]^2}{x_{i-1}(t)-x_i(t)-L_{i-1}}, & v_i(t)>v_{i-1}(t)\\ 0, & v_i(t)\leqslant v_{i-1}(t)\end{cases} \tag{15-10}$$

(5) 事故潜在指数(CPI):

$$CPI_i=\frac{\sum_{t=0}^{N}p(DRAC_i(t)>MADR^{(\alpha_1,\alpha_1,\cdots,\alpha_n)})\times\tau_{sc}}{T} \tag{15-11}$$

式中 $MADR$——最大可获得减速度,与车辆性能和场景有关;

$\alpha_1,\alpha_2,\dots,\alpha_n$——一组给定的交通环境属性值;

T——总时长。

(6) 停止距离比率(PSD)：

$$PSD = \frac{RD}{MSD} \tag{15-12}$$

式中 RD——与潜在事故点的剩余距离；

MSD——最小停止距离。

15.4 面向自动驾驶的交叉口设计

交叉口的角度、尺度、视距等设计参数会对自动驾驶车辆运行产生较大影响,导致自动驾驶车辆无法及时探测到目标冲突车辆或障碍物。因此,传统的交叉口设计方法不一定适用于自动驾驶车辆,需要建立交叉口设计参数与自动驾驶车辆探测角度和距离的量化关系。交叉口的设计类型和控制方式较多,为了更具针对性和适用性,本节的研究对象是让行控制的斜交交叉口,即主干路和次干路以小于 90°的夹角相交,主要道路车辆具有优先通行权,次要道路实行让行控制方式。

15.4.1 人车感知差异对比

驾驶人主要通过视觉和听觉收集道路环境信息。驾驶人一般由道路中央至外侧进行扫视,将重点放在自身经验判断的潜在危险区域[16]。驾驶人扫视道路环境是一个随着时间变化的过程,与道路环境的复杂度(如道路几何设计、车辆速度、交叉口、交通量等因素)紧密相关[16]。驾驶场景愈复杂,驾驶人愈加保持较高的警惕,扫视的速度也会增加。G. Johansson 和 K. Rumar 等[17]研究发现 75 分位数的驾驶人刹车反应时间为 0.9 s,对于意外情况和预期情况,驾驶人平均每秒处理大约 1 bit 和 1.5 bit 的信息。驾驶人的感知能力指标为视线长度、水平角度、最大视线范围、周围的视线区域和感知反应时间等。考虑到大多数驾驶人的视觉信息传输特性,停车视距的感知反应时间取 2.5 s[18]。

相比之下,自动驾驶车辆配备了先进的驾驶辅助系统(Advanced Driver Assistance Systems, ADAS)、车道保持辅助系统(Lane Keeping Assistance, LKA)和自动紧急制动系统(Automatic Emergency Braking, AEB),这便有可能减少因事故碰撞而造成的死亡和受伤人数[19]。自动驾驶车辆通过感知设备采集道路环境信息,通过融合摄像头、毫米波雷达、激光雷达以及车联网等数据计算周边车辆的速度和距离[20]。与驾驶人不同,自动驾驶车辆对感知范围内的所有目标都会进行识别,但会优先关注前向目标,优先处理交通标志标线、存在冲突的目标等。自动驾驶车辆具备全球定位系统、惯性导航系统和高精地图,能有效实现自身的定位功能[21]。

道路交通环境中,自动驾驶车辆的感知能力指标一般可采用探测距离、探测角度和感知-反应时间等。实验测试得到的机器决策的中位数时间为 270 ms[22]。自动驾驶车辆的检测、跟踪和运动可以结合在一起,预测物体在三维空间和时间上的轨迹[23]。基于 Faster R-CNN(Region Based Convolutional Neural Networks)算法对 RGB 和热成像图像进行融合处理,在白天识别行人的漏报率为 44.12%[24]。基于激光雷达识别的道路交通环境,使用卷积神经网络识别驾驶人换道行为的准确率为 57.3%[25]。此外,自动驾驶车辆的前向碰撞预警系统、车辆保持系统和紧急制动系统等为车辆运行提供了紧急避险措施。驾驶人与自动驾驶车辆在感知方式、感知能力、兴趣区域和优先范围方面的对比,如表 15-3 所列。

表 15-3　人车感知差异对比

	驾驶人	自动驾驶车辆
感知方式	视觉、听觉	远程毫米波雷达、激光雷达、摄像头、GNSS/INS/Digital Map
感知能力	视线长度;水平视野角度、最大视野范围、周边视野等;反应时间	传感器有效探测距离、探测角度、感知-反应时间
兴趣区域	大多数时间注视车辆前方中间的尽头处;常用扫描策略为中间远处与较远处来回扫视;周边视觉的运用	波长或摄像头能探测到的所有范围
优先范围	先注意潜在危险和重要的区域(依据主观经验);特征显著的容易被先注意;过滤不重要的信息(不分配注意力)	优先关注前向目标;优先处理交通标志标线、存在冲突的目标等

自动驾驶车辆常见传感器包括激光雷达、远程毫米波雷达、摄像头和超声波雷达。在自动驾驶车辆行驶过程中,车载传感器代替了人眼感知。表 15-4 对比了自动驾驶车辆常见传感器的感知性能[26-34]。

表 15-4　自动驾驶车辆常见传感器感知性能对比

(a) 四类常见传感器的感知范围

感知性能	传感器类型			
	激光雷达	远程毫米波雷达	视频	超声波雷达
最大感知距离 /m	300	250	500	2.50
垂直感知角度/(°)	10～50	10～20	30～120	—

(b) 常见传感器产品的感知参数性能

传感器类型	生产厂商	产品名称	感知距离/m	垂直感知角度/(°)
激光雷达	Velodyne Lidar	HDL-32E	100	41.33
		Puck 32MR	120	40.00
		Ultra Puck	200	40.00
		Alpha Prime	245	40.00
	Waymo	Honeycomb Lidar	—	95.00
		Fifth-generation Self-driving System	300	—
远程毫米波雷达	Tesla	Autopilot	160	—
	Smartmicro	UMRR-11	175	15.00
	Continental	ARS 408-21	250	14.00

(续表)

传感器类型	生产厂商	产品名称	感知距离/m	垂直感知角度/(°)
视频	Mobile Eye	Mobileye EyeQ4	150	43.40
	Tesla	Autopilot	250	—
	Waymo	Fifth-generation Self-driving System	500	—
超声波雷达	ParkSonar	MB 1002	2.13	—

注:“—”表示该感知参数未公开或不重要。

15.4.2 锐角侧探测角度

为了及时感知驾驶信息,自动驾驶车辆会对周围环境进行实时扫描。面对斜交交叉口设计时,需要足够的探测角度和距离来保证自动驾驶车辆能够安全通过。基于停车视距和三角函数定理,可推导出有效的探测角度和距离[35]。由物理学理论和自动驾驶车辆性能参数可推导出交叉口可穿越时间。

停车视距(Stopping Sight Distance, SSD)是指车辆以设计速度或接近设计速度行驶,在到达所需制动停车位置前,采取制动停车时所需的最短行驶距离[36]。停车视距包含两部分:①感知反应距离,即在感知反应时间内车辆行驶的距离;②刹车距离,即从开始刹车到车辆停止所行驶的距离。主干路和次干路的停车视距计算公式如式(15-13)和式(15-14)所示。

$$S_1 = 0.278V_{\text{major}}t_{\text{prt}} + 0.039V_{\text{major}}^2/a \tag{15-13}$$

$$S_2 = 0.278V_{\text{minor}}t_{\text{prt}} + 0.039V_{\text{minor}}^2/a \tag{15-14}$$

式中: S_1——主干路停车视距,m;

S_2——次干路停车视距,m;

V_{major}——主干路设计速度,km/h;

V_{minor}——次干路设计速度,km/h;

t_{prt}——感知反应时间,s;

a——制动减速度,m/s^2。

斜交交叉口的锐角侧探测角度如图 15-10 所示。图中 A 和 B 分别表示次干路和主干路上的自动驾驶车辆,C 表示交叉口内车辆的冲突点。W_1 和 W_2 分别表示主干路和次干路的横断面宽度。θ 表示交叉口的夹角,L_a 表示车道宽度。在视线三角形内,锐角侧探测角度定义为($\alpha+90°$),由于90°是已知的,故只需要计算探测角度 α 即可获取锐角侧探测角度,如式(15-15)所示。

$$\alpha = \arctan[(S_1\cos\theta - S_2)/S_1\sin\theta] \tag{15-15}$$

基于 ΔCDE,通过式(15-16)计算感知距离:

$$L_1 = (S_1\sin\theta/\cos\alpha) \tag{15-16}$$

自动驾驶最大探测角度 α_{max} 和最大探测距离 L_{max} 需满足如下两个条件：

$$\alpha_{max} \geqslant \alpha + 90° \tag{15-17}$$

$$L_{max} \geqslant L_1 \tag{15-18}$$

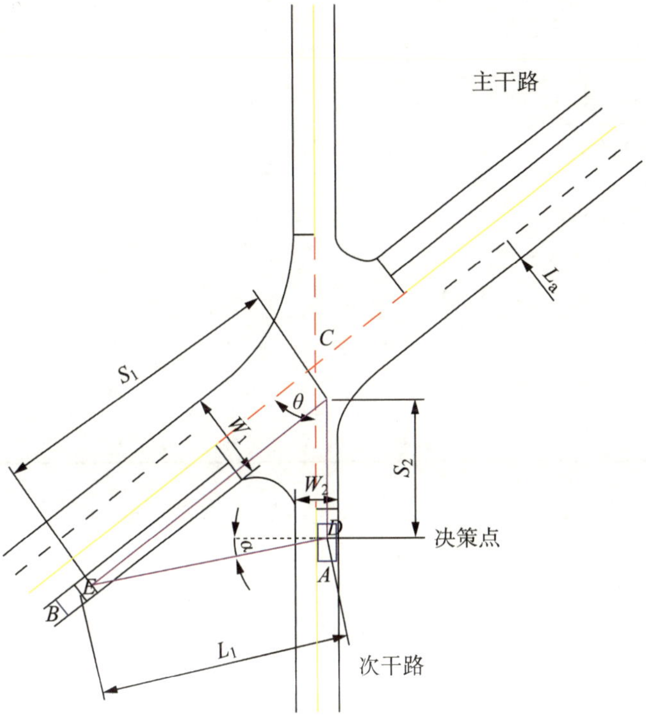

图 15-10 斜交交叉口锐角侧探测角度示意

计算公式的相关参数参考 NCHRP 383 报告[18]，具体来说，对于驾驶人的感知反应时间一般建议取 2.5 s。根据美国《道路及街道几何设计细则》的建议[36]，对于驾驶人而言，停车视距的长度是可以减小的，因为驾驶人会在到达让行控制的十字路口之前采取减速行为。

在本节中，驾驶人的视线三角形长度采用了《道路及街道几何设计细则》的建议取值。综合 C. Urmson[37] 和 M. Li 等[38] 的仿真和现场试验结果，自动驾驶车辆感知反应时间取为 0.5 s。自动驾驶车辆的视线三角形长度为自动驾驶车辆的停车视距，由式(15-13)计算，结果如表 15-5 所示。

表 15-5　　驾驶人与自动驾驶车辆的视线长度

设计速度/(km·h⁻¹)	人类驾驶人		自动驾驶车辆			差值
	SSD (D_1)/m	接近速度/(km·h⁻¹)	SSD/m	SSD (D_2)/m	接近速度/(km·h⁻¹)	$(D_1-D_2)/D_1\times100\%$
20	20.0	20	7.4	7.4	20	63.0%
30	25.0	25	14.5	14.5	30	42.0%

（续表）

设计速度/(km·h⁻¹)	人类驾驶人		自动驾驶车辆			差值 $(D_1-D_2)/D_1\times100\%$
	SSD (D_1)/m	接近速度/(km·h⁻¹)	SSD/m	SSD (D_2)/m	接近速度/(km·h⁻¹)	
40	35.0	33	23.9	23.9	40	31.7%
50	45.0	39	35.6	35.6	50	20.9%
60	55.0	45	49.6	49.6	60	9.8%
70	65.0	51	65.9	65.9	70	−1.4%
80	75.0	56	84.5	75.0	75	0
90	90.0	63	105.4	90.0	83	0
100	105.0	70	128.6	105.0	90	0
110	120.0	77	154.1	120.0	96	0
120	135.0	82	181.9	135.0	103	0
130	150.0	88	211.9	150.0	109	0

视线三角形长度随着设计速度的增加而增加。当设计速度小于 70 km/h 时，自动驾驶车辆的视线三角形长度小于驾驶人所需的行驶距离。例如，在 40 km/h 的设计速度下，驾驶人的视线三角形长度为 35.0 m，而在相同的设计速度下，自动驾驶车辆所需要的距离为 23.9 m。当设计速度在 20～60 km/h 范围内时，二者的差值从 63.0%减小到 9.8%。但是，当设计速度大于等于 70 km/h 时，自动驾驶车辆的视线三角形长度大于驾驶人的，这意味着如果没有采取限速措施，现有标准将无法为自动驾驶车辆提供安全的视线距离。如表 15-5 所列为自动驾驶车辆的接近速度。

假设交叉口的角度为 55°，基于自动驾驶视距计算可得到探测角度，其计算结果如表 15-6 所列。结果表明，当主、次干路的设计车速分别为 30 km/h 和 20 km/h 时，自动驾驶的探测角度为 94.4°。随着主干路设计速度的增加，探测角度之间的差异逐渐减小。

表 15-6　　自动驾驶车辆锐角侧探测角度

主干路设计速度/(km·h⁻¹)	锐角侧探测角度($\alpha+90°$)/(°) 次干路设计速度/(km·h⁻¹)											
	20	30	40	50	60	70	80	90	100	110	120	130
20	62.5	30.6	17.1	10.9	7.6	5.6	4.9	4.0	3.4	3.0	2.7	2.4
30	94.4	62.5	37.3	23.5	16.1	11.7	10.1	8.3	7.0	6.1	5.4	4.8
40	107.9	87.7	62.5	41.8	28.6	20.6	17.7	14.4	12.1	10.4	9.2	8.2
50	114.1	101.5	83.2	62.5	45.0	32.7	28.1	22.7	19.0	16.3	14.3	12.7
60	117.4	108.9	96.4	80.0	62.5	47.3	41.1	33.4	28.0	23.9	20.9	18.5
70	119.4	113.3	104.4	92.3	77.7	62.5	55.4	46.0	38.8	33.3	29.0	25.7

（续表）

主干路设计速度/(km·h^{-1})	锐角侧探测角度(α+90°)/(°)											
	次干路设计速度/(km·h^{-1})											
	20	**30**	**40**	**50**	**60**	**70**	**80**	**90**	**100**	**110**	**120**	**130**
80	120.1	114.9	107.3	96.9	83.9	69.6	62.5	52.6	44.7	38.6	33.7	29.9
90	121.0	116.7	110.6	102.3	91.6	79.0	72.4	62.5	54.1	47.2	41.5	36.8
100	121.6	118.0	112.9	106.0	97.0	86.2	80.3	70.9	62.5	55.2	49.0	43.8
110	122.0	118.9	114.6	108.7	101.1	91.7	86.4	77.8	69.8	62.5	56.1	50.5
120	122.3	119.6	115.8	110.7	104.1	96.0	91.3	83.5	76.0	68.9	62.5	56.7
130	122.6	120.2	116.8	112.3	106.5	99.3	95.1	88.2	81.2	74.5	68.3	62.5

基于 MATLAB 2014a 软件计算绘图，自动驾驶技术的探测角度可视化如图 15-11 所示。x 轴表示主干路设计速度，y 轴表示次干路设计速度，z 轴表示探测角度。设计速度与自动驾驶车辆探测角度呈正相关关系，即设计速度越高，达到设计要求所需的探测角度就越大。当设计速度处于较低区间(如 40 km/h 以下)时，随着交叉口夹角的变化，探测角度变化更加敏感。

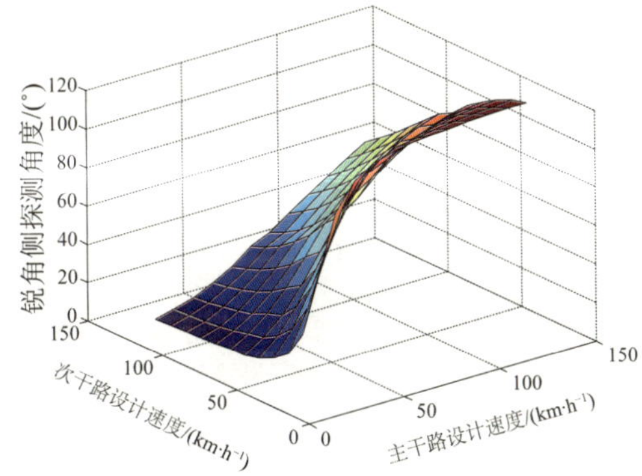

(a) 交叉口夹角设为55°

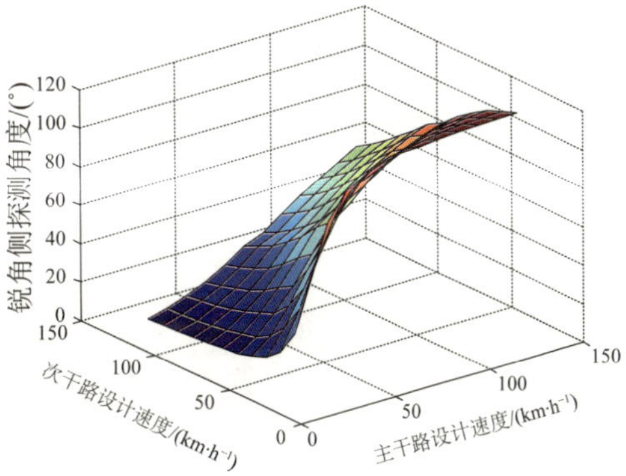

(b) 交叉口夹角设为60°

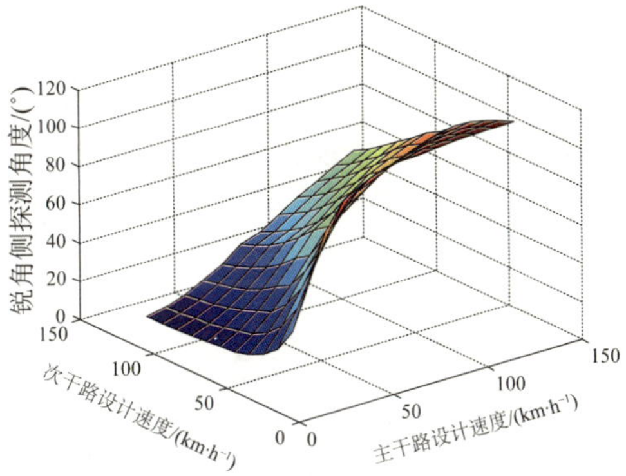

(c) 交叉口夹角设为65°

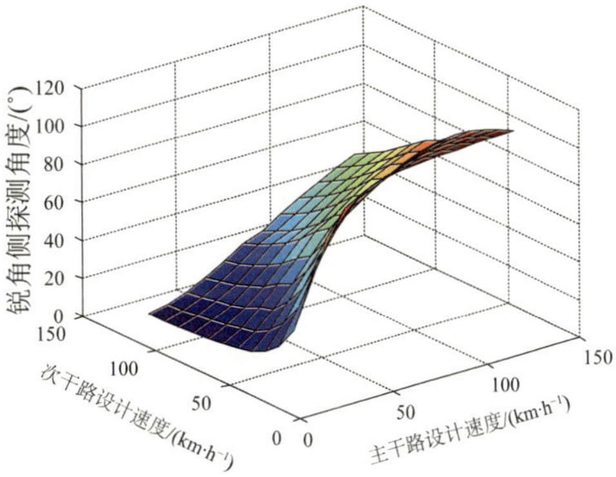

(d) 交叉口夹角设为70°

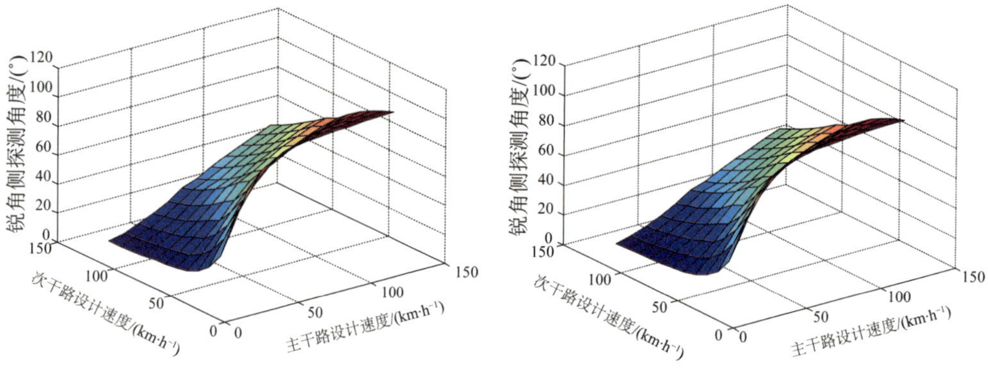

(e) 交叉口夹角设为75°　　(f) 交叉口夹角设为80°

图 15-11　锐角侧探测角度可视化

当设计速度达到 70 km/h 时，探测角度增加的幅度较小。随着交叉口夹角的增加，临界探测角将趋于一个稳定值。当主、次干路的设计速度分别为 130 km/h 和 20 km/h，交叉口的夹角为 55°，60°，65°，70°，75°，80°时所对应的探测角度分别为 123°，118°，112°，107°，102°，97°。在设计车速一定的情况下，交叉口夹角对探测角度有显著的负效应。交叉口相交角度越小，需要给自动驾驶车辆提供的探测角度就越大。

15.4.3　钝角侧探测角度

当次干路车辆探测东进口道车辆时，由于处于钝角三角形，探测角度的大小受停车视距和交叉口夹角的影响。根据停车视距和交叉口夹角推导出探测角度，如图 15-12 所示。

考虑 ΔDCE，基于正弦定理构建钝角侧探测角度 β 与探测距离的表达式，如式(15-19)所示：

$$S_1/\sin\beta = S_2/\sin(\theta-\beta) \tag{15-19}$$

应用反三角函数，进一步推导钝角侧探测角度 β 的计算公式，如式(15-20)所示：

$$\beta = \operatorname{arccot}[(S_2/S_1+\cos\theta)/\sin\theta] \tag{15-20}$$

因此，钝角侧探测距离如式(15-21)所示：

$$L_2 = (S_1/\sin\beta)\sin(180°-\theta) \tag{15-21}$$

同理，自动驾驶最大探测角度 $\alpha_{\max}$ 和最大探测距离 $L_{\max}$，需要满足如下两个条件：

$$\alpha_{\max} \geqslant \beta \tag{15-22}$$

$$L_{\max} \geqslant L_2 \tag{15-23}$$

假设主干路和次干路的设计速度为 20～130 km/h，变化的区间大小为 10 km/h。交叉口的其他变量与本书 15.4.2 节计算取值相同。基于当前标准的钝角侧探测角度可由式(15-19)和式(15-20)计算，定义相交角为 55°，计算结果如表 15-7 所列。

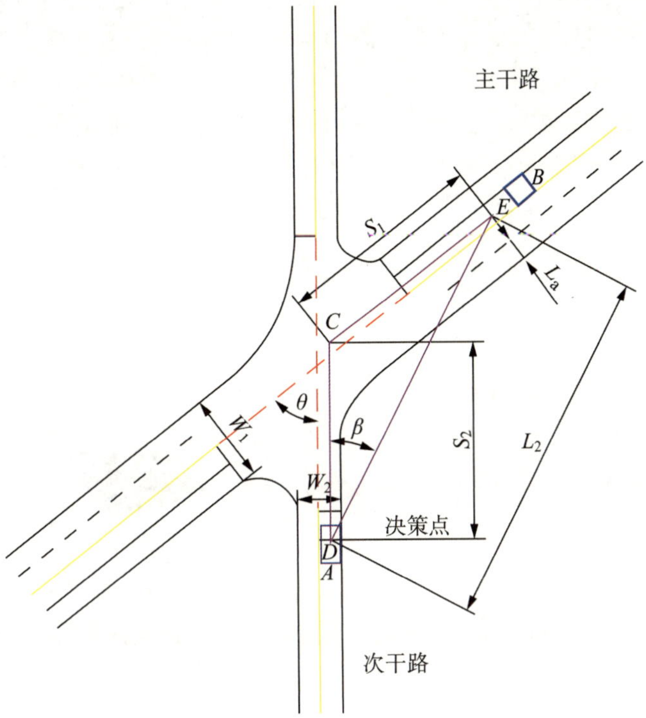

图 15-12 斜交交叉口钝角侧探测角度示意

表 15-7 基于自动驾驶视距的钝角侧探测角度

主干路设计速度/(km·h⁻¹)	探测角度(β)/(°)											
	次干路设计速度/(km·h⁻¹)											
	20	30	40	50	60	70	80	90	100	110	120	130
20	27.5	17.9	12.2	8.7	6.4	4.9	4.4	3.7	3.2	2.8	2.5	2.3
30	37.1	27.5	20.2	15.1	11.6	9.1	8.1	6.9	6.0	5.3	4.7	4.3
40	42.8	34.8	27.5	21.7	17.2	13.8	12.4	10.7	9.4	8.3	7.5	6.8
50	46.3	39.9	33.3	27.5	22.6	18.7	17.0	14.8	13.1	11.7	10.6	9.7
60	48.6	43.4	37.8	32.4	27.5	23.3	21.4	18.9	16.9	15.3	14.0	12.8
70	50.1	45.9	41.2	36.3	31.7	27.5	25.6	22.9	20.7	18.9	17.3	16.0
80	50.6	46.9	42.6	38.0	33.6	29.4	27.5	24.8	22.5	20.6	19.0	17.7
90	51.3	48.1	44.3	40.2	36.1	32.1	30.2	27.5	25.2	23.2	21.6	20.1
100	51.8	49.0	45.6	41.9	38.1	34.3	32.5	29.8	27.5	25.5	23.8	22.3
110	52.2	49.7	46.7	43.3	39.7	36.1	34.4	31.8	29.5	27.5	25.7	24.2
120	52.5	50.3	47.5	44.4	41.0	37.7	36.0	33.4	31.2	29.3	27.5	25.9
130	52.7	50.7	48.2	45.3	42.2	39.0	37.3	34.9	32.7	30.8	29.1	27.5

针对给定的次干路设计速度，探测角度随着主干路设计速度的增加而增加。当次干路设计速度接近主干路设计速度时，计算所需的探测角度减小。因为自动驾驶车辆位于钝角三角形处，所以表 15-7 所示的探测角度小于 90°。

为了分析考虑交叉口夹角对自动驾驶车辆的影响，基于自动驾驶技术可计算探测角度。探测角度受主干路设计速度、次干路设计速度和交叉口夹角三个维度的影响，结果如图 15-13 所示，其中 x 轴表示主干路设计速度，y 轴表示次干路设计速度，z 轴表示探测角度。交叉

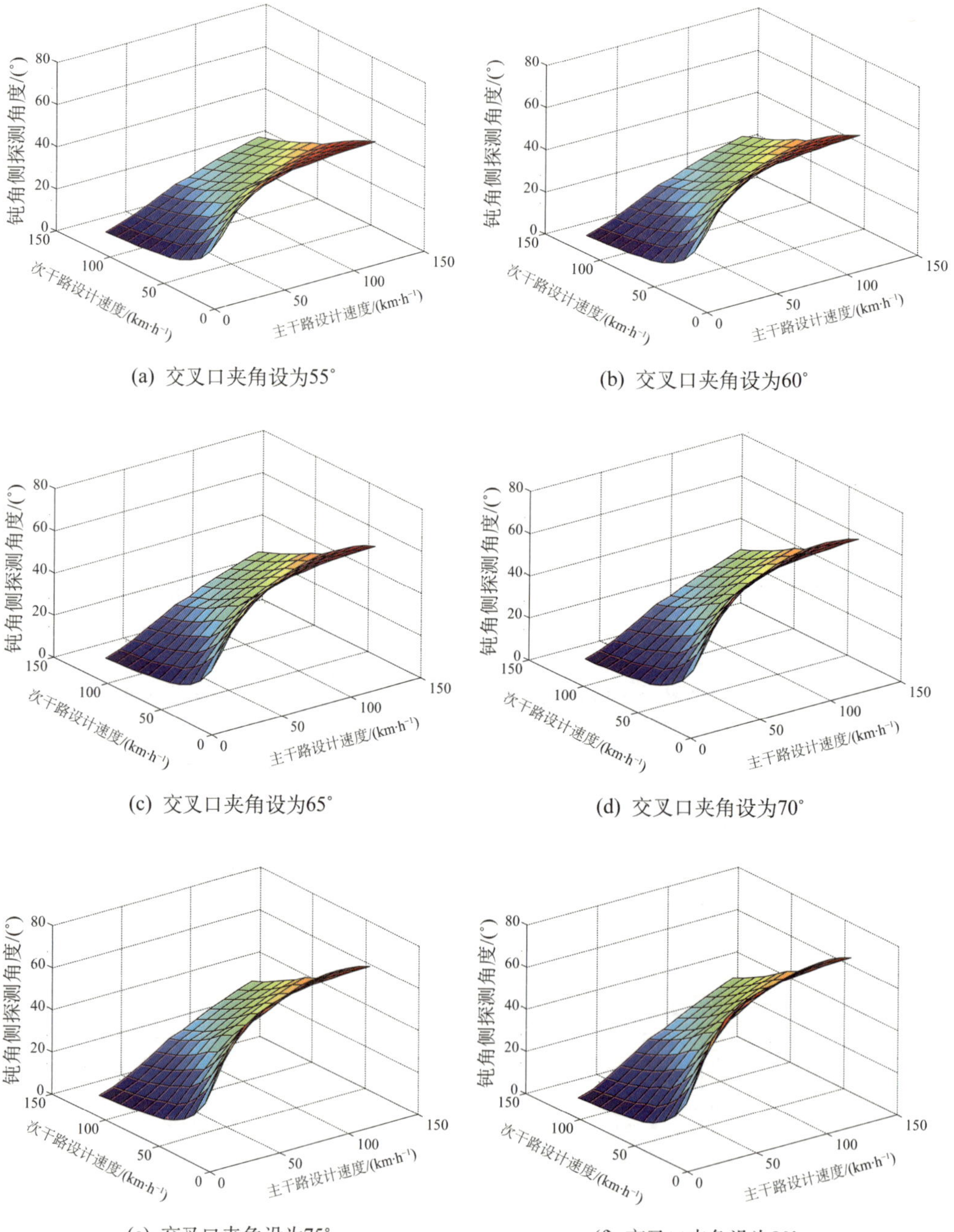

(a) 交叉口夹角设为55°

(b) 交叉口夹角设为60°

(c) 交叉口夹角设为65°

(d) 交叉口夹角设为70°

(e) 交叉口夹角设为75°

(f) 交叉口夹角设为80°

图 15-13 钝角侧探测角度可视化

口夹角与探测角度呈正相关关系,交叉口夹角越大,需要的探测角度越大。此外,主干路设计速度越高,需要的有效探测角度就越大。当设计速度大于 70 km/h 时,探测角度变化幅度较小。

因为钝角侧探测角度是在钝角三角形,自动驾驶车辆的探测距离应该覆盖斜边的长度。根据式(15-21),证明了钝角侧探测距离是交叉口夹角、钝角侧探测角度和视线三角形长度的函数。假设交叉口夹角为 55°,基于当前 AASHTO 标准来计算钝角侧探测距离,结果如表 15-8 所列。

表 15-8　　基于自动驾驶视距计算的钝角侧探测距离

主干路设计速度/(km·h^{-1})	探测距离/m											
	次干路设计速度/(km·h^{-1})											
	20	30	40	50	60	70	80	90	100	110	120	130
20	13.1	19.7	28.8	40.3	54.2	70.4	79.5	94.4	109.4	124.4	139.4	154.4
30	19.7	25.7	34.3	45.5	59.1	75.2	84.2	99.0	113.9	128.9	143.8	158.8
40	28.8	34.3	42.4	53.1	66.3	82.0	90.8	105.5	120.3	135.1	150.0	164.9
50	40.3	45.5	53.1	63.2	75.8	91.1	99.8	114.2	128.8	143.4	158.1	172.9
60	54.2	59.1	66.3	75.8	88.0	102.7	111.1	125.2	139.5	153.9	168.4	183.0
70	70.4	75.2	82.0	91.1	102.7	116.9	125.1	138.7	152.7	166.8	181.0	195.4
80	79.5	84.2	90.8	99.8	111.1	125.1	133.1	146.5	160.3	174.2	188.3	202.6
90	94.4	99.0	105.5	114.2	125.2	138.7	146.5	159.7	173.1	186.8	200.7	214.7
100	109.4	113.9	120.3	128.8	139.5	152.7	160.3	173.1	186.3	199.7	213.3	227.1
110	124.4	128.9	135.1	143.4	153.9	166.8	174.2	186.8	199.7	212.9	226.3	239.9
120	139.4	143.8	150.0	158.1	168.4	181.0	188.3	200.7	213.3	226.3	239.5	252.9
130	154.4	158.8	164.9	172.9	183.0	195.4	202.6	214.7	227.1	239.9	252.9	266.1

从表 15-8 可知,自动驾驶车辆探测距离主要受设计速度的影响。当主干路的车速范围为 20～40 km/h 时,探测距离变化不超过 15.7 m;当主干路车速超过 50 km/h 时,探测距离增长较快。例如,假设次干路设计速度为 20 km/h,当主干路设计速度分别为 30 km/h 和 130 km/h 时,后者的探测距离大约为前者的 7.8 倍。

15.4.4　可穿越时间

时间间隔定义为次干路自动驾驶车辆从停止线穿过主干路所需的时间。对于直行车辆来说,包括从加速时间到以恒定速度穿越交叉口的时间。第一个通行时间 t_a 表示车辆从停止线启动到加速结束的时间。第二个通行时间 t_b 表示车辆以恒定设计速度通过交叉口的时间,可穿越时间如图 15-14 所示,其中,L_{veh}表示车辆长度,a_i 表示加速率。

通行时间 t_a 的计算公式如式(15-24)所示:

$$t_a = 0.278 \times V_{minor} / a_i \tag{15-24}$$

交叉口南进口到北出口的宽度设为 W，自动驾驶车辆以恒定速度运行距离 S_a 的计算如式(15-25)所示：

$$S_a = W + L_{veh} - 0.278 \times 0.278 \times V_{minor}^2 / (2a_i) \tag{15-25}$$

可穿越时间 t_g 的计算如式(15-26)所示：

$$t_g = t_a + [W + L_{veh} - 0.278 \times 0.278 \times V_{minor}^2 / (2a_i)] / V_{minor} \tag{15-26}$$

需要注意的是，如果运行距离 S_a 大于 0，则式(15-26)可用于计算可穿越时间。如果 S_a 小于或者等于 0，表明自动驾驶车辆将一直加速通过交叉口，没有恒定速度行驶的过程，则可穿越时间 t_g 采用式(15-27)计算：

$$t_g = \sqrt{(2W)/a_i} \tag{15-27}$$

视线三角形沿主干路的长度 b_{major} 等于主干路设计速度乘以可穿越时间，如式(15-28)所示：

$$b_{major} = 0.278 V_{major} t_g \tag{15-28}$$

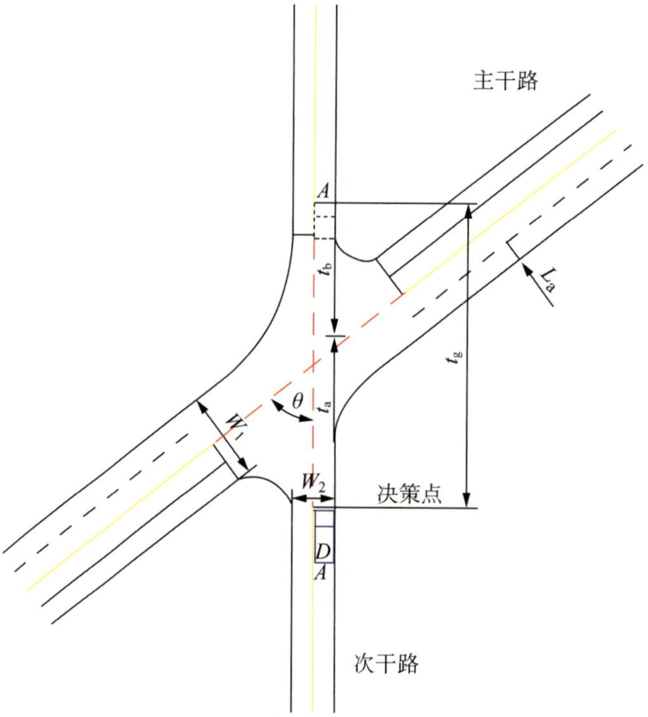

图 15-14　斜交交叉口可穿越时间

对于次干路而言，自动驾驶车辆要通过的斜交路口宽度设为 15 m，设计车辆长度为 3.6 m，加速度为 2 m/s²[39]。通行时间和可穿越时间由式(15-24)—式(15-27)计算。然后，根据式(15-28)求出主干路的视线长度，结果如表 15-9 所列。当设计速度从 20 km/h 增至 40 km/h 时，次干路穿越时间减小，并保持 3.9 s 的稳定值。

表 15-9 通行时间和视线长度

设计速度/(km·h⁻¹)	次干路		主干路	
	通行时间 t_a/s	穿越时间 t_g/s	停车视距/m	计算视线长度/m
20	2.8	5.1	7.4	28.5
30	4.2	4.6	14.5	38.2
40	3.9	3.9	23.9	43.1
50	3.9	3.9	35.6	53.8
60	3.9	3.9	49.6	64.6
70	3.9	3.9	65.9	75.4
80	3.9	3.9	75.0	86.1
90	3.9	3.9	90.0	96.9
100	3.9	3.9	105.0	107.7
110	3.9	3.9	120.0	118.4
120	3.9	3.9	135.0	129.2
130	3.9	3.9	150.0	140.0

为了说明这一点，将视线三角形沿主干路长度和停车视距绘制于图 15-15 中，蓝色表示停车视距，橙色表示计算视线长度。当设计速度低于 110 km/h 时，计算视线长度大于停车视距；当设计速度为 20 km/h 时，计算视线长度为 28.5 m，停车视距长度只有 7.4 m；当设计速度达到 110 km/h 时，采用停车视距可满足视线三角形沿主干路的长度。随着设计速度的增加，停车视距与计算视线长度之间的差值呈现先减小后增大的趋势。

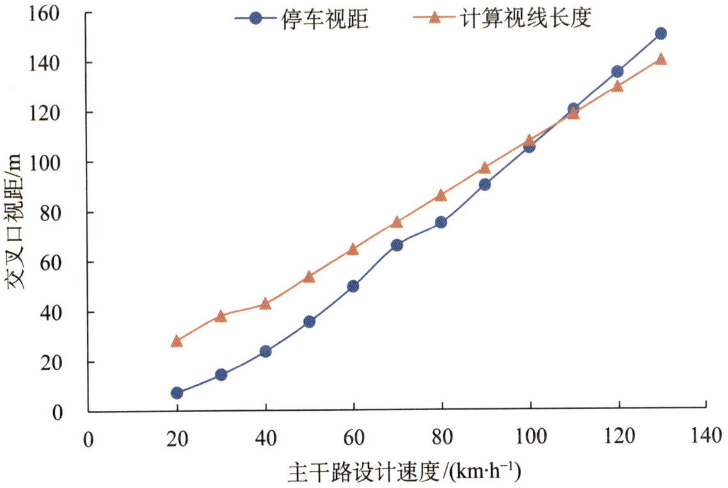

图 15-15 交叉口视线三角形计算结果

15.5 面向自动驾驶的路段线形设计

本节将考虑自动驾驶车辆与驾驶人的感知能力差异，系统讲述面向自动驾驶车辆的路段线形设计指标的推导过程及结果分析[40]。推导的指标包括停车视距、凹曲线和凸曲线最小长度以及不满足“平包纵”原则时的前方可感知视距。

15.5.1 停车视距

在设计竖曲线时，要求在给定的设计速度下，至少提供足够的停车视距。因此，所有竖曲线(含凹曲线、凸曲线)都应给定最小长度。考虑自动驾驶车辆与驾驶人的感知能力差异，推导所需的停车视距。停车视距 SSD 的计算如式(15-29)所示：

$$SSD = 0.278Vt + \frac{V^2}{254[(a/9.81) \pm G]} \tag{15-29}$$

式中 SSD——停车视距，m；

V——设计速度，km/h；

t——感知反应时间，s；

a——车辆减速度，m/s^2；

G——道路纵坡，上坡取正，下坡取负，平坡取 0。

在计算驾驶人与自动驾驶车辆的停车视距时，感知反应时间分别取为 2.5 s(驾驶人)和 0.5 s(自动驾驶)，与本书 15.4 节中的取值一致。车辆减速度均取为 3.4 m/s^2。

利用式(15-29)计算得到在道路设计速度为 20～130 km/h 时，在不同坡度情况下，自动驾驶车辆所需的停车视距，如表 15-10 所列。

表 15-10　自动驾驶车辆所需停车视距

设计速度/($km \cdot h^{-1}$)	停车视距计算值 /m						
	平坡	下坡			上坡		
	0	3%	6%	9%	3%	6%	9%
20	7.3	7.8	8.3	8.9	7.0	6.7	6.4
40	23.7	25.5	27.5	30.1	22.3	21.1	20.0
60	49.2	53.1	57.8	63.6	46.0	43.2	40.8
80	83.8	90.7	99.0	109.3	78.0	73.1	68.8
100	127.5	138.3	151.3	167.3	118.4	110.7	104.1
120	180.3	195.8	214.5	237.6	167.2	156.1	146.5

图 15-16 绘制了自动驾驶车辆与驾驶人分别在不同坡度的下坡、上坡路段以不同设计速度行驶时所需的停车视距。

如图 15-16 所示，相比驾驶人，自动驾驶车辆在下坡、上坡路段所需停车视距均更短。

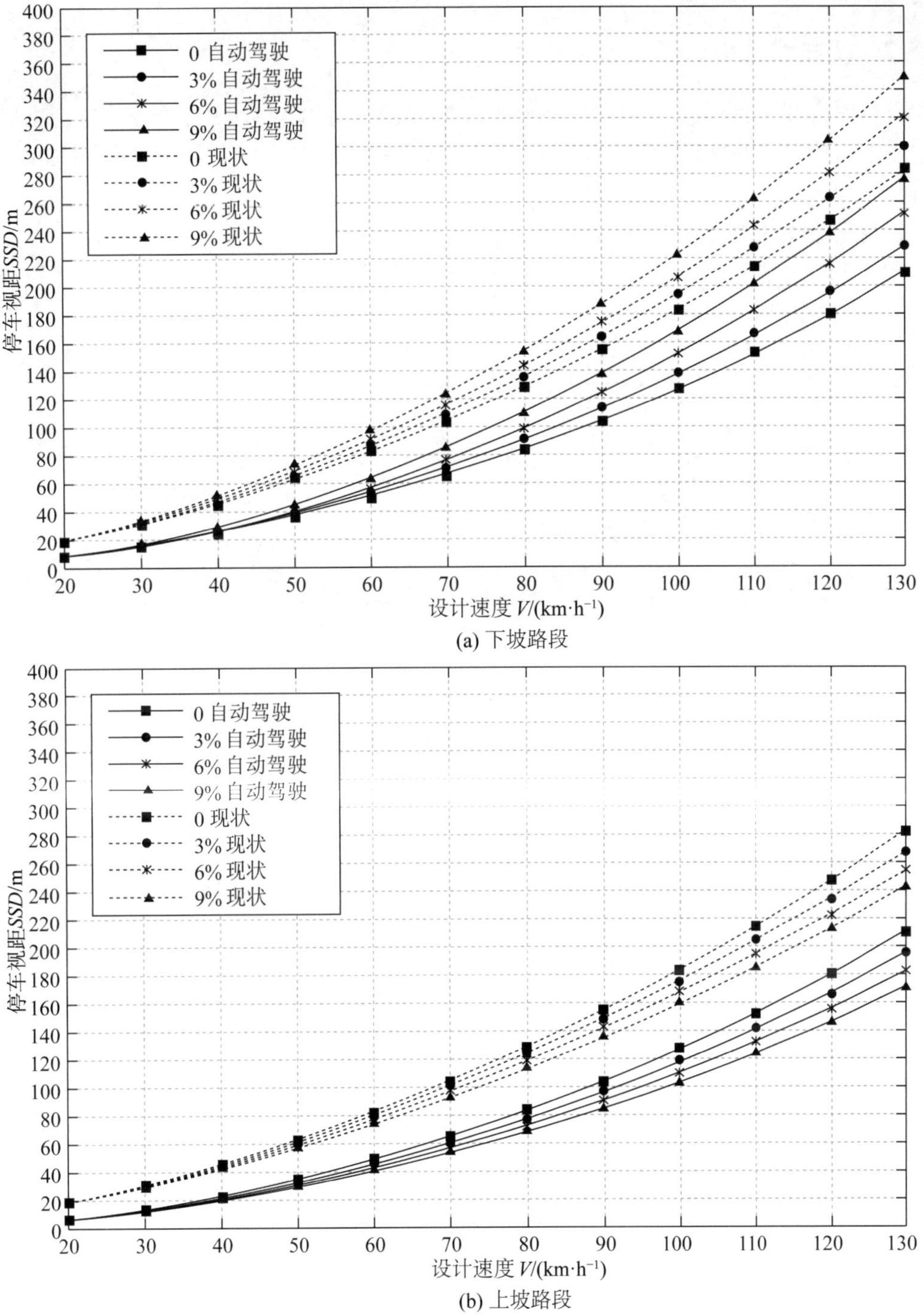

图 15-16　自动驾驶车辆与驾驶人所需停车视距

然而，二者的停车视距随着设计速度、纵坡的增加，有着相似的变化趋势。停车视距随设计速度的增加而增加；随上坡坡度增加而减小，下坡坡度则反之。此外，在相同设计速度、纵坡绝对值下，下坡路段停车视距较上坡路段更长，这是由于在上坡路段车辆受到制动力、路面摩擦力及重力的共同作用所致。

15.5.2 凹曲线最小长度

一般而言,凹曲线最小长度取决于停车视距、乘客舒适度、排水控制和总体外观四个条件。本节根据条件的重要程度,选取停车视距、乘客舒适度作为约束条件,对凹曲线最小长度进行推导。

1. 基于停车视距的推导

图 15-17 为基于停车视距的凹曲线最小长度示意图,图中给出了推导过程所需的参数,式(15-30)和式(15-31)为具体推导公式。

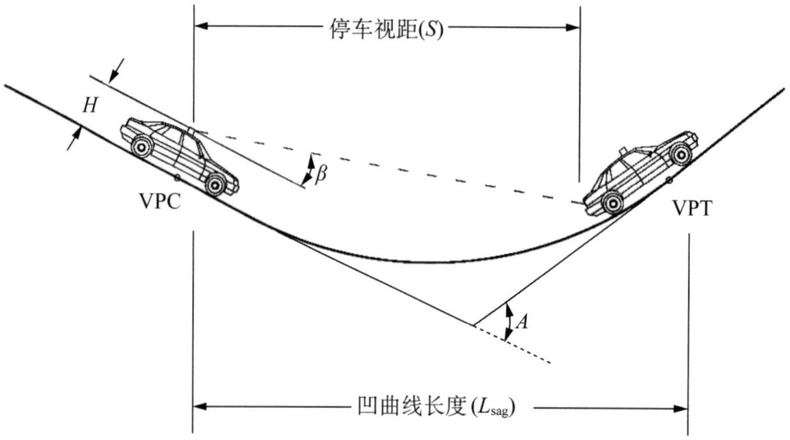

图 15-17 基于停车视距的凹曲线最小长度示意

当 $S<L_{sag}$时:

$$L_{sag}=\frac{AS^2}{200[H+S\tan(\beta)]} \tag{15-30}$$

当 $S>L_{sag}$时:

$$L_{sag}=2S-\frac{200[H+S\tan(\beta)]}{A} \tag{15-31}$$

式中 L_{sag}——凹曲线长度,m;

A——坡度差,%;

S——驾驶人驾驶时车辆前照灯光束距离,或自动驾驶车辆的停车视距,m;

H——驾驶人眼高,或自动驾驶车辆的传感器高度,m;

β——水平面向上的垂直感知角度,(°)。

驾驶人在夜间通过凹曲线时,前方可见的距离取决于前照灯高度和光束的方向。因此,在上式中,驾驶人眼高为车辆的前照灯高度,取为 0.6 m;垂直感知角度取为 1°。

自动驾驶车辆的车载传感器代替了人眼感知。传感器高度由车辆高度和传感器装载位置决定。本节假设传感器置于车顶,根据 Tesla S 的车辆高度(1.445 m)[27]和常见传感器高度[28,29],取传感器高度为 1.5 m。由于多数传感器的垂直感知角度均大于 20°,且自动驾驶车辆能够共享传感器数据,因此垂直感知角度取为 20°。

2. 基于乘客舒适度的推导

由于在凹曲线路段,重力与车辆所需向心力在路面垂直方向上的作用方向相反,因此,相比凸曲线,凹曲线的设计更需要注重乘客舒适度。根据《公路和街道几何设计政策》(*A Policy on Geometric Design of Highways and Streets*,简称 Green Book)[36],车辆向心加速度不应超过 0.3 m/s^2。基于乘客舒适度的凹曲线最小长度计算如式(15-32)所示:

$$L_{sag}=\frac{AV^2}{395} \tag{15-32}$$

式中 L_{sag}——凹曲线长度,m;

A——坡度差,%;

V——设计速度,km/h。

竖曲线的坡度变化率等于坡度差 A 与竖曲线长度 L 的比值,即 A/L,记为 K。竖曲线上连续等间距点的坡度变化率为常量。坡度变化率可用于在给定设计速度下,确定竖曲线的最小长度。在本节和 15.5.3 节中,K 用于表示凹曲线、凸曲线的设计极限值。

自动驾驶车辆与驾驶人的凹曲线坡度变化率的设计极限值推导结果如表 15-11 所列,给出了在不同设计速度下,基于停车视距和乘客舒适度得到的凹曲线坡度变化率 K 的计算极限值,选择较大值的向上取整值作为凹曲线坡度变化率的设计极限值。

表 15-11 自动驾驶车辆与驾驶人的凹曲线坡度变化率的设计极限值

设计速度/($km \cdot h^{-1}$)	停车视距/m		凹曲线坡度变化率(K)					
			自动驾驶车辆			驾驶人		
			计算值		设计极限值	计算值		设计极限值
	自动驾驶车辆	驾驶人	基于停车视距	基于乘客舒适度		基于停车视距	基于乘客舒适度	
20	10	20	0.1	1.0	1	2.1	1.0	3
40	25	50	0.3	4.1	5	8.5	4.1	9
60	50	85	0.6	9.1	10	17.3	9.1	18
80	85	130	1.1	16.2	17	29.4	16.2	30
100	130	185	1.7	25.3	26	44.7	25.3	45
120	185	250	2.5	36.5	37	63.0	36.5	63

自动驾驶车辆在不同设计速度下(或凹曲线坡度变化率)的凹曲线最小长度与坡度差关系曲线如图 15-18 所示。为了清晰地表现设计速度差异对凹曲线坡度差的影响,同一设计速度下的凹曲线最小长度取为设计速度的 0.6 倍。

由表 15-11 可见,自动驾驶车辆的凹曲线坡度变化率极限值小于驾驶人的,这表明自动

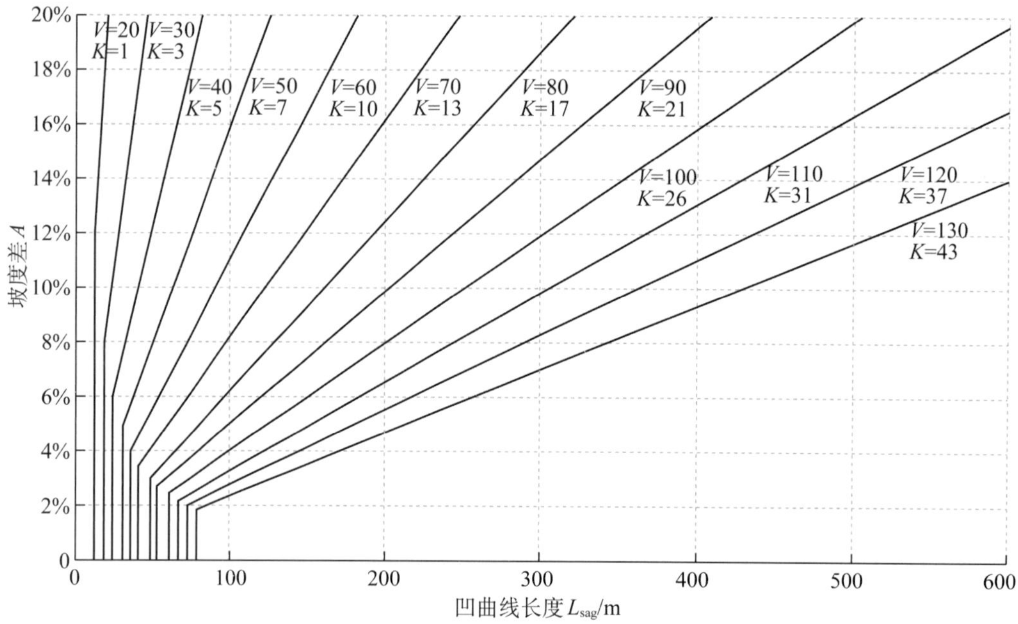

图 15-18　自动驾驶车辆的凹曲线最小长度与坡度差关系曲线

驾驶车辆的设计指标更宽容。值得注意的是，决定凹曲线最小长度的主导因素在面向自动驾驶车辆和驾驶人的推导中是不同的。在面向自动驾驶车辆进行推导时，乘客舒适度是主导因素，所有基于停车视距的 K 值均低于基于乘客舒适度的 K 值；相反地，在面向驾驶人进行推导时，停车视距主导了极限值的取值。

15.5.3　凸曲线最小长度

在凸曲线路段，由于重力与车辆所需向心力在路面垂直方向上的方向相同，因此，乘客舒适度对推导凸曲线最小长度的影响不大。本节以停车视距为约束条件，对凸曲线最小长度进行推导。图 15-19 为基于停车视距的凸曲线最小长度示意图，图中给出了推导过程所需的参数，具体计算见式(15-33)和式(15-34)。

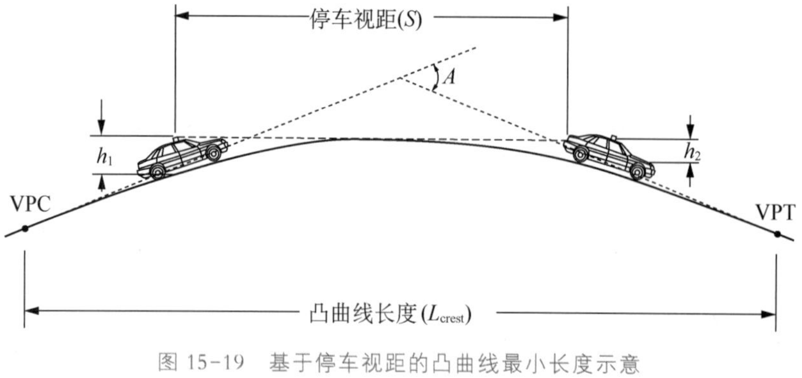

图 15-19　基于停车视距的凸曲线最小长度示意

当 $S<L_{\text{crest}}$ 时：

$$L_{\text{crest}}=\frac{AS^2}{100\left(\sqrt{2h_1}+\sqrt{2h_2}\right)^2} \tag{15-33}$$

当 $S>L_{\text{crest}}$ 时：

$$L_{\text{crest}}=2S-\frac{200\left(\sqrt{h_1}+\sqrt{h_2}\right)^2}{A} \tag{15-34}$$

式中　L_{crest}——凸曲线长度，m；

A——坡度差，%；

S——停车视距，m；

h_1——驾驶人眼高，或自动驾驶车辆传感器高度，m；

h_2——目标高度，m。

在式(15-33)和式(15-34)中，自动驾驶车辆传感器的高度取为 1.5 m，驾驶人眼高取为 1.08 m，目标高度取为 0.6 m。

自动驾驶车辆与驾驶人的凸曲线坡度变化率的设计极限值推导结果如表 15-12 所列。表中给出了在不同设计速度下，基于停车视距得到的凸曲线坡度变化率 K 的计算极限值，并将计算值向上取整，作为凸曲线坡度变化率的设计极限值。

表 15-12　自动驾驶车辆与人类驾驶人的凸曲线坡度变化率的设计极限值

设计速度/($\text{km}\cdot\text{h}^{-1}$)	停车视距/m		凸曲线坡度变化率(K)			
	自动驾驶车辆	驾驶人	自动驾驶车辆		驾驶人	
			计算值	设计极限值	计算值	设计极限值
20	10	20	0.1	1	0.6	1
40	25	50	0.8	1	3.8	4
60	50	85	3.1	4	11.0	11
80	85	130	9.0	10	25.7	26
100	130	185	21.1	22	52.0	52
120	185	250	42.8	43	95.0	95

自动驾驶车辆在不同设计速度(或凸曲线坡度变化率)下的凸曲线最小长度与坡度差关系曲线如图 15-20 所示。为了清晰地表现设计速度差异对凸曲线坡度差的影响，同一设计速度下的凸曲线最小长度取为设计速度的 0.6 倍。

由图 15-20 可见，自动驾驶车辆的凸曲线曲率变化率极限值低于驾驶人的。在计算凸曲线最小长度时，与驾驶人相比，自动驾驶车辆所需的停车视距更短、传感器感知高度更高，因此，在相同的道路设计条件下，其极限值更低，设计指标更宽容。

15.5.4　平纵组合线形设计

1. “平包纵”原则

对于平纵组合线形，其平曲线和竖曲线不能独立设计，而应协调设计、组合得当，且满足

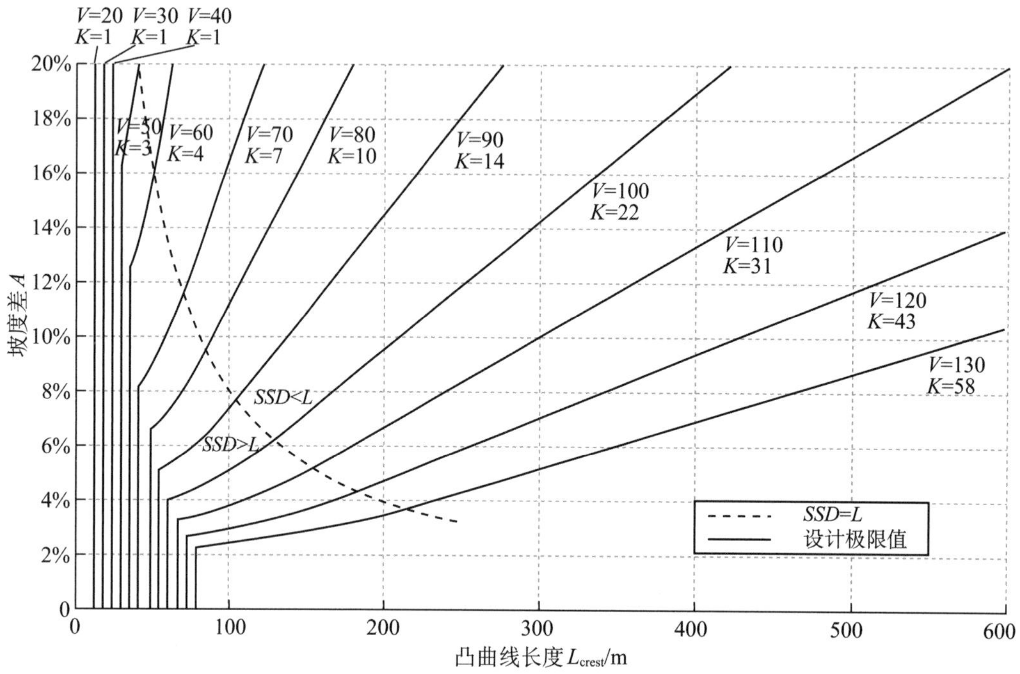

图 15-20 自动驾驶车辆的凸曲线最小长度与坡度差关系曲线

“平包纵”原则,如图 15-21 所示。Green Book[36] 对“平包纵”原则的定义如下:①在凸曲线顶部及附近,不能与小半径平曲线组合,因为平面线形的变化无法被提前感知;②在凹曲线底部及附近,不能与小半径平曲线组合,因为该位置的前方视线受到影响。

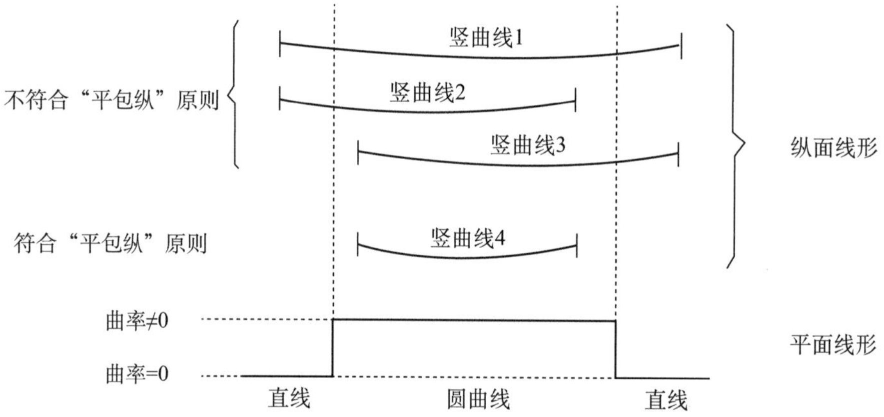

图 15-21 “平包纵”原则示意

然而,“平包纵”原则并非强制规定,当地形或造价受约束时,该原则无法得到满足。因此,需要考虑在满足或不满足“平包纵”原则这两类情况下的组合线形设计要求。

2. 前方可感知视距——不符合“平包纵”原则时

当平纵组合线形设计不符合“平包纵”原则时,可使用前方可感知视距(Preview Sight Distance, PVSD)作为衡量视距的指标,以保证行车安全。如图 15-22 所示,PVSD 由 S_1 和

S_2 组成，其中，S_1 为在接近平曲线的直线路段上行驶的距离，S_2 为能够感知到平曲线曲率及其轮廓所需的距离。PVSD 可应用于凸曲线顶部、凹曲线底部的平曲线上。PVSD 反映了组合线形的特定需求，相比于停车视距、决策视距等典型视距更为复杂[41]。本节推导的 PVSD 仅考虑圆曲线，而不考虑缓和曲线的设置。

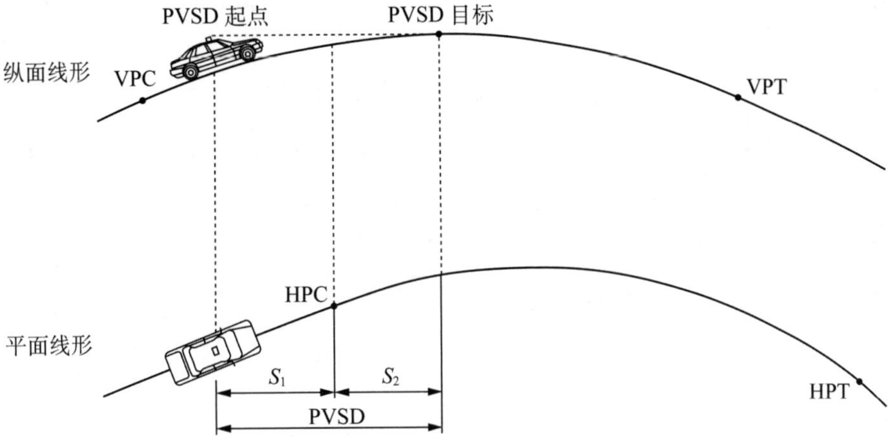

图 15-22　前方可感知视距示意

PVSD 中的 S_1 由感知反应距离和刹车距离组成，S_1 应完全位于直线路段，并在圆曲线开始(即直圆点)前结束。S_1 由式(15-35)计算得到[42]。

$$S_1 = L_1 + L_2 = 0.278Vt + \frac{V^2 - V_c^2}{25.92d} \tag{15-35}$$

式中　S_1——直线路段所需行驶距离，m；

L_1——感知反应距离，m；

L_2——刹车距离，m；

V——设计速度，km/h；

t——感知反应时间，s；

V_c——平曲线路段运行速度，km/h；

d——车辆减速度，m/s^2。

在式(15-35)中，自动驾驶车辆的感知反应时间取为 0.5 s，减速度取为 3.4 m/s^2，与式(15-29)一致。假设车辆在平曲线路段不采取较大减速行为，以设计速度的 95%数值作为平曲线路段的运行速度。

PVSD 中的 S_2 由平曲线半径决定，计算公式见式(15-36)。Y. Hassan 和 S. M. Easa[42]建立了偏转角 δ 的非线性回归模型，由于模型拟合优度较好，本节采用该模型作为式(15-37)。

$$S_2 = R\frac{\delta\pi}{180} \tag{15-36}$$

$$\delta = 24.601 - 6.751\lg R \tag{15-37}$$

式中 R——平曲线半径，m；

δ——偏转角，(°)。

利用式(15-35)—式(15-37)推导得到在道路设计速度为 20～120 km/h、平曲线半径为 400～2 000 m 时，自动驾驶车辆所需的前方可感知视距，如表 15-13 所列。自动驾驶车辆所需的前方可感知视距三维曲面图如图 15-23 所示，x 轴、y 轴分别表征设计速度和平曲线半径。

表 15-13　　自动驾驶车辆所需的前方可感知视距

设计速度/($km\cdot h^{-1}$)	平曲线半径/m	400	600	800	1 000	1 200	1 400	1 600	1 800	2 000
	S_2/m PVSD/m S_1/m	49.1	61.2	69.8	75.9	79.9	82.1	82.9	82.5	80.8
20	3.2	52.3	64.4	73.0	79.1	83.1	85.3	86.1	85.7	84.0
40	7.3	56.4	68.5	77.2	83.2	87.2	89.5	90.3	89.8	88.1
60	12.3	61.4	73.5	82.2	88.2	92.2	94.5	95.3	94.8	93.1
80	18.2	67.3	79.4	88.0	94.1	98.1	100.3	101.1	100.7	99.0
100	25.0	74.1	86.2	94.8	100.9	104.8	107.1	107.9	107.4	105.8
120	32.6	81.7	93.8	102.5	108.5	112.5	114.7	115.5	115.1	113.4

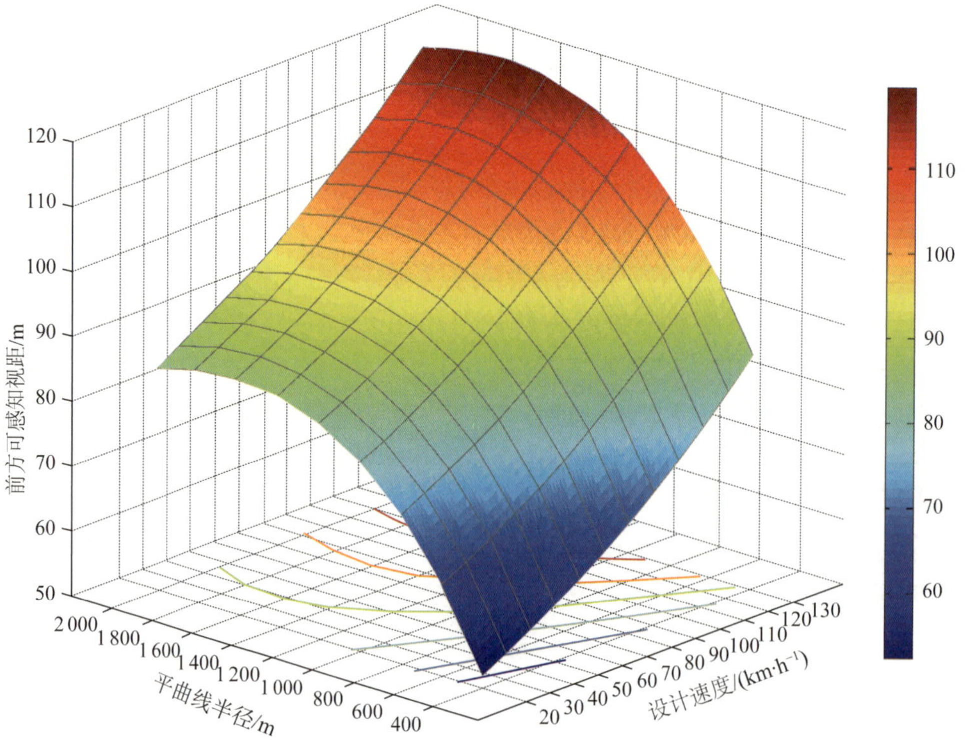

图 15-23　自动驾驶车辆所需的前方可感知视距三维曲面

由表 15-13 可知，直线路段所需行驶距离 S_1 随设计速度的增加而增加；由于偏转角随平曲线半径增大而减小，故感知平曲线所需的距离 S_2 随平曲线半径的增加而增加。因此，前方可感知视距也随设计速度、平曲线半径的增加而增加。

感知反应时间是前方可感知视距唯一的感知参数，故对 S_1 的推导会有影响。由此可知，自动驾驶车辆所需的前方可感知视距较驾驶人所需的前方可感知视距更短，但随着设计速度、平曲线半径的增大，二者所需的前方可感知视距却有着相似的变化趋势。

参考文献

[1] EVANS H, GREER C, JILLAVENKATESA A, et al. Ensuring American leadership in automated vehicle technologies: automated vehicles 4.0[R]. National Science & Technology Council, The United States Department of Transportation, 2020.

[2] National Conference of State Legislatures[EB/OL].[2021-03-14].https://www.ncsl.org/.

[3] California Department of Motor Vehicles[EB/OL].[2021-05-10].https://www.dmv.ca.gov/.

[4] FAVARÒ F M, NADER N, EURICH S O, et al. Examining accident reports involving autonomous vehicles in California [J]. PLoS One, 2017, 12(9): e0184952.

[5] BOGGS A M, WALI B, KHATTAK A J. Exploratory analysis of automated vehicle crashes in California: a text analytics & hierarchical bayesian heterogeneity-based approach[J]. Accident Analysis and Prevention, 2019, 135: 105354.

[6] NAJM W G, SMITH J D, YANAGISAWA M. Pre-crash scenario typology for crash avoidance research [R]. U. S. Department of Transportation, National Highway Traffic Safety Administration, 2007.

[7] TOMA S, SWANSON E, SMITH J D, et al. Heavy truck pre-crash scenarios for safety applications based on vehicle-to-vehicle communications[J]. Crash Data, 2014.

[8] APTIV SERVICES US, AUDI AG, BAYRISCHE MOTOREN WERKE AG, et al. Safety first for automated driving[R].[S.l.]: [s.n.], 2019.

[9] SHALEV-SHWARTZ S, SHAMMAH S, SHASHUA A. On a formal model of safe and scalable self-driving cars[J]. arXiv, 2017: 1708.06374.

[10] LIU Q, WANG X, WU X, et al. Crash comparison of autonomous and conventional vehicles using pre-crash scenario typology[J]. Accident Analysis and Prevention, 2021, 159: 106281.

[11] 中国电动汽车百人会，腾讯，中汽数据.中国自动驾驶仿真蓝皮书 2020[R].2020.

[12] WANG X, XU X. Assessing the relationship between self-reported driving behaviors and driver risk using a naturalistic driving study[J]. Accident Analysis and Prevention, 2019, 128: 8-16.

[13] XU X, WANG X, WU X, et al. Calibration and evaluation of the Responsibility-Sensitive Safety model of autonomous car-following maneuvers using naturalistic driving study data [J]. Transportation Research Part C-emerging Technologies, 2021, 123: 102988.

[14] DEB K, PRATAP A, AGARWAL S, et al. A fast and elitist multiobjective genetic algorithm: NGSA-Ⅱ[J]. IEEE transactions on evolutionary computation, 2002, 6(2): 182-197.

[15] MAHMUD S M S, FERREIRA L, HOQUE M S, et al. Application of proximal surrogate indicators for safety evaluation: A review of recent developments and research needs[J]. IATSS research, 2017, 41(4): 153-163.

[16] CAMPBELL J L, LICHTY M G, BROWN J L, et al. NCHRP Report 600: Human Factors Guidelines for Road Systems[R].Washington D.C.:Transportation Research Board,2012.
[17] JOHANSSON G, RUMAR K.Drivers' brake reaction times[J]. Human Factors,1971,13(1): 23-27.
[18] HARWOOD D W, MASON J M, BRYDIA R E, et al. NCHRP Report 383: Intersection Sight Distance[R].Washington, D. C.:Transportation Research Board,1996.
[19] RIOS-TORRES J, MALIKOPOULOS A A.A survey on the coordination of connected and automated vehicles at intersections and merging at highway on-ramps[J]. IEEE Transactions on Intelligent Transportation Systems,2017,18(5):1066-1077.
[20] CASAS S, LUO W, URTASUN R.IntentNet_learning to predict intention from raw sensor data[C]// Proceedings of the 2nd Conference on Robot Learning, Zürich, Switzerland,2018: 947-956.
[21] KUUTTI S, FALLAH S, KATSAROS K, et al. A survey of the state-of-the-art localization techniques and their potentials for autonomous vehicle applications[J]. IEEE Internet of Things Journal,2018,5(2):829-846.
[22] GALCERAN E, CUNNINGHAM A G, EUSTICE R M, et al. Multipolicy decision-making for autonomous driving via changepoint-based behavior prediction:theory and experiment[J]. Autonomous Robots,2017,41(6):1367-1382.
[23] LUO W, YANG B, URTASUN R.Fast and furious:real time end-to-end 3D detection, tracking and motion forecasting with a single convolutional net[C]//Proceedings of the Proceedings of the IEEE conference on Computer Vision and Pattern Recognition,Salt Lake City,2018:3569-3577.
[24] SHOPOVSKA I, JOVANOV L, PHILIPS W.Deep visible and thermal image fusion for enhanced pedestrian visibility[J]. Sensors (Basel Switzerland),2019,19(17):3727.
[25] DIAZ-ALVAREZ A, CLAVIJO M, JIMENEZ F,et al. Inferring the driver′s lane change intention through lidar-based environment analysis using convolutional neural networks[J]. Sensors,2021,21 (2):475.
[26] PATOLE S M, TORLAK M, WANG D,et al. Automotive radars: a review of signal processing techniques[J]. IEEE Signal Processing Magazine,2017,34(2):22-35.
[27] TESLA.Model S | Tesla[EB/OL].[2020-07-25].https://www.tesla.com/models.
[28] AUTONOMOUSTUFF.LiDAR Comparison Chart[EB/OL].[2020-07-19]. https://autonomoustuff.com/lidar-chart/.
[29] AUTONOMOUSTUFF.Radar Comparison Chart[EB/OL].[2020-07-19]. https://autonomoustuff.com/wp-content/uploads/2020/06/radar-comp-chart.pdf.
[30] VELODYNE LIDAR. Lidar Product Guide[EB/OL].[2020-09-18]. https://velodynelidar.com/downloads/.
[31] WAYMO. Lidar [EB/OL].[2020-09-12].https://waymo.com/lidar/.
[32] WAYMO.Introducing the 5th-generation Waymo driver[EB/OL].[2020-09-29].https://blog.waymo.com/2020/03/introducing-5th-generation-waymo-driver.html.
[33] RABLAU C.LIDAR:a new (self-driving) vehicle for introducing optics to broader engineering and non-engineering audiences[C]//Proceedings of the 15th Conference on Education and Training in Optics and Photonics,ETOP 2019.
[34] YUAN Y, ZHOU S.Analysis of ADAS application and scheme of 77G millimeter wave radar[J]. Automotive Digest,2020,3:15-23.

[35] WANG X, QIN D, CAFISO S, et al. Operational design domain of autonomous vehicles at skewed intersection[J]. Accident Analysis and Prevention, 2021, 159: 106241.

[36] A policy on geometric design of highways and streets[S]. Washington D.C.: American Association of State Highway and Transportation Officials, 2018.

[37] URMSON C. Driving beyond stopping distance constraints [C]//Proceedings of the IEEE/RSJ International Conference on Intelligent Robots and Systems, 2006.

[38] LI M, WANG Y, RAMANAN D. Towards streaming perception [M]//In Computer Vision-ECCV, 2020.

[39] MILANES V, VILLAGRA J, PEREZ J, et al. Low-speed longitudinal controllers for mass-produced cars: a comparative study[J]. IEEE Transactions on Industrial Electronics, 2012, 59(1): 620-628.

[40] YE X, WANG X, LIU S, et al. Feasibility study of highway alignment design controls for autonomous vehicles[J]. Accident Analysis and Prevention, 2021, 159: 106252.

[41] GATTIS J L, DUNCAN J. Geometric design for adequate operational preview of road ahead[J]. Transportation Research Record, 1995: 139-145.

[42] HASSAN Y, EASA S M. Modeling of required preview sight distance[J]. Journal of Transportation Engineering, 2000, 126(1): 13-20.

16 城市宏观交通安全分析

城市宏观交通安全分析立足于把握城市整体交通安全状况。宏观交通安全分析量化了社会经济、交通需求、路网属性等宏观因素对交通安全的影响，为长期交通规划提供决策支持。本章重点介绍城市宏观安全分析统计模型的建立过程、影响城市宏观交通安全的显著因素以及城市交通安全的演变特征。

16.1 城市交通安全研究现状

16.1.1 城市交通安全概况及演变特征

在快速城镇化、机动化的发展背景下，我国城市交通安全形势严峻：城市道路交通事故占事故总数的比例超过 40%，且呈逐年上升态势，至 2017 年占比已接近 50%[1]，成为现代化城市治理的一个难点。

我国城市交通事故死亡人数远超一些国际大城市，万车死亡率和十万人死亡率长期处于高位。以 2019 年为例，我国主要大城市的交通事故死亡人数和十万人死亡率均高于一些国际大城市，如图 16-1 所示。即使是交通安全现状看似较好的一线城市例如上海，其十万人死亡率依然远高于东京、纽约和伦敦。

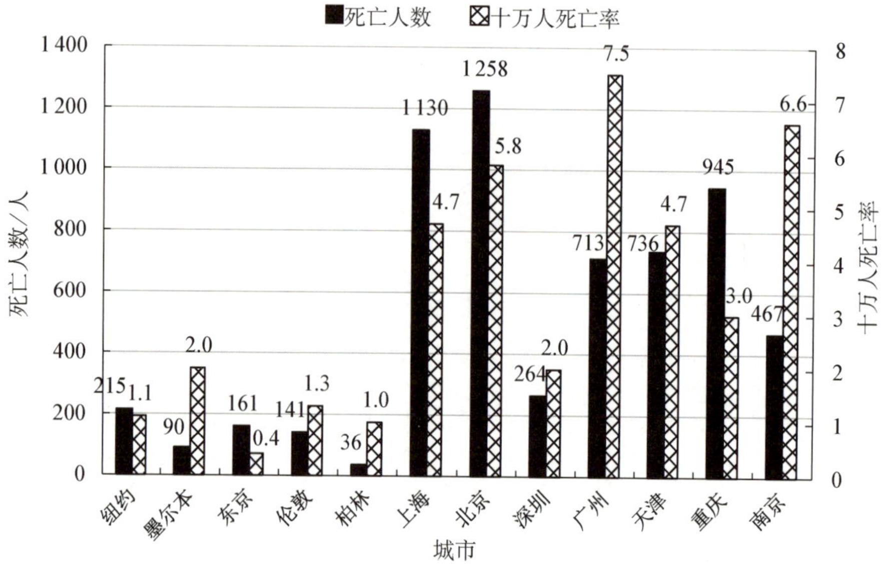

图 16-1 我国部分城市与国际先进城市交通安全状况对比(2019 年)

(注：统计数据来源于各个城市的统计年鉴和交通运输局等相关网站)

城市交通安全改善的系统性极强，区域的交通安全状况也独具特点。本章以上海市中心城区为例，分析事故随时间演变的特征。

上海以黄浦江为界将东西两大区域划分为浦东和浦西，浦西一般是指黄浦、徐汇、长宁、静安、普陀、虹口、杨浦等传统中心城区，浦东是指浦东新区。根据 2009 年和 2016 年上海市中心城区（浦西及浦东的外环高速以内部分）各个交通分析小区（TAZ）的交通事故频率，绘制事故空间分布，如图 16-2 和图 16-3 所示。随着时间的推移，区域的交通安全状况发生了变化：①从事故总数来看，浦东和浦西的交通安全状况在过去七年间有一定恶化，表现为中心城区内中、高事故频率的 TAZ 数量增加；②与 2009 年相比，2016 年浦西中、高事故频率的 TAZ 分布更加分散，且有向外蔓延的趋势；③浦东和浦西靠近外环线区域（连接上海市郊区）的交通状况有所恶化，特别是浦东的东部和南部地区，事故增加趋势明显。

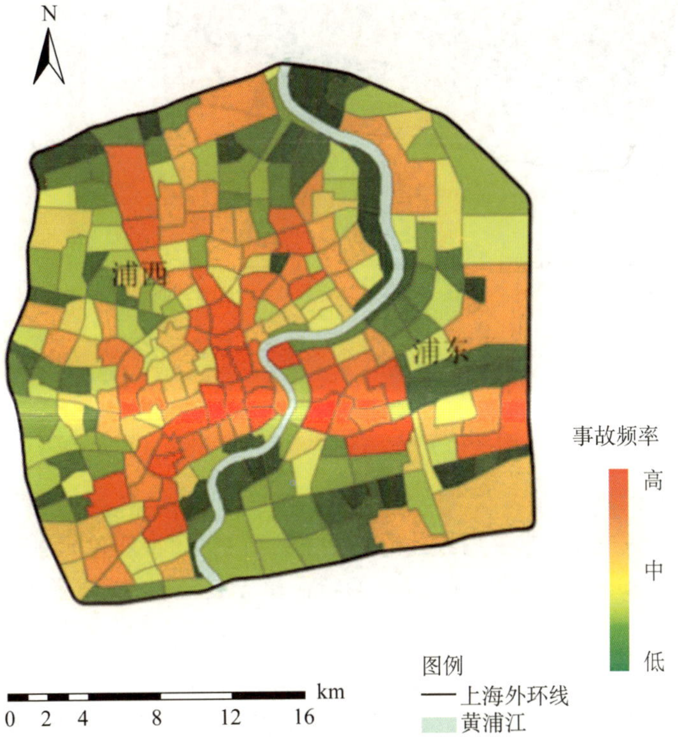

图 16-2　2009 年上海中心城区交通事故空间分布

宏观交通安全分析的核心目标是使城市交通更安全。不同于微观交通安全治理与改善，宏观交通安全改善并不关注具体路段、交叉口或者交通附属设施的安全性能，而是聚焦于交通规划、城市规划、交通发展政策与战略等更高维度，将交通安全纳入城市整体管理与可持续发展范畴。考虑到交通规划对交通系统的深刻影响以及城市交通系统一经形成便难以改变的不可逆性，亟待在规划阶段落实安全发展理念：在规划阶段重视交通安全，并结合区域经济、土地利用、交通运行、道路网络等多重因素探究事故发生机理，从而指导城市建立内在安全的交通系统。

因此，需要构建宏观交通安全模型，以把握城市的交通安全状况及变化。

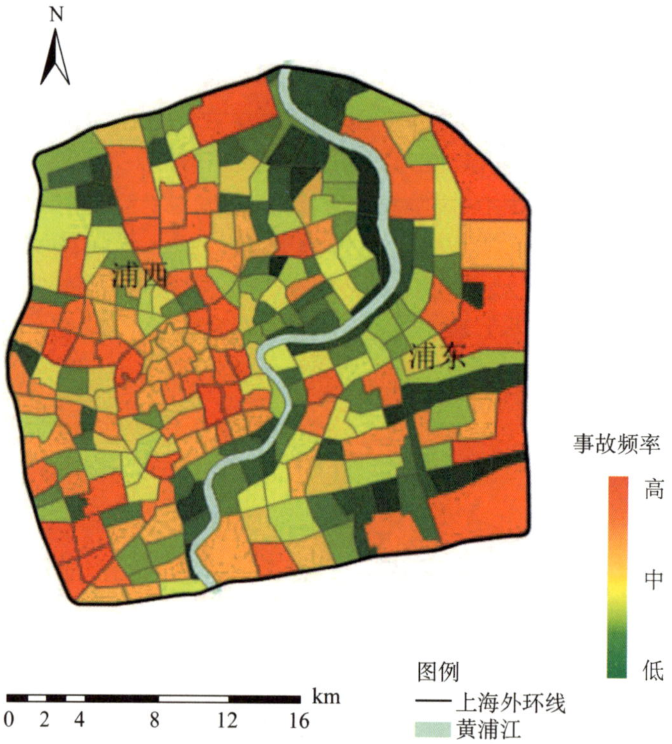

图 16-3 2016 年上海中心城区交通事故空间分布

16.1.2 宏观交通安全分析研究现状

1. 分析单元划分

在分析宏观交通安全时,常采用的分析单元主要有:交通特征单元、行政区划单元和人口普查单元等,如表 16-1 所列。其中,以交通特征单元,特别是交通分析小区(TAZ)的研究最为丰富。

表 16-1 宏观交通安全常见分析单元汇总

类别	分析单元
交通特征单元	交通分析小区(Traffic Analysis Zone, TAZ)、交通安全分析小区(Traffic Safety Analysis Zone, TSAZ)、交通小区(Traffic Zone)、交通分析区(Traffic Analysis District)等
行政区划单元	街道(Neighborhood)、社区(Community)、州(State)、县(County)、邮政编码单元(ZIP Code)等
人口普查单元	人口普查区(Census Tract, CT)、人口选区(Census Ward)、块组(Block Group, BG)、人口普查块组(Census Block Group)等
其他分析单元	网格结构单元(Grid Structure)、枚举区(Enumeration District)、地理单元(Geographic Units)、地方健康区(Local Health Areas)等

交通特征单元以道路网络、交通数据获取为基础，在该层面的宏观安全分析结果可以更好地融入交通规划及交通安全规划中。行政区划单元作为政府行政管理的基本单元，具有数据类型丰富、数据质量可靠等优势，而且在该类型单元层面进行宏观交通安全分析的结果可以更好地应用于事故多发区域的判别与改善。人口普查单元常见于国外的研究当中，这类单元具有获取人口数据方便的优势。考虑到区域特征及数据的可获取性等，其他分析单元如网络结构单元等也被纳入宏观交通安全研究中。

以上分析单元划分方法引发了地理学上的一个问题，就是可塑性面积单元问题(Modifiable Areal Unit Problem，MAUP)。当单元面积改变，利用单元分析得到的结果也就发生了相应变化[2]。它包括两个方面：尺度效应(scale effect)和划区效应(zoning effect)。尺度效应指当空间数据经聚合而改变其粒度或栅格细胞大小时，分析结果也随之变化的现象。划区效应指在同一粒度或聚合水平上由于不同的聚合方式(即划区方案)而引起的分析结果的变化。

为了在多元变量分析中评估 MAUP 问题，A. S. Fotheringham 和 D. Wong[3] 应用线性回归和 Logit 回归模型分析了街区组和人口调查小区模型的表现效果。结果发现，相比于双变量分析，在多元变量分析中，MAUP 问题的影响更无法评估，可能导致一种交通事故类型模型在某种分析单元可以很好拟合，但是在另一种分析单元却无法解释的问题。

M. Abdel-Aty 等[4]比较了交通分析小区、人口街区组和人口调查单元这三种分析单元对事故模型的影响。结果显示，相比于人口街区组和人口调查单元，交通分析小区内部属性同质性更高，并且基于交通分析小区的模型效果更好。

由于交通分析小区是交通研究的基础划分单元，可以获取区域内基本的道路网络特征、交通运行特征和社会经济特征，因而以交通分析小区为分析单元的宏观安全分析成为了研究热点。交通分析小区划分的两个重要优势是：①划分过程中保证了区域内土地类型和社会经济属性同质[5]；②可以与交通规划过程直接对接，许多交通研究相关的数据可以直接聚集在交通分析单元层面，例如交通出行产生量与吸引量。因此，以交通分析小区为基本单元的方法更为真实、有效。

当然，交通分析小区也存在不足之处，如：交通分析小区的划分并没有考虑区域内交通事故属性的一致性，且当交通分析小区的面积较小时，一些事故发生在边界道路上。因此，有学者提出要调整交通分析小区，建立交通安全分析小区。H. Huang 等[5]以 50 个小区为步长，重新划定了 Hillsborough 的分析小区，并以重伤事故、道路总长和总出行产生作为判定标准，结果表明，随着分区数量的增多，交通系统因素对交通安全的解释能力下降，但是模型的拟合效果却越来越好。

2. 建模策略

进行宏观交通安全分析时，需要明确研究对象，即所建立模型的因变量。现有研究所采用的建模策略主要分为传统建模策略和基于事故发生特征的建模策略。

1）传统建模策略

传统建模策略按事故的严重程度(如总体事故、死亡事故、受伤事故、仅财产损失事故)进行划分或按照出行方式(如机动车事故、非机动车事故、行人事故)进行划分。

X. Wang 等[6]基于交通分析小区，以上海市中心城区为研究对象，利用贝叶斯负二项条件自回归模型分析了总体事故的影响因素。W. Marshall[7]基于人口普查小区,以美国加利福尼亚州24个城市为研究对象,利用负二项模型分析了道路网结构对事故严重程度的影响。研究表明,在各个事故程度层面,路网结构与交通安全息息相关。

C. Siddiqui等[8]基于交通分析小区,分别研究了行人事故和非机动车事故与道路特征、社会经济特征和人口属性之间的关系。R. B. Noland等[9]基于人口街区组,利用贝叶斯分层模型,分析了收入水平对行人死亡事故和机动车死亡事故的影响。

2) 基于事故发生特征的建模策略

在研究过程中,结合事故发生特征,部分学者进一步优化建模策略。X. Wang等[10]发现超过75%的事故点到肇事者居住点的距离超过了分析单元直径,故认为这些事故并不发生在肇事者居住区域。基于此,提出了将事故分为主干道事故和次干道事故分别建模,如图16-4所示。结果发现,主干道事故与道路属性显著相关,而次干道事故与分析单元内部属性显著相关。

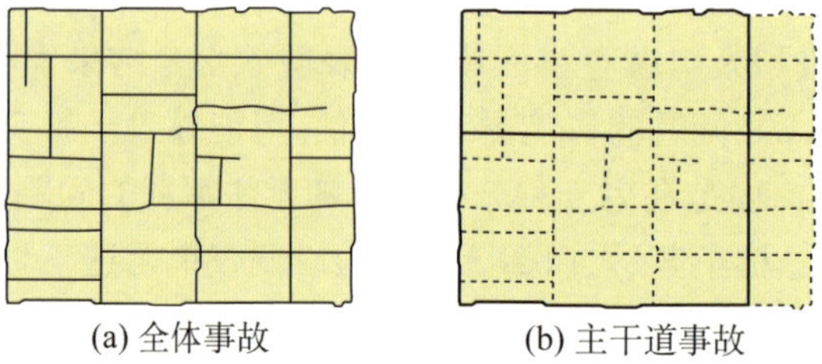

图16-4　建模策略——主干道及次干道事故[10]

C. Siddiqui和M. Abdel-Aty[11]发现有较多的事故发生在分析单元划分的边界上,他们认为边界上的事故受到周围区域的共同影响。于是,他们采用了将事故分为边界事故和非边界事故的建模策略,并且考虑了周围区域对边界事故的影响。结果发现,基于该建模策略的分层模型效果较好。

3. 建模方法

1) 广义线性模型

在早期的研究中,研究者们采用多元线性回归的方法统计分析事故数据。但是,鉴于事故数据具有随机性、非负性、离散型和非正态分布等特点,传统线性模型受自身假设限制,无法很好地模拟这些特征。为了处理类似数据分布非正态、方差不同、取值范围限定等问题,J. A. Nelder和R. W. M. Wedderburn于1972年提出广义线性模型(Generalized Linear Models,GLM)[12]。交通安全研究中常用泊松模型或负二项模型来拟合交通事故这类计数数据,这些模型都属于固定效应(fixed effect)模型,同时也属于固定参数(fixed parameter)模型。考虑到事故数据的方差远大于平均值,常表现出过度离散性(overdispersion),而这违背了泊松模型均值与方差相等的假设,因此,负二项模型便得到了更为广泛的应用[13]。

但是GLM模型的一个重要缺陷是没有考虑数据之间的空间自相关性(spatial dependence or autocorrelation)。相邻分析单元在人口、社会经济、区域活动,甚至交通安全水平方面均存在相似性,从而带来了空间相关影响[14]。不考虑数据的空间自相关性会导致模型估计和数据推断结果有偏。然而,将社会人口、经济和区域活动的空间分布作为建立模型的一个重要考虑因素,可提高模型的预测准确性[15]。N. Levine 等[16]基于人口统计单元,利用空间滞后模型分析了出行产生与机动车事故之间的空间关联,结果表明,建立安全模型需要考虑空间关联。因此,在建立模型之前,需要考虑变量是否存在空间自相关性。

2) 条件自回归模型

统计学家建立了一系列空间回归模型,以分析存在空间相关性的数据,条件自回归(CAR)模型便是这类模型中的代表。在 CAR 模型的回归方程中,通过引入具有高斯 CAR 先验的回归项来解释空间随机效应。

贝叶斯建模方法的 CAR 模型在道路交通安全分析中得到了广泛运用。相较于传统的频率学派,贝叶斯方法具有许多优点[17]:①能够有效地利用小样本数据进行模型校验;②能够灵活地调整模型并且方便计算;③可以将不同来源的数据进行整合作为先验分布;④对复杂数据具有较好的拟合性。基于贝叶斯方法的空间统计模型可以更好地考虑数据的空间相关性、分层性和模型的复杂性,研究人员开始倾向于使用贝叶斯方法进行空间分析[5,10,14,18]。

我国对事故安全分析模型的研究与应用比较少,且基本采用多元线性回归模型和传统的广义线性回归模型,只有少数学者在研究中考虑复杂情况(如数据的空间关联等问题)。王雪松等[19]、王雪松和宋洋[20]、黄合来等[21]建立了基于贝叶斯方法的泊松 CAR 模型,很好地拟合了复杂的数据结构。王雪松和宋洋[20]首次以上海市外环以内区域作为研究对象,建立了基于贝叶斯方法的负二项 CAR 模型,分析事故在交通分析小区层面的显著影响因素,为我国的宏观交通安全分析研究提供了示例。

3) 邻接矩阵

空间自相关性是建立宏观安全统计分析模型时不可遗漏的考虑因素之一,随之而来的问题是如何表征分析单元之间的空间自相关性。在 CAR 模型中利用邻接(权重)矩阵 $\boldsymbol{W}$ 来说明空间内任意两个空间分析单元之间的关系,邻接矩阵结构如式(16-1)所示。

$$\boldsymbol{W}=\begin{bmatrix}0 & \cdots & w_{1j}\\ \vdots & \ddots & \vdots\\ w_{i1} & \cdots & w_{ij}\end{bmatrix} \tag{16-1}$$

在现有研究中,宏观安全分析邻接矩阵主要有 0-1 邻接矩阵、边界长度矩阵、分析单元中心距离倒数矩阵、事故空间中心距离倒数矩阵等[22]。

其中,0-1 矩阵是最简单的权重矩阵形式,如果两个空间单元有共同边界,那么,w_{ij} 为 1,否则,w_{ij} 为 0。式(16-2)展示了 0-1 矩阵的结构形式。

$$\boldsymbol{W}=\begin{bmatrix}0 & 1 & 0 & 1\\ 1 & 0 & 1 & 0\\ 0 & 1 & 0 & 1\\ 1 & 0 & 1 & 0\end{bmatrix} \tag{16-2}$$

边界附近的事故会受到周围分析单元相关因素的影响,边界长度矩阵便是利用边界长度的长短在一定程度上表征两个分析单元之间的影响程度。其中,l_{ij} 为分区 i 和分区 j 之间的边界长度。式(16-3)展示了边界长度矩阵的结构形式。

$$\boldsymbol{W}=\begin{bmatrix}0 & 1/l_{12} & 1/l_{13} & 1/l_{14}\\ 1/l_{21} & 0 & 1/l_{23} & 1/l_{24}\\ 1/l_{31} & 1/l_{32} & 0 & 1/l_{34}\\ 1/l_{41} & 1/l_{42} & 1/l_{43} & 0\end{bmatrix} \tag{16-3}$$

0-1 矩阵和边界长度矩阵的一个共同的不足之处就是只考虑了相邻分析单元之间的关系,而没有考虑非相邻空间单元之间的空间关联。分析单元中心距离倒数矩阵则克服了这一不足。一般来说,两物体距离越近,相互影响就越强,距离倒数刚好可以反映这一关系,其中 d_{ij} 为分区 i 和分区 j 小区中心的距离。式(16-4)展示了分析单元中心距离倒数矩阵的结构形式。

$$\boldsymbol{W}=\begin{bmatrix}0 & 1/d_{12} & 1/d_{13} & 1/d_{14}\\ 1/d_{21} & 0 & 1/d_{23} & 1/d_{24}\\ 1/d_{31} & 1/d_{32} & 0 & 1/d_{34}\\ 1/d_{41} & 1/d_{42} & 1/d_{43} & 0\end{bmatrix} \tag{16-4}$$

还有一种距离相关的空间邻近结构,是用事故空间中心距离来表征分析单元之间的关系。事故空间中心反映了事故在空间上的集聚情况,比分析单元中心能够更好地反映事故分布,以及分析单元间的事故空间关联。因为每个分析单元事故点的 X 坐标和 Y 坐标都是独立的,因此可以分别计算 X 与 Y 的平均中心(mean center),从而得到一个区域的事故空间中心,其中,dd_{ij} 为分区 i 和分区 j 小区事故空间中心的距离。类似地,事故空间中心距离倒数矩阵的结构形式如式(16-5)所示。

$$\boldsymbol{W}=\begin{bmatrix}0 & 1/dd_{12} & 1/dd_{13} & 1/dd_{14}\\ 1/dd_{21} & 0 & 1/dd_{23} & 1/dd_{24}\\ 1/dd_{31} & 1/dd_{32} & 0 & 1/dd_{34}\\ 1/dd_{41} & 1/dd_{42} & 1/dd_{43} & 0\end{bmatrix} \tag{16-5}$$

16.2 基础数据采集及处理

本节使用 2009 年和 2016 年上海市中心城区相关数据进行宏观交通安全研究,所有数据均在交通分析小区(TAZ)水平上进行收集和处理。

1. 交通分析小区划分

上海市中心城区是指上海外环线内 645 km^2 的区域。该区域由 263 个 TAZ 组成,每个 TAZ 的内部交通模式和土地利用特征尽可能相似。所有的 TAZ 边界都被精确划定,以确保它们与行政管辖边界相容,如图 16-5 所示。需要指出的是,黄浦江、城市高架道路、高速公路和铁路不属于 TAZ 道路网络范围。

2. 自变量数据采集

城市区域宏观交通安全建模的自变量可划分为社会经济特征、土地利用特征、交通运行

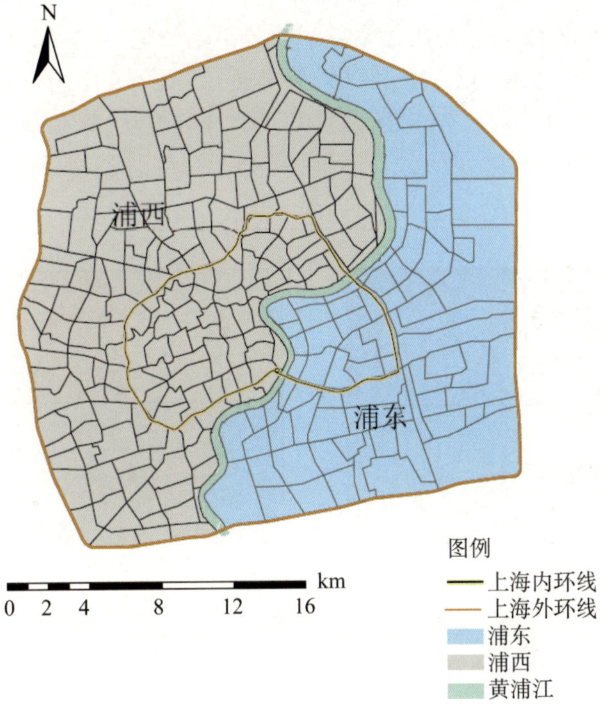

图 16-5 上海市中心城区 TAZ 划分示意

特征和道路网络特征。

1）社会经济

由于一些社会经济特征的调查数据难以获得，如收入水平和汽车保有量，因此仅将各个 TAZ 的人口总量这一指标纳入自变量中。

2）土地利用

土地利用数据包括土地利用强度和地理区位（浦东或者浦西）。其中，土地利用强度是由每个 TAZ 内建筑面积比（总建筑面积与土地面积的比值）和平均建筑密度来确定，分为低强度利用、中等强度利用和高强度利用三类。考虑到上海黄浦江两岸的房屋建成年份和土地利用模式差异较大，因此将交通分析小区所属的地理区位也纳入自变量中。

3）交通运行

交通运行特征包括汽车出行生成、车辆行驶公里数（Vehicle Kilometers of Travel, VKT）以及平均行驶速度。其中，车辆行驶公里数又可细分为客车行驶公里数（Car-VKT）和货车行驶公里数（Truck-VKT）。

4）道路网络

道路网络特征包括主干路总长度、次干路总长度、平均交叉口间距和路网密度。我们采集了上海市中心城区 1.3 万条共计 2 万 km 的地面道路矢量数据，使用 ArcGIS 10.4.1® 中的空间连接函数来划分、关联和聚合 263 个 TAZ 的道路属性。

需要指出的是，在道路网络数据融合的过程中，常会出现边界数据分配问题。由于道路是交通分析小区划分的主要依据之一，因此会产生边界线数据（路段）和点数据（交叉口）的分配问题。针对此问题，本节采用平均分配方法：TAZ 边界上的道路特征由相应的 TAZ 共享，其权重等于 TAZ 数量的倒数，即各个 TAZ 平均分配。例如，交叉口 A 由四个 TAZ 边界共享，则每个 TAZ 赋值 0.25，如图 16-6(a)所示；路段 CD 由三个 TAZ 边界共享，则每个 TAZ 赋值 0.333，如图 16-6(b)所示。基于这样的方法，利用 ArcGIS 10.4.1® 可以计算得到各个 TAZ 内的路网密度(TAZ 内所有类型道路的总长度除以其面积)以及所含的交叉口总数。

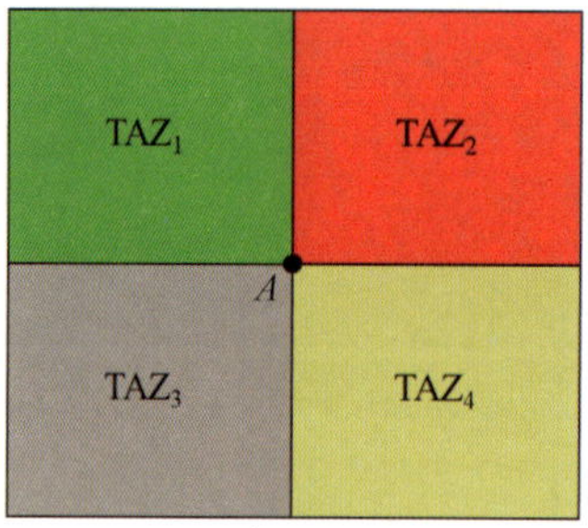

(a) 交叉口 A

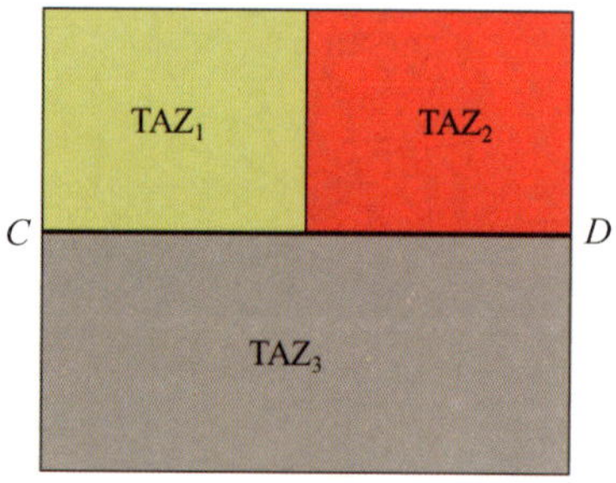

(b) 路段 CD

图 16-6 边界数据处理方式

3. 自变量处理与描述性统计

各个自变量之间如果存在共线性，会影响建模效果。利用 SPSS 24.0® 软件进行自变量的多重共线性诊断，判别的依据是方差膨胀因子(Variance Inflation Factor, VIF)。结果表明，除了汽车出行生成和出行吸引这两个变量之外，其他自变量的方差膨胀因子(VIF)均小于 10。因此，保留汽车出行生成作为自变量，剔除汽车出行吸引变量。由此，在尽可能保留影响城市安全变量的情况下，得到上海中心城区 263 个 TAZ 所有自变量，其描述性统计结果如表 16-2 所列。

表 16-2 城市区域宏观交通安全建模自变量描述性统计

连续型变量					
变量	时间	最小值	最大值	平均值	标准差
TAZ 面积/km^2	—	285	1 913	871	361
人口总量/千人	2009 年	1.040	132.440	42.690	24.260
	2016 年	1.092	149.155	45.100	25.886
汽车出行生成/千 pcu	2009 年	0.044	105.173	16.349	15.233
	2016 年	0.935	117.541	23.669	19.802
日客车行驶公里数/(千 pcu · km)	2009 年	0.400	640.945	180.720	137.482
	2016 年	1.069	1 538.893	245.461	141.480
日货车行驶公里数/(千 pcu · km)	2009 年	0	439.902	43.291	67.563
	2016 年	72	592.270	39.336	63.617

（续表）

连续型变量					
变量	时间	最小值	最大值	平均值	标准差
平均行驶速度/($km \cdot h^{-1}$)	2009 年	6.647	62.988	28.894	9.866
	2016 年	7.038	68.182	28.893	11.929
主干路总长度/km	2009 年	0.726	4.428	3.600	1.615
	2016 年	0.928	9.317	3.785	2.979
次干路总长度/km	2009 年	0.942	2.452	1.818	0.769
	2016 年	1.332	8.932	2.126	0.993
平均交叉口间距/km	2009 年	0.226	0.521	0.387	0.235
	2016 年	0.226	0.597	0.398	0.241
路网密度/($km \cdot km^{-2}$)	2009 年	0.473	53.726	6.961	6.926
	2016 年	0.491	59.234	7.170	7.173

离散型变量			
变量		2009 年比例	2016 年比例
土地利用强度	0:低强度	22.40%	14.80%
	1:中等强度	27.40%	29.40%
	2:高强度	50.20%	55.80%
地理区位	0:浦西	70.70%	70.70%
	1:浦东	29.30%	29.30%

4. 交通事故数据

本章采集了 2009 年和 2016 年发生在上海市中心城区的交通事故。通过 ArcGIS 10.4.1® 软件将所有事故数据的经纬度坐标精确定位到地图上，从而确定其所属的 TAZ。若事故位于 TAZ 边界处，则按照前述比例法分配事故数据。如果 TAZ 事故总数取值为非整数，则以四舍五入的方式取整。

16.3　宏观交通安全分析模型

为了改善城市交通安全，以及掌握交通安全的演变情况，有必要建立安全统计模型来分析安全影响因素。本节利用贝叶斯空间统计模型探究宏观交通安全显著影响因素，并探索如何结合最新数据进行交通安全模型更新。

16.3.1　宏观交通安全分析模型建立

开展宏观交通安全研究，通常需要考虑事故发生频数和区域基本特征之间的关系。然而，事故数据具有离散、非负、随机和非正态分布等特点，且还存在空间相关的特点，传统的线性回归模型受自身假设的限制，无法很好地拟合这类数据。贝叶斯负二项条件自回归模型则可以较好地处理空间相关问题。因此,本节采用贝叶斯条件自回归模型开展宏观安全分析。

1. 负二项条件自回归模型

负二项回归模型因其可以克服泊松分布均值等于方差的局限性,常被用于拟合交通事故数据。设 y_i 为第 i 个 TAZ 内的事故总数,以 y_i 为因变量的负二项模型如式(16-6)所示。

$$y_i \sim \text{Negbin}(\theta_i, \gamma) \tag{16-6}$$

式中 θ_i——y_i 的期望值;

γ——离散系数。

负二项回归模型所用的连接函数是 log 函数,将因变量 y_i 与各个解释变量相连接,如式(16-7)所示。

$$\log(\theta_i) = \psi_i = \boldsymbol{X}'\beta + \varepsilon_i + \varphi_i \tag{16-7}$$

式中 $\boldsymbol{X}'$—— 自变量协方差矩阵;

β——回归系数变量;

ε_i——随机效应项,服从 Gamma 分布;

φ_i——在贝叶斯框架下,作为可以解释空间相关性的空间效应项。

2. 邻接矩阵

贝叶斯条件自回归模型利用邻接(权重)矩阵 $\boldsymbol{W}$ 来表征任意两个空间分析单元的关系,采用距离倒数的矩阵作为邻接权重矩阵,其中,$w_{i,j}$ 如式(16-8)所示。

$$w_{i,j} = \begin{cases} \dfrac{1}{d_{i,j}}, & i \neq j \\ 0, & i = j \end{cases} \tag{16-8}$$

式中,$d_{i,j}$ 是 TAZ_i 和 TAZ_j 中心之间的距离。当 TAZ_i 和 TAZ_j 相邻时,二者空间权重为距离的倒数;当 TAZ_i 和 TAZ_j 不相邻时,二者权重为 0。

在贝叶斯条件自回归模型中,φ_i 的先验条件分布可由式(16-9)定义:

$$\varphi_i \mid \varphi_{(-i)} \sim N\left(\sum_j \frac{w_{j,i}}{w_{i+}}\varphi_j,\ \frac{1}{\tau_c w_{i+}}\right) \tag{16-9}$$

式中 $\varphi_{(-i)}$——除 φ_i 外所有 φ 的集合;

τ_c——精度系数;

w_{i+}——与 TAZ_i 相邻的 TAZ 的 $w_{i,j}$ 之和,即 $w_{i+} = \sum_{j=1}^{N} w_{i,j}$;

j——与 TAZ_i 相邻的 TAZ 集合。

3. 两阶段模型更新方法

本节利用两阶段模型更新方法对贝叶斯负二项条件自回归模型进行更新。两阶段模型更新方法是基于历史数据来确定贝叶斯信息先验,具体步骤如下:①第一阶段对所有参数执行一致的非信息性先验贝叶斯推理;②将第一阶段的结果作为先验信息,在第二阶段对所有参数执行信息性先验贝叶斯推理。在本节中,第一阶段是对 2009 年数据集开展非信息性先验贝叶斯推理,之后再将第一阶段的结果作为先验信息纳入第二阶段 2016 年数据集的推理过程中。

16.3.2 宏观交通安全分析结果

使用开源软件 WinBUGS 估计模型结果。WinBUGS 利用吉布斯取样法(Gibbs sampling)来完成贝叶斯模型的标定。一般地,贝叶斯方法可通过两条 MCMC 来完成。设定两条 MCMC 各进行 40 000 次迭代,并舍弃前 4 000 个不稳定的抽样样本。MCMC 的收敛性通过 R-3.4.1 中的 Brooks,Gelman 和 Rubin 收敛性诊断方法进行判别,其依据的标准由 B. J. Smith 提出,即如果估计值近似等于 1,则可认为样本来自平稳分布。检验结果表明,各个参数的估计结果均近似等于 1。因此,可认为两条 MCMC 链是收敛的。

模型估计结果如表 16-3 所列。所有变量及其先验均值和标准差均采用两阶段贝叶斯方法估计。贝叶斯置信区间如果不包含 0,则意味着这些参数在统计上是显著的。

表 16-3　　城市区域宏观交通安全建模结果

变量	贝叶斯负二项条件自回归模型(Bayesian CAR-NB model)					
	先验均值	先验标准差	后验均值	后验标准差	贝叶斯置信区间 BCI	
					2.5%	97.5%
截距项	4.660	0.342	2.458	0.384	1.6770	3.2720
人口总量	0.004	0.002	0.010	0.001	0.0070	0.0123
汽车出行生成	0.582	0.112	−0.004	0.002	−0.0079	−4.586E-04
日客车行驶公里数*	6.88E-04	2.94E-04	1.10E-04	0.09E-04	−4.28E-05	0.002
日货车行驶公里数	9.28E-04	6.22E-04	2.25E-04	0.10E-04	2.86E-05	0.003
平均行驶速度	−0.008	0.004	−0.006	0.003	−0.0111	−0.0004
主干路总长度	0.215	0.039	0.046	0.015	0.0185	0.0756
次干路总长度	0.547	0.091	0.023	0.008	0.0064	0.0394
平均交叉口间距	−1.600	0.488	−0.294	0.108	−0.500	−0.0758
路网密度*	0.008	0.005	0.012	0.013	−0.0135	0.0384
土地利用强度						
中等 vs.低*	0.101	0.107	−0.046	0.082	−0.2044	0.1133
高 vs.低*	0.0849	0.097	0.051	0.084	−0.1126	0.2187
地理区位						
浦东 vs.浦西	−0.165	0.075	−0.355	0.074	−0.4996	−0.208
CAR 效应	0.45	0.24	0.22	0.17	0.07	0.88
DIC 值	3 671.480		3 698.830		—	

注:* 表示在 95%,90%或 80%贝叶斯置信区间不显著。

16.3.3 宏观交通安全影响因素解析

1. 社会经济

人口总量对于区域事故发生的影响显著为正。这表明拥有更多人口的区域,发生交通事故的数量就越多。这可能是因为人口密集地区具有更多出行,交通交互作用更为强烈,从而增加了交通事故发生风险。

2. 土地利用

上海的浦东和浦西交通事故发生情况存在显著差异,2009 年浦东事故发生较浦西低 15.2%即($e^{-0.165}-1$);2016 年浦东事故发生较浦西低 29.9%即($e^{-0.355}-1$)。这一特点与所统计的两区域交通事故频数特征保持一致,如图 16-7 所示。这是由于上海浦东新区交通发展较快,道路设计相对也较完善,交通安全状况更为乐观。

土地利用强度在 95%,90%或 80%贝叶斯置信区间均不显著,如图 16-8 所示。这可能是因为不同土地利用类型的组合增加了交通事故发生的复杂性,不能单纯地判别特定土地利用强度的显著效果。

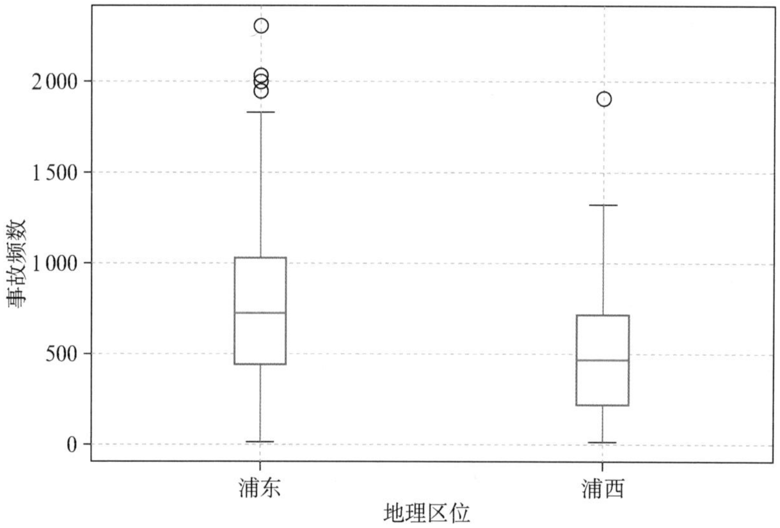

图 16-7　浦东与浦西事故频数箱线图(2016 年)

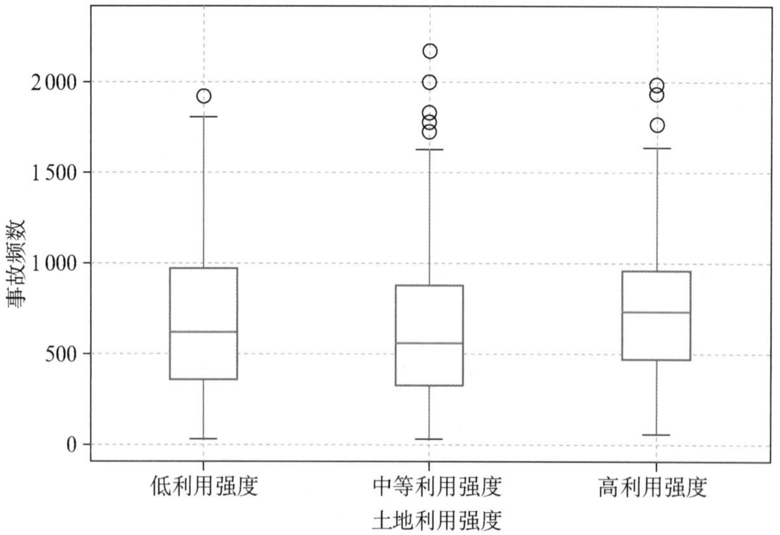

图 16-8　不同土地利用强度事故频数箱线图(2016 年)

3. 交通运行

交通运行特性对区域交通安全有着显著影响。在95%贝叶斯置信区间内,日货车行驶公里数、汽车出行生成与事故数量呈显著正相关关系。与人口总量类似,日货车行驶公里数、汽车出行量的增加加强了区域交通流的交汇作用,从而增加了暴露风险,这与其他研究的结果保持一致:车公里或车英里越大,交通事故越多,交通安全状况受到更多的不良影响[4,23]。

相比之下,平均行驶速度与事故总数呈负相关关系,表明平均行驶车速越高,事故风险越低。这可以解释为在拥堵缓慢的交通流中,车辆频繁停车与启动,并且有许多车辆变道切入(加塞),增加了事故风险。值得注意的是:在实际交通运行中,车辆间速度保持相对稳定即速度差较小,才能进一步降低事故风险。

与先验估计不同,日客车行驶公里数与事故总量之间没有显著的相关性。对此,可能的原因是受未观测到的异质性影响,一些 TAZ 的属性无法被全面洞察。

4. 道路网络

道路网络特征对区域交通安全也存在显著影响。

主干路总长度与事故总量显著正相关。在上海市中心城区,不断增加的城市主干路交通量和车道数增加了车辆之间的交互作用,由此对交通安全产生了不利影响。与主干路总长度相类似,次干路总长度也与区域交通事故的数量呈正相关,除了交通量增大这一原因,次干路是行人、自行车、电动自行车等慢行交通参与者聚集的道路,增加了机动车和慢行交通参与者之间发生冲突和事故的风险。X. Wang 等[24]也发现,随着分区内各类道路总长度的增加,事故数量正向增大。

除此之外,研究结果还发现,平均交叉口间距与区域事故总量呈负相关,可以解释为:交叉路口间距越小,驾驶人启停频繁,变道车辆的安全距离变得越小,由此导致车辆发生冲突或者事故的可能性增加。这与 X. Zhai 等[25]、M. Pljakic 等[26]的研究结果类似,他们均得到区域内交叉口密度越大、事故数越多的结论。

最后,模型结果表明 2009 年"路网密度与交通事故呈正相关",这是由于越密集的道路往往有更多的转向交通,交叉口区域容易发生更多的冲突。但 2016 年的模型结果显示,路网密度对事故发生没有显著影响,这可能是由于密集路网有利于交通组织,提供更多行驶路线,从而降低了事故风险。在高密度城市路网中,路网密度对事故发生的影响具有两面性,导致难以构建一个严格的定量关系式来进行分析。

16.4 事故多发区域判别

宏观交通安全分析模型的另一个重要应用是事故多发区域判别。本节利用安全可提高空间方法来判别 2009 年和 2016 年的事故多发区域,并将两个年份的交通安全状况进行综合比较,以确定上海市中心城区交通安全重点管理区域。

16.4.1 安全可提高空间

安全可提高空间(Potential for Safety Improvements, PSI)的定义为:某区域交通事故数与

类似区域事故期望值之间的差值。“研究区域事故预测值”及“类似区域事故期望值”是根据特定的交通安全分析模型预测得到的，本节则根据贝叶斯负二项条件自回归模型预测获得；将“研究区域事故预测值”与“类似区域事故期望值”作差，就可以确定一个地点或区域的 *PSI*。

PSI 大于 0，表明研究区域的事故数多于类似区域平均事故数，即该区域危险程度较高；*PSI* 小于 0，表明研究区域的事故数少于类似地点平均事故数，即该区域的安全程度相对较高。当然，也存在 *PSI* 恰好等于 0 的情况，此时研究区域的交通安全处于平均水平。

16.4.2 事故多发区域判别结果

根据建立的贝叶斯负二项条件自回归模型，计算上海市中心城区 263 个交通分析小区的 *PSI*。根据 *PSI* 的数值可将所有区域分为三类：热区（Hot Zone）、暖区（Warm Zone）和冷区（Cold Zone）。其中，热区指 *PSI* 为正值，且数值排在前 30%的区域；暖区指 *PSI* 为正值且除去排在前 30%以外的其他区域；冷区指 *PSI* 为负值的区域。为了简化表述，下文将这三类区域分别写作“H 区”、“W 区”和“C 区”。

1. 2009 年事故多发区域判别结果

2009 年，上海市中心城区事故多发区域判别结果如图 16-9 所示。由此得到 2009 年上海市中心城区交通事故发生的特点：①H 区、W 区、C 区各分区之间呈现相间的分布态势；②局部 H 区、W 区各分区之内有着空间相关性（例如，一个区域是 H 区，其相邻的几个区域也是 H 区）；③浦西的 H 区相对于浦东的 H 区分布更为分散，浦东的 H 区主要集中在中南部，而浦西的四个方位均有 H 区；④浦东 H 区的比例为 14.8%（12/81），略高于浦西 H 区的比例 13.7%（25/182），但总体上，二者 H 区的分布情况差异不大。

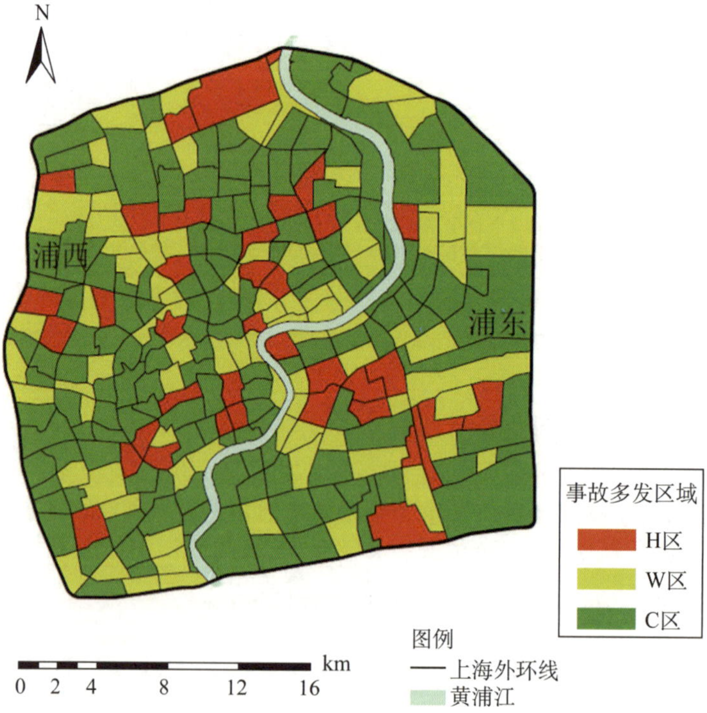

图 16-9 上海市中心城区事故多发区域判别结果（2009 年）

2. 2016 年事故多发区域判别结果

2016 年上海市中心城区事故多发区域判别结果如图 16-10 所示。由此得到 2016 年上海市中心城区交通事故发生的特点:①浦西的 H 区、W 区各分区之内有着较强的空间相关性,尤其是 H 区呈现出局部连绵态势;②浦西位于外环沿线的 H 区分布较多,且大多位于中部和西部;③浦东 H 区的比例为 4.9%(4/81),明显低于浦西 H 区的比例 18.1%(33/182),黄浦江两岸的 H 区分布存在较大差异。

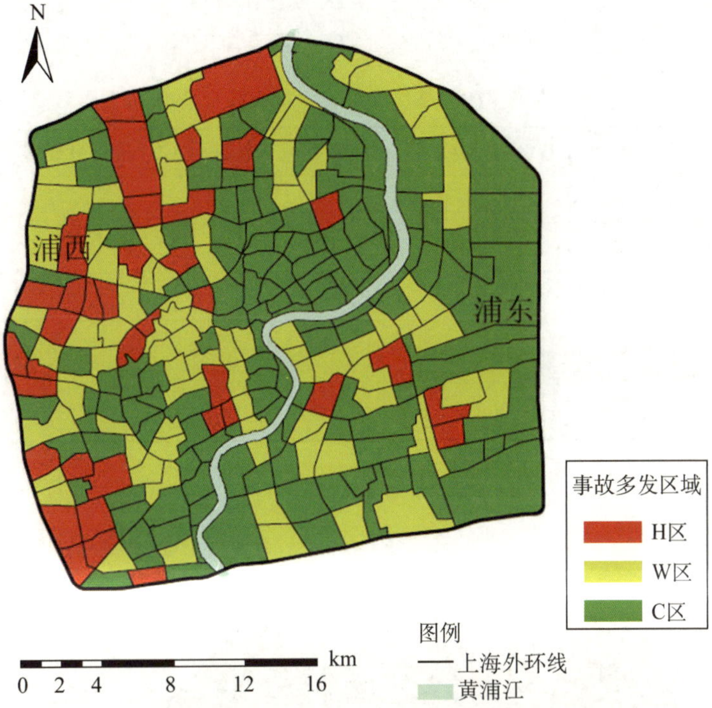

图 16-10　上海市中心城区事故多发区域判别结果(2016 年)

3. 2009 年与 2016 年判别结果对比

将两个年份的事故多发区域判别结果进行对比,可以得到上海市中心城区事故多发空间变化特征:①浦西的 H 区向城市外围蔓延,由 2009 年的分散分布发展成一定的集中连绵态势;②浦西中、西部有较多的 C 区转变成 W 区;③浦东的 H 区整体减少,交通安全状况较 2009 年有了明显改善。

分析上述变化特征,主要考虑两个原因:①从 2009 年到 2016 年,上海市社会经济不断发展,中心城区人口已基本饱和,大量居民向外迁移,城市经济活动的影响范围呈现放射性拓展的变化形态,致使外围城郊地区的交通出行活动更加活跃,暴露风险显著变大;②以 2010 年上海世博会为契机,浦东地区开发开放程度继续深化,人口分布渐趋平衡,土地利用布局持续完善,道路交通网络不断优化,由此导致因交通活动产生的事故风险有所下降。

16.4.3　区域交通安全状况演变分析

本节综合 2009 年和 2016 年两个年份的事故多发区域判别结果,分析上海市中心城区各个交通分析小区的交通安全状况。采取“改善型-稳定型-恶化型，2009 年结果在前，2016 年结果在后”的分析策略，将 263 个 TAZ 分为 9 个类型：“HC 区”“WC 区”“HW 区”“CC 区”“WW 区”“HH 区”“CW 区”“WH 区”“CH 区”。以“HC 区”为例，2009 年为事故热区，2016 年变为事故冷区，即交通安全状况在前后两个年份得到较大幅度的改善。其他类型区域所代表的含义此处不再赘述。

上海市交通安全状况综合分析结果如表 16-4 所列。超过一半的交通分析小区的安全状况保持稳定。然而，近 30%的小区交通安全状况恶化，同时，安全状况恶化小区约是安全状况改善小区数量的 2 倍，这表明上海市中心城区的总体安全状况呈现出一定的恶化态势。

表 16-4　上海市中心城区交通安全状况综合分析

类型	HC 区	WC 区	HW 区	CC 区	WW 区	HH 区	CW 区	WH 区	CH 区	合计
个数	11	10	19	90	42	13	41	7	30	263
比例	4.2%	3.8%	7.2%	34.2%	16.0%	4.9%	15.6%	2.7%	11.4%	100%
态势	改善型			稳定型			恶化型			—

改善型——2016 年交通安全状况较 2009 年有所改善，共计 40 个 TAZ，占比 15.2%；
稳定型——两个年份安全状况未发生显著变化，共计 145 个 TAZ，占比 55.1%；
恶化型——2016 年交通安全状况较 2009 年有所恶化，共计 78 个 TAZ，占比 29.7%。

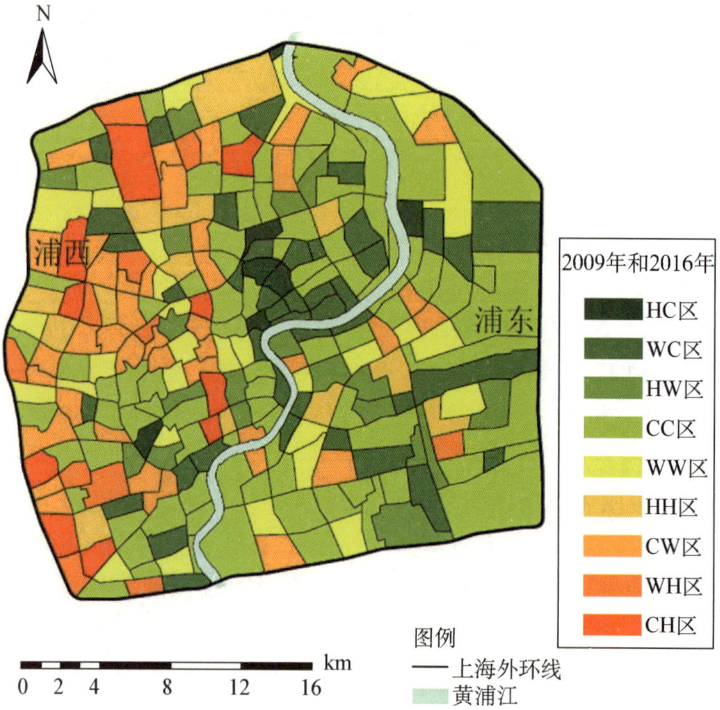

图 16-11　事故多发区域综合判别结果(2009 年和 2016 年)

事故多发区域综合判别结果如图 16-11 所示，9 种类型的 TAZ 的空间分布特征如下：①CW 区、WH 区和 CH 区这三种恶化区域的分布具有空间相关性，大多都有局部聚集的特点，其中，显著恶化区域（CH 区）基本都位于浦西；②浦西的北部、中西部和西南部，以及浦东的中部交通安全表现为总体恶化；③中心城区中央活动区交通安全改善明显，浦东的东部和南部改善也较为明显。

针对 2009 年和 2016 年宏观交通安全分析结果，上海市交通安全管理部门可以及时洞察城市的交通安全态势，通过进一步梳理交通安全恶化区域的路网结构、跨级衔接、道路设计缺陷等方面的问题，排查安全恶化区域的事故风险与安全隐患；同时，进一步总结安全改善区域的有利经验，从而提出快速、有效的优化方案，迅速提升区域交通安全水平。

参考文献

[1] World Health Organization. Global status report on road safety 2018 [R]. Geneva: World Health Organization, 2018.

[2] OPENSHAW S. Ecological fallacies and the analysis of areal census data [J]. Environment and Planning A, 1984, 16(1): 17-31.

[3] FOTHERINGHAM A S, WONG D. The modifiable areal unit problem in multivariate statistical analysis[J]. Environment and Planning A, 1991, 23 (1): 1025-1044.

[4] ABDEL-ATY M, LEE J, SIDDIQUI C. Geographical unit based analysis in the context of transportation safety planning[J]. Transportation Research Part A: Policy and Practice, 2013, 49: 62-75.

[5] HUANG H, XU P, ABDEL-ATY M. Transportation safety planning: a spatial analysis approach[C]// Proceedings of the 92nd Annual Meeting of the Transportation Research Board. Washington, D.C.: National Research Council, 2013.

[6] WANG X, ZHOU Q, YANG J, et al. Macro-level traffic safety analysis in Shanghai, China [J]. Accident Analysis and Prevention, 2019, 125: 249-256.

[7] MARSHALL W, GARRICK N W. Does street network design affect traffic safety? [J] Accident Analysis and Prevention, 2011, 43(3): 769-781.

[8] SIDDIQUI C, ABDEL-ATY M, CHOI K. Macroscopic spatial analysis of pedestrian and bicycle crashes [J]. Accident Analysis and Prevention, 2012, 45: 382-391.

[9] NOLAND R B, KLEIN N J, TULACH N K. Do lower income areas have more pedestrian casualties? [J] Accident Analysis and Prevention, 2013, 59: 337-345.

[10] WANG X, JIN Y, ABDEL-ATY M, et al. Macrolevel model development for safety assessment of road network structures [J]. Transportation Research Record: Journal of the Transportation Research Board, 2012, 2280(1): 100-109.

[11] SIDDIQUI C, ABDEL-ATY M. Nature of modeling boundary pedestrian crashes at zones [J]. Transportation Research Record: Journal of the Transportation Research Board, 2012, 2299 (1): 31-40.

[12] NELDER J A, WEDDERBURN R W M. Generalied Linear Model[J]. Journal of the Royal Statistical Society A, 1972, 135: 370-384.

[13] PIRDAVANI A, BRIJS T, BELLEMANS T, et al. Evaluating the road safety effects of a fuel cost

increase measure by means of zonal crash prediction modeling[J]. Accident Analysis and Prevention, 2013,50:186-195.

[14] MACNAB Y C.Bayesian spatial and ecological models for small-area accident and injury analysis[J]. Accident Analysis and Prevention,2004,36(6):1019-1028.

[15] DONG N, HUANG H, XU P, et al. Evaluating spatial proximity structures in TAZ-level crash prediction models[J]. Transportation Research Record:Journal of the Transportation Research Board, 2014,2432(1):46-52.

[16] LEVINE N, KIM K E, NITZ L H. Spatial analysis of Honolulu motor vehicle crashes: II. zonal generators[J]. Accident Analysis and Prevention,1995,27 (5):675-685.

[17] MOORE J A, JOHNSON J M. Transportation, land use and sustainability[R]. Publication Florida Center for Community Design and Research,1994.

[18] QUDDUS M A. Modelling area-wide count outcomes with spatial correlation and heterogeneity: an analysis of London crash data[J]. Accident Analysis and Prevention,2008,40(4): 1486-1497.

[19] 王雪松，吴杏微，金昱.宏观交通安全建模研究与安全影响因素分析[J].同济大学学报(自然科学版)，2012,40(11):1627-1633.

[20] 王雪松，宋洋.基于条件自回归模型的城市宏观安全分析[J].同济大学学报(自然科学版)，2014,42(8):1176-1180.

[21] 黄合来，邓雪，许鹏鹏.考虑空间自相关的贝叶斯事故预测模型[J].同济大学学报(自然科学版)，2013,41(9):1378-1383.

[22] 王雪松，杨俊广，杨筱菡，等.考虑空间相关性的行人宏观安全研究[J].中国公路学报，2018,31 (5):136-142.

[23] LEE J, ABDEL-ATY M, JIANG X.Development of zone system for macro-level traffic safety analysis [J]. Journal of Transport Geography, 2014,38:13-21.

[24] WANG X, YANG J, LEE C, et al. Macro-level safety analysis of pedestrian crashes in Shanghai, China[J]. Accident Analysis and Prevention,2016,96:12-21.

[25] ZHAI X, HUANG H, XU P, et al. The influence of zonal configurations on macro-level crash modeling[J]. Transportmetrica A:Transport Science,2019,15(2):417-434.

[26] PLJAKIC M, JOVANOVIC D, MATOVIC, B.Macro-level accident modeling in Novi Sad: A spatial regression approach[J]. Accident Analysis and Prevention,2019,132:105259.

17 城市交通安全管理规划

城市交通安全管理规划是推进城市交通安全系统改善的纲领性文件，其旨在宏观层面分析道路交通安全管理现状，找出交通运行存在的问题，以及交通安全面临的挑战。同时，根据未来 5～10 年或更长一段时间城市的发展情况，城市交通安全管理规划提出交通安全管理的目标、实施途径及相应措施，为城市总体规划和道路交通安全战略规划等文件的编制提供技术支持。

17.1 城市交通安全管理规划编制方法

城市交通安全管理规划运用多部门联合调研调查、定量定性综合分析、国际经验类比分析等方法开展，其内容包括城市道路交通安全问题解析、发展目标及改善对策研究。城市交通安全管理规划编制方法如图 17-1 所示。

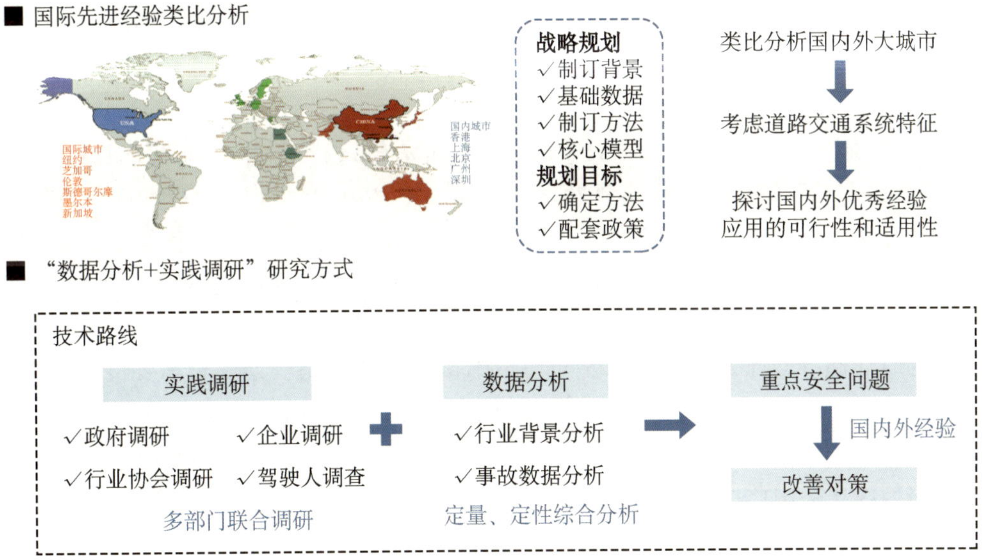

图 17-1 交通安全管理规划编制方法

1. 多部门调研调查，明确现状问题

结合对城市整体道路交通安全情况的了解，通过设计调查问卷、调查提纲，从而对涉及的各个管理部门开展调研，以了解各部门的运营特点和问题，明确城市道路交通安全存在的主要问题，并听取各方意见和建议。

2. 定性结合定量的综合分析

基于城市道路交通事故数据特征，定量分析道路交通安全状况，明确城市定位，预测其经济和交通安全发展趋势。对该城市交通体系中涉及事故及相关特征指标进行定量分析，科学制订未来综合交通及安全运营管理的定量目标。同时，结合部门调研、实地调查，以及交通部门的意见和建议，定性分析道路交通各方面存在的安全问题和特征，明确安全改善对策和实施计划。

3. 国内外大都市经验分析类比

通过收集国内外发达城市的道路交通安全管理研究成果和政策，重点分析和研究其战略规划的制定背景、基础数据、制定方法、核心模型、规划目标的确定方法和配套政策以及实施效果，总结相关经验教训。通过相关数据的类比分析，同时考虑该城市道路交通系统的特征，从而探讨先进管理经验本地化应用的可行性和适用性。

17.2 城市道路交通安全管理经验总结

本节将分别介绍美国纽约、英国伦敦、澳大利亚墨尔本、新加坡、中国香港等城市的交通安全改善经验，以期为我国城市交通安全战略布局、政策制定以及管理优化提供有益参考。

17.2.1 美国纽约

纽约是全美交通事故死亡率最低的城市。自 2014 年践行“零死亡愿景”(Vision Zero)以来，纽约的交通事故总死亡人数下降了 28%，年均降幅 8%；行人死亡人数更是下降了 45%。相比之下，纽约的交通安全状况显著优于美国同期水平及其他同类城市[1]。

1. 战略先行，持续跟进

纽约《零死亡愿景行动计划》(*Vision Zero Action Plan*)[2]于 2014 年发布，致力于构筑零伤亡的城市交通环境。《战略计划 2016》(*Strategic Plan* 2016)[1]是纽约市政府发布的交通发展指导文件，将安全、绿色、智慧、公平作为交通发展目标。其中，安全作为首要目标，意味着保护行人、自行车骑行者以及驾驶人等各类道路使用者的生命是纽约交通发展的头等大事。

纽约的交通行动计划与安全战略同时强调，改善城市道路交通安全需要良好的街道设计和工程建设，强化交通执法，加强交通安全教育，以鼓励机动车驾驶人、自行车骑行者和行人做出更安全的选择。纽约交通局定期跟踪目标完成情况，评估各项措施的实施效果，以便进行调整与优化。由此可见，交通安全改善是一个不断反馈、连续规划的过程。

2. 崇尚慢行，项目专列

纽约重视街道可持续发展，提出完整街道理念(Complete Streets)，尤其关注步行和自行车等慢行交通安全。2013 年，纽约发布了《可持续街道：2013 及未来》(*Sustainable Streets*: 2013 *and Beyond*)[3]，交通安全作为首要任务贯穿其中。该报告提出了城市道路安全改善措施，包括事故多发地点改造、交通稳静化、年长者安全街道、自行车道网络、上下学安全路径、学校慢行区、住宅慢行区、公共宣传与安全教育等。

为了配合可持续发展，纽约于 2010 年和 2017 年分别发布了《行人安全专项行动计划》

(*The New York City Pedestrian Safety Study & Action Plan*)和《自行车安全专项行动计划》(*Safer Cycle: Bicycle Ridership and Safety*)。纽约计划2030年的行人交通事故死亡人数在2007年的基础上减少50%。同时,通过跨部门协调与合作,构建工程(Engineering)、教育(Education)、执法(Enforcement)、评估(Evaluation)和紧急救援(Emergency Medical Care)的"5E"改善体系,纽约正在努力打造成为全美步行和自行车先进城市。

3. 优化设计,完善脉络

纽约致力于探索"理念-方法-导则-手册"的街道设计研究之路,以形成完整、科学、高效、可推广的城市道路设计方法,如图17-2所示。2013年,纽约发布了《塑造更安全街道》(*Making Safer Streets*)[4]研究报告,主要介绍纽约如何运用创新方法提升街道设计的安全性。基于2006—2013年的事故数据,通过前后对比,从而探索、改进以及验证街道设计的安全方法。这一分析是美国主要城市乃至全球各大城市首次对道路工程安全效果进行的大规模审查,案例丰富,指标翔实,是街道安全设计方法的智慧精华。

2015年,纽约交通局第二版《街道设计手册》(*Street Design Manual*)[5],强调保障弱势群体(儿童、老年人、残疾人)和弱势道路使用者(行人、非机动车骑行者)的安全。该手册要求尽可能地降低城市道路运行车速,以减少事故数量;同时,要研究、测试和评估创新的安全设计方法,特别是其他城市成功实施的方法。

在各类文件出台的过程中,纽约十分重视公众参与。纽约市政府认为,广泛开展的公众对话能够有效减少危险行为,提高公众对街道安全的期望。来自纽约州交通部、警察局、出租车与豪华轿车委员会、健康与精神卫生部以及市政厅等部门的工作人员会定期与广大市民在全市范围内举办包括"零死亡愿景"和"完整街道"等议题在内的研讨会议,加强公众参与度。

图17-2 纽约街道设计优化四步骤

17.2.2 英国伦敦

近十余年,伦敦的道路交通安全得到了极大改善,事故总数、死亡及重伤人数均有显著减少:2016年交通事故死亡、严重受伤人数在2005—2009年的基准上下降了31%,道路交通事故死亡人数创历史新低,汽车事故死亡率相较2015年减少了一半;伦敦十万人口交通事故死亡与重伤率仅为28.5,比英国全国平均水平(40.1)少了近30%[6]。

1. 健康街道,安全愿景

2018年3月,伦敦发布了《市长交通战略》(*Mayor's Transport Strategy*)[7],立足"健

康街道”,统筹伦敦未来 24 年的交通发展,提出要在 2041 年前将伦敦打造成一个“街道有活力、交通有效率、空间有魅力”的国际性宜居城市,实现 2041 年城市绿色出行比例(步行、自行车和公共交通)达到 80%的目标。“健康街道”理念贯穿于伦敦街道环境、道路网络、交通方式选择、公共交通、职住均衡等各方面。

针对伦敦未来的交通发展方向,《市长交通战略》(*Mayor's Transport Strategy*)提出要降低机动车交通的主导地位,改善伦敦中心区的步行和骑行环境,使慢行交通出行成为一种城市文化。关于安全改善目标,《市长交通战略》指出,到 2030 年实现公交车相关事故“零死亡”;到 2041 年,完全消除伦敦道路交通死亡和严重伤害事故。

2. 双管齐下,差异策略

伦敦历来重视以问题导向的交通安全提升。长期以来,英国交通运输部与伦敦警察厅定期发布完整系统的交通事故数据及相关报告,为交通安全态势分析及重点问题、重点管理区域分析提供支持;伦敦交通局每年发布《伦敦出行》(*Travel in London*)报告[8],为利益相关者和政策制定者提供上一年度的伦敦交通全貌与出行基础数据,通过反思既有问题,提出针对性的改善措施。

近年来,伦敦更加注重以目标导向进行交通安全管理与改善。伦敦计划到 2024 年打造成安全的“步行之城”,每天步行出行人次增加 100 多万,小学生步行上下学的比例增加 4%。同时,伦敦也致力于打造安全的“自行车之城”,不断改善自行车网络基础设施,至 2016 年底,伦敦已建成总长度超过 100 km 的自行车高速路(superhighway)和宁静路(quietway)网络。到 2041 年,伦敦将有 70%的居民生活在高质量的自行车网络 400 m 覆盖范围内[8]。

为此,伦敦针对中心城区、内伦敦地区和外伦敦地区采取差异化改善措施:中心城区逐步减少汽车使用,不断优化绿色交通出行环境,增加步行、自行车和公共交通出行比例;内伦敦地区通过轨道交通和微型公交服务减少对汽车的依赖,同时依托密集的混合土地开发项目使居民在步行距离内获得各类服务;外伦敦地区不断改善步行和自行车出行环境,使步行或自行车出行成为可能,鼓励主动、高效、可持续的交通模式[9],如图 17-3 所示。

(a) 中心城区　　(b) 内伦敦地区　　(c) 外伦敦地区

图 17-3　伦敦地区差异化交通安全改善[9]

3. 创新实践,综合改善

通过及时论证、反思及改进交通安全管理与改善措施,伦敦交通局与警察厅以减少道路危险为重点,开展涉及各个层面的交通安全研究,包括车速管控、街道设计、车辆改进、驾驶行为管理、事故后处理等五大方面,以确保各项安全措施落地见效。

在车速管控方面，伦敦早在1991年就提出20 mile(1 mile=1 609.344 m)慢行区计划(20-mph Zones)。2018年伦敦《零死亡愿景行动计划》(*Vision Zero Action Plan*)提出，确保拥挤收费区内的主要道路网在2020年5月之前全部实现20 mile/h的限速目标，至2024年将有近三分之一的全域主要道路网限速降至20 mile/h[6]。

在街道设计方面，伦敦2018年计划未来5年投入5 400万英镑来改善隐患交叉口以及更新和改进步行、骑行设施，以创设更舒适的慢行交通环境，为公交换乘提供更安全、简单、便捷的体验[6]。同时，伦敦将开展健康街道审查行动，彻底清除隐患；更新完善街道设计导则，同时定期监测、调整改善计划的完成。

在车辆改进方面，伦敦通过与公共汽车运营商和制造商合作，设计更安全的公共汽车以及制定世界领先的公共汽车安全标准。伦敦于2015年启动"安全货车计划"，对货运车辆进行优化：加装反射镜与盲区摄像头；安装接近传感器；安装左、右侧面防护装置；增加左转弯报警和车辆后侧显眼的警示标志。

在驾驶行为方面，伦敦利用执法和宣传教育手段提升驾驶行为安全。从2018年开始，调集2 000名警力在三方面加强道路安全执法：一是集中打击与整治高危驾驶行为；二是警力资源优化配置，确保重点问题和重点区域有所改善；三是增大路边警务和执法行动的覆盖范围和可见度，提升威慑效应。

在紧急后处理方面，伦敦警察厅和紧急服务机构在事故发生后迅速开展抢救响应，对死亡和严重受伤现场采用最高技术标准进行勘察，以确保事故证据得以妥善收集和保存。伦敦多部门协作改善交通事故受害者的救治和相关司法程序；严格管制满分驾驶人和交通肇事者的驾照发放；2016年，成立了事故救助希望热线(Sarah Hope Line)，为遭受事故严重影响或重大变故群体提供保密、全面的帮助和支持。

17.2.3 澳大利亚墨尔本

2017年，澳大利亚的道路交通事故十万人死亡率为5.6，墨尔本所在的维多利亚州为4.4，而墨尔本的这一数字仅为2.2。自2013年以来，墨尔本开始实施《道路安全计划2013—2017》(*Road Safety Plan* 2013—2017)，道路交通总死亡人数下降了60%，年均降幅12%[10]，安全状况显著优于澳大利亚其他城市。

1. 安全先行，有效监督

墨尔本在2012年发布了《交通运输战略2012》(*Transport Strategy* 2012)[11]，旨在实现安全、一体化、可持续的交通发展目标。该战略是墨尔本发展交通系统的首要政策，通过整合交通和土地利用规划，完善城市路网，实现所有道路使用者都能"安全、轻松移动"的目标。

作为《交通运输战略2012》的延续和扩展，墨尔本于2013年发布了《道路安全计划2013—2017》(*Road Safety Plan* 2013—2017)[12]，进一步明确了道路安全问题及其改善对策。其中，安全改善对策包括：呼吁机动车驾驶人更多地关注行人和自行车骑行者的安全；加强执法与安全教育，改进不同交通参与者之间的关系。墨尔本为此成立了督导委员会，成员主要由政府机构工作者及步行、骑行爱好者组成。所有成员将提供策略性指引，以保证计划的顺利进行。

2. 互联城市，永续发展

2010 年，墨尔本在《市政战略宣言 2010》(*Municipal Strategic Statement* 2010)[13]中首次提出了“互联城市”(a connected city)的发展愿景。2012 年，在《交通运输战略》(*Transport Strategy* 2012)[11]中再次明确了“打造互联城市”(making Melbourne a connected city)的战略计划，从道路设施与信息化建设两方面推动“互联城市”建设。

墨尔本在 2014 年、2015 年、2016 年连续三年分别提出了《步行计划 2014—2017 年》(*Walking Plan* 2014—2017)[14]，《摩托车计划 2015—2018 年》(*Motorcycle Plan* 2015—2018)[15]和《墨尔本市自行车计划 2016—2020 年》(*City of Melbourne Bicycle Plan* 2016—2020)[16]，如图 17-4 所示。通过配合“互联城市”愿景，墨尔本积极完善城市路网，以提高步行和自行车的吸引力、安全性。

值得一提的是，不同于一些国家对摩托车采取压制和禁行措施，墨尔本提出的《摩托车计划 2015—2018》对摩托车出行的态度十分包容，认为摩托车是一种节省空间、方便和低成本的交通方式。通过在市中心区增设免费摩托车停车场以及加强摩托车驾驶人的培训等方式来提升摩托车的安全性和吸引力，将摩托车更好地整合到墨尔本交通系统中。

(a) 步行计划　　(b) 摩托车计划　　(c) 自行车计划

图 17-4　墨尔本步行计划、摩托车计划与自行车计划[14-16]

3. 遵循标准，照亮全城

墨尔本在街道设计方面严格遵循技术标准，充分考虑了市民的出行需求，不断完善相关政策和标准，从根本上提升街道的安全性。2013 年，墨尔本发布《设计标准》(*Design Standards*)[17]，用于指导墨尔本街道的设计和改造。该《设计标准》涉及街道的诸多安全细节，如路面、路缘石、树池、照明等，并附有图片和详细的尺寸说明。该标准使城市规划师和管理者有了明确指导，同时也保障了街道设计的规范性。

同年，在社区和各利益相关方的参与下，墨尔本发布了《公共照明战略 2013》(*Public Lighting Strategy* 2013)[18]，旨在提高市民夜晚的出行体验。该战略指出，“街道照明通常集中在道路的中心。然而，街道的边缘和支路往往对行人更重要。有效的照明需要考虑这些外围区域。”通过采取在隐藏式入口和柱廊处增加照明设施的方法，墨尔本努力改善所有道路使用者(尤其是行人)的安全性和舒适性。墨尔本的交通安全改善重在细节，用精细化的标准“照亮”全城道路。

17.2.4 新加坡

自20世纪80年代有记录以来，新加坡交通事故死亡人数呈持续下降的趋势，至2018年十万人死亡率仅为2.0，达到历史最低水平。新加坡交通安全改善的特点在于其具有前瞻性，关注老年人交通安全，以及富有成效的安全宣传教育。

1. 安全家园，前瞻规划

新加坡制定并落实了一系列具有实用性和前瞻性的交通安全规划(表17-1)，这些规划显著提高了道路交通安全水平，有效地降低了道路事故死亡人数和交通事故发生率[19]。《新加坡陆路交通总体规划(2013)》[20]提出了交通发展愿景：通过完善道路连通性、提供优质出行服务以及构建宜居包容的社区来提升市民的出行体验。

表17-1　新加坡道路交通规划

文件名	《打造世界一流的陆路交通系统》	《新加坡陆路交通总体规划(2008)》	《新加坡陆路交通总体规划(2013)》
英文名	*A World Class Land Transport System*	*Land Transport Master Plan* 2008	*Land Transport Master Plan* 2013
出版时间	1996年	2008年	2013年
目标	以公共交通为主导，打造世界一流的公共交通系统	建设以人为本的综合交通系统	利用陆路交通系统舒适、可靠、高效、安全地到达目的地
主要内容	公共交通作为新加坡主要的交通方式，要提供高质量的服务来确保公共交通的安全、舒适、方便和快捷	有效管理道路、优先发展公共交通、满足不同出行群体的需求	实现更好的通达性；提供更好的服务；建设包容和宜居的社区；降低对私人小汽车的依赖；成立道路安全机构委员会以审查交通安全方面的规范

2019年，新加坡发布了《陆路交通总体规划2040》(*Land Transport Master Plan* 2040)[21]，该规划是新加坡面向未来20年交通发展的纲领性文件。规划文件指出，新加坡未来将为公共交通、积极交通移动及社区用途提供更多空间，努力减少道路交通死亡人数，以创建“零死亡”的出行环境。

2. 公交优先，交通管控

新加坡大力推行公共交通，提倡居民采用公共交通出行，同时限制小汽车的发展，抑制私人交通的出行，从源头上保证了良好的交通运行秩序、减轻了城市交通拥堵，进而有效遏制了各类交通冲突及事故的发生，提升了城市交通的安全水平。

早在1990年，新加坡就确立了公共交通优先的战略，建设了以地铁和轻轨为主、公交和出租车为辅的公共交通系统。新加坡的公共交通系统是世界上最发达、高效的公共交通系统之一，具有网络覆盖面广、运行快捷高效、票价便宜等诸多优势。至2015年，新加坡公共交通的出行分担率超过60%。

虽然，新加坡的经济非常发达，但是小汽车拥有率却很低，2017年人均拥车数量仅为

0.178 辆，主要是由于新加坡采取了多种管理方法提高了居民拥有和使用小汽车的成本，如设置汽车关税和附加注册费，使得购车的实际成本非常高；在市中心限制区采用电子收费系统，实行拥堵收费；设置车辆限额制度，收取高昂的拥车证价格。这些举措有效抑制了新加坡的个体机动化出行。

3. 关注长者，广泛宣教

新加坡十分关注老年人的出行安全，如图 17-5 所示，主要体现在以下几方面：①银区计划(Silver Zones)。该计划旨在加强老年人的道路安全，具体措施包括设置标志、划定交通区、设置减速带、设置带栏杆的中央分隔带等。②“公路大师测试器”(Road Master Test Kit)。使用 Road Master 测试器来测试年长者的视力、听力及反应速度，让他们知道自己的身体状况，为老年人安全出行提供更有针对性的建议，以提高他们的交通安全意识。③新加坡警察部队、道路安全委员会(SRSC)等交通安全机构深入社区向老年人宣传交通安全知识，以提高老年人的交通出行安全性。

(a) Silver Zone: 老年人休息点　(b) Road Master测试器　(c) 老年人安全宣教

图 17-5　新加坡关注老年人交通安全

（图片来源：https://www.police.gov.sg/Advisories/Traffic/Road-Safety-Campaigns; https://www.lta.gov.sg/content/dam/ltagov/news/press/2016/20160124_Silver_Zone_details_Annex）

17.2.5　中国香港

自 1980 年以来，香港采取了建立健全道路交通安全管理体系、深入开展交通事故数据采集与分析、完善交通安全法律法规，以及开展形式丰富的安全宣传教育等一系列措施，有效降低了道路事故死亡人数。2018 年，香港交通事故十万人死亡率仅为 1.4[22]，领先于中国内地所有大城市。

1. 健全体系，科学研判

经过数十年探索，香港形成了层级清晰、职能细密、分工明确的交通管理架构，参与交通安全管理与保障的部门和机构包括：保安局的警务处、运输及房屋局、运输署、路政署、教育局、政府新闻处、民政事务总署等政府部门；香港交通安全队、香港保险业联会、香港运输物流学会、香港汽车会、香港汽车高级驾驶协会、香港医学会等民间组织；Think (British), Office of Road Safety (Australia), The Royal Society for the Prevention of Accident (British)等海外机构。这种健全的交通安全管理体系有效地保障了香港交通安全改善工作不断向前推进。

在事故数据采集与分析方面，香港运输署统计了香港全境“交通事故黑点”，并逐一排查，准确消除交通安全隐患。运输署还开放了大量的交通事故数据，包括交通事故死亡人数、交通事故原因、部分路口的监控数据、交通统计年报和月报等。这种完善的交通事故数据采集与对外公开机制有利于推进全社会对香港交通事故数据的研究，也为未来香港的交通安全规划提供建设性意见。

此外，香港警务处和香港交通总部也高度重视香港的交通安全，对交通事故进行了规范的统计和分析。香港警务处每年都会统计分析交通事故数据的情况，包括交通事故的概况、地点、事故的原因、事故涉及的车辆类别，以及交通执法、酒后驾车、交通投诉及取消驾驶资格等，供全港市民以及全球研究者参考，既保证了香港交通安全管理的透明性，又体现了交通治理的全民参与性。

2. 慢行优先，主动规划

香港努力推行慢行交通，致力于打造良好的步行和非机动车骑行环境。在行人交通规划方面，《香港规划标准与准则》明确指出，规划行人设施时应该尽可能地减少行人和机动车的冲突，人行道应该与机动车车道分隔开，行人设施要保障夜间照明。香港建造了大量的人行天桥和地下通道，拥有四通八达的步行廊道系统，充分保障了行人的出行安全。在非机动车交通规划方面，《香港规划标准与准则》指出，香港有关部门在规划新的地区时，应该充分考虑提供非机动车车道及其停车地点等设施。这从规划层面提高了非机动车的出行保障和交通安全。

香港的主动安全规划措施包括：秉承“公交先行”的规划理念，提升公共交通的安全性和服务质量，以方便市民出行；注重从细节上提升公共交通设施的安全性，例如在巴士上加装各类安全装置。香港倡导“拥堵收费”理念，在部分隧道和道路实行《电子道路收费先行计划》，通过调节隧道和道路的收费水平，从而更高效地分配有限的城市道路空间。此外，香港对违反交通法律法规的处罚力度非常大，比如严厉查处酒驾，授权交警对驾驶人进行随机呼气测试，大幅上调驾驶人酒驾违法后吊销驾照的时间期限以及降低法律规定的酒精浓度[23]。

3. 完善法规，全面宣教

香港非常重视交通安全法律法规，从立法层面来规范居民对道路的使用、驾车及自行车骑行等行为，从源头上减少不安全的交通运行因素，从而避免交通事故的发生。针对道路使用者，香港运输署发布了《道路使用者守则》，要求居民遵守交通安全规则和指示，避免危险行为；针对自行车骑行者，香港运输署发布了《骑单车安全》，详细介绍了安全骑车程序以及自行车骑行安全提示；针对机动车驾驶人，香港运输署陆续发布了《遵守信号灯，精明使用道路》《顾己及人，记得着灯》《倒车安全》《认识你的汽车安全气囊》《隧道安全守则》《使用快速公路指南》等规范和守则。

香港对交通安全的宣传教育力度大、形式多、效果好，如图 17-6 所示。特区政府下属的道路安全议会(Road Safety Council)是一个政府咨询机构，成员来自政府部门及社会各界，该组织希望加强与社区的联系，提高香港市民的道路安全意识。道路安全议会在开展交通安全宣教时，重点关注老年人出行安全、自行车安全、反酒后驾驶和反药后驾驶、专注驾驶及学童行人安全。道路安全议会每年都会举办多次宣传活动，形式包括播放安全宣传短片、摆放宣传展板、分发宣传单、举办道路安全讲座等，这些活动对交通违法违规行为起到了良好的警示和宣教作用。

此外，香港在全港多处建设交通安全主题公园，面向全社会进行安全宣教；推广道路安全巴士，在路边宣传道路安全信息，仅 2018 年就吸引了 10 000 多名人士参观。香港的交通管理和教育部门还在学校开办安全驾驶游戏、自行车骑行安全游戏活动，旨在提升在校学生的交通安全意识。

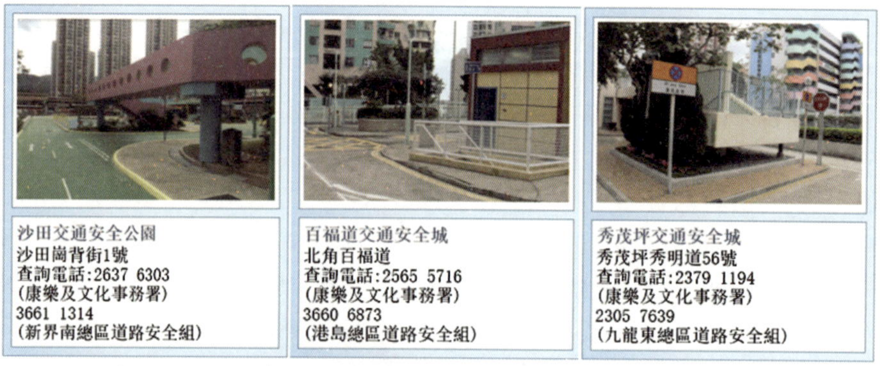

交通安全主题公园

交通安全巴士

单车安全嘉年华

图 17-6　香港形式丰富的交通安全宣传教育活动

（图片来源：https://www.roadsafety.gov.hk）

17.2.6　城市交通安全管理先进经验荟萃

综合国内外城市交通安全改善实践可以看出，城市交通安全改善是一个系统性工程，必须全方位统筹协调，特别是在交通安全战略制定、计划实施、管理体制与机制、设施安全改善、宣传与教育、人车监管、公众参与以及信息化建设八个方面。

1. 战略制定，安全优先

纵览以上各大城市，其交通安全改善取得成功的重要原因在于从战略与理念层面重视安全，将“安全”置于城市交通发展目标的首位，并制定了翔实的交通发展战略，同时能够做到定期总结和迭代更新。城市交通战略决定了安全实践的前进方向，一些国际大城市的交通战略尤其强调“安全文化”(safety culture),这是一个城市所有居民对交通安全持有的共同态度和认知优先级,是推动交通安全改善的内在驱动力。我国亟须明确各地的交通发展战略,将城市相关资源和力量凝聚成有机的整体,持续推动交通安全改善。

2. 计划实施,以人为本

在城市经济发展的浪潮中,小汽车等个体机动化方式已成为道路系统规划设计关注的焦点,且耗费了大量的社会资源。然而,过度依赖个体机动化的交通模式已被证实是造成城市交通拥堵、事故频发的祸根。一些城市早就开始反思这种“车本位”发展模式的弊端,并逐步倡导“人本位”设计理念的回归。以纽约、伦敦、墨尔本为代表的国际大城市积极开展交通专题研判分析(如步行、非机动车、公共交通等),并制订了内容丰富、要点清晰的行动计划,巩固了慢行交通和公共交通在城市交通系统中的主体地位。我们应该认识到,慢行交通和公共交通是实现交通安全改善及城市交通系统可持续发展的必由之路。我国城市需要加紧制订并实施类似的行动计划,构建以人为本的城市交通环境。

3. 有序管理,联动协调

交通安全改善涉及的职能部门繁多,牵涉各种利益群体,这对安全改善工作的顺利推进构成了不小的挑战。以香港为代表的一些城市,注重交通安全实效管理,加强顶层设计,推动压实责任,以高效协同的安全管理体制与机制来完善城市交通治理体系。香港形成了“政府部门 + 民间组织 + 海外机构”的创新模式,汇聚了各方面的工作合力,打造更加紧密的交通安全命运共同体。这种完善的交通安全管理体制与机制值得我们学习,尤其适用于人口稠密、经济发展水平较高的大中型城市。

4. 设施改善,对症下药

城市道路的规划与设计是交通安全改善的基础性工作,对人力、物力的消耗极大。交通安全改善明显的城市始终注重道路设施安全针对性评估与改善,经过长期探索,已陆续出台了街道设计导则和手册,形成“理念-方法-导则-手册”以及“判别分析-改善设计-现场实施-效果评估”的综合改善治理策略。更多的城市需要加强道路规划、设计理论与方法研究,完善既有道路设施技术规范中的缺失之处,同时,充分体现城市自身特色,合理指导未来的道路设施建设。更重要的是,道路设施在规划、设计阶段应引入安全理念,从安全和效率并重的角度出发对设施进行优化,避免重复现存的设计安全缺陷。

5. 严格执法,分类教育

执法和教育是交通安全改善综合策略的两大要素。加强执法和强化安全宣教能够取得比较理想的成效。有效的执法可以让城市居民对交通安全法律心存敬畏,通过严格管制来约束和消除包括超速、超载、无牌无证驾驶、酒驾/醉驾、疲劳驾驶、不系安全带、开车打手机、行人非机动车违法、货车违法等在内的危险行为。有效的教育是根据不同人群(机动车驾驶人、自行车骑行者和行人)开展有针对性的宣传和教育活动,或者根据事故多发的时间、区域、群体、违法类型,开展交通安全集中整治、分类教育以及源头宣传。

6. 重点车辆,源头管控

营运行业的重点车辆是城市交通安全改善的突破口,诸如公交车、出租车、货运车、危化品运输车、长途客运车等营运车辆,关系到城市交通系统的平稳运转。对于这些重点车辆,必须落实企业主体责任，实行连带责任制度，要求企业不定期地进行检查、监管驾驶人以及车辆的安全性；同时，对死亡事故的“零容忍”态度、高压严管态势、加大信息化监控平台的建设与维护资金投入都可以有效提高车辆运输安全。营运车辆安全改善将有利于推动城市经济社会发展，是我国当前需要特别强化的一个方面。

7. 公众参与，互动反馈

在进行交通安全改善时，公众参与，倡导企业、社会组织和公众参与交通安全公益活动，充分发挥交通安全志愿者作用，可以形成良好的反馈调节工作模式。过去，我国是以行政部门为主进行交通安全管理，往往忽视社区、社会组织、公益组织、群团组织、企业等多方面力量；今后，可以充分发挥公众参与社会治理的作用，有策略性地调动公众参与的积极性，把对于交通安全“零死亡”和平安城市的治理交给社会和公众，从而增强公众对改善交通安全的参与度和认同感。

8. 信息引领，数据共享

评估交通安全数据的准确性以及解决方案的有效性是跟踪、测量和实现交通安全改善的关键要务。以伦敦、中国香港为代表的先进城市，积极改进和扩大交通违法与事故数据的采集、分析和共享，重点加强交通、水电、城市规划、警察、消防与公共工程局之间的数据共享，提高数据透明度。此外，交通管理部门还与当地创伤医院合作，将紧急医疗服务数据纳入综合数据库，以评估导致死亡或严重受伤事故的漏报程度和多发地点。尽快建成道路交通安全分析研判系统，辅助交通管理部门开展事故、违法的深度分析与研判，同时加强信息与数据共享，有效推动城市交通系统安全提升。

17.3 城市交通安全管理规划内容简介

城市交通安全管理规划一般包含城市发展及交通安全状况分析、道路设施安全管理、营运行业安全管理、非机动车与行人安全保障、交通安全管理、交通安全未来展望等六个方面。本节以《深圳市交通安全白皮书》为例介绍城市交通安全管理规划的具体内容。

17.3.1 城市及交通安全状况分析

1. 城市基本状况

深圳地处珠江三角洲前沿，是连接我国香港和内地的纽带与桥梁，在中国的制度创新、扩大开放等方面肩负着试验和示范的重要使命。作为我国的经济特区、中国特色社会主义先行示范区、粤港澳大湾区的核心引擎，深圳在高新技术产业、金融服务、外贸出口、海洋运输、创意文化等多方面具有重要地位。

深圳全境地势东南高，西北低。东部以低山和丘陵为主，坡度较大。中、西部属于珠三角冲积平原，地势相对平缓，坡度较小。

深圳下辖 9 个行政区和 1 个新区，分别为：福田区、罗湖区、盐田区、南山区、宝安区、龙岗区、龙华区、坪山区、光明区和大鹏新区。自 2010 年 7 月 1 日起，深圳经济特区范围延伸到全市。

2. 交通安全状况

2019年深圳与我国及国际的主要城市在交通事故死亡人数和十万人死亡率方面的对比如图17-7所示。深圳十万人死亡率远高于东京、纽约和伦敦。由此看来，深圳的交通安全仍有待进一步加强和完善。

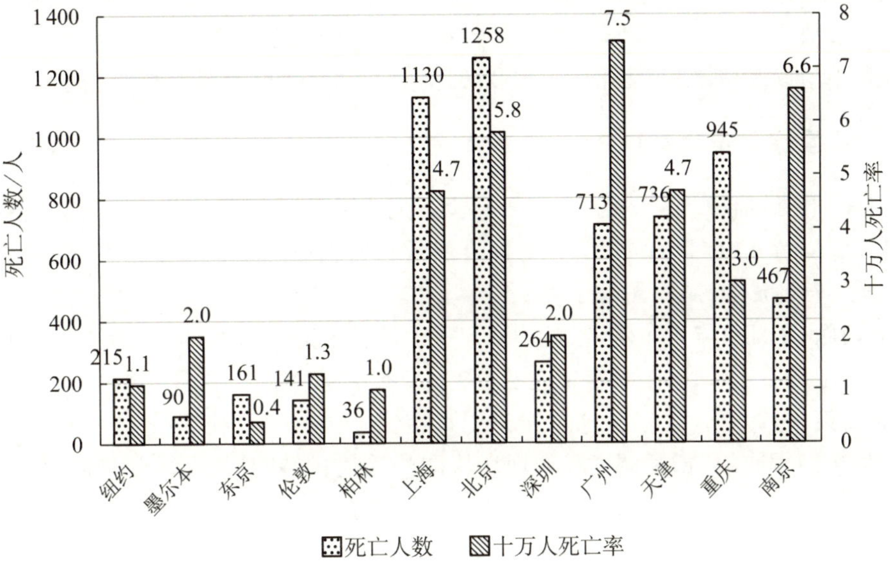

图17-7 深圳市2019年交通安全状况对比

17.3.2 道路设施安全管理

在对高速公路、城市快速路、城市地面道路三类主要道路设施开展实地调查后，《深圳市交通安全白皮书》从提升与落实道路规划设计理念、完善事故多发道路判别与改善体系以及规范道路施工作业流程三方面开展了道路设施安全管理问题梳理和对策总结。

1. 提升与落实道路规划设计理念

现状问题：①缺乏统筹兼顾的设计理念："交叉口渠化设计""非机动车路权保障""车道连续性设计"等设计理念有待优化；②战略规划与行动计划的对接流程有待提高，"路网逐级衔接""出入口控制与管理""交叉口紧凑化布局"等战略规划有待落实。

改善对策：①推动落实"以人为本"的设计理念，全面考虑机、非、人的路权分配和保障问题；②按照"理念-方法-导则-手册"的层级编制指导文件和操作手册，对"规划-设计-建造-运维"各个层面的工作予以指导；③在制定路网专项规划、交叉口专项规划的过程中，将安全要素纳入其中。

2. 完善事故多发道路判别与改善体系

现状问题：①事故多发道路的判别以经验为主；②有待进一步完善事故多发道路改善工作中体系化的标准和指南。

改善对策：①引入交通安全统计分析方法，形成道路安全评估复合指标，准确判别事故多发道路；②构建"判别分析-改善设计-现场实施-效果评估"四阶段的综合改善治理模式，验证改善措施对于实际交通安全问题的有效性以及可推广性。

3. 规范道路施工作业流程

现状问题：深圳市内的地铁建设、道路雨污水工程、道路改扩建等工程同时实施，工地占道施工的情况较为密集；同时，施工作业区附近提示诱导不足，易引发事故。

改善对策：①强化施工方案报批、评审、实施等方面的工作，尽量降低城市建设对道路交通的影响；②强化施工期间交通组织设计审批、日常管理、工后恢复等环节，结合不定期巡查，构建各单位联动机制；③优化施工作业区标志设置，及时提示驾驶人关注路况。

17.3.3 营运行业安全管理

在对深圳市政府部门、行业协会和部分营运企业进行深入调研后，《深圳市交通安全白皮书》进一步从行业、企业和驾驶人三方面开展营运行业安全管理问题梳理和对策总结。

1. 推广先进技术，提升营运行业安全管理水平

现状问题：①部分异地车辆未安装 GPS 等设备；②部分货运企业及驾驶人对运输货物内容和禁行区域不了解；③企业存在违法拉客、人货混装的现象。

改善对策：①针对全体行业，加快推进卫星定位、智能视频监控报警技术及电子运单的全覆盖，强化情报收集、指挥调度和非现场执法的功能；②针对货运行业车辆，利用电子运单，实现对运输货物从出库-运输-签收全流程的动态监管；③针对客运行业，利用大数据分析构建区域交通一体化公共信息服务平台，强化各出行方式间的智能协同调度。

2. 提高企业安全管理和教育水平

现状问题：①驾驶人不良驾驶行为频发；②部分企业缺乏对驾驶人安全教育的效果评估及后期优化。

改善对策：①政府部门继续推进信用分级分类监管制度，实现全营运行业的"红黑名单"制度、失信惩戒规则以及信用修复机制；②对违规驾驶人建立安全防范意识为主、物质惩罚为辅的教育理念，加强教育方式的专业化水平；③企业应重视对于教育效果的评估，结合行业专家的科学评价，及时改进企业教育方法。

3. 提升驾驶人安全意识和身心健康水平

现状问题：①驾驶人流动性高、流失率大，缺乏高学历、高能力的青年力量；②驾驶人安全意识有待提升，须加强对驾驶人身心健康的关注。

改善对策：①社会媒体应承担舆论导向责任，宣传营运行业正向积极的方面，帮助市民了解营运行业驾驶人的日常工作；②健全营运行业驾驶人健康保障机制，定期组织驾驶人进行身体健康检查和专业心理测试，加强对驾驶人的职业关怀。

17.3.4 非机动车及行人安全保障

《深圳市交通安全白皮书》从非机动车路权保障、步行设施系统人性化建设、电动自行车车辆管理和骑行人及行人管理四方面进行问题梳理和总结。

1. 加强非机动车路权保障

现状问题：①路网层面：非机动车道缺失严重，大量已建道路并未建设非机动车道，而部分新建道路的非机动车道被车辆、市政设施以及一些随意穿行的行人占用；②断面设计：深圳大多采用“人非共板”的设计方式，且非机动车道与人行道的相对位置与隔离方式不统一。

改善对策：①明确自行车、电动自行车等各类非机动车在城市交通中的定位与发展方向，在城市层面规划不同等级、不同功能的非机动车道路网；②在新建道路上规划建设非机动车道，在已建道路上利用车道、人行道以及绿化空间规划建设非机动车道；③统一非机动车道断面设计形式，采用合理的分隔形式保障机动车、非机动车以及行人的通行空间与安全。

2. 加强步行设施系统人性化建设

现状问题：①部分道路两侧人行道宽度不足、断断续续甚至缺失，在交叉口处部分人行横道存在过长、不连续、宽度不足等问题；②部分行人安全设施设置缺失或存在安全隐患；③盲道位置布设得不合理、连续性不强、断头甚至缺失，立体行人过街设施(人行地道和过街天桥)电梯及无障碍设施建设不完善。

改善对策：①加快人行道建设步伐，合理规划人行道的宽度、人行横道的长度与宽度、安全岛的面积，定期维护路面，提升慢行交通的品质；②人行道应充分考虑盲道的设置与布局，人行天桥和地下通道应考虑设置电扶梯或者电梯，完善无障碍设施的建设，保证步行环境的便捷性和安全性。

3. 进一步规范新旧国标过渡时期车辆管理

现状问题：①私自改装、拼装电动自行车的情况仍存在，对车辆维修环节监管不足；②旧国标电动车存量大，登记备案面临较大工作量，小范围试点登记难以满足需求；③部分车辆购置年代久远，相关证明材料已遗失，登记备案中存在资料造假问题；④过渡期满后超标车辆的处置将面临问题，目前没有完善的置换或补贴方案。

改善对策：①明确车辆生产、销售、维修、充电等各个环节的主管部门与管理职责，确保超标车辆不再流入市场；②总结试点登记区域经验，尽快构建全市统一的信息登记管理平台，优化登记流程，打击造假行为，提高工作效率；③制定过渡期满后的旧国标车辆处置方案，可采用政府补贴、以旧换新的方式来减轻车主的经济压力；④采用电子车牌等信息化管理手段对车辆进行登记与管理。

4. 骑行人及行人安全意识有待提高

现状问题：①非机动车骑行人主要违法行为包括未在非机动车道内行驶、逆行、闯红灯和不佩戴头盔，行人的主要违法行为包括闯红灯、横穿马路和中间护栏；②违法及发生事故的人员中男性的占比较大，且外来务工人员数量大；③发生违法行为的主要原因是未意识到不安全以及抱有侥幸心理与从众心理。

改善对策：①加大对电动自行车骑行人违法行为的查处，可采用电子警察、视频识别等科技手段辅助执法，也可借鉴机动车驾驶证记分管理模式对非机动车骑行人进行记分管理；②加强骑行人和行人的安全教育，可针对外来务工人员、快递/外卖配送员等不同群体进行针对性教育，同时充分利用网络资源，并采取生动直观的形式开展交通安全知识的宣传与教育。

17.3.5 交通安全管理

《深圳市交通安全白皮书》从交通安全管理体制机制、安全宣传教育、信息化管理及法律法规四方面进行交通安全管理问题的梳理和总结。

1. 完善交通安全管理体制机制

1）优化交通安全管理体制机制，强化部门联动

现状问题：自深圳市道路交通安全委员会（简称“交安委”）成立以来，基本形成了“重点部门牵头、相关部门合作”的工作机制。但在人员配置、专项经费支持等方面仍然需要深圳市政府给予更多的支持，同时在具体落实过程中需进一步明确各部门的职责。

改善对策：①落实各级交通安全管理站的专业人员、技术人员及交通安全专项经费的保障；②优化深圳市交通安全管理体制机制，通过市交安委的统筹协调，强化各部门的日常协作及部门联动；③结合道路交通安全设施、营运行业安全管理、安全宣传教育等重点问题，明确各部门在日常工作中的职责及合作关系。

2）推进交通安全协同共治体系建设，加强社会化治理

现状问题：深圳交警联合相关政府部门积极推动建立志愿者队伍，已建成常态化志愿工作机制，政府层面主动联系相关职能部门发挥主导作用。但由企业、非政府组织或社会团体自发组建的队伍较为少见，道路交通安全社会化治理仍有待进一步加强。

改善对策：①推进交通安全共治体系的建设，形成“以交安委主导，多部门、多社会团体合作”的交通安全管理模式；②调动行业协会、企业、教育机构、各类社会团体的行业专家和群众的参与积极性，充分发挥社会力量；③落实道路交通安全社会共建共治体系，充分发挥各级志愿者在交通安全社会化治理中的作用。

2. 提升交通安全宣传教育水平

1）加强宣传教育社会化建设

现状问题：深圳市交安委联合行业主管部门、行业协会及各政府职能部门每年针对学生、快递/外卖人员、出租车驾驶人、环卫工人、停车场管理人员等八类重点人群开展针对性交通安全宣传教育工作，并取得了较好的成效。但大部分宣传教育活动仍由政府主导，而由企业、社会团体及个人发起组织的较少，因此，社会化安全宣传教育意识仍有待进一步建立。

改善对策：①改变当前“以政府为主导”的交通安全教育模式，调动企业、行业团体、社会群体及个人的积极性，发挥社会各界的优势；②充分利用网络和自媒体等宣传途径，扩大安全宣传的广度及深度；③进一步重视流动人口的交通安全教育，基于人群特点针对性地开展安全宣传教育，必要时可采取全市统筹的违法积分制监管方式。

2）建立安全教育效果评估体系，提升专业化水平

现状问题：深圳交警及各职能部门已多维度、多渠道地组织开展了多样化、高频率的交通安全宣传教育培训，整体情况良好。但仍存在安全意识淡薄、有侥幸心理的人群，教育效果未能达到预期，同时，教育的体系性、专业性有待提高。

改善对策：①提升宣传教育的专业化水平，引入包括心理学、医学、统计学等与交通安全相关性较高的专业学科人才；②制订安全宣传教育计划，对重点人群分问题、分步骤地开展针对性教育；③初步建立对受教群体的教育效果评估体系，将宣传教育效果纳入各部门、各单位的绩效考核指标，以保障宣传教育达到预期的效果。

3. 加强交通安全信息化管理，深化专业分析

现状问题：①深圳交警目前已开始逐步形成一套统一的地址库，但不同部门对数据的颗

粒度要求不同，后期数据统计和数据分析工作的开展存在一定难度。②交安委成员需要明确信息和数据统筹的管理部门，进一步对数据开展系统、专业的分析和深度应用。

改善对策：①加快数据采集标准化进程，针对包括交警、交通、医疗、气象、保险等重点部门可形成基础数据共享的长效机制；②充分利用已有数据信息，结合专业团队与机构的资源和应用成果，提升分析研判能力、提高专业化分析水平。

4. 完善交通安全法律法规建设

1）发挥立法权优势，助推交通安全发展

立法优势：深圳市经济特区交通安全法律法规与时俱进，在国内处于领先地位，并取得了较好的成效。作为具有竞争力、立异力、影响力的全球标杆城市，可进一步发挥"先行示范区"立法权优势，助推交通安全发展。

改善对策：①针对新能源汽车、租赁汽车服务、施工交通安全管理和交通事故保险理赔（尤其是非机动车保险），出台深圳市层面对应的地方性法规；②重视工程在方案、设计阶段的交通安全考虑，建议将交通安全评价机制纳入建设项目交通影响评价。

2）法律法规执行情况的评估有待完善

现状问题：在国家法律法规的基础上，深圳市现有的法律法规体系已经能够比较全面地覆盖交通安全管理的所有领域，但缺少对道路交通法律法规执行情况的评估，无法根据法律法规的执法情况来判断道路交通安全法律法规的适用性，也不能为交通安全法律法规的修编提供数据支撑。

改善对策：①结合深圳市现有的交通安全法律法规体系，建立执法评估机制；②将评估结果作为法律法规修编的数据支撑，形成法律法规的闭环管理机制。

17.3.6　深圳交通安全未来展望

1. 指导思想

贯彻全球、国家、城市、安全四个层面的指导思想和目标要求，结合深圳市社会经济和道路交通系统发展趋势及安全特征，提出将"安全第一、以人为本、社会治理、专业提升"十六字方针作为《深圳市交通安全白皮书》的指导思想。

"安全第一"是将安全列为城市交通发展的首要目标，政府部门、营运企业及社会成员都给予交通安全最大的关注。"以人为本"是要重视非机动车和行人的出行安全，扭转过去"车本位"的规划和发展理念，加强对交通系统中"人"的关注。"社会治理"是强化社会各群体交通安全的参与度，转变完全以政府为主导的管理模式，实现政府部门、营运企业、社会群众的主体联动。"专业提升"是提高交通管理专业性，加大基础研究和应用研究的支持力度，加快推进交通、心理、医学等多领域"产学研"一体化发展。

2. 发展目标

近期目标：到 2025 年，达到世界先进城市的交通安全当前水平。力争使深圳市交通安全形势总体平稳提升，全市交通事故死伤人数和财产损失稳步降低，不发生特别重大或重大交通事故，使道路交通安全法规规章进一步完善，责任体系以及工作机制基本健全，基础设施条件明显改善，监管能力和保障能力明显提升，全民交通安全意识进一步增强。

中远期目标：到 2030 年，与世界先进城市的交通安全水平齐平。力争道路交通安全水平得到根本性改善，构建具有中国特色的城市安全文化，秉承“零死亡愿景”理念，致力于营造零死亡的城市交通环境。通过健全道路交通安全法规，完善道路交通安全责任体系以及工作机制，完备基础设施，实现较强的监管能力和保障能力，使全民具有较强的交通安全意识。

3. 具体目标

选取纽约、伦敦和柏林三个最具代表性的大都市作为参照，结合深圳市道路交通系统发展趋势和安全特征，进行道路交通事故指标（十万人死亡率、万车死亡率和死亡人数）对比与分析，从而提出深圳市交通安全管理的具体目标。

1）*十万人死亡率*

这四个城市近年来的十万人死亡率对比，如图 17-8 所示。2010—2017 年，深圳市道路交通事故十万人死亡率均高于其他三个城市，但下降趋势较为显著，与发达国家之间的差距也在不断缩小。2018 年，深圳十万人死亡率（2.19）略低于纽约市（2.32），但与伦敦（1.26）和柏林（1.27）等先进城市之间仍存在一定差距。

对于近期目标，通过计算三个国外典型城市当前十万人死亡率的平均值，可预测近期深圳市十万人死亡率目标，即在 2025 年力争降至 1.62，相比 2018 年，降幅约为 26%。对于远期目标，预测深圳市中远期十万人死亡率目标，即在 2030 年力争降至 0.42，相比 2025 年，降幅约为 74%。

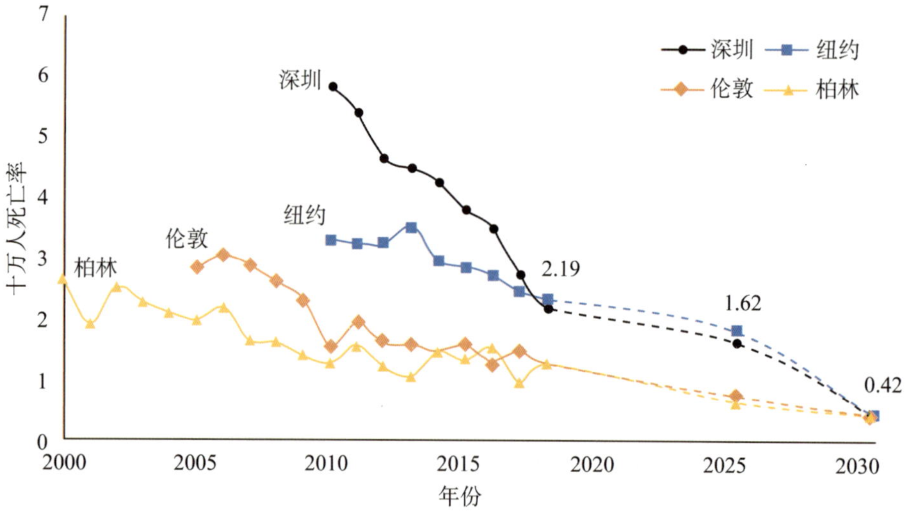

图 17-8 深圳与国外典型城市十万人死亡率对比及未来趋势

2）*万车死亡率*

这四个城市近年来的万车死亡率对比，如图 17-9 所示。2010—2017 年，深圳市道路交通事故万车死亡率均高于其他三个典型城市，但下降趋势较为显著，与发达国家之间的差距同样在不断缩小。2018 年，深圳万车死亡率（0.85）略低于纽约市（0.87），成为国内首个实现道路交通事故年万车死亡率低于 1 的大中型城市，但与伦敦（0.42）和柏林（0.20）等先进城市之间仍存在一定差距。

对于近期目标，通过计算三个国外典型城市当前万车死亡率的平均值，可预测深圳市近期万车死亡率目标，即在 2025 年力争降至 0.50，相比 2018 年，降幅约为 41%。对于远期目标，预测深圳市中远期万车死亡率目标，即在 2030 年力争降至 0.11，相比 2025 年，降幅约为 78%。

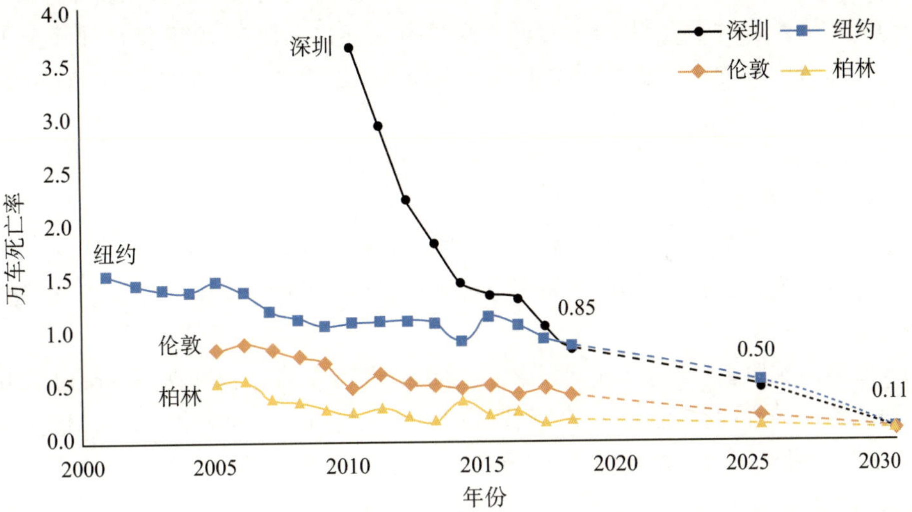

图 17-9　深圳与国外典型城市万车死亡率对比及未来趋势

3）死亡人数

这四个城市近年来的死亡人数对比，如图 17-10 所示。2010—2018 年，深圳市道路交通事故死亡人数均高于纽约、伦敦和柏林，但深圳全市人口总数远高于国外先进城市，且 2015—2018 年死亡人数下降趋势极为显著，与发达国家之间的差距在不断缩小，说明深圳近年来的交通安全水平是不断提高的。

由于各城市总人口基数不同，在预测深圳市近期和中远期的交通事故死亡人数时，不能直接以国外城市死亡人数的平均值作为判断依据，而是须结合十万人死亡率和城市人口总量进行预测。

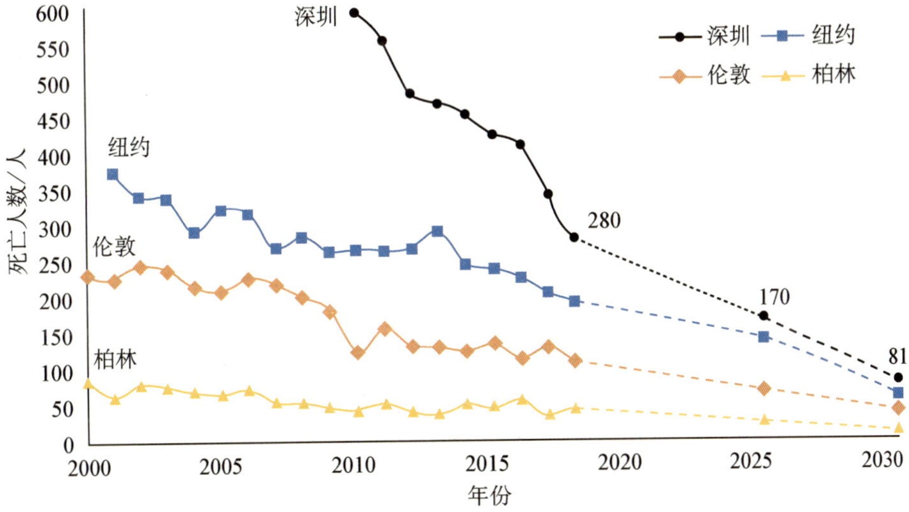

图 17-10　深圳与国外典型城市死亡人数对比及未来趋势

图 17-8 已经预测了深圳市十万人死亡率在 2025 年和 2030 年分别降至 1.62 和 0.42，根据近十年全市人口总数的发展趋势，通过指数模型进行数据拟合并预测未来人口总数，结合三个国外典型城市死亡人数下降趋势及未来规划目标，从而预测深圳市近期和中远期的交通事故死亡人数。对于近期目标，深圳市交通事故死亡人数在 2025 年预计降至 170 人，相比 2018 年，降幅约为 40%；对于远期目标，深圳市交通事故死亡人数在 2030 年预计降至 81 人，相比 2025 年，降幅约为 52%。

4. 行动计划

1）事故多发道路改善工程

开展事故多发道路判别专项行动。确认并核实事故多发道路的位置信息，搜集事故多发道路设施基础资料；结合现场调研和事故统计，选取合理的评价指标和方法，排查出事故多发路段。

开展道路设施改善设计专项行动。对交通事故进行多角度、多指标分析，揭示事故、违法的交通流特征，分析道路可能存在的问题；对道路现场进行详细踏勘，重点调查道路基础设施、交通控制设施、交通运行状况和道路周边环境，结合道路设计规范文件生成改善方案并形成设计成果。

开展道路改善现场实施专项行动。参与事故多发道路改善施工交底工作，在施工过程中，施工单位与设计单位等多方配合，保障工程项目现场实施的标准化作业，完成道路改善施工项目最终验收。

开展道路改善效果评估专项行动。基于最终的改善方案，协调交通管理、道路管理、设计等相关部门具体落实改善措施；在改善措施落实到位后，及时跟踪并开展事故多发道路改善后的效果评估。

责任部门：深圳市交通运输局、深圳市公安局交通警察局、深圳市发展和改革委员会、深圳市国土资源和房产管理局、深圳市规划和自然资源局等。

2）营运行业安全提升工程

强化营运车辆安全设备配置。加强营运车辆的动态监控，充分发挥已有监控设备的作用，推进一体化动态监控平台构建；大力推进主动安全系统、应急报警装置和电子运单在各营运行业的应用，实现相对成熟的主动安全系统在运输车辆上的规模化部署。

优化营运企业安全教育方式，定期开展重复教育，重视教育效果评估。在日常教育中，注重防御性驾驶，提高驾驶人的安全意识；开展员工心理援助计划，对驾驶人不良行为的共性问题及个性差异，展开针对性教育；企业管理者要构建多视角指标体系，定期对各类安全教育管理方式进行效果评估。

责任部门：深圳市交通运输局、深圳市公安局交通警察局、各营运行业协会和企业等。

3）违法电动车治理工程

开展违法行为专项整治行动。结合《深圳市电动自行车管理规定（试行）》的实施，加大对非机动车违章行为的查处；落实“一盔一带”安全守护行动，通过安全教育、宣传等方式引导电动自行车骑行者佩戴头盔；针对快递、外卖等民生行业配送员，联合企业制订管理、监督以及处罚办法，规范配送员骑行行为。

做好新旧国标过渡时期的各项管理工作。尽快建立全市范围内统一的电动自行车登记备案管理信息平台，并做好过渡期满后电动自行车日常登记备案的准备工作；相关部门应加紧出台过渡期满后超标电动自行车的处置办法。

提高骑行人的安全意识与规则意识。结合电动自行车的登记备案，对骑行人进行交通规则教育；企业定期对快递外卖行业的配送员进行安全教育与测试；社区对外来务工人员开展教育；通过网络与媒体，发布形式丰富的宣传内容，提升公民交通安全意识。

责任部门：深圳市公安局交通警察局、深圳市市场监督管理局等。

4）交通安全宣传教育保障工程

加强交通安全宣传教育社会化建设。开启政企协作新模式，提升社会企业交通安全宣传责任感；加强自媒体和电视媒体交通安全公益宣传力度，扩大线上和线下教育宣传覆盖范围；加强宣传形式的多元化，提高社会群众交通安全参与度，实现政府部门、社会企业、社会群众的主体联动。

对重点群体进行持续安全宣传教育。加强对外来人员的交通安全宣传教育，依托辖区社区或用人单位定期进行安全教育；定期对儿童、老人、无家可归者等特定弱势群体开展宣传教育活动；推进交通安全教育纳入基础教育大纲进程，开展室外实践培训和室内理论教育，提升中小学生交通安全意识。

责任部门：深圳市政府、深圳市公安局交通警察局、深圳市交通运输局、深圳市城市管理和综合执法管理局、深圳市教育局、各营运企业等。

5. 保障政策

1）建立健全道路交通安全管理体制机制

明确部门职责，加强部门联动。健全道路交通安全责任制，将道路交通安全责任落实到政府、部门及企业，强化企业主体责任和政府部门监管责任；推动部门联动机制建设，加大部门协作和信息融合共享力度，提升道路交通安全管理大局意识。

落实经费保障。加大资金投入，拓宽投入渠道，将道路交通安全相关经费纳入财政预算；加大对交通安全基础设施、宣传教育、信息化平台等的投资力度；创新政府对交通安全的投入方式，完善长效扶持机制；积极探索新的多元化市场融资方式，以更加开放的态度吸引非公有资本进入交通安全基础设施领域。

完善交通事故应急保障与救助体系，提升交通事故应急保障能力。建立健全重特大道路交通事故、危化品道路运输事故和恶劣天气条件下突发事件应急处置联动机制；优化交通事故紧急救援综合信息平台，提高及时抢救伤员和快速处置事故现场的能力；推进建立道路交通事故社会救助基金。

2）推进交通安全法律法规、规范标准的建设

充分发挥“先行示范区”立法权优势。在遵循宪法、法律和行政法规基本原则的前提下，增加适用于深圳市经济特区的地方性法律法规。

完善道路交通安全法律法规的评估机制。结合深圳市现有的道路交通安全法律法规体系，建立法律法规执行情况的评估机制，构建法律法规的闭环管理机制。

3）加快道路交通安全管理专业化建设

提升道路交通设施管理专业化水平。开展事故多发道路改善治理工作，构建“判别分析-改善设计-现场实施-效果评估”四阶段的综合改善治理模式；加强道路交通控制设施专

业化建设，按照“理念-方法-导则-手册”的层级编制指导文件和操作手册，对“规划-设计-建造-运维”各个层面的工作予以指导。

建立交通安全宣传教育专业保障机制。对企业和社会层面安全教育内容进行专业指导，对城市流动人口、弱势群体等重点人群采取针对性教育；加强跨专业专家指导，促进交通安全宣传教育多学科扩展，发挥不同领域的专业力量。

加强交通安全信息管理专业化建设。加强职能部门专业化分析能力，提升专职人员的分析研判能力；加强与高科技企业的交流与合作，组织开展信息科技专家的讲座与培训，提升队伍的整体专业化能力。

4）加强道路交通安全科学研究和成果应用力度

促进交通安全基础理论及应用研究。建立稳定的政府交通安全理论应用研究资金渠道；加快智能交通系统、主动交通安全技术、物联网技术在交通安全中的应用；构建道路安全信息数据库，为道路交通安全基础研究提供数据支持。

加强交通安全科技创新合作制度。以国内高校、科研机构为交通科技创新骨干，推动科技成果转化应用；加大国际交通安全科技交流力度，充分利用全球交通安全科技资源，汲取先进经验；重视跨专业交流与合作，注重培养和引进综合交通安全各层次科技人才。

开展交通安全教育效果评估研究。营运企业应定期对安全教育内容及形式进行效果评估，摒弃或调整效果甚微的教育方式；针对社会层面的安全教育，需开展道路交通安全宣传效果检验，推动优良安全宣传教育模式的普及与应用。

参考文献

[1] New York City Department of Transportation. Strategic plan 2016[R]. New York: New York City Department of Transportation, 2016.

[2] New York City Government. Vision zero action plan city of New York 2014[R]. New York: New York City Government, 2014.

[3] New York City Department of Transportation. Sustainable streets: 2013 and beyond[R]. New York: New York City Department of Transportation, 2013.

[4] New York City Department of Transportation. Making safer streets[R]. New York: New York City Department of Transportation, 2013.

[5] New York City Department of Transportation. Street design manual (2015 updated second edition)[R]. New York: New York City Department of Transportation, 2015.

[6] Mayor of London and Transport for London. Vision zero action plan[R]. London: Transport for London, 2018.

[7] Greater London Authority. Mayor's transport strategy[R]. London: Greater London Authority, 2018.

[8] Mayor of London and Transport for London. Travel in London Report 10[R]. London: Transport for London, 2017.

[9] Mayor of London and Transport for London. Walking action plan[R]. London: Transport for London, 2018.

[10] Transport Accident Commission. Towards zero quarterly statistics[R]. Australia: Transport Accident Commission, 2015.

[11] City of Melbourne.Transport strategy 2012[R].Melbourne:City of Melbourne, 2012.
[12] City of Melbourne.Road safety plan 2013—2017[R].Melbourne:City of Melbourne, 2013.
[13] City of Melbourne.Municipal strategic statement 2010[R].Melbourne:City of Melbourne,2010.
[14] City of Melbourne.Walking plan 2014—2017[R].Melbourne:City of Melbourne, 2014.
[15] City of Melbourne.Motorcycle plan 2015—2018[R].Melbourne: City of Melbourne, 2015.
[16] City of Melbourne.City of Melbourne bicycle plan 2016—2020[R].Melbourne: City of Melbourne, 2016.
[17] City of Melbourne.Design standards[R].Melbourne: City of Melbourne,2013.
[18] City of Melbourne.Public lighting strategy 2013[R].Melbourne:City of Melbourne,2013.
[19] 姜军.新加坡陆路交通规划编制的经验借鉴[J].江苏城市规划,2015(2):44-47.
[20] Land Transport Authority. Land transport master plan 2013 [R]. Singapore: Land Transport Authority,2013.
[21] Land Transport Authority. Land transport master plan 2040 [R]. Singapore: Land Transport Authority,2019.
[22] 香港警务处交通总部.2018 年下半年交通报告[R].香港:香港警务处,2019.
[23] LOO B P Y,WONG S C,HUNG W T,et al. A review of the road safety strategy in Hong Kong[J]. Journal of Advanced Transportation,2017,41(1):3-37.